한국과 한국 정치

손호철의
사색
03

한국과 한국 정치

한국 정치의 이론과 쟁점

손호철 지음

이매진

손호철의
사색
03

한국과 한국 정치
한국 정치의 이론과 쟁점

1판 1쇄 2018년 2월 9일
지은이 손호철 **펴낸곳** 이매진 **펴낸이** 정철수
등록 2003년 5월 14일 제313-2003-0183호
주소 서울시 은평구 진관3로 15-45, 1019동 101호
전화 02-3141-1917 **팩스** 02-3141-0917
이메일 imaginepub@naver.com
블로그 blog.naver.com/imaginepub
ISBN 979-11-5531-092-2 (93300)

- 환경을 생각해서 재생 종이로 만들고,
  콩기름 잉크로 찍었습니다.
- 표지 종이는 앙코르 190그램이고,
  본문 종이는 그린라이트 70그램입니다.
- 값은 뒤표지에 있습니다.
- 이 도서의 국립중앙도서관 출판시도서목록(CIP)은
  서지정보유통지원시스템 홈페이지(http://seoji.nl.go.kr)와
  국가자료공동목록시스템(http://www.nl.go.kr/kolisnet)에서
  이용하실 수 있습니다(CIP 제어 번호: CIP2018003500).

'손호철의 사색'을 펴내며

'미성년 17세 이하, 청년 18~65세, 장년 66~79세, 노년 80~99세, 장수 노인 100세 이상.'

고령화에 따라 유엔 산하 기관 유네스코UNESCO가 2014년에 발표한 새로운 나이 규정입니다. 이 기준에 따르면 이번에 65세로 대학에서 은퇴하는 저는 청년을 끝내고 장년으로 진입하는 것에 불과합니다. 따라서 그동안 쓴 글을 모아 일종의 전집을 낸다는 생각은 시기상조라고 볼 수 있습니다. 그러나 여러 고민 끝에 그동안 쓴 글을 한데 모으기로 했습니다.

앞으로 제가 얼마나 많은 글을 더 쓸지 모르지만, 대학교에서 정년을 한 만큼 그동안 한 작업들을 한번 정리해 일단락을 지을 필요가 있다고 느꼈습니다. 사실 저는 개인적으로 정치학자가 아니라 화가를 꿈꾼 미술학도였습니다. 그래서 은퇴를 계기로 그동안 해오던 사회과학을 그만하고 어릴 때 꿈을 찾아 예술의 길을 갈까 깊은 고민을 하고 있어서 그동안 한 작업들을 일별해야겠다는 생각이 더 큽니다. 마지막으로 제 글 쓰는 스타일입니다. 제가 쓴 글은 학술적인 글부터 정치 평론, 인문학적 에세이, 여행기 등 다양한 분야에 걸쳐 있습니다. 학술적인 글들도 단행본보다는 그때그때 학문적 정세에 실천적으로 개입하며 쓴 짧은 논문이 대부분이라 사방에 흩어져 있습니다. 게다가 많은 글들이 아직도 유효한데도 책이 절판돼 읽을 수 없는 사례가 많습니다. 따라서 이런 글들을 한군데에 모아 정리할 필요가 있습니다.

그래서 그동안 쓴 글들을 이론, 한국정치, 정치 평론, 교양이라는 네 분야로 나눠 '이중적' 의미에서 '손호철 사색'이라는 시리즈로 내려 합니다. 이론의 경우 마르크스주의의 시각에서 진보적 정치 이론에 관련해 많은 글을 썼지만, 2000년대 중반 이후 한계에 부딪쳐 한국정치 연구에 전념하게 됐습니다. 국가와 민주주의에 관한 글들로 1권을, 세계 체제와 지구화에 관한 글들로 2권을 만들려 합니다.

한국정치의 경우 한국정치의 이론적 쟁점들을 다룬 글들로 1권을 만들려 합니다. 그 뒤 시기별로 해방 정국과 이승만, 박정희, 전두환 시기 등 민주화 이전을 다룬 글들로 2권을, 1987년 민주화부터 1997년 국제통화기금IMF 경제 위기에 이르는 민주화 이후를 3권으로 만들 생각입니다. 세계화 이후라고 할 수 있는 1997년 이후부터 지금까지가 4권, 1992년 대통령 선거부터 주요 선거를 진보적 시각에서 분석한 선거 관련 글들을 5권으로 낼 예정입니다.

제가 기자 출신인데다가 학자가 된 뒤에도 실천적 활동을 해온 만큼 정치 평론을 많이 썼습니다. 유학을 끝내고 귀국한 뒤 긴 시간강사 시절을 거쳐 1990년에 교수가 돼 쓰기 시작해서 얼마 전까지 매달 2.5편꼴로 모두 800여 편에 이르는 칼럼을 발표했습니다. 처음에는 정치 평론의 성격상 정세적인데다가 현재적 의미가 학문적 글에 견줘 약한 만큼 일부를 골라 선집으로 내려 했습니다. 그렇지만 제 제자이자 이 책을 낸 출판사 이매진의 대표가 이 칼럼들이 1990년대부터 지금까지 한국의 현실 정치를 정치학자, 그것도 진보적 정치학자의 눈으로 지켜본 일종의 '한국 현대사'인 만큼 모두 다 책으로 낼 만한 의미가 있다고 주장해서 그렇게 하기로 했습니다. 김영삼 시대, 김대중 시대, 노무현 시대, 이명박 시대, 박근혜 시대 등 다섯 권이 될 겁니다. 또한 예술, 문화, 삶, 여행에 관한 짧은 에세이들을 한 권으로 모으고, 이미 단행본으로 출간한 라틴아메리카와 대장정에 관한 책은 따로 정리하려 합니다.

마지막으로 지성사와 시대사를 엮어 자서전 형식으로 쓰려 합니다. 우리 사회가 한 시대를 살아온 지식인들이 무슨 생각을 하고 어떻게 시대와 교감했는지를 보여주는 지성사 분야가 취약하다는 문제의식에서, 유신부터 현재에 이르는 시대사를 지성사의 관점으로 진보적 학자의 체험을 통해 정리해보려 합니다.

　　이 책을 만들기 위해 빚을 진 사람이 있습니다. 제 지도하에 석사 학위를 받은 뒤 이매진 출판사를 운영하고 있는 정철수 군은 이 책들을 기획하고 짧은 시간 안에 만들어줬습니다. 이 자리를 빌려 감사의 뜻을 전합니다.

　　아무쪼록 이 시리즈가 다양한 분야에서 실천적으로 글을 써온 한 진보적 지식인의 글들을 총체적으로 보여줌으로써 한국 지성사에 조금이라도 도움이 되기를 바랍니다.

차례

머리말

제 주 전공이 한국정치인 만큼 한국정치에 관해 진보적 시각에서 다양한 주제로 많은 글을 썼습니다. 《한국정치학의 새 구상》, 《전환기의 한국정치》, 《해방 50년의 한국정치》, 《신자유주의시대의 한국정치》, 《해방 60년의 한국정치》 등이 그 산물입니다. 그리고 학생들에게 이 많은 책을 사라고 할 수 없어서, 이 책들에서 중요한 글들을 추리고 그 뒤에 쓴 글들을 모아 교재용으로 《현대한국정치 — 이론, 역사, 현실, 1945~2011》이라는 엄청나게 두꺼운 책을 냈습니다.

그러나 여러 책들을 한 권으로 묶다보니 많은 글이 빠져야 했습니다. 게다가 정년 퇴임을 준비하며 그동안 쓴 글들을 정리하다보니 저도 잊고 있던 글들이 여기저기서 나타났습니다. 또한 얼마 전 촛불혁명을 다룬 《촛불혁명과 2017년 체제》라는 책도 냈습니다. 이런 글들을 다 모아놓으니 모두 2500쪽 정도 돼서, 총론 격인 이론적 쟁점들, 해방부터 1987년 민주화까지 시기(《분단과 독재》), 1987년 민주화에서 1997년 경제위기까지 시기(《민주주의와 개혁》), 1997년 경제위기 이후(《신자유주의와 촛불혁명》), 1990년대 이후의 주요 선거 분석(《진보 정치와 선거》) 등 다섯 권의 책을 내기로 했습니다.

총론 격인 이 책도 22편에서 12편이 빠져 있거나 출간되지 않은 새 글입니다. 6월항쟁과 이번 촛불혁명을 비교한 글, 이명박 정부가 우리의 현대사 '미화'를 위해 '유사' 뉴라이트 사관에 기초해 졸속으로 만든 대한민국역사박물관을 비판적으로 검토한 글 등 새로 쓴 글이거나, 시민운동과 민중운동을 비교한 글처럼 스승의 정년 퇴임 논집 등에 쓴 뒤 저도 잊고 있던 '새로운' 글들입니다. 글을 모아놓으니 한국정치의 연구 방법과 연구 추세를 다룬 글들, 국가와 시민사회, 민주주의에 관한 글들, 분단과 통일에 관한 글들로 분류할 수 있어 세 부분으로 나눴습니다.

1부 한국정치 연구의 경우 한국정치와 북한정치의 연구 방법에 대한 글들과 한국정치의 연구 흐름에 대한 글이 실려 있습니다. 한국정치 연구의 흐름은 한국정치학회 50주년(2006년)에 한국정치 연구 50년을 분석한 글, 한국정치학회 60주년에 이후 10년간의 연구 추세를 분석한 글, 한국정치에 대한 연구를 넘어서 한국에서 정치학(사상, 비교정치, 국제정치를 포함해) 연구가 어떻게 진행돼왔는지를 다룬 글입니다. 앞의 두 글이 한국정치학회가 청탁해서 쓴 글이라면 마지막 글은 우리의 인문학 역사를 다루는 인문학박물관의 부탁을 받아 쓴 글로, 자기 표절을 피하기 위해 미리 명시했지만 〈한국정치 연구 50년〉하고 일부 내용이 중복됩니다.

2부는 시민사회론에 대한 전반적 개관부터, 시민사회의 '주된 위협'이 국가인가 자본인가를 놓고 김성국 교수와 벌인 논쟁, 시민운동과 민중운동의 관계에 대한 글 등 시민사회에 관련된 쟁점들, 1980년 봄과 1987년 6월항쟁을 비교한 글부터 최근의 촛불혁명과 1987년 6월항쟁을 비교한 글에 이르는 한국 민주주의에 대한 다양한 글들, 그리고 한국 체제 논쟁, 기억의 정치 등 다양한 주제의 글들이 실려 있습니다. 마지막으로 3부는 백낙청 교수와 벌인 분단체제 논쟁과 남남 갈등 분석부터 교수 초년병 시절인 전남대학교 교수 시절에 쓴 통일 관련 글을 실었습니다.

갓 귀국한 초년병 학자 시절인 1980년대 말에 쓴 글부터 몇 달 전인 촛불혁명 이후에 쓴 글까지 30년에 걸쳐 쓴 글인 만큼 수준이 불균등하지만, 아직도 현재적 의미를 갖고 있으며 지난 30년간 변화하는 학문적 정세 속에서 고민해온 진보 정치학자의 문제의식을 읽을 수 있을 것입니다.

특히 〈기억의 정치와 대한민국역사박물관〉의 경우 고 방인혁 박사가 박물관을 함께 답사하며 도움을 줬습니다. 저보다 8년밖에 늦지 않은 78학번(1978년에 대학을 입학한 1959년생)인 방 박사는 학생운동으로 제적당한 뒤 민중운동을 하다가 40대 들어 뒤늦게 복학해 대학을 졸업하고 대학원에 진학해 제 밑에서 박사 학위 논문을 쓴 늦깎이 학자로, 제 제자들, 나아가 서강대학교 대학원의 구심점이었습니다. 그러나 박물관 답사 뒤 며칠 지나지 않아 학교에서 갑자기 쓰러져 세상을 떠났습니다. 이 자리를 빌려 다시 한 번 방인혁 박사의 명복을 빕니다.

제자들인 김동택, 전재호, 신종대, 김원, 김윤철, 김정한, 김순영, 곽송연 박사도 함께 공부하며 이 책에 실린 글들을 쓰는 데 많은 영감을 줬습니다. 그러나 정말 이 책을 가능하게 만든 것은 다른 제자들입니다. 1990년 전남대학교에 부임한 뒤 처음 가르쳤고 우여곡절 끝에 뒤늦게 박사 과정에 진학해 공부하고 있는 이태규 군은 너무 오래돼 파일이 사라진 많은 글들을 스캔해 되살렸고, 박사 과정의 또 다른 제자인 김대환 군은 이 글들을 꼼꼼히 읽고 교정을 봐줬습니다. 제 지도하에 석사 학위를 받은 뒤 이매진 출판사를 하고 있는 정철수 군은 이 책들을 기획하고 짧은 시간 안에 만들어줬습니다. 이 자리를 빌려 모든 사람에게 감사의 뜻을 전합니다.

2017년 겨울

서강대학교 연구실에서

1부

한국정치 연구

1장

한국정치, 무엇을 어떻게 공부할 것인가

방법론적¹ 쟁점에 대한 단상*

1. 여는 글

어느 나라의 정치학에서나 그 나라의 정치에 대한 연구가 가장 활발한 것이
일반적인 현상이다. 그러나 우리의 경우 한국정치란 1980년대까지 '한국정치
학의 중심'이 되지 못해왔다. 한국정치에 대한 자유로운 논의를 가로막은 오
랜 독재 정권의 지속이라는 '학문 외적' 현실과 서구적 이론을 수입하기에 바
쁘던 '학문적' 경향이 결합해 낳은 결과다. 그러나 1980년 5월 광주는 한국 정
치를 포함한 우리 사회의 구조적 문제에 대한 관심을 불러일으켰고, 소장 연
구자들을 중심으로 '한국정치 연구의 폭발'을 가져왔다. 이런 계기를 통해 한
국정치에 대한 다양한 연구는 양과 질에서 모두 엄청난 비약과 발전을 달성
했다. 이런 사실은 그동안 양적이나 질적으로 늘어난 두터운 연구자 층, 연구
주제와 연구 시각의 다양성이 잘 보여준다.² 그러나 동시에 이런 이면에는 다
양한 부작용이 생겨나기 시작한 것도 사실이다. 기존 연구의 축적에 따라 새

---

* 한국정치학회 편, 《한국의 정치학 ― 현황과 전망》, 법문사, 1997의 손호철, 〈한국정치론 ― 방법론적 쟁점에 대한 단상〉을 수정하고 보완했다.

로운 연구의 기여치(연구의 한계효용)가 급속히 하락하는가 하면 다양한 연구 시각 간의 분절화가 가속화되면서 활발한 논의가 진행되지 않고 있다. 또한 한 연구자가 지적했듯이,[3] 중심부의 이론 생산과 한국 정치학계의 이론 소비가 공시화synchronized되면서 이론의 '상품 주기'가 짧아져 현실 정합성을 생각하지 않은 이론의 과잉과 남용이 생겨나고 있다.

이 글은 이런 현실에 관련해, 한국정치 연구의 중심축인 한국정치사와 한국정치론을 한 단계 높은 수준으로 발전시키기 위해 방법론적 문제를 생각해보는 데 목적이 있다. 한국정치론, 한국정치사를 비롯해 한국정치에 대한 연구는 다양한 정치학의 이론적 자원, 나아가 사회과학의 이론적 자원에 의존할 수밖에 없다. 그 결과 한국정치 연구의 수준은 한국 정치학계의 이론적 수준, 즉 '한국정치학'의 수준을 그대로 반영할 수밖에 없다. 나아가 한국정치론은 그 주제에 따라 다양한 사회 파악의 이론적 자원을 모두 필요로 한다는 점에서 한국정치론의 이론적, 방법론적 문제에 대해 논하는 것은 사회과학 전체의 이론적, 방법론적 문제를 논하는 것으로 발전할 수밖에 없다. 그러나 이것은 내 능력 밖의 일이며 한 편의 글로 논의할 수 있는 주제도 아니다. 따라서 이 글에서는 한국정치론 연구에서 부딪치는 방법론적 문제들을 '쟁점'을 중심으로 비판적으로 살펴보고자 한다.

2. 한국정치론 ― 분석 대상의 재조명

'한국정치론'[4]은 '한국정치'를 연구 대상과 분석 대상으로 한다. 그러나 분석 대상으로서 '한국정치'란 그렇게 자명한 것은 아니다. 한국정치론의 방법론적 쟁점을 논의하기에 앞서 분석 대상으로서 한국정치라는 문제를 간략히 짚고 넘어가고자 한다.

'한국정치'란 '한국'과 '정치'라는 단어의 조합이다. 이 중 우선 '한국'부터 그리 자명하지 않다. 하나의 사회 내지 '사회구성체'로서 한국이란 '시간'과 '공간'의 결합물, 더 정확히 표현해 '사회적 시공간'이라는 모태$^{matrices of social space and time}$' 속에 각인된 사회적 관계의 총체다.[5] 따라서 '한국정치'의 '한국'을 규정하기 위해서는 그 시간성과 공간성이라는 문제를 고민해야 한다. 물론 관행적으로 '한국정치론'은 삼국 시대나 조선조의 한국정치가 아니라 '현대 한국정치'를 대상으로 하고 있다. 그러나 한국사에서 언제부터가 '현대'인가 하는 시기 구분은 그리 자명한 문제가 결코 아니다. 나아가 올바른 의미의 한국정치론은 현재와 같은 관행을 넘어서 좀더 긴 호흡의, 더 긴 흐름의 역사 인식에 기초해야 한다는 점에서 그 분석 대상의 시기를 넓혀가야 하며, 이 점에서 시간성 문제에 대한 문제의식을 필요로 한다. 사회적 공간의 문제 역시 그렇게 간단하지 않다. 물론 한국정치론의 '한국'이 단순히 '대한민국'을 줄인 축약어를 의미한다면 문제는 간단하다. 그러나 문제를 단순히 그렇게 이해할 수 없다. 물론 한국정치론이 '한민족정치론'을 의미하지 않는 바에는 세계 각지에 흩어져 있는 '한민족' 전체를 그 대상으로 삼을 필요는 없다. 그러나 분단 현실과 관련된 '북한'이라는 존재는 한국정치론의 '한국'이라는 대상을 확정하는 데에서 중요한 이론적 도전을 가져다준다. '북한정치'를 미국 정치나 일본 정치처럼 다른 나라의 정치의 문제, 즉 비교정치의 지역 연구의 문제로 취급할 수 없기 때문이다. 이 문제는 특히 통일이라는 민족적 과제에 관련된 중요한 문제로서, 논의의 중복을 피하기 위해 여기에서는 문제 제기만 하고 구체적인 문제는 다음 절에서 논의하고자 한다. '한국정치'를 '한국경제론'의 '한국 경제'나 '한국사회론'의 '한국 사회'와 구별하게 해주는 '정치'라는 주제 역시 간단한 문제가 아니다. 물론 경제, 사회, 정와 같은 사회과학의 분과 체제는 "근대 사회의 기획"인 사회과학을 다시 구획 지은 '인위적인 기획'의 산물이다.[6] 또한 이런 분과 학문 체계는 분명 문제가 많으며, 이런 체계의 '개방'이 필요하다. 그러나 분과 학문 체계의 문제점과는 별도로 넓게는 정치학 자체에, 좁게는 한국정치론에 자기 정체성을 부여해주는 '정치'의 문제는 그대로 남는다. 결국 정치가 무엇인가 하는 정치의 정의에 따라 한국정치론의 대상의 외연과 주제가 정해지게 돼 있고, 정치학자들은 대개 이것에 대한 상을 나름대로 갖고 있다. 더 구체적으로 살펴보면 정치의 정의에는 합의가 없고 "사회를 위한 가치의 권위적 배분" 같은 유기체적 사회관에 기초한 체계 이론적 정의부터 "누가 무엇을 언제 어떻게 얻느냐"는 자유주의적인 갈등론적 사회관의 정의 같은 갈등론적 사회관이되 마르크스주의적인 시각인 "국가권력을 둘러싼 사회계급을 중심으로 한 여러 사회 세력의 실천의 총체"에 이르기까지 다양한 시각이 병합하고 있다.[7] 그러나 이런 패러다임들의 시각이 제도화돼 나름의 정체성에 기초해 한국정치론의 외연과 한국정치론이 다루는 주제 역시 제도화돼 광의의 합의가 형성돼 있는 상태. 그러나 최근 들어 '포스트주의'의 물결과 함께 정치의 전통적인 정의에 대한 새로운 도전이 거세게 일고 있다.[8] 따라서 한국정치론 역시 그 외연과 주제에 대한 자기 성찰이 필요한 현실이다. 다만 이 문제 역시 논의의 중복을 피하기 위해 여기에서는 이런 자기 성찰이 필요하다는 문제 제기로 그치고, 본격적인 문제는 이 글의 4절인 '새로운 정치, 새로운 한국정치론'에서 다루고자 한다.

3. 한국정치론 — 방법론적 쟁점

한국정치론의 이론적, 방법론적 자원은 우리 사회의 정치학계, 사회과학계의 이론적, 방법론적 자원 전체에 다름 아니며, 한국정치론의 이론적 수준은 우리 사회과학의 이론적 수준을 넘어설 수 없음은 이미 지적한 바 있다. 따라서 이 장에서는 한국정치론의 이론적, 방법론적 문제를 지금까지 한국정치론이 전통적으로 다뤄온 외연과 주제를 전제로 해 관련 연구에서 부딪친, 또한 앞으로도 부딪칠 쟁점, 다시 말해 한국정치론이 한 단계 높은 수준으로 발전하기 위해 해결해야 할 방법론적 쟁점들을 간략하게 살펴보고자 한다.

그 쟁점들이란 '세계체제와 일국적 동학'의 문제, '전체와 부분', '구조와 행위', '사실과 이론'의 문제, '분석 수준'의 문제, '전한반도적 시각'의 문제, 그리고 마지막으로 '관점'의 문제다. 물론 이런 문제들이 한국정치론의 방법론적 문제들의 전부는 아니며, 이 밖에도 다양한 쟁점들을 생각할 수 있다. 다만 이 문제들이 가장 중요한 문제라는 것이 개인적 판단이다. 이 밖에 이 쟁점들을 논의한 순서가 각 쟁점이 지닌 중요성의 순서를 의미하지는 않으며, 다만 서술의 편이성을 고려한 것이라는 점을 밝혀두고자 한다.

1) 세계체제와 일국적 동학

한국정치의 연구에서 부딪치는 첫째 쟁점은 흔히 '외인' 대 '내인'이라는 잘못된 대당으로 표현되던 세계체제적 동학과 일국적 동학의 문제다. 결국 이것은 분석 단위에 관련된 것으로서, 세계체체론은 현대 사회에서 엄격한 의미의 '사회체제social system'는 '세계체제'뿐이라는 것을 입증한 바 있다.[9] 흔히 세계체제적 분석은 대외적 자율성이 약한 제3세계에 국한된 현상처럼 생각하기 쉽지만, 프랑스 대혁명 같은 선진국에서 일어난 역사적 사건 역시 '선발 선진국'인 영국을 상대로 한 군비 경쟁에 따른 재정적 어려움, 이 어려움을 해소하기 위한 삼부회의 소집 등 세계체제적 동학에 대한 이해 없이는 과학적 인식이 힘든 것이 현실이다.[10] 그러나 추상성을 낮춘 구체적 분석에서 우리는 불가피하게 국민국가라는 구체적 사회구성체를 분석 단위로 취할 수밖에 없으며, 결국 우리의 분석은 세계체제적 분석과 일국적 동학의 분석의 결합으로 나타날 수밖에 없다.

　　한국정치의 연구도 예외는 아니어서 한국정치의 규정력에서 세계체제적 규정력과 우리 사회의 '내적' 동학의 중요성 문제를 놓고 1980년대 이후 다양한 논쟁이 격렬하게 진행돼왔으며, 지금도 다양한 주제에 걸쳐 이런 논쟁이 진행되고 있는 실정이다. 분단과 한국전쟁 등 해방 8년사에 대한 설명에서 '외인론', '내인론', '외인론 2', '(복합)내인론 2'[11] 간의 논쟁부터 한국 국가성격 논쟁에 관련해 외세의 절대적 규정력을 강조하는 '식민지 대리 통치체제론', 이런 입장을 비판하면서도 한국 정치의 종속성에 주목하는 '종속적 파시즘론', 한국 국가의 분석에서 세계체제적 규정력이라는 문제를 생략함으로써 사실상 '일국적 시각'으로 귀결되고 있는 다양한 한국 국가모형들 간의 논쟁[12]에 이르기까지 그 예는 아주 많다. 최근 가장 중심적인 쟁점이 되고 있는 한국 민주화 문제에 관련해서도 가장 지배적인 시각인 '전략선택' 이론은 사실상 일국적 시각인 반면 커밍스의 세계체제적 시각은 한국 민주화의 동학을 지구 자본주의의 성격 변화와 미국의 전략 변화라는 측면에서 설명하고 있다.[13] 달리 말해 그동안의 한국 권위주의의 설명과는 달리 민주화 과정의 경우 일국적 동학을 강조하는 추세가 대세를 형성하는 와중에 세계체제적 시각이 '소수파'로서 반대 목소리를 내고 있는 실정이다.

이 문제에 관련해 한국정치론이 나아갈 방향을 간단히 지적하면 다음 같다. 첫째, 자명한 것이지만 모든 것을 외세 탓으로 돌리는 '외인결정론', 그리고 이것의 역편향으로서 한국정치를 세계체제에서 분리된 한국 사회의 내적 문제로 분석하는 '일국적 시각'의 양 편향을 벗어나야 한다. 특히 이 중 전자는 그런 실천이 가시적으로 나타난다는 점에서 쉽게 그 편향을 인식할 수 있어서 그만큼 수정도 쉽지만, 후자의 경우는 그렇지 않다. 논의의 경제성이라는 이유도 있지만, 많은 연구가 무의식적으로 세계체제적 규정은 자연스럽게 생략한 채 내적 동학의 결과로 분석한다. 그러나 이런 '무의식적인 생략'이 일국적 시각의 편향이라는 점을 좀더 의식적으로 인식해야 할 필요가 있다.

둘째, 한국정치의 경우 일반적 수준에서 이야기하는 '세계체제적' 분석과 다른 무엇이 있다는 것을 인식해야 한다. 한국정치에서 세계체제적 분석이란, ① 선진국을 포함해 모든 사회의 분석에 필요한 세계체제적 상호연관성 말고도, ② 제3세계 일반에서 발견될 수 있는 세계체제상의 '종속적 위상'에 관련된 제3세계 특유의 세계체제적 규정성, ③ 다른 제3세계하고도 다른 한국적 특수성, 즉 분단과 냉전의 최첨단 기지로서 주한미군의 주둔 등으로 상징되는 한국 특유의 세계체제적 규정정의 문제다. 한국 정치에 대한 세계체제적 분석은 이런 세 수준에 대한 좀더 분명한 자기의식을 갖고 이 세 수준을 나눠 분석하는 태도가 필요하다.

셋째, 우선 '내인'과 '외인'이라는 그릇된 이분법적 대당을 벗어나야 한다. 한 연구자가 지적한 대로 현대 사회에서 외인은 이제 이미 '내면화internalized'돼 있다는 점에서 순수한 내인도 순수한 외인도 없다.[14] 나아가 내인이냐 외인이냐 하는 평행선 같은 양자택일의 비생산적 논쟁을 넘어서 세계체제적 동학이 어떻게 우리 사회의 '내적 동학'에 접합돼 한국 정치를 규정해왔는지를 살피는, 구체적인 접합 양식의 탐구로 논의의 초점을 바꿔가야 한다.

넷째, 최근 유행하는 '지구화globalization' 문제다. 물론 지구화가 구체적으로 무엇을 의미하며 과거의 '국제화internationalization'와 과연 질적으로 다른 것인지, 또한 지구화가 민족국가에 어떤 영향을 미칠 것인지에 대해서는 논란이 많다.[15] 그러나 이런 논란과는 별개로 분명 지구화가 과거하고 다른 의미에서, 또 다른 수준에서 세계체제와 한국 정치의 관계를 바라볼 것을 필요로 하는 것은 사실이다. 따라서 이런 점에 대한 문제의식이 필요하다. 특히 이런 논의 역시 최근의 '민족국가의 강화냐 약화냐'는 수준을 넘어서 한국 정치, 특히 한국 국가의 기능 변화, 즉 어떤 기능이 강화되고 어떤 기능이 약화되는가 하는 쪽으로 발전해가야 한다. 또한 '민족국가'로서 한국 사회에 끼치는 영향, '국민국가'로서 한국 사회에 끼치는 영향, '근대국가'로서 한국 사회에 끼치는 영향을 나눠 살펴볼 필요가 있다.[16]

2) '부분'과 '전체'

'부분'과 '전체'의 문제도 한국정치의 중요한 쟁점이다. 여기에서 '부분'이란 한국 사회의 다양한 층위 중 하나의 '층위' 내지 '부문'인 한국 국가와 한국 정치를 의미하며, '전체'란 하나의 '복합적 총체'로서 한국 사회 내지 한국 사회구성체를 의미한다.[17] 이 문제는 결국 일반 이론적 수준에서 정치의 층위와 사회구성체, 특히 '토대'의 관계라는 문제와 개별 사회로서 한국 사회에서 정치의 층위와 토대의 관계라는 문제로 귀결된다. 이 문제는 쉽게 말해 그동안 한국 정치의 설명에 있어 경제적 요인을 강조하는 '경제결정론'과 정치적 요인을 강조하는 '정치결정론' 간의 논쟁이라는 형식으로 쟁점이 돼왔다.

대표적인 예가 관료적 권위주의론에 관련된 '경제주의'와 '정치주의'의 논쟁이다. 잘 알려져 있듯이 관료적 권위주의론을 한국 정치에 적용할 당시 이 이론을 주장한 이론가들은 오도넬의 논지에 충실해서, 유신 체제의 등장을 한국 자본주의의 위기에 관련시켜 이런 위기가 새로운 억압적 체제의 궁극적 원인이라고 주장했다.[18] 한편 정치론자들의 경우 유신 당시 뚜렷한 경제위기의 증후는 없다는 점을 논거로 해 박정희 개인의 장기 집권 야욕, 월남 패망과 북한의 모험주의적 대남 전략에 따른 안보 위협 등 정치·군사적 요인을 주목했다.[19] 나아가 경제가 정치를 규정하는 선진 자본주의와 달리 한국 사회의 경우 자본주의의 미완결성, 계급 구조의 미발달 등 독특한 특성에 따라 경제가 정치를 지배하는 것이 아니라 거꾸로 정치가 경제를 규정하고 국가가 스스로 지배 계급이 되는 사회라는, 한국 정치에 대한 '세련된' 정치결정론까지 제기됐다.[20] 최근의 민주화 논의도 마찬가지다. 민주화 이론의 주류는 전략선택 이론처럼 기본적으로 경제적 동학은 무시하고 정치적 요인에서 민주화의 원인을 찾는 정치결정론이지만, 한국의 경제성장이 민주화를 가져다줬다는 '신근대화론' 같은 '강한 경제결정론'부터 본원적 테일러주의에서 주변부 포드주의로 '토대'가 변화한 경제적 요인 역시 정치적 요인 못지않게 중요하다는 '조절이론'에 이르기까지 다양한 경제결정론이 반론을 제기하고 있다.[21]

결국 한국정치 연구는 경제와 정치, 이데올로기 등 한국 사회의 다양한 층위와 동학들 간의 과학적 인식이 확립될 때 한 단계 높은 수준으로 발전할 수 있다. 여기에 관련해 몇 가지를 지적하면 다음 같다. 우선 당연한 이야기지만 한국정치를 한국 자본주의의 단순한 부산물로 이해하는 조야한 '경제환원론'과 거꾸로 한국정치의 자율성을 절대화해 한국정치를 사회의 다른 층위에서 일어나는 운동에는 상관없이 자체 논리에 따라 움직이는 것으로 파악하는 '정치주의'라는 양 편향을 부단히 경계해야 한다. 복합적 총체로서의 사회적 현상에서 '중층 결정overdetermination'이 아닌 단일 요인에 의한 결정이란 있을 수 없으며, 정치든 경제든 단일 요인에 의한 설명은 본질주의적 오류일 뿐이다.

둘째, 결국 한국정치에 대한 과학적 인식이 중층 결정의 복합적 총체에 대한 인식을 필요로 한다면 기존의 이론적 성과 중 이런 인식의 기초가 될 수 있는 것은 '① 국가와 정치는 '토대'의 궁극적 규정을 받는다, ② 그러나 정치는 그 나름의 상대적 자율성을 갖는다, ③ 나아가 정치는 토대에 반작용하고 적극적으로 개입한다'는 재정식화된 고전적 테제가 아닌가 싶다.[22] 나아가 이것을 중층 결정적이면서 동태적(쌍방적 작용이 t에서 t', t'' 등으로 타임 시퀀스에 따라 동태적으로 규정해가는)으로 이해하는 방식이 아닌가 싶다. 그러나 이런 규정은 단순히 문제의 시작에 불과하다. 문제는 이런 규정이 아주 넓은 의미의 연구 지침이 될 수 있을지 모르지만, 구체적 연구의 구체적 지침이 되기에는 너무 추상적이고 애매하다는 점이다. 또한 이런 규정들의 세 테제 간의 관계도 문제다. 이 중 테제 ①을 강조하는 경우 그만큼 경제결정론에 가까워지게 되는 반면, 테제 ②와 ③을 강조하는 경우 그만큼 정치주의로 나아가게 돼 있다. 결국 한국정치에 대한 실증적 연구를 축적해가고 이론적 모색을 통해 이 테제들 간의 과학적 관계를 확립해가는 한편, 좀더 구체적인 이론틀로 발전시키는 것이 필요하다.

셋째, 여기에 관련해 기존의 이론적 조류 두 개에 대해 짚고 넘어갈 필요가 있다. 하나는 '세련된 정치결정론'이다. 즉 단순히 정치를 다른 사회적 층위와 분리시켜 자율적 존재로 이해하는 것이 아니라 사회적 상호작용 속에서 인식하되, 한국적 특수성의 결과로 한국 사회의 경우 정치가 경제를 규정한다는 정치결정론이다.[23] 좌파적 경제결정론을 한국 사회에 기계적으로 적용하는

데 대한 비판적 문제의식에서 출발한 이 이론의 대표적인 예는 집정관적 신중
상주의 국가론이다. 이 이론은 스스로 정치결정론을 자처하고 있지만, 사실
은 '세련된 경제결정론', 달리 말해 '구조주의적 유물론'에 다름 아니다. 구조
주의적 마르크스주의는 역사유물론의 재해석을 통해 경제결정론, 즉 한 사회
의 지배적 구조가 항상 경제가 아니라 정치일 수도 있고 군사적인 것일 수도
있으며 어느 구조가 지배적 구조가 되는지는 경제에 의해 결정된다는 '경제
에 의한 최종 심급적 결정'을 주장한다.[24] 집정관제론 역시 마찬가지다. 이 논
리를 구조주의적으로 재구성하면, 한국 사회의 '지배적 구조'는 정치이며 한
국 자본주의의 미발달, 그것에 따른 계급 구조의 미완결성 같은 한국 자본주
의의 토대적 특징이 이렇게 정치를 지배적 구조를 만들어주고 있다는 경제에
의한 궁극적 규정에 다름 아니다. 다만 문제는 이 주장처럼 한국 사회에서 지
배적 구조가 정치인지는 좀더 논의돼야 할 주제. 또 다른 하나는 세계체제
적 규정과 관련해 라틴아메리카의 경우 종속이 경제적 산물이라 제국주의론
으로 설명될 수 있지만 한국의 종속은 정치·군사적인 성격이라 좌파 이론으
로 설명될 수 없다는 주장이다.[25] 이 주장은 맞지만, 반 발자국밖에 나아가지
않고 있다. 한국의 대외 종속이 정치·군사적 성격이라면, 문제는 왜 한국이 정
치·군사적으로 중요한가다. 결국 한국이 정치·군사적으로 중요한 이유는 세
계 자본주의 체제를 사회주의에 맞서 지키기 위해서였는데, 이것은 궁극적으
로 경제적이라는 것에 다름 아니다.[26]

3) 구조와 행위

세계체제와 일국적 동학, 정치와 경제의 문제 못지않게 한국정치 연구에서 항
상 쟁점이 되는 또 다른 문제는 구조와 행위 간의 관계다.[27] 사실 구조와 행위
의 문제는 한국정치뿐 아니라 사회과학에서도 지속적으로 논쟁이 돼온 '영원
한 숙제'다.[28] "인간이 역사를 만든다. 그러나 그들이 자기 마음대로, 즉 자신

이 선택한 상황하에서 만드는 것이 아니라 주어진, 물려받은 역사적 조건하에서 그러하다"[29]는 마르크스의 유명한 구절 역시, 이 중 앞부분을 강조할 경우 '행위론적 자발주의'로 나아가게 되고 뒷부분을 강조할 경우 '구조결정론'으로 나아가게 된다.[30] 이런 사회과학의 오랜 숙제는 한국정치 연구에 그대로 복제돼 심각한 이론적 숙제를 우리에게 제기해왔다.

멀리 보면 해방 8년사에 관련된 분단 원인에 대한 논의부터 최근의 민주화 논의에 이르기까지 이 문제가 개입되지 않은 주제는 사실상 없다. 분단 문제의 경우 미-소 양국의 분할 점령이라는 '제1차 분단'은 그렇다 치더라도, 1948년의 두 개의 단독 정부 성립이라는 '제2차 분단'과 한국전쟁이라는 '제3차 분단'은 좌우익 간의 통일전선을 형성하려는 시도가 실패한 데 원인이 있다고 보는 '내인론'의 경우 분단의 원인을 주체적인 선택과 행위에서 찾고 있는 셈이다. 여기에 맞서 당시 상황은 압도적인 미국, 나아가 소련의 규정력 때문에 통일전선의 성립 여부에 상관없이 분단은 구조적 역학에 의해 어쩔 수 없었다는 구조적 설명이 대립되고 있다. 1980년의 실패한 민주화의 경우에도 서구적인 자유민주주의를 실행할 수 없는 물적 토대의 결여와 종속적 자본 축적의 억압성 등 구조적 측면에서 원인을 찾는가 하면 민주화운동 진영의 '가두투쟁론자'들과 '점진주의자'들 사이의 분열이라는 '행위'적 측면에서 원인을 찾는 입장이 맞서고 있다.

이런 대립이 극명하게 나타나는 것은 1987년 민주화에 대한 설명이다. 지배적 시각은 잘 알려져 있듯이 그동안의 구조결정론을 비판하며 나선 전략선택 이론으로, 한국의 민주화는 한국 "사회 구성원이 통제할 수 없는 거시경제적 변화에 의해 결정되는 것이 아니"[31]고 "서로 갈등하는 행위자들의 전략적 선택에 의해 결정된다"[32]는 것이다. 반면에 세계체제론은 세계 자본주의의 성격 변화라는 구조적 요인에서, 조절이론은 주변부 포드주의로 나아가는 한국 자본주의의 축적체제의 변화에서 일차적 원인을 찾고 있다. 사회과학자들의 골치를 아프게 해온 이 구조-행위 문제에 대해 새로운 이야기를 하는 것은 내

능력 밖의 일이다. 다만 우선 구조적 인과성만을 강조하는 구조결정론과 거꾸로 행위자들의 주관적 선택만을 강조하는 '주의주의'의 양 편향을 경계해야 한다는, 어쩌면 자명한 주장을 할 수밖에 없다.

이런 양 극단은 그동안 한쪽으로 휘어진 쇠막대기를 바로 잡기 위해 반대로 휘는 '논쟁polemics'의 효과는 있을지 모르지만, 진실은 이 양극단의 중간에 있을 따름이다. 특히 최근 들어 한국정치 연구에서 전략선택 이론의 유행이 보여주듯이 과거의 구조주의적 경향에 대한 반작용으로 행위론적 경향이 득세하고 사실상 '구조'는 실종되고 있는 현실은 과거의 구조결정론적 시각만큼이나 염려할 만한 일이다.[33] 따라서 앞으로 한국정치 연구는 이 문제에 대한 방법론적 민감성을 갖고 의식적인 노력을 펴가야 한다. 둘째, 이 주제에 대한 현재의 이론적 수준에서 그나마 출발점에 쓰일 준거틀로 생각할 수 있는 것은 조절이론이 방법론적으로 제시하는 '구조와 전략의 변증법'이라는 이론틀이다.[34] 물론 이런 이론틀 역시 엄밀히 따지자면 구조와 전략이 분리돼 이원화되고 있으며, 그 결과 구조와 전략의 변증법의 '변증법'이 궁극적으로 인과적인 '상호 관계'가 아니라 '매개 관계', 내적 관계가 아니라 외적 관계가 되고 있다는 점,[35] 정작 문제는 현실에서 구조와 전략이 차지하는 결정력의 비중인데 구조와 전략의 변증법은 이 점에 대해 침묵하고 있기 때문에 구체적 내용에 따라 사실상 구조결정론이 될 수도 있고 자발주의가 될 수도 있다는 점 등 문제가 많은 것은 사실이다.[36] 그러나 이런 문제점들에도 불구하고 현재의 이론적 수준을 고려할 때 더 나은 대안적 이론화를 찾기 힘들다는 점에서 이런 이론들이 연구의 출발점에서 안내 지침 정도는 될 수 있으리라고 판단된다.

4) '사실'과 '이론'

'사실'과 '이론', 이 둘을 각각 다루는 '역사학'과 '사회과학'은 서로 밀접히 연관돼 있으면서도 영원한 긴장 관계에 있게 마련이다. 한국정치사와 한국정치론도 마찬가지다.

　한국정치론은 한국정치사와 달리 역사적 사실 그 자체가 아니라 한국정치에 대한 '이론적 분석'을 다룬다. 그러나 이론은 사실에 의존할 수밖에 없다. 그런데 다시 문제는 이 세상에 '순수한 사실', 이론에 의존하지 않는, 이론에서 자유로운 사실, 즉 원재료$^{\text{raw material}}$로서의 '사실'은 존재하지 않는다는 점이다. 물론 이런 주장이 1950년 6월 25일에 북한군이 전면적으로 38선을 넘었다든가 1979년 10월 26일에 박정희가 김재규가 쏜 총탄에 맞아 쓰러졌다는 '사실'이 이론이나 관점에 따라 달라진다는 의미는 아니다. 그러나 언론의 보도에는 어떻게 객관적으로 보도하느냐에 앞서 무엇이 뉴스인가 하는 주관적 판단이 들어간다는 점에서 객관적이고 중립적인 보도란 불가능한 것과 마찬가지로 현실 세계의 원재료 속에서 무엇을 '사실'로 택하느냐는 하는 것부터가 이론에 의존적일 수밖에 없다는 점, 다시 말해 이론의 '가공'을 거치지 않은 '사실'은 없다는 점은 이미 역사학계에서도 널리 인정되고 있다.[37] 결국 우리가 '구체적 사실'이라고 부르는 것은 '현실적 구체$^{\text{real-concrete}}$'가 아니라 '사유적 구체 concrete in thought'일 따름이다.[38]

　결국 이런 사실과 이론의 순환적 관계는 연구자들을 엄청난 딜레마에 빠뜨려왔다. 이 문제 역시 문제를 제기하는 것 이상으로 새로운 해답을 줄 수는 없다. 다만 아주 '당연한' 것을 두 가지만 지적하고자 한다. 우선 '실증주의'와 '이론(재단)주의'의 양 편향을 경계하는 것이다. '사실'의 이론 의존성을 고려할 때 실증주의라는 이름 아래의 '사이비 사실'에 매몰되는 것은 한국정치론의 발전 방향이 될 수 없다. 그러나 이런 반실증주의가 "이론은 사실에 의해 반박될 수 없고 단지 이론에 의해서만 반박될 수 있다"는 식의 '이론지상주의'로 빠지는 것 역시 위험한 일이다.[39]

　이론의 수월성이란 결국 그 '내적 정합성'(이론의 내부 구조의 치밀성, 개념적 연관 등의 정합성)과 '외적 정합성'(이론과 현실 세계 간의 일치성)의 복합적 평가에 따라 이루어질 수밖에 없다. 따라서 한국정치론의 발전을 위해서는

'이론과 사실의 순환적 관계'의 딜레마를 깊이 인식하면서 이론과 사실의 변증법적 대화를 통해 상호 수정 과정을 거쳐 나가야 한다. 마지막으로, 다만 현재의 이론적 국면에서 특히 필요한 것은 '역사성'과 '사실'에 대한 관심이다. 이것은 두 가지 의미에서 그렇다. 현재 세계 과학계의 흐름이 규칙성의 일반화를 강조하는 과거의 사회과학의 흐름(이것은 자연과학도 동일하다[40])에 대한 자기반성으로서 역사성을 강조해 '역사적 사회과학'을 지향하는 방향으로 나아가고 있는데, 이것은 바람직한 흐름이라고 할 수 있기 때문이다. 사실 마르크스주의의 경우도 과거의 '역사유물론'이 "역사 속에서 철학을 실천하는" 것이 아니라 "역사에 대한 철학", 즉 역사철학이라는 형이상학으로 변질돼왔다는 자기반성에 따라 '유물론적 역사학'으로 전화하려 노력하고 있다.[41] 이런 문제의식에서 한국정치론 역시 '역사적 한국정치론'으로 전화하려는 의식적 노력이 필요하다. 특히 이런 노력이 필요한 이유는 그동안 한국정치론이 보여준 특수한 경향에 관련돼 있다. 그동안 한국정치론은 구체적인 역사성에 천착하기보다는 다양한 서구 이론을 높은 추상성 수준에서 테제식으로 제기하는 경향이 강했다고 볼 수 있다. 이 점에서 역사성의 강조는 특히 필요하다.

5) 분석 수준 — 구조, 복합 국면, 사건

분석 수준, 좀더 구체적으로 분석의 추상화의 수준 역시 한국정치 연구의 주요한 쟁점이다. 이 문제를 이해하기 위해서는 한국정치사에서 가장 중요한 쟁점이 돼온, 특히 1980년대에 핵심적 쟁점이 된 '한국전쟁의 기원' 논쟁을 돌아볼 필요가 있다. '주류 학계'를 중심으로 한 그동안의 연구, 나아가 '초기 수정주의자'들을 상대로 한 논쟁은 주로 6월 25일에 누가 먼저 38선을 넘어 전쟁을 시작했느냐는 '사건사적' 설명에 초점이 맞춰졌다.[42] 그러나 브루스 커밍스의 《한국전쟁의 기원》을 중심으로 한 '후기 수정주의자'들은 미국의 남북전쟁의 경우 노예제라는 구조적 원인을 전쟁 발발 원인으로 이해하지 누가 먼저 총을 쏘았는지로 판단하는 사람은 없다는 사례를 들어 분단에서 전쟁으로 이어지게 되는 '구조적' 동학에서 전쟁의 기원을 찾는다.[43]

유신 체제의 붕괴도 마찬가지다. 사건사적 수준, 즉 추상성이 낮은 구체적인 분석 수준에서 바라볼 때 유신 체제의 붕괴는 10·26의 궁정동 사건, 기껏해야 차지철과 김재규 사이의 알력의 결과다. 그러나 이런 알력이 생겨난 것은 부마항쟁이라는 민중 저항에 대한 대응 방식을 둘러싼 견해의 차이라는 점, 부마항쟁은 다시 'YH 사건'이라는 노동자들의 저항에 호응한 야당에 대응해 야당 총재인 김영삼 의원을 제명한 조치에 맞선 저항이라는 점을 고려할 때 좀더 추상성이 높은 수준, 즉 구조적 동학에서 보자면 유신 체제가 붕괴한 궁극적인 원인은 민중의 저항이다.[44] 누구도 예상하지 못한 3당 합당 뒤 민자당 내부의 대권 경쟁에서 김영삼 대통령이 승리하고 그 결과 문민정부가 출범한 것도 사건사적 시각에서는 '정치 9단'으로 표현되는 김 대통령의 정치적 능력과 '신TK'의 '대세론'이 가져온 결과지만, 좀더 '긴 호흡의 역사'에서 바라보면 김 대통령의 민주계가 탈당할 경우 다시 여소야대가 돼 안정적인 체제 재생산이 불가능하게 구조적으로 조건 지은 여소야대의 결과, 즉 13대 총선에서 보여준 국민들의 선택이 가져온 결과라 할 수 있다.

이렇게 한국정치 연구는 연구자가 어떤 수준을 분석 수준으로 택하느냐에 따라 결과가 전혀 달라진다. 따라서 필요한 것들은 다음과 같다. 첫째, 한국 정치 연구자들이 분석 수준에 대해 방법론적으로 좀더 민감해지고 문제의식을 가져야 한다. 그렇지 않을 경우 결국 한국전쟁의 기원을 둘러싼 논쟁처럼 서로 다른 '문법'으로 이야기하는 '귀머거리 사이의 대화'가 계속될 염려가 있다. 결국 모든 연구자가 문제의식을 가지고 특정한 분석이 어떤 분석 수준에서 진행되는 분석인지를 이해한 뒤, 해당 수준에서 드러나는 문제, 나아가 다른 수준에서 진행되는 분석과 해당 분석 사이의 관계로 논의를 펼쳐가야 건설적인 연구가 축적된다고 하겠다. 둘째, 단순히 특정 논의의 분석 수준을 이해하는 '상대주의'를 넘어서 다양한 분석 수준을 변증법적으로 통합시키는 노력이 필요하다. 준거점이 될 수 있는 것은 프랑스 '아날Annales'학파의 거장인 페르낭 브로델의 이론틀이다.[45] 브로델은 사회적 시간을 시간 지속의 길이에 따라 '단기지속', '중기지속', '장기지속'으로 나눠 각각 '사건사'histoire evenementielle', '복합국면사'histoire conjoncturelle', '구조사'histoire stmcturelle'로 이론화했다. 사건사, 복합국면사, 구조사로 갈수록 그만큼 추상화 수준이 높아지는 셈이다. 이런 이론틀에 기초해 우선 진행돼야 할 작업은 분석 수준의 위계성에 기초한 중층 결정의 동학에 주목해서 한국정치 연구에서 사건사적 분석을 절대화하는 '사건사적 편향'이나 역으로 높은 추상성의 구조사적 분석만을 강조하는 '구조사적 편향'을 모두 경계하는 것이다. 다시 말해 그람시의 표현을 빌리자면 한국정치에서 "유기적인 것과 복합국면적인 것 간의 정확한 관계를 파악"함으로써 '기계적 인과성'(유기성)을 과대평가하는 '경제주의의 과잉'과 거꾸로 '개별적 요소'(복합국면성, 사건성)를 과대평가하는 '이데올로기주의의 과잉'이라는 양 편향을 극복해야 한다.[46]

한국정치학의 이론적 수준이 높아지면서 한국정치 연구에서 저널리즘적인 사건사적 편향이 지닌 문제점에 대한 인식은 상당히 확대됐다고 볼 수 있다. 그러나 구조사적 편향 역시 문제가 있기는 마찬가지다. 구조사적 분석이 분석 수준이 높다고 해서 그것만으로 체계적인 설명이 완성되는 것은 아니고, 이런 분석을 지나치게 강조하는 편향이 덜 '위험한' 것도 아니다. 이를테면 유신 체제의 붕괴를 단순히 차지철과 김재규, 여기서 한발 더 나아가 강경파와 온건파의 알력에 따른 박정희 암살의 결과라는 사건사적 측면에서만 이해하는 것도 문제지만, 거꾸로 구조사적 시각에서 단순히 유신 체제의 내부 모순과 민중 저항의 결과로 이해하는 것 역시 문제다. 궁극적으로 구조사적 인식이 중요하지만 사건사적 측면에 주목하지 못할 때 12·12에서 5·18로 이어지는 1980년 봄의 비극을 이해할 수 없게 된다. 1980년 봄은 유신 체제의 붕괴에 '궁극적으로 결정적인' 것은 민중 저항이지만 직접적인 요인(사건사적 요인)은 민중 봉기가 아니라 내부 분열에 따른 암살이라는 사실에 관련해, '박정희 없는 유신 체제'의 지속과 이것을 둘러싼 사회 세력 간의 갈등의 결과다. 다시 말해 유신 체제가 사건사적으로도 민중 봉기에 의해 무너졌다면 1980년 봄의 상황은 달라졌을 가능성이 크다. 이 점에서 한국전쟁의 기원 문제를 제 1세대의 사건사적 연구와 1980년대 제2세대의 구조사적 연구를 넘어서 이 양 자를 결합하려는 제3세대 연구[47]가 선보이기 시작한 것은 다행스러운 일이다.

마지막으로 앞에서 지적한 '역사적 사회과학'의 강조에 따른 '역사적 한국 정치론'화의 가능성에 관련해 과거와는 또 다른 차원과 의미에서 사건사적 분석이 부활할 가능성이 크다는 점을 지적하고자 한다. 구조라는 것이 지속 성과 규칙성을 특징으로 하고 있기 때문에 구조사적 분석이 기본적으로 법칙 적 규칙성을 강조하는 경향이 있는 반면, 최근의 과학철학은 '근대 과학'의 자 기비판에 기초해 우연성과 불확실성, 사건성을 강조하는 추세이기 때문이다. 이를테면 프리고진을 비롯한 브뤼셀학파의 경우 근대의 자연과학이 '사건들' 과 '규칙성들', '우연'과 '필연'을 분리시켜 후자를 특권화해왔다고 비판하고 있고, 이런 자연과학의 신철학이 미친 영향으로 우연성과 사건성을 강조하는 추세가 확산되고 있다.[48]

6) 전한반도적 시각

앞에서 한국정치론의 대상인 '한국정치' 중 시공간적 모태로서 '한국'의 의미 라는 문제를 간단히 짚고 넘어갔다. 민족적 숙원인 통일을 지향하는 '통일정 치학'의 관점에서 볼 때 한국정치의 공간적 대상은 한반도 전체일 수밖에 없 다. 따라서 '분단국가'로서 대한민국의 정치만을 다루고 있는 현재의 한국정 치론은 사실은 '반쪽 한국정치론', 즉 '남한정치론'에 불과하다.

한국정치론이 '전한반도적' 시각을 가져야 하는 이유는 통일이라는 목표 때문만은 아니다. 현재의 한국정치를 포함해 지난 50년의 한국정치는 북한 정치와 밀접히 연관돼 일종의 체스 게임처럼 서로 영향을 미치는 상호작용의 관계 속에서 전개됐다. 물론 이런 상호연관성에 주목해 남북한의 지배 세력을 공생적 관계로 이해하고 남북한을 하나의 체제로 이해하는 분단체제론 같은 극단적 시각도 제기되고 있다.[49] 이런 시각에 동조하지 않더라도 남북한이 '적대적 상호의존' 관계 내지, 한 연구자의 표현을 빌리자면 '대쌍적 동학'의 관계[50]에 있어온 사실을 부인할 수 없다는 점에서 남한 정치의 과학적 이해, 나아가 북한 정치의 과학적 이해를 위해 전한반도적 시각은 필수적이다.

이런 '전한반도적인 시각'의 필요성이 제기된 것은 최근의 일은 아니다. 한국정치에 대한 연구가 폭발한 1980년대 후반 들어 특히 소장 연구자들을 중심으로 꾸준히 제기됐다. 그러나 이런 시각에 충실한 연구는 아직도 요원한 것이 우리의 현실이다. 문제는 전한반도적인 시각의 한국정치론이 남한정치론과 북한정치론을 한 논문이나 한 책에 함께 실어놓은 '단순한 병렬'이 아니라는 점이다. 전한반도적인 시각의 한국정치론은 단순히 남북한 정치에 대한 각각의 기존 연구 성과를 병렬해놓는 것이 아니라, 이 둘 사이의 상호작용이 어떻게 남북한의 정치에 각각 영향을 미쳐왔는지를 동태적으로 분석해내는 것이어야 한다. 이런 대쌍적 동학에 대해 기존의 연구가 밝혀주고 있는 것은 북한의 토지 개혁이 남한 토지 개혁의 자극제가 됐다든가, 남한의 유신 체제 등장과 북한의 유일 체제 등장이 서로 맞물려 진행됐다는 것 등 한국정치 전문가라면 상식적으로 알고 있는 분석들에 불과하다. 사실 이런 전한반도적인 시각을 실제 연구에 도입하려 한 선구적인 연구들[51]조차 실제 내용에서는 병렬적 분석이거나 병렬적 분석의 수준을 크게 넘어서지 못하고 있는 실정이다.

결국 이 문제를 해결하려면 최소한 두 가지가 필요하다. 우선 자료와 정보의 부족, 체계적인 연구자의 부족 등으로 남한정치론에 견줘 뒤떨어져 있는 북한정치론의 연구 수준을 남한정치론의 수준으로 끌어올려야 한다. 둘째, 한국 현대 정치의 문제를 시기별, 주제별로 세분화해 남한 정치 연구자들과 북한정치 연구자들이 장기적인 공동 연구를 추진함으로써 남북한 정치 간의 상호작용에 대한 연구를 축적해야 한다.

7) 관점

마지막으로 '관점perspective'의 문제다. 이데올로기에서 자유로운, 이데올로기 중립적인 사회과학은 과연 가능하느냐는 문제, 다시 말해 사회과학은 '과학'인가 이데올로기인가 하는 문제는 과학철학이라는 측면에서 심각한 쟁점이 돼왔다. 한국정치론도 마찬가지다. 이데올로기와 관점에서 자유로운 이데올로기 중립적인 한국정치론은 과연 가능한가 하는 문제다.

1980년대 이후 한국 사회의 이념적 분화와 패러다임의 다양화에 따라 한국정치 연구 역시 '진보적 시각'부터 '보수적 시각'에 이르는 이념적 분화가 진행돼 다양한 이론적 주제를 놓고 첨예한 '이론 투쟁'을 벌여왔다. 이를테면 1980년대에 진보적 소장 정치학자들을 중심으로 진행된 해방 8년사 연구를 직접적으로 겨냥한 보수적 시각의 연구가 발표됐고,[52] 지난해에는 해방 50주년을 맞아 보수 언론을 중심으로 이승만 복권 운동 등 해방 50년의 한국정치사를 새롭게 긍정적으로 기술하고 평가하는 재조명 운동이 일어났다. 또한 박정희 정권에 대한 평가에서도 개발 독재와 한국의 경제성장 간의 인과성에 관한 분석부터 이것에 대한 규범적 평가에 이르기까지 다양한 이론적 입장이 충돌해왔다.[53] 한국정치 연구에서 '관점'의 문제는 단순한 규범적 평가의 문제에 국한되지 않는다. 여기에 그치지 않고 다양한 인과적인 '현실 분석'에서도 분석에 동원되는 개념과 이론틀 속에 이런 이데올로기성이 내장돼 있을 수밖에 없기 때문에 연구자의 '주관적인' 관점이 각인돼 있다는 점이 문제다.

근대 사회과학에서 "이데올로기는 진실로 간주되는 그 무엇인가의 반대편에 항상 서 있는 것으로 전제되고 있다"는 푸코의 비판[54]이 지적하듯이 분명히 객관적이고 실증적인 과학성을 모델로 한 근대 사회과학은 '진리' 내지 '과학성'과 '허위'와 '이데올로기'라는 형이상학적 대상에 기초해 있으며, 한국정치론 역시 예외는 아니다. 그러나 연구의 주체가 대상이기도 한 사회과학의 특수성과 인식의 사회적 존재 구속성에 관련해 이데올로기 중립적인 사회과학은 불가능하다. 이것은 한국정치론도 마찬가지다. 그러나 한국정치론의 이데올로기성을 인정하는 것이 모든 문제는 결국 '관점의 차이'라는 절대적 상대주의로 귀결돼서는 안 된다. 이데올로기성의 인정이 우리의 인식에서 독립된 연구 대상으로서 사회적 실체의 존재를 인정하고, 대상과 인식의 일치를 과학의 목표로 삼는 '실재론적 사회과학론'[55]의 포기와 주관적 관념론(존재론을 인식론으로 대체하는)으로 되돌아가는 후퇴를 의미해서는 안 된다는 것이다.

결국 한국정치론 역시 다른 사회과학과 마찬가지로 학문의 이데올로기성을 인식하는 '이데올로기 비판' 작업을 부단히 진행하는 동시에 상대주의에 굴복하지 않고 이론의 내적 정합성과 외적 정합성의 치열한 자기비판과 상호비판을 통해 이런 이데올로기성과 (우리의 인식에서 독립된 대상으로서 사회적 실체를 인정하고 이 대상과 인식의 일치를 목표로 삼는) 실재론적 사회과학관 사이의 긴장을 극한까지 밀고 나갈 필요가 있다고 하겠다.[56]

4. 새로운 정치, 새로운 한국정치론

우리는 앞에서 '정치'에 대한 전통적 개념화에 대한 새로운 도전에 대해 간단히 언급했다. 한국정치론이 '정치'라는 개념에 의존하고 있는 한 이런 도전에서 한국정치론 역시 예외일 수 없다. 효율적인 논의를 위해 우선 전통적인 정치에 대한 도전을 소개하고, 이것에 기초해 이런 도전이 한국정치론에 갖는 함의, 한국정치론에 제기하는 도전을 간략히 서술하고자 한다.

새로운 도전의 대표적인 것이 푸코의 권력론이다. 즉 권력관계는 "다른 유형의 관계(경제적 과정, 인식 관계, 성적 관계)와 외적 관계에 있는 것이 아니라 그것들에 내재"하고, "권력은 도처에 있"으며, 국가는 "오히려 권력의 단말기"에 불과하다는 것이다.[57] 한마디로 모든 사회적 관계는 권력관계이며 정치라는 주장이다. 이런 입장이 담화론과 결합하면 그 파괴력은 더욱 커진다. 담화

밖의, 담화 이전의 '고정된 사회적 실체'는 존재하지 않으며,[58] 모든 사회적 관계는 유동적이며 지속적으로 구성되면서도 '구성적 외부constitutive outside'에 의해 전복되며, 정치는 "사회적 관계를 구성하고 전복시키는 특정한 실천"[59]으로 재정의된다. 한마디로 모든 담화가 정치라는 '담화정치론'이다. 이 '사회적 관계'라는 것에 관련된 '주체의 다원주의'도 문제가 되기는 마찬가지다. 곧 "모든 사회적 행위자는 사회적 생산관계뿐 아니라 성, 인종, 민족, 이웃 등의 사회적 관계들을 포함해 사회관계의 다양성 속에 각인된다. …… 따라서 모든 사회적 행위자는 복수의 주체 위치들의 소재지이며 단일한 주체 위치로 환원될 수 없다"는 것이다.[60] 따라서 이런 주체의 다원성 속에서 어떤 주체 위치가 지배적이 돼 실질적으로 주체가 형성되느냐 하는 '정체성의 정치politics of identity'[61]가 새로운 화두로 등장한다.

분명 이런 문제 제기들은 타당성이 있다.[62] 우선 모든 사회적 관계는 권력관계고, 권력 문제를 국가 권력이나 계급 권력이라는 '거대 권력'의 문제로 환원할 수 없다. 이 점에서 국가환원론적이고 거시권력환원론적이던 한국정치론은 자기반성이 필요하다. 권력은 기본적으로 사회적 관계이자 계급 관계이며 '국가는 고유한 권력을 갖지 않는다'고 본 마르크스주의 국가론[63]도 실제 이론적 실천에서는 국가환원론을 벗어나지 못했다. 주체의 다원주의에 관련해서도 사회적 관계를 생산관계로 환원시키는 계급환원론이 지배적이었다.

이런 자기반성은 '새로운 정치'의 '새로운 한국정치론', 좀더 정확히 표현해 새로운 주제와 새로운 영역으로 나아가는 '한국정치론의 재구조화'의 필요성을 제기하고, 이 재구조화의 방향을 제시한다. '근대성' 속에서 억압돼온 성과 지식 등 ('적대'가 아닌) '차이difference'의 문제에 주목하는 '차이의 정치', '정체성의 정치', 특히 한국의 '성의 정치' 등 새로운 정치를 이론화해야 한다. 나아가 대학 운영에 학생과 교직원이 참여해야 한다고 요구하는 대운협의 요구 등 '대학의 정치', '가정의 정치' 등 다양한 일상성 속에 내장된 한국 사회의 '미시 권력의 일상성의 정치' 역시 중요한 영역으로 다뤄져야 하며, 한국 환경정치

등 새로운 사회적 의제를 이론화하는 노력이 필요하다. 다만 주체의 다원주의가 주목하는 다른 주체 위치들이 기본적으로 '차이의 정치'에 기초해 있는 반면 생산관계는 자본주의에 내재한 '적대의 물질성'에 기초해 있다는 근본적인 차이 등에 주목해 이런 새로운 한국정치론이 해체주의적인 절대적 상대주의에 빠지는 것은 경계해야 한다. 나아가 한국적 상황에서 미시 권력과 거대 권력의 접합양식, 생산관계의 '적대의 정치'와 비생산관계적 사회적 관계의 '차이의 정치'를 잇는 접합양식에 대한 구체적인 탐구가 시급하다.

5. 맺는 글

한국정치론이 나아가야 할 방향을 한국정치 연구에서 부딪히는 이론적 쟁점을 중심으로 살펴본 뒤 '정치의 새로운 해석'에 기초한 '새로운 한국정치론'의 문제를 간략히 살펴봤다. 그러나 방법론적 쟁점에 대한 분석은 대부분 긍정적인 방향의 제시라기보다는 연구자가 피해야 할 편향의 제시라는 '부정적 문제 제기'라는 소극적 분석에 그친 한계를 갖고 있다. 또한 긍정적 방향이 제시된 경우 그 내용이 극히 원시적이고 원론적인 원칙의 제시에 불과하며, 연구자들이 평소에 느껴온 것을 정리한 수준에서 벗어나지 못하고 있다. 이 점에서 이 글은 문제 탐색의 출발점으로서 '문제의 정리'에 가깝다고 하겠다.

정작 문제는 이런 원칙의 확인과 정리가 아니라 원칙을 실제 연구에 적용하는 '원칙의 실천'이다. 사실 뛰어난 저작이나 논문의 경우 연구자가 이런 원칙들을 의식했든 의식하지 않았든 이 원칙들을 연구 속에서 잘 실천하고 있으며, 이런 실천이 바로 그 저작들을 뛰어난 저작으로 만들어준다. 1970년대 미국의 한 사회학자는 사회학을 "방법론의 과잉, 구체 연구의 결여"로 특징지어 꼬집었다. 결국 방법론은 수단에 불과하다는 점에서 얼마나 풍부한 연구 성과들을 만들어내느냐가 한국정치론의 궁극적 과제다.

2장

주체사상의 연구 방향에 대한 일 제안
총체적 파악과 평가를 위하여*

1. 문제의 제기

최근 들어 주체사상에 대한 관심이 우리 사회에서 그 어느 때보다도 고조되고 있다는 것은 주지의 사실이다. 이런 현상은 첫째, 신데탕트 체제화에 따라 노태우 정부가 적극적으로 추진하고 있는 '북방정책'에 관련된 정책적 필요성(대북한 정책 수립용), 둘째, 전반적으로 고조된 통일 열망에 관련해 생겨난 북한 사회에 대한 관심 증가, 셋째, 한국 사회의 이해와 변혁운동 모델로서 '주체사상파'의 등장과 부상 등에 기인한다. 따라서 주체사상에 관한 좀더 체계적이고 '과학적'인 분석과 평가가 시급히 요청되고 있는 것도 사실이다.

이 글의 목적은 이런 문제의식에서 출발해 주체사상을 좀더 체계적이고 과학적이며 총체적으로 평가하기 위해 해명돼야 할 문제와 쟁점들이 무엇이며, 이런 문제와 쟁점들에 어떻게 접근할 것인가 하는 연구 방법을 그동안의 연구 업적을 토대로 시론적으로 제시해보는 데 있다.[1]

이 글은 주체사상에 대한 연구가 크게 주체사상의 내용 자체에 관한 이해

---

* 《국제정치논총》 1989년에 실린 글을 수정하고 보완했다.

와 평가, 주체사상의 형성 과정 내지 배경에 관한 연구, 주체사상의 기능 내지 역할에 관한 연구, 주체사상과 북한 현실의 비교 평가, 즉 이론과 실제의 문제 등 네 가지 주제로 나눌 수 있다고 보고 각 주제별 과제들과 연구 방법을 추적해보려 한다.[2]

2. 주체사상의 '내용 분석'

주체사상의 내용 분석은 주체사상은 과연 무엇인가 하는 총체적 모습을 제대로 구성해내는 작업과 이런 파악에 기초해 주체사상을 다양한 각도에서 평가하는 작업으로 나눌 수 있다.

　주체사상의 총체적 모습을 재현하는 작업 자체도 1차 자료에 접근할 기회의 제한, 자료 자체의 방대함 등 다양한 요인 때문에 그리 쉬운 작업은 아닌 듯싶다. 특히 주체사상의 내용이 다루고 있는 주제 자체가 다양하고 이론적 수준의 차별성이 심해 연구자가 특정 측면에 초점을 맞춰 각기 이것이 주체사상이라고 주장할 수 있는 이유와 논거를 그 속에서 찾을 수 있다는 어려움이 있다.[3] 이런 이유 때문에 그동안의 연구는 주체사상에 대한 일면적 고찰에 그치거나 일부분에 관한 논점에 국한된 경향을 떠어왔다.[4]

　이 글에서는 주체사상의 총체적 파악과 평가를 위해서는 최소한 그 추상성의 수준이 다른 세 가지 수준의 주체사상, 즉 첫째, 일반 '사상' 내지 '이론' 체계로서 주체사상, 둘째, (북한) 사회주의 건설 이론 내지 이념으로서 주체사상, 셋째, 남한 사회 분석과 변혁 이론으로서 주체사상을 구별해 내용을 파악하고 평가해야 한다고 시론적으로 제의하고자 한다.[5] 평가 문제에서도 좀더 체계적인 평가를 위해서는 '주류' 철학과 사회과학 이론, '정통' 마르크스레닌주의 등 일관된 체계를 갖춘 이론틀을 선택, 이 세 가지 수준에서 좀더 총체적인 비교와 평가 작업이 진행돼야 한다고 제의하고자 한다.

1) 일반 '이론' 체계로서 주체사상[6]

일반 이론 수준에서 주체사상은 크게 철학 원리로서 주체사상과 사회역사 원리 내지 사회역사 이론으로서 주체사상의 문제다.[7] 주체철학 원리란, "세계의 시원 문제가 유물론적으로 규명되고 세계의 객관적 운동법칙이 규명된 조건에서 세계에서 사람이 차지하는 지위와 역할 문제를 …… 제기, 사람이 모든 것의 주인"[8]이라고 밝힌 세칭 '인간중심적 철학 원리'를 주장하며, 주체의 사회역사 원리는 이런 철학 원리를 적용해 인민대중이 역사의 주체라는 것을 밝힌 원리라는 것이다. '사회역사 이론'은 사회역사 원리하에 상부구조를 강조한 토대-상부구조론, '정통' 마르크스주의의 5개 생산양식론에 식민지반봉건사회를 첨가한 사회유형론 등 사회 현상을 일반화시킨 이론 체계다.

이 수준에서 진행되는 주체사상의 재구성과 평가에서 가장 논쟁적이고 핵심적인 부분은 주체철학 원리, 사회역사 원리와 이론, 그리고 '정통' 마르크스주의의 변증법적 유물론과 역사유물론 사이의 관계라는 문제다. 특히 이 관계에 대한 주체사상 자신의 입장은 스스로 모순된 주장들을 주체사상 속에서 찾아볼 수 있어서 재구성에 어려움을 주고 있다. 즉 주체사상 스스로 하는 주장이 마르크스레닌주의의 본질을 벗어나지 않고 이것을 창조적으로 북한 사회에 적용 내지 계승하고 발전시켰다는 주장인지, 아니면 나아가 그 본질을 넘어서 독자적 이론 체계를 수립했다는 주장인지가 애매하다는 점이다.

"주체철학은 …… 관념론과 형이상학의 온갖 조류들을 반대하고 유물론적이고 변증법적인 입장을 철저히 고수해온 철학"[9]이며 "우리 '북한'이 처음으로 발견한 것이 아니"고 "마르크스-레닌주의자라면 누구나 다 그렇게 생각"[10]해 온 것이라는 주체사상의 주장은 마르크스레닌주의의 계승성을 주장하고 있는 예들이다. 한편 주체사상은 마르크스레닌주의와 "그 내용에서나 구성에서나 질적으로 다른 독창적 사상"[11]이고, 마르크스레닌주의와 주체사상의 관계 문제에 관련해 "마르크스주의에 대한 레닌주의의 관계와 근본적으로 다르"[12]

며 "주체사상을 마르크스-레닌주의의 유물변증법에 맞추어 해석하려는 편향이 있"지만 "주체사상의 철학원리를 유물변증법의 틀 안에서 해석할 수는 없는 것"[13]이라든가 "주체사상을 마르크스주의가 조선에 토착화된 것이라고 얘기하는 경향이 있으나 주체사상은 …… 마르크스주의와 질적으로 구별되는 새로운 사상"[14]이라는 주장은 모두 주체사상의 독창성을 강조하고 있다.

주체사상 자신의 이런 모순적 주장에 대해 한 연구자는 시기별로 "마르크스-레닌주의의 창조적 적용론"에서 "완전히 독창적 사상체계론"으로 '발전'돼왔다는 가설[15]을 제기하고 있지만, 위의 모순된 주장들이 이런 시기 구분에 따라 양분돼 분류되는지는 검증돼야 할 또 다른 과제다.

여기에 사상과 시대의 관계까지 고려하면 문제는 더욱 복잡해진다. 주체사상이 "선행한 모든 시대와 근본적으로 다른 새로운 역사적 시대"라는 '주체시대', 즉 "근로인민대중이 역사의 주도적 지위에 올"[16]라선 시대를 대표하는 사상이라는 주체사상의 주장은 주체사상이 통시대적으로 적용될 수 있는 일반이론 내지 사상이 아니고 주체시대에만 타당성을 갖는 역사 특수적 이론이라는 해석이 가능하다. 따라서 주체사상이 주장하는 독창성도 부분적 독창성이 되기 때문이다. 결국 주체철학 원리 등에 대한 재구성과 평가는 이것을 긍정적으로 평가하는 경우와 비판하는 경우로 나뉘게 되는데, 전자의 경우 다시 주체사상이 정통 마르크스주의 철학 원리 등을 벗어나지 않고 창조적으로 적응시킨 것이라는 평가와 더 나아가 주체사상의 독창성을 인정하고 이것까지 긍정적으로 평가하는 것으로 나눌 수 있다.[17]

비판의 경우 '정통' 마르크스주의적 시각의 비판과 '주류' 패러다임의 비판으로 갈라지는데, 재미있게도 양쪽의 비판이 주체사상은 마르크스주의를 왜곡한 '관념론적 아류'라는 것으로 수렴되고 있다. 특히 '정통' 마르크스주의적 비판의 경우 변증법적 유물론과 사적 유물론을 비교의 준거틀로 해 주체사상에 대한 체계적인 평가와 비판을 수행하고 있다.[18]

그러나 '주류' 패러다임의 경우 관념론 등 '주류' 철학 이론과 '주류' 사회과학 일반 이론을 준거틀로 해 체계적인 주체사상 비판을 하기보다는 정통 마르크스주의를 준거틀로 해 주체사상이 이것보다 "덜 유물론적"인 "은폐된 관념론"에 불과하다는 기이한 비판을 하고 있다.[19] 물론 이 경우도 일부는 '정통' 유물론에 대한 비판도 함께 행하고 있지만, 정통 유물론에 관한 비판에 주체사상은 정통 유물론이 아닌 관념론적 아류라는 비판을 '산술적'으로 합쳐도 주체사상의 이론 구조 자체에 대한 진정한 비판이 될 수 없다는 문제점을 안고 있다.

결론적으로 주체철학 원리, 사회역사 원리, 사회역사 이론 등 일반 이론 수준에서 주체사상의 내용 분석은 일차적으로 마르크스레닌주의와 주체사상의 정확한 관계 규명에 초점을 맞춰 주체사상이 무엇인지를 재구성해내고, 변증법적 유물론과 사적 유물론 등 정통 마르크스주의의 일반 이론들과 관념론 등 '주류' 철학 이론과 '주류' 사회과학 일반 이론을 대상으로 하는 체계적인 비교 분석을 통해 타당성을 평가해야 한다고 말할 수 있다. 특히 이 중 주류 패러다임을 기준으로 한 체계적 평가는 연구 실적이 미비해 체계적인 연구가 필요한 분야라 할 수 있다.

2) 사회주의 건설 이론으로서 주체사상

다음 수준의 주체사상은 사회주의 건설의 일반 이론 내지 북한 사회주의 건설 이론으로서 주체사상이다. 즉 북한이 내세우고 있는 사회주의 사회 이론, 공산주의 사회 이론, 과도기론, 프롤레타리아독재론, 사회주의 정치경제학, 사상·기술·문화의 3대 혁명론, 사회주의 건설의 총노선, 주체의 '혁명적 영도 방법', 4자로선四自路線 등 사회주의 건설에 관련된 이론적 작업들을 어떻게 평가할 것인가 하는 문제다.[20] 북한 사회주의 비판의 집중 표적이 되고 있는 '수령관', 개인숭배 문제도 바로 이 차원에서 다루어야 할 주제다.

이런 '주체'사회주의 건설 이론 재구성의 첫째 과제는 이 중 사회주의 건설 일반에 적용될 수 있는 사회주의 건설 일반 이론과 북한 사회의 특수성을 반영한 역사 특수적 부분, 즉 북한 사회주의 건설에만 타당성을 갖는 북한 사회주의 건설 이론을 구별해내는 것이다.

이런 분류에 기초해 주체사회주의 건설 이론의 재구성이 끝나면 이 이론 체계도 '주류' 사회과학에서 진행된 사회주의 이론 비판과 '정통' 마르크스주의의 사회주의 이론을 각각 준거틀로 한 비교와 평가가 진행돼야 한다.

이 작업에서도 특히 주요 쟁점으로 부상하는 것은 주체사회주의 건설 이론과 정통 마르크스레닌주의의 사회주의 이론의 정확한 관계를 규명하는 문제로서, 주류 사회과학 패러다임의 틀을 이용한 주체사상 비판의 경우 막스 베버, 프리드리히 하이에크 등이 이론화한 사회주의 이론 일반 비판[21] 등을 기초로 해 사회주의 이론의 한 '변형'이라 할 수 있는 주체사상의 사회주의 건설 이론들을 구체적으로 평가해야 한다.

'정통' 마르크스레닌주의의 시각에서 주체사회주의 건설 이론을 평가할 경우 일반 이론 수준에 견줘 훨씬 많은 어려움이 예상된다. 변증법적 유물론이나 사적 유물론 같은 일반 이론에 견줘 사회주의 건설 이론은 이론적 체계화의 수준이 낮고 다양한 해석이 가능하기 때문이다. 이를테면 마르크스와 엥겔스의 경우 체계적인 사회주의 이론을 남기지 않았다는 것이다. 이 밖에 사회주의 이론에 대한 국내 학계의 연구 수준이 다른 분야에 견줘 크게 뒤떨어져 있다는 사실도 이런 작업의 어려움을 배가해주는 한 요인이다.

다만 시론적으로 제의할 수 있는 것은 《고타강령 비판》, 《프랑스 내전》, 《반듀링론》 등 마르크스와 엥겔스의 사회주의 관련 저작[22]과 《국가와 혁명》 등 레닌의 사회주의 이론[23]을 기초로 해 현대까지 발전돼온 소련 등 사회주의 국가들의 사회주의 이론을 중심으로[24] '정통' 사회주의 이론을 재구성해, 이 결과를 평가의 틀로 삼아야 한다는 것이다. 그러나 사회주의 건설에 관해서는 중소 이념 분쟁 등을 통해 잘 나타나 있듯이 사회주의 진영 안에도 다양한 해석이 공존하고 있으므로[25] 마르크스레닌주의 정신에 기초해 올바른 사회주의 건설 이론을 조심스럽게 선별하고 재구성해야 하며, 소련과 중국의 사회주의 이론의 경우도 이 국가들의 역사적 경험에 기초한 역사 특수적 부분과 '본질적'인 사회주의 건설 일반 이론을 이론적으로 구별해내야 한다.

　가장 초보적인 문제인 과도기와 프롤레타리아트 독재의 문제만을 예로 들어도 마르크스의 경우 자본주의 사회에서 공산주의 사회로 나아가는 이행기, 즉 사회주의 사회 기간 전체를 과도기로 보고 이 전체 기간 동안의 국가권력 형태를 프롤레타리아트 독재로 가정한 반면, 소련의 경우 '사회주의 제도의 수립=과도기의 종료=프롤레타리아트 독재 종료=전인민 국가'라고 이론화했다. 그러나 중국은 소련의 입장을 수정주의로 비난하면서 마르크스의 주장을 그대로 채택하고 있다.[26] 북한은 소련의 입장을 우경 기회주의로 규정하고 중국의 입장을 좌경 기회주의로 규정한 뒤 그 중간적 입장을 취하고 있으며, 과도기와 프롤레타리아트 독재를 연결시킨 중국과 소련과 달리 이 둘을 분리해 프롤레타리아트 독재는 과도기가 끝난 다음에도, 즉 공산주의의 높은 단계까지 계속돼야 한다고 주장하고 있다.[27]

　결론적으로 고전적 사회주의 이론을 비판적으로 재구성한 올바른 '정통' 사회주의 건설 이론을 준거틀로 해 '주체'사회주의 건설 이론이 중국과 소련의 사회주의 이론을 넘어서 독창적으로 이론화에 기여한 것인지,[28] 아니면 올바른 이론에서 이탈해 아류화된 것인지를 과도기론, 프롤레타리아트 독재론, 사회주의 정치경제학, 당지도 이론 등 세부 주제별로 평가해야 한다. 특히 이 수준의 연구가 주체사상 이론 분석 연구 중 가장 연구 실적이 빈약한 분야라는 점에서 많은 연구가 요구되고 있다.[29]

3) '남한' 사회 분석과 변혁 이론으로서 주체사상

마지막으로 남한 사회 분석과 변혁 이론으로서 주체사상 문제다. 특히 이 부분은 우리 현실에 직결돼 있어 지대한 관심을 끌고 있는 분야로서 국내 소장 학자들을 중심으로 활발한 논쟁이 진행되고 있다. 주체사상의 남한 사회 분석과 변혁 이론은 한국 사회가 식민지성과 반봉건성이 결합돼 있고, 특히 이 중 식민지성, 즉 민족 모순이 규정적인 식민지반봉건사회라는 식민지반봉건 사회론(식반론)과 그 극복 모델로서 반^{反}제국주의, 반^{反}봉건제의 과제를 갖는 반제반봉건인민민주주의혁명론(반제반봉건 NLPDR)으로 이론화돼 있다는 것은 잘 알려진 사실이다.[30] 이 이론들은 국내 주체사상파에 의해 수용돼 영향력을 갖게 된다. 그러나 '재야' 학계들의 논쟁 과정에서 한국 현실을 반영하지 못한 시대착오적 이론이라는 비판을 받으면서 한국 사회의 자본주의적 성격을 인정한 식민지반$^{#}$자본주의론으로 부분적 수정을 겪었다.[31]

이 이론들은 국내에서 벌어진 직접적인 논쟁 과정에서 여러 애매한 점들이 밝혀져 이론의 재구성 자체에는 큰 어려움이 없지만, 그래도 식반론이 갖는 추상화의 수준이 무엇인가(사회구성체 수준인가 그 하위 수준인가), 반봉건 성의 요체는 무엇인가 등은 아직도 애매한 부분들이다.[32]

이런 이론의 평가는 그동안 국내 학계에서 많은 연구가 진행됐고 논쟁이 계속 활발히 진행되고 있는 상태이므로 연구 방향의 제시라기보다는 그동안의 논쟁 구도를 전체 틀 속에서 체계적으로 정리해 소개하고, 다만 향후의 몇 가지 쟁점들과 연구 방향을 간단히 언급하고자 한다.

식반론과 반제반봉건 NLPDR의 평가는 앞에서 지적한 대로 '주류' 사회과학의 한국 사회 분석 모델과 '정통' 마르크스주의의 분석 모델을 대상으로 하는 비교 평가 속에서 진행돼야 하는바, 그 모델로는 주류의 경우 발전론 내지 근대화 이론에 입각한 한국 '중진국사회론'과 '변혁 필요 부재론'을 들 수 있으며,[33] 그 반대편의 경우 종속 아래에서도 한국에도 국가독점자본주의가 확립됐다고 보는 신식민지국가독점자본주의론(신식국독자론)과 반제반독점민중민주주의혁명론(반제반독점 NLPDR)을 들 수 있다.[34]

중진국사회론의 경우 이 시각에서 직접적으로 식반론에 대한 비판과 논쟁까지는 진행되지 않고 있어 이런 연구가 기대된다. 다만 지적할 점은 한국 사회가 제3세계 내의 선두 주자로 상대적으로 자본주의가 발달한 점이 이런 논쟁에서 중진국사회론의 입지를 강화해주는 요인이지만, 부인하기 어려운 한국 경제의 종속성 문제와 중진국사회론으로 한국 사회가 아닌 절대다수의 제3세계 '저개발' 국가를 어떻게 설명할 것인가 등의 문제를 해결해야 이 논쟁 구도에서 중진국론이 정당한 대안으로 자리잡을 수 있다 하겠다.

식반론에 대한 직접적이고 본격적인 평가와 비판은 신식국독자론이 진행하고 있다. 신식국독자 진영은 한국 사회를 독자적 사회구성체 내지 국민국가로 인정하지 않는 국민국가 실체 부재론, 제국주의의 전일적 지배를 강조하는 완전 식민지론 등 식반론의 내적 논리들에 전면적 비판을 가함으로써[35] 남한 사회성격론과 변혁 이론을 주체사상의 '가장 약한 고리'로 만들어버리는 데 상당한 성공을 거뒀다고 볼 수 있다.

그러나 신식국독자론 역시 한국 사회의 변화 방향에 관련해 종속 강화론과 종속 약화론 등 내부적인 이론 대립이 해결되지 않은 채 남아 있는 등 많은 문제점을 안고 있다. 특히 소련의 '페레스트로이카 정치경제학'의 등장과 함께 국내 신식국독자 진영에 커다란 영향을 주던 소련 학계에서 한국은 이제 종속을 탈피해 '비대칭적 상호의존asymmetric interdependence' 단계에 이르렀으며 선진국을 상대로 한 '대칭적 상호의존'으로 성장해갈 가능성이 크다는 '중진자본주의론'이 대두돼 소개됨으로써 한국의 종속 탈피 가능성 여부를 놓고 또 한 차례의 논쟁이 예고되고 있다.[36] 다만 확실한 것은 이런 중진자본주의론의 소개가 식반론에 불리하게 작용하면 했지 현재보다 유리하게 작용하지는 않을 것이라는 점이다.

우리 사회에 밀접히 관계된 것으로 마지막으로 검토해야 할 주제는 주체사상의 한반도 통일론이다.[37] '남한' 사회성격론이 주체사상의 약한 고리라면 통일론은 최근 학생운동 내부의 통일운동이 잘 보여주듯이 주체사상의 '강한 고리'라 할 수 있다.

민족 모순과 분단 모순 등을 강조하고 민족적 감정에 호소하는 주체사상의 경향, 통일 문제를 한반도 자체의 사회변혁에 결합해 이론화하려는 총체적 관점 등이 '혁명적 민주기지노선'에서 '지역혁명론'으로 변화해온 북한의 통일 전략과 고려민주연방공화국제라는 통일 방안의 구체적인 이론적 타당성 여부하고는 상관없이 통일 문제를 주체사상의 '강한 고리'로 만들고 많은 사람들에게 설득력을 갖게 하고 있는 것으로 분석된다.

통일 문제에서도 주체사상의 타당성은 주류 이론의 시각과 '정통' 마르크스주의 시각을 상대로 하는 논쟁 구도 속에서 평가돼야 한다. 주류 시각의 경우 최근 정부가 내놓은 '한민족공동체' 통일 방안[38] 등을 중심으로 주체사상 통일안을 상대로 체계적인 비교 평가가 진행돼야 하지만, 이런 평가가 더 설득력을 지니려면 최소한 7·7선언의 정신을 제대로 반영할 수 있는 좀더 진전되고 적극적인 통일 방안을 이론화하는 과정에서 평가를 진행해야 한다.

신식국독자 진영의 경우 나름대로 주체사상의 통일론을 일관되게 비판하고 대체 이론을 개발하고 있지만,[39] 이 분야에 상대적으로 관심을 덜 기울여온 데다가 이론화도 아직 초기 단계에 불과해 주체사상을 상대로 한 논쟁을 하기 위해서는 이론화 작업이 아직도 많이 필요하다고 하겠다.

4) 총체적 평가

이제까지 제의한 주체사상의 내용 분석 전략 내지 방법론을 체계적으로 정리해보면 **그림 1**과 같다.

위에서 지적한 주체사상의 세 수준은 유기적으로 결합돼 총체적인 주체사상의 모습을 형성하지만 이런 유기적 결합성은 모든 이론이 그러하듯이 선험적으로 가정될 수 있는 것은 아니다. 따라서 이 세 수준이 정말 얼마나 유기적으로 결합돼 있는지, 즉 이론적 일관성을 갖고 내적 긴장이 없이 연결돼 전체를 형성하고 있는지가 분석돼야 할 또 다른 과제다.

또한 이 세 수준의 이론적 정합성은 균등하지 않고 불균등할 가능성이 크

그림 1. 주체사상 내용 분석 전략

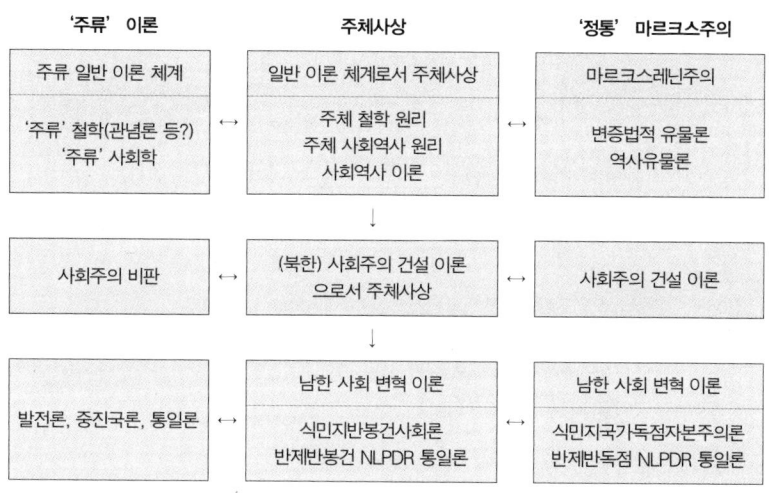

'주류' 이론	주체사상	'정통' 마르크스주의
주류 일반 이론 체계 '주류' 철학(관념론 등?) '주류' 사회학	일반 이론 체계로서 주체사상 주체 철학 원리 주체 사회역사 원리 사회역사 이론	마르크스레닌주의 변증법적 유물론 역사유물론
사회주의 비판	(북한) 사회주의 건설 이론 으로서 주체사상	사회주의 건설 이론
발전론, 중진국론, 통일론	남한 사회 변혁 이론 식민지반봉건사회론 반제반봉건 NLPDR 통일론	남한 사회 변혁 이론 식민지국가독점자본주의론 반제반독점 NLPDR 통일론

므로 어느 수준의 정합성이 상대적으로 높고 낮은지, 즉 어느 수준이 주체사상의 강한 고리이고 약한 고리인지가 평가돼야 한다고 볼 수 있다. 따라서 주체사상의 총체적 모습을 보지 않고 어느 특정 수준에 초점을 맞춰 그 수준의 이론이 이론적 타당성이 있다는 이유로 주체사상의 전체 틀이 옳다고 판단해 수용하거나 거꾸로 특정 수준에 이론적 근거가 빈약하다는 이유로 전체 이론 틀이 모두 그릇된 것이라고 판단해버리는 양분된 사고는 바람직하지 않으며, 이론적 타당성이 불균등한 부분들로 구성된 총체적 모습을 봐야 한다고 지적할 수 있다.

3. 주체사상 형성의 '정치경제학'

주체사상에 관한 또 하나의 중요한 쟁점인 북한에서 주체사상이 생겨나게 된 이유를 해명하는 주체사상 형성에 대한 연구는 주체사상이 '절대적 자율성'을

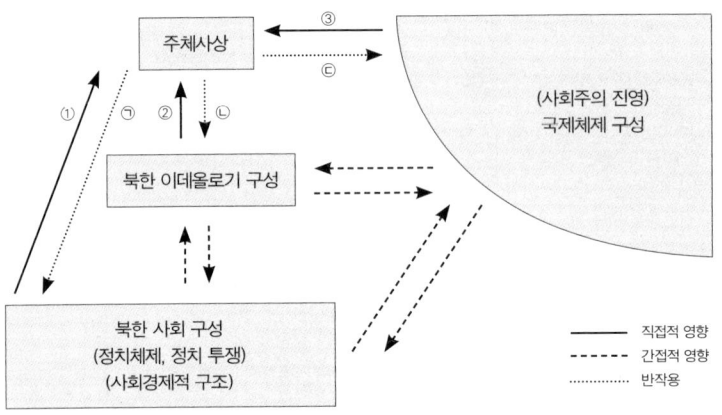

그림 2. 주체사상 형성 분석 모델

갖고 자기실현을 해왔다는 관념론적 해석이나 거꾸로 사회경제적 조건이 특정 사상을 필연적으로 탄생시켰다는 속류 경제환원론 내지 역사주의적 해석이 모두 배제돼야 한다고 말할 수 있다. 하나의 시안적 모델로 제시할 수 있는 것은 스탈린주의의 형성에서 러시아 혁명 뒤 러시아의 사회경제적 조건과 계급 관계 등 러시아의 '사회구성social formation'과 이것의 '궁극적 규정'을 받으면서도 상대적 자율성을 가진 볼셰비키 지도부의 '이데올로기 구성ideological formation' 사이의 변증법적 상호작용으로 이해한 베텔하임의 이론틀[40]에 세계체제적인 '국제체제 형성international system formation'을 추가한 모델이라 하겠다(**그림 2** 참조).

이런 접근 모델을 기준으로 해서 볼 때 사회주의 진영의 다원 체제화, 스탈린 사망, 국내 권력 투쟁 등을 주체사상 등장의 배경으로 파악한 기존 연구들[41]은 ③(국제적 요인)과 ①의 일부(국내 정치적 요인)에 초점을 맞추고 있다고 지적할 수 있다. 주체사상 형성의 배경을 이해하는 데 도움을 주는 이런 연구를 기초로 해 앞으로는 북한 사회구성(①)의 '토대'적 요인과 북한 지도부의 이데올로기 구성(②)을 규명하는 데 노력하는 것이 생산적이라고 볼 수 있다.

달리 말해 북한처럼 생산력 수준이 낮고 사회주의 건설에 동원할 수 있는 자원이 희소한 사회에서 사회주의 건설에 동원 가능한 '자원'이 인간 그 자체와 민중의 혁명적 자발성이던 객관적인 '토대'적 조건이 인간 중심적이고 민중자발성을 강조하는 주체사상이 형성되는 데 끼친 영향 등에 관한 연구가 필요하다 하겠다.[42] 또한 그 형성 배경을 사회경제적 외적 요인에만 환원시키고 이데올로기 형성의 자율성을 인정하지 않는 종래의 환원주의적 시각을 벗어나 상대적 자율성을 갖는 북한 지도부의 이데올로기적 정향과 구성 등이 주체사상 형성에 어떤 역할을 했는지가 규명돼야 할 과제다.

4. 주체사상의 기능

주체사상이 북한 사회에서 어떤 기능을 수행하고 있는가 하는 주체사상의 기능론적 분석은 북한학 분야에서 그동안 활발히 연구된 주제다.

학자에 따라 김일성 1인 체제 합리화 기능, 전체주의 동원의 메커니즘, 대남혁명 노선 합리화 기능, 중소와 제3세계 선전 기능,[43] 체제 구축 기능, 체제 유지와 확대 기능, 민족 통일에 접근하는 기능,[44] 정치사회화 기능, 국민 통합 기능[45] 등 다양한 기능이 주체사상이 수행하는 기능으로 지적돼왔다. 극히 상식적이지만 이 밖에 주체사상은 북한 사회주의 건설의 지도 이념의 기능을 수행한다고 상정할 수 있어서 이 기능도 추가가 필요하다 하겠다. 또한 기존의 주체사상 기능 분석은 주체사상이 북한 사회에서 수행하는 기능(**그림 2**의 ㉠과 ㉡)에 한정돼 있었다는 한계가 있다. 물론 주체사상이 북한의 지도 이념인 이상 그 기능이 북한 사회에서 가장 클 것은 자명한 일이지만, 이것은 사회과학적 분석 단위를 일국적 수준으로 국한시키는 관점이라 할 수 있다.

현대 사회의 사회적 동학이 국제화되는 추세를 감안할 때 주체사상의 기능 연구는 북한 사회에서 주체사상이 하는 기능 분석 수준을 벗어나 세계체제적 시각에서 주체사상이 우리 사회와 사회주의 진영 전체, 제3세계에 끼치는 영향 내지 이 지역들에서 수행하는 기능 연구(**그림 2**의 ⓒ)까지 범위를 확대시켜야 한다고 볼 수 있다.

특히 우리 사회의 경우 '주체사상파'의 대두가 잘 보여주듯 주체사상은 사회 분석과 변혁 모델의 이론의 하나로서 상당한 기능을 수행하고 있으며, 거꾸로 정부 홍보와 여러 매체들을 통한 주체사상, 특히 '개인숭배' 등에 대한 소개와 비판은 상당수 국민들에게 반공 의식의 강화와 사회변혁 지지 의사의 약화를 초래함으로써 반공 의식 강화 기능을 수행하고 있다고 가설적으로 추론할 수 있다.

이 밖에도 주체사상이 주장하는 4자노선 등이 종속 탈퇴를 원하는 제3세계에 끼치는 영향, 주체사회주의 건설 이론 등이 사회주의 진영에 끼치는 영향 등이 좀더 체계적으로 연구돼야 한다.[46]

둘째, 주체사상의 기능 연구는 종전의 '목적 중심적' 내지 '의도intention' 접근, 즉 북한 지도부가 주체사상을 어떤 목적에 사용하려 하는가 하는 의도 내지 목적에 초점을 맞추는 접근법에서 이제는 '실기능적 접근법', 즉 실제로 주체사상이 수행하고 있는 기능 내지 효과에 초점을 맞추는 접근법으로 중심을 옮겨갈 필요성이 있다 하겠다. 왜냐하면 주체사상이 김일성 체제의 강화를 목적으로 한다는 것과 실제로 주체사상이 기능을 얼마나 효과적으로 수행하고 있는가는 별개의 문제고, 반대로 역기능을 가져오는 경우도 상정할 수 있기 때문이다.

마지막으로 주체사상이 북한 사회에서 하는 기능에 관련해 이 분석이 주체사상이 북한 사회에서 하는 역할에 관한 연구라 한다면 이 점에 대한 지나친 강조[47]는 오히려 북한 사회의 이해를 방해하는 장애 요인이 될 수 있다는 점에 유의해야 한다고 지적할 수 있다.

물론 한 사회 속에서 하나의 사상이 차지하는 비중을 놓고 볼 때 주체사상만큼 큰 비중을 차지하는 사상이 흔하지 않다는 것은 부인할 수 없는 사실이지만, 이 점에 대한 지나친 강조는 주체사상만 알면 북한 사회를 완전히 이해할 수 있을 듯한 착각을 심어주고 북한 사회 연구 방법론의 '관념론화'를 초래할 염려가 있다 하겠다.

5. 주체사상과 북한 ― 이론과 실제

주체사상의 총체적 평가를 위한 마지막 작업은 주체사상과 현실(북한 사회), 즉 이론과 현실의 비교 분석, 달리 말해 이론과 현실의 괴리 여부에 대한 평가 작업이다. 자본주의에 대한 평가가 애덤 스미스의 《국부론》에 대한 분석만으로 끝날 수 없고, 사회주의에 대한 평가가 《공산당 선언》에 대한 내용 분석만으로 끝날 수 없듯이 주체사상의 평가는 주체사상 그 자체의 평가만으로는 완결될 수 없다.[48] 따라서 북한 사회의 현실에 대한 과학적이고 '객관적'인 인식을 통해 이런 현실과 주체사상의 내용을 대비시킴으로써 그 괴리 내지 비非괴리 여부를 판단해야 한다. 이를테면 북한 사회의 '민중'은 정말 북한 사회의 주체 내지 주인이며 북한 사회는 주체사상이 주장하듯이 창조성과 자주성이 마음껏 발휘되고 있는 사회인가 등이 검증돼야 한다.[49]

　물론 이 경우 사회주의라는 것이 혁명에 의해 하나의 완성체로 주어지는 것이 아니라 오히려 하나의 과정으로 이해돼야 하며, 특히 북한 등 '현존 사회주의' 체제들이 '사회구성체'적 자기 전개의 역사가 상대적으로 일천한 점을 감안할 때 이런 이론과 현실의 괴리를 비교하는 작업이 단순히 완성체로서 '주체적' 북한 사회주의(이론, 목표)와 건설 과정상의 현존 북한 사회주의(현실) 간의 괴리를 발견하는 작업이어서는 안 된다 하겠다. 오히려 이런 평면 비교보다는 운동성과 과정성을 감안해 북한 사회의 현실 속에서 북한 사회가 나아가고 있는 방향을 파악할 수 있게 해줄 수 있는 운동 '계기들moments'과 모순 구조를 추상화해내고, 이런 계기와 이론으로서 주체사상을 대비하는 것이 좀 더 올바른 연구 방향이라 지적할 수 있다.

또한 북한 사회의 '객관적' 현실을 파악하기 위해서는 북한 사회를 일방적으로 미화하는 편향이나 거꾸로 '프로크루스테스'의 침대 식으로 우리 기준에 억지로 북한을 꿰어 맞추려는 자기 중심적ethnocentric 시각은 모두 배제돼야 한다고 볼 수 있다.

결론적으로 주체사상의 이론과 실제에 대한 비교 연구의 전제 조건인 북한 사회의 현실에 관한 과학적 이해는 좀더 과감한 자료 공개를 통해 정치, 경제, 사회, 문화 등 다양한 분야에서 북한의 실상을 좀더 깊이 있게 연구하고, 이런 연구를 거쳐 좀더 '객관적'인 북한 사회의 모습을 재구성한 뒤, 그 속에 관철되고 있는 내적 동력 내지 계기를 파악함으로써 비로소 가능할 수 있다고 할 수 있다.

3장

지역사회 연구 방법론 단상[*]

1. 머리말

최근 들어 우리 사회에도 지역사회, 나아가 지역사회 연구에 관한 관심이 고조되고 있다. 과거의 '중앙무대' 일변도의 연구에서 탈피해 지역사회에 관한 연구에도 연구의 초점이 주어지고 있고 학술운동 역시 '중앙 무대' 일변도에서 벗어나 지역사회연구회 등 자신들의 지역 문제에 초점을 둔 지역 단위의 연구 활동을 활발히 펴나가고 있다.

이런 현상은 다양한 요인들이 중첩해 작용한 결과라고 할 수 있다. 우선 지역적 단위에 기초를 둔 '지역운동'은 5공 당시 국가의 억압적 국가기구를 통한 탄압에 효과적으로 대응하기 위해서는 지역 단위가 아니라 부문(노동, 농민 등)별로 결합된 단순한 부문 운동으로는 부적절하다는 현실적 한계 속에 '방어적' 측면에서 시작된 느낌이 강하다. 그러나 이런 소극적 측면을 넘어서 우리들의 구체적인 삶의 터전이자 실천의 장으로서 '지역사회'의 중요성에 대한 자각, 한국 자본주의의 불균등 발전의 결과라 할 수 있는 '지역 모순', 즉

---

[*] 전남대학교 사회과학연구소 연구간담회(1992년 6월) 발제문을 확대 보완한 것이다.

비대해지고 특권화된 서울 대 지방의 모순과 지방 간의 발전 수준의 격차에서 연유한 지방 지역 간의 모순에 대한 자각이 심화되면서 '능동적'인 측면에서 지역사회와 지역사회 연구에 대해 더 많은 관심을 쏟아왔다. 이 밖에 지방자치의 실시 역시 이런 관심을 제고하는 데 기여하고 있다.

이 글은 이런 관심 제고에 관련해 지역사회 연구를 어떻게 해나갈 것인가 하는 '지역사회 연구 방법론'에 관한 필자 나름의 단편적 상념들을 정리한 것이다. 아울러 필자 자신이 지역사회 연구 전문가가 아니기 때문에 지역사회 연구에 관한 전문적 지식에 의존하기보다는 사회과학 일반의 방법론적 측면에서 지역사회 연구를 바라보고 이때 제기될 수 있는 문제들을 다소 '형식주의적'이고 '원론적'인 수준에서 검토한 점을 밝혀두고자 한다.

2. 지역사회 연구 방법론에 대한 몇 가지 단상

1) 국내외 연구 동향과 방법론적 정향

지역사회 연구 방법론 문제를 본격적으로 다루기에 앞서 우선 해외의 관련 연구 동향을 간략히 짚어보고, 이것을 기초로 지역사회 연구가 나아가야 할 기본적인 방법론적 정향을 시론적으로 제시해보고자 한다. 필자의 '아마추어'적 지식에 따르면, 지역사회 연구는 미국권과 유럽권으로 대별되는 듯하다. 방법론적으로 상이하다고 할 수 있는 이 두 지역권의 연구 방법론적 특징을 과잉 일반화의 위험에도 불구하고 간략히 요약하고 소개하려고 한다.

미국의 지역사회 연구는 유명한 다원주의 정치학자인 로버트 달[R. Dahl]이 뉴헤이븐 지역의 정책 결정 과정을 실증 분석한 《누가 지배하는가?[Who Governs?]》 이후 이른바 다원주의 대 엘리트주의의 논쟁으로 발전한 지역 권력 구조[community power structure] 연구가 기본 골격이 돼왔다고 볼 수 있다. 지역사회에서 누가 권력을 장악하고 있느냐를 주관적 인지도에 따른 명성법, 객관적 지표에 따른 지위법 등을 통해 규명하려는 지역 권력 구조 연구는 이후 지역사회의 다양한 의제 영역issue area에서 재개발, 핵발전소 건설, 환경 문제 등을 놓고 지역 내의 다양한 이익단체들이 어떤 동맹 정치coalition politics를 통해 자기들의 입장을 관철시키려 애쓰는지를 분석하는 연구로 발전해왔다.

이렇게 미국권의 연구가 권력 구조와 정치의 문제에 주로 초점을 맞춰왔다면 유럽권의 연구는 방법론에서 정치경제학적 지향을 한층 분명히 하고 있을 뿐 아니라 주된 관심도 자본주의의 불균등 발전에 관련된 지역 발전 문제에 두어온 듯하다. 특히 유럽권의 연구는 미국식의 실증주의적 전통에 대비되게 넓은 의미의 마르크스주의적 전통에서 자본주의의 불균등 발전 법칙에 대한 지역 간의 불균등 발전, 분석 단위 측면에서 지역발전의 세계체제적 연관 등을 강조한다. 따라서 미국권의 지역사회 연구가 정치학과 사회학이 중심이었다면, 유럽권은 경제학과 지리학 등이 중심이 돼 '공간의 정치경제학'이라는 독특한 영역의 개발로 이어져 조절이론 등이 도입됐다.

한국의 경우 지역사회 연구가 최근에, 그것도 진보 학계와 민중운동 진영에서 관심을 갖고 주도해온 탓으로 미국권의 연구 경향이 지배적인 다른 사회과학 분야와 달리 유럽식 연구가 지배적이 돼왔다는 느낌이 든다. 물론 이런 현상은 바람직하지만, 주제 면에서 지역 간 불균등 발전 등 정치경제학적 문제에만 주로 초점이 맞추어지고 지역사회의 권력 구조와 권력 구조 재생산이라는 문제는 거의 등한시되는 파행적 현상을 보이고 있다 하겠다. 권력 구조 문제의 경우 기껏해야 중앙 정치 무대에 특정 지역 출신이 얼마나 대표되고 있느냐는 중앙 권력 구조의 지역적 구성 문제만이 초점이 되고 있을 뿐 본격적인 지역사회의 권력 구조 문제를 체계적으로 다룬 연구는 필자가 알고 있는 한 아직 없지 않나 싶다.

그럼 지역사회 연구는 어떤 방법론적 정향을 가져야 하는 걸까? 가칭 '세계구조역사적world structural-historical 접근법'을 취해야 한다고 할 수 있다. 우선 지역사회 연구는 분석 단위 측면에서 세계체제적 연관 속에 지역사회를 분석하려하는 '세계적' 시각을 가져야 한다. 둘째, '구조적'이어야 한다. 지역사회를 구성하고 있는 지역정치 구조, 지역경제 구조, 지역문화 구조 등 각 '층위'의 성격과 이 층위들 간의 연관을 밝혀냄으로써 지역사회의 '구조적 총체성'(헤겔류의 '표현적 총체성'이 아니라 중층 결정적 관계로 접합된 복합적 총체성)을 규명해내야 한다. 셋째, 역사적이어야 한다. 구조적 인식이 일종의 공시성synchronicity의 문제라면, 역사적 인식은 통시성diachronicity의 문제이며 형성사적 인식이다. 지역사회가 하나의 독특한 지역사회로 구성되고becoming 주체적으로 만들어지는making 동태적 변화에 대한 분석이다.

2) 분석 단위 ― 세계-일국-지역의 위계적 연관

지역사회를 연구하는 데서 우리는 대부분 지역사회, 그것도 광주, 전남, 부산, 경남이라는 식으로 행정 단위에 따라 인위적으로 정의된 지역사회를 하나의 분석 단위로 전제하고 시작하는 경향이 있다. 그러나 우리는 하나의 '사회체계social system'로서 지역사회 내지 지역은 과연 존재하는가 하는 아주 근본적인 질문을 던지지 않을 수 없다. 하나의 사회체계가 성립하려면 '사실상의 노동 분업effective division of labor'의 존재, 동력의 내재화 등 몇 가지 조건이 충족돼야만 한다. 그렇다면 이런 노동 분업이 확립되고 동력이 내재화돼 있는 지역사회라는 것이 현재의 우리 사회에 존재하느냐는 것이다.

이 문제에 관련해 프랑스 아날학파의 선구적 연구를 상기할 필요가 있다. 사회과학의 분석 단위를 민족국가로 삼는 통념에 반대한 아날학파 중에서 페르낭 브로델F. Braudel은 지중해를 중심으로 한 유럽의 '세계체제'를 분석 단위로 해서, 마르크 블로크M. Bloch는 프랑스 중세에 하나의 '경제체계'로서 민족국가의 하위 단위인 지역사회를 분석 단위로 해서 독자적인 연구를 수행했다. 이 중 지역사회 연구에 특히 시사적인 것은 블로크의 연구다. 블로크의 문제의식에서 볼 때 우리 사회에도 지역사회가 가장 중요한 '사회체계'인 시절이 있었을 가능성이 높고, '사실상의 노동 분업'이 그 내부에서 확립된 오일장을 중심으로 한 지역사회 연구 등이 가능할 것이다.

그러나 문제는 현대 사회에서 이런 하나의 사회체계로서 지역사회는 존재하는가, 아니 존재할 수 있는가다. 이 문제에 관련해서 경제의 국제화 등을 고려할 때 이매뉴엘 월러스틴I. Wallerstein의 주장처럼 이런 과학적 의미의 사회체계로는 이제 '세계체제'만 존재할 따름이라는 입장에 동의하지 않을 수 없다.

여기에서 우리는 심각한 문제에 부딪힌다. 지역사회 연구는 하나의 사회체계로서 지역사회를 상정할 때만 가능한데, 이런 사회체계가 존재하지 않는다면 우리는 지역사회 연구를 시작할 수조차 없게 된다는 것이다. 따라서 우리는 하나의 독자적 사회체계로서 지역사회는 존재하지 않지만, 그럼에도 불구하고 연구의 필요성이라는 불가피한 현실적 목적에서 이런 한계를 인정하고 지역사회를 하나의 분석 단위로 상정해야 한다. 다만 이 경우도 지역사회는 단순한 행정 단위를 기초로 일상적으로 분류된 지역사회가 아니라 '하나의 실질적인 생활권'을 외연으로 하는 지역사회로 재정의돼야만 한다. 일단 이렇게 하나의 분석 단위로서 지역사회를 상정하면 그다음 문제는 이것을 세계체제적 연관, 그리고 그 하위 단위로서 일국적 연관 속에서 파악하는 것이다.

비틀스로 대변되는 '문화도시'로서 리버풀Liverpool의 '재탄생'은 세계 자본주의 체제에서 대영제국의 성장과 몰락에 밀접한 연관이 있으며, 텍사스 등 미국 남부의 세칭 선벨트Sunbelt의 부상은 1970년대 석유 위기 등 '자원민족주의'의 부상에 밀접히 관련된다. 울산의 발달은 지구 반대편의 세계적인 자동차 도시 디트로이트의 몰락과 슬럼화에 연관돼 있다. 일제 강점기에 목포의 발달은 일본 제국주의를 생각하지 않고는 과학적으로 분석할 수 없고, 하나의 지역사회로서 전남권(국내 최대의 곡창 지대로서)의 향방은 세계 자본주의의 재조정, 특히 우루과이 라운드에 밀접히 관련돼 있다.

이렇게 지역사회를 세계체제적 연관, 더 구체적인 예로 지역경제를 세계 자

그림 1. 지역사회 연구 전략(지역경제와 지역정치를 중심으로)

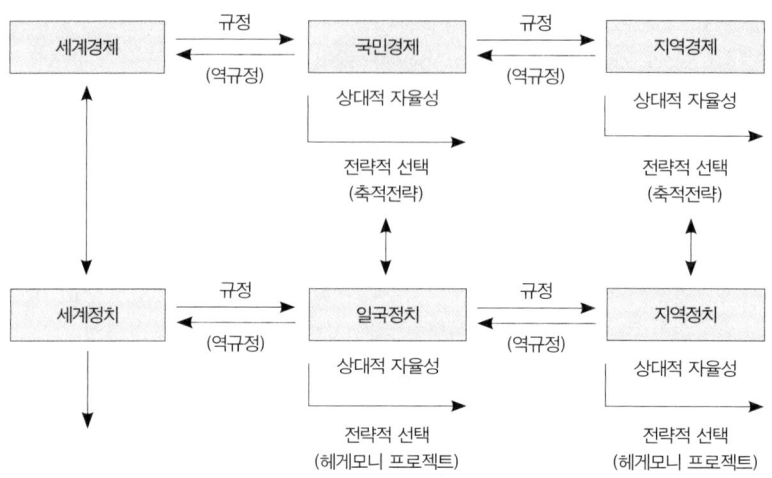

본주의 체제의 위계적인 국제 분업상의 위상과 맺는 연관 속에서, 나아가 그 하위 단위로서 일국 경제의 연관 속에서 파악하는 '세계-일국-지역'의 위계적 연관 연구 전략을 간략히 도식화하면 **그림 1**과 같다. 지역경제는 세계경제와 세계경제의 규정을 받으면서도 상대적 자율성을 갖고 그 나름의 전략적 선택 (축적전략)을 하는 국민경제라는 이중의 규정 속에서 그 나름의 상대적인 자율성을 갖고서 그 나름의 전략적 선택을 하는 것으로 이해돼야 한다. 또한 이런 지역경제의 선택과 움직임은 거꾸로 국민경제, 나아가 세계경제를 규정한다. 지역정치의 경우 분석 단위 면에서 세계경제(세계 자본주의 체제)에 더 큰 비중이 주어지는 경제에 견줘 상대적으로 일국적 수준에 비중이 더 주어진다는 것 이외에는 동일한 연관 속에서 파악돼야 한다고 볼 수 있다.

3) '구조적' 분석

지역사회 연구는 지역사회의 구조를 총체적으로 규명하는 '구조'분석이어야 한다. 이것은 지역경제, 지역정치, 지역문화와 이데올로기 등 지역사회를 구성하는 구조들 내지 층위를 실증적으로 각각 규명해내는 작업에서 시작돼야 한다. 지역경제를 예로 들면, 단순히 해당 지역의 다른 지역에 대한 상대적 낙후성 여부, 산업 구조적 특성 등의 규명에 그치지 않고 그 지역사회의 경제구조 내의 다양한 부문(소상품 부문, 독점자본 부문, 중소자본 부문 등)들이 어떤 식으로 서로 연결돼 재생산되고 있는가 하는 구조적 연관을 파헤쳐야 한다.

지역정치 구조의 경우, 마찬가지로 그 권력 구조가 실증적으로 규명돼야 한다. 앞에서 지적한 대로 이 분야는 거의 연구가 안 돼 있어 더 많은 관심이 촉구된다. 특히 광주와 전남북의 경우 지역적 특수성 때문에 관련 연구가 시급하다. 이 지역의 경우 지역정치 수준에서는 야당인 민주당이 '절대적 여당'이고 집권 민자당이 '절대적 야당'이다. 게다가 5·18 민중항쟁 등의 역사적 경험 때문에 이 지역은, 특히 광주는 민중의 권력이 다른 지역보다 상대적으로 강하다고 할 수 있다. 따라서 행정부와 집권당, 독점자본을 기축으로 한 중앙 무대 지배블록의 지역 현지 세력과 보수 야당, 그리고 그중 인적으로 야당과 중첩되는 '대형 중소 자본'(독점자본이라고 볼 수는 없지만)의 권력, 민중의 권력이 어떻게 배치, 대립, 연합, 재생산되고 있느냐 하는 지역 권력 구조의 분석이 필요하다.

일단 각 층위의 분석이 끝나면 이 각 층위들이 접합돼 중층 결정적 관계에 따라 복합적 총체로서 지역사회를 구성하고 있는가 하는 연관과 접합의 성격 내지 지역적 특수성을 밝혀내야 한다. 그리고 지역 수준에서 이런 구조적 총체의 재생산과 전화transformation의 계기들을 파악해야 한다. 이런 지역사회의 구조 분석이 진행되면 이것을 앞에서 지적한 분석 단위에 연결해 공간적으로 확대해서 일국 사회, '세계사회'의 구조와 맺는 연관을 규명해내야 한다.

지역경제 구조를 예로 들면, 지역경제 구조가 다른 지역경제, 국민경제, 세계경제와 어떤 연관을 맺고 있는지를 추적해야 한다(그림 2 참조). 예로 들면, 광주가 중앙의 국민경제, 세계경제와 맺고 있는 연관, 나아가 전남 농촌 지역

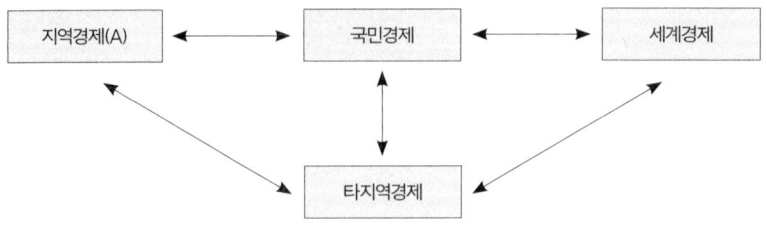

그림 2. 지역경제와 세계경제 간의 연관 분석

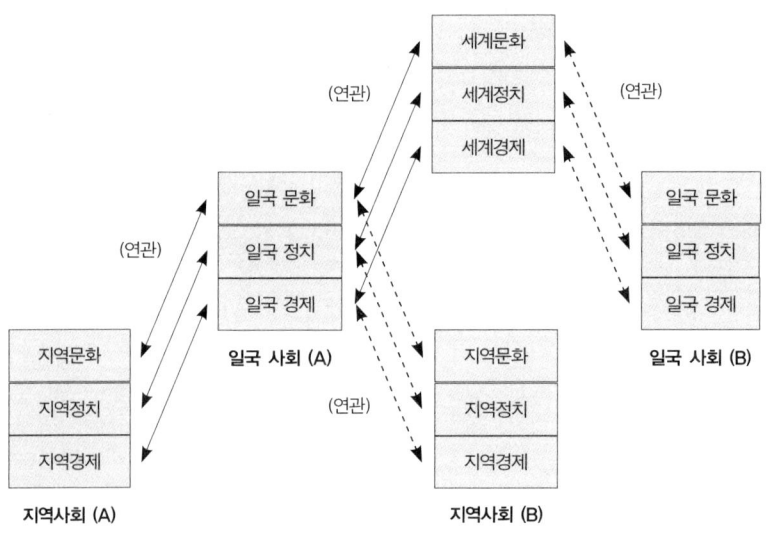

그림 3. '세계 구조적' 분석 전략

※ 지역-일국-세계 연관의 구체적인 내용에 대해서는 그림 1 참조.

과 맺고 있는 연관을 추적해야 한다. 이렇게 될 때 서울 등 '중앙 경제'와 세계 경제 속에서 '수탈'당하면서도 전남 농촌 지역을 '수탈'하는 일종의 '아제국주의subimperialism' 도시로서 광주의 특성과 위상, 그 결과로서 소상품 부문의 (양적) 지배성, 소비 도시라는 광주의 특성을 과학적으로 규명할 수 있다.

특히 이런 연구에서 결정적인 것은 단순한 지역경제 발전 정도나 산업 구조

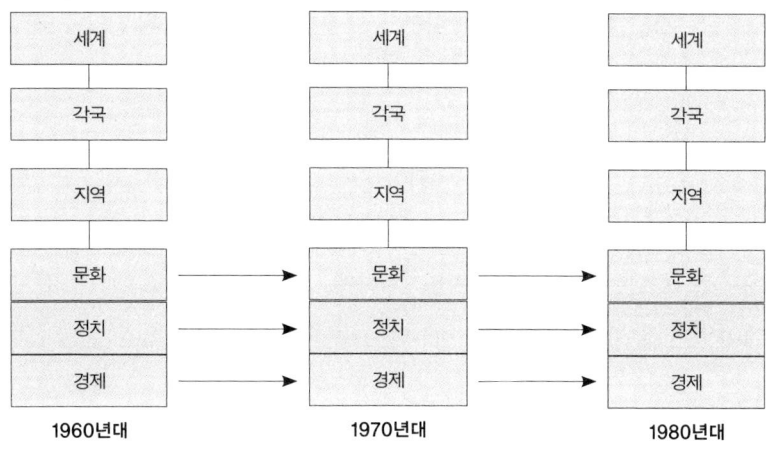

그림 4. 지역사회의 역사적 분석

적 특성이 아니라 경제 활동의 '흐름flow'과 그 내용을 추적하는 것이다. 다시 말해 상품, 자본, 화폐, 기술, 노동력, 나아가 잉여가치의 흐름과 그 내용을 규명하는 것이다. 국민경제를 분석하는 데서 특정 국민경제가 어떤 상품(이를테면 자본재)을 수입 특화하고 어떤 상품(이를테면 내구 소비재)을 수출 특화하느냐가 해당 국민경제의 세계체제적 위상과 연관을 규명하는 데 중요한 단서를 제공하듯이 상품, 자본, 기술, 노동력의 유입과 유출의 내용을 분석할 때 지역경제의 위상을 과학적으로 밝혀낼 수 있다.이런 '세계구조적' 분석 전략을 도형화하면 **그림 3**과 같다.

4) '역사적' 분석

마지막으로 지역사회 연구는 '역사적' 분석이어야 한다. 세 가지 의미에서 그러해야 한다. 첫째, 일종의 '구조의 역사'라는 측면에서 역사적 분석이다. 특정 지역사회의 경제 구조가 세계체제와 일국 경제의 이중적 규정 속에서 그 나름의 상대적 자율성을 갖고 전략적 선택을 통해 어떻게 시기적으로 변해왔는지,

이것과 동일한 논리로 지역정치와 지역문화 등은 어떤 식으로 역사적으로 발전해왔는지를 추적하는 것이다. 나아가 이 분석은 이런 각 층위 간의 구조적 연관과 접합들이 시기적으로 어떻게 변화해가고 있는지를 규명해내야 한다. 이것을 간단히 도식화하면 **그림 4**와 같다.

둘째, 단순한 '구조의 역사'라는 의미가 아니라 지역사회를 만들어가고^{making} 특정한 방향으로 변화시켜가는 능동적이고 주체적인 실천의 운동사적 측면에서 접근한다는 의미다. 이것은 불가피하게 그 말썽 많은 '구조-행위'의 관계에 관련된 것으로, 구조 자체가 하늘에서 떨어진 것이 아니라 인간 실천의 역사적 결과라는 점에서 지역사회를 이렇게 주민의 실천이라는 측면에서 접근하는 분석이다.

마지막으로 '환원 불가능한 역사성'이라는 의미에서 역사적 분석이다. 여기서 필자가 '환원 불가능한 역사성'이라고 하는 것은 어떤 현상을 설명하는 데 반드시 필요한 역사적 사건 또는 현상이나 어떤 이론적인 것으로 환원할 수 없는 역사적인 것을 의미한다. 지역사회를 연구하는 데서도 특정 지역사회의 분석에 반드시 필요한 사건 등 어떤 이론적인 것으로 단순히 설명되거나 환원되지 않는 역사적인 것에 대한 '역사적 분석'이 필요하다.

이를테면 최근, 그리고 향후 호남 지역사회를 연구하는 데서 3당 합당은 무시할 수 없는 중요한 변수다. 3당 합당이라는 사건 내지 선택은 호남 지역사회가 특정한 방향으로 나아가도록 규정하는 중요한 요인이지만, 왜 그 당시 거론되던 다른 대안인 민정-평민 연합(호남을 배제하지 않는 '일국민 헤게모니전략')이 아니라 3당 합당이 선택되고 현실화됐는지는 어떤 이론으로 환원할 수 없는 그 나름의 '고유한', 환원 불가능한 역사성이라 할 수 있다.

이런 환원 불가능한 역사성에 대한 관심도 '이론재단주의'를 넘어서 구체성에 기초를 둔 과학적인 지역사회 연구를 위해 필요한 부분이라고 하지 않을 수 없다.

4장

우리의 정치 연구
역사적 고찰*

1. 들어가며

어느 사회나 '정치'란 존재하게 마련이다. 따라서 정치를 연구하는 '정치학'도
존재하게 마련이다. 그러나 우리에게 '근대적 정치학'이 도입된 때는 그리 오
래전이 아니다. 아래에서 이야기하겠지만 근대적 정치학은 한말에 도입됐다.
그리고 한국정치학회라는 본격적인 학문적 공동체가 만들어진 때는 훨씬 뒤
인 1953년, 즉 약 50여 년 전이다.[1]

　이제 한국정치학회는 매년 학회지가 다섯 차례나 정기적으로 출간되며 회
원 수만 2000명이 넘어서는 국내 최대의 매머드 학회로 발전했다. 나아가 수
많은 정치학 단행본들과 정치학 관련 학술지들이 출간되고 있다. 이렇게 짧
은 시간에 급성장한 한국의 정치학과 정치 연구는 어떤 과정을 거쳐 발전하
고 성장해왔는가? 그리고 이런 역사적 경험에 비춰 볼 때 우리의 정치학은 앞
으로 어떻게 발전해야 하는가? 이 글은 이런 문제의식에서 한국의 정치학을
역사적으로 살펴보는 데 그 목적이 있다.

---

*　손호철, 〈정치연구의 역사: 역사적 고찰〉, 중앙고등학교 인문학박물관, 《우리 학문의 길》, 2011.

2. 몇 가지 전제와 전사

우리가 알고 있는 '근대적 (분과) 학문 체계로서의 정치학'의 원형이 처음 만들어진 곳은 그리스다(근대적 학문체계에 대한 비판적 소개는 월러스틴 1996 참조). 구체적으로 소크라테스, 플라톤, 아리스토텔레스 등의 《(이상)국가론》, 《정치학》 등을 통해서다. 따라서 한국에서 정치학이란 서양의 제국주의가 동양으로 밀고 들어온 서세동점의 흐름 속에서 이런 서구의 정치학이 조선말(한말)에 우리에게 수입된 것으로 생각하기 쉽다.

그러나 이런 사고는 매우 '서구중심적'이라고 할 수 있다. 물론 하나의 학문으로서 '정치학'이라는 단어가 존재하지 않았는지 모르지만, 춘추 전국 시대의 다양한 정치사상들이 잘 보여주듯이 동양 사회도 나름의 정치학을 갖고 있었다고 봐야 할 것이다. 따라서 서구 정치학이 우리에게 소개되기 시작한 한말 이전에도 이미 우리 나름의 정치학이 존재했다. 더 구체적으로, 삼국 시대와 통일 신라, 고려 등의 통치 이념으로서 호국불교부터 조선조의 성리학, 그리고 이것을 개혁하려 한 실학의 정치사상 등도 서구의 정치학하고 다르기는 했지만 '우리 나름의 정치사상', '우리 나름의 정치학'이었다.

그러나 동시에 주목해야 할 또 다른 하나의 사실이 있다. 바로 정치학에 두 가지 측면이 존재한다는 사실이다. 그 두 측면이란 올바른 정치란 무엇인가를 연구하는 '규범적 학문'으로서 정치학과 현실 정치가 어떻게 작동하고 있는가를 경험적으로 분석하는 '현실 분석 학문' 내지 '실증 학문'(과학주의의 일종인 '실증주의'를 의미하는 것은 아니며 단순한 '경험적 학문'이라는 뜻이다)으로서 정치학이다. 흔히 전자를 '정치사상political thought'이라고 부르고 후자를 '정치 이론political theory'이라고 부르는데, 이 중 현대 정치학의 중심은 역시 후자, 즉 '실증 학문으로서 정치학'이다. 정치학이 이제 'politics'가 아니라 'political science'로 불리는 것도 바로 이런 전통에 기초한다.

이런 측면에서 바라보면 서구의 정치학이 한국에 도입되기 시작한 한말 이전의 한국의 정치학은 규범적 정치학에 머물렀다고 할 수 있다. 삼국 시대, 통일 신라, 조선의 정치학은 말할 것도 없고 조선의 성리학을 타파하고 혁신하려 한 실학의 정치학도 기본적으로 규범적 정치학을 벗어나지 못했다. 이를테면 실학의 대표적인 정치 개혁론인 유형원의 《반계수록》이나 정약용의 《경세유표》의 국가개조론(오영교 2008)은 기본적으로 정치 개혁을 위한 '규범적 정치학'이었지 현실 정치에 대한 '실증학문으로서 정치학'하고는 거리가 멀었다고 볼 수 있다.

물론 서구의 경우도 플라톤으로 대표되는 그리스의 정치학 등 '고전적 정치학'은 규범적 정치학이 기본틀이었다. 그러나 근대에 들어 이런 규범적 정치학을 넘어서 실증 학문으로서 정치학으로 혁명적 변화가 일어났다. 근대 정치학의 효시로 불리는 마키아벨리의 '현실주의'가 (광범위하게 유포된 부정적 오해에도 불구하고) 바로 이런 혁신을 대표하는 것이었다. 그러나 정약용 등 실학파의 정치학은 성리학을 혁파하려는 개혁성에도 불구하고 이런 발본적인 혁신으로 나아가지 못하고 규범적 정치학의 범주에 머물러서 규범적 처방에 주력했다.

따라서 근대적 의미의 정치학, 즉 단순한 규범적 학문을 넘어서 현실 정치를 분석하고 설명하기 위한 실증 학문으로서 정치학이 한국에 자리잡기 시작한 때는 한말이라고 할 수 있다. 이런 전제 아래 이 글에서는 실학 등 한말 이전의 규범적 정치학을 전사前史로 다룬 뒤 한국 정치학의 역사를 한말 이후를 중심으로 살펴보고자 한다.

이런 한국 성치학의 역사를 분석하기 위해서는 정치학 일반의 역사를 먼저 이해할 필요가 있다. 크게 보아 정치학은 고전적 정치학, 전통적 정치학, 과학주의 내지 행태주의behavioralism, 포스트행태주의post-behavioralism라는 네 단계를 거치며 발전해왔다.

고전적 정치학은 고대 그리스부터 중세에 이르는 시기에 해당하며, 정치사상을 중심으로 한 규범적 정치학이 특징이다. 실학 등 한말 이전의 우리 정치학도 이 범주에 속한다.

둘째 시기인 전통적 정치학은 근대에 들어 마키아벨리하고 함께 나타난 정치학으로 규범적 정치학을 넘어서 현실 정치를 설명하는 실증 학문을 추구하지만, 연구 범위가 다양한 나라들의 정치 제도(이를테면 영국은 입헌군주제에 의원내각제고, 미국은 대통령 중심제에 연방제라는 등)를 서술하고 비교하는 법적, 제도적 연구를 벗어나지 못한 한계를 안고 있었다. 나중에 설명하겠지만 한말에 도입된 정치학, 그리고 해방 뒤에 시작된 정치학이 바로 이런 정치학이었다.

셋째, 행태주의는 2차 대전 뒤 미국이 세계와 학문의 패권을 장악하면서 나타난 새로운 흐름으로, 그동안의 유럽 정치학하고 다르게 과학주의를 내세워 구체적인 정치적 행태(행동과 태도)를 경험적으로 분석해서 자연과학처럼 예측 능력을 갖춘 정치학을 만들어간다는 미국식 정치학이다. 의회 연구를 예로 들면, 전통적 정치학은 법적이고 제도적인 문제의식에 따라 헌법에 나타난 의회의 권한과 구성과 조직 등을 연구하지만, 행태주의는 의원들의 입법 활동, 로비 활동, 투표 등 구체적인 행태를 경험적으로 분석해 의회에 관한 실증적이고 과학적인 지식을 습득하려 노력한다.

이런 행태주의는 정치학의 오랜 관심사인 가치 내지 규범에서 정치학을 해방시켜 가치 중립적 정치학을 추구하려 했는데, 1960년대 말 반전운동 등 자본주의 체제에 맞선 심각한 도전이 나타나면서 가치중립성의 이름 아래 가치 문제를 방기했다는 자성과 함께 제4기인 포스트행태주의(경험적 연구 이외에도 가치 문제에 관심을 기울이는)로 넘어가게 된다.

아래에서 살펴보겠지만 1963년 이후 한국의 정치학은 제3기인 행태주의 시기에, 1980년 이후 한국의 정치학은 포스트행태주의에 각각 해당된다고 볼 수 있다.

3. 우리의 정치학 ― 역사적 고찰

1) 제1기 ― 한말 도입기(1895~1910년)

근대적 의미의 정치학이 유길준을 통해 한국에 처음 도입된 것인지(이홍구 1986;
김학준 2000), 아니면 현재를 통해 도입된 것인지(신복룡 2001, 162~163)는 논쟁이
되고 있다. 그러나 한말에 도입된 것은 부인할 수 없는 사실이다. 그리고 이
글에서는 상대적으로 연구가 잘 돼 있는 유길준 등을 중심으로 살펴보고자
한다(이 한말 도입기의 내용은 주로 김학준, 2000에 기초한 것임).

 한국 최초의 근대적 정치학, 한국 최초의 실증 학문으로서 정치학이라고
할 수 있는 한말의 정치학은 개화파적 성향을 지닌 지식인들이 서구의 정치
학을 번역해 수입한 것이었다. 그리고 그 중심에는 한국 최초의 미국 유학생
인 유길준이 존재한다. 유길준은 1895년에 일본과 미국 유학에서 보고 배운
서구의 현실을 국내에 소개하기 위해 《서유견문西遊見聞》을 출판했는데, 이 책
은 "한국 역사상 최초의 '국제적 연구 서적'이었"으며 "구미의 정치, 사회, 교육
제도 등을 소개하는 일종의 폭넓은 정치학 교과서"였다는 평을 받는다(유영익
1992, 133). 근대적인 천부인권론을 소개하고 있는 이 책은 이를테면 제5편과 6
편에서 정부론이라는 이름 아래 세계의 다양한 정치 체제들을 5가지 유형으
로 분류해 소개하고 있다. 첫째, 군주가 마음대로 지배하는 군주 전제 체제로,
이제 존재하지 않는다. 둘째, 군주가 지배하되 신하의 공론이 제어 장치 구실
을 해 군주의 권력에 한계가 있는 체제로, 조선, 중국, 일본, 러시아, 터키, 말라
카, 오만 등이다. 셋째, 귀족정으로, 이것도 이제는 존재하지 않는 체제다. 넷
째, 정치가 공론에 따라 행해지는 가장 이상적인 체제로, 영국, 독일 등 많은
유럽 국가들과 브라질, 오스트레일리아 등이 여기에 해당한다. 마지막으로
합중 체제로서, 미국과 스위스 등이 사례라고 소개하고 있다(김학준 2000, 49).

 유길준은 이 밖에도 최초의 국제정치학 논문으로 평가되는 '중립론'을 통

해 지정학적 특성에 기초한 조선의 영세중립화론을 주창했다. 나아가 아관파천 이후 일본에 망명해 한국 최초로 《정치학》이라는 제목을 단 책(미간행)을 쓰기도 했다. 그러나 한국 최초로 정치학의 기본에 관해 체계적으로 서술한 이 책은 유길준의 저술이 아니라 독일 학자의 저술을 번역한 것이었다.

유길준이 시작한 서양 정치학의 수용은 20세기 초 제2차 한일협약(을사5조약)과 한일신협약(정미7조약) 체결 등 국권이 위기에 처하면서 속도를 더해 갔다. 구체적으로 여러 애국지사들은 "망국을 피하려면 선진국의 정치제도를 받아들여 대한제국을 개혁해야겠으며 그 개혁을 통해 대한제국을 부강하게 만들어야겠고 국민을 그런 방향으로 계몽해야겠다는 마지막 일념에서 서양의 정치사상을, 그리고 정치학을 폭넓게 받아들이게 됐던 것"이다(김학준 2000, 85). 이 애국지사들은 대부분 국권 상실이 전제 정치에 기인한다고 생각해 전제 정치를 타파하고 근대 국가를 건설하려 했는데, 그중 일부는 헌정연구회를 만들어 서구의 정치학을 소개한 《헌정요의憲政要義》를 집필했다. 또한 이 책과 비슷한 《국가수지國民須知》,《국가학國家學》등이 출판됐으며, 관비 유학생으로 일본을 다녀온 안국선은 《정치원론》과 정치소설 《금수회의록禽獸會議錄》을 출판했다. (안국선은 특히 그 뒤 (러시아 혁명 직후) 사회주의를 국내에 처음 소개했으며, 사회주의에는 극단적 과격 사상인 볼셰비즘과 이것하고는 다른 영국의 사회주의가 있다고 지적했다.)

그러나 유길준부터 안국선에 이르는 이 시기의 정치학 서적들은 많은 책들이 일본에 소개된 서양 정치학 책을 번역한 수준으로, 본격적인 정치학 연구하고는 거리가 멀었다. 그리고 방법론상으로도 이 시기의 한국 정치학은 그전하고 다르게 '규범적 정치학'을 벗어나 실증 연구를 추구했다고는 하지만 법적이고 제도적인 접근을 벗어나지 못한 '전통적 정치학'의 수준이었다. 이밖에 이승만은 미국 유학을 떠나 프린스턴 대학교에서 1910년 〈미국의 영향을 받은 중립성 원칙Neutrality as Influenced by the United States〉라는 논문으로 한국인 최초로 정치학 박사 학위를 취득했고, 이 논문을 다음해에 책으로 출판했다(김학준

2000, 185~186). 이 책은 한국인이 쓴 최초의 본격적인 근대적 정치학 연구서라고 할 수 있지만, 국내에는 소개되지 않아서 한국 정치학에 큰 영향을 미치지는 못했다.

한편 교육이라는 측면에서 살펴보면, 1886년에 세워진 관립 학교인 육영공원에서 미국인 선교사 호머 헐버트가 자기가 쓴 《사민필지士民必知》를 교재로 세계의 역사와 지리를 가르치면서 각국의 정치 제도를 강의했다. 또한 1898년 한성의숙을 필두로 여러 사립 학교들이 개교했는데, 여기에서도 정치학을 가르쳤다. 이런 학교 중의 하나인 양정의숙養正義塾에서는 안국선이 '국가학'이라는 이름으로 정치학을 가르쳤다. 나아가 과거 시험을 폐지하고 대신 실시된 관리 선발 시험에 정치학이 경제학과 법학 같은 신학문에 포함됐는데, 안국선의 《정치원론》이 정치학 분야의 시험 참고서명에 포함됐다.

이렇게 활발하게 진행되던 정치학의 도입은 1910년 한일 병합하고 함께 국가의 독립성을 완전히 상실하면서 큰 변화를 겪게 된다. 일제 강점기 36년 동안 체계적인 정치학 연구는 진행되지 않는다. 그러나 주권 상실과 독립사상을 봉쇄하려는 일본의 억압 정책이라는 현실을 고려할 때 정치학 연구는 중단됐을 것으로 추측할 수 있다. 다만 위에서 소개한 대로 러시아 혁명 직후 안국선을 거쳐 사회주의 사상이 소개되고, 이런 급진적 정치사상이 독립운동에 중요한 영향을 끼치면서, 다양한 국내 공산주의 운동 세력은 지하에서, 나아가 해외 공산주의 운동 세력은 해외에서 마르크스주의 같은 급진적 정치사상을 도입하고 연구했을 것으로 미루어 짐작할 수 있다.

2) 제2기 ― 해방 후 모색기(1945~1963년)

일제 강점기 36년을 지내고 1945년에 해방이 됐다. 정치학 연구는 새로운 전기를 맞게 된다. 그러나 우리는 해방하고 함께 분단을 겪게 됐다. 따라서 우리의 정치학도 '남한의 정치학'과 '북한의 정치학'이라는 분단을 겪을 수밖에 없었다. 이런 현실을 전제로 이 글에서는 해방 이후 현재에 이르는 한국정치학의 역사를 남한을 중심으로 살펴보려 한다.

해방 후 한국의 정치학 연구에서 중요한 것은 1945년 해방하고 함께 근대적 고등교육 체계가 미군정을 중심으로 도입되는 과정에서 1946년에 국립 서울대학교가 설립되면서 정치학과가 창설되고, 이어 보성전문학교와 연희전문학교가 각각 고려대학교와 연세대학교로 개편되면서 여기에도 정치학과가 창설된 사실이다(김계수 1987, 4). 그리고 이 대학들에서 한국정치사가 정식 과목으로 설강됐지만(구범모 1967), 대표적인 국사학자인 이선근이 서울대학교 정치학과 교수로 재직하고 있었다는 사실이 잘 보여주듯이 정치학, 특히 한국정치 연구가 국사학에서 독립돼 있었다고는 볼 수 없었다(신복룡 2001, 174).

물론 정치학, 특히 정치사상을 제도적 학문을 넘어서 아주 넓게 정의하는 경우 해방 뒤 나타난 다양한 좌우 이념 논쟁, 그리고 다양한 정당 건설 운동을 중심으로 다양한 정치사상이 1945~1948년에 이르는 해방 정국에서 활발하게 논쟁됐다고 볼 수 있다. 그러나 제도화된 학문으로서 한국의 정치학이 본격적으로 발전하기 시작한 때는 이선근, 김상협, 김성희 등 20여 명의 정치학자들이 한국전쟁 중 피난 수도 부산에 있던 국립 서울대학교 임시 캠퍼스에서 한국정치학회를 설립한 1953년 10월이다. 특히 학회의 가장 중심적인 연구 작업인 학회지가 창간된 1959년이 중요하다. 그러나 매년 정기적으로 학회지를 출간하게 되는 1971년 이전에는 1967년에 제2집을 내고 1969년에 제3집을 내는 등 17년 동안 학회지를 겨우 세 번밖에 내지 못하면서 연구 활동은 취약했다. 한국전쟁 뒤의 어려운 상황에서 본격적인 연구 활동을 펼치기에는 많은 어려움이 따랐다.

이런 양적 측면 못지않게 중요한 것은 내용적인 면이다. 이 시기는 한국 정치학 연구에서 일본 정치학의 영향을 받은 역사적, 법적, 제도적 접근이 지배적이었다고 볼 수 있다(김계수 1987, 4). 정치학을 헌법학 내지 국가학으로 이해하는 독일식 정치학을 수입한 일본의 정치학을 다시 수입한 전통을 벗어나지 못했다. 다시 말해 한말과 마찬가지로 방법론적으로도 이 시기의 한국정치학은 규범적 정치학을 벗어나 실증 연구를 추구하되 법적이고 제도적인 접근을 벗어나지 못한 '전통적 정치학'의 단계였다.

뿐만 아니라 역사학에서도 완전히 분화되지 못한 상태였다. 위에서 소개한 대로 대표적인 역사학자인 이선근이 서울대학교 정치학과 교수로 근무하며 한국정치학회 설립을 주도한 사실이 이 점을 웅변적으로 보여준다. 또한 학회 창립 뒤 6년이 지난 1959년에 나온 창간호에는 두 편의 한국정치 관련 논문이 실렸는데, 위화도 회군과 대원군을 다룬 두 논문 모두 일반적으로 역사학 영역으로 간주하는 전근대 한국정치사가 주제였다. 1950년대는 한국정치 연구가 기본적으로 정치사라는 역사 기술에 치중돼 있고 한국사학에서 분화되지 못한 현실을 보여준다. 그런 한계에도 불구하고 4·19혁명과 함께 학문적 자유가 확대되면서 한태수의 《한국정당사》(신태양사, 1961), 이기하의 《한국정당발달사》(의회정치사, 1961) 등 선구적이고 뛰어난 정치사 연구들이 나타났다.

이 시기는 그 밖에도 그 뒤 한국 정치학의 중요한 특징이 되는 두 가지 특성을 주조했다고 볼 수 있다. 바로 이념적 보수성과 한국정치에 대한 '회피'다. 분단은 한국의 이념적 지형을 극우 보수주의와 온건 보수주의, 자유주의만 존재하는 반쪽 형태로 불구화해버렸고, 이런 이념적 지형은 한국정치학에서도 진보적이고 좌파적인 입장에서 하는 연구를 오랫동안 금기시하게 만들었다(신복룡 2001, 210~211).

또 다른 특징은 한국정치 연구의 회피다. 흔히 학문에는 국경이 없지만 학자에게는 국경이 있다고 이야기한다. 사회과학, 특히 다양한 현실 정치의 문제를 다루는 정치학은 말할 것도 없다. 이런 문제에 관련된 현실 적실성 등 때문에 나라마다 정도의 차이는 있지만 미국 정치학이나 일본 정치학의 경우 자기 나라의 정치를 연구하는 자국 정치 연구가 가장 중심적인 역할을 수행해왔고, 양적으로도 가장 활발한 연구 결과를 낳아왔다. 그러나 우리의 경우 분단을 둘러싼 이념적 대립과 오랜 독재를 거치면서 민감한 한국의 현실 정치

문제를 다루기가 쉽지 않은 현실적 제약 등으로 한국정치 연구가 다른 나라의 자국 정치 연구에 견줘 상대적으로 저발달되고 위축돼온 경향이 있다.

이런 점은 한국정치학사에 선구자적 역할을 해온 한 연구가 잘 보여주고 있다. 한 연구자가 1960년대 말에 한국정치학을 정치이론, 비교정치, 정치과정, 한국정치, 정치사, 국제정치, 행정학, 공법이라는 8개 분야로 나눠 정치학자들에게 어느 분야가 가장 침체됐느냐고 묻자 응답자의 30퍼센트가 한국정치라고 답해 1위를 차지했다. 반면 가장 발달한 분야를 묻는 질문에는 불과 4퍼센트만이 한국정치라고 답해 가장 낮은 응답률을 보였다(김계수 1987, 209). 또한 1965년 기준으로 한국 정치학자들의 전공 분야에서 8개 분야 중 국제정치가 18퍼센트로 가장 많고 한국정치가 7퍼센트로 둘째로 적은 것으로 나타난 점은 한국정치 연구의 취약성을 잘 보여주는 또 다른 증거다(김계수 1987, 10). 참고로 《한국정치학회보》(1959~2002)를 기준으로 보면 한국정치 관련 연구는 북한을 포함해 36.3퍼센트, 정치학 관련 단행본을 기준으로 27.6퍼센트 수준에 머물고 있다(손호철 2003).

3) 제3기 ― '행태주의'와 '발전주의' 시기(1963~1979년)

역사적 연구와 제도적 연구가 주된 경향이던 한국정치 연구에 단절점을 제공한 것은 1963년 출간된 윤천주 《한국정치체계 ― 정치상황과 정치참여》다. 이 책은 해방 뒤 정치학 연구에서 '제1세대 정치학자'라 할 수 있는 윤천주가 미국식 행태주의를 연구해 한국의 투표 행태 분석에 적용한 선구적인 연구로, 법적이고 제도적인 접근(제2단계의 전통적 정치학)에서 미국식 행태주의와 과학주의(제3단계)로 한국정치학의 연구 풍토가 바뀌는 신호탄이었다. 사실 제3기의 시작을 1963년으로 본 이유도 바로 이 책 때문이다.

1963년 윤천주의 저서하고 함께 도입된 미국식 과학주의, 행태주의는 1950년대 초반에 국내에서 정치학을 배운 뒤 미국 유학 등을 다녀온 '제2세대

정치학자'(이정복 1999, 550~551)들이 귀국해 1960년대 후반에 연구자로 자리잡으면서 한국 정치학계의 주류를 차지하게 된다. 창간호 발간 8년 뒤인 1967년에 발간된 학회보 제2집에는 한배호의 〈집단으로 본 한국정치과정〉, 김규택의 〈선거와 투표행위〉, 이정식의 〈한국정치 및 정치과정 연구 현황〉, 백상건의 〈선거제도의 과거와 현재〉라는 논문들이, 1969년 발간된 제3집에는 김종익·유동진의 〈Political Socialization in Korea — A Pilot Study〉, 김규택의 〈정부에 대한 어린이들의 태도〉, 추헌수의 '한국 독립운동을 통해서 본 자주의식〉 등의 논문이 게재됐다. 이 논문들은 '집단', '정치과정', '투표행위', '정치사회화', '태도' 등의 용어들이 보여주듯이 1960년대 이후 한국정치 연구가 1950년대의 역사적, 법적, 제도적 접근을 벗어나 미국의 과학주의와 행태주의의 영향권으로 넘어가 한국의 정치과정과 선거 등에 관한 실증적 연구로 나가고 있다는 것을 보여준다.

이런 연구 경향은 실학 등 우리의 고전적 정치학, 나아가 한말과 해방 후의 정치학에서 중심 주제이던 국가의 문제를 정치학에서 몰아냈다. 미국식 행태주의의 영향을 받아 윤천주의 책 제목처럼 '정치체계political system'가 국가를 대신해 정치학의 핵심 단어로 자리잡았다. 국가란 낡은 전통적 정치학의 법적이고 제도적인 연구의 상징으로 폄하되면서 다양한 구체적인 정치적 행동들의 총체인 정치체계를 연구해야 한다는 주장이 주류를 형성하게 됐다.

1970년대 들어 한국 정치는 유신으로 상징되는 암흑기에 들어가게 된다. 그러나 이런 현실 정치의 모습하고는 대조적으로 한국정치학회는 1971년 이후 매년 학회보를 거르지 않고 낼 수 있을 정도로 안정됐다. 1974년 현재 정치학회 회원은 385명으로 10년 전에 견줘 2배 이상 늘어났고 회원 중 박사 학위 소지자의 비율도 45퍼센트에 이르게 됐다(김계수 1987, 910).

방법론에 있어서는 1960년대 이후 한국정치 연구에 소개된 미국의 행태주의와 과학주의, 그리고 정치문화가 더욱 체계화되고 뿌리를 내릴 수 있었다. 그 결과 연구 주제 면에서도 이런 방법론에 밀접히 관련된 정치문화와 정치과정에 관한 연구가 활발했다. 그러나 1970년대에 도입된 새로운 흐름은 정치발전론이다. 1960년대 이후 미국에서 유행하기 시작한 정치발전론, 근대화론은 1970년대 들어 국내 학계에 본격적으로 도입되기 시작해 한국정치학의 가장 중심적인 주제로 자리잡게 됐다. 다시 말해 1960년대와 마찬가지로 미국식 방법론에 기초한 정치학 연구가 지속됐지만 내용 면에서는 행태주의 이외에 정치발전론이 추가된 것이다.

특히 이런 발전론과 근대화론은 박정희 정권이 추진한 근대화론에 맞아떨어져 정부의 지원 아래 활발하게 논의됐다. 이를테면 민주주의에는 사회경제적 전제 조건이 필요하다는 세이무어 마틴 립셋 식의 근대화론은 한국 같은 제3세계에서 민주주의가 안 되는 이유는 결국 사회경제적으로 저개발됐기 때문이며 민주주의를 하려면 사회경제적 근대화가 필요하다는 '선 경제발전, 후 민주화' 논리로 이어져 박정희의 개발독재 논리하고 기가 막히게 맞아떨어졌다. 이런 흐름을 학회보를 중심으로 살펴보면, 1973년에 발간된 제7집에 실린 문창주의 〈한국정치 발전에 관한 연구〉를 필두로 정치발전에 대한 글들이 이어져 1977년 제11집은 아예 한국 정치발전 특집으로 꾸며졌다. 그래서 17편의 논문 중 절반에 가까운 8편이 한국정치 발전 문제를 다뤘다.

이렇게 미국식 행태주의와 발전주의가 지배적 패러다임으로 자리잡으면서 나타난 중요한 현상은 정치학 내의 분야별 '부침'이다. 과학주의가 강조되면서 실험이 불가능한 사회과학에서 실험을 대신해 인과 관계를 설명할 수 있는 방법은 다양한 사례의 '비교'라는 문제의식 아래 출발해 미국에서 새로운 학문 분야로 각광받기 시작한 '비교정치학'이 급부상했다. 반면 이런 흐름하고 대조적으로 정치사상은 '비과학적'이고 '전근대적'인 학문 분야로 간주돼 홀대를 받기 시작했다.

이 시기에 주목할 만한 또 다른 현상은 방법론적으로 미국식 행태주의와 발전론이 지배적이지만 그 와중에서도 외국 이론을 단순히 수입하는 방식을 자성하고 한국적 현실에 기초한 한국적 이론을 추구해야 한다는, 한국적 주체성에 관한 문제의식이 나타나기 시작했다는 사실이다. 1979년 제13집에 특집 형태로 발표된 문승익의 〈한국정치학의 정립 문제〉를 필두로 윤근식의 〈사회비판적 정치분석과 한국정치학〉, 신복룡의 〈한국정치사에 있어서의 식민지사관의 오염〉, 이용필의 〈한국정치연구의 기본방향〉 등이 한국적 주체성이라는 문제를 놓고 고민했다.

4) 제4기 — '민중주의'기(1980~1991년)

'1980년 광주'는 한국 사회를 근본적으로 바꾸어놓았다. 광주 덕분에 한국전쟁 이후 사라진 진보 사상과 진보 운동이 부활해 한국 사회는 빠르게 급진화되고 말았다. 이런 급진화하고 함께 나타난 것은 한국정치를 포함한 한국 사회에 관한 '과학적 인식'을 향한 갈망이었다. 이런 갈망은 한국정치학에서 한국정치에 관한 연구의 폭발, 특히 《해방전후사의 인식》 시리즈(1~6권)로 대변되는 해방 8년사(1945~1953년)를 중심으로 한 진보적 한국정치 연구의 폭발을 가져다줬다. 그리고 브루스 커밍스의 《한국전쟁의 기원》(일월서각, 1986; Bruce Cumings, *The Origins of the Korean War*, Princeton: Princeton Univ. Press, 1981의 번역본)이 이런 민중주의적 연구가 폭발하는 데 중요한 역할을 했다.

　물론 우리가 이 시기를 노동자와 농민 같은 민중을 강조하는 '민중주의적' 시기라고 규정하기에는 무리가 따르는 것은 사실이다. 한국정치학회 등 한국 정치학계가 갖고 있는 '보수적' 성격 때문에 이 시기에도 지배적인 시각과 이론적 틀은 기본적으로 민중주의적 시각이라기보다는 '보수적' 시각이었다. 그러나 동시에 이런 보수적 패러다임의 지배성에도 불구하고 다양한 민중주의적이고 진보적인 시각이 과거에 견줘 상대적으로 활발하게 한국 정치학계에서 논의된 사실은 부인할 수 없다.

　이런 민중주의적 시각의 부각은 단순한 이념적 내용의 변화만이 아니라 미국 이론 일변도라는 경향, 특히 미국의 과학주의와 행태주의적 방법론에도 변화를 가져왔다. 아래에서 구체적으로 소개하겠지만 미국이 아니라 우리하고 비슷한 제3세계의 문제의식으로 한국정치의 문제를 바라보려는 시각이 생겨나면서 라틴아메리카의 이론들이 도입됐고, 급진적 정치사상의 부활과 함께 소련 같은 공산권, 나아가 북한의 이론들이 도입됐다. 결국 미국식 행태주의를 비판하며 대안적 정치학을 추구한 점에서, 이 시기 이후 한국정치학은 의식했든 의식하지 않았든 정치학의 넷째 단계인 '포스트행태주의의 시기'로 들어섰다고 볼 수 있다.

우선 한국정치학의 특징인 한국정치 연구의 회피가 극복되고 한국정치 연구가 폭발한 것을 경험적으로 살펴보면,《한국정치학회보》를 기준으로 할 때 이 시기의 경우 전체 논문 중 한국정치 연구가 39.8퍼센트를 차지해 그 어느 시기보다도 높은 것으로 나타났다.

내용 면에서는 선거, 정치과정, 정치문화 등 1960~1970년대의 과학주의적 흐름과 주제들이 아직도 지배적이지만 다양한 비판적 시각들과 정치경제 이론, 국가론들이 새로운 관심의 대상으로 떠올랐다. 1970년대는 서구 중심적인 근대화론과 정치발전론이 지배적 시각이자 지배적 주제였다면, 1980년대는 종속이론, 관료적 권위주의론 등 제3세계적 문제의식을 지닌 이론들이 다수 소개돼 한국정치 연구에 적용됐다. 이를테면 이 시기에《한국정치학회보》에 게재된 한국정치 논문들 중 주제나 방법에서 전통적인 과학주의에 기초한 논문으로 분류될 수 있는 논문은 65편 정도고, 정치경제와 국가론 등 새로운 흐름에 관련된 논문은 34편 정도였다.

또한 위에서 소개한 대로 1970년대가 정치체계론에 기초해 정치학의 오랜 핵심 주제인 국가에 관한 연구를 낡은 제도주의적 시각에 따른 전근대적인 분야로 치부했다면, 1980년대 들어서는 1970년대 서구에서 부활한 신좌파 이론들이 중심이 돼 한국정치학과 한국정치 연구에도 (자본주의) 국가론이 도입돼 국가론 논쟁이 거세게 진행됐다.

이런 흐름을 이끈 것은 우선 신좌파적 관점과 정치경제적 시각에서 라틴

아메리카 군사독재를 분석한 관료적 권위주의 이론으로, 이 이론을 한국정치 분석에 창조적으로 적용한 강민의 〈관료적 권위주의의 한국적 생성〉(1983)과 이 논문을 '정치주의적 시각'에서 비판한 이정복의 〈산업화와 정치체제의 변화〉(1995)가 대표적인 연구다. 이 밖에 본격적인 '자본주의 국가론'도 소개돼 한국정치학회가 편집한 《현대한국정치와 국가》(1986)를 중심으로 국가론 논쟁이 일어났다.

그러나 자본주의 국가론 논쟁, 즉 1980년대 후반을 뜨겁게 달군 한국 사회구성체, 사회성격, 국가성격 논쟁은 한국정치학회 밖에서, 다시 말해 새롭게 등장한 진보적 학술운동을 중심으로 일어났다(한배호 2003). 구체적으로 반전운동의 분위기에서 미국정치학회 내의 진보적 정치학자들이 모여 1967년 추진했던 '제2미국정치학회 운동'인 '새로운 정치학을 위한 회의'CNPS·The Caucus for a New Political Science(Surkin and Wolfe 1970; Wolfe 1969, 352~373 등을 참조)하고 비슷한 문제의식에서 이수인, 최장집, 김세균, 박호성, 손호철, 정영태 등이 젊은 대학원생 등 소장 연구자들하고 함께 조직한 한국정치연구회에서 찾아볼 수 있다(신복룡 2001, 195). 이 연구회는 개별 연구(최장집의 《한국현대정치의 구조와 변화》(까치, 1990), 손호철의 《한국정치학의 새구상》(풀빛, 1991) 등)와 집단 연구(한국정치연구회의 《한국정치론》(백산서당, 1989)과 《한국정치사》(백산서당, 1990))을 통해 민중주의적 시각을 피력했고, 특히 민족해방NL운동과 민중민주주의PD라는 운동권의 두 진영이 중심이 돼 벌어진 사회구성체 논쟁에 관련해 종속적 파시즘론을 중심으로 국가론 논쟁에 적극 개입했다(손호철 1991 참조).

5) 제5기 — '포스트민중주의'기(1992~현재)

1980년대 말 소련과 동구가 무너지고 1987년 6월항쟁 이후 점차 민주화되면서 한국 사회는 빠르게 보수화되기 시작했다. 특히 1980년대 한국 사회를 뜨겁게 한 민중주의는 1991년 노태우 정부의 공안 통치에 저항한 분신 정국과 운동권의 자충수인 정원식 밀가루 사건을 결절점으로 해서 쇠퇴하기 시작했다. 한국 정치학도 크게 다르지 않다. 한국의 정치학은 1980년대의 '민중주의' 시기를 넘어서 '포스트민중주의' 시기로 들어서게 된다.

포스트민중주의에서 주목되는 점은 우선 1980년대에 생겨난 한국정치 연구 열기가 어느 정도 진정되기 시작했다는 것이다. 오히려 관심은 1990년대 이후 급속히 진행되고 있는 지구화에 관련해 국제정치, 특히 국제정치경제와 지역연구(미국, 유럽, 중국, 동남아 등)로 옮겨가기 시작했다. 양적으로 살펴보면 《한국정치학회보》 게재 논문 중 한국정치 연구가 차지하는 비중은 1980년대의 39.8퍼센트를 정점으로 점차 35퍼센트대로 떨어졌다.

내용과 방법론이라는 시각에서 살펴볼 때 이 시기의 한국정치학에서 두드러지게 나타나는 것은 포스트민중주의의 흐름이다. 우선 주제 면에서 1980년대의 민중주의 시기를 특징지은 것이 국가론과 변혁이라면, 1991년 이후의 포스트민중주의 시기를 대표하는 것은 시민사회론과 민주주의다. 중심 주제가 국가에서 시민사회로, 변혁에서 민주주의로 바뀌었다. 다시 말해 1980년대를 상징하는 한국정치학 연구가 현대 국가론의 문제를 다룬 책으로 한국정치학회가 펴낸 《현대한국정치와 국가》(법문사, 1986)라면, 포스트민중주의를 대표하는 연구는 시민사회 문제를 다룬 책으로 한국정치학회와 한국사회학회가 공동으로 펴낸 《한국의 국가와 시민사회》(한울, 1992)다. 방법론 내지 이론적 경향이라는 면에서 포스트민중주의 시기를 특징짓는 것은 그동안의 민중주의에 대한 비판적 시각, 즉 포스트민중주의다.

이런 포스트민중주의는 세 가지 방식으로 나타났다. 하나는 1980년대 민중주의적 시각을 가진 학자들이 1990년대 들어 '우경화'한 것이다. 이를테면 민중주의를 상징하는 대표적 정치학자인 최장집 교수는 민중주의 시대의 《한국현대정치의 구조와 변화》(까치, 1990)에서 정당과 선거 등 제도 정치를 강조하는 《민주화 이후의 민주주의》(후마니타스, 2002)로 변화했다. 아니 최 교수의 최근 저작인 《민중에서 시민으로》(돌베개, 2009)의 제목이야말로 한국정치학의 패러다임이 노동자와 농민 같은 피지배 계급의 '민중'에서 (초계급적인) '시민'으로, 민중주의에서 포스트민중주의로 변화한 것을 가장 상징적으로 보여주고 있다고 하겠다. 둘째, 1980년대의 문제의식을 견지하는 경우 그 영향력이 감소한 것이다. 손호철의 《현대한국정치 ― 이론과 역사, 1945~2003》(사회평론사, 2003) 등이 그 예다. 셋째, 뉴라이트를 중심으로 한 냉전 보수적인 한국정치사의 재해석 흐름이 부상한 것이다.

특히 이런 포스트민중주의의 흐름은 해방 8년사 연구에서 극명하게 나타나는데, 이 분야에서 1980년대의 민중주의에 대비되는 포스트민중주의적 시각이 소련이 몰락하면서 해빙된 해방 정국에 관련된 소련 문서 연구 등을 통해 강하게 등장했다. 한마디로 1980년대가 브루스 커밍스의 《한국전쟁의 기원》으로 상징된다면, 포스트민중주의는 한 한국정치사 연구자가 "중도우파적 전통주의"(신복룡 2001, 197)라고 논평한 한국전쟁에 대한 또 다른 대작인 박명림의 《한국전쟁의 발발과 기원 1, 2》(나남, 1996)로 대표된다. 커밍스의 책 제목에 '발발'이라는 단어가 추가된 것이 상징하듯이, 제1세대의 전통주의적 연구가 누가 6월 25일에 먼저 총을 쏘았는가 하는 사건사적 시각에서 한국전쟁을 접근했다면, 제2세대 민중주의는 한국전쟁의 구조적 원인(《한국전쟁의 기원》)에 초점을 맞췄다. 반면에 포스트민중주의의 제3세대 연구는 이런 구조적 원인('기원')과 사건사적 원인('발발')이 모두 중요하다고 보는 시각이다. 나아가 민중주의 시대를 대표하는 《해방전후사의 인식》에 대항해 뉴라이트에서는 냉전 보수적 시각에서 《해방전후사의 재인식》(책세상, 2006)이 등장했다.

이 밖에 1980년대의 변혁에 관한 논의는 사라지고 민주화와 민주주의의 공고화가 중요한 주제로 자리잡았다(이갑윤·문용직, 〈한국의 민주화 ― 전개과정과 성격〉(1995, 29집 2호); 이강로, 〈한국에서 진보적 노동운동의 성장과 민주주의 공고화의 진행〉(1999, 33집 4호) 등). 또한 1980년대의 민중운동이 약화되고 경실련을 필두로 시민운동이 급속히 성장하면서 시민사회에 관한 분석도 과거의 민중운동에서 시민운동으로 관심이 옮겨가게 된 하나의 배경으로 자리잡고 있다(임성학, 〈재벌개혁과 정부, NGOs의 역할〉(2000, 34집 4호) 등).

물론 1980년대의 주된 관심사인 국가론과 정치경제 이론을 향한 관심이 사라진 것은 아니었다. 그러나 국가론은 상대적 중요성이 줄어들었을 뿐 아니라 1980년대의 좌파적 국가론에서 1990년대 들어서는 제도의 중요성을 강조하는 신제도주의적 시각 등으로 이론적 경향이 바뀌었다(황종성, 〈한국정보통신 산업의 자유화와 국가-재벌의 상호작용 — 신제도주의적 접근〉(1994, 28집 2호) 등). 정치경제학 역시 과거의 좌파적 시각 내부에서는 조절이론에 입각한 이론적 경향의 변화가 나타났고(안승국, 〈한국에 있어서 포드주의의 위기에 관한 정치경제적 재성찰 — 조절이론을 중심으로〉(1999, 33집 2호), 좀더 근본적으로는 자유주의 내지 제도주의적 시각 같은 주류 이론이 더욱더 득세하기 시작했다.

이 밖에 1990년대 이후 주목할 만한 주제는 세계화(유현석, 〈세계화시대의 민주주의와 신자유주의 정책 — 한국과 남미의 노동문제를 중심으로〉(1997, 31집 2호) 등)와 정보화에 대한 관심(곽진영, 〈한국정당의 사이버 공간을 통한 정치 커뮤니케이션〉(2001, 35집 2호) 등)을 들 수 있으며, 이론적으로는 인간의 행동을 자신의 선호를 극대화하기 위한 합리적 선택의 결과로 보는 '합리적 선택' 이론이 선거를 중심으로 본격적으로 한국정치학에서 논의되기 시작했다. 이를테면 그동안 비합리적인 행동으로 비판받은 지역주의적 투표도 알고 보면 합리적 선택이라는 설명이다(강원택, 〈지역주의 투표와 합리적 선택〉(2000, 34집 2호) 등).

마지막으로 지적할 것은 정치사상을 중심으로 서구중심주의에 대한 비판과 함께 한국적 정치학을 만들려고 하는 노력이 그 어느 때보다도 구체적으로 진행되고 있다는 사실이다. 강정인(2002, 2004), 양승태(2010) 등의 연구가 그 대표적인 예다.

4. 나오며

이 글은 한국정치학의 역사적 변천을 실학부터 현재에 이르기까지 그 내용과 방법론적 변화를 중심으로 살펴봤다. 특히 실학을 포함해 한국의 고전적 정치학이 지닌 규범론적 한계부터 근대적 서구 정치학을 도입한 한말의 정치학, 해방 후 초기의 독일식 제도적 접근, 1960년대 이후의 미국식 행태주의와 근대화론, 1980년의 민중주의, 1990년대 소련과 동구가 해체된 뒤의 포스트민중주의에 대해 간략하게 살펴봤다. 이런 역사적 진화를 통해 한국의 정치학은 양적이나 질적으로 괄목할 만한 발전을 했다.

그러나 앞으로 한국정치 연구가 가야 할 길은 아직도 멀다. 특히 한국정치 연구는 중요한 숙제를 남겨놓고 있다. 하나는 남한의 정치학과 북한의 정치학이라는 '분단 한국정치학'을 넘어서는 것이다. 다른 하나는 외국, 특히 미국과 서구의 이론을 넘어서 우리 나름의 정치학과 정치 이론을 만드는 것이다.

물론 한국의 정치학은 "현대정치학의 발전 방향과 추세라는 외적인 자극을 받은 한국의 정치학자들이 변천하는 정치적, 역사적 상황이라는 내외적 맥락 속에서 한국의 정치적 현실이나 한국을 둘러싼 주요 정치체제의 본질과 국제정치적 현실을 주시하면서 자신들의 주관적 문제의식을 토대로 특정의 연구과제와 연구방법을 선택하여" 연구해온 결과다(한배호 2003, 37). 그러나 이런 흐름에도 불구하고 우리의 정치 연구가 '우리 이론'의 개발보다는 외국 이론의 수입과 한국적 적용이 중심이 돼온 것은 부인할 수 없다. 이 점에서 25년 전 근대 정치학 100년을 돌아보며 한 정치학자가 한 평가와 자성(이홍구 1986, 7)이 아직도 아프게 다가온다.

《정치학》의 내용을 살펴보면서 100년 전에 진행된 유길준의 선구자적인 작업이 지닌 '근대성'에 놀라지 않을 수 없다. …… 지난 100년 간, 적어도 지난 40년 간 한국정치학은 많은 발전을 했다는 자부심이 없지 않으면서도 유길준의 《정치학》이 오늘의 정치학과 그 성격이나 내용 면에서 크게 다를 바가 없다는 것을 발견할 때 우리는 놀라움과 함께 당황하지 않을 수 없다. 따라서 근대 정치학 100주년을 맞는 이 시점은 우리에게 자축보다는 자성의 계기가 될 수밖에 없는 것이다.

5장

한국정치 연구 50년
1953~2002년*

1. 들어가며

한국정치학회가 2003년으로 벌써 창립 50주년이 됐다. 1953년 한국전쟁의
포연 속에서 탄생한 이래 지난 50년간 한국정치학회는 여러 선배 연구자들의
노력 덕에 양적, 질적으로 비약적인 발전을 해 이제 한국을 대표하는 대표적
인 학회로 자리잡았다. 초기 학회는 회원이 몇 명 되지 않아 첫 학회지를 학회
출범 후 6년 뒤인 1959년에야 출간할 수 있었다. 그 뒤에도 학회지 2집을 몇
년 뒤에야 낼 수 있을 정도로 연구 활동이 어려웠다. 그러나 이제 한국정치학
회는 회원만 2000명이 넘고 매년 학회지가 네 차례나 정기적으로 출간되며,
그것도 경쟁이 갈수록 치열해져 탈락률이 50퍼센트를 넘어서는 매머드 학회
로 발전했다.

이 글은 한국정치학회 50주년을 맞아 지난 50년간 이어진 한국정치 연구
를 비판적으로 되돌아보는 데 목적이 있다.

---

* 손호철, 〈한국정치연구 50년〉, 한국정치학회, 《한국정치학회 50년사, 1953~2003》, 한국정치학회, 2003.

2. 몇 가지 전제

1) 연구 대상

본격적인 논의에 앞서서 짚고 넘어가야 할 문제는 이 글의 범위와 대상에 대한 문제다. 왜냐하면 이 글의 목적은 한국정치학회 50년사의 일환으로 한국정치 연구 50년을 돌아보는 것인데, 한국정치학회 50년사로서 한국정치 연구 50년이 과연 어디까지인가가 간단한 문제가 아니기 때문이다.

가장 엄격한 기준은 《한국정치학회보》, 한국정치학회 심포지엄, 한국정치학회 단행본 등 한국정치학회의 공식 활동을 통해 발표된 한국정치 관련 연구들로 그 범위를 국한시키는 것이다. 그러나 이 경우 많은 한국정치 관련 단행본들이 빠진다는 문제점을 안고 있다. 첫째 기준보다 다시 느슨한 기준을 적용한 범위는 한국정치학회의 공식 활동이 아니더라도 한국정치학회 회원들이 만들어낸 지난 50년 동안의 한국정치 연구 전체다. 이 경우 학회 공식 활동이 아니더라도 회원들이 쓴 단행본, 다른 학회나 잡지 등에 쓴 한국정치 관련 연구들이 포함되게 된다. 셋째 기준은 이것을 더 넓혀 한국정치학회 회원이 아니더라도 정치학 석박사 과정 학생 등 정치학 연구자들부터 사회학, 역사학 등 다른 학문 분야의 학자들이 내놓은 한국정치 관련 연구, 즉 연구자의 소속에 관계없이 국내에서 진행된 모든 한국정치 연구를 지칭하는 경우다. 마지막으로 범위를 해외까지 넓혀 연구자의 국적이나 언어에 상관없이 한국정치를 대상으로 한 전지구적인 모든 연구를 의미하는 경우다.

그러나 이 글에서 다루려 하는 주제가 한국정치 연구 일반이 아니라 한국정치 50년사로서 한국정치 연구라는 점에서 연구 범위를 첫째(《한국정치학회보》 등 한국정치학회의 공식 활동)에 초점을 두되 필요한 경우 둘째(학회 회원들의 연구 활동 전체)에도 관심을 기울이는 수준으로 제한하려 한다. 특히 시기에 관련해 1953년 이전에도 한국정치에 대한 연구는 있었지만 이 글의 목적이 한국정치학회 50년을 회고하는 데 있는 만큼 한국정치학회가 만들어지기 전인 1953년 이전의 연구는 간단히 일종의 전사前史로 언급할 뿐 본격적인 연구 대상에서 제외했다.

다음에 부딪치는 문제는 이것과는 또 다른 차원에서 한국정치 연구라는 대상의 범위, 즉 정치학의 하위 학문 분류 체계로서 한국정치 연구의 범위 문제다. 여기에서는 몇 가지가 문제된다. 그중 하나는 한국정치사상의 문제고, 또 다른 하나는 한국정치사의 문제다. 마지막으로 북한정치 연구의 문제다. 이것에 대해서는 학문 분류 체계라는 철학적 입장이 아니라, 현실적으로 가능한 것이 무엇이고 다른 저자들이 맡고 있는 다른 분야와 바람직하게 역할을 분담하는 것은 무엇인가 하는 실용주의적 입장에서 접근하려 한다. 한국정치사상의 경우 이번 50년사 연구에 동양정치사상과 한국정치사상이라는 분야가 따로 상정돼 있기 때문에 제외했다. 정치사의 경우도 현대 한국정치사만 포함시켰고 조선조 등 이전의 한국사 연구는 순전히 필자의 능력 부족이라는 현실적 이유 때문에 이번 연구에서 배제했다. 마지막으로 북한정치의 경우 이번 50년사 연구에 별도의 분야를 따로 상정하지 않았기 때문에 필자에게 익숙하지 않은 분야인데도 일단 이번 연구에 포함시켰다.

2) 한국정치학과 한국정치 연구

흔히 학문에는 국경이 없지만 학자에게는 국경이 있다고 이야기한다. 사회과학, 특히 다양한 현실 정치의 문제를 다루는 정치학의 경우 말할 것도 없다. 이런 문제에 관련된 현실 적실성 등 때문에, 나라마다 정도의 차이는 있지만 미국 정치학이나 일본 정치학의 경우 자기 나라의 정치를 연구하는 자국 정치 연구가 가장 중심적인 역할을 수행해왔고, 양적으로도 가장 활발한 연구 결과를 낳아왔다.

그러나 우리의 경우 분단을 둘러싼 이념적 대립과 오랜 군사독재를 거치면서 민감한 한국의 현실 정치 문제를 다루기가 쉽지 않은 현실적 제약 등으로 한국정치 연구가 다른 나라의 자국 정치 연구에 견줘 상대적으로 저발달하고 위축돼온 경향이 있다. 즉 분단과 독재 정권이라는 정치적 조건이 정치학과 사회과학 일반의 연구를 제약했지만, 특히 한국정치 연구는 우리의 현실을 다룬다는 점에서 추상적인 정치사상 같은 정치학의 다른 분야에 비해서도 더욱 많은 제약을 받아왔다. 이것은 한국정치학사에 선구자적 역할을 해온 한 연구자의 연구가 잘 보여주고 있다. 구체적으로, 이 연구자가 한국정치학을 정치이론, 비교정치, 정치과정, 한국정치, 정치사, 국제정치, 행정학, 공법이라는 8가지 분야로 나눠 정치학자들에게 어느 분야가 가장 침체됐느냐고 문자 응답자의 30퍼센트가 한국정치라고 답해 1위를 차지했다. 반면에 가장 발달한 분야가 어느 분야냐는 질문에 대해서는 불과 4퍼센트만이 한국정치라고 답해 가장 낮은 응답률을 보였다(김계수 1987, 209). 물론 이 연구는 1960년대 말에 실시된 것으로 이후 한국정치에 대한 연구가 질적이나 양적으로 비약적인 발전을 한 것은 사실이다. 그러나 문제의 연구가 한국정치 연구가 한국정치학에서 차지하는 위치와 위상을 상징적으로 보여주고 있다는 점은 부인할 수 없다.

이것을 다른 각도에서 살펴보자면 한국정치학에서 한국정치가 차지하는 비중을 양적으로 측정해볼 필요가 있다. 지난 1959년 처음 출간한 뒤《한국정치학회보》에 실린 논문 중 한국정치 관련 논문과 1970년대 이후 한국정치학회 회원들이 출간한 정치학 서적 중 한국정치 관련 서적이 차지하는 비중을 살펴보는 것이다.[1] 우선《한국정치학회보》를 보면 1959년 1집부터 2002년 36집 2호까지를 기준으로 할 때 모두 1154편의 논문이 게재됐는데, 이 중 한국정치 관련 논문이 393편(34.1퍼센트), 북한정치가 25편(2.2퍼센트), 남북한 정치를 합친 넓은 의미의 한국정치 관련 논문이 모두 418편으로, 전체의 36.3퍼센트를 차지하고 있다. 한편 단행본의 경우 1970년부터 2002년까지 출간된 정치학 관련 서적은 모두 1295권으로 이 중 한국정치 관련 서적은

표 1. 한국정치 연구 현황

《한국정치학회보》 게재 논문(편) (1959~2002)				정치학 관련 단행본(권) (1970~2002)			
총계	한국정치	북한정치	계	총계	한국정치	북한정치	계
1154	393 (34.1%)	25 (2.2%)	418 (36.3%)	1295	224 (17.3%)	134 (10.3%)	358 (27.6%)

224권(17.3퍼센트), 북한정치 관련 서적은 134권(10.3퍼센트)로 넓은 의미의 한국정치 관련 서적은 28.6퍼센트인 358권으로 집계되고 있다(**표 1** 참조).

이것 이외에 주목할 만한 한국정치 연구의 특징은 이념적 편향성이다. 분단은 한국의 이념적 지형을 극우 보수주의와 온건 보수주의, 자유주의만 존재하는 반쪽 형태로 불구화시켜버렸고, 이런 이념적 지형은 한국정치 연구에서도 진보적이고 좌파적인 입장에서 하는 연구를 오랫동안 금기시하게 만들었다(신복룡 2001, 210~211). 다만 1980년 광주민중항쟁 이후 진보적 운동이 폭발적으로 터져 나오면서 소장 연구자들을 중심으로 진보적 시각에서 바라본 한국정치 연구가 뒤늦게 시작돼 연구 업적을 쌓아오고 있는 것이 현실이다.

3. 한국정치 연구 50년

1) 전사前史

한국정치에 대한 연구가 한국정치학회 창립 이전에는 없었다고 생각하는 것은 잘못이다. 따라서 여기에서는 한국정치학회사로서의 한국정치 연구의 전사라 할 수 있는 1953년 이전의 한국정치 연구를 간단히 살펴보고 넘어가려 한다. 한국의 정치학은 유길준이 처음 도입한 것인지(이홍구 1986; 김학준 2000),

아니면 현채가 도입한 것인지(신복룡 2001, 162~163) 알 수 없지만, 한국정치학회
가 설립되기 훨씬 전인 한말에 이미 시작된 것은 부인할 수 없다. 그러나 이런
초기의 한국정치학은 어디까지나 서구의 정치학을 한국에 소개한 것으로, 이
글의 주제인 한국정치 연구는 아니었다. 따라서 우리는 한국 최초의 한국정치
연구는 무엇인가라는 문제에 부딪치는데, 이 문제에 답하는 것은 필자의 능
력 밖의 일이다. 이것은 또한 한국정치 연구의 대상인 한국정치에서 '한국'이
무엇인가 하는 문제와 관련이 있다. 이 문제를 광의로 해석할 경우 고대 한국
등 전근대 시대의 한국정치에 대한 연구도 한국정치 연구이기 때문에 그 효시
는 상당히 거슬러 올라갈 수 있을 것이다. 그러나 대한민국이라는 국민국가
로 이해할 경우 연구는 자연히 해방 이후로 옮겨갈 수밖에 없다.

어찌됐든 전사에서 중요한 것은 1945년 해방과 함께 근대적 고등교육 체
계가 미군정을 중심으로 도입되는 과정에서 1946년 국립 서울대학교가 설립
되면서 정치학과가 창설됐고, 이어 보성전문학교와 연희전문학교가 각각 고
려대학교와 연세대학교로 개편되면서 여기에도 정치학과가 창설됐다는 사실
이다(김계수 1987, 4). 그리고 이 대학들에서 한국정치사가 정식 과목으로 설강됐
다(구범모 1967). 그러나 당시 대표적인 국사학자인 이선근이 서울대학교 정치
학과 교수로 재직하고 있었다는 사실이 잘 보여주듯이 한국정치 연구가 국사
학에서 독립돼 있었다고는 볼 수 없었다(신복룡 2001, 174). 그리고 이선근의 《조
선최근정치사》(정음사, 1950), 고권삼의 《우리나라 정치사》(삼양문화사, 1948) 등의
한국정치사 연구들이 나타났다(신복룡 2001, 174~175).

2) 제1기 — 모색기(1953~1970년)

한국정치학회는 이선근, 김상협, 김성희 등 20여 명의 정치학자들이 1953년
10월 한국전쟁 중 피난 수도 부산에 있던 국립 서울대학교 임시 캠퍼스에서
설립, 이선근 교수를 초대 회장으로 정식 발족했다. 4·19혁명 이후 한국정치

학연구회가 따로 결성되기는 했지만 다행스럽게도 1962년 10월에 두 학술 단체가 하나로 통합하고 한국정치학연구회 회장이던 민병태 교수를 제2대 회장으로 해서 한국정치학회가 재발족했다. 이런 우여곡절을 거쳐 1970년까지 이르는 기간을 일종의 모색기인 1기라 할 수 있다. 한국정치학회 50년사에 대한 기존의 다른 선구적 연구들(김계수 1987, 2~16; 김운태 1987; 김학준 1990, 66~71 등)과 달리 제1기를 1970년까지 길게 잡은 이유는, 다른 연구들이 '한국정치학사'에 초점을 맞췄다면 이 글은 한국정치학회 50주년을 기념한 한국정치학회 50년사라는 이 기획의 목적에 맞춰 '한국정치학회사'에 초점을 둔 때문이다. 1953년부터 1970년까지는 무려 17년의 세월이지만 한국정치학회사를 중심으로 볼 때는 학회 활동이 빈약했다. 특히 학회의 가장 중심적인 연구 작업인 학회지를 볼 때 1959년 창간호를 발간한 뒤 1967년에 제2집, 1969년에 제3집을 발간해, 17년 동안 학회지를 겨우 세 번 밖에 내지 못했다. 이렇게 학회지를 1970년까지는 부정기로 출간하다가 1971년 이후에는 매년 정기적으로 출간하게 된 점에서 1971년을 분기점으로 삼아야 한다고 판단했다.

이 시기의 《한국정치학회보》에 나타난 한국정치 연구를 보면 3권의 《한국정치학회보》에 실린 29편의 논문 중 9편의 논문이 한국정치 관련 논문으로 31퍼센트를 차지하고, 북한에 대한 논문은 한 편도 없었다.[2] 이런 비율은 《한국정치학회보》에 한국정치 관련 논문이 평균 36퍼센트에 이르는 데 비추어볼 때 전체 평균보다 약 5퍼센트 정도 낮은 것으로, 초기의 경우 한국정치 연구가 상대적으로 활발하지 않은 사실을 보여준다. 참고로 1965년 기준으로 한국 정치학자 중 전공 분야는 8개 분야 중 국제정치가 18퍼센트로 가장 많고 한국정치가 7퍼센트로 둘째로 적은 것으로 나타나고 있다(김계수 1987, 10).

양적 측면 못지않게 중요한 것은 내용적 측면이다. 학회 창립 후 6년이 지난 1959년에 나온 창간호에는 두 편의 한국정치 관련 논문이 실렸는데, 위화도 회군과 대원군을 다룬 전근대 한국정치사에 대한 논문이었다. 이것은 1950년대의 경우 한국정치 연구가 기본적으로 정치사에 치중돼 있었고, 그것도 국사학에서 분화되지 못한 사실을 보여준다. 다시 말해 이 시기는 한국정치 연구에서도 한국정치학 일반에 관통하고 있던 역사적 전통, 즉 일본 정치학의 영향을 받은 역사적·법적·제도적 접근이 지배적이었다고 볼 수 있다(김계수 1987, 4). 그러나 창간호 발간 8년 뒤인 1967년에 발간된 제2집에서는 한배호의 〈집단으로 본 한국정치과정〉, 김규택의 〈선거와 투표행위〉, 이정식의 〈한국정치 및 정치과정 연구현황〉, 백상건의 〈선거제도의 과거와 현재〉라는 논문들이, 1969년 발간된 제3집에는 한국정치사 특집 이외에도 김종익·유동진의 〈Political Socialization in Korea — A Pilot Study〉, 김규택의 〈정부에 대한 어린이들의 태도〉, 추헌수의 〈한국 독립운동을 통해서 본 자주의식〉 등의 논문이 게재됐다. 이 논문들은 '집단', '정치과정', '투표행위', '정치사회화', '태도' 등의 용어들에서 드러나듯 1960년대 이후 한국정치 연구가 1950년대의 역사적, 법적, 제도적 접근을 벗어나 미국의 과학주의와 행태주의의 영향권으로 넘어가고 있는 현실을 보여준다. 1950년대 초반에 국내에서 정치학을 배운 뒤 미국 유학 등을 다녀온 '제2세대 정치학자'(이정복 1999, 550~551)들이 한국정치학의 중심적 연구자로 자리잡은 것이다.

이 시기에 학회보 이외에 단행본으로 주목할 것은 윤천주, 《한국정치체계 — 정치상황과 정치참여》(고려대학교 출판부, 1963)다. 이 책은 제1세대 정치학자인 윤천주가 미국식 행태주의를 연구해 한국의 투표 행태 분석에 적용한 선구적인 연구로서, 법적 접근과 제도적 접근에서 미국식 행태주의로 한국정치학의 연구 풍토가 바뀌는 신호탄이 되었다고 할 수 있다. 그러나 동시에 한태수의 《한국정당사》(신태양사, 1961), 이기하의 《한국정당발달사》(의회정치사, 1961), 김준엽·김창순의 《한국공산주의 운동사 1~5》(고려대학교 출판부, 1967~1974), 김혁동의 《미군정하의 입법의원 연구》(범문사, 1970) 등 현대 정치사에 대한 뛰어난 연구들도 나타났다.

마지막으로 학회 활동 중 중요한 변화를 보면 1962년 학회가 재발족한 뒤 연구발표회와 강연회 등이 어느 정도 활성화됐다. 1962년 이후 1970년까지 9

년 동안 31차례의 연구발표회와 강연회가 열려 평균 네 달에 한 번 꼴로 연구 발표회 등이 열렸다. 한국정치에 대한 연구발표회도 활발해져 한배호의 〈한국에 있어서의 정치과정 — 경향신문 폐간 사건〉(1965), 이정식의 〈한국대학생의 의식구조〉(1965), 민병천의 〈한국의 정치상황〉(1965), 이정식의 〈정치과정과 한국정치연구현황〉(1965) 등이 발표됐다. 또한 1969년 연말에는 한국정치사에 대한 심포지엄이 열려 홍순옥의 〈흥선대원군 정권의 고찰〉부터 이정식의 〈한국현대정치사의 문제점〉에 이르는 문제들이 논의됐고, 1970년 연말에는 한국 민주주의에 대한 심포지엄이 열려 한기식의 〈한국민주주의 이론 서설〉부터 한흥수의 〈한국정치의 민주주의와 중등교육〉에 이르는 다양한 문제들이 논의됐다.

3) 제2기 — 제도화기(1971~1979년)

1970년대 한국 정치는 유신으로 상징되는 암흑기에 들어선다. 그러나 이런 현실 정치의 모습과는 대조적으로 한국정치학회는 1971년 이후 매년 학회보를 거르지 않고 낼 수 있을 정도로 안정됐다. 한 조사에 따르면 1974년 기준 한국정치학회 회원은 385명으로, 10년 전에 견줘 2배 이상 늘어났고 회원 중 박사 학위 소지자의 비율도 45퍼센트에 이르렀다(김계수 1987, 9~10).

이 시기의 한국정치 연구를 살펴보면 우선 양적인 면에서 학회보를 기준으로 할 때 전체 게재 논문의 32.9퍼센트, 단행본을 기준으로 할 때 전체 정치학 관련 단행본의 28.7퍼센트를 차지하는 것으로 나타나고 있다(표 2 참조). 다른 시기에 비교하면 학회보의 경우 평균적 추세에 견줘 조금 저조하고 단행본의 경우 평균적 추세하고 비슷했다. 그러나 주목할 점은 연구에서 내부 구성의 변화다. 1970년대 연구에서 주목할 만한 것은 북한 연구의 활성화다. 이런 변화는 국토통일원이 북한 연구와 통일 연구에 막대한 지원을 하면서 연구가 활발해진 결과다. 물론 학회보의 경우 북한 연구는 주로 《한국정치학회보》

표 2. 제2기 한국정치 연구 현황(1971~1979)

《한국정치학회보》 게재 논문(편)				정치학 관련 단행본(권)			
총계	한국정치	북한정치	계	총계	한국정치	북한정치	계
143	6 (32.2%)	1 (0.7%)	47 (32.9%)	161	19 (11.8%)	27 (16.9%)	46 (28.7%)

보다는《국제정치논총》에 기고하는 전통 때문에《한국정치학회보》에 북한정치 관련 논문은 한 편에 불과했다. 그러나 단행본의 경우 북한정치 연구가 전체 정치학 관련 저서 중 무려 16.9퍼센트를 차지했다. 이런 북한정치 연구의 붐과는 대조적으로, 한 연구자가 '동상^{凍傷}의 시대'(신복룡 2001, 179)라고 불렀듯이 유신 등 한국 정치의 극우 반동화에 따라 한국정치 연구는 크게 위축돼 전체 정치학 단행본의 11.8퍼센트(이것은 지난 50년간의 평균치인 17.3퍼센트에 크게 못 미치는 수치다)를 차지하는 데 그쳤다. 북한정치 연구가 한국정치 연구를 크게 앞서는 이변이 생겨나고 만 것이다.

한국정치학회의 한국정치 연구 제2기에 나타난 중요한 변화는 한-미 연구 교류, 특히 재북미 한국인 학자들과 한국 학자들의 연구 교류가 증가하고 제도화된 것이다. 유신 이후 한-미 관계가 불편해지면서 미국 내 지식인 사회의 반한 분위기를 무마하기 위해 박정희 정권이 미국의 한국인 정치학자들을 초청해 합동 학술 행사를 열 수 있게 경제적 지원을 해준 때문이었다. 박정희 정권의 재정적 지원을 받아 1975년에 한국정치학회와 재북미 한국인 정치학자회Association of Korean Political Scientists in North Korea의 합동학술회의가 처음 열린 것을 기화로 한-미 합동학술회의가 격년제로 제도화됐다(이 합동학술회의는 한국이 민주화돼 더는 재북미 한국인 정치학자들에 대한 '친한 로비'가 불필요해진 1980년대 말에 '한국정치세계학술대회'로 명칭을 바꿔 확대, 변모됐다). 정부의 지원 동기야 어찌됐든 이 합동학술회의는 다른 분야와 마찬가지로 한국정치 연구에서도 한국과 미국 사이의 학문적 교류를 촉진하고 미국 내의 한국정치 연구를 국내에 직접 소개하는 계기가 됐다. 이를테면 1975년 합동학술회의에서는 김종익 교수의 〈The Government Elites of the Republic of Korea, 1948~1972〉, 신도철 교수의 〈Socio-Economic Development and Democratization in South Korea〉, 조영환 교수의 〈The Functions of Ideology in China and North Korea〉 등 남북한 정치에 대한 여러 재북미 한국인 정치학자들의 연구가 소개됐다.

한편 방법론에서는 1960년대 이후 한국정치 연구에 소개된 미국의 행태주의와 과학주의, 정치문화가 더욱 체계화되고 뿌리내리게 됐다. 그 결과 연구 주제에서도 이런 방법론과 밀접히 관련된 정치문화와 정치과정에 대한 연구가 활발했다. 그러나 1970년대에 새로 도입된 새로운 흐름은 정치발전론이다. 1960년대 이후 미국에서 유행하기 시작한 정치발전론과 근대화론[3]은 1970년대 들어 국내 학계에 본격적으로 도입되기 시작해 한국정치의 가장 중심적인 주제로 자리잡게 됐다. 이것을 학회보를 중심으로 살펴보면 1973년에 발간된 제7집에 문창주의 〈한국정치 발전에 관한 연구〉를 필두로 윤형섭의 〈미군정의 정치적 충원에 관한 발전론적 연구〉(1974, 제8집), 민준기의 〈한국의 정당과 정치발전〉(1975, 제9집)에 이어 1977년 제11집은 아예 한국 정치발전 특집으로 꾸며졌다. 그래서 17편의 논문 중 김계수의 〈한국의 정치발전과 정치학 교육의 방향〉, 윤근식의 〈한국정치학에서의 정치발전 연구〉, 안병만의 〈우리나라의 정당과 정치발전〉, 박동서의 〈한국의 관료제와 정치발전〉, 안병영의 〈한국의 이익집단과 정치발전〉, 이택휘의 〈한국에서의 정치참여와 정치발전〉, 이종범의 〈한국에서의 정치적 통합과 정치발전〉, 이홍구의 〈한국의 정치문화와 정치발전〉 등 8편의 논문이 한국 정치의 발전 문제를 다뤘다.

제2기에서 주목할 만한 또 다른 현상은 방법론적으로 미국식 행태주의와 발전론이 지배적이었지만 그중에서도 외국 이론의 단순 수입이 아니라 한국적 현실에 기초한 한국적 이론의 추구라는 한국적 주체성에 대한 문제의식이 뚜렷하게 나타나기 시작했다는 사실이다.[4] 1979년 제13집이 특집 형태로 발간돼, 문승익의 〈한국정치학의 정립 문제〉를 필두로 윤근식의 〈사회비판적 정치분석과 한국정치학〉, 신복룡의 〈한국정치사에 있어서의 식민지사관의 오염〉, 이용필의 〈한국정치 연구의 기본방향〉 등이 이 문제를 놓고 고민했다. 참고로 이 시기에 출간한 주요한 한국정치 관련 단행본은 다음과 같다.

(1) 한국정치

김규택, 《한국정치동태론》(일조각, 1971); 이달순, 《한국정치사》(중앙대 출판국, 1971); 한정일, 《한국정치 행정론》(박영사, 1972); 김운태 외, 《한국민주주의 — 그 발전과 토착화》(동서출판사, 1973); 김점곤, 《한국전쟁과 노동당전략》(박영사, 1973); 송택구, 《한국적 민주주의 시론》(범학도서, 1973); 김학준, 《한국문제와 국제정치》(박영사, 1975); 민준기, 《한국정치발전론》(일조각, 1975); 박문옥, 《신한국정부론》(신천사, 1975); 장을병, 《한국정치론 — 정치발전과 정치참여》(범우사, 1975); 김민하, 《한국정당정치론 — 발전과정과 과제연구》(일신사, 1976); 김학준, 《분단의 배경과 분단고정화에 작용한 대외여건》(국토통일원, 1976); 박찬현, 《한국 국회와 미국 의회의 비교연구》(광명인쇄공사, 1976); 진덕규 편, 《한국의 민족주의》(현대사상사, 1976); 김민하, 《한국정당정치론》(교문사, 1978); 신복룡, 《한국정치사론》(박영사, 1978); 김용욱, 《민족주의·민주주의 — 한국민족주의의 전개와 방향》(박영사, 1979); 아세아정책연구원, 《한국의 정치발전과 경제발전 4집》(아세아정책연구원, 1979); 이종률, 《전환기의 세계와 한국 — 현대정치의 시각》(탑출판사, 1979) 등이다.

(2) 북한정치

박재규, 《북한사회의 구조적 분석》(미네루바, 1972); 김동훈, 《공산주의 비판과 북한 분석》(형설출판사, 1971); 이덕기 외, 《남북회담과 북한 실정》(국제출판사, 1972); 박동운, 《북한통치기구론》(고려대 아세아문제연구소, 1973); 양호민, 《북한의 이데올로기와 정치》(고려대 아세아문제연구소, 1973); 김학준, 《국내외 여건이 북한의 대남 및 통일정책에 미치는 영향》(국토통일원, 1976); 노명준, 《불가침협정과 평화협정 문제를 연계한 북한의 대미 직접협상 대처방안》(국토통일원, 1976); 민병천, 《중소대립이 한반도의 남북한관계에 미치는 영향》(국토통일원, 1976); 박용옥, 《대북대화재개시 북한의 군축주장에 대한 대처방안》(국토통일원, 1976); 고병철, 《북한외교론 9》(경남대 출판부, 1977); 이창하, 《김일성 언동에 나타난 정세관 분석》(문성경인, 1977); 김갑철 편저, 《한반도와 강대국》(한국승공연구원, 1979); 김갑철 편저, 《강대국과 한반도》(일신사, 1979); 남기환, 《북한의 서구침투활동》(외교안보연구원, 1979); 자유평론사 편, 《남북한의 통일정책은 어떻게 다른가》(자유평론사, 1979) 등이다.

4) 제3기 ― '민중주의'기(1980~1991년)[5]

'1980년 광주'는 한국 사회를 근본적으로 바꾸어놓았다. 광주 덕분에 한국전쟁 이후 사라진 진보 사상과 진보 운동이 부활해 한국 사회는 빠르게 급진화되었다. 이런 급진화와 함께 나타난 것은 한국 정치를 포함해 한국 사회에 대한 '과학적 인식'을 향한 갈망이었다. 이런 갈망은 한국정치 연구의 폭발, 특히 《해방전후사의 인식》 시리즈로 대변되는 해방 8년사를 중심으로 한 진보적 한국정치 연구의 폭발을 가져다줬다. 그리고 브루스 커밍스의 《한국전쟁의 기원》(일월서각, 1986; Bruce Cumings, The Origins of the Korean War, Princeton: Princeton Univ. Press, 1981의 번역본)이 민중주의적 연구가 폭발하는 데 중요한 구실을 했다.

그러나 한국정치학회의 한국정치 연구의 경우 이 시기를 '민중주의적'이라고 규정하기는 무리가 따른다. 한국정치학회의 '보수적' 성격 때문에 이 시기에도 지배적인 시각과 이론적 틀은 기본적으로 민중주의적이라기보다는 '보수적'이었다. 그러나 동시에 이런 보수적 패러다임의 지배성에도 불구하고 다양한 민중주의적이고 진보적인 시각이 과거에 견줘 상대적으로 활발하게 학회의 한국정치 연구에서 논의된 것은 부인할 수 없다.

우선 제3기 민중주의 시기의 한국정치 연구를 살펴보면 《한국정치학회보》

표 3. 제3기 한국정치 연구 현황(1980~1991)

《한국정치학회보》게재 논문(편)				정치학 관련 단행본(권)			
총계	한국정치	북한정치	계	총계	한국정치	북한정치	계
229	112 (37.5%)	7 (2.3%)	119 (39.8%)	401	65 (16.2%)	46 (11.5%)	111 (27.7%)

를 기준으로 할 때 한국정치 연구가 39.8퍼센트를 차지해 그 어느 시기보다
도 높은 것으로 나타나 한국정치 연구 붐이 학회에도 어느 정도 반영되고 있
는 것을 보여준다(**표 3** 참조. 1976년부터 민중주의 시기인 1987년까지의 한
국정치 연구 경향은 한승조(1987) 참조). 뿐만 아니라 1986년을 기점으로 그전
까지 1년에 한 번만 발행하던 학회보가 두 번 발행으로 바뀌면서 학회의 연구
중 한국정치 연구가 차지하는 상대적 비중뿐 아니라 한국정치 연구의 절대적
양이 엄청나게 늘어났다. 학회지를 기준으로 1970년대의 경우 연간 평균 5.2
편의 한국정치 관련 논문이 게재됐다면, 제3기에 들어서는 연간 평균 10편의
논문으로 게재 편수가 두 배로 늘어났다.

　내용 면에서는 선거, 정치과정, 정치문화 등 1960~1970년대의 과학주의적
흐름과 주제들이 아직도 지배적이지만 다양한 비판적 시각들과 정치경제 이
론과 국가론 등이 새로운 관심 대상으로 떠올랐다(참고로 이 시기에《한국정
치학회보》에 게재된 한국정치 논문 중 주제나 방법에서 전통적인 과학주의에
기초한 것으로 분류될 수 있는 논문은 65편 정도고 정치경제 이론과 국가론
등 새로운 흐름에 관련된 논문은 34편 정도다). 1970년대가 서구 중심적인 근
대화론과 정치발전론이 지배적 시각이자 지배적 주제였다면, 1980년대는 종
속이론과 관료적 권위주의론 등 제3세계적 문제의식을 가진 이론들이 많이
소개돼 한국정치 연구에 적용됐다. 또한 1970년대가 국가론을 낡은 제도주의
적 시각이라고 본 정치체제론의 비판에 기초해 명시적이든 묵시적이든 정치체
제론의 시각에서 한국정치를 분석하는 흐름이 지배적이었다면, 1980년대 들

어서는 1970년대 서구에서 부활한 신좌파 이론들이 중심이 돼 한국정치 연구에도 (자본주의) 국가론이 도입된 뒤 국가론 논쟁이 거세게 진행됐다.

이런 흐름을 대표하는 것이 우선 신좌파적이고 정치경제적인 시각에서 라틴아메리카의 군사독재를 분석한 관료적 권위주의 이론을 한국정치 분석에 창조적으로 적용한 강민의 〈관료적 권위주의의 한국적 생성〉(1983)과 이 논문을 '정치주의적 시각'에서 비판한 이정복의 〈산업화와 정치체제의 변화〉(1995)다. '본격적인 국가론'[6]의 경우 관료적 권위주의론과 달리 학회보를 중심으로 논의된 것은 특별히 없다. 대신 한국정치학회가 편집한 《현대한국정치와 국가》(1986)가 학회 차원에서 행해진 대표적인 국가론 논쟁이었다. 특히 이 중 일반 이론 수준이 아니라 한국정치 연구에 관련이 깊은 것은 이정복과 박광주류의 정치주의적 시각을 비판한 강민의 〈국가이론의 한국적 적실성〉, 강민과 최장집류의 신좌파적이고 정치경제적인 시각을 비판한 박광주의 〈집정관적 신중상주의국가론〉, 국가자율성 문제를 분석한 임현진과 백운선의 〈한국에서의 국가자율성〉 등을 들 수 있다.

그러나 한배호 교수가 '총론'에서 지적했듯이 자본주의 국가론 논쟁, 즉 1980년대 후반을 뜨겁게 달군 한국 사회구성체, 사회성격, 국가성격 논쟁은 한국정치학회 밖에서, 구체적으로 말해 새롭게 등장한 진보적 학술운동을 중심으로 일어났다.[7] 특히 정치학에 관련해서는 반전운동의 분위기 속에서 미국정치학회 내의 진보적 정치학자들이 모여 1967년에 추진한 '제2의 미국정치학회 운동'인 '새로운 정치학을 위한 회의'CNPS·The Caucus for a New Political Science[8]와 비슷한 문제의식 아래 이수인, 최장집, 김세균, 박호성, 손호철, 정영태 등이 젊은 대학원생 등 소장 연구자들과 함께 한국정치연구회를 조직했다(신복룡 2001, 195). 이 연구회는 개별적 연구, 최장집의 《한국현대정치의 구조와 변화》(까치, 1990), 손호철의 《한국정치학의 새구상》(풀빛, 1991) 등과 집단적 연구, 한국정치연구회의 《한국정치론》(백산서당, 1989)과 《한국정치사》(백산서당, 1990)를 통해 민중주의적 시각을 피력했고, 특히 민족해방[NL] 운동과 민중민주주의[PD]라는 운동권의 두 진영이 중심이 돼 벌어진 사회구성체 논쟁에 관련해 종속적 파시즘론을 중심으로 국가론 논쟁에 적극 개입했다(이 논쟁에 대해서는 손호철(1991)을 참고하고, 이 논의에 대비되는 한국정치학회의 국가론 연구는 최장집(1993)을 참고). 소장 정치학 연구자들을 중심으로 한 이런 진보적 정치학 연구의 움직임과는 별개로 주목할 것은 한국정치사에 관심이 많은 학자들이 김운태, 한홍수, 신복룡 교수 등을 중심으로 1984년에 한국정치외교사학회를 만듦으로써 한국정치사 연구의 발전에 새로운 장을 연 사실이다(신복룡 2001, 193~194). 특히 새로운 학회지를 통해《한국정치학회보》와는 별개로 한국정치사와 한국외교사에 관한 논문들을 정기적으로 실을 수 있는 틀이 만들어졌다.

참고로 이 시기에 출간된 대표적인 한국정치 관련 단행본은 다음과 같다. 대부분의 단행본들이 모두 중요하지만 특히 김학준의《한국정치론 — 연구의 현황과 방향》(한길사, 1983, 이후 1990년 개정판)은 주목할 만하다. 왜냐하면 이 책은 국내외를 망라한 그동안의 한국정치 연구를 체계적으로 정리함으로써 이후 한국정치 연구에 중요한 길잡이가 됐기 때문이다.

(1) 한국정치

윤천주,《우리나라의 선거실태 — 도시화와 투표행태》(서울대 출판부, 1981); 김학준,《한국문제와 국제정치》(박영사, 1982); 노태구 엮음,《동학혁명의 연구》(백산서당, 1982); 신복룡,《동학사상과 한국민족주의》(평민사, 1982); 심지연,《해방정국 논쟁사》(한울, 1982); 진덕규,《19세기 한국전통사회의 변모와 민중의식》(고려대 출판부, 1982); 김학준,《한국정치론 — 연구의 현황과 방향》(한길사, 1983, 이후 1990년 개정판); 김학준,《강대국관계와 한반도》(을유문화사, 1983); 한승주,《제2공화국과 한국의 민주주의》(종로서적, 1983); 진덕규,《한국사회의 발전논리》(홍사단, 1984); 한배호,《한국의 정치》(법문사, 1984); 김계수,《자유민주주의와 한국정치》(전예원, 1985); 김영명,《제3세계의 군부통치와 정치경제》(한울, 1985); 서대숙,《한국공산주의 운동사 연구》(화다, 1985); 심지연,《민족주의 논쟁과 통일정책》(한울,

1985); 최장집 편,《한국현대사 1》(열음사, 1985); 김홍명 외,《국가이론과 분단한국》(한울, 1986); 안병준,《한국의 정치와 정책》(전예원, 1986); 윤천주,《투표참여와 정치발전 — 속 우리나라의 투표행태》(서울대 출판부, 1986); 길승흠 외,《한국선거론》(다산출판사, 1987); 김운태 외,《한국정부론》(방통대, 1987); 안병영,《자유민주주의를 위한 변명》(전예원, 1987); 윤용희,《한국정치의 체계분석》(법문사, 1987); 한국정치학회,《전환기의 한국정치》(한국정치학회, 1987); 한배호·어수영,《한국정치문화》(법문사, 1987); 민준기,《한국민주화의 정치발전》(조선일보사, 1988); 심지연,《조선신민당연구》(동녘, 1988); 윤형섭,《한국정치론》(박영사, 1988); 윤천주,《제13대 대통령 및 국회의원 선거를 통해서 본 투표행태의 변화와 정치발전》(학술원, 1988); 신명순,《한국정치과정론》(법문사, 1988); 최장집,《한국의 노동운동과 국가》(열음사, 1988); 홍광엽 외,《신좌파의 국제적 비교와 한국학생운동》(정신문화연구원, 1988); 김영작,《한말 내쇼날리즘 연구》(청계연구소, 1989); 박명림 외,《해방전후사의 인식 6》(한길사, 1989); 심지연,《미소공동위원회 연구》(청계연구소, 1989); 이갑윤 외,《한국정치의 민주화》(법문사, 1989); 이수인 편,《한국현대정치사》(실천문학, 1989); 최장집 외,《해방전후사의 인식 4》(한길사, 1989); 최상룡,《미군정과 한국민족주의》(나남, 1989); 한국정치연구회,《한국정치론》(백산서당, 1989); 김광웅,《한국의 선거정치학》(나남, 1990); 김영래,《한국의 이익집단과 민주정치발전》(대왕사, 1990); 안청시 편,《한국정치경제론》(법문사, 1990); 이정복 외,《한국민중론연구》(정신문화연구원, 1990); 최장집,《한국현대정치의 구조와 변화》(까치, 1990); 최장집,《한국전쟁연구》(태암, 1990); 한국정치연구회,《한국정치사》(백산서당, 1990); 하영선 편,《한국전쟁의 새로운 접근 — 전통주의와 수정주의를 넘어서》(나남, 1990); 김광웅 외,《한국의 의회정치》(박영사, 1991); 손봉숙,《한국여성국회의원연구》(한국여성정치연구소, 1991); 손호철,《한국정치학의 새구상》(풀빛, 1991); 심지연,《인민당 연구》(경남대출판부, 1991); 심지연,《대구 10월항쟁 연구》(청계연구소, 1991); 어수영,《민주주의와 한국정치》(법문사, 1991) 등이다.

(2) 북한정치

윤동현, 《북한 공산체제의 특성》(통일연구소, 1980); 임종혁, 《북한의 정치와 사회》(통일연구소, 1980); 나창주, 《북한 공산정치론》(형성사, 198 3); 이상우·이홍구·김학준 외, 《분단과 통일, 그리고 민족주의》(박영사, 1984); 김학준, 《남북한 관계의 갈등과 발전》(평민사, 1985); 박재규 편, 《북한의 대외정책》(경남대 출판부, 1986); 정대철, 《북한의 통일전략 연구》(백산서당, 1986); 민병천 편, 《북한의 대외관계》(대왕사, 1987); 서진영, 《현대중국과 북한연구》(고려대 아세아문제연구소, 1987); 신인철, 《북한의 주체철학의 비판적 분석》(사회발전연구소, 1987); 허동찬, 《김일성 평전 ― 허구와 실상》(북한문제연구소, 1987); 유석렬, 《북한정책론》(법문사, 19 88); 정세현, 《남북한관계와 통일문제》(세종연구소, 1988); 태백 편집부, 《주체사상연구》(태백, 1989); 구영록 외, 《남북한의 평화구조》(법문사, 1990); 최명 편, 《북한개론》(을유문화사, 1990); 황정규 외, 《북한교육의 조명》(법문사, 1990); 이상우, 《북한의 주체사상》(통일연수원, 1991); 진덕규, 《북한 통치이념에 있어 민족주의 원용에 대한 분석》(통일원, 1991); 한국여성문화연구소, 《남북의 여성과 통일》(한국여성문화연구소, 1991) 등이다.

5) 제4기 ― '포스트민중주의'기(1992~2002)

1980년대 말 소련과 동구가 무너지고 한국 사회도 1987년 6월항쟁 이후 점차 민주화되면서 빠르게 보수화되기 시작했다. 특히 1980년대 한국 사회를 뜨겁게 달군 민중주의는 1991년 분신 정국을 결절점으로 해서 쇠퇴하기 시작했다. 한국정치학회의 한국정치 연구도 크게 다르지 않다. 한국정치 연구는 1980년대의 '민중주의' 시기를 넘어서 '포스트민중주의' 시기로 들어서게 된다.

포스트민중주의에서 주목할 것은 우선 1980년대에 생겨난 한국정치 연구 붐이 진정되기 시작했다는 것이다. 오히려 관심은 1990년대 이후 급속히 진행된 지구화에 관련해 국제 정치, 특히 국제 정치경제와 지역 연구로 옮겨가기 시작했다. 양적으로 살펴보면 《한국정치학회보》 게재 논문 중 한국정치 연구가 차지하는 비중은 1980년대의 39.8퍼센트를 정점으로 35.6퍼센트로 떨어졌다. 그러나 한국정치에 대한 관심의 감소는 상대적일 뿐 절대적인 양에서는 계속 늘어나고 있다. 1990년대 들어서도 회원수가 빠르게 늘어나고 논문 발표 요구가 많아지면서 1986년 1년에 2회로 늘린 학회보 발간을 1995년을 기점으로 연 4회 발간으로 늘렸고, 이런 변화에 따라 학회보 게재 논문 중 한국정치 연구가 차지하는 비중은 1990년대 들어 낮아지지만 게재 논문의 절대 수는 오히려 늘어났다. 표 5가 잘 보여주고 있듯이 연평균 학회보에 게재된 한국정치 관련 논문은 1980년대의 10편에서 22.1편으로 배 이상 늘어났다. 학회보에 게재되는 한국정치 관련 논문은 1970년대 5.2편, 1980년대 10편, 1990년대 22.1편으로 10년 단위로 2배가 돼왔다. 이런 추세는 단행본도 마찬가지여서 한국정치 관련 단행본은 1970년대 연평균 5.2권, 1980년대 9.3권, 1990년대 18권으로 10년을 단위로 2배가 되고 있다.

내용과 방법론의 측면에서 살펴볼 때 이 시기에 두드러지게 나타나는 점은 포스트민중주의의 흐름이다. 우선 주제 면에서 1980년대의 민중주의 시기를 특징지은 것이 국가론과 변혁이었다면 1991년 이후의 포스트민중주의 시기를 대표하는 것은 시민사회론과 민주주의였다. 중심 주제도 국가에서 시민사회로, 변혁에서 민주주의로 바뀌었다. 다시 말해 1980년대를 상징하는 한국정치학회의 한국정치 연구가 현대 국가론의 문제를 다룬 책으로 한국정치학회가 펴낸 《현대한국정치와 국가》(법문사, 1986)였다면, 포스트민중주의를 대표하는 것은 시민사회 문제를 다룬 책으로 한국정치학회와 한국사회학회가 공동으로 펴낸 《한국의 국가와 시민사회》(한울, 1992)다. 방법론 내지 이론적 경향이라는 면에서 포스트민중주의 시기를 특징짓는 것은 그동안의 민중주의에 대한 비판적 시각, 즉 포스트민중주의다. 이런 포스트민중주의는 두 가지 방식을 통해 나타났다. 하나는 1980년대에 민중주의적 시각을 가지고 있던 학자들이 1990년대 들어 우경화한 것(최장집, 박명림 등)이고, 다른 하나는 1980

표 4. 제4기 한국정치 연구 현황(1992~2002)

《한국정치학회보》게재 논문(편)				정치학 관련 단행본(권)			
총계	한국정치	북한정치	계	총계	한국정치	북한정치	계
683	226 (33.1%)	17 (2.5%)	243 (35.6%)	734	137 (18.7%)	61 (8.3%)	198 (27%)

표 5. 한국정치 연구 변화 추세(연평균)

	《한국정치학회보》게재 논문(편)	단행본(권)
제2기(1970~1979)	5.2	5.2
제3기(1980~1991)	10.0	9.3
제4기(1992~2002)	22.1	18.0

년대의 문제의식을 견지하는 경우(김세균 등)에 그 영향력이 감소한 것이다.

특히 이런 흐름은 해방 8년사 연구에서 극명하게 나타나는데, 이 분야에서 1980년대의 수정주의에 대비되는 포스트 수정주의적 시각이 소련 몰락에 따라 해빙된 해방 정국 관련 소련 문서 연구 등을 통해 강하게 등장했다. 한마디로 1980년대가 브루스 커밍스의 《한국전쟁의 기원》으로 상징된다면, 포스트민중주의는 한국정치사 연구자가 "중도우파적 전통주의"(신복룡 2001, 197)라고 논평한 한국전쟁에 대한 또 다른 대작인 박명림의 《한국전쟁의 발발과 기원 1, 2》(나남, 1996)로 대표된다. 커밍스의 책 제목에 '발발'이라는 단어가 추가된 것이 상징하듯 제1세대의 전통주의적 연구가 6월 25일에 누가 먼저 총을 쏘았는가 하는 사건사적 시각에서 한국전쟁에 접근했고 제2세대 민중주의 시기의 수정주의가 한국전쟁의 구조적 원인(《한국전쟁의 기원》)에 초점을 맞춘다면, 포스트민중주의 시기의 제3세대 연구는 이런 구조적 원인('기원')과 사건사적 원인('발발')이 모두 중요하다고 보는 시각이다.

학회보를 살펴보더라도 포스트 수정주의의 시각이 뚜렷하게 나타난다(박명림, 〈누가 한국전쟁을 시작하였는가?〉(1994, 28집 2호); 신복룡, 〈한국전쟁의 기원 — 김일성의 개전의지를 중심으로〉(1996년, 30집 3호); 김용직, 〈한국전쟁과 사회운동 — 브루스 커밍스의 사회혁명·내전 가설 비판〉(1998, 32집 1호); 신병식, 〈한국현대사와 제3의 길〉(2000, 34집 3호) 등). 또한 1980년대의 변혁에 대한 논의는 사라지고 민주화와 민주주의의 공고화가 중요한 주제로 자리잡았다(임혁백, 〈한국에서의 민주화과정 분석 — 전략적 선택이론을 중심으로〉(1990, 24집 1호); 이갑윤·문용직, 〈한국의 민주화 — 전개과정과 성격〉(1995, 29집 2호); 이강로, 〈한국에서 진보적 노동운동의 성장과 민주주의 공고화의 진행〉(1999, 33집 4호) 등). 나아가 1980년대의 민중운동이 약화되고 경실련을 필두로 시민운동이 급속히 성장하면서 시민사회에 대한 분석도 과거의 민중운동에서 시민운동으로 관심이 옮겨간다(임성학, 〈재벌개혁과 정부, NGOs의 역할〉(2000, 34집 4호); 이현출, 〈거버넌스와 NGOs — 의약분업 사태를 중심으로〉(2001, 35집 3호); 신율, 〈한국 시민운동의 개념적 위상과 문제점〉(2001, 35집 2호) 등).

물론 1980년대의 주된 관심사이던 국가론과 정치경제 이론에 대한 관심이 사라진 것은 아니었다. 그러나 국가론은 상대적 중요성이 줄어들었을 뿐 아니라 1980년대의 좌파적 국가론에서 1990년대 들어서는 신제도주의적 시각 등으로 이론적 경향이 바뀌었다(황종성, 〈한국정보통신 산업의 자유화와 국가-재벌의 상호작용 — 신제도주의적 접근〉(1994, 28집 2호) 등). 정치경제학 역시 과거의 좌파적 시각 내에서는 조절이론으로 이동하는 이론적 경향의 변화가 나타났고(구춘권, 〈아시아 자본주의?〉(1999, 33집 1호); 안승국, 〈한국에 있어서 포드주의의 위기에 관한 정치경제적 재성찰 — 조절이론을 중심으로〉(1999, 33집 2호), 좀더 근본적으로는 자유주의 내지 제도주의적 시각 같은 주류 이론이 더욱 득세하기 시작했다. 이 밖에 1990년대 이후 주목할 만한 주제로는 세계화(유현석, 〈세계화시대의 민주주의와 신자유주의 정책 — 한국과 남미의 노동문제를 중심으로〉(1997, 31집 2호) 등)와 정보화에 대한 관심(곽진영, 〈한국정당의 사이버 공간을 통한 정치 커뮤니케이션〉(2001, 35집 2호) 등)을 들 수 있으며, 이론적으로는 합리적 선택 이론이 선거를 중심으로 본격적으로 한국정치 연구에 논의되기 시작했다(조기숙, 〈여촌야도의 합리성〉(1993, 27집 2호); 강원택, 〈지역주의 투표와 합리적 선택〉(2000, 34집 2호) 등).

학회의 한국정치 연구에 직접적 관련은 없지만 간접적으로는 관련이 돼서 짚고 넘어가야 할 문제들이 몇 가지 있다. 우선 학회가 비대해지면서 전문 분야를 중심으로 일종의 소규모 '하위 학회'들이 생겨났다. 한국정당학회와 한국선거학회 등이 대표적인 예로, 한국정치 연구도 한국 정당 연구나 한국 선거 연구 등이 이런 하위 학회를 중심으로 전문화되기 시작했다. 나아가 1990년대 들어 지방화가 본격적으로 진행되고 학회가 비대해진 결과 지방 회원들의 학회 참여 기회가 제한되면서 21세기 정치학회처럼 지방을 중심으로 한 '제2의 정치학회' 움직임이 가시화됐다. 1980년대의 경우 한국정치연구회처럼 이념을 기준으로 한 '제2의 정치학회' 움직임이 나타났다면, 1990년대 들어서는 지역을 중심으로 '제2의 정치학회' 움직임이 나타난 것이다.

마지막으로 짚고 넘어갈 문제는 한국정치 연구를 둘러싼 필화 사건이다. 1998년 김대중 정부 출범과 함께 최장집 교수가 대통령자문 정책기획위원회 위원장으로 임명되자 최 교수의 한국전쟁 관련 연구를 일부 언론이 용공 친북으로 몰아가면서 색깔 논쟁이 벌어졌고, 학회가 학문적 성과를 색깔론으로 몬 행위에 항의하는 사태가 일어났다. 이 시기의 한국정치 관련 주요 단행본은 다음과 같다.

(1) 한국정치

한국정치학회, 한국사회학회 편, 《한국의 국가와 시민사회》(한울, 1992); 김영명, 《한국현대정치사》(을유문화사, 1992); 김학준, 《매헌 윤봉길 평전》(민음사, 1992); 안청시 편, 《현대한국정치론》(법문사, 1992); 한배호 외 편, 《한국의 정치갈등》(법문사, 1992); 한승주, 《전환기 한국의 선택》(한울, 1992); 김상준 편, 《한국의 정치 — 쟁점과 과제》(법문사, 1993); 박광주, 《한국권위주의 국가론》(인간사랑, 1993); 신명순,

《한국정치론》(법문사, 1993); 민준기 편, 《정치발전의 이해》(법문사, 1993); 최장집, 《한국민주주의의 이론》(한길사, 1993); 최장집·임현진 편, 《시민사회의 도전》(나남, 1993); 한용원, 《한국의 군부정치》(대왕사, 1993); 김병국, 《분단과 혁명의 동학 — 한국과 멕시코의 정치경제》(문학과 지성사, 1994); 손호철, 《전환기의 한국정치》(창작과비평사, 1994); 안청시·진덕규 편, 《전환기의 한국민주주의》(법문사, 1994); 임혁백, 《시장·국가·민주주의》(나남, 1994); 길승흠 외, 《한국현대정치론》(법문사, 1995); 백영철, 《제1공화국과 한국민주주의》(나남, 1995); 손호철, 《해방 50년의 한국정치》(새길, 1995); 안병준 외, 《국가·시민사회·정치민주화》(한울, 1995); 이갑윤, 《한국의 민주화와 정당제의 변화》(소화, 1995); 이정복, 《한국정치의 이해》(서울대 출판부, 1995); 정태영, 《한국사회민주주의 정당사》(세명, 1995); 한국정치학회 편, 《한국현대정치사》(법문사, 1995); 김녕, 《한국정치와 교회》(소나무, 1996); 김유남, 《두 개의 한국과 주변국들》(훈민정음, 1996); 김학준, 《해방공간의 주역들》(동아일보사, 1996); 김호진, 《한국정치체제론》(박영사, 1996); 박명림, 《한국전쟁의 발발과 기원 1, 2》(나남, 1996); 박상섭 편, 《세계화를 지향하는 한국정치》(나남, 1996); 백영철 편, 《제2공화국과 한국민주주의》(나남, 1996); 이우진 외 편, 《현대한국정치론》(사회비평사, 1996); 장달중 외, 《분단 반세기의 남북한의 정치와 경제》(경남대 극동문제연구소, 1996); 정진영 외, 《한국의 국가전략》(세종연구소, 1996); 조기숙, 《합리적 선택 — 한국의 선거와 유권자》(한울, 1996); 최장집, 《한국민주주의의 조건과 전망》(나남, 1996); 최한수, 《한국선거정치론》(대왕사, 1996); 한국정치학회 편, 《한국정치의 재성찰》(한울, 1996); 한배호 편, 《한국현대정치론 II — 제3공화국의 형성·정치과정·정책》(오름, 1996); 김만흠, 《한국정치의 재인식》(풀빛, 1997); 김세균, 《한국민주주의와 노동자, 민중정치》(현장에서 미래를, 1997); 박종성, 《인맥으로 본 한국정치》(한울, 1997); 박찬표, 《한국의 국가형성과 민주주의》(고려대 출판부, 1997); 박호성, 《남북한 민족주의》(당대, 1997); 손호철, 《현대한국정치 — 이론과 역사》 (사회평론, 1997); 윤상철, 《1980년대 한국의 민주화 이행과정》(서울대 출판부, 1997); 이신행, 《한국의 사회운동과 정치변동》(민음사, 1997); 이정복, 《한국의 정치적 과제》(서울대 출판부, 1997); 차남희, 《저항과 순응의 역사 — 미군정의 농업정책과 농민》(이화여대 출판부, 1997); 최장집·임현진 편, 《한국사회와 민주주의》(나남, 1997); 한배호 편, 《한국의 민주화와 개혁》(세종연구소, 1997); 한국정치학회 편, 《한국의 정치학 — 현황과 전망》(법문사, 1997); 김세균 외, 《IMF관리체제와 한국사회 위기논쟁》(문화과학사, 1998); 김인영, 《한국의 경제성장》(자유기업센터, 1998); 박기덕 편, 《한국민주주의 10년》(세종연구소, 1998); 서진영 외, 《21세기의 한국정치》(삶과 꿈, 1998); 이갑윤, 《한국의 선거와 지역주의》(오름, 1998); 이정균 외, 《남북한 비교 정치론》(형설, 1998); 정신문화연구원, 《해방정국과 미소군정》(오름, 1998); 한국정 신문화연구원 현대사연구소 편, 《한국현대사의 재인식 1》(오름, 1998); 한국정치 연구회 편, 《박정희를 넘어서》(푸른숲, 1998); 한국정치학회 편, 《15대 대통령선거 분석과 정치개혁》(한국정치학회, 1998); 강광식 외, 《현대한국이념논쟁사 연구》(정 신문화연구원, 1999); 구범모 외, 《한국정치사회개혁의 이론과 실제》(정신문화연구원, 1999); 김병국 외, 《한국의 보수주의》(인간사랑, 1998); 문정인 외, 《한국의 부정부 패》(오름, 1998); 손호철, 《신자유주의시대의 한국정치》(푸른숲, 1999); 신복룡, 《한 국의 정치사상가》(집문당, 1999); 최영진, 《지역주의이론과 한국정치》(가산, 1999); 한국정치학회 편, 《한국의 지역주의와 해소방안》(한국정치학회, 1999); 백영철 편, 《한국정치경제의 위기와 대응》(오름, 2000); 안병영 외, 《세계화와 신자유주의》 (나남, 2000); 임혁백 외, 《새천년의 한국과 세계》(나남, 2000); 진덕규, 《현대한국정 치사 서설》(지식산업사, 2000); 한국정치학회 편, 《한국민주화운동의 민족사적, 세 계사적 의의》(한국정치학회, 2000); 강명세, 《한국정당체제의 구조와 변화》(세종연 구소, 2001); 김유남 편, 《한국정치학 50년》(한울, 2001); 김유남 편, 《한국정치연구 의 쟁점과 과제》(한울, 2001); 김용호, 《한국정당정치의 이해》(나남, 2001); 민준기 편, 《21세기 한국의 정치》(법문사, 2001); 백운선, 《호남의 지역지배구조의 형성배 경》(백산, 2001); 한국정치학회 편, 《한국의 정치리더쉽과 개혁과제》(한국정치학회, 2001); 강정인 외, 《민주주의의 한국적 수용》(책세상, 2002); 김운태, 《일본제국주 의의 한국통치》(박영사, 2002); 문정인 외, 《남북한 정치갈등과 통일》(오름, 2002);

신정현,《한국정치제도의 개혁》(집문사, 2002); 안청시 외,《한국지방자치와 민주주의》(나남, 2002); 진덕규,《한국정치의 역사적 기원》(지식산업사, 2002); 진영재,《부동층 유권자 행태분석》(집문당, 2002); 최장집,《민주화 이후의 민주주의》(후마니타스, 2002) 등이다.

(2) 북한정치

이상우 외,《북한 40년 ─ 김일성 체제의 종합평가》(을유문화사, 1992); 이상우 외,《남과 북, 어떻게 하나되나》(나남, 1992); 함택영 외,《남북한 군비경쟁과 군축》(경남대 출판부, 1992); 이영선 편,《북한의 현실과 통일과제》(연세대 동서문제연구원, 1993); 서재진,《남북한 국력추세 비교연구》(민족통일연구원, 1993); 전성훈,《북한 핵문제의 전개과정 분석과 전망》(민족통일연구원, 1993); 전현준 편,《북한의 인권 실태 연구》(민족통일연구원, 1993); 김병로,《주체사상의 내면화 실태》(민족통일연구원, 1994); 서재진 외,《북한의 변화와 김정일 정권의 장래》(민족통일연구원, 1994); 이영선 편,《북한의 개혁전망과 통일과제》(연세대 동서문화연구원, 1994); 이종석,《조선노동당 연구》(역사비평사, 1995); 김갑철 외,《남북한체제의 강고화와 대결》(소화, 1996); 김용호,《현대북한외교론》(오름, 1996); 김유남,《두 개의 한국과 주변국들》(훈민정음, 1996); 안인해,《북한의 유일체제와 정책경쟁》(민족통일연구원, 1996); 양성철·이용필,《북한체제 변화와 협상 전략》(박영사, 1996); 안찬일,《주체사상의 종언》(을유문화사, 1997); 김재한 편,《북한체제의 변화와 통합한국》(소화, 1998); 김창희,《북한체제의 이해》(법문사, 1998); 권오윤,《북한체제변화론》(다나미디어, 1998); 백용옥,《북한이탈주민대책 연구》(세종연구소, 1998); 이계희·신진,《북한체제론》(충남대 출판부, 1998); 함택영,《국가안보의 정치경제학 ─ 남북한의 경제력·국가역량·군사력》(법문사, 1998); 이종석,《(새로 쓴) 현대북한의 이해》(역사비평사, 2000); 이종석·백학순,《김정일 시대의 당과 국가기구》(세종연구소, 2000); 강상윤 외,《북한정치의 이해》(을유문화사, 2001); 백학순,《북한의 개혁개방과 탈사회주의화 전망》(세종연구소, 2001); 서대숙·이완범 공편,《김일성 연구자료집》(경남대 출

판부, 2001); 송대성, 《남북한 신뢰구축》(세종연구소, 2001); 심지연, 《남북한 통일방
안의 전개와 수렴》(돌베개, 2001); 이태섭, 《김일성 리더십 연구》(들녘, 2001); 이택휘
외, 《남북한의 최고지도자》(백산서당, 2001); 정경환, 《김정일시대 북한체제 연구》
(신지서원, 2001); 문정인 외, 《남북한 정치갈등과 통일》(오름, 2002); 정성장, 《김정
일시대 북한과 유럽연합》(세종연구소, 2002) 등이다.

4. 나오며

이 글에서는 한국정치학회 50년사의 일환으로 1953년부터 2002년까지 한국
정치학회 50년 동안의 한국정치 연구를 《한국정치학회보》와 학회원들이 출
간한 단행본을 중심으로 살펴봤다. 전쟁의 폐허라는 어려운 물질적 조건과
학문의 자유를 옥죄는 분단, 연이은 독재 정권이라는 어려운 정치적 조건에서
도 한국정치학회와 학회원들은 한국정치 연구를 발전시켜왔다. 특히 초기의
역사학적이고 제도주의적인 시각부터 1960년대에 도입된 행태주의와 과학주
의의 흐름, 그리고 1970년대의 정치발전론적 시각을 거쳐 1980년대에는 민중
주의의 시기 속에 한국정치 연구의 폭발을 경험하기도 했다. 소련과 동구가
몰락한 이후 이제 포스트민중주의적 시기에 들어서 다양한 시각들이 질적으
로나 양적으로 성장해 뛰어난 연구 업적을 낳고 있다.

그동안 선배들이 쌓아온 연구 업적에 기초해 앞으로 한국정치 연구가 나가
야 할 길은 아직도 멀다. 특히 한국정치 연구는 중요한 숙제를 하나 남겨놓고
있다. '분단 한국정치 연구'를 넘어서는 것이다. 앞으로 한국정치 연구는 그동
안의 분단 한국정치 연구, 즉 분리된 남한 정치 연구와 북한 정치 연구를 넘어
서 '전(한)반도적 시각'에서 남북한 사이의 상호작용을 체계적으로 분석하고,
나아가 통일 한국을 지향할 수 있는 진정한 한국정치 연구로 발전시켜야 하
는 중요한 과제를 안고 있다(손호철 1997, 165~167).

6장

21세기(2003~2012년)의 한국정치 연구
양적 쇠퇴와 이념적 보수화*

1. 들어가며

어느 사회나 '정치'란 존재하게 마련이다. 따라서 정치를 연구하는 '정치학'도 존재하게 마련이다. 그러나 우리에게 '근대적 정치학'이 도입된 것은 그리 오래된 일이 아니다. 구체적으로 말해 근대적 정치학이 우리에게 도입된 때는 한말이다(김학준 2000). 그리고 한국정치학회라는 본격적인 학문적 공동체가 만들어진 것은 훨씬 뒤인 1953년, 즉 약 60년 전이다.

이제 창립 60주년으로 '환갑'을 맞는 한국정치학회는 매년 학회지가 다섯 차례나 정기적으로 출간되며 회원 수만 2000명이 넘어서는 국내 최대의 매머드 학회로 발전했다. 나아가 많은 정치학 단행본과 정치학 관련 논문들이 출간되고 있다. 한국정치학회는 10년 전 출범 50주년을 맞는 2003년을 기준으로 지난 50년간의 한국정치학회를 중심으로 진행된 한국정치 연구 등 다양한 분야에서 한국정치학의 역사와 성과를 살펴본 바 있다. 이 글은 그런 지난 50

---

* 손호철, 〈21세기의 한국정치연구(2003-2012)〉, 한국정치학회, 《한국정치학회 60년사, 1953-2013》, 한국정치학회 2013.

년의 한국정치 연구에 관한 분석을 전제로 해 그 후속 작업으로 그 뒤 10년간 (즉 2003년부터 2012년까지) 진행된 한국정치에 대한 연구('21세기의 한국정 치연구')를 개괄적으로 살펴보는 데 그 목적이 있다.[1]

2. 전사(1953~2002년)

2003년부터 2012년까지 지난 10년간 진행된 한국정치에 대한 연구를 개괄적 으로 살펴보기 위해 필요한 것은 그 전사前史인 1953~2002년의 한국정치 연구 다. 1953년 한국정치학회가 발족한 뒤 2002년까지 한국정치 연구의 전반적 인 특징과 시기별 특징을 살펴보면 다음과 같다.[2]

1) 전반적 특징

한국정치 연구는 1980년대 이후 변화하기는 했지만 분단에 따른 이념적 대립 과 오랜 군사독재에 따른 현실적 제약 때문에 다른 나라들의 자국 정치 연구 에 견줘 상대적으로 등한시되고 낙후돼왔다. 이것은 1980년대 말 한 정치학 자가 동료 정치학자들을 상대로 설문조사를 한 결과 8개 분야 중 가장 낙후 된 분야로 지목받은 것이 한국정치 연구였다는 사실에서 잘 알 수 있다. 참고 로 《한국정치학회보》에 실린 한국정치 관련 논문은 34.1퍼센트, 한국정치 관 련 저서는 17.3퍼센트 수준으로 집계되고 있다.

표 1. 한국정치 연구 현황

《한국정치학회보》 게재 논문 (1995~2002)	정치학 관련 단행본 (1970~2002)
393편(34.1퍼센트)	224권(17.3퍼센트)

2) 시기별 특징

(1) 제1기 — 해방 후 전통적 모색기(1945~1963년)

1945년 해방과 함께 근대적 고등교육 체계가 미군정을 중심으로 도입되는 과정에서 주요 대학들에 정치학과가 설립됐다(김계수 1987, 4). 제도화된 학문으로서 한국의 정치학이 본격적으로 발전한 때는 임시 수도인 부산에서 한국정치학회를 설립한 1953년이다. 특히 학회의 가장 중심적인 연구 작업인 학회지가 1959년에 창간됐다. 그러나 매년 정기적으로 출간하게 되는 1971년 이전에는 1967년 제2집을 내고 1969년에 제3집을 내는 등 17년 동안 학회지를 겨우 세 번밖에 내지 못하는 등 연구 활동은 취약했다.

내용 면에서 이 시기는 한국 정치학 연구에서 일본 정치학의 영향을 받은 역사적, 법적, 제도적 접근이 지배적이었다고 볼 수 있다(김계수 1987, 4). 정치학을 헌법학 내지 국가학으로 이해하는 독일식 정치학을 수입한 일본의 정치학을 다시 수입한 전통을 벗어나지 못했다. 뿐만 아니라 역사학에서도 완전히 분화되지 못한 상태였다. 대표적인 역사학자인 이선근이 서울대학교 정치학과 교수로 근무하며 한국정치학회 설립을 주도한 사실이 이런 현실을 웅변적으로 보여주고 있다. 또한 학회 창립 뒤 6년이 지난 1959년에 나온 창간호에는 두 편의 한국정치 관련 논문이 실렸는데, 위화도 회군과 대원군을 다룬 두 논문 모두 일반적으로 역사학의 영역으로 간주하는 전근대 한국정치사에 관한 것이었다.

(2) 제2기 — '행태주의'와 '발전주의' 시기(1963~1979년)

역사적, 제도적 연구가 주된 경향이던 한국정치 연구에 단절점을 제공한 계기는 1963년에 출간된 윤천주의《한국정치체계 — 정치상황과 정치참여》다. 이 책은 해방 후 정치학 연구에서 '제1세대 정치학자'로 할 수 있는 윤천주가 미국식 행태주의를 연구해 한국의 투표 행태 분석에 적용한 선구적인 연구로,

법적이고 제도적인 접근(전통적 정치학)에서 미국식 행태주의와 과학주의로 한국정치학의 연구 풍토가 바뀌는 신호탄이었다. 그 뒤 미국식 과학주의, 행태주의는 1950년대 초반에 국내에서 정치학을 배운 뒤 미국 유학 등을 다녀온 '제2세대 정치학자'(이정복 1999, 550~551)들이 1960년대 후반 귀국해 한국정치학의 중심적 연구자로 자리잡으면서 한국정치학의 주류를 차지하게 된다. 구체적으로 창간호 발간 8년 뒤인 1967년 발간된 학회보 제2집은 '집단', '정치과정', '투표 행위', '정치사회화', '태도' 등을 다룬 논문들이 주가 된다.

1970년대 들어 한국정치는 유신으로 상징되는 암흑기에 들어가지만 한국정치학회는 1971년 이후 매년 학회보를 거르지 않고 낼 수 있을 정도로 안정되게 됐다. 이런 변화하고 함께 도입된 새로운 흐름은 정치발전론이다. 1960년대와 마찬가지로 미국식 방법론에 기초한 정치학 연구가 지속됐지만 내용면에서는 행태주의 이외에 정치발전론이 추가된 것이다. 특히 발전론과 근대화론은 박정희 정권이 추진한 근대화론하고 맞아떨어져 정부의 지원 아래 활발하게 논의됐다. 이런 흐름을 학회보를 중심으로 살펴보면 1977년 제11집은 아예 한국 정치발전 특집으로 꾸며져, 17편의 논문 중 절반에 가까운 8편이 한국정치 발전 문제를 다뤘다.

(3) 제3기 — '민중주의' 시기(1980~1991년)

'1980년 광주'는 한국 사회를 근본적으로 바꿔놓았다. 한국전쟁 이후 사라진 진보 사상과 진보 운동이 부활해 한국 사회는 빠르게 진화했다. 이런 급진화와 함께 나타난 흐름은 한국정치를 포함한 한국 사회에 관한 '과학적 인식'을 향한 갈망이었다. 이런 갈망은 해방 8년사(1945~1953년)를 중심으로 한 한국정치 연구의 폭발, 특히 진보적인 한국정치 연구의 폭발을 가져다줬다.

첫째, 한국정치 연구의 양적 폭발이다. 《한국정치학회보》를 기준으로 할 때이 시기는 전체 논문 중 한국정치 연구가 39.8퍼센트를 차지해 그 어느 시기보다도 높은 것으로 나타났다.

둘째, 민중주의의 대두다. 물론 한국 정치학계가 갖고 있는 '보수적' 성격 때문에 이 시기에도 지배적인 시각과 이론적 틀은 기본적으로 민중주의적 시각이라기보다는 '보수적' 시각이었다. 그러나 다양한 민중주의적이고 진보적인 시각이 과거에 견줘 상대적으로 활발하게 한국 정치학계에서 논의된 것은 부인할 수 없다. 그리고 1960년대 말 반전운동의 진보적인 분위기 속에서 과학주의 중심의 미국 정치학계에 저항해 대안적 정치학회를 만들려던 움직임(Wolfe 1969; Surken et al 1970) 정도는 아니지만 한국정치연구회 같은 진보적인 정치학 연구 단체들도 생겨났다.

셋째, 미국의 이론 일변도라는 경향, 특히 미국의 과학주의와 행태주의적 방법론에도 변화를 가져왔다. 미국이 아니라 우리하고 비슷한 제3세계의 문제의식으로 한국정치의 문제를 바라보려는 문제의식이 생겨나면서 라틴아메리카의 이론들이 도입됐고, 급진적 정치사상의 부활과 함께 소련 같은 공산권, 나아가 북한의 이론들이 도입됐다. 결국 미국식 행태주의를 비판하며 대안적 정치학을 추구한 점에서 이 시기 이후 한국정치학은 '포스트행태주의의 시기'로 들어섰다고 볼 수 있다. 내용 면에서도 선거, 정치과정, 정치문화 등 1960~1970년대의 과학주의적 흐름과 주제들이 아직도 지배적이기는 하지만 다양한 비판적 시각들과 정치경제 이론, 국가론 등이 새로운 관심의 대상으로 떠올랐다. 서구 중심적인 근대화론과 정치발전론 대신 종속이론과 관료적 권위주의론 등 제3세계적 문제의식을 가진 이론들이 많이 소개돼 한국 정치 연구에 적용됐다. 이를테면 이 시기에 《한국정치학회보》에 게재된 한국 정치 논문들 중 주제나 방법에서 전통적인 과학주의에 기초한 것으로 분류될 수 있는 논문은 65편 정도고, 정치경제와 국가론 등 새로운 흐름에 관련된 논문은 34편 정도였다.

(4) 제4기 — '포스트민중주의' 시기(1992~2002년)

1980년대 말 소련과 동구가 무너지고 한국 사회도 1987년 6월항쟁 이후 점차 민주화되면서 한국 사회는 빠르게 보수화되기 시작했다. 한국정치학도 크게 다르지 않다. 한국의 정치학은 1980년대의 '민중주의' 시기를 넘어서 '포스트민중주의' 시기로 들어서게 된다.

포스트민중주의에서 주목할 것은 우선 1980년대에 일어난 한국정치 연구의 열기가 어느 정도 진정되기 시작한 점이다. 오히려 관심은 1990년대 이후 급속히 진행되고 있는 지구화에 관련해 국제정치, 특히 국제정치경제와 지역연구(미국, 유럽, 중국, 동남아 등)로 옮겨가기 시작했다. 양적으로 살펴보면 《한국정치학회보》 게재 논문 중 한국정치 연구가 차지하는 비중은 1980년대의 39.8퍼센트를 정점으로 35퍼센트대로 떨어졌다.

내용과 방법론이라는 시각에서 살펴볼 때 이 시기의 한국정치학에서 두드러지게 나타나는 흐름은 포스트민중주의다. 우선 주제 면에서 1980년대의 민중주의 시기를 특징지은 것이 국가론과 변혁이었다면 1992년 이후의 포스트민중주의 시기를 대표하는 것은 시민사회론과 민주주의였다. 중심 주제가 국가에서 시민사회로, 변혁에서 민주주의로 바뀌었다.

3. 21세기의 한국정치 연구(2003~2012년) — 양적 쇠퇴와 이념적 보수화

이제 이 논문의 중심 주제인 지난 10년간의 한국정치 연구에 대해 살펴볼 시간이다. 지난 10년이 본격적인 21세기 문을 연 시기라는 점에서 21세기의 한국정치 연구는 20세기 후반에 견줘 지난 50년하고는 어떻게 달라졌는가?

우선 가장 눈에 두드러지게 나타나는 특징은 한국정치에 대한 관심의 퇴조 내지 한국정치 연구의 감소다. 앞에서 지적한 대로 어느 나라나 자기 나라의 정치에 관한 연구가 그 나라의 정치학에서 중심적인 주제가 되는 것이 상례지만, 우리의 경우 분단에 따른 이념적 문제와 오랜 독재의 영향 때문에 한국정치 관련 연구를 회피하다가 1980년 광주민중항쟁 이후에야 한국전쟁 뒤 사

표 2. 한국정치 연구 현황(2003~2012)

《한국정치학회보》 게재 논문	정치학 관련 단행본
180편(26.1퍼센트)	154권(15.9퍼센트)

표 3. 한국정치 연구 비중의 역사적 추세

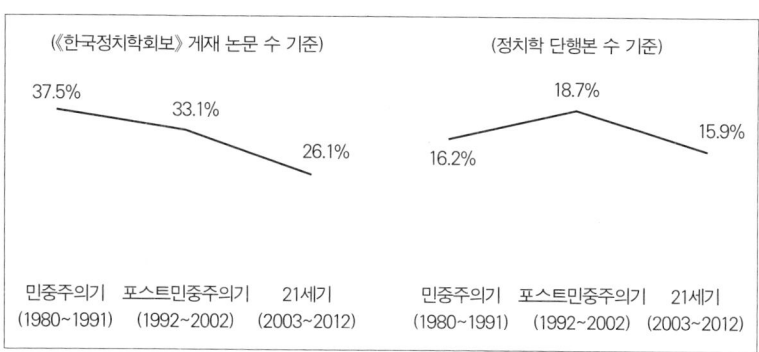

라진 진보 사상이 복원되면서 한국정치를 향한 관심이 폭발한다. 그러나 이런 경향은 1990년 들어 소련과 동구의 몰락과 함께 한국 사회가 보수화되고 한국정치학도 포스트민중주의로 들어서면서 한풀 꺾인 바 있는데, 한국정치에 대한 관심의 퇴조는 21세기 들어 지난 10년간 더욱 가속화됐다.

다음 같은 통계가 이런 사실을 잘 보여준다(**표 2, 표 3** 참조). 지난 2003년부터 2012년까지 10년간 《한국정치학회보》에 실린 논문은 모두 690편에 이르는데 이 중 한국정치에 대한 논문은 180편으로 전체의 26.1퍼센트를 차지하는 것으로 집계되고 있다. 이 수치는 한국정치 연구의 폭발을 가져온 민중주의 시기(1980~1991년)의 37.5퍼센트는 말할 것도 없고 한국정치 연구의 열풍이 지나간 포스트민중주의 시기(1992~2002년)의 33.1퍼센트에 견줘서도 크게 줄어든 것이다. 구체적으로 민중주의 시기에 견줘서 그 비중이 3분의 2를 조금 넘는 수준으로 줄어든 것이고, 포스트민중주의 시기에 견줘서도 그 비중이 78퍼센트 수준으로 떨어졌다.

단행본의 경우에도 비슷한 경향을 보여준다. 지난 2003년부터 2012년까지 10년간 발간된 정치학 관련 단행본은 모두 968권인데, 이 중 한국정치 관련 저서는 154권으로 불과 15.9퍼센트에 지나지 않았다.[3] 이 수치를 민중주의와 포스트민중주의 시기에 비교하면, 민중주의 시기(1980~1991년)의 경우 전체 정치학 관련 저서 중 한국정치 관련 저서가 16.2퍼센트를 차지하고, 포스트민중주의 시기(1992~2002년)의 경우 전체 정치학 관련 저서 중 한국정치 관련 저서가 18.7퍼센트를 차지한 것으로 볼 때 과거에 견줘 한국정치 연구의 비중은 줄어들었다. 물론 《한국정치학회보》의 게재 논문들을 비교해보면 감소의 폭이 훨씬 적은 것 또한 사실이다. 그러나 《한국정치학회보》의 경우 한국정치 연구의 비중이 30퍼센트대를 기록하고 있던 반면에 단행본의 경우 한국정치 연구의 비중이 10퍼센트대에 불과했다는 점을 감안하면, 안 그래도 낮던 비중이 더욱 낮아졌다는 점에서 그 의미는 적지 않다고 하겠다.

참고와 기록을 위해 지난 10년간 발간된 한국정치 관련 단행본을 정리하면 다음 같다.[4]

한배호, 《한국정치문화와 민주정치》, 법문사, 2003; 정윤재, 《정치리더십과 한국민주주의》, 나남, 2003; 민준기, 《한국의 정치발전, 무엇이 문제인가》, 을유문화사, 2003; 안청시, 《한국정치자금제도 — 문제와 개선방안》, 서울대학교출판부, 2003; 신복룡, 《한국정치사》, 박영사, 2003; 정영국, 《한국의 정치과정 — 정당. 선거. 개혁》, 백산서당, 2003; 정태환, 《한국의 정치사회적 갈등 — 원인과 성격》, 일신사, 2003; 김유남, 《한국정치연구의 쟁점과 과제》, 한울아카데미, 2003; 백선기, 《정치담론과 인터넷 — 한국사회의 주요 정치의제와 인터넷 작용》, 커뮤니케이션북스, 2003; 김영명, 《(고쳐 쓴) 한국현대정치사》, 을유문화사, 2003; 김용호, 《한국정당정치의 이해》, 나남, 2003; 이진곤, 《한국 정치리더십의 특성 — 박정희·김영삼·김대중 — 사정치형 리더십의 공통점과 차이점》, 한울아카데미, 2003; 선학태, 《한국정치경제론》, 심산, 2003; 김만흠, 《한국의 언론정치와 지식권력》, 당대, 2003; 서두원, 《한국 화이트칼라 노동운동

— 민주화, 정치적 저항, 연대의 발전(1987~1995)》, 아연출판부, 2003; 강원택,《한국의 선거정치》, 푸른길, 2003; 조희연,《한국의 정치사회적 지배담론과 민주주의 동학 — 한국 민주주의와 사회운동의 동학(3)》, 함께읽는책, 2003; 민주화운동기념사업회,《한국정치운동 관련 문헌 해제》, 민주화운동기념사업회, 2003; 강내희,《한국의 문화변동과 문화정치 — 문화사회를 위한 비판적 문화연구》, 문화과학사, 2003; 박상섭,《국제정치와 한국》, 을유문화사, 2003; 손호철,《현대 한국정치 — 이론과 역사 1945~2003》, 사회평론, 2003; 김진균,《저항, 연대, 기억의 정치 — 한국사회운동의 흐름과 지형 1》, 문화과학사, 2003; 김진균,《저항, 연대, 기억의 정치 — 한국사회운동의 흐름과 지형 2》, 문화과학사, 2003; 김철수,《한국입헌주의의 정착을 위하여 — 헌법 개정 정치혁신 통일》, 법서출판사, 2003; 김운태,《한국정치론》, 박영사, 2004; 박기출,《한국정치사》, 이화, 2004; 한국정치학회,《한국의회정치와 제도개혁》, 한울, 2004; 박재창,《한국의회정치론》, 오름, 2004; 이수석,《정치사상, 정치리더십, 한국정치》, 한울아카데미, 2004; 정영태,《한국정치의 희망 찾기》, 인하대학교출판부, 2004; 김용욱,《한국정치론 — 조선왕조에서 대한민국까지 체제변동과정》, 오름, 2004; 조석장,《한국의 e폴리틱스 — 인터넷이 정치를 바꾼다》, 향연, 2004; 김영래,《NGO와 한국정치》, 아르케, 2004; 전경옥,《한국여성정치사회사》, 숙명여자대학교 아시아여성연구소, 2004; 전경옥,《한국여성정치사회사 2》, 숙명여자대학교 아시아여성연구소, 2004; 전병운,《한국 정치자금제도의 운영 실태와 발전방안 연구》, 국방대학교, 2004; 김세균 편,《한국정치의 보수와 진보》, 서울대학교 한국정치연구소, 2005; 한국정치학회,《민주주의 공고화와 정치개혁 선진 한국 구축과 생산적 의회정치》, 한국정치학회, 2005; 임현진,《전환기 한국의 정치와 사회 — 지식, 권력, 운동》, 집문당, 2005; 안병만,《한국의 선거와 한국인의 정치행태》, 인간사랑, 2005; 장미경,《한국여성운동과 젠더정치》, 전남대학교출판부, 2005; 강원택,《한국의 정치개혁과 민주주의》, 인간사랑, 2005; 호광석,《한국의 정당정치 — 제1공화국부터 제5공화국까지 체계론적 분석》, 들녘, 2005; 오승용,《분점정부와 한국정치》, 한국학술정보, 2005; 박대식,《한국 지역사회 정치문화 — 특징과 유형》, 오름, 2005; 임혁백,《21세기 한국 정치

의 비전과 과제》, 민음사, 2005; 조현옥, 《한국의 여성 정치세력화 운동 — 17대 총선에서의 여성운동의 성과와 전망》, 사회와연대, 2005; 김성일, 《한국의 위기 — 정치 경제 교육 사회 윤리의 진단》, 뿌리, 2005; 김은성, 《가치와 한국정치》, 소화, 2005; 김세균, 《한국정치연구 총서》, 서울대학교 한국정치연구소, 2005; 이정복, 《한국정치의 분석과 이해》, 서울대학교출판부, 2006; 국민대학교, 《한국정치의 현실과 과제》, 국민대학교출판부, 2006; 강명세, 《한국의 노동시장과 정치시장》, 백산서당, 2006; 윤형섭, 《한국정치 어떻게 볼 것인가》, 박영사, 2006; 경제·인문사회연구회, 《한국사회의 새로운 갈등구조와 국민통합 — 사회갈등과 정치통합》, 경제·인문사회연구회, 2006; 심지연, 《한국정치제도의 진화경로 — 선거·정당·정치자금제도》, 백산서당, 2006; 손호철, 《해방 60년 한국정치, 1945~2005》, 이매진, 2006; 배찬복, 《(비틀거리는) 한국정치 — 그 원인과 처방》, 법문사, 2006; 전경옥, 《한국여성정치사회사 3》, 숙명여자대학교 아시아여성연구소, 2006; 김영명, 《한국의 정치변동》, 을유문화사, 2006; 심지연, 《한국정당정치사 — 위기와 통합의 정치》, 백산서당, 2006; 홍득표, 《한국의 정치변동》, 인하대학교출판부, 2006; 김만흠, 《민주화 이후의 한국정치와 노무현정권》, 한울아카데미, 2006; 심영희, 《한국젠더정치와 여성정책》, 나남출판, 2006; 정영태, 《노동자의 정치적 위상을 제고하기 위한 정치의식 조사 결과 — 한국노총의 사례를 중심으로》, 한국노총중앙연구원, 2006; 김한식, 《한국정치의 변혁사상》, 백산서당, 2006; 소병희, 《한국경제와 한국정치 — 공공선택론적 분석》, 국민대학교출판부, 2006; 이현출, 《매니페스토와 한국정치 개혁》, 건국대학교출판부, 2006; 유병곤, 《갈등과 타협의 정치 — 민주화 이후 한국의회정치의 발전》, 오름, 2006; 송호근, 《복지국가의 태동 — 민주화, 세계화, 그리고 한국의 복지정치》, 나남출판, 2006; 김호진, 《한국정치체제론》, 박영사, 2006; 김영화, 《한국사회복지의 정치경제학》, 양서원, 2007; 이은영, 《관습의 정치 — 한국 정치의 해부와 대안》, 박영사, 2007; 김홍우, 《한국정치의 현상학적 이해》, 인간사랑, 2007; 한국정치학회, 《2007년 대통령선거와 한국 정치 2》, 한국정치학회, 2007; 정해구, 《한국정치와 비제도적 운동정치》, 한울, 2007; 안철현, 《한국정치과정의 이해 — 정당·선거·지역주의·매니페스토》, 경성대학교출판부, 2007; 강원택, 《인터넷과 한국정치 — 정당정치에 대한 도전과 변화》, 집문당, 2007; 이준한, 《개헌과 민주주의 — 한국적 정치제도의 비교연구》, 한울, 2007; 연명모, 《현대한국정치론 — 이론과 실제》, 대경, 2007; 노중기, 《한국의 노동정치와 노동운동》, 한신대학교출판부, 2007; 양승함, 《양자간 무역자유화와 한국의 국내정치 및 대외관계 변화 연구》, 대통령자문 정책기획위원회, 2007; 양재인, 《한국의 현대정치 — 권력엘리트/선거/투표행태》, 경남대학교출판부, 2007; 선거연수원, 《한국의 정당정치와 당원의식 조사》, 선거연수원, 2007; 이영성·김호기 엮음, 《시대정신 대논쟁 — 87년체제에서 08년체제로》, 아르케, 2007; 한배호, 《(자유를 향한 20세기) 한국정치사 — 독재와 반민주의 세월을 넘어》, 일조각, 2008; 홍석완, 《한국정치와 지역현실 — 중앙정치와 지방정치의 협력발전을 위한 제언》, 학민사, 2008; 하봉규, 《한국정치와 현대정치학 — 시대적 담론과 새로운 지평》, 팔모, 2008; 김수진, 《한국민주주의와 정당정치》, 백산서당, 2008; 김강녕, 《한국정치와 민족정신》, 신지서원, 2008; 이종식, 《한국정치의 이해》, 한국학술정보, 2008; 민준기, 《한국의 정치 — 제도·과정·발전》, 나남, 2008; 정연선, 《한국정치특강 — 한국정치 특수 주제》, 숭실대학교출판부, 2008; 강원택, 《한국정치 웹 2.0에 접속하다》, 책세상, 2008; 최성종, 《한국정치발전의 기본》, 조선대학교출판부, 2008; 한국정치학회, 《정치학이해의 길잡이 7, 한국정치》, 법문사, 2008; 임춘건, 《북방정책과 한국정치의 정책결정》, 한국학술정보, 2008; 정진민, 《한국의 정당정치와 대통령제 민주주의》, 인간사랑, 2008; 한국노동연구원, 《한국노동운동 리더십의 위기 — '이기주의자'라는 '정치적 낙인'에 관한 논의》, 한국노동연구원, 2008; 강용진, 《숙의 민주주의와 한국정치》, 창문, 2008; 조희연, 《복합적 갈등 속의 한국민주주의 — '정치적 독점'의 변형 연구》, 한울아카데미, 2008; 채만수, 《피억압의 정치학 (상), 한국사회와 노동자, 민중운동》, 노사과연, 2008; 김강녕, 《한국정치와 지역발전》, 신지서원, 2009; 홍성민, 《문화정치학 서설 — 한국 진보정치의 새로운 구상》, 나남, 2009; 이정복, 《21세기 한국정치의 발전방향》, 서울대학교출판부, 2009; 나정원, 《한국정치와 환경정치》, 집문당, 2009; 강정인, 《한국정치의 이념과 사상 — 보수주의·자유주의·민족주의·급진주의》, 후마니타스, 2009; 강상호, 《한국정치와 권력구조의 선택》, 한국학술정보, 2009; 정흥모, 《한국과 독일의 통일 그리고 정치》, 한국학술 정보, 2009; 박명규, 《국민·인민·시민 — 개념사로 본 한국의 정치주체》, 소화, 2009; 최형익, 《"실질적 민주주의" — 한국민주주의 이론과 정치변동》, 한신대학교출판부, 2009; 백종국, 《한국 자본주의의 선택 — 국가공동체의 형성과 전망에 관한 정치경 제학적 탐색》, 한길사, 2009; 최장집, 《민중에서 시민으로》, 책세상, 2009; 조윤제, 《한 국의 권력구조와 경제정책 — 새로운 정치, 경제의 틀을 찾아서》, 한울, 2009; 신기욱, 《한국 민족주의의 계보와 정치》, 창비, 2009; 방인혁, 《한국의 변혁운동과 사상논쟁 — 마르크시즘, 주체사상, NL, PD 그리고 뉴라이트까지》, 소나무, 2009; 김종엽, 《87 년 체제론 — 민주화 이후 한국사회의 인식과 새전망》, 창비, 2009; 신정현, 《(21세기) 한국의 정치 — 쟁점과 전망》, 한국학술정보, 2010; 이창훈, 《한국 근·현대정치와 일 본》, 선인, 2010; 민준기, 《한국 정치발전의 이해》, 지식마을, 2010; 지병문, 《현대 한 국의 정치 — 전개 과정과 동인》, 박영사, 2010; 장훈, 《20년의 실험 — 한국 정치개혁 의 이론과 역사》, 나남, 2010; 허문영, 《통일한국의 정치체제》, 통일연구원, 2010; 강원 택, 《한국 선거정치의 변화와 지속 — 이념, 이슈, 캠페인과 투표 참여》, 나남, 2010; 의 회정치연구회, 《한국국회와 정치과정》, 오름, 2010; 박찬표, 《한국의 48년 체제 — 정 치적 대안이 봉쇄된 보수적 패권 체제의 기원과 구조》, 후마니타스, 2010; 박재형, 《한 국정치와 헌법재판소》, 집문당, 2010; 강제명, 《정치학 — 한국민주주의 조건과 과 제》, 해인, 2010; 김재균, 《5·18과 한국정치 — 광주보상법과 5·18특별법 결정과정 연 구》, 에코미디어, 2010; 강돈구, 《현대 한국의 종교와 정치》, 한국학중앙연구원, 2010; 김종훈, 《87년 체제를 넘어서》, 한울아카데미, 2010; 이정복, 《한국정치의 분석과 이 해》, 서울대학교출판문화원, 2011(개정증보판 4판); 손호철, 《현대 한국정치 — 이론, 역사, 현실, 1945~2011》, 이매진, 2011; 임혁백, 《1987년 이후의 한국 민주주의 — 3 김 정치시대와 그 이후》, 고려대학교출판부, 2011; 조현연, 《한국 진보정치운동의 역 사와 쟁점》, 한울, 2011; 최한수, 《한국민주주의 대전환 — 새로운 정치경제 가치와 사회정의의 모색》, 명인출판사, 2011; 한국사회복지정책학회, 《한국의 복지정치와 지 속가능성》, 한국복지정책학회, 2011; 안현효, 《신자유주의 시대 이후, 한국경제의 정

표 4. 《코리언 폴리티컬 사이언스 리뷰》 한국정치 연구

KPSR 영어 논문 수	한국정치 연구 논문 수
74편	24편(32.3퍼센트)

치경제학》, 열린길, 2011; 우태현, 《노동조합의 대안적 운동방향 모색에 관한 연구
— 한국노총의 사회개혁적 노조주의와 민주노조운동의 지역정치운동 모색을 중심
으로》, 한국노총중앙연구원, 2011; 정주신, 《한국정치론》, 프리마북스, 2011; 전규찬,
《한국 사회 미디어와 소수자 문화정치》, 커뮤니케이션북스, 2011; 한귀영, 《진보대통
령 vs 보수대통령 — 대통령 어젠다를 통해 본 한국 정치》, 폴리테이아, 2011; 손승영,
《한국 가족과 젠더 — 페미니즘의 정치학과 젠더 질서의 재편성》, 집문당, 2011; 정주
신, 《한국의 정당정치 — 군부·체제·집권당》, 프리마북스, 2011; 연시중, 《한국 정당정
치 실록》, 지와사랑, 2011; 배정호, 《북한 핵의 국제정치와 한국의 대북 핵전략》, 통일
연구원, 2011; 정근식, 《(탈) 냉전과 한국의 민주주의》, 선인, 2011; 강원택, 《통일 이후
의 한국민주주의》, 나남, 2011; 장훈, 《한국 정당정치 연구방법론》, 나남, 2012; 정태
환, 《한국의 복지정치》, 학지사, 2012; 홍익표, 《한국정치를 읽는 20개의 키워드 — 신
자유주의부터 포퓰리즘까지》, 오름, 2012; 모리 야스로, 《한국정치와 지역주의》, 모시
는사람들, 2012; 정윤재, 《정치리더십과 한국민주주의 — 대통령 리더십 연구》, 나남,
2012; 강명세, 《한국 복지국가의 정치경제》, 아연출판부, 2012.

지난 10년간 한국정치학회가 거둔 성과 중 중요한 것은 한국정치학의 세계
화를 위해 1년에 한 번씩 영어로 학회보를 발간하기 시작한 일이다. 영어 학
술지인 《코리언 폴리티컬 사이언스 리뷰Korean Political Science Review》는 다양한 분야
에서 진행되는 한국정치학회의 연구 성과를 세계에 알릴 수 있는 잡지다. 그
중에서도 특히 한국정치 분야가 한국정치학이 세계 정치학에서 가장 경쟁력
을 가질 수 있는 분야고 외국 학자들이 가장 관심을 갖는 분야라는 점에서 영
어 논문 중에서 한국정치 분야 연구가 얼마나 되는지를 살펴볼 필요가 있다.

위에서 살펴봤듯이 지난 10년간 《한국정치학회보》에 실린 논문 중 한국정치 연구가 차지하는 비중은 26.1퍼센트다. 여기에 견줄 때 영어 학술지인 《코리언 폴리티컬 사이언스 리뷰》에서 한국정치 연구 논문이 차지하는 비중이 32.3퍼센트에 이르는 것은 평균을 넘어서는 고무적인 일이다(표 4 참조). 그러나 우리의 한국정치 연구를 세계정치학회에 알릴 필요성을 생각할 때는 부족한 수준으로, 더 많은 한국정치 연구 논문이 영어로 발표될 필요가 있다.

양적인 면에서 한국정치 연구의 퇴조와 축소가 지난 10년간 한국정치 연구의 중요한 특징이라면 내용적인 면에서 지난 10년 동안 한국정치 연구의 특징은 무엇인가? 국가 같은 거시 구조적 연구들이 퇴조하고 선거, 정당, 의회 같은 정치과정 연구들이 급증한 것이다. 특히 선거 관련 연구가 압도적이다. 구체적으로 2003년부터 2012년까지 지난 10년간 《한국정치학회보》에 실린 한국정치 관련 연구 중 선거 관련 논문은 50편에 이르러 무려 27.8퍼센트를 차지했다. 이 밖에 정당과 국회에 관련된 논문 역시 18편으로 10퍼센트를 차지해 다섯 편 중 두 편꼴이 이 두 분야의 논문이었다.

참고로 지난 10년간 《한국정치학회보》에 발표된 선거 관련 논문을 살펴보면 다음 같다.

안용흔, 〈선거, 선거압력, 그리고 거시경제정책 ─ 한국에서의 선거의 정치경제학〉(2003, 37:1); 강경태, 〈한국대통령선거 어떤 유권자가 참여하나〉(2003, 37:1); 윤성이, 〈16대 대통령선거와 인터넷의 영향력〉(2003, 37:3); 김민정 외, 〈한국여성유권자의 정책지향적 투표행태 ─ 16대 대통령선거를 중심으로〉(2003, 37:3); Jungug Choi, "Strategic Voting and the Effective Number of Presidential Candidates in New Democracies ─ The Case of South Korea"(2003, 37:4); Sungback Lim, "The Source and Spending of Campaign Funds in the 16th General Election"(2003, 37:4); Ji-Yeon Shim et al. "The Strategic Intentions and Results of the Changes of Electoral Systems"(2003, 37:4); 김용철, 〈인터넷 투표 ─ 미국의 실험과 한국의 전

망〉(2003, 37:5); 김석우, 〈기초단체장 충원과정에 대한 연구 — 6.13지방선거 기초단체장 당선결정모델을 중심으로〉(2004, 38:1); 모종린 외, 〈후보경선제, 본선경쟁력 그리고 정당민주화 — 6.13 기초단체장 선거를 중심으로〉(2004, 38:1); 현재호, 〈정당 간 경쟁연구, 1952~2000 — 선거강령에 대한 공간적 분석을 중심으로〉(2004, 38:2); 김의성, 〈정치자금과 선거결과 — 16대 총선 결과를 중심으로〉(2004, 38:2); 김용철 외, 〈제17대 총선에서의 인터넷의 영향력 분석〉(2004, 38:5); 문우진, 〈선거경쟁력과 선거지출의 효용성〉(2005, 39:1); 임성학, 〈17대 총선의 선거자금과 정치개혁의 효과〉(2005, 39:2); 전용주, 〈후보공천과정의 민주화와 그 정치적 결과에 관한 연구 — 17대 국회의원선거를 중심으로〉(2005, 39:2); 오미연 외, 〈한국정당의 여성 국회의원 후보자 공천과 한국의 여성정치 — 제15, 16, 17대 국회에 대한 비교분석〉(2005, 39:2); 최준영 외, 〈지역균열의 변화가능성에 대한 경험적 연구 — 제17대 국회의원 선거에서 나타난 이념과 세대균열의 효과를 중심으로〉(2005, 39:3); Wang Sik Kim, "The New Mixed Electoral System in Korea"(2005, 39:4); 전진영, 〈국회의원의 갈등적 투표행태의 분석〉(2006, 40:1); 조성대, 〈투표참여와 기권의 정치학 — 합리적 선택이론의 수리모형과 17대 총선〉(2006, 40:2); 조진만 외, 〈한국 재보궐선거의 결정요인 분석〉(2006, 40:2); 강휘원, 〈제17대 국회의원 선거구의 조밀성 측정과 GIS〉(2006, 40:2); 문우진, 〈현직자의 정책적 입장, 정치자금, 선거경쟁력〉(2006, 40:2); 윤종빈, 〈한국에서의 현직의원 지지에 관한 연구 — 17대 총선을 중심으로〉(2006, 40:3); 엄기홍, 〈정치자금의 기부목적, 정책영향, 혹은 선거지원? — 2004년 고액기부자 명단의 경험적 분석〉(2006, 40:3); Byong Keun Jhee, "Ideology and Voter Choice in Korea"(2006, 40:4); 이상묵, 〈한국의 국회의원 선거제도 변화 원인 분석 — 박정희 정부를 중심으로〉(2006, 40:5); 장훈, 〈혼합형 선거제도의 정치적 효과〉(2006, 40:5); 한인택, 〈단기비이양식 투표제 하 정당 실책의 분석 — 서울, 전북, 전남지역의 제4회 지방기초의회 선거를 중심으로〉(2006, 40:5); 이내영 외, 〈이슈와 한국정당지지의 변동〉(2007, 41:1); 강휘원, 〈한일 선거구 획정의 의석재분배 효과 비교분석〉(2007, 41:3); 엄기홍, 〈한국 후원회의 정치자금 기부금 결정요인〉(2008, 42:1); 장우영, 〈인터넷과 선거캠페인 —

17대 대선의 UCC 활용을 중심으로〉(2008, 42:2); 윤성이, 〈17대 대선에 나타난 온라인 선거운동의 특성과 한계〉(2008, 42:2); 유현종, 〈선거에서 정보환경이 유권자의 선택에 미치는 영향에 관한 실증 연구 — 한국 대통령선거를 중심으로〉(2008, 42:3); 허석재 외, 〈한국의 국회의원선거와 자원배분의 정치〉(2009, 43:2); Chan Wook Park, "Effects of a Two-Vote Mixed Member Majoritarian System on Citizens' Voting Behavior in the Korean National Assembly Elections"(2009, 43:5); 황아란, 〈기초지방의원선거와 기호효과〉(2010, 44:1); 이내영 외, 〈합리적 유권자인가, 합리화하는 유권자인가 — 17대 대선에 나타난 유권자들의 이념과 후보선택〉(2010, 44:2); 조진만, 〈2010 시민 매니페스토운동의 성과와 한계에 대한 탐색적 모색〉(2010, 44:2); 김지윤, 〈국회의원 선거결과와 분배의 정치학〉(2010, 44:4); 허석재 외, 〈한국의 국회의원선거와 자원배분의 정치〉(2009, 43:2); 유현종, 〈선거운동규제의 제도적 변화와 지속성〉(2011, 45:1); 엄기홍, 〈고액 정치자금 후원자의 정치적 대표성 — 대통령선거 경선, 국회의원 선거, 광역단체장 선거후보자 후원회에 관한 경험적 분석〉(2011, 45:1); 한정택, 〈현직자의 당적변경과 재당선 — 민주화이후 총선결과를 중심으로〉(2011, 45:2); 김범수 외, 〈투표용지의 순서효과와 기호효과 — 제4회 동시지방선거 기초의원선거 분석〉(2012, 46:2); 강원택, 〈왜 회고적 평가가 이루어지지 않았을까 — 2012년 국회의원 선거 분석〉(2012, 46:4); 이상신, 〈정치의 사인화와 대선후보자의 인지적 평가 — 박근혜, 안철수, 문재인의 스키마 분석〉(2012, 46:4); 장승진, 〈제19대 총선의 투표선택〉(2012, 46:5); 최재인 외, 〈조건부 개인경제투표와 책임의 명확성 — 서울시 뉴타운사업을 중심으로〉(2012, 46:6).

사실 현대 정치는 '선거 정치'라는 점에서 선거와 정당 연구가 무엇보다도 중요한 주제라 할 수 있다. 그러나 한국정치의 경우 오랜 독재를 겪으면서 선거는 일종의 정치권력을 정당화하기 위한 요식 행위로 전락함으로써, 그리고 따라서 여기에 저항하는 '재야 운동'의 경우도 1980년 광주민중항쟁 이후 급진화돼 '종이 짱돌paper stones'이라는 투표용지(Przeworski et al 1988)보다는 가두투쟁 등 '거리의 정치'와 급진적 방식의 투쟁을 선호한 결과 선거 연구는 상대적으로 등한시됐다. 그러나 이제 한국정치가 '정상화'되고 쉐보르스키의 표현대로 "선거가 동네의 유일한 게임"이 되는 방향으로 선거 정치, 선거민주주의가 자리잡으면서 선거 관련 연구가 급증하고 있다. 국회와 정당에 관한 연구의 증가도 이런 추세를 반영한 것이다.

주제 면에서 주목할 만한 또 다른 특징은 복지 관련 연구의 대두다. 지난 10년간 《한국정치학회보》에 실린 한국정치 연구 중 복지 관련 연구는 모두 12편으로 6.7퍼센트를 차지해, 단일 주제로는 선거와 정당, 국회에 이어 셋째로 큰 비중을 차지하고 있다. 복지 관련 논문들은 다음 같다.

> 양재진, 〈노동시장유연화와 한국복지국가의 선택〉(2003, 37:3); 문병주, 〈복지 NGO의 구조적 특성과 대 정부관계인식에 대한 경험적 연구〉(2004, 38:5); 양재진, 〈한국의 산업화 시기 숙련 형성과 복지제도의 기원 — 생산레짐의 시각에서 본 1962~1986년의 재해석〉(2004, 38:5); 손호철, 〈김대중정부의 복지개혁의 성격 — 신자유주의로의 전진?〉(2005, 39:1); 양재진, 〈한국의 대기업 중심 기업별 노동운동과 한국복지국가의 성격〉(2005, 39:3); 문병주, 〈한국의 산업화 시기 노사관계와 복지체제의 성격〉(2005, 39:5); 선학태, 〈한국민주주의 공고화의 가능성과 한계 — 김대중정부의 사회복지개혁〉(2005, 39:5); 신동면, 〈한국의 생산체제와 복지체제의 선택적 친화성〉(2006, 40:1); 조영재, 〈한국복지정책과정의 특성에 관한 연구 — 의료보험제도를 중심으로〉(2008, 42:1); 장혜현, 〈한국에서의 국가-자본의 노동유연화전략과 그 결과〉(2010, 44:3); 김영순, 〈한국의 복지정치는 변화하고 있는가?〉(2011, 45:1); 정의룡, 양재진, 〈서구와 한국의 복지국가의 변화와 지속〉(2012, 46:1).

역사적으로 한국 사회는 복지국가가 사실상 부재한 복지의 사각지대였다. 그리고 이런 경향을 반영해 한국정치 연구에서도 복지국가에 관한 연구는 찾아보기 어려웠다. 그러나 1997년 경제위기와 함께 미국식 신자유주의가 본격화돼 사회적 양극화가 심화되면서 복지 문제는 우리 사회의 핵심 쟁점으로 떠올랐고, 이런 흐름을 따라 한국정치 연구에서도 복지국가에 대한 관심이 급증해 복지 관련 논문들도 크게 늘어나는 추세다. 특히 한국정치학회의 분과로 등록되기도 한 한국복지국가연구회가 복지 문제에 관심이 많은 정치학자들을 중심으로 발족해 이런 연구를 주도하고 있다.

선거, 정당과 국회, 그리고 복지국가 연구가 한국정치 연구에서 부상하고 있는 주제라면 상대적으로 침체되고 있는 주제는 어떤 것들인가? 민중주의 시기에 부상해 인기를 끈 국가론, 그리고 민중주의 시기와 포스트민중주의 시기에 인기를 끈 정치경제학 연구다. 국가론의 경우 니코스 풀란차스와 밥 제솝류의 네오마르크스주의 국가론과 국가주의적인 발전국가론 등이 아직 명맥을 유지하고 있지만, 비중은 크게 줄어들었다. 정치경제학 관련 논문들도 제도주의적 시각이 명맥을 유지하고 있지만, 상대적으로 논문의 수가 대폭 줄어들었다.

주제 면에서 드러나는 특징 다음으로 살펴볼 것은 '이념적 성향'과 방법론적 경향이다. 앞에서 지적했듯이 한국정치 연구는 분단 등 한국적 특수성 때문에 이념적으로 보수 독점의 특징을 가져왔지만, 1980년 광주민중항쟁 이후 진보적 시각의 민중주의가 폭발하다가 1990년대 들어 소련과 동구가 몰락하고 한국 사회가 보수화되는 흐름과 함께 다시 보수화돼 포스트민중주의 시대(1992~2002년)를 맞은 바 있다. 이어지는 지난 10년간의 한국정치 연구를 특징짓는다면 포스트민중주의의 보수적 경향이 더욱 심화됐다고 볼 수 있다. 이 점에서 지난 10년은 별도로 시기 구분을 하기보다는 1992년 이후 지속된 포스트민중주의의 연장 내지 심화기로 보는 것이 타당하다고 할 수 있다.

이런 이념적 '보수화'와 포스트민중주의의 심화(탈민중주의화)는 세 가지 방식으로 진행됐다. 하나는 1980년대 민중주의적 시각을 지닌 학자들이 1990년대 들어 '우경화'한 것이다. 이를테면 민중주의를 상징하는 대표적인 정치학자인 최장집 교수는 민중주의 시대에 쓴 《한국현대정치의 구조와 변화》(1990)에서 정당과 선거 등 제도 정치를 강조하는 《민주화 이후의 민주주의》(2002)로 변화했고, 이런 변화를 계속해 나가고 있다. 최 교수의 최근 저작인 《민중에서 시민으로》(2009)의 제목이야말로 한국정치학의 중심 화두가 노동자와 농민 같은 피지배 계급의 '민중'에서 (초계급적인) '시민'으로, 민중주의에서 포스트민중주의로 변화한 것을 상징적으로 가장 잘 보여주고 있다고 하겠다.[5] 둘째, 1980년대의 문제의식을 견지하는 경우 영향력이 감소한 것이다. 손호철의 《해방 60년의 한국정치》(2006), 《현대한국정치 — 이론, 역사, 현실, 1945~2011》(2011) 등이 그 예다. 셋째, 뉴라이트를 중심으로 한 냉전 보수적인 한국정치사 재해석의 흐름이 부상한 것이다.

특히 이런 포스트민중주의의 흐름은 해방 8년사 연구에서 극명하게 나타나는데, 이 분야에서는 소련이 몰락하면서 공개된 해방 정국에 관련 문서 연구 등을 통해 1980년대의 민중주의에 대비돼 포스트민중주의적 시각이 강하게 등장했다. 나아가 민중주의 시대를 대표하는 《해방전후사의 인식》 시리즈에 대항해 뉴라이트에서 냉전 보수적 시각에 기초해 해방 전후사를 분석한 《해방전후사의 재인식 1, 2》(김일영 외 2006)를 출간했다.

방법론적 경향에서 나타난 특징을 보면 거시 구조적 연구들이 상대적으로 축소된 반면 선거 연구들이 부상하면서 자연스럽게 통계 기법을 채용한 '과학주의적' 연구들이 증가했다. 이런 사실을 주목할 경우 그리스에 이어 출발한 규범적인 '고전적 정치학', 마키아벨리 이후 경험적이되 법과 제도를 분석하던 '전통적 정치학', 2차 대전 이후 나타난 미국 중심의 행태주의와 과학주의, 반전운동 이후의 포스트행태주의라는 세계 정치학의 흐름에 대입해보면 제3기의 과학주의와 행태주의적 경향이 강화된 것이라고 볼 수 있다. 그러나 이런 경향들이 제3기의 행태주의 시대와 마찬가지로 과학주의에 대한 맹목적 신봉으로 이어지고 있지는 않다는 점에서 지난 10년도 기본적으로는 포스트행태주의로 규정하는 것이 합당하다.

4. 나오며

이 글은 한국정치학회 출범 60년을 맞아 창립 50주년인 2003년을 기준으로 지난 50년간의 한국정치학회를 중심으로 진행된 한국정치 연구의 역사와 성과를 전제로 해 그 후속 작업으로 그 뒤 10년간(2003년부터 2012년까지) 진행된 한국정치 연구('21세기의 한국정치 연구')를 개괄적으로 살펴봤다. 지난 10년간 한국정치 연구의 중요한 특징은 양적인 퇴조, 선거 등 정치과정 연구의 급증과 거시 구조적 연구의 퇴조, 민중주의적 연구의 급감, 복지 연구의 도약이라고 할 수 있다.

앞으로 한국정치 연구가 나아가야 할 길은 아직도 멀다. 한국정치가 우리가 살고 있는 현실이라는 점을 감안하면 한국정치 연구의 퇴조는 염려되는 바가 크며, 따라서 한국정치 연구의 부활이 필요하다. 이런 양적인 면 이외에도 한국정치 연구는 여러 중요한 숙제를 남겨놓고 있다. 하나는 한국정치 연구라는 '남한정치 연구', 그리고 북한정치 연구라는 '분단 한국정치학'을 넘어서 남북한 정치를 상호 연관 속에서 총체적으로 인식하는 '한반도정치 연구'로 나아가는 것이다. 또 다른 하나는 뒤늦게 성장하다 채 꽃이 피기 전에 시들어버린 진보적 시각의 한국정치 연구가 활발해져 한국정치 연구가 이념적 균형을 맞추는 것이다. 마지막으로 외국, 특히 미국과 서구의 이론을 넘어서 우리의 구체적인 현실에 기초한 한국정치 연구를 통해 우리 나름의 정치 이론을 만드는 것이다.

단순한 한국정치 연구를 넘어 한국정치학 전체로 눈길을 돌려도 문제는 마찬가지다. 한국의 정치학은 "현대정치학의 발전 방향과 추세라는 외적인 자극을 받은 한국의 정치학자들이 변천하는 정치적, 역사적 상황이라는 내외적 맥락 속에서 한국의 정치적 현실이나 한국을 둘러싼 주요 정치체제의 본질과 국제정치적 현실을 주시하면서 자신들의 주관적 문제의식을 토대로 특정의 연구과제와 연구방법을 선택하여" 연구해온 결과다(한배호 2003, 37). 그러나 이런 흐름에도 불구하고 우리의 정치 연구가 '우리 이론'의 개발보다는 외국 이론의 수입과 적용이 중심이 돼온 것은 부인할 수 없다. 이 점에서 30년 전 근대 정치학 100년을 돌아보며 한 정치학자가 한 평가와 자성(이홍구 1986, 7)이 아직도 아프게 다가온다.

《정치학》의 내용을 살펴보면서 100년 전에 진행된 유길준의 선구자적인 작업이 지닌 '근대성'에 놀라지 않을 수 없다. …… 지난 100년간, 적어도 지난 40년간 한국정치학은 많은 발전을 했다는 자부심이 없지 않으면서도 유길준의 《정치학》이 오늘의 정치학과 그 성격이나 내용 면에서 크게 다를 바가 없다는 것을 발견할 때 우리는 놀라움과 함께 당황하지 않을 수 없다. 따라서 근대 정치학 100주년을 맞는 이 시점은 우리에게 자축보다는 자성의 계기가 될 수밖에 없는 것이다.

2부

국가, 시민사회, 민주주의

1장

국가–시민사회론

한국정치의 새로운 대안?*

1. 여는 글

세계 사회과학계의 주된 화두는 1980년대 후반 이후 '국가'에서 '시민사회'로 변화했다. 잘 알려져 있듯이 이런 변화에는 현실 분석적인 이유와 규범적 이유가 도사리고 있다. 현실 분석 차원에서 보자면 1980년대 후반 이후 광범위하게 진행되고 있는 제3세계와 소련, 동구의 세칭 '민주화'는 '시민사회의 성장' 내지 '시민사회의 반역'을 그 주된 동력으로 주목하게 만들면서 시민사회를 사회 현상을 설명하는 핵심 변수로 부각시키고 있다. 다른 한편 금세기의 대표적인 두 가지 '국가주의적' 프로젝트로 일컬어지는 스탈린주의와 복지국가의 실패 내지 위기로 상징되는 '국가의 실패'는 국가는 더는 '해결책'이 아니라 '문제아'라는 통념을 확산시키면서 시민사회에 새로운 규범적 가치를 부여하고 있다. 한국정치 나아가 한국 사회에 대한 연구 역시 여기에서 예외가 아니다. 한국 관련 연구에서도 국가론의 황금시대는 가고 시민사회론이 황금기

---

* 손호철, 〈국가–시민사회론: 한국정치의 새 대안인가〉, 손호철, 《해방 50년의 한국정치》, 새길, 1995에 실린 글을 수정하고 보완했다.

를 구가하고 있다. 특히 한국의 사례는 시민사회론의 시각에서 볼 때 단순한 일개 사례 연구를 넘어서 비교정치, 비교사회학적으로 중요한 함의를 갖는 중심 사례로 주목받고 있다. 즉 한국은 시민사회에 대해 강한 국가, 특히 개발독재로 통칭되는 '권위주의적 발전국가'가 달성한 성공적인 산업화가 아이러니하게도 시민사회의 성장을 가져왔고, 그 결과 권위주의적 국가를 해체하고 민주화를 가져온 대표적인 사례라는 것이다.

이 글은 이런 현실에 기초해 한국 현대사(해방 50년사)를 국가-시민사회의 틀로 분석하려는 최근의 지배적 경향을 비판적으로 평가해보는 데 그 목적이 있다. 특히 이 글에서는 국가-시민사회론적인 한국 현대사 해석 중 위에서 지적한 가장 지배적인 패러다임(과대성장 국가→국가 주도형 산업화→시민사회 성장→민주화 테제)을 그 주된 분석 대상으로 삼고자 한다.

결론부터 이야기하면 이 글의 기본 입장은 다음과 같다. 국가-시민사회론은 국가-계급 내지 국가-토대론이 주목하지 못한 비계급 관계적인 사회적 관계와 제도적, 사회적 그물망을 부각시킴으로써 그동안 인식하지 못한 사회적 동학을 인식할 수 있게 하는 긍정적 측면이 있지만, 현재 한국에서 국가-시민사회론의 지배적 경향, 즉 시민사회를 하나의 '공간' 내지 '영역'이 아니라 하나의 행위자로 속류화하고 국가-시민사회를 대비시키는 식으로 한국정치를 설명하면서 시민사회의 성장이 민주화를 가져왔다고 보는 경향[1]은 새로운 것을 밝혀주는 측면보다는 사회적 동학의 핵심 부분들을 은폐하는 측면이 훨씬 크다는 것이다.

2. 이론적 전제들

하나의 사회를 분석하는 기본 분석틀로서 국가-시민사회론이 최근 유행하고 있지만, 이런 분석틀을 채용한 연구를 읽을 때 부딪히는 첫째 어려움은 시민사회라는 개념의 모호성이다.[2] 특히 국내의 국가-시민사회론 논의의 경우 시민사회 개념은 너무도 확장돼 일종의 만병통치약식 '도깨비 방망이'가 되고 있는 추세다. 이 밖에 그 개념화와 용법 또한 다양하기 이를 데 없어 별도의 연구가 필요할 지경이다.[3] 그러나 이 글에서는 몇 가지 핵심 문제만을 간단히 언급하고 넘어가고자 한다.

우선 시민사회가 무엇인가 하는 문제에서, 여러 측면이 있기는 하지만 그 외연外延이라는 측면에서 바라볼 때, 크게 두 가지 입장이 있다. 지배적 경향에 따르면 시민사회는 무엇(즉 국가)이 아니라는 "부정적 개념화negative conception"[4]에 입각한 일종의 '잔여 범주residual category'다. 간단히 말해 이 경향에 따르면 시민사회는 특정 사회구성체에서 "국가를 뺀 모든 것"이며, 전통적으로 우리가 '사회'라고 불러온 것을 '시민사회'라는 새 포장으로 '상품화'시킨 것에 불과하다. 시민사회에 대한 이런 정의는 헬드D. Held나 킨J. Keane의 전통[5]을 따라 '국가-시민사회'라는 이분법적 이론들을 한국정치의 기본적인 분석틀로 채택하게 한다. 또 다른 학파에 따르면 시민사회는 더 좁은 의미, 즉 생산관계 내지 '토대'로 환원할 수 없는 생산관계 이외의 사적 그물망과 결사체의 영역으로 정의된다. 다시 말해 시민사회는 그람시A. Gramsci의 표현대로 "두 개의 주된 상부구조 '수준들' 중의 하나"로서 "흔히 '사적'이라고 불리는 조직체의 총체"[6]다. 따라서 이 입장은 그람시와 아라토A. Arato[7]처럼 '국가-시민사회-토대(경제)'라는 삼분법을 기본틀로 선택한다.

이 두 개의 학파 이외에도 한국 사회 분석을 위한 나머지 세 가지 입장에 대해 간단히 언급하고 넘어갈 필요가 있다. 첫째, '전통적인' 국가-계급 내지 '국가-토대'라는 분석틀이다. 국가에 대한 토대 결정과 계급성의 문제에 주목하는 이 시각은 아직도 이 문제들에 관련해 적지 않은 지지자들을 유지하고 있는바, 이 입장은 '시민사회'라는 분석틀 자체를 '부르주아적'인 것으로 부정하는 것이 특징이다.[8] 둘째, 최근 새롭게 부상하는 패러다임으로, 민주화 이후 열린 '정치적 공간'에 주목해 '정치사회'라는 독자적 공간을 상정하는 '국가-정치사회-시민사회'라는 또 다른 삼분법이다.[9] 이 입장은 독자적인 토대를 별도로 상정하지 않고 생산관계를 시민사회의 한 구성 부분일 뿐인 것으로 간주한다는 점에서 '국가-시민사회론'과 유사하며, 이 이론의 변형이라 할 수 있다. 다만 국가-시민사회론에서 시민사회가 "국가를 제외한 모든 것"이라면 이 입장 속에서 시민사회는 "국가와 정치사회를 제외한 모든 것"이 된다. 마지막으로 아직 직접 현재화되지 않았지만 그동안의 이론적 경향들을 고려할 때 앞으로 나타날 가능성이 높은 분석틀이다. 이것은 '국가-시민사회-토대'의 삼분법에 '정치사회'라는 문제의식을 수용하는 분석틀로, '국가-정치사회-시민사회-토대'라는 사분법이다. 이 경우 시민사회란 한 사회에서 국가, 정치사회, 토대를 뺀 나머지(시민사회=사회구성체-국가-토대-정치사회)라는 매우 제한된 의미를 갖게 된다.[10]

이런 이론틀들에 대한 체계적인 비교 평가는 이 논문의 주제 밖에 놓여 있는 일이다. 다만 각 틀들은 나름의 문제 설정과 그 결과로 다른 패러다임에 견줘 '상대적 우위'를 갖는 '안방 지대home domain'가 있으며, 거꾸로 특정한 문제 설정에 따라 시야를 방해하는 '사각 지대'가 있기 마련이다. 또한 개인적으로는 생산관계로 환원할 수 없는 사회적 관계와 그물망의 영역에 대한 인식의 필요성이라는 점에서 시민사회라는 영역을 설정하는 데 긍정적이다. 이 문제에 관련해 그람시와 마르크스의 분석을 상기할 필요가 있다. "국가가 모든 것이고 시민사회는 원시적이고 아교질인" 러시아와 "국가와 시민사회 간에 적절한 관계가 존재하는" 서구에 대한 그람시의 비교 분석이 보여주듯이,[11] 국가-시민사회 간의 관계는 민주화를 포함해 한 사회의 동학을 이해하는 데에서 매우 중요하다. 바로 이런 이유로 시민사회를 기본적으로 '부르주아 사회'라고 간주해 여기에 비판적이던 것으로 알려진 마르크스도 "프랑스 사회를 올가미처럼 그물망 속에 옭아 넣고 그 모든 인자들을 질식시키는" 보나파르트 국가에 대해 한마디로 "기생적"이라고 힐난하는 한편, "자유는 국가를 사회 위에 군림하는 기관으로부터 사회에 완전히 종속된 것으로 전환시키는 것이며 오늘날 국가형태가 얼마나 자유로운가는 그것이 '국가의 자유'를 얼마나 제한하느냐에 달려 있다"고 주장한 바 있다.[12] 그러나 시민사회라는 문제 설정을 하더라도 '토대'를 독자적인 영역으로 설정하지 않음으로써 생산관계를 그저 다른 사회적 관계들하고 동일한 '하나'의 측면으로 상대화시키는 '국가-시민사회'의 이분법보다는 하나의 생산양식으로서 자본주의의 규정과 계급관계를 등한시하지 않는 '국가-시민사회-토대'라는 삼분법이 더 설명력이 있다고 생각한다.

명확히 하고 넘어갈 또 다른 문제는 사회계급을 중심으로 한 행위자로서 사회 세력이 각축하는 '계급 정치의 지형'으로서 시민사회라는 영역 설정에 대한 승인이 앞으로 이 글에서 분석할 국가-시민사회론에 따른 한국 현대 정치에 관한 지배적인 설명 방식, 즉 국가와 시민사회를 하나의 독자적인 행위자들로 설정해 한국정치를 '국가 대 시민사회'라는 이 둘 간의 대립과 이 둘 간의 힘의 관계로 설명하는 방식[13]에 대한 승인을 의미하지는 않는다는 것이다. 거꾸로 이런 분석이 한국정치의 진정한 동학을 얼마나 은폐하고 왜곡하는지를 밝히고자 한다.

3. 한국의 국가와 시민사회 — 비판적 검토

1) 잘못된 시작 — '과대성장 약탈국가'?

(1) '과대성장 국가' 대 '약한 시민사회'?
국가-시민사회론에 따른 한국정치에 관련된 표준적 패러다임은 일본 제국주의의 유산으로서 과대성장 국가부터 시작해 이야기를 풀어간다. 그 골격은 다음과 같다.[14]

다른 제3세계 나라들과 마찬가지로 한국은 일본의 식민지 지배에서 시민사회에 대해 국가가 과대성장한 '과대성장 국가'를 유산으로 물려받았다.[15] 특히 일제의 자본주의는 후발 자본주의라는 특성에 관련된 국가주도성을 특징으로 하고 그 결과는 한국이 유산으로 물려받은 국가의 과대성장성인바, 이것은 제3세계 내에서도 예외적이었다. 어쨌든 1945년 해방은 그동안 억압돼온 시민사회를 활성화시켜 지방 인민위원회, 전평, 전농 등 자발적인 결사체들의 폭발, 즉 시민사회의 폭발을 가져왔다. 그러나 미군정은 일제의 유산인 과대성장된 국가장치를 해체하기보다는 이용하고 강화해서 활발해진 시민사회를 격퇴하기로 했다. 미군정과 과대성장 국가 대 시민사회 간의 대립으로 특징지어지는 해방 정국은 전자의 승리로 귀결됐고, 이것은 시민사회의 성장에 따라 민주화가 진행되는 1987년까지 한국 정치를 특징짓는 기본 골격을 제공한다. 결론적으로 현대 한국 정치는 강한 과대성장 국가 대 약하지만 주기적으로 도전하는 시민사회라는 대립축으로 요약될 수 있다.

위에서 지적했듯이 국가-시민사회 관계는 한 사회를 이해하는 데에서 중요한 함의를 지닌다는 점에서 한국 현대사에 관한 이런 이해는 매우 시사적이고 많은 연구 과제를 제시한다. 그러나 문제는 과연 해방 정국에서 주된 갈등의 축이 과대성장 국가 대 시민사회였는가, 따라서 국가 대 시민사회라는 분석틀이 해방 정국의 동학을 제대로 설명하고 있느냐는 점이다. 그렇지 않다. 왜냐하면 이른바 '시민사회'의 중요한 한 부분, 즉 친일 지주와 자본가 계급들의 조직, 결사체, 그물망은 과대성장된 국가에 맞서 시민사회의 자율성을 지키기 위해 전평 등과 동맹해 국가에 대항해 투쟁한 것이 아니라, 국가와 동맹해 나머지 시민사회를 정복하기 위해 필사적인 노력을 기울였기 때문이다. 해방 정국에 관한 한 실증적 연구는 당시 존재한 것으로 기록되는 2만 3800개의 자발적 결사체 중 19퍼센트가 친정부적이고 반공주의적인 조직이었다는 사실을 보여주고 있는바, 이 조직들이 누구와 동맹해서 누구에 대항해 투쟁했을 것인가는 쉽게 상상이 가고도 남는다.[16]

따라서 해방 정국을 제대로 설명하는 것은 "이승만 체제와 시민사회 사이"

의 "치열한 갈등",[17] 즉 '국가(흔히 정부로 칭해지는 일련의 공적 조직들이라는 좁은 의미의 국가) 대 시민사회'가 아니라, 차라리 전통적인 '국가(광의 내지 마르크스주의적 의미의 국가, 즉 지배 계급 그 자체 내지 좁은 의미의 국가와 지배 계급의 동맹으로서의 국가) 대 민중(또는 민중 부문, '민중사회')'이다. 다시 말해 해방 정국의 결과를 결정한 것은 국가-시민사회론에서 의미하는 국가와 시민사회의 일부인 지배 계급 간의 동맹 대 나머지 시민사회를 구성하는 민중 간의 투쟁이었다. 결국 경제적 지배 계급들은 '시민사회의 구성원'으로서 '자율적인 시민사회'의 방어를 위해 국가에 대립하는 이해관계보다는 시민사회를 가로지르고 있는 계급 모순에 관련해 지배 계급의 '계급적 구성원'으로서 민중 부문에 대립하는 측면이 압도적인 후자의 길을 택했다. 이런 사실에 비춰 볼 때 해방 정국을 국가-시민사회라는 영역 간의 관계에 주목해 조명하거나 여기서 한발 더 나아가 국가-시민사회를 행위자로 치환시켜 해방 정국을 이 양자 간의 투쟁으로 분석하는 것은 해방 정국의 참된 동학을 은폐하는 엄청난 오류를 야기한다.

일부 학자들은 국가-시민사회론을 한국정치사에 적용할 경우 야기되는 이런 문제점을 인식하고 있는 듯 시민사회의 개념을 상당히 자의적으로 재정의함으로써 국가-시민사회론의 '곤궁'을 해결하고자 한다. 이런 학자들에 따르면 한국의 시민사회는 전체 사회 구성원을 총괄하는 것이 아니라 "일정한 정치의식을 가지고 기존 정치의 전제적 지배를 극복하려는" 피지배 계급만으로 구성돼 있고, 따라서 산업 노동자 계급과 중간 계층[19] 내지 농민, 노동자, 중간 계층[19]만이 시민사회의 구성 부분이라는 것이다. 결국 이런 정의에 따르면 시민사회는 민중 부문과 동일한 것이 되어버리는바,[20] 그렇다면 이미 광범위하게 통용되는 민중이라는 용어 대신에 시민사회라는 새로운 개념을 도입해서 혼란을 불러일으킬 이유가 없다. 그러나 좀더 근본적인 문제는 따로 있다. 이렇게 시민사회 개념을 자의적으로 해석해 위에서 지적한 곤란을 피할 수는 있지만, 바로 이것 때문에 뒷문으로 더 엄청난 문제를 불러들인다는 것이다. 즉 시민사회는 피지배 계급만을 지칭한다면 지배 계급은 국가도 시민사회도 아닌 그 어느 곳으로 가는 것이냐 하는 문제로서, 시민사회의 이런 개념화는 자본주의 생산양식의 고유한 특성에 관련해 나타나는 세칭 '국가와 사회의 분리'라는 시민사회론의 본래의 문제의식을 희화해버리고 만다는 점이다. 마지막으로 일각에서는 한국 '시민사회', 특히 민중운동의 끈질긴 저항의 전통에 주목해 '강한 국가' 대 '약한 시민사회'라는 분석틀[21] 대신 '강한 국가' 대 '강한 시민사회' 내지 '도전적 시민사회contentious civil society'라는 틀을 한국정치에 적용하고 있다.[22] 그러나 위의 비판이 문제삼고 있는 것이 국가와 시민사회 간의 정확한 힘의 관계에 대한 평가 문제가 아니라 국가 대 시민사회라는 틀 그 자체라는 점에서 이런 입장 역시 위의 비판을 면할 수는 없다.[23]

(2) '약탈국가'?

한국 현대 정치사에 대한 둘째 통념은 과대성장 국가가 5·16 쿠데타 내지 유신을 통해 '관료적 권위주의' 체제로 바뀌었고, 이런 관료적 권위주의 국가는 1950년대의 '약탈국가Predatory state'[24]와는 대조적인 '발전국가developmental state'로, 이 국가가 한국 경제를 정체성에서 해방시켜 산업화를 달성했다는 주장이다. 우선 이 주장 중 과대성장 국가가 관료적 권위주의로 바뀌었다는 주장은 문제가 있다. 왜냐하면 이 주장에 따르면 관료적 권위주의 국가는 더는 과대성장 국가가 아니며, 따라서 5·16 내지 유신 이후 한국의 국가와 시민사회 관계는 국가의 과대성장성을 극복한 '정상 관계'였다는 주장이나 다름없기 때문이다. 따라서 이 주장은 과대성장 국가의 하나의 하위 유형인 '전통적 권위주의'에서 또 다른 하위 유형인 '관료적 권위주의' 내지 '종속적 파시즘'으로 바뀌었다는 방향으로 교정돼야 한다.

다음 문제는 '50년대 국가=약탈국가', '60년대 이후 군사정권 국가=발전국가라는 등식이 성립될 수 있느냐는 것이다. 이런 등식이 부분적 진리를 내포하고 있는 것은 사실이지만, 이승만 정권을 단순히 약탈국가로 특징지어 군사

표 1. 1공화국과 3공화국의 경제 실적 비교(제조업 실질 성장률)

	1공화국(1950~1960)	3공화국(1960~1980)
개발도상국 평균(a)	5.0%	6.6%
한국(b)	16.8%	20.3%
b/a	336%	307%
외적 지원(연평균)	2억 6500만 달러(원조)	10억 5100만 달러(차관)

정권의 발전국가에 대비시키는 것은 과잉 단순화다.

이승만 정권하의 국가가 '지대 추구rent-seeking 행위'에 몰두했고 그 결과 정치적 연줄주의에 기초한 '제로섬적 축적'[25]이 팽배하게 만든 것은 부인할 수 없다. 사실 그 점이 그동안 진보 학계가 주목한 1950년대의 '관료자본주의적' 성격이기도 하다.[26] 또한 이승만 정권이 군사정권 식의 적극적인 경제개발계획을 추진하지 않았다는 것도 사실이다. 그러나 이런 측면을 과장해 1950년대 국가를 일면적인 약탈국가로 특징짓는 것은 문제가 있다. 만일 1950년대 국가가 일면적인 약탈국가였다면 1950년대 한국 경제의 연간 실질적인 제조업 생산증가율이 어느 기준으로 봐도 낮다고 할 수 없는 연평균 16.8퍼센트의 증가를 기록한 사실을 설명할 수 없게 된다. 사실 당시의 세계 경제 경기 등을 고려하기 위해 같은 기간의 제3세계 일반의 증가율과 비교할 경우 놀랍게도 1950년대의 기록이 1960~1970년대의 기록을 앞서고 있다(표 1 참조). 물론 이 밖에 공업화 단계에 따른 난이도의 차이 등을 고려해야 하며, 따라서 표 1을 통해 1950년대가 1960~1970년대보다도 산업화에서 비교사회학적 실적이 앞섰다는 주장을 하려는 것은 아니다. 다만 1950년대는 정체성의 시기이며 1950년대 국가는 약탈국가라는 일면적 평가는 과장됐다는 점을 지적하고자 할 따름이다.

뿐만 아니라 산업화를 위해 제3세계가 할 수 있는 가장 중요한 조치이자 한국을 '정체화'된 다수 제3세계의 운명에서 해방해준 가장 중요한 조치인 농지개혁을 실시한 것이 이승만 정권이었다는 점을 기억해야 한다. 농지개혁과 산업화 간의 관계에 대해서는 자세한 설명이 필요 없이 제3세계의 발전/저발전은 '계급 구조화된 이윤 기회'의 결과라는 브레너의 유명한 테제, 나아가 자본주의적 산업화의 성공 사례로 각광받는 '아시아 4인방'의 공통점은 농업 지주 계급의 몰락 내지 부재라는 점을 지적하는 정도만으로 충분할 것이다.[27]

2) 첫 번째 전환, '권위주의적 발전국가' — 얼마나 자율적이었나

한국에서 산업화가 본격화되는 1960년대 이후 경제발전에서 국가가 중심적 역할을 한 것은 주지의 사실이다. 그러나 문제는 주류 이론이 상정하고 있는 것처럼 관료적 권위주의 내지 '종속적 파시즘'으로 불리는 '권위주의적 발전국가'가 거의 '절대적 자율성'을 구가해온 '한국 주식회사'의 "상위 파트너"[28]였으며, 자본은 국가 정책에 대한 "소극적 적응자"[29] 내지 "국가의 이해에 봉사하는 국가의 시녀"[30]에 불과했는가 하는 점이다. 한국 사회의 지배 계급을 독점자본이 아니라 국가 관리자 그 자체로 파악하는 이런 '국가주의적' 시각은, 국가의 자율성을 강조하는 국가주의적 국가론을 채택하면서도 자본에 의해 주어지는 구조적 제약 때문에 자본에 대한 국가의 "시녀의 역할은 가장 자율적인 근대국가에 있어서까지도 그 레퍼토리의 불가피한 한 부분으로 남아 있다"[31]는 서구판 국가주의적 시각에 비교해 볼 때도 매우 대조적인 주장이다. 특히 이 문제는 국가-시민사회론, 특히 다음 절에서 다룰 시민사회의 성장과 민주화의 관계에 관련해 중요한 함의를 가진다. 군사정권하의 국가를 절대적 자율성을 누려온 지배 계급 그 자체로 인식하는 국가주의적 관점은 결국 그동안의 한국 정치의 억압성의 원인을 이런 국가 그 자체의 권력 남용에서 찾고 여기에 대항하는 시민사회의 성장을 민주화의 원인으로 인식하도록 만들기 때문이다(아래 참조).[32]

1960년대 이후 군부 통치하의 국가가 구체적인 정책 결정에서 자본을 압도하고 주도권을 쥐어온 것은 사실이다. 나아가 이 국가는 비교국가론적 시각에서 볼 때 '도구적 자율성'이라 불리는, 개별 자본의 영향에서 상당한 격리성을 가질 수 있었을 뿐 아니라 개별 자본들의 반대에도 불구하고 자본들에 반하는 정책을 펼 수 있는 '상대적인 구조적 자율성'도 상당히 지니고 있었다.[33] 그러나 이 경우에도 이 구조적 자율성은 구조적으로 제한돼 있었고 '자본에 대한 구조적 의존'[34]을 벗어날 수 없었다. 사실 국가의 상대적인 도구적 자율성과 상대적인 구조적 자율성의 존재와 이 자율성의 한계 내지 국가의 자본에 대한 구조적 의존이라는 두 가지 모순된 것처럼 보이는 경향의 공존은 국가로 하여금 '관념적 총자본'으로서 맡은 역할을 상대적으로 성공적으로 수행할 수 있게 만들었다.[35]

한편으로 전자는 국가가 자본 전체의 장기적 이익의 '수호자'가 아니라 개별 자본들의 '포로'로 전락하는 것을 막아줬다. 다른 한편 후자는 국가가 독자적인 '반자본주의적' 세력이나 '약탈국가'로 전락하는 것을 막아줬다. 한국에서 "산업화의 내용과 속도는 개별 기업가들의 개별적 결정의 총합에 전적으로 의존하도록 남겨지지 않았"으며 "정부 관료들에 의해 기안된 투자의 장기적인 국민적 합리성이라는 구상에 의해 성공적으로 선도되었다"[36]는 주장은 바로 이런 맥락 속에서 제대로 이해될 수 있다.

이런 주장을 입증하기 위해 이 글은 5·16 군사정권이 집권 직후 시행한 제1차 경제개발 5개년 계획을 간단히 살펴보고자 한다. 한국의 정치경제에 대한 가장 일상적인 그릇된 통념은 군사정권이 처음부터 수출 주도형 산업화 전략을 주도해 한강의 기적을 가져왔다는 주장이다. 이런 통념과 달리 군부가 제시한 제1차 5개년 계획은 수출 주도형 산업화가 아니라 중화학공업과 사회 간접자본을 중심으로 한 수입대체 산업화를 심화시키고, 산업화 재원으로서 외자가 아니라 재벌의 부정 축재 재산의 몰수와 화폐 개혁 등을 통한 국내 유휴자본에 의존하며, 사적 자본에 대한 불신에 기초해 국가를 경제의 주된 주체로 설정하는 한편 농업과 공업의 동시 발전을 도모하는 것을 목적으로 하고 있었다. 또한 군부는 이런 계획에 따라 금융기관을 국유화했으며 농촌 고리채를 탕감하는 한편 재벌들을 구속해 343억 환(3억 달러)를 환수하기로 결정했다.[37] 한마디로 이 계획은 자립 경제를 지향하는 나세르주의적인 '국가자본주의적' 성격을 띠고 있었다.

그러나 국가의 대내, 대외적 구조적 자율성의 한계는 군부로 하여금 이런 전체 계획을 포기하도록 만들었다. 이런 계획에 불만을 느낀 미국과 국내 재계는 구조적 힘을 이용해 군부를 길들여갔다. 미국은 이 계획에 일련의 원조 삭감으로 대응했고, 자본은 일종의 소극적 파업, 즉 투자 기피로 대응했다. 그결과 경제는 엉망이 됐고, 이듬해 일인당 국민 총생산은 87.71달러에서 85.25 달러로 오히려 뒷걸음질했다. 폭력으로 정권을 잡은 만큼 그나마 최소한의 정통성이라도 확보할 수 있는 유일한 방법이 경제발전밖에 없던 군부는 미국과 재계를 상대로 소원한 관계를 유지할 수 없었다. 구속된 기업인들은 석방 됐고, 공장을 지어 정부에 헌납하는 것으로 부정 축재 처벌 문제는 낙착이 됐다. 이 문제는 다시 당초 몰수 목표의 고작 5퍼센트에 해당하는 금액의 벌금 징수로 끝나고 말았다. 나아가 군부는 당초 5개년 계획을 포기하고 이후 한강의 기적의 비법으로 알려지게 되는 수출 주도형 산업화, 외자 의존 등을 핵심으로 하는, 미국이 만들어온 5개년 계획 수정안을 채택해 발표할 수밖에 없었다. 그리고 박정희는 "군사혁명은 실패"했다고 공식적으로 선언하게 됐다.

당시 군부는 대내, 대외적으로 많은 도구적 자율성을 갖고 있었다. 혁명 주도 세력은 군부 내에서 "가장 미국과 접촉이 적은"[38] 분파들이었고, 재계하고도 과거에 별 접촉이 없던 세력이었다. 특히 군부의 대내 도구적 자율성은 이런 자율성이 낮은 이승만 정권은 할 수 없던, 관료 자본가들의 제로섬적 축적 행위에 대한 처벌을 가능하게 함으로써 자본의 활동을 생산적 투자로 전환시킬 수 있었다. 그러나 앞에서 본 대로 국가의 대내, 대외적 구조적 자율성은 절대적인 것하고는 거리가 멀었고 한계가 많았다. 특히 당시가 산업화가 본격화되는 이후 시기에 견줘 자본의 힘이 약한 시기이자 동시에 혁명적 상황, 즉 국가의 자율성이 극대화되는 "국가적 위기" 상황이었다는 점[39]에 주목할 필요가 있다. 군부 통치기 중 가장 국가의 자율성이 극대화되던 시기라 할 수 있는 이 시기에도 국가의 자율성은 한계가 있었고, 국내외 '자본에 대한 구조적 의존'을 벗어날 수 없었다.

결론적으로 군사 통치기의 국가가 정책 결정에서 주도권을 갖고 있었고 때로는 자본의 반대에도 불구하고 자신들이 바라는 정책을 펴기도 했지만, 정책 결정의 과정이나 결과라는 측면에만 주목하는 '편협한 경험주의'에 기초해 '국가의 재벌에 대한 우위' 테제와 '지배 계급=국가 그 자체' 테제를 주장하는 것은 엘리트 이론이 다원주의의 정책 결정 경험주의 비판에서 지적한 것처럼 권력의 또 다른 얼굴, 즉 '구조적 권력'의 문제와 '무결정non-decision' 문제를 보지 못한 오류라 할 수 있다. 이 문제 관련해 한 연구자의 다음 같은 주장이 훨씬 설득력을 갖는다. 군부 정권하에서 지배블록 내에서 "누가 상위 파트너이며 누가 하위 파트너였는지의 문제가 크게 의문시될 이유는 없다. 외형상으로는 고도의 (거의 절대적인) 자율성을 보여주었던 이 시기의 국가는 그 계급적 본질에 있어서는 의연히 자본가계급의 국가, 독점자본의 국가였음이 자명하기 때문이다."[40]

3) 두 번째 전환, 민주화 — 시민사회의 성장?

많은 제3세계의 민주화와 마찬가지로 한국의 민주화는 시민사회의 성장에 기인한 바가 크다는 주장이 광범위하게 유포돼 있다. 앞에서 지적했듯이 국가-시민사회 간의 관계, 특히 국가-시민사회 간의 힘의 역관계가 민주주의에 대해 갖는 함의를 생각할 때 여기에는 충분한 이유가 있는 것처럼 보인다.

그러나 좀더 엄밀하게 바라보면 문제는 그리 단순하지 않다. 시민사회의 성장과 민주화 간의 인과 관계는 매우 모호하며, 이 둘을 잇는 구체적인 동학은 '실종된 고리'로 남아 있다. 단도직입으로 말하자면 쟁점은 다시 한국의 민주화가 빚지고 있는 것이 '시민사회의 성장'이냐 아니면 '민중운동 내지 민중 부문의 성장'이냐는 것이다. 이 문제에 대한 해답은 또다시 민주화 과정에서 보여준 지배 계급, 특히 재벌과 재벌들의 공식 또는 비공식 조직과 그물망이 보여준 정치적 태도다. 한국 현대사는 국가와 민주화 세력 간의 전투가 있을 때면 재벌들은 항상 국가와 동맹한 사실을 보여주고 있다. 재벌들은 '경제적 자유화'를 지지했지만 '정치적 민주화'는 결코 지지한 적이 없었다.[41] 재벌들과 재벌들의 사적 그물망, 그리고 전국경제인연합회, 대한상공회의소, 한국무역협회 같은 재벌들의 공식적 조직(이것은 모두 시민사회의 중요한 조직들이다)들이 특히 1980년 봄이나 1987년 봄 같은 결정적인 국면에서 억압적 국가의 민중 배제적 정책이 가능하게 한 노동자 계급의 '초착취[superexploitation]'를 즐기는 대신 민주화를 위해 조금이라도 노력했다는 증거를 찾아볼 수가 없다.

　이 점에서 한국의 경제적 지배 계급, 즉 독점자본은 그 정치적 성향에서 '자유주의적 부르주아'하고는 거리가 멀어도 한창 멀다. "부르주아 없이 민주주의 없다[no bourgeoisie, no democracy]"는 베링턴 무어의 유명한 공식[42]이 설사 사실일지 몰라도, 한국정치를 조금이라도 들여다본 사람이라면 그 반대인 "부르주아 있는 곳에 민주주의 있다[bourgeoisie, then democracy]"는 공식이 성립되지 않는다는 것을 쉽게 입증할 수 있다.[43] 따라서 최근의 제3세계 민주화를 자본가 계급 등 "특권 부문"까지를 포함한 '시민사회의 부활'이 가져온 결과로 그린 오도넬과 슈미트의 민주화 프로젝트의 연구 결과는, 라틴아메리카에서는 설사 사실일지 몰라도 최소한 한국에서는 한마디로 말이 되지 않는 그릇된 주장이다. 이 연구에 따르면 초기에 군부독재를 지지하던 분위기에 대조적으로 시간이 흐르면서 자본가 계급은 "사실상의 반정부 세력으로 행동하기 시작"했고, 보유한 자원의 우수성은 "자본가 계급에게 (민주화 투쟁의) 초기 단계에서 핵심적 역할을 부여"했으며, 그 결과 자본가 계급은 "자신들이 일종의 부르주아 민주주의 혁명을 주도하는 것으로 믿도록" 만들었다는 것이다.[44] 이런 분석이 사실이라면 최소한 라틴아메리카 등에 관한 한 "국가에 반하는 시민사회"[45]라는 표현은 가능하며, 민주화를 시민사회 성장의 결과로 볼 수도 있다. 그러나 이런 분석과 달리 한국의 자본가 계급, 특히 독점자본가 계급은 군부에 대해 "사실상의 반정부 세력으로 활동"하지도, 자기들의 우수한 자원에 기초해 "민주화 투쟁 초기에 핵심적인 역할을 수행"하지도 않았다. 이 점에서 한국에 관한 한 "국가에 반하는 시민사회"는 하나의 신화에 불과하다.[46]

뿐만 아니라 억압적 국가와 민주화 세력이 '사활의 결전'을 벌인 1987년 봄의 경우, 시민사회의 또 다른 중요한 축이자 국가조합주의 아래 유일한 합법적인 노동자 대표 기관이던 한국노총까지 5공이 다수 국민들의 대통령 직선제 요구를 무시하고 발표한 호헌 선언에 지지 성명을 발표함으로써 사실상 국가와 동맹했다. 이런 행동은 당시 정부의 엄청난 탄압 속에서도 직선제 개헌과 민주화를 위해 치열하게 투쟁한 민주적 노동단체 등 민중 부문의 풀뿌리 조직들의 행동하고 좋은 대조를 보여준다.

문제를 명확히 하기 위해 이 사안을 다른 각도에서 분석해볼 필요가 있다. 한국의 민주화를 시민사회 성장의 결과로 보는 인식은 그동안 한국 정치의 억압성과 반민주성의 원인이 단순히 국가 속에 있다는 인식, 즉 군부를 중심으로 한 국가 운영자들의 자의적인 권력 남용의 결과로 보는 인식과 다름없다는 것이다. 이런 인식은 억압성의 좀더 근원적인 원인이 시민사회 내부, 특히 그 계급적 균열 속에 있었다는 사실을, 나아가 한국 자본주의의 '토대' 속에 있었다는 사실을 은폐하고 직시하지 못하게 하는 부작용이 있다.

결론적으로 1987년을 포함해 한국 민주화의 주 대치선은 '국가' 대 '시민사회'가 아니라 '광의의 (내지 마르크스주의적 의미의) 국가' 대 '민중'이었다.[47] 또한 민주화를 가져다준 것은 '시민사회의 성장'이 아니라 '민중 부문의 성장'이었다. 다시 말해 민주화의 원인은 시민사회의 성장 그 자체가 아니라 광의의 국가 내지 권력블록과 민중 간의 힘의 역관계의 변화였다. 굳이 시민사회라는 틀을 선호한다면 민주화는 시민사회의 성장 그 자체가 아니라 민중 부문에 유리한 방향으로 시민사회 '내'의 힘의 역관계가 변화한 결과였다.

4) 현재 — '자유민주주의' 국가?[48]

1987년 6월항쟁이 가져다준 '민주화'의 결과로 이제 한국은 30여 년 만에 처음으로 '문민정부'를 갖게 됐다. 문민정부의 출범과 함께 이제 한국은 '민주화의 공고화' 단계[49]에 들어갔다는 것이 일반적인 견해다.

한국이 이제 또다시 군사독재로 되돌아갈 가능성은 희박하다는 점에서 한국이 '민주주의의 공고화' 단계에 들어간 것은 사실인지도 모른다. 그러나 현재의 문민정부가 '진정한 민주주의', 더 정확히 말해 '진정한 자유민주주의' 정권[50]이냐는 것은 이것하고는 다른 문제다. 불행하게도 답은 부정적이다. 최근 유행하는 민주주의에 대한 최소주의적 정의에 의해서도 현정권하의 국가는 민주주의하고는 거리가 멀고, 기껏해야 정치적 민주주의의 기준으로도 민주주의의 수준이 제한적인 '제한적 정치적 민주주의limited political democracy, democradura'다.[51] 게다가 정치적 민주주의의 수준에서도 장래는 그리 밝은 것 같지 않다. 이것은 단지 정권의 의지 부족이나 분단 구조의 탓만은 아니다. 궁극적으로 한국 사회가 자유민주주의를 제도화할 수 있느냐는 자본가 계급이 국가 공권력의 직접적인 개입이나 도움이 없이 자신들의 헤게모니로 노동을 통제하고 포섭할 수 있느냐에 달려 있지만, 전망은 그리 밝지 않다.[52] 헤게모니적이 되기 위해서는 지배 계급이 '민족–민중적national-popular'이 돼야 하며, 이것은 자신들의 좁은 '경제적, 조합주의적' 이해를 어느 정도 양보하고 피지배 계급의 '경제적, 조합주의적' 이해를 어느 정도 충족시키는 것을 필요로 한다.[53] 그러나 한국의 자본가 계급은 이런 준비가 전혀 돼 있지 않은 것 같다.[54] 아니, 오히려 대표적인 반민주적인 법인 노동 관련법들이 "너무 반자본주의적이고 너무 선진적"이라며 개정을 요구하고 있는 실정이다.

이런 제한적인 정치적 민주화 이외에 최근 국가성격에 관련해 주목할 만한 변화는 '탈발전국가화'다. 자유화와 관료적 비효율성의 제거라는 이름하에 현정부는 '한국의 기적'의 성공 원인으로 지적돼온 국가의 경제적, 기업가적 역할을 줄이기 시작했다. 그러나 이런 역할을 얼마나 줄일 수 있을지, 이런 자유화가 과연 바람직한 것인지는 불분명하다.[55]

현정권을 둘러싼 가장 논쟁적인 쟁점은 개혁의 평가 문제다. 많은 국내외 관찰자들은 현정권의 개혁이, 특히 기대에 견줘 인상적이고 성공적이라고 평가하고 있다. 이런 평가는 현정권이 독자적인 힘을 기반해 정권을 획득한 것이 아니라 군사독재의 본거지인 집권 여당과 자신들의 합당을 통해, 그 세력의 도움에 기초해 집권한 사실을 감안하면 이해가 되고도 남는다. 그러나 이것은 이야기의 반쪽만을 보여줄 따름이다. 현정권의 개혁을 올바르게 평가하려면 개혁의 두 유형을 구별해야 한다. 하나는 지배의 효율성을 제고하기 위해 권력블록과 지배블록을 '합리화'하는 개혁이며, 또 다른 하나는 좀더 적극적인 의미, 진정한 의미의 개혁으로서 단순한 지배블록의 합리화가 아니라 지배블록과 민중의 관계를 '정상화'하고 민주화하는 개혁이다. 따라서 이런 유형론의 입장에서 볼 때 현정권의 개혁은 첫째 의미의 개혁에서는 매우 급진적이지만 둘째 의미의 개혁에서는 군사정권하고 별 차별성이 없고 오히려 퇴보한 면도 적지 않다. 지금까지 진행된 개혁은 주로 한국 자본주의의 특수성, 여기에 연관된 지배블록의 '비정상적'이고 '예외적'인 내부 배열 등의 결과로 최근 표면화되기 시작한 부작용들을 치유하는 데 초점이 맞춰졌다. 군부와 정보기관에 대한 개혁은 분명 민주주의를 위한 중요한 전진이지만, 기본적으로는 그동안 한국 자본주의의 민중 배제성에 관련해 민중 부문을 통제하고 억압하기 위해서 '기능적으로' 필요하던 억압적 국가장치의 과대성장과 과잉 자율화에 따른 부작용이 그 효용성보다 더 커짐으로써 이것을 교정하기 위한 지배의 합리화다.

현정권이 실시한 가장 급진적인 개혁인 금융실명제와 정치 관련법 개정 역시 마찬가지다. 우선 금융실명제는 지하경제의 비생산적 투기자본들을 생산적인 산업자본으로 전환함으로써 국제 경쟁력을 제고하고 경제 회복을 이끌어내려는 총자본적인 정책이지 결코 반자본적인 정책이 아니다.[56] 둘째, 이 정책은 "돈 안 드는 깨끗한 선거"를 목표로 하는 정치 관련법 개정에 맞물려 자본가 계급과 국가 간의 관계(정경유착 등으로 물들어온)를 '정상화'하고 정치가 더는 한국 자본주의의 '족쇄'가 되지 않도록 하는 데 그 목적이 있다. 이것은 특히 최근 천문학적으로 뛰어오른 선거 비용, 이 비용을 조달하기 위한 '준조세' 형식의 정치자금이 국제 경쟁력 등 한국 자본주의 발전의 족쇄로 기능하기 시작했다는 점에 밀접한 관계가 있다. 나아가 이런 개혁들은 과거 같은 정치자금 기증, 정치적 특혜로 이어지는 정경유착을 어렵게 함으로써 기술 투자 등 '정상적'인 기업 활동보다는 정경유착 등 '비정상적' 방식에 좌우되던 기업 경쟁을 지양하고 본래적 의미의 경쟁이 주가 되는 기업 풍토를 창출해 한국 자본주의의 합리화를 꾀하는 것이 주된 기능이다. 여기에서 주목할 점은 가히 혁명적이라는 정치 관련법이 이런 합리화에 대조적으로 노동조합의 정치 참여 금지, 소수 정당 해산 조항 등 민중의 정치 세력화에 장애가 되는 독소 조항은 그대로 남겨놓고 있다는 점이다. 이런 점은 이런 가장 급진적인 개혁들도 단지 지배블록의 합리화에 그칠 뿐 지배블록과 민중의 관계를 정상화하는 것에서는 거리가 멀다는 사실을 웅변적으로 보여준다.

현정권의 개혁이 지닌 특징은 국가보안법, 노동 악법 개정에 대한 미온적 태도가 잘 보여주듯이 이런 적극적이고 진정한 의미의 개혁에서는 너무도 소극적이고 부정적이라는 사실이다. 특히 이 개혁들은 결코 급진적인 것이 아니라 자유민주주의적인 것들에 불과하며, 김영삼 대통령을 비롯한 현정권의 수뇌부들이 야당 시절 이 악법들의 희생자였고 개정을 줄기차게 요구해온 사안들이라는 점을 고려할 때 더욱 충격적이다. 노동 개혁의 실패는 이 문제에 관련해 매우 좋은 사례다.

1993년 봄 김영삼 정권은 출범 직후 야심적으로 내세운 개혁의 일환으로 '신노동 정책'이라는 이름하에 노동 개혁을 선언했다. 이 개혁은 급진적인 개혁에서는 거리가 멀어도 한참 먼 대표적인 악법인 노동법의 개정을 위한 연구팀을 구성하는 한편, 우선 이 악법을 기준으로 할 때도 법을 지키지 않고 실시해온 잘못된 행정 지침 등 반민주적 관행들을 최소한 현행법에 맞게 고치는 것이 핵심이었다. 대통령의 측근인 이인제 노동부 장관은 "노사간의 이해가 대립할 때 가능하면 공정하고 객관적인 중재자의 입장을 취하되 양측 중 어느 한쪽을 선택해야 할 경우 근로자의 입장을 두둔하는 방향으로 노동정책을 펴나가겠다"고 선언하기도 했다.[57] 그러나 언론을 앞세운 자본가들의 반발과 투자 기피 형태를 띤 자본가들의 '파업' 앞에서 현정권은 결국 스스로 이 정책을 포기하고 말았다. (사실 첫째 유형의 개혁으로 대표적인 예인 금융실명제도 언론과 재벌의 반발로 원안을 대폭 수정해 너무 많은 예외 조항을 허용함으로써 사실상 실패하고 말았다. 최근 조사에 따르면 실명제 실시에도 불구하고 지하경제는 아직도 전체 경제의 22퍼센트를 차지하고 있는바, 이것은 실명제 실시 전에 견줘 겨우 2퍼센트 정도 줄어든 규모라고 한다.)[58]

결국 여기에서도 근본적인 문제는 국가의 자본에 대한 구조적 의존이다. 김영삼 정권은 집권 후 경제 활성화를 위해 금리 인하, 여신 확대 등 기업에 엄청난 특혜가 주어지는 '기업 인심 얻기' 전략을 추구했다. 나아가 문민정부는 대통령이 직접 나서서 개혁이 경제 활성화의 장애가 아니라 경제 활성화를 위한 것이라고 여러 차례 밝힘으로써 개혁을 염려하는 재벌을 무마하는 작업에 나섰다. 그러나 개혁에 불만을 품고 불안전한 정국에 염려를 품은 기업들은 투자를 회피한 채 일종의 '소극적인 파업'에 들어갔다. 금리 인하와 여신 완화에도 불구하고 1993년 1사분기 금융시장에서 투기적 성격의 투자는 지난해 같은 기간에 견줘 무려 두 배로 늘어난 반면 생산 시설 투자는 오히려 줄어들었다.[59] 경기의 호황 또는 불황 여부가 정권의 인기와 지지도에 막강한 영향을 끼치는 상황에서 이런 상황을 그대로 두고 볼 수 없게 된 문민정부는 재벌 총수들을 개별적으로 청와대에 초청해 재벌들의 요구에 귀를 기울이기 시작했다. 결국 현대그룹 노사 분규가 터지자 정부의 입장은 급속히 바뀌기 시작했다. 김 대통령은 6월 중순 현대 노사 분규에 관련, "정부는 어디까지나 노동자와 회사 어느 측에도 기울지 않고 법을 어기면 이를 묵과하지 않고 법을 엄격히 집행할 것"이라고 선언, 파업에 대한 엄한 법적 대응을 강조했다.[60] 그러나 이 발언이 그대로 '양비론적'이라면, 그 뒤의 입장은 군사정권의 시각과 별다를 것 없는 수준으로 후퇴했다. 7월 초 취임 뒤 처음으로 재벌 총수 26명을 만난 김 대통령은 신경제 5개년 계획의 기조를 설명하고 재계의 적극적인 협력을 호소하면서 "우리 경제가 모처럼 회복 기미를 보이고 있는 때에 근로 현장에서의 불법 행동은 국가 기강 확립 차원에서 용납하지 않을 것"[61]이라는 단호한 입장을 천명했다. 이렇게 해서 신노동 정책은 물건너간 일이 되고 말았다. 특히 우루과이 라운드의 타결을 기화로 개혁의 구호는 '국제 경쟁력'으로 바뀌었고, 이후 문민정부는 낯익은 '경제성장 제일주의', '국제 경쟁력 제일주의'에 기초한 '문민 개발독재'를 닮아갔다.[62] 물론 군부 개발독재와 문민 개발독재의 차이는 존재한다. 전자의 경우 최소한 외형적으로 민중 부문과 재벌 양자에 모두 강한 통제를 유지해온 반면, 문민 개발독재는 국제 경쟁력 강화를 위해 민중 부문에 대한 통제는 강화 또는 세련화하면서 재벌에 대해서는 자유화라는 이름하에 규제 완화를 선사하는 '개악'이다.

이런 개혁 실패는 위에서 지적한 자본의 구조적 힘 이외에도 민주계라는 헤게모니적 분파의 한계, 민주계가 소수파인 지배블록 자체의 모순부터 우루과이 라운드로 상징되는 세계 자본주의의 구조적 제약 등 다양한 수준의 변수들이 작용했다.[63] 다만 한 가지 반드시 짚고 넘어갈 것은 이런 개혁 실패와 민주화의 정체에 기여한 중요한 원인은 민중운동의 약화라는 것이다. 6공 출범 이후 뚜렷한 투쟁 대상으로서 독재 세력의 실종, 소련과 동구의 몰락에 따른 이데올로기 지형의 변화 등 때문에 중간 계층들이 보수화돼 기층 민중에서 분리됐고, 기층 민중을 중심으로 한 민중운동 역시 위기에 처하게 됐다. 이런 변화는 결국 문민정부에 개혁을 강제할 수 있는 사회적 동력이 상실된다는 것을 의미한다.

위에서 살펴본 문민정부의 정치개혁을 포함한 1987년 이후의 정치적 변화는 국가-시민사회론의 시각에서 어떻게 설명될 수 있는 것일까? 일각에서는

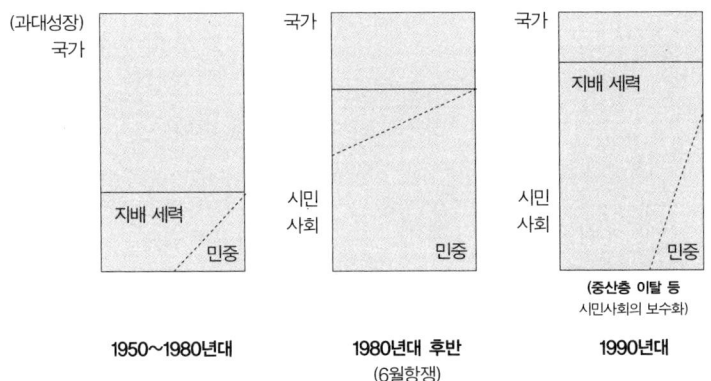

그림 1. 현대 한국정치의 변화

(과대성장)
국가

지배 세력

민중

1950~1980년대

국가

시민
사회

민중

1980년대 후반
(6월항쟁)

국가

지배 세력

시민
사회

민중

(중산층 이탈 등
시민사회의 보수화)

1990년대

※ ---------- 는 주 대치선
※ 시민사회 내의 지배 세력 대 민중은 단순한 구성원의 수를 나타내는 것이 아니라 그 조직 정도, 다른 조직에 대한 헤게모니 정도 등
을 의미하는 것이다.

3당 통합 이후 민주화의 '후퇴' 내지 민주화의 정체에 관련해 '시민사회의 퇴조'를 이야기하기도 한다. 그러나 1987년 이후 시민사회는 직선적이지는 않더라도 계속 팽창해왔지 수축하거나 쇠퇴했다고 볼 수 없다. 결국 이런 흐름을 시민사회의 쇠퇴로 보는 시각은 시민사회는 선험적으로 민주적이고 민주주의에 기여한다는 당위론적 전제와 현실에서 드러나는 민주주의의 정체라는 현실을 연결함으로써 도달한 그릇된 현실 분석이다. 즉 민주주의가 정체한 것을 보니 시민사회가 쇠퇴했기 때문일 것이라는 분석이다. 이런 오류는 앞에서 살펴본 여러 오류와 마찬가지로 국가와 시민사회를 하나의 행위자들로 보고 이 둘을 대비시키는 국가-시민사회론의 틀로 한국정치를 바라보기 때문에 생겨난 것이다. 그러나 현실은 시민사회가 쇠퇴했기 때문에 민주화가 정체된 것이 아니라, 시민사회가 계속 팽창되고 있음에도 불구하고 위에서 지적했듯이 중간 계층들의 이탈과 민중운동의 위기에 따라 시민사회 내의 힘의 역관계가 민중 부문에 불리한 쪽으로 바뀐 데 있다. 다시 한 번 문제는 국가-시민사회 간의 힘의 역관계가 아니라 광의의 국가와 민중 간의 힘의 역관계다. 이

점에서 세간의 속류 국가-시민사회론하고 다르게 문제는 (시민사회의 쇠퇴가 아니라) "시민사회 성격의 보수화"이며 "시민사회가 팽창할 것인가 아닌가"가 아니라 "시민사회가 어떻게 진보적으로 형성되느냐"에서 해답을 찾아야 한다는 최장집 교수의 분석[64]이나, 최근의 민주화의 정체, 후퇴를 "시민사회와 정치사회를 패권적 부르주아지와 야누스적인 중산층의 계급 동맹의 장으로 바꾸어가는 현재 진행 중인 위기 재봉인의 과정"[65]의 결과로 인식하는 임영일 교수의 분석은 문제의 핵심을 정확히 짚고 있다.

지금까지 한 논의, 즉 국가-시민사회라는 계급투쟁의 지형들 간의 관계 변화와 구체적인 행위자로서 지배 세력과 민중 간의 힘의 역관계의 변화라는 두 측면을 동시에 바라보는 한국정치 분석에 대한 이해를 돕기 위해, 이 내용을 과잉 단순화의 위험에도 불구하고 도식화하면 **그림 1**과 같다.

4. 맺는 글

이 글은 앞에서 국가-시민사회론을 한국정치에 적용한 주된 경향을 시기별 쟁점을 중심으로 비판적으로 검토해봤다. 이 결과에 기초해 국가-시민사회론 일반에 관한 몇 가지 이론적 쟁점들에 대해 간략히 논평함으로써 결론에 대신하고자 한다.

일반적인 통념하고 다르게 국가-시민사회 일반, 나아가 한국의 국가와 시민사회 간의 관계가 단순한 '제로섬zero-sum적 관계'[66]가 아니라는 주장이 제기되고 있다.[67] 이런 주장은 국가-시민사회 사이의 좀더 복합적인 관계를 인식하게 하는 중요한 지적으로서 주의 깊게 경청할 필요가 있다. 그러나 이 양자 사이의 관계가 '제로섬'적이 아니라는 것이 정확히 무엇을 의미하는가를 명확히 하지 않으면 안 된다. 이를테면 한 나라가 다른 나라들에 견줘 강한 국가를 가지고 있으면서도 동시에 다른 나라들에 견줘 강한 시민사회를 갖고 있을 수 있다. 즉 한 사회가 다른 사회보다 강한 국가를 갖고 있다고 해서 그 나라의 시민사회가 반드시 다른 나라보다 약한 것이 아니다. 또한 킨이 지적했듯이 동태적으로 볼 때 국가의 힘이 증가한다고 해서 반드시 시민사회의 힘이 줄어드는 것이 아니라 국가의 힘과 시민사회의 힘이 모두 증가할 수 있다. 이밖에도 한 시점에서 한 사회가 시민사회에 대해 강한 국가(강한 국가, 약한 시민사회)를 갖고 있지만 다른 어느 시점에서는 강한 시민사회(약한 국가, 강한 시민사회)를 가질 수 있다. 그러나 한 시점의 한 사회에서 강한 시민사회(국가에 대한)와 강한 국가(시민사회에 대한)가 동시에 존재할 수는 없다. 왜냐하면 이 경우 국가의 힘과 시민사회의 힘이란 각각 그 반대쪽인 시민사회의 힘과 국가의 힘에 대해 상대적인 것이기 때문이다. 따라서 이렇게 엄격한 의미에서는 국가와 시민사회의 힘 관계는 정의상^{by definition} 제로섬적일 수밖에 없다.

최근 시민사회론의 유행이 가져온 가장 심각한 병폐 중 하나는 국가는 독재의 근원이고 시민사회는 민주주의의 보루라는 통념이다. 이미 이론적 전제 부분에서 지적했듯이 국가에 대해서 자율적이고 튼튼한 시민사회가 민주주의의 중요한 전제 조건이라는 데에는 의심의 여지가 없다. 그러나 한국 사회에 대한 실증 분석이 보여줬듯이 억압성의 원인을 국가 그 자체에서만 찾고 시민사회는 무조건 민주주의의 진지가 된다고 보는 것은 크나큰 오류다. 나치즘 출현 초기의 나치 민간 조직의 확대, 최근 미국에서 문제가 되고 있는 극우 테러 조직의 확대도 시민사회의 팽창이고 확대다. 사실 국내의 잘못된 통념하고 다르게 시민사회론의 가장 열렬한 주창자도 "국가의 보호, 재분배, 갈등 중재 기능이 없이는 …… 시민사회는 게토화되거나 그 나름의 새로운 불평등과 부자유를 배태할 것이다"고 경고한 바 있다.[68] 이 문제에 관련해 한국의 시민사회에 대한 최장집 교수의 다음 같은 통렬한 비판에 모두 귀를 기울여야 할 것이다.

오늘날 우리는 시민사회가 민주화의 사회적 기반이라는 안일한 시민사회론에만 의

존할 수 없…… 다. 오히려 우리는 지금 민주화를 가로막고 있는 것이 시민사회라는 역설적 인식을 가질 필요가 있는지 모른다. 국가의 거대한 권력과 영향력이 일정하게 벗겨진 이후 드러나는 시민사회는 지역차별과 학연에 뿌리를 둔 완강한 엘리트 구조, 현상유지에 안주하는 광범한 중간층, 재벌을 중심으로 한 거대한 부르주아 지배구조의 체계로서 장기간의 군부 권위주의 권력구조의 사회적 그물망의 복제판 이상의 것이 아닌 것으로 나타났기 때문이다.[69]

사실 불행한 이야기지만 현 국면에서 한국의 시민사회는 국가보다도 오히려 더 '반동적'이고 '반민주적'이라는 느낌이 들 때가 한두 번이 아니다.

또 하나의 유행을 짚고 넘어갈 필요가 있다. 이것은 국가는 더는 '해결책'이 아니고 단지 '문제'일 따름이며, 따라서 시민사회, 자율화, 작은 국가(야경국가류의)가 '해결책'이라는 주장이다. 스탈린주의와 복지국가의 위기를 논거로 하는 이런 주장들은 신자유주의 담론에 포섭된 채 진보 학계에도 광범위하게 영향력을 확대하고 있다. 그러나 문제의 표피를 넘어 문제의 뿌리로 들어가면 복지국가의 위기는 단순한 '국가의 실패'가 아니라 동시에 '시민사회의 실패'이기도 하다. 이 점에서 "국가를 해체하는 것이 해답은 아니다. 이것을 재구성하는 것이 문제다"는 에반스의 지적[70]은 문제의 정곡을 찌르고 있다. 특히 한국에서 자유화와 민영화가 문제의 답은 아닌 것 같다. 해답은 차라리 어떻게 하면 과거의 경제에 대한 국가의 권위주의적 통제를 민주적 통제와 사회적 통제로 전환시킬 것이냐에 있다. 왜냐하면 자유화는 이미 막강한 재벌의 힘을 더욱 강력하게 만들어 경제적 부작용은 물론 그나마 '제한적인 정치적 민주화'마저도 후퇴해버릴 것이 자명하기 때문이다. 나아가 그동안의 '경제성장'이 상대적 자율성을 가진 총자본으로서 국가의 역할에 기인하는 만큼에 있어서는, 자유화는 이런 역할의 실종에 따라 지구화라는 엄청난 세계 자본주의의 위협 앞에서 그만큼 체계적인 대응을 어렵게 만든다고 할 수 있다.

최근 들어 국가-시민사회 간의 관계에 관련된 새로운 이론적 기여는 국가의 '장착된 자율성^{embedded autonomy}'이라는 개념이다.[71] 특히 이 개념은 국가자율성이 반드시 '국가능력'에 일치하지 않는다는 점[72]에 관련해 국가자율성과 국가능력을 연결시켜 줄 수 있는 새로운 경로를 제시하고 있다. 이 이론에 따르면 국가자율성 이론과 달리 동아시아 모델의 성공은 사회에서 "격리됐다기보다는 사회 속에 뿌리내리고 장착된^{embedded} 국가"에 기인한다는 것이다(148). 왜냐하면 경제 정책을 수행하는 과정에서 이 국가들이 보여주고 있는 효율성은 "국가 자신의 내재적인 능력이 아니라 국가와 시장 행위자들 사이의 복잡하고 안정된 상호작용"(154)에서 생겨나기 때문이다. 국가 정책이 효율적이 되기 위해서는 국가가 사회에서 격리되는 것이 아니라 사회 속에 뿌리내려 기업 모니터링, 건의 수용 등 정책 수립에 필요한 올바른 정보들을 확보하지 않으면 안 된다는 것이다. 그러나 '장착성^{embeddedness}'만으로는 불충분하다. 왜냐하면 이 경우 국가는 사회의 '포로'가 될 수 있기 때문이다. 따라서 "장착성은 자율성의 맥락 속에서만 가치를 가진다고 하겠다"(179). 즉 "효과가 있는 것은 장착성과 자율성의 결합"이다(179). 장착성이 없고 자율성만 있는 국가는 약탈국가가 될 가능성이 크고 역으로 장착성은 있지만 자율성이 없는 국가는 특정 분파의 도구로 전락할 가능성이 크다는 것이다. 특히 이 모델은 이런 문제의식에서 국가가 시민사회에서 장착돼 국가-시민사회 간의 상호작용이 일어나는 패턴이 '제도^{institutions}'라고 보고, 이런 구체적인 제도를 분석하는 '제도주의적' 국가론을 제안한다. 결국 이런 접근법은 그 문제의식에서 출발은 다르지만 궁극적으로 구체적인 '제도의 강조'라는 점에서 조절이론류의 최근 이론들하고 일맥상통하는 바가 크다.[73] 어쨌든 이런 이론화는 국가-시민사회, 국가-지배계급 관계에 관련해 '국가의 효율성'(총자본적 효율성)과 국가능력 문제를 이해하는 데에서 진일보하기는 했지만, 여러 가지 의문도 생긴다.

이 이론화는 우선 국가의 상대적 자율성 모델을 비판하는 과정에서 이 모델의 국가의 자율성이 국가가 사회 세력, 특히 경제적 지배 계급에서 격리된다는 것을 의미하는 것처럼 가정하고 있다. 그러나 앞에서 봤듯이 국가자율성의 다양한 측면(도구적 자율성, 구조적 자율성)을 제대로 이해할 경우 국가의 상대적 자율성이 '격리'를 의미하지는 않으며 '장착성'과 양립 불가능한 개념으로 상정돼온 것은 결코 아니라는 사실을 쉽게 알 수 있다. 사실 도구적 자율성도 격리를 의미하지 않으며, 장착성에 모순되지 않는다. 둘째, 국가의 효율성이 주로 국가자율성에 맞서는 국가장착성의 기능인지 의심스럽다. 특히 이런 주장을 뒷받침하기 위한 한국/대만의 동아시아 사례와 인도/브라질 사례, 자이레의 사례 비교는 문제가 많다. 한국/대만은 자율성과 장착성을 모두 갖춰 성공한 사례로, 자이레는 자율성은 있는데 장착성이 없어 약탈국가가 된 사례로, 인도/자이레는 양극단의 중간 사례로 그리고 있지만, 과연 그러한지 의문이다. 이 모델은 자이레의 경우 "관료 자본가 계급"에 연계된 국가의 '정치적 특혜주의'를 강조하고 있는데, 이 사례는 국가자율성은 있지만 장착성이 없는 것이 아니라 반대로 1950년대의 한국처럼 국가자율성, 특히 '도구적 자율성'이 없는 대표적인 경우다. 또한 경제 실적에서 한국/대만, 인도/브라질, 자이레의 차이가 장착/격리나 이런 관계가 물질화된 제도의 차이에 더 기인하는가 아니면 이 국가들이 장착/격리 관계를 맺고 있는 사회의 구체적인 계급 구조와 사회구성체의 성격 차이에 더 기인하느냐는 것이다. 단순히 장착/격리의 문제가 아니라 인도, 브라질, 자이레에는 강력한 지주와 관료 자본가 계급이 존재하며, 대조적으로 한국, 대만에는 지주 계급이 몰락하고 산업 자본가 계급이 우위에 있다는 것이 더 근본적인 차이일 가능성이 크다.

이런 주장이 제도, 제도들의 그물망, 장착성 등이 중요하지 않다는 뜻은 아니다. 다만 문제의 분석에서 생산양식, 사회구성체, 제도로 이어지는 추상성의 위계성, 즉 규정의 위계성을 망각하지 말아야 한다는 주장일 뿐이다. 이런 문제에 관련해 선진 자본주의 나라들 사이의 차이를 이런 '제도들'의 차이로 설명하려 한 조절이론에 대한 역사학자들의 비판은 매우 시사적이다.[74] 이 비판은 조절이론이 제도의 차이라고 분석한 것들이 사실은 제도가 아니라 생산양식의 차이에 기인한 것이라는 점을 잘 보여주고 있다.

마지막으로 국가-시민사회론의 장래다. 앞에서 여러 번 지적했듯이 국가-시민사회론은 그 나름의 분석적 힘이 있다. 그러나 이것은 전통적인 계급 분석, 특히 국가(마르크스주의적 의미의)-민중 모델을 대치하는 새로운 '대안적 모델'이 아니라, 이것을 보완하는 '보완적 모델'로 활용돼야 할 따름이다. 국가-시민사회의 관계는 사회적 영역, 즉 계급투쟁의 구체적인 지형을 이해할 수 있게 해주는 것일 뿐이지 국가와 시민사회가 계급을 대체해 역사의 주체로서 서로 싸우고 대립하는 것은 결코 아니다. 민주주의론의 문제의식에서 바라볼 때 국가-시민사회론이 제기하는 문제의식은 국가가 '과잉 자율화'해 독자적 세력으로 사회를 누르는 관료제의 문제일 것이다. 물론 이 문제는 중요하다. 그러나 이것에만 매몰돼 '국가=억압, 시민사회 =민주주의'라는 도식 아래 양자를 분석 단위로 해서 한국정치를 이해하려는 것은 민주주의의 또 다른 문제, 어쩌면 민주주의의 좀더 근본적인 문제를 보지 못하게 만든다. 그것은 시민사회 자체의 문제, 즉 시민사회 내의 계급적 갈등의 문제, 특히 자본의 억압 문제다. 이런 문제의식에서 바라볼 때 한 연구자가 정확히 지적했듯이 "궁극적으로 가장 중요한 변수는 시민사회 내에서의 경쟁적 계급 간의 힘의 역관계, 즉 민중·민주세력이 얼마나 효과적으로 시민사회 내의 권력블록에 대항해 자신들의 힘을 조직하느냐, 그리고 그들이 국가권력을 술책에서 능가해 outmaneuver 이를 민주화할 수 있느냐"다.[75]

'국가–정치사회–시민사회'?

엄밀히 말하자면 한국정치 연구에서 '국가–시민사회론'은 이제 더는 '새로운 패러다임'도 '떠오르는 태양'도 아니다. 그것은 이미 진부한 1990년대 '초기'의 문제의식이고, 이제 '떠오르는 태양'은 본문에서 지적했듯이 '국가–정치사회–시민사회'라는 새로운 삼분법이다. 최장집 교수가 제기한 이 모형[1]은 민주화 이후 새롭게 열려진 '정치적 공간'의 존재에 관련해 최근 분석 모형이라는 측면과 실천적 지침이라는 양 측면에서 급속히 주목을 받으면서 지지자들을 넓혀가고 있다.[2] 이런 추세에 따라 이 보론에서는 간략하게 이 모델에 대한 잠정적인 평가를 제시하고자 한다.

　이 새 모형의 새로운 점은 국가와 시민사회 사이에 이 양자를 매개하는 '정치사회'라는 제3의 공간을 설정하고 있다는 점이다. 정치사회는 "선거와 정당체제를 중심으로" 구성돼 있으며, "국가의 정책과 조정 능력을 시민사회에 전달하고 부과하며 시민사회의 요구와 갈등을 국가에 투영한다."[3] 또는 다른 추종자의 표현을 빌리자면, 시민사회가 "자본주의 사회의 계급갈등, 계급투쟁의 일상의 지형"이라면 정치사회는 "시민사회에서의 계급갈등이 권력 문제를 지향하는 …… 정치적 계급투쟁의 주된 지형"으로서 "독립된 정치지형으로서 핵심적인 중요성을 갖는다."[4] 한마디로 과거 '정통 좌파'들의 '정치체제political system'라는 개념하고 유사한 것이다.[5]

그렇다면 정치사회라는 새로운 공간을 설정한 '국가-정치사회-시민사회'론은 우리에게 무엇을 새로이 가르쳐주는가? 이 문제는 이 모델이 갖고 있는 문제의식을 재구성함으로써 간접적인 방식으로 규명될 수 있다고 하겠다. 우선 비교사회학적 시각에서 제기되는 '과대성장 국가'와 '미발달된 의회 및 정당체제'라는 한국 현실에 대한 문제의식일 것이다. 이런 문제의식은 이 모델을 가장 건설적으로 한국정치의 실증적 분석에 응용하고 있는 임영일의 분석의 바탕에 깔려 있는 것으로서, 한국의 경우 다른 제3세계 나라들과 마찬가지로 정치적인 계급투쟁의 지형으로서 정당체제가 국가에서 분리돼 상대적인 자율성을 갖고 있는 것이 아니라 국가에 의해 독점되고 종속된 예속적인 관계에 놓여왔다("길들여진 정치사회")는 문제의식이다. 즉 국가는 '시민사회'뿐만 아니라 '정치사회'에 대해서도 '과대성장'해왔다는 문제의식이다. 나아가 한국 현대사에서도 정당체제가 완전히 국가에 종속돼 있던 유신 시기와 1980년대 초, 그리고 정당체제가 그래도 상대적인 자율성을 갖고 있던 1960년대와 1985년 2·12 총선 이후 등의 시기에서 드러나는 사회적 동학의 차이는 정치사회라는 독자적 지형을 상정하지 않은 국가/시민사회론으로는 파악하기 어렵지만, 국가/정치사회/시민사회론으로는 잘 설명될 수 있다는 입장이다.

둘째, 다시 비교사회학적 시각에 관련이 있는 것으로 계급 정당이 부재하고 '제도 정치권' 내로 노동자 계급이 정치 세력화하는 것이 봉쇄돼 있는 현실이다. 즉 이 모델은 '시민사회'의 사회적인 계급 관계가 '정치사회' 속에 상대적으로 반영되도록 정당체제 등 '정치사회'가 조직돼 있는 서구의 현실과 이런 계급 관계를 "정치사회 속으로 투입시킬 통로가 차단"된 채 "계급관계의 구도로부터 자립화된 탈구화된 정치사회"[6]가 특징인 한국의 현실 사이의 차이를 설명하고, 이런 통로를 개척하고자 하는 실천적 의지의 산물이다. 달리 말해 첫째 문제의식이 국가와 정당체제 간의 관계가 갖는 한국적 특수성에 주목한다면, 둘째 문제의식은 시민사회와 정당체제 간의 관계가 갖는 한국적 특수성을 부각시키고자 하는 문제의식이다. 셋째, 최근 민주화 이후 그 중요성이 커진 선거와 정당 등 '정치의 제도적 공간'에 대한 문제의식이다. 특히 이 문제의식은 현실 분석을 위해 이런 공간을 독자적인 하나의 영역으로 설정할 필요성을 제기했을 뿐 아니라 이렇게 "열려 있는 공간을 어떻게 적극적이고 능동적으로 활용할 것인가"[7] 하는 실천적 과제를 제기한다. 이 새로운 모형은 이 제도적 공간과 대의제 민주주의 제도를 통해 사회주의를 달성한다는 '선거사회주의' 프로젝트에 관련해서 이 공간을 주된 실천의 장으로 설정하기 위해 독자적인 영역으로 주목하는 것이다.

이제까지 국가-정치사회-시민사회론이 갖는 장점을 그 문제의식의 설명 방식을 빌려 간접적으로 분석해봤다. 그럼 이런 분석틀이 갖는 문제점은 어떤 것들이 있을까? 우선 이 모델 자체가 갖고 있는 문제점보다는 이 모델을 실제 분석에 적용할 때 나타나는 편향에 대해 지적한 뒤 모델 자체가 갖는 문제점을 지적하는 순서로 논의를 진행하고자 한다. 첫째, 비록 이 모델이 아직 초기 단계에 있다고는 하지만 이 모델을 한국정치에 적용한 기존의 실증적 연구를 보면 국가-정치사회-시민사회 간의 관계에 주목한 임영일의 논문을 제외하고는 대부분 과거의 정당론이나 선거론하고 차이가 전혀 없다. 이런 문제는 연구자들의 개인적인 자질 때문이 아니라 정치사회가 바로 그런 공간을 지칭하기 때문에 생길 텐데, 사실상 한국의 국가-정치사회-시민사회의 관계에 대한 새로운 대안적 해석(임영일의 해석에 반대하는)이 나오지 않는 한 결국 앞으로도 정치사회론의 논의는 정치사회의 내부 구성의 문제로 집중될 수밖에 없고, 그렇게 되면 정치사회론은 계속 정당론과 선거론을 벗어나지 못하게 된다는 결론에 이르게 된다. 결국 '낡은 술'에 '정치사회'라는 '새 포장'만 입힌 꼴이 될 공산이 크다.

둘째, 시민사회론의 속류화와 동일한 정치사회론의 속류화다. 정치사회론을 적용한 경험적 연구들에서 나타나고 있는 잘못된 경향은 정치사회를 시민사회처럼 하나의 영역 내지 계급투쟁의 지형으로 보지 않고 하나의 행위자로 속류화해 국가-정치사회-시민사회 관계를 분석하는 것이다. 이를테면 1987년 6월항쟁을 1985년 2·12 총선을 통해 부활한 '정치사회'가 '시민사회'와 연대해 '국가'에 맞서 싸워 승리한 것으로 바라보는 관점이다. 한마디로 '정치사회=야당', '시민사회=재야 내지 노동자 계급과 중간 계층'으로 등치시키고 야당과 재야의 연대 투쟁을 정치사회와 시민사회가 억압적인 국가에 대항해 연대 투쟁한 것으로 그리는 식이다.

셋째, 모델 자체의 문제점으로, 이런 모델이 정치사회라는 국가와 시민사회의 매개 공간을 설정함으로써 다양한 수준에서 사회적 매개의 동학을 좀더 구체적으로 밝혀주고 이것에 관한 우리의 이해를 풍부하게 해주는 반면, 그만큼 총체적인 분석을 흐리게 하는 것이 아니냐는 염려다. 즉 '서술의 풍부화'를 얻는 대신 '분석적 힘'을 상실하는 것이 아니냐는 염려다. 이 문제에 관련해 주목할 것은 전통적인 사고에 따르면 정당은 '정치적인 이데올로기 국가장치'[8]로서 국가의 내재적 계기 내지 '국가의 통합적 구성 부분'[9]으로 인식돼왔다는 점이다. 특히 이 모델은 자본주의의 발전 단계에 관련해 국가에서 자유로운 독자적인 정치사회가 발달하지 못한 한국과 독자적인 정치사회가 발달한 서구를 대비시키고 있지만, 서구에서도 독자적인 정치사회는 사실상 신화에 불과하고 정당은 '대중 통합 기구화' 내지 '의사 국가장치화'[10]돼 사실상 "국가권력의 전동 벨트로 기능해왔다"[11]는 비판을 받고 있다는 점을 주목할 필요가 있다. 결국 이 모델이 거북스럽게 느껴지는 중요한 이유는 국가와 정치사회를 구별함으로써 많은 것을 얻는지 모르지만 그 대가로 그동안 엄청난 노력을 들여 축적해놓은 국가론의 문제의식은 모두 쓰레기통에 던져버리고 국가를 결국 단순한 정부의 문제로 후퇴시켜버리지 않느냐는 것이다. 아니 이 모델을 주장하는 일부 이론가들은 의회도 정치사회의 일부로 간주[12]함으로써 사실상 국가를 정부 전체는커녕 입법부를 뺀 단순한 행정부(기껏해야 행정부+사법부)로 전락시켜버리고 있다.

마지막으로 선거사회주의 프로젝트에 관련해, 제도 정치권을 중심으로 한

'의회 투쟁'과 '선거 전술'의 특권화에 대한 염려다.[13] 분명 '좌익 공론주의자'가 아니라면 열려진 정치 공간을 적극 활용하는 정치 투쟁의 필요성에 모두 공감할 것이다. 그러나 정치사회를 지나치게 강조하면 정치사회의 특권화를 가져와 '대중 조직'의 문제를 등한시할 염려가 있다(이런 점 때문에 한 연구자는 정치사회론이 전통적인 의미의 "정치 중심적 사고"[14]라고 비판한다). 특히 이 문제에 관련해 염려되는 점은 진지전을 그람시가 원래 의미한 대로 공장평의회와 노동조합 등 진보적 대중 조직의 건설을 통한 '시민사회' 수준의 진지전이 아니라 선거와 의회 등 '정치사회' 수준의 진지전을 통한 '국가' 안에서 벌이는 진지전(의회 나아가 '국가'의 점진적 장악 테제)[15]으로 우경적으로 해석해 후자에 중점을 주는 편향이다.[16] 또한 정치사회에 대한 지나친 강조가 민주주의의 문제를 정치사회에서 벌어지는 정치적 경쟁 등 단순히 정치적 절차와 제도의 문제로, 따라서 정치사회의 영역 내지 국가와 정치사회의 관계 문제로 협애화하는 결과를 가져오지 않을까 하는 염려다.[17]

2장

시민사회론 논쟁
문제는 자본인가 국가인가?*

많은 글들이 쏟아져 나오지만 읽을 만한 글은 많지 않은 것이 요즈음 우리의 현실이다. 또한 우리 사회과학에는 논쟁이 사라진 지 오래다. 이 점에서 김성국 교수의 글(〈한국의 시민사회와 신사회운동〉, 유팔무·김정훈 편, 《시민사회와 시민운동 2》, 한울, 1998)은 오랜만에 독서의 재미를 만끽하게 해주는 '글다운 글'이자, 1990년대 이후 쟁점이 되고 있는 시민사회론을 둘러싼 논쟁을 유발하는 매우 중요한 글이다. 특히 이 글은 시민사회론에 대한 내 비판적 평가라 할 수 있는 1995년의 〈국가-시민사회 — 한국정치의 대안인가〉라는 글에 대해 준엄한 반비판을 가하고 있다. 더 구체적으로 김 교수는 아나키스트 내지 '자유해방주의libertarianism 좌파'의 관점(1998, 17~18)에서 내 글을 비판하면서 시민사회론, 특히 국가-시민사회라는 이분법을 옹호하고 있다.

국가-시민사회라는 이분법을 옹호하는 데도 불구하고 김 교수의 글은 시민사회를 단순한 잔여 범주로 생각하는 '속류' 자유주의적인 시민사회론(한국 시민사회론자들의 다수를 차지하는)과 달리 이론적으로 세련돼 있으며 정

---

* 손호철, 〈김성국 교수에 대한 반론 — 자본인가, 국가인가〉, 유팔무·김정훈 편, 《시민사회와 시민운동 2》, 한울, 1998을 수정하고 보완했다.

치적으로 급진적이다. 또한 상당히 동의할 수 있는 부분도 많은, 한국의 시민사회론을 한 단계 끌어올린 역작이다. 뿐만 아니라 이 글은 그동안 한국에서 자취를 감춘 아나키즘을 현재적 맥락에서 재구성해 복원시킨 글이라는 점에서 이론사적으로도 중요하기 짝이 없다. 그러나 여러 문제들을 지니고 있는 것 또한 사실이다.

1. 시민사회=민중사회?

우선 김 교수는 시민사회란 단순한 국가를 뺀 잔여 범주가 아니라 "국가와의 권력관계에서 피지배적인 위치에 존재하는 모든 사회구성원"의 상호작용의 총체라고 개념화한다(1998, 21). "폭력적 국가에 저항하는 시민의식이 없는 시민"은 시민사회의 구성원이 아니라는 이야기다(1998, 21). 이렇게 시민사회는 처음부터 저항적 시민 의식으로 정의됨으로써 김 교수의 이론 체계 안에서는 "억압적-착취적 국가"와 "저항적-자율적 시민사회"라는 이분법 내지 대당, 나아가 '국가=억압, 시민사회=민주주의의 보루'라는 등식이 가능해진다. 또한 내가 국가 대 시민사회라는 이분법의 핵심적 문제로 제기한 자본가 계급 등 시민사회 내부의 반민주 지배 세력의 존재와 이 세력들 대 민중 세력 간의 시민사회 내의 내부 균열 문제는 자연스럽게 해결된다. 왜냐하면 이 지배 세력들은 정의 그 자체에 따라[by definition] 시민사회의 구성원이 아니기 때문이다.

그러면 문제는 국가가 아니고 시민사회의 구성원도 아닌 '반민주적 시민', 즉 지배 계급과 지배 세력은 어디에 속하느냐는 것이다. 이 문제에 대해 김 교수는 "국가와 자본은 여전히 무적의 황금동맹을 맺은 채"(1998, 40), "국가, 자본, 언론의 삼각동맹"(1998, 44), "국가는 폭력, 권력, 자본력, 그리고 문화적 헤게모니를 배타적으로 장악하고 행사하는 세력집단과 더불어 지배층을 구성"(1998, 21)하고 있다는 표현을 쓰면서 지배 계급은 국가도, 시민사회도 아닌 '제3의

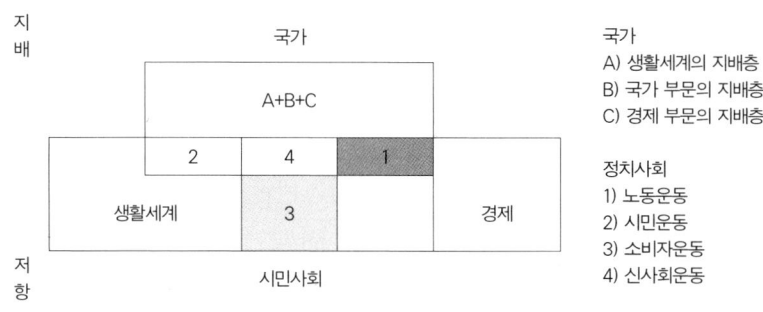

그림 1. 국가–시민사회의 내부 구성과 역학 관계

국가
A) 생활세계의 지배층
B) 국가 부문의 지배층
C) 경제 부문의 지배층

정치사회
1) 노동운동
2) 시민운동
3) 소비자운동
4) 신사회운동

정치사회=운동정치+문화정치+제도정치=헤게모니적 투쟁/타협의 영역
시민사회=생활세계+경제

※ 출처: 김성국(1998), 65쪽.

부문'을 구성하고 있는 것으로 묘사하고 있다 그러나 다른 곳, 즉 **그림 1**(1998, 30)에서는 국가를 단순히 '국가부문의 지배층'만을 의미하는 것이 아니고 '생활세계의 지배층', '경제부문의 지배층'을 포괄하는 의미로 사용함으로써 지배 계급을 사실상 국가의 일부로 이해하고 있다. 이런 두 가지 방식의 모순된 이해 중 전자의 경우, 많은 이론적 문제들을 야기한다는 점에서 좀더 건설적인 것은 후자다. 따라서 이 글에서는 우호적인 입장에서 김 교수의 글을 후자로 이해해 논의를 전개하겠다.

이런 김 교수의 문제의식을 정리해볼 때, 결국 김 교수가 말하는 시민사회란 전통적으로 우리가 말해온 민중 내지 민중 부문, '민중사회'에 다름 아니며, 사회분석의 틀로 주장하고 있는 국가 대 시민사회라는 대당 역시 말만 국가 대 시민사회일 뿐 속류 자유주의적 시민사회론자들의 국가 대 시민사회하고는 거리가 멀고 사실상 광의의 국가(마르크스주의적 의미의 국가, 즉 '협의의 국가(정부)+지배 계급) 대 피지배 계급 ("국가와의 권력관계에서 피지배적인 위치에 존재하는 모든 사회구성원")에 다름 아니다. 즉 김 교수의 국가 대 시민사회란 내가 주장해온 광의의 국가 대 민중에 다름 아니다.

사실 이런 이해 방식은 김 교수의 독창적인 방식이 결코 아니고, 국내의 시민사회 논쟁에서 이미 초기에 일부 학자들이 개진한 바 있으며 나도 이미 비판적 평가를 한 바 있다. 이런 문제의식은 속류 자유주의적 시민사회론에 견줘 비교할 수 없을 만큼 진일보한 것이지만, 두 가지 문제가 있다. 우선 내용상 시민사회란 민중 부문(그것도 그냥 민중이 아니고 자기의식을 가진 '대자적 민중')하고 별로 다를 것도 없는데, 민중이란 말만 시민사회로 바꿔 혼선을 야기한다는 것이다. 둘째, 좀더 근본적인 문제로서 시민사회를 그람시식으로 모든 시민들의 상호작용의 총체 내지 "사적 조직의 총체"로 이해하지 않고 '시민사회=민주주의'라는 자신만의 선험적인 정치적 판단에 모순이 생기지 않도록 시민사회에서 작위적으로 지배계급을 배제해버림으로써 자본주의의 고유한 특성으로서 국가와 시민사회의 분리라는 역사적 특성, 이런 분리에 기반한 국가 대 시민사회라는 대당의 의미를 사장하고 왜곡시키고 있다는 사실이다.

　뿐만 아니라 이렇게 김 교수식으로 시민사회를 개념화하면 '시민사회=계급투쟁의 장'이고, 이런 개념화에 따른 시민사회 내의 진지전이라는 그람시의 탁월한 문제의식이 사라져버리고 만다. '시민사회=민주 세력만의 영역'이라면 그곳에서 벌어지는 계급투쟁과 진지전은 불필요해지기 때문이다. 어디 그것뿐인가? 이상하게 들리겠지만, 역설적이게도, 의도하고는 정반대로 김 교수식의 개념화는, 원래 국가-시민사회론이 갖고 있던 문제의식, 즉 국가(좁은 의미의 국가) 대 시민사회 간의 힘의 역관계라는 문제의식을 사회 분석에서 퇴장시키고 만다. 왜냐하면 김 교수가 말하는 국가 대 시민사회 간의 역관계란 사실상 광의의 국가(권력블록=국가+지배 계급) 대 민중의 역관계이기 때문이다. 이런 일원론적 분석틀에 견줘 전통적인 시민사회(협의의 국가에 대당하는 것으로서)의 개념화에 기초한 내 분석은 두 가지 변수를 고려하는 이원론으로, 훨씬 풍부한 분석을 가능하게 한다. 이미 내 글에서 지적한 바 있듯이 국가-시민사회론에 관한 한 우리는 민주주의를 포함해 한 사회를 분석할 때 두 가지 측면을 동시에 고려해야 한다. ① 협의의 국가 대 시민사회(지배 계급을 포함한)의 역관계와 ② 시민사회 내의 (지배 계급과 민중 간의) 역관계 내지 광의의 국가(협의의 국가+지배 계급) 대 민중 간의 역관계다. 그러나 김 교수는 기이한 시민사회 개념화에 따라 ②만 보고 ①은 보지 못하게 된다. 사실 마르크스주의는 이 중 ②에 주로 주목하지만 ①에도 많은 관심을 기울여왔다.

이를테면 이미 내 글에서 지적한 대로 마르크스가 보나파르티즘 분석에서 국가가 지배 계급까지 몽둥이로 굴복시키고 시민사회의 구석구석까지 통제하고 있는 것을 비판한 점, 그람시가 서구하고 다르게 러시아에서는 국가가 모든 것이고 시민사회는 아교질에 불과하다고 비교사회학적으로 분석한 점은 모두 ①의 측면에서 시민사회에 대한 '과대성장 국가'에 주목한 것이다.

2. 민중과 시민

이 문제에 관련해 짚고 넘어갈 것은 민중과 시민이라는 개념 사이의 관계에 대한 김 교수의 독특한 생각이다. 김 교수에 따르면, "봉건체제나 제국주의적 식민지체제에 저항하면서 근대국가를 건설하려는 과정에서 등장하는 세력은 시민이 아니라 민중"이며 "일단 성립된 근대국가의 정치적 억압에 대항하는 민주주의 세력집단"은 '시민'이라는 것이다(1998, 33). '근대 국가 성립 이전=민중, 근대 국가 성립 이후=시민'이라는 개념화는 과문한 나로서는 처음 들어보는 기발한 발상으로, 문제가 많다.

근대 국가가 성립한 지 수백 년이 지난 서구나 라틴아메리카의 1970~1980년대 논쟁을 보면 나아가 에르네스토 라클라우 같은 포스트주의자들의 경우 현재의 논의를 보면, 민중에 해당되는 'people'이나 'popular sector'를 변혁의 주체로 일상적으로 논의하고 있다. 현대 사회 분석에서도 급진적 전통에서는 정확히 김 교수가 말하는 시민사회의 의미, 즉 권력블록에 대립되는 대당으로 민중을 사용해오고 있는 것이다. 사실 민중과 시민에 대한 김 교수식의 개념화는 나로서는 처음 들어보는 방식이다.

나아가 김 교수는 민중과 시민에 대한 자신의 독특한 개념화에 기초해 "흔히들 한국사회는 1980년대 후반을 기점으로 하여 민중사회로부터 시민사회로 전환되기 시작하였다고 한다"고 쓰고 있다. 흔히들 이렇게 주장하고 있다고 하는데 누가 이렇게 주장하고 있는지, 한국 사회과학계에 결코 흔한 것 같지는 않다.

또한 이 주장은 김 교수 자신의 논리, 즉 민중과 시민에 대한 정의에도 모순이다. 이 주장에 따르면 한국 사회가 1980년대 중반까지는 "봉건 체제나 식민지 체제에 저항하면서 근대국가를 건설하려는 과정"이고 1980년대 후반에 들어서야 "일단 근대국가가 성립"돼 "정치적 억압에 대항하는 민주주의 세력 집단", 즉 시민이 등장하는 과정이어야 하는데, 이렇게 1980년대 후반을 한국 사회에서 근대 국가가 성립하는 시점으로 보는 시각은 긴 설명이 필요 없이 지나친 주장이다.

다만 김 교수의 '국가-시민사회'론이 내용상 광의의 국가 내지 권력블록 대 민중을 의미하지만 그것도 조금 다른 점, 따라서 광의의 국가 대 민중이라는 개념 대신 국가 대 시민사회를 사용해야 하는 이유를 옹호해줄 만한 측면이 없는 것은 아니다. 그것은 김 교수가 주장하고 있는 근대 국가의 성립 이전과 이후의 문제가 아니라 김 교수가 지적하고 있는 또 다른 문제, 즉 "다차원적 정체성"(1998, 22) 문제다. 좀더 구체적으로, 민중이 계급 중심적 시각에서 피지배 '계급'의 연합이라는 측면이 강해 계급 이외의 측면까지 포괄하는 피지배 '세력'을 의미하는 면이 취약하다는 문제다. 이런 측면은 상당한 타당성을 갖는다. 그동안의 민중론은 지나치게 계급환원론적 시각에 빠져 있었다. 그리고 그런 시각은 분명히 잘못이고, 이 점에 관해서는 나 자신도 일종의 자기비판을 한 적이 있으며 김 교수도 이 부분을 인용하고 있다.

그러나 모든 민중론이 계급환원론적인 것은 아니고, 민중론이 계급환원론적이어야 하는 필연적인 이유가 있는 것도 아니다. 사실 민중론 중에서도 최장집 교수의 민중민주주의론[1]의 민중론의 경우 계급만이 아니라 정치, 성, 지역, 분단, 언술 등 여러 측면에서 피지배 세력의 연합으로 민중을 개념화한 바 있다. 나 역시 이런 개념화가 맞는다고 생각한다. 또 앞에서 지적한 라클라우류의 급진적 민주주의 기획 역시 다차원적 정체성에 주목하지만 권력블록에 대립되는 다차원적인 피지배 세력의 등가적인 연합을 시민사회가 아니라 'people' 내지 'popular sector', 즉 민중으로 개념화하고 있다 따라서 다차원적 정체성이라는 문제가 민중 개념을 시민사회 개념으로 대치해야 하는 이유일 수는 없다.

여기에서 아직 남아 있는 문제가 있다. 민중 개념 문제에 그치지 않고, 이분법인가 삼분법인가 하는 문제, 앞으로 변혁 전략의 문제 등에 밀접히 관련돼 있는 것으로서, 바로 '계급 중심성' 문제다. 위에서 지적했듯이 계급환원론은 분명히 잘못된 것이다. 그러나 다차원적 정체성 중 계급이 중심적이라는 '계급중심성'까지도 포기해야 하느냐는 문제다. 이것은 결국 현대 사회에서 자본주의 사회의 중심성 문제에 다름 아니다. 사실 현대 사회는 단순히 자본주의 사회가 아니라 다차원적 정체성이라는 면에서 가부장적 사회이고 동성애자 억압 사회이기도 하다. 그러나 동시에 자본주의의 규정성이 다차원적 정체성에 관련된 다른 규정성보다 중심적이라는 점을 부인하는 것은 자본주의의 문제를 과소평가하는 잘못이며, 이론적인 면에서는 물론 실천적으로 엄청난 오류라고 생각한다.

그렇다면 계급 중심성 문제도 마찬가지다. 자본주의가 중심적인 한 개개인이 실질적으로 갖는 경험적인 중심적 정체성에 상관없이 계급은 중심적이다. 그리고 김 교수처럼 '정체성의 정치politics of identity'론에 근거해 계급 중심성을 부정하고 다차원적 정체성 중 "가장 중요한 영향력을 행사하거나, 필수적 자원을 제공하는 정체성이 한 개인의 대표적인 지위가 되는 것"(1998, 22)이라는 입장을 취하는 것은 경험주의와 절대적 상대주의에 매몰되고 마는 것이다. 따라서 '토대' 내지 '경제사회'의 문제는 시민사회의 일부로 축소돼 국가 대 시민사회라는 이분법으로 귀착될 수 없는 중요한 문제이며, 따라서 '토대'의 문제를 독자적 영역으로 상정하는 국가-시민사회-토대라는 그람시적 삼분법이 좀더 타당한 분석틀이다.

3. 삼분법은 개량주의인가

김 교수는 그람시의 삼분법을 변형시킨 코헨과 아라토의 삼분 모델의 '자기 제한적 급진주의'가 지닌 한계(개량주의의 위험 등)를 삼분법에 반대하는 이유로 제시하고 있다. 분명히 코헨류의 자기 제한적 급진주의는 많은 문제점을 지니고 있으므로 김 교수의 비판에 전적으로 동의한다(재미있는 것은 국가 대 시민사회라는 이분법을 주장해온 대표적인 자유주의적 시민사회론자들이 김대중 정부에 들어와서는 김대중 정부의 '민주주의와 시장경제의 병행 발전'론에 관련해 슬그머니 경제사회를 다시 추가해 국가-시민사회-경제사회라는 삼분법으로 변신한 뒤 국가와 시민사회, 경제사회 사이의 상호 견제와 균형이라는 처방을 제시하고 있다는 사실이다).

그러나 삼분법이 자기 제한적 급진주의로 귀결돼야 할 필연적인 이유는 전혀 없다. 아니 그람시가 보여주듯이 삼분법은 토대, 즉 자본주의의 발본적인 변혁을 중심으로 한 근본적 변혁을 지향하는 근본주의적 급진주의가 본류다. 따라서 자기 제한적 급진주의의 한계 때문에 삼분법을 포기하는 것은 "목욕물 버리려다 아기까지 버리는 격"이다. 그리고 김 교수가 생각하듯 이 국가 대 시민사회라는 이분법을 취한다고 해서 "단순하고 분명한, 그리고 변화 지향적 대립관계"가 성립되는 것도, "시민사회의 영역 내에 경제를 위치시킴으로써 노동자(계급)와 시민이 통합을 모색할 수" 있는 것(1998, 32)도 아니다. 오히려 국가 대 시민사회라는 이분법은 자본이라는 '주적'을 은폐하고 토대(자본주의)의 변혁이라는 근본적이고 엄중한 과제를 시민사회의 문제로 해소해버리고 말 뿐이다.

또 다른 문제는 이분법을 포함한 김 교수의 이론틀과 프로젝트, 즉 자기 확대적 급진주의가 갖는 낭만성과 모호성이다. 김 교수는 시민사회를 넘어서 "가정과 일터는 분리되지 않았고, 일과 놀이/휴식은 연결되어 있었으며, 경제는 생활 그 자체"이던 "사회의 원시적 공동체성을 회복하고 확산시켜"(1998, 28) "자유연합의 공동체"(1998, 17, 66)를 구성해 나가야 한다고 주장한다. 전적으로 동감이다. 그러나 문제는 '어떻게'다. 결국 '자유연합의 공동체'는 마르크스가 이야기한 "자유로운 생산자의 연합"을 중핵으로 하지 않으면 안 된다. 그리고 이것은 자본의 힘에 대한 발본적인 통제와 전복을 통하지 않고서는 불가능하다. 특히 현재 전 지구를 '20 대 80' 사회[2]로 몰아가고 있는 신자유주의적 지구화와 자본의 힘을 통제하지 않고서는 '자유연합의 공동체'는커녕 그나마 있던 '사회'마저도 해체되고 파괴될 것이 자명하다. 그러나 자본주의의 중심성, 계급 중심성, 독자적인 영역으로서 토대가 지니는 중요성을 부정하는 김 교수의 경험주의적이고 절대적 상대주의적인 다차원적 정체성주의, 독자적 영역으로서 토대의 존재를 부정하는 국가-시민사회라는 이분법은 국가를 변혁하기는커녕 제대로 분석해낼 수단조차 갖추지 못하고 있다. 아니, 김 교수는 이런 이분법을 고집함으로써 토대를 따로 분석할 필요성 그 자체를 부정하고 있는 셈이다.

주목할 것은 김 교수가 국가-시민사회라는 이분법을 주장하면서도 시민사회의 두 개의 하위 범주 중 하나로 '경제'를 상정하고 있다는 점이다(1998, 30의 그림 1). 이런 주장은 그래도 '경제'의 중요성을 인정하고 있다는 점에서 자유주의적 시민사회론과 이분법보다는 진일보한 것이다. 그러나 위에서 지적했듯이 경제를 독자적 범주가 아니라 시민사회의 하위 범주로 간주하는 것은 문제가 많다. 재미있는 것은 김 교수가 경제를 시민사회의 두 개의 하위 범주 중 하나로 개념화함으로써 스스로 다차원적 정체성론을 부정하는 한편 스스로 비판해온 자본주의의 중심성, 계급의 중심성을 간접적 또는 반쯤은 인정하고 있다는 사실이다. 즉 사회적 정체성이 계급 중심적이지 않고 그저 여러 정체성 중 가장 영향력을 행사하는 요소로 구성되는 것이라면, 시민사회는, 이를테면 가부장제와 생활세계로 양분되지 않고 왜 하필 선험적으로 경제와 생활세계로 양분되는가?

4. '주적', 국가인가? 자본인가?

김 교수와 내가 갈라지는 중요한 또 다른 접점은 민주주의의 최대의 적이 국가인가 자본인가 하는 문제다. 이 문제에 대해 김 교수는 내 입장을 "모든 문제의 장본인은 표면에 나선 국가가 아니고 숨어 있는 자본주의와 독점자본가계급"(1998, 37)이라고 요약하고 "한국정치의 억압성과 반민주성의 근본적인 원인을 …… 군부독재국가의 강권력에서 발견할 수 있는 시민사회론자들의 분석적 권리를 무시해서는 안 된다"(1998, 34)고 분노한다. 또한 때로는 시민사회가 국가보다 더 반동적일 수 있으며 '국가=문제아'라는 시민사회론자들의 일방적 진단은 문제가 많다는 내 비판에 대해서도, 내가 "국가에 대한 미련을 버리지 못하고 있는 것" 같지만 "역사적으로 국가는 언제나 폭력의 독점체로서 방치하면 부패하거나 독재화하려는 속성을 지니고 있을 뿐"(1998, 37)이며 "자본주의는 국가 없이 존재하지 못하나 국가는 자본 없이 존재할 수 있다"(1998, 37)고 반박하고 있다. 결국 김 교수는 이런 입장에 기초해서 "기존의 강압적이고 착취적인 국가를 변형"시켜 "공동체를 공동 관리하는 또 하나의 공동체로 다시 태어나도록 해야 할 것"(1998, 17)이라는 처방을 내리고 있다.

우선 김 교수의 비판은 악의적인 것은 아니라고 믿지만, 내 주장에 대한 상당한 왜곡에 기초해 있다. 나는 현대 민주주의, 나아가 현대 사회의 최대의 적이 자본이라고 주장했지 "모든 문제의 장본인"이 자본이라고 주장한 적이 결코 없다. 또한 나는, 아니 어느 사회과학자도 국가를 "폭력의 독점체로서 방치해도" 부패하거나 독재화하지 않는다고 주장한 바 없다. 그러나 이 중요한 부분들을 김 교수는 왜곡해 마치 내 주장이 그런 것처럼 독자들을 현혹시키고 있다.

'한국 정치가 지닌 억압성의 근본적인 원인=군사독재'라는 시민사회론자들의 분석적 권리를 무시하지 말라는 주장도 기이하다. 물론 분석은 분석자의 자유고 권리다. 그러나 억압성의 근원을 마르크스주의자들은 자본으로 보고 시민사회론자들은 군사독재라고 보는 각각의 분석적 권리를 서로 인정하고 각각 제 갈 길을 간다고 문제가 해결될 수 있는 것은 아니다. 각각의 분석적 권리에도 불구하고 어느 것이 진정한 억압의 근원인가, 따라서 어느 이론이 맞는 것인가는 규명돼야 하고, 내 글은 그런 규명을 위해 시민사회론을 비판한 것이지 시민사회론의 분석적 권리를 부정한 것은 결코 아니다. 이것은 김 교수의 글이 마르크스주의의 분석적 권리를 무시하기 위해 쓰인 것은 아닌 것하고 동일한 논리다.

그렇다면 문제의 쟁점인 '자본인가 국가인가'의 문제를 살펴보자. 이 문제는 한국의 역사 분석과 현대 사회 일반의 두 수준에서 살펴볼 필요가 있다. 우선 군사독재가 한국 정치의 억압성의 근원이라면 군사독재가 아닌 이승만 정권의 억압성은 어떻게 설명할지 궁금하다. 나아가 군사독재가 등장한 1960년대 이후도 마찬가지다. 물론 이 시기의 억압성이 군사독재에 기인한 부분이 상당한 것은 사실이다. 그러나 이것은 어디까지나 중첩 결정적 요인이었지 본질적인 요인은 아니었다. 본질적인 것은 민중 배제적인 종속적 산업화, 특히 유례없이 급속한 종속적 산업화를 위해 민중을 억압할 필요성이었다. 군사독재가 억압성의 근원이었다는 주장은 당시 민간 정부가 있었다면 종속적 산업화를 달성하면서 민주주의도 할 수 있었다는 낭만적 주장을 하는 것에 다름 아니다. 다시 말해 민간 민주 정부더라도 박정희 정권식의 급속한 종속적 산업화를 하려면 정도의 차이는 조금 있을지 몰라도 민중 배제적인 억압성을 가질 수밖에 없었다.

현대 사회 일반 수준에서도 문제는 마찬가지다. 물론 김 교수의 지적대로 방치하면, 아니 감시해도, 국가는 부패하고 독재화하는 경향이 있다. 특히 우리는 '프롤레타리아 독재'라는 이름하에 '프롤레타리아에 대한 독재'로 변질된 소련과 동구의 경험을 통해 이 점을 뼈저리게 실감한 바 있다. 그러나 그렇다고 그것이 국가가 자본보다 더 큰 적이라는 것을 의미하지는 않으며, 국가가 아니라 자본이 '최대의 적'이라는 내 주장이 국가에 대한 단순한 미련을 의미하지도 않는다. 아니, 나는 국가도 자본도 모두 민주주의의 적이지만, 자본을 민주화하기보다는 국가를 민주화하기가 상대적으로 쉽다고 생각하며, 이런 점에서 그 차이만큼 국가에 대한 미련을 갖고 있다. 이런 미련은 김 교수가 '복지국가'에 미련을 갖는 것만큼의 미련이다.

사실 김 교수는 국가에 대한 미련을 버리라면서 동시에 복지국가의 필요성을 주창하고 있다. 이 '복지국가'가 국가의 복지 정책에 전혀 의존하지 않는, 사적 부문과 시민사회의 복지 네트워크(신자유주의자들의 '사회적 안전망')를 의미하지 않는 한, 김 교수 역시 국가에 대한 미련을 버리지 못하고 있는 셈이다. 사실 "기존의 강압적이고 착취적인 국가를 변형"시켜 "공동체를 공동 관리하는 또 하나의 공동체로 다시 태어나도록 해야 할 것"이라는 김 교수의 처방 역시 마찬가지다. 말로는 멋있는 말이다. 그러나 착취적인 자본을 근본적으로 변혁하지 않고 어떻게 착취적인 국가를 변형시키는가? 또한 국가를 "공동체를 관리하는 또 하나의 공동체"라고 부른다고 그것이 김 교수가 국가의 속성으로 지적한 부패화와 독재화의 경향에서 자유로워지는가?

사실 '공동체를 관리하는 또 다른 공동체'라는 김 교수의 표현은 정확히 레닌의 《국가의 혁명》에 나오는 '국가소멸론'을 연상시킨다. 레닌의 구상 역시 새로운 사회의 국가는 국가이되 억압적이지도 착취적이지도 않다는 점에서 "일상적 의미의 국가the state in the proper sense가 아니며 단순히 공동사를 관리하는 관리체에 불과하다"고 주장한 바 있다.

분명 국가는 민주주의의 적이며 부패화와 독재의 경향이 내재해 있다. 그것은 기본적으로 관료화의 경향에 관련된 것이다. 그러나 좀더 근본적인 민주주의의 적은 자본이다. 사실 역사적으로 민주주의의 발전에 따라 국가의 민주화는 부족하지만 상대적으로 진행돼왔다. 그러나 자본의 민주화는 요원하기만 하다. 단적으로 시민권은 공장 문 앞에서 멈추고 있다. 또한 그나마 투쟁을 통해 획득한 국가의 민주화와 민주적 권리들은 세계적으로 1980년대 이후 신자유주의라는 자본의 공세 때문에 오히려 후퇴하고 있다. 이 문제에 관련해 김 교수는 최근 초국적 자본의 움직임에 대한 분석을 통해 자본의 반민주성에 대한 김 교수의 무감각(그리고 거기에 따른 국가의 반민주성에 대한 과잉 감각)을 극적으로 보여주고 있다. 초국적 기업의 움직임을 자본이 국가를 넘어서 자신의 지배를 확대하고 전 지구에 하향 평준화를 강요하는 것이 아니라 자본이 이제 권력자인 국가의 반열에 올라가 국가에 끼어든 것으로 해석하고 있다("현대의 거대독점가는 이미 전 세계적인 네트워크를 구축하고 기업국가의 형성을 준비하고 있다"(1998, 30)).

이제 남은 것은 "자본주의는 국가 없이 존재하지 못하나 국가는 자본 없이 존재할 수 있다"는 주장이다. 맞는 이야기다. 자본주의 이전에도 봉건제 국가와 노예제 국가가 존재했고, 자본주의냐 사회주의냐라는 논쟁이 있기는 하지만 현존 사회주의 국가에서도 국가는 존재했다. 다시 말해 국가의 문제는 자본의 문제를 해결한다고 해도 남을 문제다. 그리고 자유주의자들의 착각, 그리고 야경국가의 신화와 달리, 자본주의는 국가 없이 존재할 수 없다. 그러나 그런 사실이 현대 자본주의 사회에서 국가가 자본보다 더 근본적인 악의 원천이라는 것을 입증해주는 것은 아니다. 이 둘은 논리적으로 별개의 문제다. 이런 주장은, 이를테면 남녀 성차별이 국가보다 오래됐으며 국가 없이도 존재할 수 있기 때문에 남녀 차별이 국가보다 현대 사회에서 더 악의 근원이라고 주장하는 것하고 다를 바가 없다.

5. 기타 잡동사니, 그러나 중요한 문제들

마지막으로 중요하지만 지면 관계상 길게 논의하지 못할 문제들을 간단하게 살펴보고 넘어가고자 한다.

우선 국가와 시민사회의 힘의 관계가 기본적으로 '제로섬'적이라는 내 주장에 대해 김 교수는 그렇지 않다는 주장을 그림까지 만들어 자세히 설명하고 있다(1998, 31). 그러나 이런 설명은 이미 내 글에서 다 지적한 문제로, 초점이 빗나간 반비판이다. 한 사회가 역사적으로 국가와 시민사회가 동시에 다 강해질 수 있고 또 한 시점에서 한 나라를 다른 나라에 비교할 때 국가도 시민사회도 다 강할 수 있다는 것은 이미 내가 인정한 바다. 그러나 문제는 한 시점, 한 사회에서 국가와 시민사회의 힘의 관계다. 내가 문제를 제기한 것은 "국가가 강하다"면 그 말은 결국 '시민사회에 대해서 강하다'는 관계적인 면에서 그렇다는 뜻이고, 시민사회가 강하다는 것도 마찬가지로 국가에 대해 그러하다는 뜻으로 기본적으로 제로섬적 관계인데, 이런 문제의식 없이 한국은 강한 국가와 강한 시민사회가 동시에 존재한다는 식으로 마구 인상주의적으로 논의를 전개하는 방식을 비판한 것일 따름이다.

둘째, 흥미로운 것은 다양한 사회운동에 대한 김 교수의 개념화다. 김 교수는 **그림 1**을 통해 이런 인식을 체계화하고 있는바, 매우 독창적이고 좋은 노력이지만 문제가 많다. 우선 김 교수는 사회운동을 노동운동, 시민운동, 신사회운동, 소비자운동이라는 네 범주로 유형화하고 있는데(1998, 30), 우선 기이한 것은 시민운동과 신사회운동의 관계다. 시민운동이란, 내가 아는 한 서구 등에는 없는 개념으로서, 사실상 서구의 신사회운동을 한국식으로 번역해 부르는 용어라고 할 수 있다. 김 교수식으로 시민운동과 신사회운동이 다른 것으로 범주화될 수 있는지, 그렇다면 그 차이는 무엇인지가 의문이다. 또한 경제 부문의 운동을 노동운동으로 규정하고 있는데, 경제적 이해관계에 관련한 중산층운동 등은 없는 것인가? 이를테면 최근의 의사 폐업은 위의 네 가지 운동 중 어디에도 속하지 않는 것 같다. 그리고 생활세계의 운동을 시민운동이라고 규정하고 있는바, 그런 것인지 의심스럽다. 신사회운동과 소비자운동은 생활세계의 운동이 아닌 것으로 그려져 있는데, 왜 그러한가? 다시 말해 시민사회의 두 부문이 경제와 생활세계라면서 이 둘 어디에도 속하지 않는 소비자운동과 신사회운동이 존재한다면, 그것은 경제도 생활세계도 아닌 제3의 부문이 존재한다는 이야기인가?

여기에 관련된 또 다른 사안은 정치사회의 문제다. 나는 정치사회라는 개념이 국가를 단순히 정부로 축소해 희화하고, 이 개념을 이용한 기존의 분석이 결국 정당론과 선거론을 이름만 바꾸어놓은 수준에 불과하며, 그람시의 진지전(시민사회에서 대중 조직의 확대)을 정치사회에서 벌어지는 진지전, 즉 선거에 의한 의회의 점진적 장악으로 희화한다는 점에서 비판한 바 있다. 그러나 그런 비판이 정치사회라는 개념이 갖는 서술적 힘descriptive power을 부정하는 것은 아니었고(범주를 많이 나누면 나눌수록 서술적 힘이 생기는 것은 당연하다), 사실 이런 서술적 힘 때문에 나 자신도 최근에 위의 이론적 문제점들을 전제로 한 뒤 이 개념을 이용해 한국정치를 분석한 바 있다. 특히 이 개념은 임영일 교수가 잘 지적했듯이 진보 세력의 '정치 세력화'(정확한 표현은 '제도 정당화') 여부를 분석하기에 적합한 표현이다.

그러나 앞에서 지적한 정치사회라는 개념의 문제점에 대한 내 비판은 여전하며, 김 교수처럼 토대를 독자적 영역으로 인정하지 않으면서 정치사회를 독자적 영역으로 상정하는 것(이 점에서 김 교수는 사실상 국가-시민사회의 이분법론자가 아니라 국가-정치사회-시민사회의 삼분법론자다)에는 결코 동의할 수 없다.

이 문제에 관련해 주목할 것은 정치사회에 관한 김 교수의 생각이다. 기존의 자유주의적 시민사회론자들에 견줘 진보적이고 이론적으로 앞서 있는 학자답게 김 교수는 선거와 정당론으로 귀결되는 정치사회론에 대한 내 비판의 적실성에 동의하고 있다(1998, 38). 그러면서도 이 개념을 구제하려 하다보니 무리수를 두고 있다. 그것은 정치사회가 "자발적 결사체로서의 중간집단이나 사회운동단체도 포괄해야 할 것"(1998, 38)이라는 주장이다. 일반적으로 시민사회의 중핵을 형성하는 요소들을 정치사회라고 부르고 있는 것이다. 사실 문제의 **그림 1**(1998, 30)을 보면 '시민사회=생활세계+경제'이고 노동운동, 시민운동, 소비자운동, 신사회운동, 다시 말해 모든 운동의 합이 정치사회로 개념화돼 있다.

자유주의적 학자들에게 정치사회가 선거와 정당 등 일상적인 의미의 정치의 공간을 의미한다면, 김 교수에게는 사회운동의 공간이자 합인 것이다. 이런 독창적인 개념화를 통해 김 교수는 정치사회라는 개념을 구해내지만 동시에 더 큰 문제를 야기하고 있다. 즉 모든 운동들을 시민사회에서 분리시켜 정치사회로 규정함으로써 시민사회는 사실상 '운동이 없는 생활세계와 경제만의 공간', 즉 '자본과 국가의 지배만이 존재하는 고통의 연옥'으로 전락하고 만다. 이렇게 될 경우, 결국 김 교수의 논리는 "정치사회를 통해 시민사회를 구제하고 해방시켜야 한다"는 논리로 가야 한다. 이런 점에서 김 교수는 자신의 생각하고 다르게 '시민사회론자'가 아니라 '반시민사회론자'이자 '정치사회론자'다.

한국 시민사회에 대한 분석에 관해서도 간단히 짚고 넘어가고자 한다. 우선 사소한 것이지만 독자들이 오해를 할 수 있기 때문에 분명히 해야 할 문제가 하나 있다. 김 교수는 위에서 지적한 민중과 시민의 차이에 관련해 근대 국가가 성립된 뒤에야 시민과 시민사회가 가능하다는 점에서 해방 정국에 시민사회가 존재하지 않았다는 주장을 하기 위해 "미군정체제라는 신식민지 파시즘"(1998, 32)이 시민사회의 대당인 근대 국가인가를 반문하고 있다. 나를 포함해 군사독재에 대해 신식민지(종속적) 파시즘론을 주장해온 '좌파 학자'들을 겨냥한 이 반문은 신식민지 파시즘론에 대한 무지에 기초하는 잘못된 질문이다. 신식민지 파시즘론을 주장한 학자들은 박정희 체제와 전두환 체제의 국가성격이 그러했다는 것이지 미군정의 성격이 그렇다고 주장한 사람은 아무도 없다.

더 근본적인 문제는 김 교수가 제기하고 있는 한국 시민사회의 역사적 근원 내지 형성의 문제다(1998, 32~33). 이 주제는 매우 중요하며, 본격적인 연구가 나오지 않은 미개척 분야다. 다만 유팔무 교수와 최장집 교수 등 일련의 논자들은 자본주의가 도입되는 구한말과 일제 강점기를 시민사회 형성 시점으로 보고 있고(최장집 1989; 유팔무 1995), 일부에서는 해방 공간을 시민사회 형성 시점으로 보고 있다. 따라서 김 교수의 도발적인 문제 제기는 매우 의미가 있다. 그러나 위에서 이미 지적한 대로 김 교수의 비판은 '근대 국가 형성 이전=민중과 민중사회, 형성 이후=시민과 시민사회'라는 잘못된 이분법에 기초한 잘못된 비판이다.

또한 "교양 있는 시민"과 '진보적 부르주아'가 존재해야 시민사회라는 규범적 시민사회론에 기초해서 한국 사회에서 시민사회가 성립한 시기를 사실상 1980년대 후반으로 보고 있는 것(1998, 33)은 지나친 규범주의다. 김 교수식 표현을 빌리면 이런 인식은 시민사회의 성장과 성숙을 혼동한 것이다. 또한 김 교수는 1990년대 시민사회의 보수성을 비판하는 최장집 교수에 대해서 "도덕주의 칼을 들고" 시민사회를 비판한다고 반비판하지만, 김 교수야말로 '도덕주의의 칼을 들고' 1980년대 이전의 한국 사회를 시민사회가 아니라고 부정하고 있는 셈이다. 앞으로 좀더 많은 논의와 연구가 진행돼야 하는 문제지만, 시민사회의 핵심이 자본주의의 독특한 특징으로서 '국가와 사회의 분리'에 있다고 할 때 한국에서 시민사회가 성립하는 시기는, 식민지 국가라는 특수성이 있다고 하더라도 일제 강점기로 봐야 하는 것이 아닌가 싶다.

마지막으로 김 교수가 대안적 운동으로 주목하는 신사회운동에 대해서 한 가지만 짚고 넘어가려 한다. 김 교수는 신사회운동에 지지를 보내면서도 한국의 '신사회운동'이 갖는 문제점, 즉 이념적 지향성의 취약성, 현실 타협적 개량주의(1998, 56~57), 권력 추구형 엘리트 중심주의(1998, 58), 운동산업화, 운동권력화(1998, 65)의 문제점을 지적하고 있다. 날카로운 비판이고, 전적으로 공감하는 바다.

그러나 자신이 신사회운동이라고 명명한 한국 시민운동의 가장 결정적인 문제점을 김 교수는 보지 못하고 있는 것 같아 지적해주고자 한다. 내가 시민운동을 믿지 않는 결정적인 이유이기도 한데, 한국의 시민운동은 서구 신사회운동의 세련된 논리를 도입해 많은 이야기를 하고 있지만 실천에서는 시민권의 가장 기초 단계인 자유권, 즉 19세기적인 사상과 표현의 자유에 대한 국가의 탄압에 침묵해왔다.

이른바 민주화와 시민사회, 시민운동의 시대에 국가보안법 때문에 일련의 사상과 표현의 자유에 관련된 자유권이 침해돼 민중운동 진영이 감옥에 갇히고 탄압받고 있을 때 시민운동은 침묵을 지키거나 엉뚱한 짓을 하고 있었다. 이 점에서 신사회운동은커녕 진정한 의미의 자유주의도 되지 못하는 것이 우리의 1990년대, 그리고 일정하게 현재의 이른바 시민운동의 현주소다. 게다가 김 교수도 국가가 우리의 '적'이라면서 왜 시민사회의 자유권을 무자비하게 탄압하는 국가에 침묵하는지 모를 일이다.

3장

시민사회의 해부학
민중운동과 시민운동의 정체성과 관계를 중심으로[*]

1. 연구 목적과 필요성

세계적으로는 1980년대에 현실 사회주의와 사회민주주의라는 두 개의 국가주의적 프로젝트가 실패한 뒤, 한국의 경우 1987년 민주화 이후 시민사회에 대한 관심이 폭발하고 있는 것은 주지의 사실이다. 특히 1987년 민주화 이후 시민운동의 성장과 함께, 시민운동의 등장으로 상징되는 시민사회의 내부 분화를 겪어왔다. 즉 시민운동의 성장 속에서 한국의 시민사회는 시민운동이 전통적인 민중운동과 경쟁 또는 연대의 미묘한 관계를 유지해오며 동태적으로 움직이고 있다.

그러나 그동안 시민사회에 대한 연구들은 민중운동과 시민운동이 어떻게 다르며 그 정체성이 무엇인가에 관한 엄밀한 분석이 결여됐으며, 이 운동들 사이의 관계에 대해서도 추상적인 논의에 그치고 있다.

이 연구는 이런 한국의 연구 현실을 감안해 민중운동과 시민운동의 정체성

---

[*] 서강대학교 동아연구소에서 2004년 9월에 출간한 《東亞硏究》 이상우·이태욱 교수 퇴임기념 특별호에 실린 글을 수정하고 보완했다.

에 대해 엄밀한 이론적, 실증적 분석을 기하는 한편, 이 운동들 사이의 관계를 그동안 추진해온 다양한 운동들을 실증적으로 비교하고 분석함으로써 체계적으로 규명해 운동들 사이의 연대 가능성을 타진해 보는 데 그 목적이 있다. 다시 말해 이런 이론적, 실증적 분석을 통해 민중운동과 시민운동은 함께 연대할 수 있는 운동들인가, 그렇다면 그 범위는 어디까지인가, 그렇지 않고 본질적으로 대립적인 운동인가를 밝히고자 한다. 특히 시민운동이란 세계적으로 전례가 없는 한국적 조어造語라는 점에 주목해서 여기에 비유될 수 있는 서구의 신사회운동을 함께 비교해 그 역사적 위상을 명확히 하고자 한다.

2. 연구 내용의 구성과 방법

1) 연구 내용 구성

이 연구는 두 부분으로 구성돼 있다. 한 부분은 민중운동, 시민운동의 정의와 정체성에 대한 부분이고, 다른 한 부분은 이 운동들 사이의 관계에 대한 분석이다. 우선 전자에 관련해서는 이 운동들에 대한 그동안 학자들이 내린 정의, 그리고 실제 운동에 참여하고 있는 활동가들의 자기 인식을 이론적으로 분석하는 한편, 실제 이 운동들이 이런 정의에 일치하는지를 실증적으로 분석함으로써 올바른 정의를 찾아내고자 한다. 둘째, 관계의 문제로서 이 운동들이 실제로 수행해온 운동 과정에서 어떤 관계 양상을 보였는지를 참여자들의 분석과 평가 등을 통해 실증적으로 분석하는 것이다.

2) 연구 방법

이 연구는 크게 두 가지 연구 방법을 동원한다. 우선 문헌 연구다. 주제에 관련된 다양한 연구들을 분석해 이 운동들에 대한 학자와 기존 연구의 정의를 체계적으로 비교할 것이다. 둘째, 자료 분석이다. 각 운동들이 그동안 발표한 성명서, 기자회견, 캠페인들을 분석해 이 운동들의 성격을 규명하는 데 활용할 것이다.

3. 민중운동과 시민운동의 정의와 정체성

1) 민중운동

(1) 민중운동에 대한 학자들의 정의

1980년대 후반 이후 시민운동이 등장하고 성장하는 과정에서 민중운동에 대한 정의가 논의의 초점이 되지는 않았다. 일단 사회운동에 대한 논의가 '새롭게' 나타난 시민운동을 중심으로 전개될 수밖에 없었기 때문이다. 그렇지만 흥미로운 것은 뒤에서 더 자세히 다룰 테지만 새롭게 출현한 바로 그 시민운동의 정의에 대한 논의가 민중운동에 대한 정의를 도출하는 과정이기도 했다는 점이다. 시민운동의 정의에 관련된 논의들이 주로 민중운동에 대한 비교를 통해 진행됐기 때문이다. 따라서 이 글에서는 이런 점을 감안해서 주로 시민운동의 정의를 내리기 위해 수행한 민중운동에 대한 정의를 중심으로 살펴볼 것이다.

조희연은 "통상 노동운동, 농민운동, 빈민운동을 중심으로 하고 변혁적 지향을 갖는 기타 사회운동을 민중운동"이라 한다면서(조희연 2001, 3), "80년대 인식지평에 있어서 민중운동은 현 체제를 혁명적으로 극복하려는 것으로 인식"됐다고 말한다. "즉, 민중운동은 80년대적 상황을 반영하여 군부독재정권을 혁명적으로 타도하려는 지향을 갖는 운동이면서 동시에 노동자계급을 주요 주체로 하는 변혁운동으로 이해되었다"는 것이다(조희연 1995, 310).

원종찬 역시 "민중운동은 변혁적 전망을 분명히 했으며, '현장 투신'이라는 말이 성립할 정도로 공장노동자를 핵심으로 하는 기층민중의 현실에 뿌리를 내리고자" 한 운동(원종찬 1995, 355)이라면서 조희연과 똑같은 정의를 내리고 있다. 또한 조희연은 "80년대 민중운동은 계급적 라인을 따라 조직화되는 계급적 대중운동이 중심"이었다고 말하고 있으며(조희연 1995, 298), 원종찬은 "민중운동은 보통 재야세력에 의해 주도되며 반*합법 대중투쟁 위주로 전개되는 운동을 일컬어왔다. …… 민중운동은 자신의 정당한 몫을 빼앗기고 억압받는 이들의 해방운동으로서, 생존권적 요구를 중심으로 전개되다가 변혁이념과 결부되면서 노동자계급을 핵심으로 하는 통일전선운동"이었다며, "민중운동은 변혁지향을 분명히 함으로써 스스로를 시민운동으로부터 구별, 정립하였다"고 말한다(원종찬 1995, 354).

이런 정의를 사회운동을 규정하는 여러 요소들로 나눠 재구성해보면 민중운동은 운동 주체, 운동 목표와 입장, 그리고 운동 방식과 쟁점이라는 네 가지 측면에서 다음같이 규정될 수 있을 것이다.

첫째, 운동 주체에서는 재야 세력과 기층 민중운동 세력의 운동이다. 둘째, 사회 변혁을 운동 목표로 한다. 셋째, 운동 방식은 반합법적이며 대중 투쟁적이다. 넷째, 생존권적 요구 등 기층 민중의 정당한 이해와 관련된 사항을 쟁점으로 삼는다.

정태석 등도 '민중운동'을 운동 주체, 운동 목표와 입장, 운동 방식, 운동 쟁점이라는 네 가지 차원에서 정의하고 있는데, 그 내용은 다음과 같다(정태석·김호기·유팔무 1995, 285).

첫째, 민중운동의 주체는 이해관계의 당사자인 노동자, 농민, 빈민, 지역 주민 등이라고 할 수 있다.

둘째, 민중운동의 목표는 경제적 불평등과 정치적 억압에서 벗어나기 위한 구조 개혁이며, 좀더 근본적이고 사회 전체적인 민주화를 추구한다.

표 1. 민중운동의 정의

정의 항목	내용
운동 주체	노동자, 농민, 빈민 등 기층 민중+재야 등 민중에 대한 자기 동일시를 갖는 세력
운동 목표	구조 개혁과 사회 전체적인 민주화
운동 방식	파업, 시위, 농성 등 급진적인 직접행동 방식
운동 쟁점	경제적, 계급적 불평등과 권력의 불평등

셋째, 민중운동은 주체와 목표의 특성으로 인해 파업, 시위, 농성 등 급진적인 운동 방식을 많이 사용한다.

넷째, 운동 쟁점을 본다면 민중운동은 경제적, 계급적 불평등과 권력의 불평등을 중심으로 한 다양한 이해관계를 쟁점으로 삼고 있다.

(2) 운동 담당 세력들의 정의와 실제 운동의 전개 양상

그렇다면 이런 학자들의 정의에 대해 민중운동을 담당하고 있는 세력들은 민중운동에 대한 '자기 정의'를 어떻게 내리고 있으며, 민중운동의 실제적인 전개 양상에서 그런 정의는 어떻게 투영되고 있을까? 이 문제를 2001년 3월 출범 이후 현 시기 민중운동 진영을 대표하고 있는 전국민중연대(민중연대)를 중심으로 검토해보자.

민중연대는 민주노총, 전국농민회총연맹, 전국빈민연합, 민주노동당 등 35개의 노동·사회·종교단체들이 참여한 민중운동 진영의 연대체다. 여기에 정책기획실장으로 참여하고 있는 한 활동가가 민중연대를 소개한 내용을 들어보면 다음과 같다.

민중연대는 …… 노동, 농민, 빈민들의 민중 대중조직을 주축으로 하고, 정치조직과 민중적 사회단체들이 참여하여 구성됐다. 96~97년 '날치기 노동법·안기부법 개악 철회와 민주수호를 위한 범국민대책위', 98년 '민중생존권쟁취·사회개혁·IMF반대 범국민운동본부', 2000년 '신자유주의반대·민중생존권쟁취 민중대회위원회' 등 민중연대 운동의 경험과 의의를 발전적으로 계승하면서, 이를 상설적인 공동투쟁체 건설로 발전시키는 것이 민중연대의 과제이다. 민중연대 참여단체들은 2000년 활동에서 4월 1일, 6월 10일, 12월 9일 세 차례 열렸던 김대중 정권과 신자유주의 반대 기조의 민중대회, 아셈ASEM 반대 투쟁으로 대표됐던 신자유주의 세계화 반대 투쟁 등 민중 생존의 위기와 파탄, 민주주의의 후퇴와 파괴, 신자유주의 구조조정과 세계화에 대한 공동의 투쟁과 실천 사업들을 전개했다. 민중연대는 '신자유주의 반대', '민족자주권 쟁취', '민주주의 쟁취', '민중생존권 쟁취'를 4대 투쟁 과제로 설정하고 있으며, 김대중 정권에 대한 공동 투쟁 조직이라는 위상을 분명히 밝히고 있다. (정종권 2001, 1)

여기서 알 수 있는 것은 앞서 살펴본 대로 실제 운동을 담당하고 있는 세력들이 민중운동에 대한 학자들의 정의에 부합되는 주체라는 사실이다. 주지하다시피 민주노총, 전농, 전빈련 등은 한국 사회에서 기층 민중을 대표하는 운동 조직들이다.

다음으로 운동 목표를 살펴보면 민중연대는 4대 투쟁 과제를 통해 알 수 있듯이 민중 생존권과 신자유주의 반대 등을 설정하고 있다. 이것 역시 위에서 살펴본 대로 구조 개혁적인 동시에 좀더 근본적인 사회 전체의 민주화를 운동 목표로 삼는다는 학자들의 정의에 일치한다는 사실을 알 수 있다.

4대 투쟁 과제를 그 운동 목표와 세부 과제 등을 포함해 좀더 자세히 살펴보면 다음과 같다.

① 신자유주의 반대 투쟁

미국 등 제국주의와 김대중 예속 정권의 신자유주의 세계화와 개방화에 반대하고 경제 주권을 수호하기 위한 반제, 반정부 투쟁

▷ 공기업 민영화 반대 및 공공성 확대 ▷ 해외 매각 반대 ▷ 개방 농정 철폐 ▷ WTO 반대, 한미/한일투자협정 반대, 한·칠레협정 반대 ▷ 신자유주의 구조조정

반대

② 민중생존권 쟁취 투쟁

김대중 정권의 반민중적인 경제 정책을 저지하고 민중생존권을 옹호, 쟁취하기 위한 투쟁

▷ 정리해고 반대 ▷ 비정규직 노동자의 정규직화 ▷ 농축산물 가격 보장 등 농민 생존권 보장 ▷ 영세 노점상 합법화, 강제 철거 중단 등 빈민 생존권 보장

③ 민주주의 쟁취 투쟁

민중의 기본권을 억압하는 반민주 악법의 철폐와 개혁 입법을 통해 민중 중심의 민주 개혁을 실현하기 위한 투쟁

▷ 국가보안법 폐지 ▷ 노동 악법 개정 ▷ 농민 개혁 입법(농업재해보상법/ WTO 이행특별법 시행령 제정/ 농업협동조합법 개정) ▷ 사회보장 확대 ▷ 양심수 석방, 수배 해제, 범민련, 한총련 이적 규정 철회 ▷ 정치관계법 개정 등 정치 개혁 ▷ 언론 개혁 ▷ 집회, 시위, 표현, 결사의 자유 보장 ▷ 반민주적 공안 기관 해체 ▷ 재벌 해체

④ 민족자주권 쟁취 및 조국통일 투쟁

미국 등 외세의 정치군사적 지배를 배격, 민족자주권을 쟁취하며, 조국통일을 실현하기 위한 반미, 반제투쟁 및 조국통일투쟁

▷ 주한미군 철수 ▷ 평화협정 및 평화 군축 ▷ 한미행정협정(SOFA), 한미상호방위조약 등 불평등한 협정 및 조약 개폐 ▷ 매향리 등 미군 사격장, 폭격장 폐쇄 ▷ 양민 학살 진상 규명 ▷ 국가미사일방어체제(NMD), 전역미사일방어체제(TMD) 반대 ▷ 일본 군국주의 부활 반대

2) 시민운동

(1) 시민운동에 대한 학자들의 정의

1980년대 후반 이후 시민운동의 등장과 성장 과정에서 시민운동에 대한 정의

는 앞서 살펴본 민중운동의 정의를 비교 준거로 해서 차이점이 무엇인지에 대해 규정하는 방식을 중심으로 해 내려졌다. 이런 방식은 시민운동에 비판적이냐 아니냐를 떠나 공통적으로 발견되는데, 대략적으로 '시민들에 의해 전개되면서 체제 내적 지향성과 합법성을 띠는 탈(초)계급적 운동'으로 정의된다.

우선 시민운동(론)에 대해 매우 비판적인 김세균은 "시민적 개혁운동은 …… 한국의 경제구조가 지닌 근본적인 모순은 자본가와 노동자 간의 모순이 아니라"고 본다면서 "이 운동이 기본적으로 계급타협을 추구하며 자유시장경제를 옹호하는 성격을 지니고" 있다고 규정한다. 또한 김세균은 "이 운동은 비폭력, 평화, 합법 운동을 운동 방침으로 삼으면서 전투적 민중운동과의 협력·연대를 거부하고 민중운동의 시민운동화를 요구하고 있으며, 또한 사회운동에서의 헤게모니 장악을 자신의 목표로 뚜렷이 내세우고 있다"고 주장한다(김세균 1995, 182).

이런 선상에서 김세균과 함께 시민운동(론)에 대한 비판적 입장을 견지하고 있는 서관모는 시민운동이라는 개념이 "사회운동에서 1980년대에 번성하던 계급담론은 1990년대에 들어 쇠락하였고, 계급적대의 문제설정은 주변화"하는 가운데 나온 것이라고 파악한다(서관모 2003, 136). 이런 이유 때문에 서관모는 "시민운동들은 얼마간 진보성을 지니고 있"기도 하지만, "노동운동 등 계급적 운동, 즉 '민중운동'에 대해 일정하게 대립적"이라고 말한다(서관모 2003, 137). 그리고 이어서 "한국에서 시민사회론자들이 모두 자유주의자는 아니지만, 그 주력은 자유주의자"라면서, "이들이 계급적대의 문제설정을 기각하는 것 자체는 자연스러운 일"이라고 말한다(서관모 2003, 138).

물론 서관모는 "시민운동은 전통적 사회운동에 포함되지 않는 새로운 종류의 진보적 사회운동을 포괄하며, 이 시민운동에서 통용되는 시민사회 담론은 미국식의 (신)자유주의적 시민사회 담론으로 환원되지 않는 진보적인 요소를 내장하고 있다"고 하면서, 시민운동의 '진보성'을 일정하게는 인정하고 있다. 그렇지만 "시민운동들의 주요 부분이 제도화되고 국가에 포섭되어가면서 한국의 시민사회 담론도 자연히 미국식의 자유주의적 시민사회 담론에 접근해가고 있"다는 점을 지적하고 있다(서관모 2003, 137~138). 그러면서도 "시민운동은 다양한 영역과 다양한 노선의 여러 운동들로 구성된다"며, 시민운동이 이데올로기적 지향성에 있어 '좌파'와 '우파'로 나뉘어 있다고 말한다. 즉 "시민운동의 중요한 부분들의 정치적 노선은 '경실련'이 대표하는 시민운동 우파의 신자유주의 노선과 '참여연대'가 대표하는 시민운동 좌파의 개혁적 자유주의 내지 사회민주주의 노선으로 나눌 수 있다"는 것이다(서관모 2003, 140). 이런 구분은 김세균의 경우도 똑같다(김세균 1993, 110).

유팔무 역시 시민운동이 비계급적 사회운동을 가리키는 것이라는 데에 궤를 같이하고 있다. 즉 유팔무는 "시민운동이란 …… 마르크스적 의미의 시민 또는 부르주아가 주체가 되어 벌이는 운동이거나 도시주민(시민)들이 벌이는 운동을 가리키는 말이 아니다. 그것은 통상적으로 '일반시민'이라고 할 때의 일반 시민들이 벌이는 사회운동을 가리키며, 따라서 관제의 사회운동이나 노동운동 또는 노동계급적 사회운동과 다른 '비계급적 사회운동'을 가리키는 말"이라고 규정한다(유팔무 1995a, 72).

조희연은 "시민운동 영역은 계급적 대중운동의 형식만으로 담아낼 수 없는 다양한 모순의 중층 영역"이라고 하면서(조희연 1995, 328), 시민운동을 "1987년 6월항쟁 이전의 반독재 민주화운동 및 민중운동의 헌신적 투쟁을 통해서 획득된 공간에서 활동하는 운동"으로 규정짓고 있다(조희연 2001, 1). 홍윤기 역시 "시민사회의 영역으로 묶일 것으로 기대되는 생활영역들은 이미 마르크스 시대를 전후하여 계급 이외에도 다양한 생활상의 차이를 통해 분화되었으며, 이렇게 계급적 동일성으로 환원되지 않은 차이들의 폭발적 증가는 그런 차이 속에서 생존해야 하는 인간들에 의한 다양한 사회운동을 촉발시켰"고, 시민운동은 바로 이런 상황을 반영하는 것이라고 말한다(홍윤기 2002, 32).

한편 조희연은 시민운동은 "군부독재의 퇴진을 위하여 비타협적으로 투쟁하여 왔던 70, 80년대의 민중운동과 구별되는 새로운 운동 형태들을 통상"

지칭하는 것이라고 하면서, "시민운동이라고 할 때는 ① 온건한 운동, ② 시민 전체의 일반적 이해 혹은 공익을 대표하는 운동, ③ 비계급적 운동들이라는 의미가 담겨"지며, 우리가 통상 시민운동이라고 하는 것을 엄밀하게 규정하면, "계급적 라인class line을 따라 조직화되는 전통적인 사회운동과 달리, 비계급적 라인을 따라 조직화되고 전개된 80년대 후반의 다양한 운동 형태들"이라고 말한다(조희연 1995, 298~299).

이어서 조희연은 시민운동을 다음같이 세부적인 요소들로 나눠 한층 더 상세하게 정의하고 있다. 즉 시민운동은 "① 민중운동에 대립하는 중산층 운동으로, ② 좌익적·급진적 이념에 기초하는 운동에서 온건한 합리적 이념에 기초하는 운동으로, ③ 체제 타파적인 운동에서 체제 내적인 개혁주의 운동으로 ④ '민중' 중심의 운동에서 '시민' 중심의 운동으로, ⑤ 제도 외적 수단에 의존하는 운동에서 제도적 수단에 의존하는 운동"이라는 것이다(조희연 1999, 9).

한편 김동춘은 시민운동을 "단순한 계급적 이해관계를 넘어서서 공공성의 실현을 지향"하는 운동으로 정의하는데, 이때 "노동운동은 시민사회운동의 일부이나, 그것과 분리된 계급이익을 추구하는 운동"이라고 말한다(김동춘 1999, 78).

그렇지만 이런 견해에 대해 조희연은 "통상적인 의미에서 시민운동을 시민 전체의 일반적 이해 혹은 공익을 대표하는 운동으로 규정하는 것은 다분히 이데올로기적이라고 생각"한다면서, "그것은 군부독재와 투쟁하여온 민중운동을 특수한 이해, 비공익적 이슈를 추구하는 운동으로 전제하는 것"이라는 점을 지적하고 있다(조희연 1995, 298~299).

유팔무는 시민운동이라는 "한국의 새로운 운동들은 무엇보다도 사회운동의 주요한 구성요소에 해당하는 이슈와 주체, 그리고 목표와 방법의 면에서 종래의 민중운동과 구별된다"면서 그 새로운 점을 다음같이 분석하고 있다(유팔무 1995b, 379~381).

첫째, 계급적, 민중적 이슈가 아니라 '초계급적'인 문제를 이슈로 삼았다. 이를테면 경제정의실천시민연합(경실련)은 자신들이 초계급적인 공공선을 추구한다고 명시적으로 밝히고 있으며, 환경과 생태계 보전 문제도 초계급적인 성격을 지닌다는 것이다.

둘째, 운동의 주체, 특히 운동에 참여하는 주체들의 주체성이 다르다. 흔히 민중운동의 주체는 민중이라고 말하지만 실제의 민중들은 잠재적인 주체일 뿐 실제적인 운동 주체는 주관적으로 민중적 주체성을 가지고 민중운동에 참여한 사람들이다. 그래서 사실상 민중운동의 주체를 구성한 부분은 기층 민중의 일부, 즉 노동자, 농민, 빈민 등 객관적으로 기층 민중이라는 주체 위치를 차지한 사람들과 학생, 지식인, 직업적 활동가처럼 객관적인 주체 위치는 기층 민중이 아니면서도 기층 민중을 정신적으로 자기 자신과 동일시하는 사람들, 즉 기층 민중적 주체성을 가진 사람들로 구성돼 있었다. 새로운 운동의 경우 가장 특징적인 점은 거기에 주체로 나서는 사람들이 자신을 민중과 동일시하지 않는다는 것이다. 민중적, 계급적 주체성과 구별되고 그것을 초월하는 주체성, 주체들이 일반적으로 이런 시민적 주체성을 갖는다는 점에서 그런 운동은 '시민운동'이라 할 수 있다.

셋째, 새로운 운동에서는 일반적으로 사회체제의 부분적인 변화를 목표로 삼는 개량적 또는 개혁적인 성격을 지닌다. 물론 여기서 말하는 민중운동과 시민운동은 '전형적'인 경우에 한한다. 실제로 전개된 노동운동이나 농민운동의 상당 부분은 엄격하게 말하면 개량적이고, 시민운동 중에는 장기적으로는 사회 변혁을 추구하는 경우도 생겨나고 있기 때문이다.

넷째, 새로운 운동들은 대개 합법적인 운동 방법을 택하고 있다. 이런 방법상의 차이는 국가권력과 맺는 관계를 다르게 만든다. 전자는 국가권력의 정당성 자체를 인정하지 않으면서 적대시하는 경향이 있고, 이런 이유 때문에 국가권력의 직접적인 탄압을 받게 되는 반면, 후자는 국가권력의 정당성보다는 적법성만 문제삼고 국가권력의 정당성을 부인하지 않기 때문에 탄압을 받아도 그 강도가 상대적으로 낮다.

정태석 등도 비슷한 분석을 하고 있다. 즉 '민중운동'과 '시민운동'을 대체로 운동 주체, 운동 목표와 입장, 운동 방식, 운동 쟁점이라는 네 가지 기준으로 구분할 수 있다는 것이다(정태석 외 1995, 285~286).

첫째, 시민운동의 주체는 화이트칼라나 자영업자 등 중간층이나 지식인, 학생, 종교인, 주부 등의 주변 층이 중심이 되고 있다. 이런 주체의 차이는 민중운동과 시민운동을 구분하는 중심적 기준인데, 각 주체들이 놓인 위치의 차이는 다른 측면으로 이어지게 된다.

둘째, 시민운동은 정치적 목표보다는 시민사회 내적인 목표(부정부패 추방, 촌지 없애기, 의식개혁, 생활환경운동, 생활공동체 운동)를 지향하거나, 자율적, 합리적 경제 질서의 확립을 위한 점진적인 제도 개선을 추구한다. 그리하여 직접적인 정치 참여보다는 국가 외부에서 실행하는 영향(압력) 정치를 선호한다.

셋째, 시민운동은 주로 캠페인, 국민 홍보, 강연회 등 온건하고 합법적인 운동 방식을 사용한다. 그런데 이런 운동 방식의 차이는 상당한 정도 주체의 성격 차이, 즉 직접적 (피해) 당사자인가, 제3자인가에 기인하는 바가 크다.

마지막으로 시민운동은 경제적 정의, 부정부패 추방, 환경, 여성 등 시민사회의 공공선이라는 광범위한 쟁점을 포괄하고 있다.

그렇지만 정태석은 "현실적으로 쟁점의 차이가 민중운동과 시민운동을 확연하게 구분해주는 것은 아니"라고 말한다. 즉 "시민운동의 이슈 영역 자체가 본래적으로 개량적인 것"이어서 민중운동과 시민운동이 구분되는 것은 아니라는 것이다(조희연 2001, 4).

이런 점 때문에 조희연은 "시민운동을 이슈 자체의 본래적인 개량주의적 성격에서 찾는 것은 잘못된 것"이라면서, "문제는 어떤 이슈를 변혁적으로 접근하느냐, 아니면 보수적 혹은 자유주의적으로 접근하느냐"에 있다고 말한다(조희연 2001, 5). 따라서 조희연은 "시민운동은 '실체적' 개념이라기보다는 그 자체가 하나의 '이데올로기적' 범주"라고 주장한다(조희연 2001, 3). 즉 "시민운동이라고 통상 인식되는 운동 영역들을 본래적으로 개량적인 시민운동의 영역으로 상정할 필요는 없다"는 것이다(조희연 2001, 4).

유팔무도 "비계급적 사회운동 또는 시민운동은 …… 비계급적 성격만 지니는 것은 아니다. 이 같은 운동이 벌어지는 시민사회 영역에서는 무엇보다도 문화적, 정신적인 헤게모니가 형성, 작용하고 있으며, 헤게모니의 판도는 그런 운동들에 의해서도 커다란 영향을 받기 때문이다. …… 이 같은 사회운동은 헤게모니의 진정한 주체에 해당하는 계급들과 '유기적으로 결합'되어 있을 수 있고, 그렇지 않을 수 있다. …… 시민운동은 이렇게 볼 때, 비계급적이면서 동시에 계급적인 성격을 지니는 운동인 것"이라고 말한다(유팔무 1995a, 74).

(2) 운동 담당 세력들의 정의와 실제 운동의 전개 양상

주로 학자들이 내린 이런 정의는 시민운동을 직접 담당하고 있는 이들에게서도 농일하게 찾아볼 수 있다. 우선 '우파' 시민운동을 대표하는 경실련은 "지금까지의 재야운동이 설정했던 주체와 운동방식이 달라져야 한다"며, "특정한 계급, 계층이나 집단의 이기주의를 떠나서 공공선을 추구하는 시민"들이 "주체"가 되는 운동을 표방했다(신철영 1995).

학자들이 내린 정의처럼 기층 민중을 중심으로 하는 민중운동과는 다른 주체로서 시민들의 운동을 상정하고 있는 것이다. 또한 '공공선'을 추구한다는 점에서도 시민들은 특정한 계급, 계층과도 구분되는데, 이때 민중들의 이해와 요구는 집단 이기주의로 규정되고 있다는 것을 알 수 있다. 여하간 경실련의 경우 시민운동은 일단 운동의 주체와 목표에서 민중운동과 차별성을 갖고자 했던 것이다.

시민운동을 민중운동과 구분해 '개량적'이라고 평가하는 시각에 대한 시민운동가의 입장은 어떨까. 시민운동가들 역시 시민운동이 개량적 성격을 지닌다는 점을 인정하고는 있다는 사실을 알 수 있다.

시민운동이 개량화되었다는 것은 다른 한편으로 시민운동이 다양화되었다는 점을 보여주는 것이며, 우리에게도 보편적 가치로 다가오고 있는 운동의 한 '영역'을 과소 평가하기보다는 운동이 뿌리내릴 수 있도록 격려하는 것이 필요하다. (김종현 광주전 남연대회의 집행위원장, 《시민의 신문》 2001년 5월 24일)

또한 "시민운동 활동가들은 신자유주의 반대와 같이 민중운동이 주요 투쟁 과제로 설정하고 있는 과제에 대해서도 소극성을 띠고 있다"는 것에 대해서도 동의하고 있다.

시민운동 진영은 "2000년 1월 5일 90여 개의 시민단체가 모여 〈새천년 시민사회선언 — 참여와 공생의 시대로〉라는 성명서를 발표했으며, 그 핵심 내용은 신자유주의 반대, 사회적 약자와의 연대, 친노동적·친환경적·친여성적인 개혁적 시민운동의 출발이었다. 그러나 현실은 시민운동의 신자유주의 반대가 아니라 비#반#신자유주의적 모습으로 나타났다"고 스스로 문제점을 지적하고 있다.

또한 이런 점 때문에 "'시민운동은 구조조정과 신자유주의적 개혁에 대해 비판하거나 반대하지 않은 채, 다만 그것이 낳고 있는 부작용의 몇몇 측면을 비판하면서, 그 폐해를 줄여 신자유주의적 개혁의 대의가 손상되지 않기를 바랄 뿐'이라는 비판이 제기되었다"고 자체 평가하고 있다(조희연 2001).

한편 1980년대 말 이후 전통적으로 민중운동의 주요한 운동 목표이던 민족 통일 문제에서도 시민운동 진영은 "남북관계 및 통일문제에 대해 시민운동단체는 오랫동안 일종의 '불개입주의'적 태도를 보여 온 것이 사실이며, 또 남북정상회담 이후 그런 태도는 아직까지도 별다른 변화를 보이지 않고 있는 것 같다"고 '고백'하고 있다.

지난 2000년 10월 북측 초청에 대해 "갑자기 초청장을 받게 되어 미처 준비되지 않은 상황에서 평양을 방문하기 어렵다는 것이 안타깝지만 저희들의 사정"이라는 참여연대의 답신 편지 내용과 "그동안 참여연대가 통일문제에 고

표 2. 시민운동의 정의

정의 항목	내용
운동 주체	시민 + 기층 민중과 자기 동일시를 하지 않는 세력+중산층 등
운동 목표	점진적 제도 개선
운동 방식	캠페인, 국민 홍보, 강연회
운동 쟁점	공공선 관련 쟁점=경제 정의, 부패 추방, 환경, 여성

민이 적었음을 고백하지 않을 수 없다"는 점을 스스로 밝히고 있는 것이다 (Cyber 참여연대, 〈북의 초청에 답하는 한 시민단체의 편지〉 2000년 10월 11일).

4. 시민운동과 신사회운동

1980년대 말 이후 시민운동은 그 등장과 성장 과정에서 서구의 신사회운동에 비견됐다. 그렇지만 시민운동과 신사회운동은 그 발생 맥락과 해당 사회에서 차지하는 위치와 역할에서 차이점을 갖는다는 것이 대체적인 의견이다.

우선 조희연은 "우리 사회에서 시민운동은 신사회운동과 동일시"되고 있는 상황에 대해 다음같이 말하고 있다.

한국의 시민운동은 개발독재 하에서 고착된 왜곡된 국가와 왜곡된 시장의 민주적 개혁이라고 하는 과제를 중심으로 활동하고 있고 이런 점에서 사실 이른바 '구舊' 사회 운동적 성격도 강하게 가지고 있다. 설령 신사회운동이라고 규정한다고 하더라도, 서구의 신사회운동이 갖는 기존의 경제주의적·국가주의적 질서에 대한 급진적 저항성을 주목할 필요가 있다. 서구의 신사회운동 — 전부는 아니지만 — 은 오히려 체제 내화된 노동운동에 대한 반발 속에서 출현한 운동이다. 이것은 구舊 노동운동적 프레임 속에 포착되지 않는 새로운 이슈들에 대한 급진적 도전의 성격을 띠고 있다. 다시 말하면, 서구의 신사회운동은 사회민주주의적 복지국가와 같은 수준으로 민주화되어 있는 서유럽적 현실에 대한 저항운동인 것이다. 하물며 훨씬 저급한 민주주의와 천민적 자본주의가 고착화되어 있는 한국의 현실에 대해서는 더욱 급진적인 저항을 하지 않는다는 것은 신사회운동과는 거리가 멀다는 것을 반증한다. 이런 점에서 현재의 한국현실에 적응한다기보다는 그것에 근본적으로 저항하는 급진적 자기정체성을 확립할 필요가 있다. (조희연 2001, 9)

유팔무 역시 조희연과 같은 의견을 피력한다(유팔무 1995b, 384~385). "시민운동이 민중운동에 비해 새로운 점들을 갖는다고 하더라도, 서구적 의미에서 '신사회운동'이라고 할 수는 없"다는 것이고, "운동이 성립한 사회적 배경과 맥락이 다르며, 서구의 신사회운동이 방법의 면에서 우리보다 훨씬 더 급진성을 띠기 때문"이라는 점을 밝히고 있다.

또한 유팔무는 "서구 사회의 경우, 일반적으로 환경, 평화, 여성, 소공동체운동 등 신사회운동은 일단의 학자들에 의해 '후기자본주의'라 불리는 고도로 발달한 자본주의와 복지국가 체제를 배경으로 하고 있으며, 시민적 민주주의는 물론 노동운동의 정치세력화도 비교적 성공적으로 이루어진 상태에서 자라난 운동"으로, "한편으로 이 운동은 고도 자본주의와 복지국가 체제를 조건으로 해 환경 등 새로운 초계급적, 탈물질적 문제 영역들이 형성되고 관심이 변화하는 상황, 다른 한편으로는 노동운동이 체제 내화되는 데 따른 운동성 상실을 배경으로 하면서 새롭게 활기를 띠게 된 것"이라고 말한다.

그렇지만 "한국 사회의 경우, 자본주의의 고도화가 진척되고 있기 때문에 일정하게 새로운 문제 영역의 심각성이 커지고 이에 대한 관심도 증대되는 점에서는 서구의 경우와 흡사하지만, 복지국가 체제의 성립과 노동운동을 비롯한 민중운동의 정치세력화는커녕 시민적 권리와 민주주의조차 성립되지 못한 상태에서 시민운동이 성립하고 활기를 띠게 된 것"이며, "이 점에서 한국의 새로운 운동은 서구의 신사회운동처럼 증대된 탈물질적 관심을 반영하는 측면이 있지만, 시민권운동이자 민주화운동, 그것도 합법적 민주화운동이라는 독특한 성격을 동시에 지니고 있다는 점이 다르다"고 분석한다. 이런 점 때문에 유팔무는 "한국의 구舊 사회운동에 해당하는 민중운동의 성격도 서구의 경우와는 다르다"고 지적한다.

"민중운동은 반독재민주화운동이라는 연합전선운동의 큰 틀 속에서 이루어졌으며, 90년대에 들어서면서부터 이 운동을 약화시킨 주요한 조건들(지속적인 국가권력의 억압적, 비민주적 통제, 현실 사회주의 붕괴에 따른 변혁 전망의 상실, 민주-반민주 전선의 약화 등)도 서구와는 크게 다르"고, 따라서 "그 결과 민중운동이나 민주화운동은 비록 전에 비해 상대적으로 약화되고 운동 방법의 면에서도 새로운 운동 방법, 특히 개량적이고 합법적, 시민적인 방법이 탐색되는 등 새로운 모색이 이루어지고 있지만, 여전히 계속되고 있다"는 것이다.

정태석 등도 "한국의 시민운동을 서구의 신사회운동과 등치시키려는 경향은 서구 신사회운동의 등장배경과 전개과정의 특수성에 비추어 볼 때 적절하지 못하다"고 지적하고 있다. 즉 "서구의 신사회운동은 국가, 자본, 노동 간의 코포라티즘적 정치체제 속에 안주해 있는 보수화된 노동운동과 달리 반핵, 평화, 환경, 여성 등의 새로운 쟁점들과 관련된 운동으로서 기존의 정치질서에 도전"한 운동이며, "이들은 노동운동의 물질주의와 이에 기반하는 좌/우의 구분을 넘어서 탈물질적 가치에 기반하는 새로운 대립축과 정치질서 ― 풀뿌리민주주의 ― 를 요구하였"으며, "관례적인 행동에 의존하는 노동운동과 달리 비관례적, 급진적 행동들을 즐겨 사용하였"지만, "한국의 시민운동은 쟁점의 측면에서 다양한 측면을 포괄하고 있는 것은 사실이지만, 여전히 물질적 가치지향이 강하며, 목표와 행동방식은 개량적이고 온건하다"는 것이다(정태석 외 1995, 286).

5. 민중운동과 시민운동의 관계, 그리고 연대의 모색

앞서 살펴본 것처럼 서구의 구사회운동과 신사회운동 양자와 모두 운동의 발생 조건과 배경, 그리고 위상과 역할에서 차이점을 갖는 한국의 민중운동과 시민운동의 관계는 어떠한가? 그 운동들 사이의 연대는 과연 불가능한 것인가?

1) 민중운동과 시민운동의 관계

우선 앞서 살펴본 바에 따르면 민중운동과 시민운동은 **표 3**에 나타나 있는 것처럼 운동 주체, 운동 목표, 운동 방식, 운동 쟁점에서 차이가 난다. 그렇다면 이런 정의상의 차이는 민중운동과 시민운동의 관계에서 어떤 의미를 갖는 것일까?

유팔무는 "한국에서 90년대에 들어 새롭게 등장한 시민운동은 민중운동과 비교할 때, 운동의 모든 중요한 구성요소에서 성격이 다르고 새롭다고 할 수 있"지만, "새로운 점들은 시민운동을 '전형적인' 형태의 민중운동과 비교할 때 그러하고, 전형적이지 못한 광의의 민중운동들과 비교하면 공통적인 점도 있"음에 주목한다. 즉 "시민운동은 개량적인 형태의 민중운동과는 목표와 방법의 면에서 유사하고, 변혁적인 성격의 민족·민주운동과는 이슈와 주체가 초계급적이라는 점에서 유사하다"는 것이다. 또한 유팔무는 "시민사회적 이슈들이 …… 경제적 조건이나 계급갈등에 전적으로 소급될 수 있는 성질의 것은 아니"라며, "시민사회적 이슈들을 이처럼 설명, 이해하는 것이야말로 경제주의나 계급환원론적 방법이라 비판받을 만"한 것이라고 지적하고 있다. 즉 "시민사회적 이슈들이 이와(계급적인 문제들과) 정반대로 이런 조건들과 전적으로 무관하게, 절대적인 독자성을 지니고 발생하는 성질의 것은 더욱 아니"라며, 따라서 "이런 의미에서 양극단을 피하는 일은 당연하며, 시민사회를

표 3. 민중운동과 시민운동 비교 정의

정의 항목	민중운동	시민운동
운동 주체	노동자, 농민, 빈민 등 기층 민중+재야 등 중에 대한 자기 동일시를 갖는 세력	시민+기층 민중과 자기 동일시를 하지 않는 세력+중산층 등
운동 목표	구조 개혁과 사회 전체적인 민주화	점진적 제도 개선
운동 방식	파업, 시위, 농성 등 직접행동 방식	캠페인, 국민 홍보, 강연회
운동 쟁점	경제적, 계급적 불평등과 권력의 불평등	공공선(경제 정의, 부패 추방, 환경, 여성)

통한 헤게모니의 형성, 작용이 지니는 전략적 중요성을 인식하고 시민사회적 이슈가 지니는 계급적 성격과 의미를 밝히고 환기시키는 일이 …… 과제가 아닐 수 없다"고 주장한다(유팔무 1995, 75).

이런 주장은 조희연의 경우 좀더 적극성을 띠고 나타나는데, 시민운동의 이슈는 그것 자체로 개량적인 것이 아니라, 이슈에 대해 변혁적으로 접근할 것이냐 개량적으로 접근할 것이냐라는 접근 방식의 차이에 있다고 조희연은 말한다. 이런 점 때문에 조희연은 민중운동 진영이 시민운동의 쟁점에 대해 적극적으로 개입할 필요가 있다고 주장한다(조희연 2001).

2) 연대 가능성에 대한 회의

이런 학자들의 분석에 따르면, 적어도 이론적으로는 민중운동과 시민운동 간의 연대는 원천적으로 불가능한 것은 아니다. 그렇지만 실제 운동의 전개 과정에서 민중운동과 시민운동은 '거리감'을 가져온 것이 사실인데, 다음 같은 조희연의 언급이 단적인 사례다. 조희연은 "낙천낙선운동 과정은 시민운동과 민중운동 간의 담론 또는 실천상의 거리감에 대한 또 한 번의 확인 과정이기도 했다는 사실"이라며, "그 예는 총선시민연대 활동에 대한 민주노총의 참여 문제로 드러났"고, "결국 지지운동을 병행한다는 이유로 민주노총의 참여가 거부되는 과정에서 노동운동진영과 총선시민연대 간에 불편한 기류가 형성된 데서 찾을 수 있"었다고 밝히고 있다. 또한 "선거법 개정 과정에서 민주노동당 등 민중운동 진영이 주목했던 정당명부식 비례대표제의 실종 문제도 함께 지적"하고 있다.

그렇다면 민중운동 진영의 활동가들은 민중운동과 시민운동의 연대 가능성에 대해 어떻게 보고 있을까? 사회진보연대라는 민중운동 조직에서 정책국장을 맡고 있는 활동가의 이야기를 들어보자. 이 활동가는 시민운동과 민중운동 간의 연대 가능성에 대해 다음과 같이 말하고 있다.

> 이미 많은 일들을 함께하고 있다. 대표적인 예로 '전쟁반대 평화 실현 공동실천'과 같은 공동행동 조직이 있다. 하지만 단일 쟁점에 대해서만 공동 행동을 하고 있는 한계가 있다. 다양한 운동이 함께 진행돼야 한다. 노동운동도 빈민, 실업 등 여러 가지 운동과 겹쳐 있다. 처음에는 빈민운동으로 시작해서 진보정당운동으로 갔다가 지역시민운동을 펼치는 경우를 많이 봤다. 이 과정에서 여러 가지 시행착오를 겪을 수 있다. 중요한 것은 민중운동 진영에서 정치적 구심을 가지고 시민운동과 다양한 쟁점에 연대해야 한다고 생각한다. (임필수, 《시민의 신문》 2001년 5월 24일)

위의 인용을 통해 확인할 수 있는 것은 연대의 가능성은 열어놓고 있지만, 단일 쟁점에 국한되고 있다는 점이다. 즉 아직까지 민중운동과 시민운동의 연대는 연대라고 불릴 만한 모습을 보여주고 있지 못한 것이다. 또한 민중운동이 정치적 구심을 가지고 있어야 한다는 말에서 민중운동과 시민운동의 관계를 수평적 연대의 측면에서 보고 있지 않다는 사실을 알 수 있는데, 이것은 시민운동의 내적 다양성에 주목해 친민중운동 진영을 중심으로 연대를 모색하고 있다는 것을 반증하고 있다.

그렇지만 민중운동과 친민중운동적 시민운동 세력의 연대도 그다지 원만하게 진행되고 있지 못한 상황인데, 이런 상황은 민중연대와 친민중운동적 시민운동 세력인 참여연대가 주도하는 시민연대(연대회의)의 구성을 둘러싼 민중운동 활동가의 비판적 문제 제기에서 극명하게 드러난다.

정종권은 "문제는 사안별 연대기구를 함께 구성하고, 한국 사회운동의 양 축을 형성하고 있는 시민운동과 민중운동이 왜 별개의 연대기구를 구성하였으며, 서로에 대한 차별을 명확히 하고 있느냐에 있다"며, 그 차별성이 무엇인지에 대해 규명하고 있다.

> 시민연대는 출범선언문에서 운동의 지향을 '사회개혁'을 목표로 전국적 시민사회운동으로 하나 되어 국민의 입장을 충실히 대변하며 '참여민주사회의 제도적 환경 마련'에 주력하겠다고 밝혔다. 이에 반해 민중연대는 김대중 정권에 맞서는 상설적인 공동투쟁체로서의 성격을 분명히 하면서 신자유주의 반대·민중생존권 쟁취·민주주의 쟁취·민족자주권 쟁취를 4대 실천 과제로서 제시했다. 그리고 시민연대는 정치제도 개혁, 지방자치 개혁, 시민사회단체 활성화를 3대 핵심 사업으로 설정했다. (정종권 2001, 2)

즉 민중연대와 시민연대는 "각자의 처지에서 실천의 무게중심을 어디에 둘 것인가에 대한 차이이며, 이것은 상호 간의 역할분담과 조정을 통해 극복하고 연대해야 하는 것이 된다"는 것이다. 그렇지만 정종권은 "시민연대와 독자적인 연대조직으로 유지하는 것은 시민연대를 주도하고 있는 경향성, 즉 자유주의적이고 개혁주의(개량주의)적 운동 경향과의 차별성을 분명히 하기 위한 것"이라며, 역할 분담과 조정을 통한 연대 가능성에 대해 다소 회의적인 입장을 보이고 있다. 실천 과제의 설정에서 무게 중심이 다르며, 이런 차이는 한국 사회가 직면한 긴급한 문제들에 대한 인식에서 드러나는 차별성을 보여준다는 것이다.

한국 사회를 어떻게 바꾸어야 하며, 모순과 갈등의 현실이 왜 끊임없이 확대재생산되면서 민중의 삶이 고단해지는가에 대한 진단과 처방에서 시민운동과 민중운동의 판단이 질적으로 달라진다는 것이 진실이다. 실천 과제라는 것이 한국 사회의 병적인 구조에 대한 운동 주체들의 처방전이라고 할 때, 한쪽에서는 외과적 처방을 내리고 다른 한쪽에서는 내과적 처방과 수술이 필요하다고 한다면 그것은 역할 분담과 조정으로 해결할 수 있는 것이 결코 아니다. 하나가 올바르다면 다른 하나는 오진일 수밖에 없는 것이다. 감기 환자에게 감기약이 필요하며, 골절 환자에게는 깁스가 필요하며, 뇌출혈 환자에게는 수술이 필요하다. 감기약과 깁스, 수술이 언제나 불필요하고 무익한 것은 아니다. 그러나 수술이 필요한 환자에게 감기약이 필요하다고 한다면 그것은 약이 아니라 독이 되는 것이다. …… 우리가 시민운동을 비판하고 제도 개혁의 실천 과제를 비판하는 것은 수술 환자에게 감기약 처방을 하는 것을 비판하는 것이지 감기약이 약이 아니라 언제나 무익하고 해로운 독이라고 주장하는 것이 결코 아닌 것이다. 비뚤어지고 깨진 안경을 쓰고 세상을 보면서 세상이 비뚤어졌다고 하는 자들의 희극과 같은 것이다. (정종권 2001, 2)

이런 언급을 통해 알 수 있는 것은 연대 문제에 있어서만큼은 이론적 사유와 실제 실천 간의 괴리가 나타나고 있다는 것이다. 실제 시민운동 진영에서 나온 다음 같은 언급은 정종권이 제기하는 민중운동과 시민운동 간의 거리감을 확인해준다.

시민운동의 시급하고도 중요한 과제 중의 하나가 바로 국가와 시장과의 관계 정립이라 할 수 있다. 민주화가 비교적 성공적으로 정착해감에 따라 과거의 대립적·적대적 관계에서 비판적·동반자적 관계로 전환될 수밖에 없으며, 특히 과거의 야당이 집권 여당이 됨으로 인해 국가와 시민사회와의 이런 관계는 더욱 긴밀해지고 있는 실정이다. 특히, 개혁에 대한 강한 의지를 갖고 출범한 현 정권이 시간이 흐를수록 강건한 저항 세력들에 의해 개혁의 동력을 잃고 이제 시민운동이 개혁의 유일한 파트너로 남아 있는 현 상황에서 이 두 영역 간의 건전한 관계 정립은 한국 사회 발전에 매우 중요한 의미를 갖는다. 여기에 두 가지 상반된 고민이 있을 수 있다. 첫째, 국가의 입장에서 건전하고도 강력한 시민운동은 현 정권에 분명 도움이 된다는 점이다. 특히, 사방에 개혁 저항 집단 내지 정권 반대 세력으로 포위되어 있는 현 정권으로서는 시민운동은 매우 반가운 지원 세력이기 때문에 시민단체가 안정적으로 운영되어 일정 정도 사회적 영향력을 확대시켜 나가기를 바랄 수 있다는 것이다. 또한 시민운동의 지지와 동의는 정권의 정당성 확보에도 매우 긴요하기 때문에 가능한 한 시민운동과 우호적 관계를 유지하려 할 것이며, 이를 실현시키기 위한 정책적 지원과 정치에의 참여를 유도할 것이고, 이는 시민운동가나 친시민운동 전문가들을 정부의 각종 위원회에 참여시키는 형태로 나타나고 있다. 정책적 지원 체제는 '민간단체 지원법' 등에 의해 실현되고 있다. (차명제, 〈2000년 NGO 활동의 평가와 2001년의 과제〉, 중앙일보시민사회연구소 시민사회포럼 발제문, 2001년 9월)

이 인용문에서 확인할 수 있는 것은 국가와 시장, 그리고 정권에 대한 입장과 태도다. 위 글에서 시민운동은 국가와 '동반 관계partnership'을 갖는 것으로 규정돼 있다. 국가의 개혁 방향과 시민사회의 개혁 방향이 일치한다는 언급까지 나오고 있는 것이다. 이런 점은 민중운동 진영이 김대중 정권의 신자유주의적 정책에 반대 입장을 취한 것과 확연히 구분된다고 할 수 있을 것이다. 이런 점 때문에 정종권은 다시 다음같이 말하고 있다.

우리는 그렇게 생각하지 않는다. 정치사회적 민주화라는 측면에서 김대중 정권은 자본의 필요에 제기되는 민주화, 즉 각종 기업 활동에 대한 규제 철폐(기업 활동에 대한 억압과 규제를 해체하고 민주화시킨다는 논리), 공기업 민영화의 필요성에 대한 정권의 이데올로기 공세(공기업의 관료적 폐쇄적 운영을 극복하고 민영화를 통해 공개적이고 민주적 운영을 지향한다는 논리), 노사정위원회 설치와 의미 부여(민주적으로 사회적 의견을 모아내고 조정하는 합의 기구라는 논리) 등 신자유주의적 경제 개혁을 위해 필수적으로 요구되는 각종 정치·사회·문화적 개혁 조치들은 이미 진행하여

왔으며 또 앞으로도 진행할 것이다. 그러나 그것이 신자유주의적 개혁의 질을 넘거나 그 목표에 필수적이지 않은 과제와 영역에서는 결정적으로 동요하거나 변질되고 있는 것이다. 그것은 안타까움의 대상이 아니라 김대중 정권의 신자유주의적 정책 기조에서 필연화될 수밖에 없는 결과들이며, 이것은 압박과 로비, 캠페인을 통해 변화될 수 있는 것이 아니다. 신자유주의 비판과 김대중 정권에 대한 반대 투쟁을 통해서만 민주주의의 성과를 쟁취할 수 있는 것이다. (정종권 2001, 5)

민중운동가와 시민운동가의 이런 인식상의 차이는 실제 운동 과정에서 대체적으로 반영되고 있다. 그런 사실은 필자가 이런 운동에 참여하고 있는 활동가들(민주노동당 내 민중연대 담당자 K와 참여연대 연대사업 담당자 H)을 만나 가진 인터뷰를 통해서도 확인되는데, 활동가들은 두 운동의 관계와 연대 가능성에 대해 적어도 지금까지는 부정적인 것으로 평가하고 있다. 필자는 이 활동가들에게 실제 연대한 사례와 대립한 사례, 연대하거나 대립하지는 않았지만 같은 사업을 독자적으로 수행한 사례 등에 대해 질문을 던졌는데, 연대한 사례에 대해서 "기억나는 것이 없다"거나, "연대했다고 할 수 있는 것이 없다"거나, 사실 "서로 안 친하지 않으냐"는 식의 답변을 공통적으로 던졌다. 또한 연대하거나 대립하지는 않았지만 같은 사업을 독자적으로 수행한 적이 있느냐는 질문에는 "거의 대부분이 그렇다"고 답변했다. 물론 연대 가능성이 있느냐는 물음에 대해 "앞으로 잘돼 나가야 되지 않겠느냐"라고 답함으로써 '의지적 낙관주의'를 피력하기는 했지만, 객관적으로 민중운동과 시민운동의 연대는 매우 취약한 상황이라고 할 것이다.

3) 연대는 불가능한가

그렇다면 민중운동과 시민운동 사이의 연대는 불가능한 것인가? 사실 민중운동 일반과 시민운동 일반 사이의 연대는 불가능하다고 할 것이다. 시민운동이라는 것이 실체에 대한 규정이라기보다는 다양한 이데올로기를 반영하는 구성적 실천이라고 할 때, 민중운동과 시민운동의 연대는 민중운동 진영의 특수한 세력과 시민운동의 특수한 세력 사이의 형태로 나타날 수밖에 없을 듯하다.

이때 주목할 수 있는 것이 이슈별 연대와 지역사회 내의 연대다. 민중운동과 시민운동 모두 자기 운동의 유지와 확장을 위해 서로 중첩되는 운동 쟁점을 가질 수밖에 없는 상황에서, 또한 개별적 수준으로는 운동 목표를 달성할 수 없는 상황에서 연대가 모색될 수밖에 없다. 다음으로 민중운동이나 시민운동 모두 자신이 활동의 공간으로 삼고 있는 특정 지역의 현안에 개입하지 않을 수 없고, 현안을 해결하려면 연대의 필요성이 강하게 제기된다. 그렇지만 이런 연대를 위해서는 사회운동이 지역성에 기반한 대표성을 구체화시키는 것이 과제로 제기된다. 즉 지금처럼 서울이라는 공간에 집중돼 중앙 권력을 중심으로 사회운동이 전개되는 과정에서는 아무래도 공간의 광범위성과 운동 참여자들의 이해와 요구의 다양성 때문에 운동의 통합성, 나아가 연대성이 확보되기가 어렵다는 것이다. 따라서 이런 점 때문에 민중운동과 시민운동의 연대성 획득은 우선 가능한 수준에서 가능한 방법으로 구체적인 공통 지반을 마련하는 과정에서 만들어져야 한다.

이런 사례는 인천에서 벌어진 굴업도 핵폐기장 건설 반대 투쟁 등에서 찾아볼 수 있다. 이 사례는 애초 시민운동이 '전담'하던 환경 이슈가 지역적 차원에서 민중운동과의 연대로 이어졌으며, 민중운동의 전투성이 운동 과정에서 결합해 발현된 사례다. 물론 이 투쟁은 국가권력이 무절제한 폭력을 행사해 민중운동의 전투성이 요구되면서 환경 이슈의 해결이 단순한 법적이고 제도적인 차원을 넘어서게 된 사례로, 시민운동 자체의 성격 변화로 이어졌는지는 그 뒤 민중운동과 시민운동의 관계를 추적해야 확인할 수 있는 것이기는 하다. 그렇지만 최근 전북 부안군 위도의 핵폐기장 건설 문제를 둘러싸고 전개되고 있는 상황에서도 시민운동의 이슈로 인식되던 환경 문제(또는 대안에

너지 문제)가 민중운동 같은 대중 투쟁적 방식을 동반하는 데에서 알 수 있듯이, 민중운동과 시민운동의 연대성 획득은 단지 세력과 세력의 형식적 결합이라는 차원의 문제가 아니라 운동 과정의 필요성에 주체들이 얼마나 적극적으로 대응하느냐에 달려 있다고 하겠다.

4장

한국의 국가 목표
해방 50년의 반성적 회고*

1. 여는 글

올해로 해방과 분단 50주년을 맞는다. 몇 주년이라는 말이 결국 '시간'이라는, 인간의 인위적 산물을 기준으로 한 구획 짓기라는 점에서 작위적인 것은 사실이지만, 그래도 이것을 전제로 한 사회적 맥락 속에서는 그 의미가 각별하다는 점은 부인할 수 없는 사실이다. 특히 "모든 역사는 현재사"라는 관점에서 바라볼 때 해방 50년을 맞는 우리의 자세는 결국 현재의 문제의식 속에서 지난 50년을 비판적으로 재구성하고 반추하는 것일 수밖에 없다.

　이런 문제의식에서 이 글은 지난 해방 50년사를 우리 남한 사회를 중심으로 그 '국가 목표'라는 측면에서 비판적으로 회고해보려 한다. 특히 이런 작업은 단순히 과거에 대한 비판과 반성을 넘어서 21세기 한국 사회가 지향해야 할 바람직한 사회상, 이 사회상의 실현 수단으로서 바람직한 국가 목표를 정립하는 데 조금이라도 도움을 주는 데 그 목적을 두고 있다.

---

* 《철학과 현실》 1995년 9월호에 실린 글을 수정하고 보완했다.

2. 몇 가지 전제들

모든 조직은 명시적이든 그렇지 않든 그 나름의 지향성, 즉 목표를 갖고 있다. 하나의 공동체로서 한 '사회' 역시 마찬가지다. 이렇게 한 사회의 지향성을 물질화해 표현해주는 것이 바로 '국가 목표'라 할 수 있다. 최근 유행하고 있는 '국가 전략'이라는 것은 바로 이런 '국가 목표'를 전제로 해 이 목표를 가장 효율적으로 실현하는 수단에 불과하다.

한국 사회가 그동안 지향해온 지향성을 가장 압축적으로 물질화해 표현해주는 '한국의 국가 목표'라는 측면에서 해방 50년사를 반추하는 작업은 최소한 두 가지 면에서 평가를 필요로 한다. 첫째, 시기별로 한국의 국가 목표가 어떻게 변천해왔는지를 파악하고 평가하는 작업이다. 그러나 이에 못지않게 중요한 측면은 이런 국가 목표가 형성된 '과정'에 대한 분석과 평가 작업이다.

정치학자들이 가장 많이 사용하는 정치의 정의는 데이비드 이스턴David Easton이라는 미국의 거물 정치학자가 한 정의, 즉 "사회를 위한 가치의 권위적 배분"이다. 이 정의는 '정치체계 이론political system theory'의 창시자가 내린 정의답게 이데올로기적 보수성 등 많은 문제점을 안고 있지만, 그럼에도 불구하고 정치의 핵심을 이해하는 데 많은 도움을 주는 중요한 개념화다. 이 세상에는 자유, 평등, 안정, 성장 등 다양한 가치들이 존재하는데, 때로는, 아니 많은 경우 이런 가치들이 서로 상충되며, 그 사회가 지향해야 할 이런 가치들의 우선순위를 정하는 것이 바로 정치라는 주장이다. 이런 정의를 이 글의 주제인 국가 목표라는 문제에 연결해보면, 국가 목표란 정치를 통해 한 사회가 지향할 목표로 설정된 가치들의 우선순위에 다름 아니다. 또한 이런 사회적 가치의 우선순위, 즉 국가 목표를 가장 응집해 숫자로 표현해주는 것이 국가 예산이다. 이를테면 국가 예산이 복지에 많이 배정돼 있는가, 아니면 국방비 또는 자본 축적을 지원하는 데 많이 배정돼 있는가 하는 구성은 그 사회가 설정하고 있는 국가 목표들 사이의 관계를 보여주는 중요한 지표다.

그러나 이스턴의 정의는 "사회를 위한"이라는 부분 뒤에 엄청난 이데올로기성을 내장하고 있다. 그 사회가 지향해야 할 가치의 우선순위에 사회적 합의가 존재한다는 '조화론적 사회관'이 은폐돼 있다. 그러나 현실에서는 박노해가 생각한 가치의 우선순위와 정주영이 생각한 가치의 우선순위 사이에는 어쩌면 '해소할 수 없는 대립'이 존재한다. 이런 현실을 묵살하고 '국익'이라는 이름 아래 역대 정권들이 설정하고 추진한 현실 속의 국가 목표를 "사회를 위한"이라는 이름 아래 추진된 특정 사회 세력을 위한 가치의 권위적 배분'이 아니라 '한국 사회를 위한 가치의 권위적 배분'으로 이해하는 것은 잘못이다.

이 문제는 결국 '국가'를 무엇으로 볼 것인가 하는 국가론의 문제, 특히 해방 이후 역사적으로 존재해온 한국 국가들을 어떻게 볼 것인가 하는 '한국 국가론'의 문제에 연결될 수밖에 없다. 한국 국가들은 한국 사회의 공공선을 관리하는 '보편적 관리자'였고, 따라서 이 국가들이 추진한 국가 목표는 '한국 사회를 위한 '보편적'인 가치의 권위적 배분'이었는가? 아니면 한국 국가는 특정한 계급의 이해를 위한 '계급 국가'에 불과했고, 역사적인 국가 목표들은 이른바 '지배 계급'이라고 불리는 소수 특권층의 이해를 극대화하기 위한 가치의 권위적 배분에 불과했는가? 우리는 1980년대 학계의 치열한 쟁점이던 이 한국 국가성격 문제를 다시 반복할 필요는 없다. 오히려 역대 정권들이 추진해온 국가 목표를 구체적으로 검토해봄으로써 거꾸로 우리는 한국 국가성격을 이해할 수 있게 된다고 하겠다.

이 문제는 자연스럽게 국가 목표의 형성 과정이라는 둘째 측면으로 이어진다. 물론 국가 목표가 무엇인가 하는 문제는 중요하다. 그러나 그에 못지않게 중요한 것은 국가 목표가 설정되는 과정이다. 아무리 정당한 목표더라도 설정 과정이 민주적이지 않고 독재자 개인 내지 '계몽 군주'나 소수 엘리트들에 의해 하향식으로 강제된 것이라면 문제가 많다. 이른바 '인민을 위한for the people' 못지않게 중요한 것, 아니 이보다 더 중요한 것은 '인민에 의한by the people'이다.

3. 한국의 국가 목표 — 역사적 변천

한국의 국가 목표는 무엇이었으며 어떻게 변천해왔는가? 해방 50년 동안 한국의 국가 목표는 크게 세 시기로 나눠 살펴볼 수 있다. 첫째 시기는 해방(실질적으로 한국 국가 목표를 이야기할 수 있는 주체인 국가 성립을 기준으로 할 때는 1948년 단독 정부 수립) 이후 1961년 5·16 쿠데타까지고, 둘째 시기는 5·16 쿠데타 이후 현재 김영삼 정권의 출범(경우에 따라서는 1987년 6월 항쟁)까지 이어지는 군사정권기이며, 마지막으로 셋째 시기는 1993년 '문민정부'(일각에서는 3당 합당을 이유로 '군민 정부'로 칭하는)라는 김영삼 정부 출범 이후 현재까지 이어지는 시기다.

1) 해방~1950년대

해방 후 한국은 일제의 식민지 유제를 청산하고 근대적 민족·국민국가를 성립해야 한다는 역사적 과제를 안고 있었다. 좀더 구체적으로 당시 제기된 한국 사회의 국가 목표는 일제 청산을 통한 민족 정통성 확립, 반봉건적 농지제도의 개혁 등을 통한 시민 혁명, 미·소 양국의 분할 점령에 따른 민족 분단에 관련된 통일이라는 3가지 과제였다. 그러나 잘 알려져 있듯이 이런 역사적 과제들은 이승만을 중심으로 한 '반민족적', '반민중적', '반민주적', '반통일적' 단독 정부 수립(단정) 세력이 미군정의 도움을 받아 해방 공간에서 터져 나온 민중 세력을 압도적 물리력으로 패배시키고 승리함으로써 무산되고 말았다.

이런 결과로 한국의 지고지상의 국가 목표로 자리잡은 것이 바로 '반공'이다. 그 뒤 1950년대만이 아니라 1960년대 이후의 군사독재 시기, 나아가 진정한 '민주정부'를 자임하는 현재의 문민정부 시기에 이르기까지 반공은 내세우기만 하면 모든 것이 용서되는 면죄부이자 거꾸로 이 가치를 침해한다고 규정될 경우 모든 것을 박탈당하는 금기로서 우리 사회를 지배해오고 있다. 특히 이승만 정권은 한국전쟁 종전 뒤 모든 출판물에 '우리는 대한민국의 아들 딸 죽음으로써 나라를 지킨다/ 우리는 강철같이 단결하여 공산침략자를 쳐부수자/ 우리는 백두산 영봉에 태극기를 날리고 남북통일을 완성하자'는 '우리의 맹세'라는 이름의 국민적 강령을 의무로 싣게 했고, 거의 모든 행사에서는 이 맹세를 의무적으로 암기하게 했다.

이런 상황에 대해 한 시인의 다음 같은 회상은 어떤 사회과학적 분석보다 가장 실감나게 웅변적으로 증언해주고 있다. "일제 전시체제에서는 …… '황국신민'의 서사를 외워대는 것을 절대의무로 삼아야 했다. 1950년대의 …… 남한에서는 '우리의 맹세'를 모르면 그 무지가 바로 적으로 간주됐다. …… 관공서나 학교는 물론 어떤 회의나 체육회에서도 이것은 국민의례 가운데서 가장 이데올로기적이었다. 말하자면, 나는 '황국 신민의 서사'와 '우리의 맹세' 시대의 자식이다. …… 시 가운데 '붉은 꽃'이라는 표현이 있으면 으레 조사를 받아야 했고 구두도 자색 구두를 신고 다니면 "너 빨갱이 아니냐" 하는 사찰계 형사의 사나운 눈초리로부터 자유로울 수 없었으므로 시인들도 붉은 꽃이 아닌 하얀 꽃이나 노란 국화 따위를 노래해야 했다."

이렇게 1950년대, 나아가 해방 이후 한국의 국가 목표는 무엇을 지향하고 무엇을 건설한다는 '긍정적 목표'가 아니라 무엇에 반대하고 무엇을 무찌르자는 '부정적 목표'를 핵심 내용으로 삼아왔다는 중요한 특징이 있다. 물론 반공이라는 부정적 국가 목표의 이면에는 항상 '자유민주주의'라는 '긍정적 목표'가 또 다른 국가 목표로 제시돼온 것은 사실이다. 그러나 단순히 북한을 비롯한 구소련 등 (이제는 붕괴한) 현실 사회주의 국가들이 자신들의 목표로 설정하고 있던 '사회주의적 민주주의socialist democracy'에 반대한다는 의미로 설정됐을 따름이라는 점에서 이것 역시 '부정적 목표' 이상의 의미를 갖지 못했다.

중요한 것은 한 사회의 국가 목표가 무엇인지는 그 사회의 국가가 자신들의 국가 목표가 무엇이라고 말하는 '언술상의 목표'가 아니라 실질적으로 그 국가가 실천적으로 추구해 보인 '현실 실천으로서의 목표'에 따라 판단돼야 한다는 점이다. 이런 시각에서 보면, '자유민주주의'는 말로는 무수히 외쳐졌지만 한 번도 제대로 실천된 적이 없다는 점에서, 특히 이것보다 우선하는 상위 목표인 반공 때문에 그 내용과 원칙들이 부단히 파괴되고 부정돼온 점에서 결코 한국 사회의 국가 목표였다고 말할 수 없다.

반공에 밀접히 관련이 있기는 하지만, 이후 시기와 달리 1950년대에 독특하게 나타나는 국가 목표는 '북진 통일'이다. 이승만 정권은 한국전쟁 휴전 조치에 대해 북진 통일이 아닌 "판문점 휴전이라는 것은 치욕스러운 항복이며 그 값은 많은 피로써 갚기를 마치 '뮌헨'의 실책을 피로써 갚은 것 같이 될 것"이라고 주장하면서 "공산당 제국주의가 그 세력이 아무리 크게 보이더라도 우리는 조상 적부터 내려온 우리 조국을 밀고 올라가서 우리 동포들과 손을 잡고야 말 것"이라고 밝히고 있다. 나아가 이승만은 "지금 우리의 유일한 희망은 우리가 다 합동해서 압록강까지 다 밀고 올라가자는 것이니 …… 만일에 유엔이 이 계획에 협력하지 않는다면 그제는 우리로 하여금 단독 행동할 것을 허락해달라는 것"이라며 북진 통일 의사를 공공연하게 천명했다. 이승만의 마지막 한국전쟁 기념사인 1959년 기념사도 마찬가지다. 이승만은 "우리는 자유와 정의를 위하여 먼저 내 땅을 찾아서 우리나라를 통일하여야 하며 이 목적이 성공될 때까지 우리는 쉬지도 않고 끝까지 분투할 것"이라고 말함으로써 북진통일론을 포기하지 않았다. 이런 모습은 그 뒤를 이은 군사정권들이 사실상 분단 고착적인 입장에서 통일을 공공연한 국가 목표로 설정하고 추구하지 않은 것하고는 매우 대조적이다.

2) 군부 통치기(1961~1992년)

이승만 정권을 무너뜨린 4·19혁명은 한국전쟁 양민 학살 규명 운동, 굴욕적인 한-미 경제협정 반대 운동 등 민족자주화운동, 조국평화통일운동, 교원노조 등 노동운동 등의 분출을 통해 이전까지의 반공, 반북 일변도인 국가 목표에 근본적인 수정을 요구하게 된다. 그러나 이런 움직임은 5·16 쿠데타로 좌절되고, 그 뒤 한국 사회는 30여 년간의 군부통치에 종속되게 됐다.

1960년대 이후 군부통치에서 제일의 국가 목표는 5·16 쿠데타 세력이 혁명 공약 제1호로 '반공을 국시로 삼으며'를 내건 점이 잘 보여주듯이 여전히 반공이었다. 그러나 1950년대와 달리 1960년대에 들어 국가 목표에 중요한 수정이 가해진다. 잘 알려져 있듯이 '근대화', 더 구체적으로는 '경제성장'이다. 물론 이런 수정은 1950년대 후반 이후 나타난 원조 경제의 위기와 '밑 빠진 독에 물 붓기'식 원조에서 벗어나려는 미국의 제3세계 전략의 변화라는 국내외적 조건의 변화에 대응한 반응이다. 굳이 구별하면 '경제발전'이 발전의 질적 내용을 전제로 한 경제의 질적 진보를 의미한다면, 경제성장이란 일인당 국민총생산GNP으로 지표화되는 단순한 '생산력'의 증대를 의미한다. 1960년대 이후 우리 사회에서는 '근대화'라는 기치 아래 수단, 방법, 과정을 가리지 않는 '경제성장 제일주의'가 반공과 함께 지상목표로 설정돼 군사 작전 같은 상명하복의 질서 속에 전 사회가 동원되는 동원 체제가 됐다. 특히 한국처럼 부존자원이 취약하고 영토가 협소한 나라에서 경제성장의 주된 동력은 수출일 수밖에 없다는 논리 아래 수출 증진은 경제성장을 달성하기 위한 하위 국가 목표가 돼 세계사적으로 전무후무하게 대통령이 매월 수출 관련 회의를 주관하고 '수출=애국'이라는 등식 아래 수출 유공자에게 훈장까지 수여했다.

이런 경제성장 제일주의, 즉 생산력 제일주의는 '선 성장, 후 분배'와 '선 성장, 후 민주화'라는 논리 아래 유신 체제로 상징되는 '개발독재'로 물질화돼 모든 분배 요구와 민주화 요구를 철저히 억압했다. 뿐만 아니라 수출과 경제성장이라는 목표 달성을 최고 목표로 삼는 경제성장 제일주의는 수단, 과정, 절차는 어찌됐든 결과와 목표 달성만 하면 그만이라는 '결과만능론'과 '황금만능주의'로 귀결됐다.

주목할 만한 점은 이렇게 경제성장이 가장 핵심적인 국가 목표로 설정된 1960년대 이후와 그렇지 않은 1950년대의 정치체제의 성격과 그 동학의 차이다. 물론 두 시기는 모두 반민주적인 억압적 정치체제라는 공통점을 갖고 있다. 그러나 이 두 시기 사이에는 엄청난 차이가 있으며, 그것은 단순한 억압성 정도의 차이가 아니다. 이 두 시기의 핵심적 차이는 억압성의 근원이다. 1950년대의 정치적 억압성은 기본적으로 분단 상황 아래서 정통성이 없는 반민중적이고 반민주적인 정권이 한국 사회를 자본주의적 발전의 길로 이끌어가기 위해 필요한 일종의 '정치적' 억압성이었다. 그러나 경제성장, 특히 수출이 국가 목표로 설정된 1960년대 이후 한국 정치의 억압성의 핵심에는 궁극적으로 저임금을 통한 자본 축적이라는 민중 배제적인 종속적 자본 축적의 체제 논리라는, 좀더 '경제적'인 이유가 자리잡고 있다.

3) 문민화 이후

중간에 우여곡절이 있기는 했지만 궁극적으로는 1987년 6월항쟁의 결과로 탄생한 문민정부 역시 반공과 경제성장이라는 우리 사회의 기본적인 국가 목표에 근본적인 변화를 가져다주지는 못했다. 그러나 좀더 낮은 수준에서는 일정한 국가 목표의 변화를 가져다주고 있는 것은 사실이다. 김영삼 정권의 국가 목표는 두 시기로 나눠 생각해볼 수 있다. 첫째 시기는 집권 첫해로, 이 시기에는 '개혁'이 새로운 국가 목표로 추가됐다. 둘째 시기는 우루과이 라운드 타결 이후, 즉 1994년 이후 현재(1995년 8월)까지로, '국제 경쟁력', 나아가 '세계화'가 새로운 국가 목표로서 개혁을 대치하는 시기다.

문민정부 출범 이후 새로운 국가 목표로 전면에 부상한 것은 개혁이다. 개혁은 지난 30년 동안 개발독재를 이끌어온 군부 통치의 부작용과 잔재를 청산하고 한국 사회를 '정상화'하기 위한 의미 있는 목표였다. 그러나 주목해야 하는 것은 개혁의 구체적 성격이다. 개혁이 기본적으로 흔히 기득권 세력이라 불리는 지배블록의 '내부 개혁'과 여기에 그치지 않고 지배블록과 민중의 관계를 정상화하고 민주화하는 좀더 적극적인 의미의 개혁이라는 두 유형이 있다고 할 때, 현 정권의 개혁은 철저하게 전자에 초점이 맞춰졌다. 군부와 정보기관 개혁, 정치권 사정, 정경유착의 고리를 끊기 위한 정치 개혁 등이 모두 그동안 군사독재 치하에서 생겨난 기형적인 지배블록의 내부 관계를 정상화해 지배의 합리화를 기하는 것일 뿐 노동 악법, 국가보안법 등에서는 이전 정권들과 차별성을 전혀 찾아보기 어려운 것이 현실이다. 이 점에서 개혁은 최소한의 자유민주주의의 실현이라는 수준에도 못 미치는 것이었고, 따라서 문민정부 하에서도 자유민주주의가 독자적인 국가 목표로 설정되지 못하고 있다.

그나마 이런 개혁은 사실상 국가 목표에서 실종되고, 그 자리를 국제 경쟁력과 세계화가 대신 차지하게 됐다. 특히 지구 자본주의화 추세에 관련해 최근의 국가 목표로 등장한 세계화는 '인권의 세계화', '삶의 질의 세계화' 등과는 거리가 멀고 단순히 국제 경쟁력을 제고하기 위한 수단으로서 '세계화' 구호에 불과해, 사실상 국제 경쟁력이라는 국가 목표의 변형에 불과하다. 이 점에서 이제 국가 목표라는 측면에서 바라볼 때 우리 사회는 '선 국제 경쟁력, 후 분배', '선 국제 경쟁력, 후 민주화', '선 국제 경쟁력, 후 인권'이라는 새로운 '개발독재', 즉 '문민 개발독재'로 회귀하고 말았다.

4. 한국 국가 목표 형성 과정의 특징

문제는 여기에서 끝나지 않는다. 비뚤어진 국가 목표라는 불행이 지난 해방 50년이었다면, 설상가상으로 이런 국가 목표들은 한 번도 광범위한 민의에 기초해 민주적 절차에 따라 형성된 적이 없이 그저 극소수 지배 세력에 의해 하향식으로 일방 결정돼 상명하복식으로 강제됐다. 이를테면 근대화라는 목표는 어느 날 갑자기 총칼로 권력을 잡은 군부가 국민의 의지에 무관하게 스스로 자신들에게 부여한 '소명 의식'에 기초해 국민들에게 강제된 것이다.

이 점에서 지난 해방 50년사에서 국민 개개인은 국가 목표 형성의 주체가 아니라 단순한 객체이며, '수출의 역군'이나 '조국 근대화의 일꾼' 식으로 이미 위에서 결정한 국가 목표를 실현하기 위해 동원되는 도구에 불과했다. 거꾸로 '짐이 국가'라는 절대왕정 시대의 논리를 연상하게 할 정도로 최고 통치자의 구상이 바로 국가 목표가 돼온 것이 바로 해방 50년 사이다.

이런 현상은 그나마 명분이 있는 개혁이라는 국가 목표의 경우에도 예외는 아니다. 물론 문민정부 출범 당시 개혁이라는 목표에 대해서 광범위한 국민적 합의가 존재했고 지금도 존재하는 것은 사실이다. 그러나 구체적인 대상과 방향의 설정에서는 어느 정권 못지않은 독단이 지배해왔다. 특히 이런 개혁이 국제 경쟁력과 세계화라는 목표 때문에 사실상 실종되는 과정은 더욱 그러하다. 자신들이 '정통성'을 가진 문민정부라는 오만함에 기초한 이런 독단은 급기야 해외 언론에서 '문민 황제'라는 호칭을 선사받는가 하면 1995년 6·27 지방선거 결과가 보여주듯 국민의 심판을 받기에 이르렀다.

반드시 짚고 넘어가야 할 문제는 과거와의 단절성을 강조하는 문민정부의 수사에도 불구하고 '결과 제일주의'라는 점에서 문민정부도 군사정권들하고 한 치의 차이가 없다는 사실이다. 우선 문민정부를 가능하게 한 3당 합당만 해도 그렇다. '여소야대'를 만들어준 민의를 배반한 '밀실 야합'이라는 과정의 비민주성이야 어찌됐든 결국 승자가 돼 칼자루를 쥐고 개혁이라는 성과를 만들어내면 그만이라는, 절차와 과정은 어찌됐든 결과만 좋으면 그만이라는 성과 제일주의의 전형적인 예다. 개혁과 사정 역시 절차, 과정, 원칙을 지키기보다는 가시적 성과를 극대화하는 것이 제일이라는 발상을 벗어나지 못했다.

5. 맺는 글

금년(1995년) 초 정부는 '선진국 자격증'이라고 할 수 있는 경제협력개발기구ᴼᴱᶜᴰ에 정식 가입서를 제출했다. 물론 현재 한국의 일인당 GNP는 아직 세계 35위 수준에 불과하다. 그리고 정부 공식 자료에 따라도 선진국을 따라 가려면 현재의 고도성장을 계속 이어간다고 할 때 우리의 '강점'인 생산력을 기준으로 해도 앞으로 30년이 걸리는 것으로 평가된다. 이런 점을 고려하면 OECD 가입 결정은 시기상조인 면이 많다. 그러나 어쨌든 반세기라는 짧은 기간 동안에 식민지에서 해방돼 이만한 지위에 오른 것은 정말 대단하지 않느냐는 평가가 현재 우리 사회의 지배적인 분위기인 것 같다. 게다가 이제는 문민정부도 들어서고 '민주화'까지 달성했으니 더욱 그렇다는 것이다.

이런 입장을 가장 잘 요약해주고 있는 것이 바로 이번 지자체 선거에서 불행하게도 기사회생한 '유신 잔당' 정치인 김종필 자민련 총재의 '기승전결起承轉結'론이다. 5·16 세력이 개발독재를 바탕으로 한 경제성장을 통해 나라의 기본을 세우고, 이런 성과를 5공이 계승하고 6공이 민주화 쪽으로 방향을 바꾼 뒤, 현 정권이 민주화로 마무리를 지었다는 주장이다. 뒤집어서 이야기하면 유신 체제와 광주 학살 정권의 개발독재가 있었기 때문에, 즉 개발독재의 결과로서 경제성장이 있었기 때문에 민주화도 가능했으며, 이 점에서 개발독재, 나아가 국가 목표로서 경제성장 제일주의는 정당했다는 주장이다. 이런 주장은 개혁에 맞선 수구화의 반발과 맞물려 보수 언론의 지원 사격을 받으면서 세를 넓혔고, 이제는 학계에서도 광범위한 지지를 받고 있다. 뿐만 아니라 국민들에게 쫓겨난 이승만까지 '건국의 아버지'이자 '세계적인' 정치가로 복권하는 작업이 진행되고 있다. (이승만의 이런 탁월한 자질을 모르고 쫓아낸 '우매한' 우리 국민들이여!) 한마디로 "이성적인 것은 현실적"이지 않지만 존재한 것, "현실적인 것은 모두 이성적"이라는 사후 정당화가 판을 치고 있다.

이런 입장이 정말 존경해야 할 정치인이 있다면 바로 스탈린인데, 이런 사람들이 스탈린을 그렇게 싫어하는 이유는 알다가도 모를 일이다. 스탈린은 과정이나 절차야 어찌됐든 생산력 제일주의의 '사회주의적 개발독재' 정책을 통해 후진국, 그것도 세계 자본주의 국가들에 포위된 소련을 40년도 안 되는 시간 동안 세계 제2의 강대국으로 '발전'시키고, 세계 최초로 우주선을 발사하는 등 세계를 놀라게 하지 않았던가? (1950년대 중반까지 소련은 세계에서 가장 빠르게 경제가 성장하는 국가였다는 사실을 상기하자.)

이제 결과 제일주의, 생산력 제일주의의 신화를 벗고 국가 목표를 재조명하고 새롭게 설정해야 할 시간이다. '실질적 민주주의(결과)가 중요하지 절차적인 것은 수단에 불과하다'는 논리에 기초한 스탈린주의라는 인간 해방의 실험이 거대한 실패로 끝난 소련과 동구의 비극이 가르쳐주는 교훈이 있다면 바로 그것이다. 아니, 그렇게 멀리 가지 않더라도 성수대교, 대구 지하철, 삼풍백화점 붕괴라는 연이은 대형 사고가 이런 교훈을 웅변적으로 보여준다.

이제 경제성장 제일주의, 국제경쟁력 제일주의, 개발독재론, '기승전결론' 뒤에 억압된 '패자의 역사', '타자의 목소리'에 귀기울일 때다. 한강의 기적 뒤에 은폐된, 세계 제일의 산재율, 세계 최장의 노동 시간, 세계 120위권의 복지, 세계 최장기 양심수, 끊이지 않는 기층 민중의 분신 사태, 탁아 시설이 없어 방에 갇힌 채 타 죽어야 하는 맞벌이 부부 자녀들의 비극, 세계적인 환경 공해와 교통지옥 등에 눈을 돌려야 한다. 좀더 근본적으로는 국가 목표를 설정하는 과정 자체의 발본적 민주화와 민중 참여에 주목해야 한다. 어쩌면 우리에게 가장 필요한 것은 '그릇된 국가 목표라도 스스로 국가 목표를 선택할 수 있는 대중의 권리'다. '철인왕'이 이끄는 '올바른 국가 목표'의 설정과 하향식 강제보다는 '우민'이 하는 '그릇된 국가 목표'의 '자기 결정'이 더 값진 것이다.

왜곡된 해방 50년의 국가 목표와 국가 목표 형성 과정은 근본적으로 해방정국과 한국전쟁에 따른 민중 세력의 패배, 이런 결과에 따른 '분단체제'하에서의 민중 세력의 실종이라는 한국 사회의 독특한 사회적 힘의 역관계에 기인한다. 다시 말해 한국 사회를 위한 가치의 권위적 배분으로서 한국의 국가 목표 설정을 둘러싼 '계급투쟁'에서 민중적 가치가 지속적으로 패배한 결과다. 따라서 국가 목표와 국가 목표의 형성 과정의 재정립은 양심적 정치인이나 지식인들의 관념적 도식이 아니라 민중 세력의 성장, 이런 성장에 따른 사회적 힘의 역관계의 변화를 통해서만 가능하다.

5장

기억의 정치와 대한민국역사박물관

해방 70년사를 어떻게 볼 것인가*

1. 총론

1) 과정

대한민국역사박물관을 비판적으로 평가하는 데 있어 가장 먼저 검토해야 할 문제는 박물관의 건립 과정이다. 이미 여러 비판적 연구들이 이 문제를 자세히 검토했다(이동기 2011; 이동기·홍석률 2012). 따라서 이 글에서는 그동안 비판적 연구들이 지적한 건립 과정의 문제를 큰 문제점을 중심으로 간략하게 살펴보고자 한다.

건립 과정을 둘러싼 문제점은 크게 보아 충분한 검토 없이 너무 짧은 시간에 졸속으로 지은 문제('졸속성')와 다양한 견해를 충분히 수렴하는 과정을 거치지 않고 일방적으로 추진한 문제('일방성')가 있다. 이미 박물관이 지어진 이상 되돌릴 수 없는 문제들이기는 하지만 앞으로 같은 오류를 반복하지 않

---

* 2013년에 대한민국역사박물관의 의뢰로 작성해 제출한 보고서 〈대한민국 역사박물관의 비판적 평가〉라는 보고서를 수정하고 보완했다.

기 위해, 나아가 앞으로 박물관 보완 등의 작업을 할 때 참고하기 위해 짚고 넘어갈 필요가 있다.

우선 졸속성이라는 문제를 살펴보자. 대한민국역사박물관은 처음 이명박 대통령이 2008년 8월 건국 60주년을 기념해 현대사박물관을 짓겠다고 이야기한 뒤 이듬해 4월 건립위원회가 출범해 그 명칭을 '대한민국역사박물관'으로 확정했다. 이후 박물관 건립은 빠르게 진행돼 2012년 12월에 문을 열었다. 제안부터 개관까지 모든 과정이 만 4년 남짓한 시간 동안에 진행됐다. 한국식 '속도전'이 역사박물관 건립에도 그대로 반복됐다. 독일의 현대사박물관이 1982년에 제안해 12년 뒤인 1994년에야 완공되는 등 많은 시간이 걸린 다른 나라들 사례를 감안하면 졸속이라는 비판을 피하기 어렵다는 것이 비판자들의 주장이다. 게다가 2008년에 건립 계획을 밝힐 때는 2014년 개관을 목표로 했다가 2009년에는 2013년 2월로 당기고, 그 뒤 2012년 말로 다시 앞당겨 대선을 위해 서두른다는 야당의 비판을 받아야 했다(《한겨레》 2012년 10월 24일).

박물관 쪽은 독일의 경우 연방제라는 정부 형태의 특성상 연방정부와 주정부가 논의하는 데 시간이 많이 걸리고 추진 중에 통일이 돼 상황이 변한 만큼 우리 경우하고 단순 비교하는 것은 문제가 있다고 반박한다. 일리 있는 주장이다. 따라서 단순히 독일에 비교하면서 졸속이라고 주장하기에는 무리가 따른다. 문제는 둘째 쟁점인 일방성에 관련된 것으로, 추진 과정에서 다양한 의견을 수렴하고 다양한 시각을 지닌 역사학자들이 전시 내용을 충분히 검증했느냐는 점이다. 만일 그렇다면 4년 만에 완공한 사실만으로 졸속이라고 비판하는 것은 문제다. 그러나 그렇지 않았다면 졸속이라는 비판을 받을 만하다.

그렇다면 일방적 추진 문제는 어떤가? 유명한 역사학자 에드워드 할렛 카 E. H. Carr가 잘 이야기했듯이 역사란 고정된 사실의 나열이 아니라 "현재와 과거 사이의 대화"다(Carr 1987, 29~30). 따라서 현재 우리의 문제의식과 생각이 현대사에 대해 전혀 다른 역사적 해석을 가능하게 한다. 주목할 것은 우리 사회가 이념으로 볼 때 '진보progressive', '자유주의liberal', '보수conservative' 등 최소한 세 가지 유형(진보의 경우도 '친북적 진보'와 '반북적 진보'로 다시 나뉜다)으로 나뉘어 있고(손호철 2006, 365~367), 이 이념들 사이에 한국 현대사에 관한 인식에 엄청난 차이가 있다는 사실이다. 학계에서도 사정은 매한가지다(대표적인 예가 김학준 외(2007)와 김일영 외(2006)). 따라서 다양한 이념적 입장들의 의견을 듣고 수렴하는 과정이 매우 중요하다.

그러나 이런 과정을 충분히 거치지 않은 것 같다. 박물관 명칭부터 내용까지 제대로 된 전문가 토론회나 공청회는 한 번도 열리지 않았다고 비판자들은 지적한다. 대신 당연직 정부 기관 대표 10명과 불과 4명의 역사학자가 참여한 민간위원 19명이 밀실 논의를 거쳐 한국현대사박물관의 중요한 모든 것을 결정하고 말았다(이동기·홍석률 2012). 그 결과 대한민국역사박물관은 '그들만의 역사박물관'이라는 비판을 듣고 있다. 이런 비판에 대해서도 박물관 쪽은 40여명의 젊은 소장 역사학자들의 자문을 들었다고 반박한다. 그러나 그것으로는 부족했다고 볼 수 있다. 현재 역사박물관이 논쟁거리가 되고 있다는 사실 자체가 이 점을 잘 보여준다. 구체적인 전시 내용에 대해 다양한 이념적 입장을 지닌 전문가들을 참여시켜 검토 과정을 거치고, 이 전문가들이 제기하는 문제점들을 논의해서 필요한 경우 수정하는 과정을 거쳤으면 지금 같은 비판은 피할 수 있었다고 볼 수 있다.

사실 역사 교과서만 하더라도 정치적 이념이 다른 정권들 사이에 정권 교체가 일어나면서 교과서 내용이 바뀌는 사태를 우리는 목도하고 있다. 마찬가지로 대한민국역사박물관을 만든 정권과 이념적 색채를 달리하는 정권이 들어서면 역사박물관의 전시 내용을 대폭 뜯어고치려 나서지 않는다는 보장이 없다. 아니, 그 이름부터 뜯어고치려 할지 모른다. 이 점에서 처음부터 정권이 바뀌어도 내용이 바뀌지 않도록 다양한 의견에 대한 **'초정권적'**이고 **'초정파적'인 수렴 과정**을 거치지 않은 것은 안타깝다. 뒤늦게나마 이번 평가처럼 다양한 시각을 지닌 학자들에게 의뢰해 다양한 의견을 수렴하려 시도한 것은 그나마 다행스러운 일이다.

2) 명칭

대한민국역사박물관의 둘째 문제는 '대한민국역사박물관'이 적합한 명칭인가 하는 것이다. 사실 과문한 탓인지 모르지만 대한민국역사박물관처럼 나라의 명칭, 즉 국호를 역사박물관의 명칭으로 사용하는 나라는 별로 본 적이 없는 것 같다. 다른 나라들의 경우 대부분 현대사박물관 같은 명칭을 사용하는 것이 일반적이다. 따라서 우리 경우도 **'한국현대사박물관'** 내지 **'국립한국현대사박물관'**이 적합한 명칭이라고 할 수 있다. 이명박 대통령이 처음 제안한 명칭도 '현대사박물관'으로 알려져 있다.

대한민국역사박물관은 '(국립)한국현대사박물관'이라는 '상식적인' 이름을 놔두고 왜 대한민국역사박물관이라는 이름을 채택했을까? 정확히 알 수는 없지만 아마도 대한민국이라는 국가의 정통성을 강조하려는 의도일 것이다. 특히 분단이라는 조건 아래에서 '대한민국'과 '조선민주주의인민공화국'이라는 두 나라가 경합하고 있고, 극소수이기는 하지만 대한민국의 정통성을 부정하고 조선민주주의인민공화국을 추종하는 세력이 있다는 점에 관련해 대한민국이라는 국호를 강조하려는 의도가 있는 것으로 해석된다.

사실 대한민국역사박물관이라는 명칭을 이해하려면 모두 알고 있는 한국현대사를 다시 한 번 되짚어볼 필요가 있다.

결국 대한민국 역사박물관은 위에 요약한 역사 중 진하게 강조한 **1948년 대한민국 출범 이후의 대한민국의 역사만을 다루는 박물관**이라는 의미를 갖게 되면서 범위와 의미가 한국현대사박물관에 견줘 훨씬 축소되게 된다. 박물관 전시물의 상당수를 차지하는 1948년 이전의 내용들은 사실은 대한민국 역사가 아니라는 점에서 빠져야 한다. 또한 대한민국이라는 국가를 강조함으로써 역사의 기술이 국가와 정부 중심의 서술로 이어질 염려가 있다. 나아가 앞으로 다가올 통일(현재의 역관계를 고려할 때 통일은 어쩔 수 없이 '남한'이 주도하는 '남한 중심의 통일'이 될 수밖에 없다)이라는 문제를 생각하면 이 이

그림 1. 한국 현대사 전개 과정

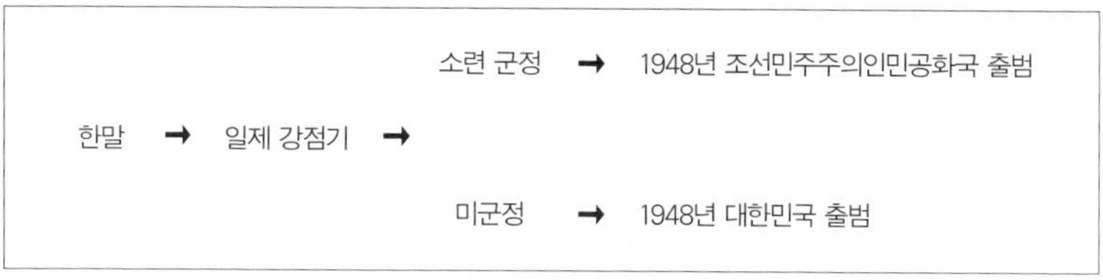

		소련 군정	➡	1948년 조선민주주의인민공화국 출범
한말 ➡	일제 강점기 ➡			
		미군정	➡	1948년 대한민국 출범

름은 너무 좁다. 통일을 대비한 좀더 열린 이름을 가질 필요가 있다.

한마디로 한국현대사박물관 대신 대한민국역사박물관이라는 명칭을 사용한 것은 역설적으로 박물관 건립 관계자들이 대한민국의 정통성에 대해 자신감보다는 콤플렉스에 빠져 있다는 반증에 다름 아니다. 3대 세습이 보여주듯 이미 정상적인 근대 국가라고 보기 어려운 북한을 상대로 한 '정통성 경쟁'이라는 불필요한 강박 관념 때문에 대한민국역사박물관이라는 이상한 명칭을 채택한 것은 잘 이해가 되지 않는다.

사실 대한민국이라는 명칭에 대한 이런 지나친 집착은 전시의 구성 역시 왜곡시키는 부작용을 낳고 있다. 역사박물관은 한말부터 일제와 해방에 이르는 시기를 '대한민국의 태동', 이후 시기는 '대한민국의 기초 확립', '대한민국의 성장과 발전', '대한민국의 선진화' 식으로 모두 대한민국이라는 이름을 이용해 시기를 구분했다. 그러나 한말의 자주적 근대화 실패와 일제 강점기 36년을 '대한민국의 태동'이라고 부르는 것은 너무 억지스럽다. 자연스럽게 **개항과 일제 강점기**라고 하면 안 되는 것인가?

사실상의 한국 현대사 박물관인 대한민국역사박물관은 우리 사회에 제대로 된 역사박물관이 없다는 사실에 관련해서 이름과 기능을 고려해야 한다. 한국 현대사 박물관하고 별개로 우리 역사를 고대부터 총괄해주는 통사적 역사박물관이 필요한데, 이 경우 한국고대사박물관, 중세사박물관 같은 시기별 박물관을 상정해볼 수 있다. 그러나 대한민국역사박물관이라는 이름을 고집할 경우 그 이전의 역사를 위해 대한제국역사박물관, 조선조역사박물관,

사진 1

고려역사박물관, 통일신라역사박물관처럼 변화한 국가 명칭에 따라 여기에 상응하는 역사박물관을 만들어야 하는 기이한 상황에 부딪치게 된다.

대한민국역사박물관이라는 명칭이 얼마나 문제 있는 명칭인지를 인식하기 위해서는 긴 논쟁이 필요 없다. 왜냐하면 대한민국역사박물관이라는 명칭이 문제 있는 명칭이라는 사실을 박물관 스스로 인정하고 있기 때문이다. 이 점은 대한민국역사박물관이 공식 채택하고 있는 영어 이름을 보면 알 수 있다. 대한민국역사박물관의 영어 이름은 당연히 'History Museum of Republic of Korea' 또는 'Museum of History of Republic of Korea'가 돼야 한다. 그러나 공식 영어 명칭은 기이하게도 'National Museum of Korean Contemporary History'이다(**사진 1** 참조). 정확히 이 글이 추천하고 있는 명칭인 '국립한국현대사박물관'이다.

왜 이렇게 한글 명칭과 영어 명칭이 다른 것일까? 영어 번역자의 실력이 부족한 탓일까? 그럴 리는 없을 것이다. 오히려 글로벌한 측면에서 외국인의 시선으로 볼 때, 대한민국역사박물관이라는 명칭이 '촌스럽고' 이상한 이름이라는 사실을 박물관을 준비한 당사자들이 너무 잘 인지하고 있었기 때문에 의도적으로 'History Museum of Republic of Korea' 대신 'National Museum of Korean Contemporary History'를 사용한 것이 아닌가 하는 생각이 든다.

3) 규모

셋째로 짚고 넘어가야 할 문제는 대한민국역사박물관의 규모다. 물론 규모가 모든 것을 규정하지는 않지만 규모는 중요하며, 어떤 사물의 중요성을 규정하는 주요 요인이라는 점은 부인할 수 없다. 이런 시각에서 볼 때 박물관은 그 중요성에 견줘 규모가 너무 작다.

대한민국역사박물관은 현재 6개 전시실(상설 1~4실, 기획 1, 2실)에 모두 3300제곱미터의 전시 시설을 갖추고 있다. 한말부터 일제, 해방과 분단, 대한민국의 수립을 거쳐 현재에 이르는 한국 현대사를 총괄하는 박물관치고는 아주 좁은 공간이다. 특히 이 박물관이 한국 현대사를 총체적으로 보여주는 유일한 역사박물관이라는 의미를 생각하면 더욱 그러하다.

이 점은 다른 유사 박물관들이 사용하는 공간을 비교해보면 잘 알 수 있다. 대한민국역사박물관에 비교할 만한 준거틀이 될 수 있는 곳은 독립기념관과 전쟁기념관이다. 독립기념관은 대한민국역사박물관이 다루는 중주제 12개 중 하나('대한민국임시정부와 독립운동')만을 다루고 있다. 전쟁기념관 역시 대한민국역사박물관이 다루는 중주제 12개 중 하나('6·25전쟁과 전후복구')만을 다루고 있다. 그러나 면적은 대한민국역사박물관보다 훨씬 크다. 표 1이 보여주듯이 대한민국역사박물관에 비교할 때 독립기념관과 전쟁기념관은 12분의 1밖에 되지 않는 주제를 다루면서도 면적에서는 오히려 대한민국역사박물관의 6.2~7.2배에 이르는 공간을 사용하고 있다.

이런 **공간성의 제약**은 '**전시의 부실**'로 이어진다. 좁은 공간 안에서 개항부터 현재에 이르는 긴 세월을 다루다보니 생략되는 내용이 너무 많고 설명이 부실해서 한국 현대사에 관한 사전 지식을 충분히 갖추고 있는 사람이 아니라면 전시를 보고 한국 현대사를 이해하기가 쉽지 않다. 특히 한국

현대사 지식이 많지 않을 외국인들의 경우 사정은 더욱 심각하다. 이를테면 한말에 관한 설명을 보면 동학농민혁명에 관한 내용을 전혀 찾아볼 수가 없

표 1. 주요 현대사 박물관 면적 비교

대한민국 역사박물관(A)	6개 전시실 3300제곱미터
독립기념관	7개 전시관 2만 3612제곱미터(A의 7.2배)
전쟁기념관	6개 전시실 2민 324제곱미터(A의 6.2배)

다. 그런데 갑자기 '동학농민운동'이라고 쓴 그림이 덜렁 걸려 있는 형국이다 (**사진 2** 참조). 따라서 이 사진을 보는 외국인이나 한국인 공히 역사 지식이 없는 이들이라면 "이게 뭐지" 하고 당황할 수밖에 없다. 또 다른 예를 들면, 해방 정국이다. 분단은 한민족의 운명을 결정한 주요한 역사적 사건이다. 여기서 해방 정국의 핵심 쟁점이 된 신탁통치 논쟁은 상대적으로 상세하게 다루고 있다. 그러나 신탁통치 결정이 어떻게 진행된 것인지, 분단과 미–소의 한반도 분할 점령이라는 결정은 어떻게 내려졌는지에 관해서는 설명을 전혀 찾아볼 수가 없다. 따라서 역사박물관을 찾아 전시를 따라가는 관람객이 이런 점을 궁금해하더라도 해결할 길이 없다. 최소한 프랭클린 루스벨트와 윈스턴 처칠, 장개석의 유명한 회동 사진(**사진 3** 참조)이라도 걸어놓고 카이로 회담에서 루스벨트 미국 대통령이 제안해서 한국 신탁통치안이 결정된 사실을 밝혀야 하는 것은 아닌가? 신탁통치안이 소련이 아니라 미국이 제안한 것이라는 '불편한 진실' 때문에 이 사실을 뺀 것인가? 그것은 아닐 것이다. 결국 문제는 좀더 풍부한 정보를 제공할 수 있는 공간이 필요하다는 점이다.

그 뒤 시기도 마찬가지다. 이를테면 '시민사회의 성장과 민주주의'라는 부분에서 다양한 민주화운동을 상세하게 소개하고 있다. 그러나 당시 정치체제가 어떤 독재여서 이런 저항이 있었느냐 하는 정치 현실에 대한 설명은 전혀 찾아볼 수가 없다. 반유신 민주화운동을 이야기하지만, 유신이 어떤 내용인지에 대한 설명은 없다.

지적하자면 많지만, 반드시 짚고 넘어갈 사항이 있다. 전체적인 서술에서 국제관계와 남북 관계에 대한 서술이 거의 보이지 않는다는 점이다. 하다못

사진 2 사진 3

해 소련과 동구가 몰락한 뒤 추진된 북방 외교 등에 대한 언급도 찾아볼 수 없다. 국제관계는 박정희 시절 서술 중 닉슨 독트린과 미국과 중국의 국교 정상화를 언급한 것이 거의 유일하다. 남북 관계도 이것보다는 분량이 많지만 '대립과 화해를 거듭한 남북관계'라는 부분에서 불과 세 문장으로 1953년 휴전 이후부터 노무현 정부 시절의 개성공단 입주에 이르는 60년의 남북 관계를 다루고 있다. 그 중요성을 생각할 때 시급한 보완이 필요하다.

물론 한국 현대사라는 거대한 드라마를 하나의 역사박물관 속에서 자세히 다 보여주는 일은 어려울지 모른다. 그러나 현재의 대한민국역사박물관은 공간의 제약 때문에 너무 많은 비약과 선별적 주장들을 드러내는 한계가 있다. 사실 일각에서 대한민국역사박물관의 편향성을 비판하고 있지만, 어쩌면 대한민국역사박물관의 **가장 큰 편향성**은 이념적 편향이 아니라 **공간의 한계에 따른 주요한 설명의 생략**이라는 생각이 들 정도로 문제가 심각하다.

결론석으로 유일한 한국 현대사 박물관인 대한민국역사박물관이 제 기능을 수행하려면 공간을 크게 넓혀 충분한 설명을 할 수 있게 해야 한다. 물론 현재 박물관이 자리한 지역적 특성을 고려하면 쉽지 않은 일인지 모른다. 그러나 이 문제를 시급한 제1의 과제로 상정하고 박물관의 기능을 대폭 수정할 필요가 있다.

4) 구성(1) ― 시기 구분

역사에서 중요한 일 중의 하나는 역사를 어떻게 시기 구분할 것인가 하는 시기 구분의 문제다. 이런 관점에서 볼 때 대한민국역사박물관은 크게 보아 다음 같은 시기 구분에 따라 구성돼 있다고 볼 수 있다. 시기 구분 못지않게 중요한 것은 각 시기를 다른 시기와 구별해주는 특징, 나아가 각 시기를 다른 나라들과 구별해주는 특징을 파악하는 것이다. 그리고 역사박물관은 그런 각 시기별 특징이 잘 부각될 수 있게 기획돼야 한다.

이런 관점에서 볼 때 대한민국역사박물관의 내용들은 문제가 적지 않다. 시기 구분과 시기별 특징을 바라보기 위해 유익한 것은 87년 체제론 같은, 최근의 '사회체제' 논쟁이다(손호철 2011, 112).

사회체제론을 대한민국역사박물관의 시기 구분과 비교하면 비슷한 점이 많다. 대한민국 출범에 따른 48년 체제는 역사박물관의 '대한민국의 기초 확립'(1945~1960년)에 해당되고, 61년 체제는 '대한민국의 성장과 발전'(1961~1987년)에 해당되고, 87년 6월항쟁에 따른 민주화의 결과로 출범한 87년 체제는 '대한민국의 선진화, 세계로의 도약'(1988년~현재)에 해당된다.

그러나 중요한 차이가 있다. 그것은 **1961년 이후 한국 경제를 지배해온 국가 주도형 산업화 모델과 발전국가가 해체되고 신자유주의적 세계화가 지배하는 97년 체제라는 시기 구분이 대한민국역사박물관에는 존재하지 않는다**는 점이다. 그러면 대한민국역사박물관과 체제론 중 어느 시기 구분이 더 적합한 시기 구분인가?

이 문제를 평가하기 위해서는 체제론을 다른 시각에서 바라다보는 것이 유익하다. 구체적으로 체제론을 '국가 건립State-building', '산업화', '민주화', '선진화'/'세계화'라는 흔히 사용하는 '시대적 과제' 내지 '시대적 특징'에 연결시켜 분석해보고자 한다. 또한 비교를 위해 역사박물관의 분류도 이런 시대적 특징에 연결시켜 분석해봤다.

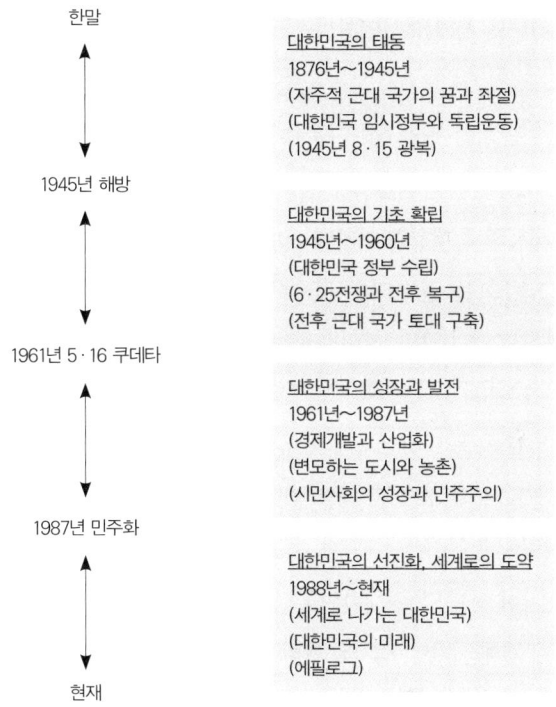

그림 2. 대한민국역사박물관의 시기 구분

한말

대한민국의 태동
1876년~1945년
(자주적 근대 국가의 꿈과 좌절)
(대한민국 임시정부와 독립운동)
(1945년 8·15 광복)

1945년 해방

대한민국의 기초 확립
1945년~1960년
(대한민국 정부 수립)
(6·25전쟁과 전후 복구)
(전후 근대 국가 토대 구축)

1961년 5·16 쿠데타

대한민국의 성장과 발전
1961년~1987년
(경제개발과 산업화)
(변모하는 도시와 농촌)
(시민사회의 성장과 민주주의)

1987년 민주화

대한민국의 선진화, 세계로의 도약
1988년~현재
(세계로 나가는 대한민국)
(대한민국의 미래)
(에필로그)

현재

표 2가 보여주듯이 체제론은 '48년 체제=국가 건립', '61년 체제=산업화', '87년 체제=민주화', '97년 체제=선진화/세계화'로 인식하고 있다. 반면에 대한민국역사박물관은 61년 체제에 해당되는 '대한민국의 성장과 발전'(1961~1987년)에서 산업화만이 아니라 민주화까지 다 다루고 있다. 산업화와 민주화, 61년 체제와 87년 체제가 모두 1961~1987년 시기로 분류돼 다루어지고 있는 것이다.

1961년에서 1987년의 시기는 유신에서 5공으로 이어진 대한민국의 역사상 가장 암울한 민주주의의 암흑기인데, 역사박물관은 어떻게 이 시기를 민주화의 시기로 규정할 수 있었을까? 정치체제의 민주주의라는 관점이 아니라 독재에 저항하는 민주화운동이라는 시각을 주요 기준으로 삼는 방식을 채택했기 때문이다. 군사정권의 독재에 저항한 1961~1987년 사이의 민주화운동을 통해 1961~1987년의 시기를 산업화와 민주화를 동시에 이룩한 시기로 분석한 것이다.

이런 분석은 일반적인 통념('61년 체제=산업화, 87년 체제=민주화'라는)을 부정하는 매우 도발적인 분석틀이다. 물론 민주화운동을 강조하는 것은 중요하지만 **정치체제의 독재성과 여기에 저항하는 민주화운동**이라는 것과 **정치체제 자체의 민주화는 전혀 다른 것**으로 한국 현대사에서 민주화를 전자로 이해하는 것은 문제가 많다. 따라서 87년 이후를 선진화 시기로 규정해 그런 내용에 초점을 맞출 것이 아니라, 민주화를 주된 특징으로 규정하고 이런 민주화의 구체적 조치들을 상세하게 소개했어야 했다. 그리고 대한민국역사박물관과 달리 1997년 이후를 또 다른 별도의 단계로 규정해 이 시기를 선진화/세계화로 삼았어야 한다.

또한 61년 체제에 해당되는 '대한민국의 성장과 발전'(1961~1987년)은 한마디로 개발독재 체제 시기로, 정치적 권위주의와 발전국가에 의한 국가 주도형 산업화라는 두 가지를 핵심 특징으로 하고 있다는 데 주목할 필요가 있다. 그러나 역사박물관은 이 시기에 관련해 경제발전을 자세히 설명하고 있지만 정작 **발전국가에 의한 국가 주도형 산업화**라는 특징은 별로 강조하지 않고 있다. 물론 "1961년 군사정부는 경제개발에 착수해 경제기획원을 설립하고 경제개발 5개년 계획을 추진하였다"라고 쓰고 있다. 이런 구절이 국가주도성을 설명한 것이라고 말할지 모르지만, 위의 표현으로는 국가 주도형 산업화라는 특징이 명료하게 부각되지 않는다. 따라서 이 점을 더 명시적으로, 더 구체적으로 표현할 필요가 있다.

61년 체제에 해당되는 '대한민국의 성장과 발전'(1961~1987년)의 개발독재 체제는 그 뒤 두 단계를 통해 해체된다. 하나는 1987년 6월항쟁을 통해 권위주의적 정치체제가 해체되고 민주주의 체제가 들어선 것이다(87년 체제). 다른 하나는 남은 반쪽, 즉 국가 주도 경제체제라는 부분이 1997년 경제위기를

표 2. 한국 사회체제의 시기별 특징

	48년 체제	61년 체제	87년 체제	97년 체제
정치	권위주의	권위주의 (종속적 파시즘?)	제한적 정치적 민주주의	
정치경제	시장경제(?) 테일러주의	발전국가 테일러→포드주의	(약화된) 발전국가 포드주의	신자유주의 포스트포드주의

표 3. 체제론, 박물관 시기 구분과 시대적 특징

국가 건립	산업화	민주화	선진화/세계화
48년 체제 (1948~1960)	61년 체제 (1961~1987)	87년 체제 (1988~1997)	97년 체제 (1998~현재)
대한민국 기초 확립 (1945~1960)	대한민국의 성장과 발전 (1961~1987)		대한민국의 선진화 (1988~현재)

통해 해체되고 미국식 신자유주의가 들어선 것이다. 그것이 1997년 체제다.

그러나 대한민국역사박물관은 한국 경제를 지배해왔으며 이른바 '한강의 기적'을 만든 박정희 모델을 해체하고 한국 사회를 신자유주의 체제로 전환시켜 역사상 경험한 적이 없는 비정규직의 나라, 양극화의 나라로 만들어버린 **1997년의 변화**에 전혀 관심을 기울이지 않고 있다. 아니 그 정도가 아니라 '한국전쟁 이후 최고의 국난'이라는 1997년 'IMF 위기'에 대해서 한마디도 언급하지 않고 있다. 우리가 현재 생생하게 경험하고 있듯이 1997년 이후의 한국은 과거와 전혀 다른 새로운 세계이고, 따라서 여기에 상응해 새로운 시기로 시기 구분을 해서 그 특징들을 보여줘야 한다.

충격적인 것은 역사박물관이 1987년 이후를 선진화라는 하나의 시기로 상정하고 1997년의 변화에 전혀 관심을 기울이지 않을 뿐 아니라 1987년 이후의 대한민국을 거의 '무결점의 이상 사회'로 그리고 있다는 점이다. 물론 그 이전 시기의 경우도 전반적인 역사 서술은 한국 현대사의 '빛'에 초점을 맞추고

'어둠'에는 인색한 불균형을 보여준다. 그러나 최소한 그 이전 시기의 경우 형식적으로라도 문제점을 지적하고 있다.

그러나 1987년 이후의 시기는 긍정적인 서술뿐이고 '어둠'을 다룬 비판적 서술은 거의 찾아볼 수 없다. 앞에서 지적했듯이 1997년 신자유주의 정책이 전면화되면서 사상 최고의 양극화, 노동자의 절대다수를 차지하게 된 비정규직, 청년 실업과 스펙 전쟁 등 매일매일 우리가 부딪치는 현실들은 다 어디로 증발한 것일까? '삶의 질'이라는 부분에서 삶의 질이 도약적으로 발전한 점을 언급하면서 간단히 "청년실업, 하우스 푸어, 세계최저 수준으로 떨어진 출산율 등의 문제가 새로 등장했다"는 정도만 서술한다. 만일 고통받고 있는 비정규직 노동자들이 역사박물관을 방문해 이 결론 부분을 보면 어떤 생각이 들까? 아마도 딴나라에 와 있는 느낌일 것이다.

소련과 동구의 몰락 이후 프랜시스 후쿠야마라는 학자가 이제 세계사는 자유민주주의가 승리한 해피엔딩으로 끝났다는 때 이른 낙관론을 편 적이 있다(Fukuyama 1992). 마찬가지로 대한민국역사박물관은 독재와 노동자의 희생 등 역사적 과정에서 조금 문제가 있었지만 1987년 민주화 이후 이제 제3세계 중 드물게 산업화와 민주화를 성공적으로 달성한 한국의 역사는 해피엔딩으로 끝났다는 **한국판 역사의 종말론**(손호철 1999, 39~42)에 기초하고 있다는 느낌을 지울 수 없다.

5) 구성(2) — 편향성

모든 사물에는 '빛'과 '그림자'가 있기 마련이다. 역사도 크게 다르지 않다. 역사 속에도 항상 시대의 빛과 그림자가 있다. 따라서 역사 서술에서 가장 중요한 과제의 하나는 이런 빛과 그림자에 대한 균형 있는 평가다. 한국 현대사도 크게 다르지 않다. 한국 현대사에서 가장 논쟁적인 인물이라 할 수 있는 박정희 전 대통령에 관련된 핵심 쟁점은 공과 과에 대한 객관적 평가일 것이다.

사진 4

　이런 시각에서 볼 때 대한민국역사박물관은 전체적으로 균형감이 부족하고 편향돼 있다고 할 수 있다. 구체적으로 보면 지나치게 **긍정적인 면에 많은 비중을 부여한 반면 어둡고 부정적인 면은 아주 형식적으로 언급**하는 데 그치고 있다. 대표적인 예가 바로 위에서 지적한 대로 역사박물관의 결론에 해당되는 '대한민국의 선진화, 세계로의 도약'(1988년~현재) 부분이다. 이 부분은 사상 최고의 양극화, 노동자의 절대다수를 차지하게 된 비정규직, 청년 실업과 '스펙 전쟁' 등 매일매일 우리가 부딪치는 현실들은 다 증발하고 대한민국을 거의 '무결점의 이상 사회'로 그리고 있다. 출산율과 청년 실업을 대수롭지 않게 언급한 것 이외에 부정적인 면에 관한 서술은 거의 찾아볼 수 없다.

　자세히 살펴보니 비슷한 문장이 딱 하나가 더 있었다. 이 시기를 전체적으로 소개하는 도입부에서 "한국은 **사회적 양극화**와 인구노령화를 극복하여 경제선진화를 달성하며, 개발도상국 지원을 확대하고, 남북화해를 통해 동북아시아의 평화와 안정을 이룩하는 데 힘쓰고 있다"(강조는 인용자)고 쓴 부분이다. 사회적 양극화를 언급하고는 있지만, 이런 문제가 왜 생겼고 얼마나 심각한지는 전혀 이야기하지 않은 채 마치 쉽게 극복할 수 있는 문제인 것처럼 서술하고 있다.

　그 이전 시기의 경우 부정적 측면이 언급되고 있지만 매우 형식적이고 분량 면에서 극소량에 불과하다. 몇 가지 예를 들어보자. '대한민국의 기초 확립'(1945~1960년)을 보면 전후 복구와 경제 원조라는 부분이 있다. 여기에서 박물관은 미국의 원조에 관해 "미국은 1961년까지 총 31억 달러의 원조를 제공하여 도왔다. 원조물자에는 시설재가 있었지만 비료, 원면, 석유, 밀과 같은 소비재와 원자재가 많았다"고 쓰고 있다(**사진 4** 참조).

이 부분은 첫째, 미국의 원조가 전후 경제 회복과 발전에 엄청난 도움이 됐지만, 둘째, 우리 정부가 생산재를 보내달라고 요청하는데도 잉여 농산물을 처분하려는 미국의 정책에 맞춰 잉여 농산물을 중심으로 원조를 제공한 결과 값싼 미국 농산물의 대량 유입돼 밀과 목화 등의 농업 기반이 붕괴하고 산업 구조가 삼백 산업 같은 원조 물자 가공 소비재 산업을 중심으로 발전하는 부작용을 낳았다는 식으로 균형 있게 서술해야 했다.

또한 이승만 정권의 부정적 측면에 관한 서술은 4·19 혁명이 일어난 이유를 설명하기 위해 사사오입 개헌, 진보당 사건, 경향신문 폐간 등 "이승만의 독재 정치로 민주주의가 심각한 위기"에 처했다는 구절이 유일하다. 그나마 다행인 것은 최근 쟁점이 되기도 한 4·19와 5·16에 관련된 용어법이다. 역사박물관은 '4·19 학생 의거'가 아니라 '4·19 혁명'이라는 용어를, '5·16 군사혁명'이 아니라 '5·16 군사정변'이라는 용어를 쓰고 있다(**사진 5, 사진 6** 참조).

개발독재 시대인 '대한민국의 성장과 발전' 시기(1961~1987년)도 마찬가지다. 이 시기의 부정적 측면에 관한 비판적 서술은 매우 적은 분량에 그치고 있다. 총론적인 서술에서 "하지만 성장 과정에서 산업 간, 도농 간, 지역 간 격차가 커졌고 국민의 기본권을 부인하고 민주주의를 희생시켰다"고 서술하고는 있다. 그러나 구체적 각론에서는 비판적 서술을 찾아보기가 어렵다. 다만 몇 가지 서술이 눈에 띌 뿐이다. 구체적으로 반공주의에 대해 "반정부인사나 민주화운동가를 용공으로 몰아 탄압하는데 악용되기도 하였다"고 쓰거나, 한-일 회담에 대해 반대 여론이 강하게 일자 "군대를 동원하여 이를 억누르고, 1965년에 회담을 마무리하였다"고 쓴 정도다. 이 시기의 가장 부정적인 부

사진 5, 사진 6

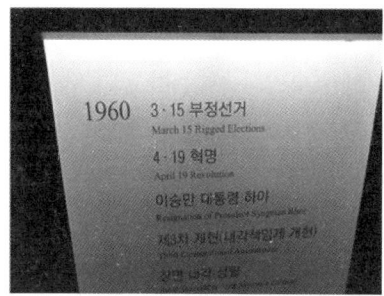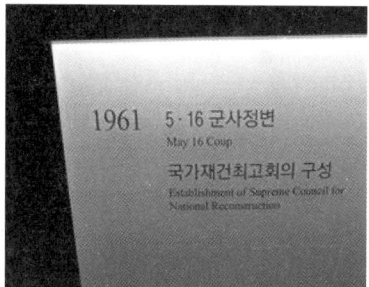

사진 7

분에 관한 서술은 작은 세션 하나를 '성장의 그늘'이라는 주제에 할당해 노동자들의 장시간 노동과 저임금, 전태일 사건을 소개한 정도다(**사진 7** 참조). 그러나 이런 내용은 전체에 견줘 지나치게 적은 분량이라 할 수 있다.

전시물의 경우도 야당 의원이 문화체육관광부 국정감사 자료를 받아 분석한 결과에 따르면 박정희 정권 시절을 다룬 제3전시실('대한민국의 성장과 발전')의 445개 전시물 중 84.1퍼센트가 새마을운동과 경부고속도로 등 박정희 정권의 업적을 다룬 것이고, 유신 반대 등 비판적인 내용은 15퍼센트뿐인 것으로 나타났다(《한겨레》 2012년 10월 24). 박물관 쪽은 민주화 관련 전시물이 더 많아질 것이라고 해명했지만, 그 뒤 얼마나 균형을 잡게 됐는지는 미지수다.

편향성의 극치는 정치, 특히 군사정권의 정치적 독재에 관한 서술이다. 이 시기는 한국 정치사에서 가장 어두운 시절인데도 불구하고 이 **군사정권들의 만행과 비민주성에 관한 서술을 거의 찾아볼 수가 없다.** 하다못해 경찰들이 자를 가지고 다니며 머리카락과 치마 길이를 재서 단속하는가 하면, 다섯 집이 하나의 단위가 돼 긴급조치 대학생들을 숨겨주고 있는지 서로 감시하고 공동 책임을 지게 하며('한국판 오호담당제'), 반상회를 통해 반체제 인사를 색출하도록 강요하고, 국회의원의 3분의 1을 대통령이 임명하고, 대통령은 체육관에서 간선으로 99퍼센트의 지지를 통해 뽑게 하는 등 군사독재의 정치현실에 관한 서술이 전무하다. 유신의 경우도 "종신집권과 무제한의 권력행사를 보장한 유신체제"라고 돼 있을 뿐 구체적 서술이 없다. 그리고 이런 독재의 현실에 관한 구체적인 서술을 대신하는 것이 독재 체제에 저항하는 '민주화운동'이다. '대한민국의 성장과 발전'이라는 대주제 속의 네 개의 중주제 중하나인 '시민사회의 성장과 민주주의'는 군사독재의 정치적 반민주성과 억압에 관한 서술은 전혀 없는 상태에서 실상이 어떠했는지 전혀 알 수 없는 군사정권에 맞선 민주화운동만 정황하게 서술하고 있다.

사실 '시민사회의 성장과 민주주의'라는 중제목은 멋있게 보이지만 잘 생각해보면 제목 자체가 편향에 가득차 있다(**사진 8** 참조). 이 중주제의 제목은 '시민사회의 성장과 민주주의'가 아니라 '독재 체제와 민주화운동'이 돼야 맞다(제목의 뒷부분도 '민주주의'보다는 '민주화운동'이 더 적합한 이유는 민주주의라는 제목하고 다르게 실제 내용은 1960~1970년대와 1980년대의 민주화운동을 다루고 있기 때문이다). 그리고 그 내용은 절반은 독재 체제의 반민주적 실상에 대한 서술로, 나머지 반은 여기에 저항하는 민주화운동으로 채워졌어야 맞다. 결국 '시민사회의 성장과 민주주의'라는 제목부터 어두운 독재의 현실을 회피하고 긍정적인 면만을 강조하려 하는 의도가 숨겨져 있다는 느낌이 든다. 참고로 우리의 군사정부 시절, 그리고 민주화 이후 역대 정부들의 정치적 민주주의의 수준과 현실을 서술해 보여주려면 각국의 정치적 민주주의의 실상을 연도별로 추적해온 프리덤하우스(미국의 매우 보수적인 연구

사진 8　　　　　　　　　　　　　　사진 9

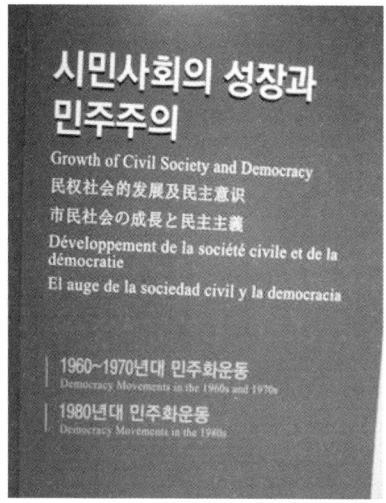

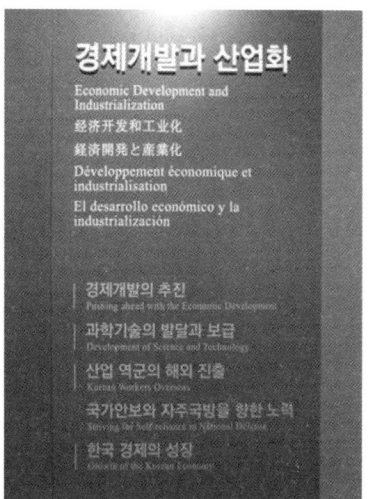

기관임)의 평가도 좋은 참고 자료가 될 것이다(손호철 2011, 789).

　　주목할 것은 한국은 시민적 자유가 아직도 대만보다 낮은 2등급에 머물고 있다는 점이다. 국가보안법으로 사상의 자유를 제한하고 있기 때문이다. 1980년대 민주주의에 관한 세계 정치학계의 공동 연구에 따라 규정된 국제적 기준에 따르면 "특정한 사상이나 정당을 금지시키는 것"은 민주주의가 아니기 때문에, 한국은 부끄럽게도 아직도 자유민주주의 체제가 아니며 '제한적 정치적 민주주의limited political democracy' 수준에 머물러 있다(O'Donnell& Schmitter 1986, 9). 또한 국경없는 기자회의 평가에 따르면 한국의 인터넷 자유는 최하위인 13~23등 사이로 나타나고 있다(www.rsf.org).

　　이 밖에도 산재율와 노동시간은 세계 1위를 달리고 있으며, 여성의 발전지수도 50등 수준이다. 물론 우리가 자랑할 것도 많다. 따라서 결론부에 해당되는 '대한민국의 선진화' 부분 중 '삶의 질의 변화'에서 기존의 일인당 GNP만이 아니라 다양한 지표들을 제시해 우리의 업적과 우리의 부끄러운 현실을 가감 없이 그대로 보여줄 수 있어야 한다.

마지막으로 지적하고 넘어가야 할 편향성은 나쁘게 표현하면 **반노동성**, 좋게 봐주면 **노동에 대한 무시**다. 이 점은 '경제개발과 산업화'라는 중주제의 소구성을 보면 쉽게 알 수 있다(**사진 9** 참조).

사진이 보여주듯이 '경제발전과 산업화'라는 주제는 ① 경제개발의 추진, ② 과학기술의 발달과 보급, ③ 산업 역군의 해외 진출, ④ 국가안보와 자주국방을 향한 노력, ⑤ 한국 경제의 성장이라는 다섯 부분으로 구성돼 있는데, 주목할 부분은 3번이다. '산업 역군의 해외 진출'이라는 이 부분은 박물관이 노동자에 많은 관심을 기울이고 있는 것처럼 보이기 쉽다. 그러나 그렇지 않다. 이 부분은 광부와 간호사의 서독 수출, 건설 인력의 중동 수출을 다루고 있다(**사진 10** 참조). 해외 인력 수출은 독자적인 하나의 주제로 배정돼 대대적인 조명을 받고 있다. 반면 정작 이 노동자들에 견줘 수적으로 절대다수를 차지하고 있으면서 훨씬 열악한 환경 속에서 '한강의 기적'을 일군 국내 노동자들의 경우 '성장의 그늘'이라는 부분에서 훨씬 작게 다루고 있다. 에드워드 사이드의 개념을 변형시켜 빌리자면(Said 1977), 노동자를 바라보는 눈도 해외 파견 노동자를 우대하는 일종의 '노동자 오리엔탈리즘'이 발동하고 있는 것인가?

그것뿐만이 아니다. 한국 경제의 성장에 관한 평가를 보면 충격적이기까지 하다. 한국이 경제성장에서 거둔 성공을 분석하면서 박물관은 "한국의 압축 성장은 적절한 경제개발전략을 선택하고 강력히 추진한 **정부**, 뛰어난 기업가정신을 보인 **기업인**들, 그리고 열악한 환경 아래에서도 열심히 일한 **국민의 합작품**이다"(강조는 인용자)고 밝히고 있다(**사진 11** 참조). 한국의 성공은 국가와 기업인, 국민의 합작품이지 국가, 기업인, 노동자들이 합작으로 만든 것은 아니라는 뜻이다. 이것이 반노동주의가 아니고 무엇인가? "국가와 기업인과 국민의 합작품"이라니, 기업인은 국민이 아닌가? 열악한 환경 속에서도 "열심히 일한 **노동자**(그 단어가 정녕 싫으면 '근로자')의 합작품"이라고 쓰는 것이 그리도 어려운 일인가? 노동자들이 피땀 흘려 일군 경제성장도 노동자들이 노력한 결과라는 이야기를 하기가 싫어서 "국민이 피땀 흘려 일한 결과"라고 하

사진 10 사진 11

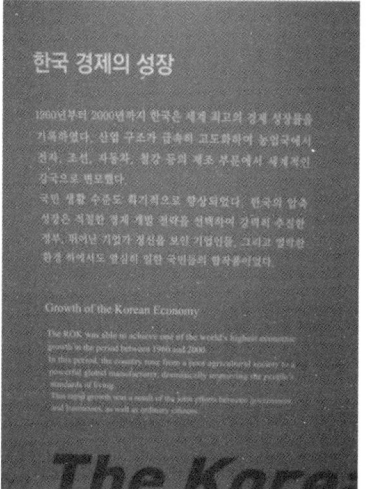

는 것으로 봐 노동자 내지 근로자라는 단어를 입에 올리기 싫어할 정도로 '반 노동주의'가 내면화된 것이 아닌가 하는 깊은 의심이 든다.

　이념적 편향성도 문제다. 독립운동의 경우 사회주의 계열의 독립운동은 이미 대한민국 정부가 인정해 독립 유공자로 인정하고 있는데도 불구하고 전혀 언급조차 하지 않고 있는 실정이다.

6) 번역

대한민국역사박물관의 또 다른 문제는 번역이다. 박물관은 전시 내용을 중주제 제목의 경우 영어, 프랑스어, 스페인어, 중국어, 일본어로 번역해 소개하고 있다. 그리고 상세 내용의 경우 영어로 번역해 소개하고 있는데, 이 글에서는 번역을 둘러싼 문제를 영어 번역을 중심으로 살펴보고자 한다. 사실 번역은 '반역'이라는 말이 있을 정도로 쉬운 문제는 아니다. 그러나 역사박물관의 번역 문제는 매우 심각한 수준이다. 특히 주목할 것은 역사박물관의 번역 문제

사진 12

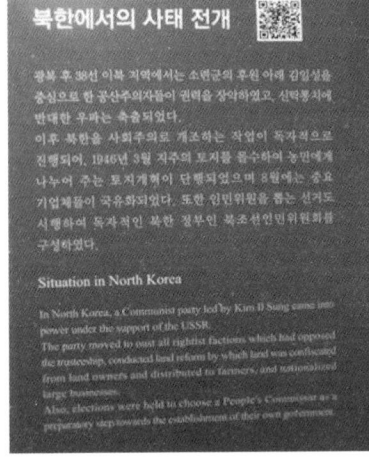

대한민국의 선진화,
세계로의 도약

Modernization and Korea's Vision of Future

사진 13   사진 14

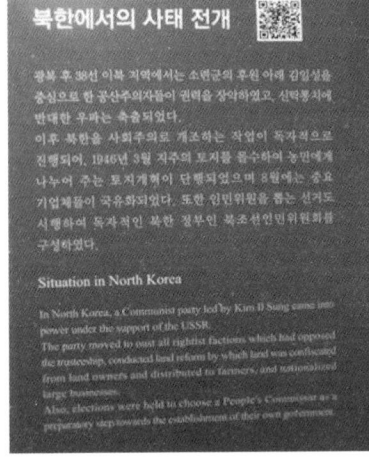
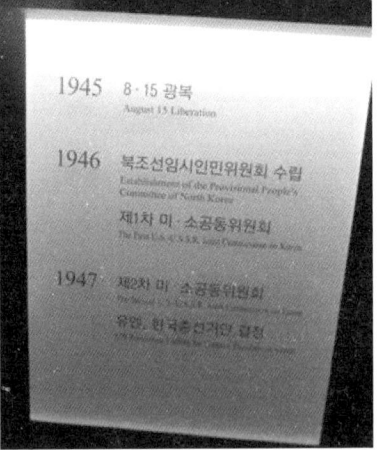

가 **일부는 단순한 오류** 내지 번역의 어려움에 따라 생겨난 문제지만, **일부는** 단순 번역 오류보다는 **의도적**인 측면이 더 강하다는 사실이다.

　의도적이지 않은 번역 오류의 대표적인 예가 바로 넷째이자 마지막 대주제 제목이다. 이 제목은 '대한민국의 선진화, 세계로의 도약'으로서 88올림픽 등 1987년 민주화 이후 한국이 세계로 도약하는 내용을 다루고 있다. 그러나 이 제목의 영어 소개는 'Modernization and Korea's Vision of Future'(강조는 필자)다(**사진 12** 참조). '선진화'가 'Modernization'으로 번역돼 있는데, 이 단어는 외국인이 전혀 다른 뭔가를 상상하게 만든다. 외국인들은 십중팔구 이 부분을 1960~1970년대에 박정희 정권의 **근대화** 노력('조국 근대화')을 의미하는 구절로 이해하게 된다. 선진화에 해당되는 적합한 영어가 없기 때문에 어려움이 있다손 치더라도 이런 번역은 의미를 왜곡하는 끔찍한 오역이라고 할 수 있다. 오히려 '세계로의 도약'이라는 의미에서 '세계화'를 뜻하는 'Globalization'이 훨씬 적합한 번역이라고 할 수 있다.

또 다른 유형은 번역의 어려움 때문이라기보다는 '의도적으로' 다르게 번역한 경우다. 이미 지적했듯이 대한민국역사박물관을 'History Museum of Republic of Korea'가 아니라 'National Museum of Korean Contemporary History'로 번역한 것이 대표적인 예다. '국내용'으로는 대한민국의 정통성을 강조하기 위해 대한민국역사박물관이라는 명칭을 부여하고도 외국인들을 위한 영어로는 촌스럽고 기이한 이름이라는 비난을 피하기 위해 전혀 다른 'National Museum of Korean Contemporary History'라고 번역한 것이다.

그런 예는 다른 곳에서도 여럿 찾아볼 수 있다. '해방 3년사'에 관련해 남북한 중 누가 먼저 독자 정부를 구성해 분단이 제도화되는 길로 걸어갔는지는 중요한 논쟁이 되고 있는 주제다. 이 문제에 관련해 '북한에서의 사태 전개'라는 부분에서 "…… 이후 북한을 사회주의로 개조하는 작업이 독자적으로 진행되어, 1946년 3월 지주의 토지를 몰수하여 농민에게 나누어주는 토지개혁이 단행되었으며 8월에는 중요 기업체들이 국유화됐다. 또한 인민위원회를 뽑는 선거도 시행하여 독자적인 북한 정부인 북조선인민위원회를 구성하였다"고 기술했다(**사진 13** 참조).

전체 맥락으로 보아 마지막 문장의 북조선인민위원회는 1948년 구성된 북조선인민위원회가 아니라 1946년 구성된 북조선임시인민위원회인 것으로 보인다. 따라서 북조선임시인민위원회가 아니라 북조선인민위원회라는 표기는 잘못이다(사실 이 시기에 관한 요약 부분은 분명히 '1946년 북조선임시인민위원회 수립'이라고 쓰고 있다(**사진 14** 참조)). 그리고 북조선임시인민위원회

사진 15

> **Situation in North Korea**
>
> In North Korea, a Communist party led by Kim Il Sung came into power under the support of the USSR.
> The party moved to oust all rightist factions which had opposed the trusteeship, conducted land reform by which land was confiscated from land owners and distributed to farmers, and nationalized large businesses.
> Also, elections were held to choose a People's Commissar as a preparatory step towards the establishment of their own government.

를 독자적인 북한 정부로 보고 1946년에 이미 북한이 독자 정부를 세워 분단의 길로 갔다는 느낌을 주는 것은 잘못이다.

재미있는 것은 영어 번역이다(**사진 15** 참조). 우선 북조선임시인민위원회를 어디는 'The Provisional People's Committee'(**사진 14**)로, 어디는 'People's Commissar'(**사진 13, 사진 15**)로 번역하고 있다. 진짜 문제는, 영어 번역은 한글 텍스트처럼 독자적인 북한 정부가 아니라 'a **preparatory step** towards the establishment of their own government'(강조는 필자)로 번역해 '독자적인 북한 정부 수립을 향한 예비적 조치'로 규정하고 있다는 점이다. 한글 텍스트에 견줘 훨씬 진실에 가까운 주장이다. 주목할 것은 번역 전문가에게 한글 텍스트를 주고 영어로 번역하라 하면 "Also, elections were held to choose a People's Commissar which was the independent their own government"라고 번역하지, "Also, elections were held to choose a People's Commissar as a preparatory step towards the establishment of their own government"라고 번역하지는 않을 것이라는 점이다. 이것은 **영어 텍스트의 경우 한글 텍스트하고 다르게 '독자적인 북한 정부인 북조선인민위원회'가 아니라 '독자적인 북한 정부 수립을 향한 예비적 조치인 북조선인민위원회'라는 원문을 주고 번역을 시켰다**는 의미다. 다시 말해 텍스트를 만든 사람들이

1946년의 북한(임시)인민위원회를 독자적인 정부로 보는 것은 문제가 있다는 점을 알면서도 한글 텍스트는 이런 텍스트를 선택했다는 것을 의미한다.

2. 각론

이 부분에서는 앞의 총론에 이어서 문제가 있는 개별 사안들을 비판적으로 살펴보고자 한다. 논의를 조직화하기 위해 이 사안들을 대주제 분류별로 묶어서 살펴보고자 한다.

1) 대한민국의 태동

(1) 개화 정책의 추진

서세동점에 따른 개항과 함께 조선은 최익현처럼 개항에 저항한 척사파와 김옥균처럼 개화를 추구한 개화파가 대립했다. 이 시기에 관한 역사박물관의 서술은 "급진개화파는 1884년 근대국가 건설을 목표로 하여 정변을 일으켰으나 실패했다. 그 후에도 신문 발행 등 …… 개화하려는 노력은 계속됐다. 이는 재정일원화, 도량형통일, 양반상민제와 노비제 폐지 등을 골자로 하는 갑오개혁으로 이어졌다"고 쓰고 있다(**사진 16** 참조).

한마디로 개항기를 기본적으로 개화파 중심에서 서술하고 있다. 뿐만 아니라 개화파를 지나치게 우호적으로 기술하면서도 개화파가 지닌 한계, 즉 비자주적이면서 친외세적인 특성, 특히 친일적인 성격(이후 1904년 러일 전쟁 이후부터 일제 강점기까지 상당수 개화파들이 일제의 제국주의 식민지 정책에 적극 협력한 사실)에 침묵하고 있다. '자주적'이지만 '수구적'이던 척사파, '개혁적'이지만 '비자주적'이던 개화파의 한계를 외면하고 있다는 것이다. 나아가 **'개혁적'이면서도 동시에 '자주적'이던 제3의 길인 동학농민운동**에 대해서는

사진 16   사진 17

전혀 언급하지 않고 있다. 그러면서 앞에서 지적했듯이 아무런 설명 없이 동
학농민운동이라는 그림만 하나 뎅그러니 걸어놨다(위의 **사진 2** 참조). 따라서
이 부분을 보완해야 한다.

(2) 조선을 둘러싼 열강의 각축

역사박물관은 '조선을 둘러싼 열강의 각축'에서 조선을 둘러싼 일본, 청, 러시
아 사이의 각축, 이런 각축에 따른 아관파천, 명성황후 시해 등의 격변을 다루
고 있다. 그러나 이상한 것은 여기에 관련해서 전시된 전시물이다. 이 전시물
은 당시 나온 만화로, '어부지리'라는 제목 아래 "조선이라는 이권을 놓고 중
국과 일본이 다투는 사이에 동북아시아지역으로 내려오려는 러시아의 야심
을 풍자하였다"는 내용이다(**사진 17** 참조).

　물론 러시아의 야심은 사실이다. 그러나 결국 조선을 식민지로 만든 것은
일본이라는 점에서 이 풍자만화는 당시 상황을 표현하는 데는 부적절하다고
할 수 있다. 오히려 일본이 여러 열강이 다투는 사이에 어부지리를 얻는 내용
이 적합할 것이다. 그런데 이런 풍자만화를 전시한 이유는 그런 그림만 남아
있기 때문인가? 자라 보고 놀란 가슴 솥뚜껑 보고 놀란다고, 혹시나 그 뒤 나
타나게 되는 소련을 경계하는 반공주의의 산물은 아닐까 하는 기우도 든다.
하여간 한국 현대사의 실제 전개(일본의 조선 강제 병합)를 고려하면 적합하

사진 18   사진 19

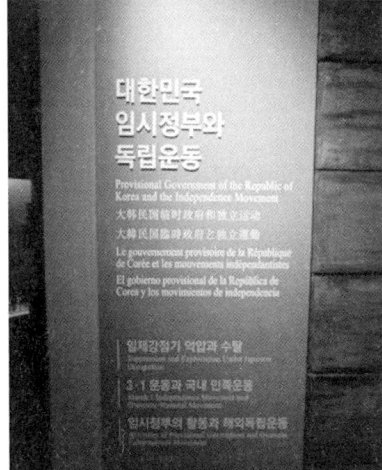

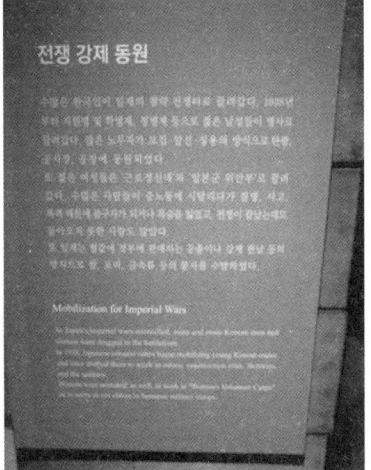

지 않은 풍자화다.

(3) '대한민국 임시정부와 독립운동'

대한민국역사박물관은 '대한민국의 태동'이라는 대주제를 자주적 근대국가
의 꿈과 좌절, 대한민국 임시정부와 독립운동, 1945년 8·15광복이라는 세 중
주제로 나누고 있다. 다시 말해 일제 강점기 36년은 '대한민국 임시정부와 독
립운동'이라는 중주제로 다루고 있다(**사진 18** 참조).

이런 시각은 전형적인 **'과잉 주체화'**, **'주체적 대응의 심각한 과대평가'**다.
다시 말해 자신들이 대단한 독립운동을 한 것으로 미화하고 해방을 자력으
로 이룩했다고 주장하는 잘못된 북한식 한국사 인식(주체사관)을 잘못 배워
온 것이다. 물론 대한민국의 임시정부를 비롯한 독립운동은 자랑스러운 우리
의 전통이다. 그러나 그 한계도 많다. 따라서 이 시기는 **'일제의 수탈과 독립
운동'**이나 '일제의 철권통치와 독립운동' 같은 것이 제목이 돼야지, **'대한민국
임시정부와 독립운동'**처럼 독립운동만 중심으로 제목을 정한 것은 잘못이다.

역설적으로 지금 같은 제목은 우리의 주체적 대응만 강조함으로써 일제의 수탈과 만행을 은폐해주는 의도하지 않는 결과 역시 초래하고 있다.

(4) 일제의 수탈

'대한민국의 임시정부와 독립운동'이라는 중주제의 일부로 다루는 '일제의 수탈'에서는 징용과 징병 같은 수탈을 언급하고 있다. 그러나 중요한 수탈이 빠졌다. 조선을 일본의 식량 공급지로 만들어 봉건적 지주들과 결탁해 봉건적 수탈을 더욱 강화한 결과 일제 강점기 36년 동안 농지를 갖지 못한 농민의 수가 급증했다. 다시 말해 토지를 전혀 갖지 못한 농민의 비율이 병합 당시 35퍼센트에서 해방 때는 69퍼센트로 배가 늘어났다. 그 결과 농민들은 간도로 떠났고, 현재 조선족의 뿌리가 됐다.

강제 동원의 경우에서 살펴보면, 한글로는 "'일본군 위안부'로 동원되었다"로 표기하면서 영어로는 'sex slave'라는 용어를 사용함으로써 논란의 여지를 제공하고 있다(**사진 19** 참조). 국제적으로 공인된 'sex slave'라는 용어를 한글에서 두리뭉실하게 표현을 써 피함으로써 불필요한 역사 인식 논란을 초래하는 문제점을 배태하고 있다. 그러므로 "**위안부'라는 이름의 성노예**로 동원되었다"로 표현을 명확히 할 필요가 있다.

(5) 해외의 독립운동

여기에서는 대한민국 임시정부를 포함한 다양한 해외 독립운동을 소개한다(**사진 20** 참조). 그러나 만주에서 벌어진 무장투쟁은 빠져 있다. 만주의 무장투쟁은 이미 학문적으로 검증된 독립운동인바, 간단하게나마 언급할 필요가 있다. 아직도 '북한 콤플렉스' 때문에 만주의 무장투쟁을 회피할 필요는 없다.

(6) 1945년 8·15 광복

8·15 광복에 관련해 역사박물관이 자세히 서술하고 있는 친탁과 반탁 논쟁과

사진 20

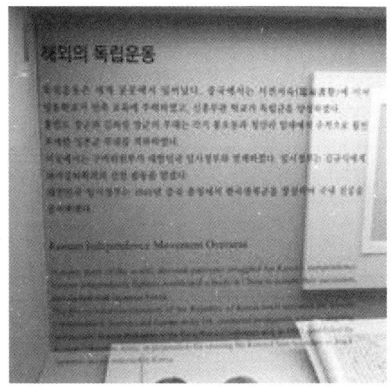

분단 문제 등에 관련해서는 카이로 회담 등 신탁통치안과 한반도 분할 점령 과정에 관한 보완 설명을 할 필요성을 이미 지적했다. 또한 북한 지역에서 전 개된 사태에 관련해 1946년 북조선임시인민위원회의 설립에 관련된 서술의 문제점도 이미 지적했다.

　주목할 것은 1946년 남한에서도 북한의 임시인민위원회하고 유사한 조직 들이 생겨났다는 점이다. 일종의 입법 기구인 **민주의원**, 그리고 이 기구를 발 전시킨 **남조선과도입법의원**이다.

　이 기구는 북한의 인민위원회하고 다르게 행정권은 없었지만 임시위원회의 설립과 평행한 움직임으로 파악해야 한다. 따라서 전체적인 사건 전개에서 보 면 **사진 14**에서 소개한 1946년의 주요 사건에 북조선임시인민위원회 수립만 표기할 것이 아니라 남조선과도입법의원 수립도 표기해야 했다. 그러나 그렇 게 하지 않았다. 사실 북한에서 진행된 북조선임시인민위원회 구성 등에 관해 서는 자세히 서술하면서 사진까지 전시하고 있지만(**사진 21** 참조), 남한에서 진행된 민주의원과 과도입법의원에 관해서는 전혀 언급하지 않고 있다. 그러 면서 갑자기 민주의원 개원식 장면 사진을 한 장 걸어놓아 보는 이를 어안이 벙벙하게 만들고 있다(**사진 22** 참조). 민주의원이 무엇인지 알려주는 설명이

사진 21

사진 21

사진 22

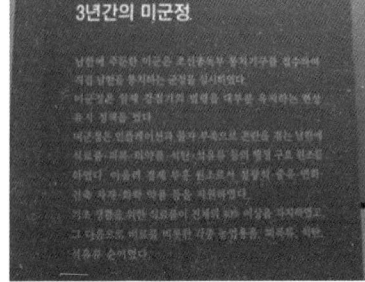

사진 23

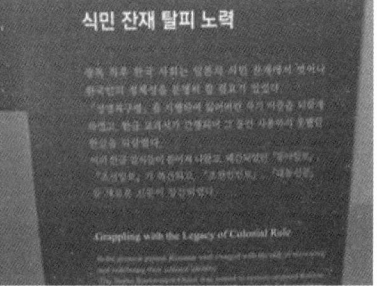

사진 24

전혀 없어서 이것이 무엇일까 하는 의문을 갖게 한다.

(7) 3년간의 미군정

역사박물관은 미군정을 설명하면서 "일제감정기의 법령을 대부분 유지하는 등 현상유지정책을 썼다"고 서술하고 있다(**사진 23** 참조). 맞는 이야기지만 그것만으로는 부족하다. 미군정이 실시한 여러 정책 중 가장 중요한 정책이고 국민들의 분노를 산 잘못된 정책은 독립운동가들을 고문하고 국민들을 괴롭히던 일본 경찰들을 그대로 기용해 한국 경찰의 기초로 삼은 일이다. 그 중요성을 고려할 때 이 점은 반드시 언급해야 한다. 친일 경찰을 계속 고용한 일 말고도 미군정의 정책 중 반드시 들어가야 하는데도 불구하고 빠진 것이 또 하나 있다. 바로 귀속 재산 불하다. 귀속 재산 불하의 여러 부정적 효과들(정경유착에 따른 관료 자본주의의 첫 단추 등)에 대해 언급하지는 않는다고 하더라도 최소한 "상해 임시정부 등이 일본의 재산은 조선 민중의 고혈로 만들어진 것인 만큼 국유화한다는 입장을 가지고 있었지만, 미군정은 일본의 귀속 재산을 불하했다"는 사실은 기술해야 한다.

(8) 식민 잔재 탈피 노력

이 소주제에서 박물관은 해방 후 식민 잔재를 탈피하려는 다양한 노력을 소개하고 있다(**사진 24** 참조). 그러나 정작 식민 잔재 청산 중 가장 중요한 친일파 척결 문제는 다루지 않고 있다. 이 문제는 뒤에 '제헌국회' 부분에서 간단히 다루지만, 사안의 중요성이나 연관성을 고려할 때 이 부분에서 좀더 깊이 있게 다루는 것이 맞다.

2) 대한민국의 기초 확립

(1) 5·10 선거

5·10 선거는 대한민국을 세운 역사적인 선거다. 최초의 보통선거권이 부여된, "직접, 비밀, 자유의 원칙에 입각한 민주선거"였으며 좌파의 방해 공작과 일부 중도파의 불참에도 불구하고 "투표율 95.5퍼센트로 성공적으로 치러졌다"고 서술하고 있다. 이런 서술은 지나치게 표피적이며 사실을 은폐하고 있다.

세계의 선거를 비교해보면 투표율이 95퍼센트가 넘는 선거가 '민주 선거'인 경우는 드물다. 보수적 입장을 지닌 한 선거 전공 정치학자의 다음 같은 분석을 살펴볼 필요가 있다(황수익 2006, 100). "5·10 선거는 관권의 개입 없이는 실시되기 어려웠다. 약 80퍼센트가 문맹이었던 우리 국민이 경험하는 역사상 최초의 선거였기 때문이었다. …… 더구나 이 선거에서는 유권자가 투표권을 행사하려면 스스로 선거인명부에 등록해야 했다. 대부분 문맹인 국민이 자발적으로 선거인명부에 등록하고 투표에 참가했다고 볼 수 없다. …… 평생을 권위주의적 통치하에서 살아온 대부분의 국민들은 관의 권유나 지시에 큰 저항 없이 따랐다. …… 당시 중립적 또는 중도 우파적 성격의《서울신문》,《경향신문》,《조선일보》 등조차도 한결같이 **강제 동원** 사례들을 보도하였다"(강조는 인용자).

이런 객관적인 현실을 간략한 정도라도 서술해 알려주는 것이 올바른 역사박물관이 할 역할이다.

(2) 제헌 국회

제헌 국회가 제정한 헌법에 대해 "주권이 국민에게 있는 민주공화국임을 밝혔고, 대통령제에 내각책임제를 가미한 정부형태를 선택하고 사유재산권을 인정하고 시장경제를 지향함을 밝혔으며, 초등교육을 의무교육으로 규정하였다"고 서술하고 있다. 이것 역시 틀리지 않는 이야기다. 그러나 당시의 현실을 역사적으로 소개하는 데에는 부족하다.

미군정이 한 조사에 따르면, 국민의 70퍼센트가 사회주의를 선호할 정도로 이념적 지형이 좌경화돼 있어 우파 보수 정당인 한민당 강령까지 대기업 국유화를 주장하고 경제 운영 방식도 통제 경제를 주장할 정도였다. **제헌 헌법도** 이런 분위기를 반영해 1970년대 유럽 사회당들의 '반독점' 강령만큼 **주요 기업의 국유화와 통제 경제를 강조하는 등 '좌경적'**이었다(손호철 1991a, 158~168). 구체적으로 보면 제헌 헌법은 "중요한 운수, 통신, 금융, 보험, 전기, 수리, 수도, 가스 및 공공성을 가진 기업은 국영 또는 공영"으로, "광물 기타 중요한 지하자원, 수산자원, 수력 및 경제상 이용할 수 있는 자연력은 국유"로 하는 한편 "대외무역은 국가의 통제 하에" 둔다고 돼 있다. 또한 경제의 자유에 관해서도 "대한민국의 경제질서는 모든 국민들에게 생활의 기본적 수요를 충족시킬 수 있게 하는 사회정의의 실현과 균형 있는 국민경제의 발전을 기함을 기본으로 삼는다. 각인의 경제상의 자유는 이 한계 내에서 보장된다"고 규정하고 있다. 이런 내용을 단순히 "사유재산권을 인정하고 시장경제를 지향"했다고 소개하는 것은 엄청난 역사적 왜곡이다. 대한민국의 헌법이 보수화된 때는 한국전쟁 뒤인 1954년 개헌이다.

(3) '6·25전쟁' (1)

1861년 4월 12일, 미국의 남부군은 기습적으로 북부의 섬터 요새를 공격했다. 역사적인 미국 남북전쟁Civil War이 시작된 것이다. 그러나 기습 공격을 당한 북부 사람들을 포함해 누구도 이 전쟁을 '4·12 전쟁'이라고 부르지 않는다.

그러나 우리의 경우 '보수 세력'은 '1950년의 전쟁'에 관련해 국제적으로 사실상 공인돼 있다고 할 정도로 일반적으로 사용하는 표현인 **한국전쟁**이라는 표현 대신에 6월 25일에 북한이 남침한 사실을 강조하기 위해서인지 '**6·25 전쟁**'이라는 이름을 고집하고 있다. 박물관도 그 용어를 선택했다. 미국 노예전쟁의 예가 보여주듯이 지나치게 '사건사'적이며, 적합한 표현이 아니라고 생각한다(사실 개인적으로 선호하는 명칭은 '한국전쟁'도 아니고, 남북한이 싸웠다는 의미에서 '남북전쟁'이지만 말이다). 여기서도 재미있는 것은 번역이다. 영어나 외국어 번역은 'June 25 War'라고 해야 하는데 그렇지 않았다. 대신 'The Korean War'라고 번역해 소개하고 있다.

(4) '6·25전쟁' (2) — 전개와 전쟁의 참상

전쟁의 전개 과정에 관해서는 유엔의 참전을 서술한 뒤 "유엔군은 인천상륙작전에 성공하여 압록강으로 북상하였지만, 대규모로 참전한 중국군에 밀려 후퇴하였다"고 쓰고 있고, 전쟁 피해도 "좁은 국토에서 전선이 남북으로 두 번씩 오르내리며 진행되어 전 국토를 폐허로 만들었다"고 서술하고 있다.

맞는 이야기지만 반쪽짜리 진실이다. 파괴와 인명 살상 등 전쟁의 비극에 대한 가장 큰 책임은 북한에 있다. 그러나 한 연구자가 잘 밝혔듯이(Kim 1993), 이 전쟁은 1950년 9월 서울 수복과 함께 석 달 만에 수백 분의 1의 인명 피해와 파괴로 끝날 수 있는 전쟁이었다. 그러나 연합국의 제안과 중국의 경고를 무시한 미국의 북진 정책 때문에 중국이 참전한 전면적인 국제전으로 발전해 3년간의 긴 전쟁을 치러야 했다. 미국은 개전 초기에 영국과 인도가 제시한 평화안을 묵살했고, 전쟁의 목적을 실지 회복으로 규정한 유엔 안보리 결의안을 무시한 채 북진을 감행했으며(미국은 이 사항을 사후적으로 추인받았다), 38선을 넘으면 '중국에 대한 도발'로 간주해 참전하겠다는 중국의 경고를 무시하고 북진했으며, 중국을 상대로 한 정면충돌을 피하기 위해 북위 40도에 완충 지대를 만들자는 영국의 제안을 무시하는 등 전쟁을 확전으로만 몰아갔다. 그 결과 결국 실패한 북진 정책의 책임을 지고 더글러스 맥아더는 옷을 벗어야 했고, 미국 대학의 정책론 수업에서는 한국전쟁 때의 북진 정책을 잘못된 정책 결정의 대표적 사례로 가르치고 있다. 따라서 이런 점을 간단히 언급해야 한다.

(5) 경제 회복의 기반 구축

전후 경제 회복에 관련해, "농지개혁으로 지주의 토지를 소작농에게 분배하여 자작농이 대거 창출"됐으며 "원조 의존에서 벗어나려고 최초의 체계적인 개발계획인 경제개발 3개년 계획이 수립되었다"고 역사박물관은 쓰고 있다. 그런데 문제는 언제 그랬냐는 이야기가 없는 것이다. 다행히 영어 번역에는 농지 개혁 1950년, 경제 개발 계획이 1960년이라는 사실이 명시돼 있다(이 점에서도 영어 번역본이 한글 텍스트보다 충실하다). 몇 자 더 들지 않으니 연도를 알려줄 필요가 있다. 특히 최초의 경제 개발 계획은 모르는 국민이 매우 많기 때문에 더욱더 알려줘야 한다.

(6) 여성의 권익 신장

고민은 이해되지만 '여성의 권익 신장'이라는 주제를 전후 국가 건설을 소개하는 부분에 배치시킨 것은 어딘가 어색해 보인다. 더 알맞은 위치가 없을까 고민할 필요가 있다. 그리고 결론 부분의 '삶의 질의 변화'에 관해 이미 지적했듯이 현시점에서도 한국 사회의 남성중심주의 때문에 여성의 발전 지표가 세계 50위를 넘어서고 있는데, 여성의 권익 신장에 관한 긍정적 측면만 강조하고 한국 여성이 고통받는 부정적 현실은 전혀 언급하지 않는 것은 문제다.

3) 대한민국의 성장과 발전

(1) 경제개발의 추진

역사박물관은 1961년 군사 정부가 추진한 경제개발 5개년 계획에 대해 "수출 지향 산업화전략을 고안하여 수출 진흥을 위해 저리의 수출금융을 제공하고 수출산업단지를 조성하는 등 수출기업을 전폭적으로 지원하였다"고 쓰고 있다. 그러나 이런 주장은 사실이 아니다. **경제개발 5개년 계획은 수출 주도형 산업화가 아니라 중화학공업화를 통한 자립형 경제 건설을 추진했고, 그 자금도 외채가 아니라 재벌 재산과 화폐 개혁을 통한 유휴 자본의 몰수로 조달하려는 등 급진적**인 성격을 띠고 있다(손호철 1991b, 188). 수출 증진도 경공업 위주의 산업화가 아니라 원조 감소에 대처하기 위한 전통적인 1차 산물의 수출 확대가 목표였다. 그러나 이 안이 재벌의 저항과 미국의 반대로 실패하자 1963년 미국이 강제한 **경제개발 5개년 계획 수정안**을 채택하는데, 그 안이 우리가 알고 있는 수출 주도형 산업화 안이다. 따라서 이런 내용을 축약해서 수정해야 한다. 이어 "정부는 중화학공업 육성계획을 세우고, …… 중화학공업을 단계적으로 육성하였다"고 돼 있는데, 언제인지가 불분명하다. 따라서 1970년대라는 시점을 명시해야 한다.

(2) 산업화

산업화에 관련해서 노동자들의 기여가 언급되지 않고 있는 등의 문제점은 위의 '편향성' 부분에서 이미 지적했다. 이 밖에 산업화 부분에서 지적하고 싶은 점은 산업화의 결과를 보여주기 위한 의도로 갑자기 전자 제품, 포니 자동차 등 특정 상품들이 전시된 것이다. 물론 의도는 충분히 이해된다. 그러나 전체적인 흐름과 전시물에 비춰볼 때 이 전시물들은 너무 돌출적이고 따로 논다는 느낌이 든다. 마치 갑자기 '상품 박람회'로 '공간 이동'한 기분이다. 따라서 이 문제에 관한 고민이 필요하다.

(3) 새마을운동

도시와 농촌의 변화에 관련해 역사박물관은 새마을운동을 소주제로 다루고 있다. 역사박물관은 이명박 정부가 구상해 이명박 정부가 만든 박물관으로, 박근혜 정부하고는 직접적 연관은 없다. 그러나 새 정부 들어 개발도상국 대상 공적개발원조ODA 등을 통해 새마을운동을 수출하는 등 새마을운동에 관련된 선전을 강화하면서 사회적 쟁점이 되고 있다(《새마을운동 수출 부쩍 부각 — 부작용 우려》, 《경향신문》 2013년 5월 16일). 역사박물관은 새마을운동에 관련해 "농민들의 잘살아보겠다는 의욕을 자극하여 농촌의 환경과 농민의 자세를 바꾸었으며 농촌을 넘어서 도시 지역과 직장, 공장, 학교 등으로 확산되었다"고 긍정적으로 평가하고 있을 뿐이다. 따라서 "그러나 일각에서는 관 주도의 하향식 운동으로서 유신 체제를 유지하는 수단으로 이용됐다고 비판하고 있으며, 1980년대 들어서는 부패의 온상이 되고 말았다"는 내용을 추가해 균형을 잡아야 한다.

(4) 5·18 광주민주화운동

역사박물관은 5·18 민주화운동을 객관적으로 서술한 뒤 "이 사태는 6·25전쟁 이후 최대의 비극이었지만, 동시에 1980년대 민주화운동의 출발점이 되었다"고 쓰고 있다. 그러나 이런 서술은 5·18의 의미를 지나치게 과소평가한 것이다. 5·18의 의미는 단순히 "1980년대 민주화운동의 출발점"이 아니다. 싫으나 좋으나 5·18의 역사적 의미는 한국전쟁과 함께 '극우 반공적' 사회 분위기 때문에 한국 사회에서 사라져버린 다양한 **진보 운동을 부활시킨 것**이다.

따라서 "뿐만 아니라 국가가 양민을 학살한 5·18은 한국전쟁 뒤 한국 사회에서 사라진 반미운동 등 다양한 '진보 운동'의 부활을 가져왔다"는 내용을 추가해야 한다. 그래야 바로 이어지는 '80년대 중반의 민주화운동'에서 다루는 반미자주화운동(미문화원 방화) 등 진보 운동의 등장을 이해할 수 있다.

4) 대한민국의 선진화, 세계로의 도약

(1) 세계 속의 한국 사람들

'세계 속의 한국사람'들이라는 소구성에서 역사박물관은 "한국은 세계에서 네 번째로 해외동포가 많은 나라이다"는 점을 강조하며 "현재 700만 한인들이 세계 각국의 다양한 분야에서 뛰어난 재능을 발휘하여 한국과 세계를 잇는 가교 역할을 하고 있다"고 쓰고 있다.

그러나 다른 반쪽인 '한국 속의 세계'에 관해서는 전혀 언급하지 않는다. 외국인 노동자들이 많이 입국하고 국제결혼이 늘어나 신규 결혼 가구 중 국제결혼 비율이 10퍼센트를 넘어서는 등 다문화 가정이 날로 늘어나는 현실도 함께 설명해야 균형감을 갖춘 서술이 될 것이다.

3. 결론

이 글에서는 최근 논쟁이 되고 있는 대한민국역사박물관을 총론과 각론으로 나눠 비판적으로 살펴봤다. 총론의 경우 과정, 명칭, 규모, 구성 (1) — 시기 구분, 구성 (2) — 편향성, 번역의 문제를 하나씩 살펴봤다. 이어서 각론에서는 대한민국의 태동, 대한민국의 기초 확립, 대한민국의 성장과 발달, 대한민국의 선진화라는 각 시기별 문제들을 살펴봤다.

여러 문제에도 불구하고 서울의 가장 중심가에 한국의 현대사를 다룬 역사박물관이 만들어진 일은 매우 고무적이다. 문제는 여러 군데에서 지적하는 문제점들을 검토하고 보완해 이런 중요한 역사적 업적을 더욱 발전시키는 일이다. 이런 평가, 나아가 다른 평가들을 종합해 전문가들로 **'대한민국역사박물관 개선위원회'(가칭)**를 구성해 앞에서 지적한 초정파적 합의안을 만들어내야 한다. 아니면 박물관 운영위원회를 이런 초정파적 기구로 만들어 운영위원회가 개선안을 주도하게 해야 한다. 그것만이 이념이 다른 정권이 집권하면 역사에 관련된 교과서와 박물관 등의 내용을 한바탕 교체하는 소동을 피할 수 있는 길이다.

6장

한국 민주화운동과 민주주의 60년[*]

1. 여는 글

'제1기 민주화'가 끝나고 '제2기 민주화'의 방향을 결정하는 지난 2002년 대선은 노무현 대통령의 승리로 끝이 나고 참여정부가 출범했다.[1] 노 대통령의 승리는 제1기 민주화, 특히 '민주화운동 출신 대통령'들인 양김의 10년에 대한 국민들의 불만에도 불구하고 다수 국민들이 양김의 노선이라 할 수 있는 '개혁적 자유주의' 내지 '개혁적 보수' 노선을 다시 한 번 지지한 것이라고 볼 수 있다.[2] 그러나 동시에 노 대통령의 승리는 양김으로 상징되는 한국적 자유주의 정치의 불구성, 즉 사당 정치 등에 대한 비판과 정치 개혁에 대한 열망, 나아가 더욱 넓은 의미의 민주주의에 대한 열망에 기초하고 있다. 그러나 노무현 정부의 임기가 반환점을 돌아서고 해방 60주년을 맞은 (2005년) 현재, 노무현 정부에 대한 기대는 싸늘한 배신감으로 변하고 있다.

이런 사실에 관련해, 지난 60년, 특히 한국 민주주의의 중요한 분기점인

---

[*] 손호철, 〈민주화운동, 민주화, 민주주의: 개념과 한국적 특성을 중심으로〉, 《한국과 국제정치》 19권 4호, 2003년을 발전시킨 글이다.

1987년 6월항쟁부터 노무현 정부 출범에 이르는 '제1기 민주화' 15년을, 이 흐름을 추동해온 민주화운동과 그 성과로서 한국 민주화와 한국 민주주의라는 측면에서 비판적으로 평가할 필요가 있다. 이 글은 이런 문제의식에서 민주화운동과 민주화, 민주주의의 문제를 그 개념적 연관과 한국적 특성이라는 측면에서 살펴보는 데 목적이 있다. 따라서 첫째, 민주화운동, 민주화, 민주주의 간의 관계를 일반 이론 수준에서 추적한 뒤, 둘째, 한국 민주화운동의 정확한 외연을 민주주의의 '과학적' 개념화[3]에 기초해 규명하고, 셋째, 해방 뒤 60년 동안, 특히 좌우익 이념 분쟁이 분단 고착화로 종결된 1953년 한국전쟁 종전 이후의 한국 민주화운동의 역사적 특징과 이것에 기초해 진행된 한국 민주주의의 성과와 한계, 즉 한국 민주주의의 현주소를 비판적으로 살펴보려 한다.

2. 민주화운동, 민주화, 민주주의

먼저 민주화운동, 민주화, 민주주의 사이의 관계를 명확히 하고 넘어갈 필요가 있다. 민주주의가 무엇인가 하는 것은 많은 논의가 필요한 논쟁적 주제로, 그 구체적인 내용은 아래에서 본격적으로 논의하고자 한다. 다만 여기에서 짚고 넘어갈 점은 민주주의란 어떤 상태를 지칭하는 것이라는 사실이다. 한편 민주화란 권위주의나 파시즘 같은 비민주적 상태에서 또 다른 상태인 민주주의로 변화하는 동태적 과정을 지칭하는 것이다. 마지막으로 민주화운동은 민주화를 야기해서 비민주주의나 반민주주의를 민주주의로 변화시키기 위한 운동과 행동들을 말한다. 따라서 인과적 관계의 측면에서 살펴보면 민주화운동이 민주화를 초래하고, 민주화라는 과정이 민주주의를 가져다주는 관계다.

그러나 이 관계가 그렇게 간단하지는 않다. 왜냐하면 모든 민주화운동이 민주화에 실질적으로 기여해 민주주의를 가져다주는 것이 아니며, 또한 민주화에 긍정적으로 작용해 민주주의를 가져다주는 변수들이 유일하게 민주화

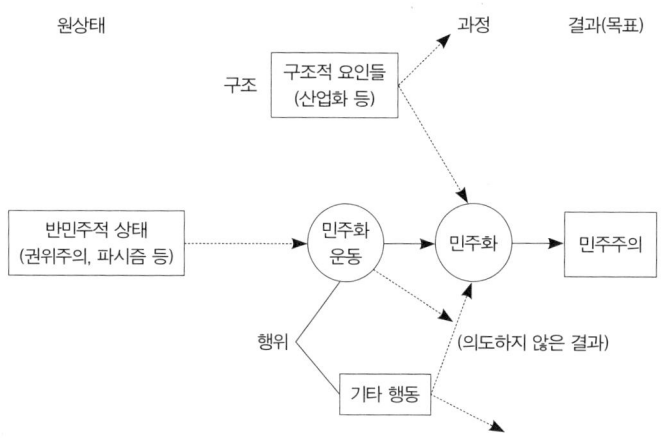

그림 1. 민주화운동, 민주화, 민주주의의 관계

운동은 아니기 때문이다. 민주화운동도 그 주관적 의도하고 다르게 민주화에 기여하기보다는 오히려 권위주의를 강화하는 효과를 가져다주는 경우도 적지 않게 목도하게 된다. 반면에 정반대로 당초 민주화운동이 아닌 행동들이 의도하지 않게 민주화에 기여하는 경우도 적지 않다. 이를테면 1980년 신군부의 광주 학살 같은 경우 단기적으로는 민주화운동을 좌절시켜 한국 민주주의를 후퇴시켰지만, 중장기적으로는 오히려 잔인한 학살을 통해 1980년대의 치열한 민주화운동을 불러옴으로써 민주화에 '기여'했다고 볼 수 있다. 민주화운동과 민주화, 민주주의의 관계에서 고려해야 할 문제는 이런 이른바 '의도하지 않은 결과unintended consequence'[4]다. 또한 민주화에 기여하는 요소는 민주화운동과 그 밖의 다른 행동들이 가져오는 의도하지 않은 결과만이 아니라 산업화 같은 구조적 요인들이다.[5] 즉 민주화 동학에 관한 분석에서도 이른바 '구조 대 행위'[6]라는 문제가 내재해 있는 것이다.

지금까지 논의한 민주화운동, 민주화, 민주주의의 관계를 정리해 알기 쉽게 도식화하면 **그림 1**과 같다.

3. 한국 민주화운동의 '과학적' 외연

위에서는 민주화운동, 민주화, 민주주의의 관계를 살펴봤다. 그러나 그 과정에서 우리는 이것들 사이의 형식적 관계만을 다뤘을 뿐 내용적 측면은 논의를 미뤄놓았다. 여기에서는 바로 이 문제를 한국 민주화운동의 과학적인 정의와 외연은 무엇인가를 중심으로 살펴보고자 한다.

한국 민주화운동이란 무엇인가 하는 정의와 외연의 문제는 그렇게 자명하지 않다. 사실 김대중 정부 시절 '민주화운동 관련자 명예회복 및 보상 등에 관한 법'(민주화보상법)을 제정한 뒤 다양한 과거의 시국 사범들이 민주화보상위원회에 민주화운동 인정과 보상 신청을 해오면서 개별 사안들이 과연 민주화운동인가 하는 민주화운동의 범위를 둘러싼 논쟁을 불러일으키고 있다. 이 문제에 관련해서도, 나아가 더 근본적으로는 한국 민주화운동에 관한 체계적 연구를 위해서도 무엇이 한국 민주화운동이었는가 하는 한국 민주화운동에 관한 정확한 정의는 반드시 짚고 넘어갈 필요가 있는 주제다.

우선 한국 민주화운동은 좁은 의미의 운동 내지 일종의 고유명사로서 한국 민주화운동으로 이해할 수 있다. 일반적으로 우리들이 1970년대 이후 '민주화운동'이라고 불러온 것으로서 군사독재에 대항해 절차적 민주주의 내지 정치적 민주주의를 복원하기 위해 벌여온 저항운동을 지칭한다(사실 1970년대의 경우 바로 이런 문제의식에 기초해 대표적인 민주화운동 단체의 이름도 '민주회복국민회의'였다. 그러다가 1980년대 들어 민주화운동청년연합이 발족하면서 '민주회복'이 아니라 '민주화운동'이 운동의 공식적인 이름으로 등장했다). 민주화보상법도 민주화운동에 대한 이런 인식에 기초해 있어서 민주화운동을 "1969년 8월 7일 이후 자유민주적 기본질서를 문란하게 하고 헌법에 보장된 국민의 기본권을 침해한 권위주의적 통치에 항거하여 민주헌정질서의 확립에 기여하고 국민의 자유와 권리를 회복 신장시킨 활동"으로 규정하고 있다. 나아가 보상법 시행령은 보상법에 규정한 '항거'를 "직접 국가권력에 항거한 경우뿐 아니라 국가권력이 학교, 언론, 노동 등 사회 각 분야에서 발생한 민주화운동을 억압하는 과정에서 사용자나 기타의 자에 의해서 행하여진 폭력 등에 항거함으로써 결과적으로 국가권력의 통치에 항거한 경우를 포함"하지만 "국가권력과 관계없는 사용자 등의 폭력 등에 항거한 경우는 제외한다"고 그 범위를 제한하고 있다. 그러나 한국 민주화운동을 좀더 체계적으로 돌아보려면 이런 일상적 용법을 넘어서 한국 민주화운동이 무엇인가 하는 정의와 외연의 문제를 근본적으로 다시 생각해볼 필요가 있다.

논리적으로 볼 때 한국 민주화운동은 "한국의 민주주의를 세우고 확대하기 위한 운동"이다. 즉 한국의 민주주의를 위해 수행한 운동은 모두 한국 민주화운동이다. 그런데 문제는 여기에서 '민주주의'란 무엇인가 하는 것이다. 물론 민주주의가 무엇인가 하는 문제에 대해서는 다양한 의견이 존재한다. 사실 이 문제는 매우 논쟁적인 주제로 자유민주주의, 사회민주주의, 사회주의적 민주주의 등 민주주의를 다르게 이해하는 다양한 이론과 이념들이 경쟁한 바 있다. 물론 소련과 동구의 몰락 이후 사회주의적 민주주의가 파탄에 이르면서 이런 다양한 이론 중 정치적 민주주의를 중심으로 한 자유민주주의가 특권화되고, 특히 그중에서도 민주주의를 단순히 엘리트 간의 공정한 경쟁을 보장하는 것으로 이해하는 슘페터류의 최소주의적 정의가 영향력을 넓혀가고 있는 상황이 현재의 이론적 정세다(아래 참조). 그러나 긴말 필요 없이 민주주의란 단순한 엘리트 간의 공정한 경쟁이나 정치적 민주주의로 환원될 수 있는 것이 결코 아니다. 민주주의는 모든 억압, 착취, 차별, 배제에 반대하는 사회나 상태를 의미하며, 이 점에서 "한국 사회의 모든 억압, 착취, 차별, 배제에 저항하는 운동"은 한국 민주화운동인 것이다.

이것을 다른 각도에서 살펴보면 민주주의는 크게 보아 상호 보완적인 네 가지 민주주의가 있다. 첫째, 정치적 민주주의다. 민주주의의 이론적 주도권을 쥐고 있는 자유민주주의론이 주목하는 민주주의가 바로 이 정치적 민주주의로, 이 개념은 특히 소련과 동구가 몰락한 뒤 더욱 특권화되고 있다. 그러나 이런 정치적 민주주의의 특권화 이외에도 최근 두드러지게 나타나는 현상은 정치적 민주주의를 단순히 직선제 같은 엘리트 간의 공정한 경쟁을 보장하는 것으로 이해하는 슘페터류의 '최소주의적' 입장이 광범위하게 유포되고 있다는 사실이다. 즉 슘페터에 따르면 "민주주의란 '인민'이란 용어와 '지배'라는 용어의 어떤 의미에서도 인민이 실제로 지배하는 것을 뜻하지 않으며 …… 다만 인민이 자신들의 지배자가 되고자 하는 사람들을 승인하거나 거부할 기회를 가지고 있는 것을 의미할 따름"이기 때문에, 민주주의란 결국 "정치적 결정에 도달하기 위해 인민의 표를 얻기 위한 경쟁을 통해 결정권을 얻고자 하는 것을 그 협의 내용으로 하는 하나의 제도적 협정"[7]이다. 다시 말해 민주주의란 경쟁에 의한 엘리트 지배에 불과하며, 따라서 민주주의냐 아니냐는 엘리트 간의 공정한 경쟁이 보장되느냐 여부에 불과할 뿐 일반 국민들의 자유권 보장 여부는 중요한 기준이 아니라는 주장이다.

이런 시각에 따르면 일반 국민들의 정치권 기본권들이 심각하게 훼손되더라도 보통선거권만 보장되고 엘리트 간의 공정한 경쟁만 보장되면 민주주의다. 이런 견해는 민주주의의 의미를 지나치게 훼손하는 잘못된 견해다. 다시 말해 직선제 같은 엘리트 간의 공정한 선거 경쟁이 보장된다고 하더라도 일반 국민들의 사상과 결사의 자유가 제약된다면 이런 정치체제를 정치적 민주주의라고 말할 수는 없다. 대신에 정치적 민주주의는 엘리트 간의 공정한 경쟁뿐만 아니라 정치적 선호의 형성, 표현 기회의 평등, 즉 사상과 결사의 자유 같은 정치적 기본권이 보장되는 정치체제다. 따라서 정치적 민주주의란 슘페터가 아니라 최소한 로버트 달의 다두정polyarchy의 수준은 돼야 한다. 흔히 민주주의라고 부르는 다두정은 국민들이 자신의 정치적 선호preferences를 형성할 기회, 선호를 나타낼 기회, 정부의 정책에서 이 선호를 다른 선호들과 동등하게 취급할 기회의 평등을 보장하는 정치체제를 의미하며, 이것은 제도적으로 조직의 결성과 가입의 자유, 표현의 자유, 투표권, 피선거권, 대안적 정보의 접근권 등을 필요로 한다(Dahl 1971, 1~4).

둘째, 기본적으로 사회민주주의가 관심을 갖는 사회경제적 민주주의다. 이것은 자유권에 대비되는 사회권에 관련된 문제로, 빈곤에서 벗어날 자유 등 인간으로서 살아가는 데 보존돼야 할 최소한의 존엄성에 관련된 사회경제적 권리의 문제다. 사회경제적 민주주의는 두 가지 측면에서 의미가 있다. 하나는 정치적 민주주의의 수단으로서 사회경제적 민주주의다. 정치적 민주주의를 핵심 특징으로 하는 자유민주주의는 다양한 사회 집단들이 자신의 권력자원power resource을 동원해 경쟁을 벌이고 있다고 보는바(Dahl 1961), 그 권력자원에서 핵심 중 하나인 부의 분배가 지나치게 불평등할 경우 정치적 민주주의는 사실상 비민주주의로 전락할 수밖에 없다. 따라서 이런 사태를 막은 방편 내지 수단으로서 사회경제적 민주주의는 나름대로 의미를 갖는다. 나아가 빈곤에서 벗어날 자유 등 인간으로서 살아가는 데 보존돼야 할 최소한의 존엄성에 관련된 사회경제적 권리, 즉 사회권[8]은 유엔 인권헌장이 인간의 기본권으로 인정하고 있듯이 그것 자체가 인간이 추구해야 할 목표이며, 이 권리를 지키기 위한 사회경제적 민주주의는 정치적 민주주의 못지않게 중요한 민주주의의 구성 부분이다.

셋째, 마르크스주의 같은 좀더 근본적인radical 좌파들이 관심을 갖는 민주주의로서 생산자 민주주의다. 자본주의 사회가 가장 취약한 것이 바로 이 생산자 민주주의다. 모든 민주주의와 시민권은 공장 문 앞에 오면 멈추게 돼 있고, 공장 안은 정도의 차이가 있지만 일방적인 지시와 복종, 지배와 종속 현상이 일상화된 '공장 전제정' 체제다.[9] 대부분의 사람들이 노동을 자기실현 과정으로 인식하지 못하고 오히려 하루의 노동과정을 끝내고 작업장에서 빠져나오는 순간 해방감을 느끼는 것도 근본적으로는 바로 이런 상황에서 연유하는 현상이라고 할 수 있다. 이런 작업장 독재에 저항해 생산자들이 스스로 주요한 결정을 하는 생산자 자주관리가 생산자 민주주의이며, 이런 문제의식에서 보면 자본주의는 아무리 정치적 민주주의와 경제적 민주주의가 발달해도 기본적으로 반민주적인 정치 체제다. 그러나 생산자 자주관리처럼 생산자 민주주의가 근본적으로 실현되지는 않더라도 일부 진보적인 선진자본주의의 경우 주요한 의사 결정에 노동자를 참여시키는 노동자 경영 참여를 제도화하는 형태의 산업민주주의(Kiloh 1986, 14~50)를 실시해온바, 이것은 생산자 민주주의의 초보적 형태라 할 수 있다. 사실 다두정이라는 개념을 통해 민주주의를 단순히 정치적 민주주의로 인식하는 데 이론적 초석을 제공한 달의 경우도 자기비판을 통해 좀더 급진적 입장으로 변화해가면서 "회사도 지배자와 피지배자들 간에 권력관계가 존재하는 하나의 정치체제로 볼 수 있다"고 주장한 바 있다(Dahl 1985, 115).

넷째, 포스트모더니즘, 포스트마르크스주의 등 포스트주의가 관심을 갖고 있는 '일상성의 민주주의'다. 포스트주의가 잘 지적하고 있듯이 민주주의는 단순히 국가나 자본 같은 거대 권력에 국한된 문제가 아니다. 모든 사회적 관계들에는 권력관계가 내재돼 있기 때문에, 이런 점에서 보면 다양한 일상적인 삶의 제도화된 사회적 관계들은 모두 민주주의의 문제에 연결된다.[70] 남성 중심주의적인 가부장제에 저항하는 젠더민주주의 문제부터 소수자 운동으로서 동성애자의 권리 같은 차이difference의 민주주의, 대학의 주요 의사 결정에 학생의 참여를 주장해온 학생운동이 함의하고 있는 대학의 민주주의 문제 등 민주주의의 문제는 도처에 존재한다.

결국 민주주의에 대한 더욱 체계적인 이해에 기초할 경우 흔히 일반적으로 생각하듯이 민주화운동을 첫째의 정치적 민주주의를 위한 반독재 투쟁으로 좁혀서 이해하는 것은 잘못이다. 둘째의 사회경제적 민주주의, 셋째의 생산자 민주주의, 넷째의 일상성의 민주주의를 위한 투쟁과 노력을 모두 민주화운동이라고 할 수 있다. 노동 기본권을 위한 전태일의 분신, 작업장에서 군대식 명령 체계에 저항한 이름 없는 노동자들의 저항, 남성 중심의 호주제에 맞선 여성들의 저항, 유신 시절 장발 단속에 저항한 대학생들의 저항, 규격화된 교복 제도에 저항한 고등학생들의 저항 같은 '미시 저항'들도 모두 민주화운동이라고 할 수 있다.

이런 문제의식 아래 위에서 인용한 민주화보상법상 민주화운동의 정의를 살펴보면 많은 문제점을 발견할 수 있다. 민주화운동에는 "국가권력이 학교, 언론, 노동 등 사회 각 분야에서 발생한 민주화운동을 억압하는 과정에서 사용자나 기타의 자에 의해서 행해진 폭력 등에 항거함으로써 결과적으로 국가권력의 통치에 항거한 경우를 포함"하지만 "국가권력과 관계없는 사용자 등의 폭력 등에 항거한 경우는 제외한다"고 그 범위를 제한한 것은 잘못이다. 물론 이 법안이 국가의 보상 문제가 관련돼 있기 때문에 대상을 국가가 보상 책임이 있는, 국가권력이 직접적으로 개입한 경우로 국한했는지 모른다. 그러나 이런 현실적, 법적 제한의 필요성에는 상관없이 민주화운동을 단순히 국가권력에 저항한 경우로 국한하는 규정은 민주주의에 대한 대단히 잘못된 인식에 기초한 것으로, 이론적으로라도 이 문제를 명확히 하고 넘어갈 필요가 있다.

나아가 민주화보상법상의 민주화운동 정의는 해석상 상당한 논쟁을 불러일으킬 여지가 있다. 이 법이 정의한 민주화운동의 규정 중에서 "헌법에 보장된 기본권을 침해한 권위주의적 통치에 항거해 국민의 자유와 권리를 회복, 신장시킨 활동"이라는 내용에 관련해, 넓게는 국민의 권리가 무엇이냐, 좁게는 헌법에 보장된 기본권이 무엇이냐에 관해 다른 해석이 가능하기 때문이다. 그러나 우리의 헌법, 즉 헌법에 보장된 기본권을 살펴보면, 일상적인 통념과 달리 민주화운동의 범위가 상당히 넓다는 사실을 발견하게 된다. 우리 헌법은 신체의 자유부터 양심의 자유(19조), 언론, 출판, 결사, 집회의 자유(21조), 학문, 예술의 자유 같은 이른바 자유권만이 아니라 교육받을 권리(31조), 근로의 권리(32조), 노동 3권(33조), 인간다운 생활을 할 권리(34조), 인간의 행복추구권(10조) 같은 사회권, 그리고 환경권(35조)을 포함하고 있다. 따라서 민주화보상법의 정의에 따르더라도 단순히 정치적 자유를 침해한 군사독재의 정치적 탄압에 맞선 저항 운동, 즉 위에서 지적한 첫째의 정치적 민주주의에 관련된 운동만이 아니라 둘째의 사회경제적 민주주의 운동, 셋째의 생산자 민주주의 운동 역시 민주화운동이다. 나아가 인간다운 생활을 할 권리, 인간의 행복추구권 같이 헌법이 보장하고 있는 매우 포괄적인 기본권들을 고려할 때 동성애자들의 인정 투쟁 등 넷째에 해당하는 일상성의 민주주의에 속하는 운동, 나아가 가장 앞부분에 지적한 모든 억압, 착취, 배제, 차별에 맞선 저항이 민주화보상법에 따라서도 민주화운동에 포함될 수 있다.

이런 큰 원칙 아래에서 몇 가지 더 짚어볼 문제가 있다. 우선 제3세계적 맥락과 분단 국가라는 한국의 특수성에 관련해 그동안 한국 학생운동과 재야운동 안에서 하나의 중요한 흐름을 형성해온 반미자주화와 통일운동의 문제다. 물론 표면적으로 볼 때 이 운동들은 직접적으로 민주화운동에 무관한 것처럼 보인다. 그러나 민주주의를 포함한 현대 사회의 문제가 일국적 수준에 국한된 것이 아니라 세계체제적으로 연결돼 있다는 점에서 민주주의와 민주화운동을 반드시 일국적 수준의 문제, 국내의 문제로 국한할 필요는 없다.[71] 외세의 문제, 분단과 통일의 문제도 우리 사회의 억압, 착취, 배제, 차별에 관련이 있다면, 즉 위에서 지적한 다양한 민주주의와 기본권들에 관련이 있다면 그런 것 또한 민주화운동이다. 따라서 이 문제를 이 글에서는 '대외적 민주주의', '대외적 민주화', '대외적 민주화운동'으로 표현하고자 한다.

다음에 짚고 넘어갈 문제는 합법성과 폭력성의 문제다. 즉 민주화운동은 억압, 착취, 배제, 차별에 저항하는 운동, 정치적 민주주의, 사회경제적 민주주의, 생산자 민주주의, 일상성의 민주주의를 위한 운동, 다양한 기본권을 지키기 위한 운동이라 하더라도 목적을 추구하는 과정에서 합법적이고 평화적인 방법을 사용한 운동에 국한시켜야 하느냐, 아니면 방법에는 무관한 것이냐 하는 점이다. 이 문제에 관련해 민주화보상법 자체도 합법성과 폭력성 여부를 민주화운동의 판단 기준으로 삼고 있지 않다. 사실 민주화운동을 평화적 방법을 사용한 사례로 국한할 경우 대표적인 민주화운동으로 인정받고 있는 1980년 5·18민중항쟁도 민주화운동이 아닌 것이 된다. 그러나 일부 시각에 따라서는 민주주의와 폭력성을 근본적으로 모순되는 것으로 보며, 따라서 폭력적 방식에 따른 저항은 민주화운동이 아니라고 주장할 수 있다. 이것은 무척 복잡한 논쟁이 필요한 주제다.

그러나 폭력/평화학의 권위자 중 한 명인 요한 갈퉁이 잘 지적했듯이 폭력이란 단순한 직접적 폭력만이 아니라 반민주적 질서 같은 '구조적 폭력'을 포함하며(Galtung 1978), 민주화운동 등 많은 저항 운동이 5·18항쟁처럼 구조적 폭력, 나아가 군부의 강력한 직접적 폭력에 저항해 불가피하게 방어적인 직접적 폭력에 의존하게 되는 경우가 적지 않다. 따라서 폭력성 여부로 민주화운동을 판단하는 것은 무리라고 할 수 있다. 사실 폭력 여부를 민주화운동의 판단 기준으로 삼을 경우 반민주적 체제의 구조적 폭력과 직접적 폭력에 저항해 민중운동의 대항 폭력이 개입된 5·18이나 프랑스 대혁명 등이 모두 민주화운동이 아니라는 이야기다.

어쩌면 가장 골치 아픈 문제인데, 앞에서 지적한 '의도하지 않은 결과'에 관련된 '의도'와 '결과'의 문제다. 즉 민주화운동을 민주주의에 기여하기 위한 의도를 가지고 한 운동으로 볼 것이냐, 아니면 의도에 상관없이 결과적으로 민주주의에 기여한 운동으로 볼 것이냐 하는 문제다. 이 문제에 관련해서는 민주화운동을 의도도 있고 결과적으로도 민주주의에 기여한 것으로 국한하는 가장 엄격한 입장, 의도로 규정하는 입장, 결과로 규정하는 입장으로 나눠 볼 수 있다. 일반적으로 사회과학에서 중요한 것은 의도보다는 행동의 현실적 효과로서 '결과'다.

그러나 결과를 중심으로 민주화운동을 정의하는 경우, 특정 운동이 민주화에 결과적으로 기여했느냐 그렇지 않으냐 하는 현실적 기여도를 어떻게 검증하느냐는 기술적 어려움을 가져다줄 뿐 아니라 민주화를 위해 노력했지만 결국 실패한 운동은 민주화운동이 아니고 전혀 민주화를 위해 한 행동이 아닌데도 '의도하지 않은 결과'에 따라 민주화에 기여한 운동은 민주화운동이 되고 마는 아이러니에 봉착하게 된다. 이를테면 박정희의 유신 선포와 민주 헌정 탄압은 민주화운동의 성장을 자극해 궁극적으로 의도하지 않게 한국 민주주의의 성장에 기여했다고 볼 수 있다는 점에서 결과를 민주화운동의 판단 기준으로 채택할 경우 유신 선포를 민주화운동이라고 봐야 하는 엉뚱한 상황에 봉착하게 된다. 이렇듯 극단적인 경우는 아니더라도 목적의식적인 운동이 아니라 막걸리 보안법 피해자처럼 특별한 목적의식적 행동을 하지 않은, 단순한 군사독재의 피해자들도 민주화운동 해당자인가 하는 문제를 낳는다. 그러나 정반대로 단순히 참여자들의 주관적 의도를 중심으로 민주화운동을 판단하는 것도 많은 문제를 야기한다는 점에서 간단한 문제가 아니다. 이 문제에 관련해 주목할 것은 최근 급속히 활성화되고 있는 극우 냉전 세력의 정치화다. 즉 자유시민연대 등 극우 냉전 세력의 정치화에 관련해 반핵반김 집회 등이 활발해지면서 이런 집단적 움직임을 진정한 '민주화운동'이라고 주장하고 나설 가능성이 크다는 점이다. 따라서 민주화운동의 외연에 대한 골치 아픈 문제를 또 하나 떠안게 될 가능성이 크다.

복잡한 문제를 접어두고 조금 쉬운 문제, 그러나 반드시 짚고 넘어가야 할 문제는 '시기'의 문제다. 한심스럽게도 민주화보상법이 김종필 자민련 총재라는 현실 정치 세력의 존재 때문에 민주화운동의 범위를 1969년 이후, 즉 박정희 3선 개헌 이후의 운동으로 국한한 것이다. 이런 기준은 3선 개헌 이전에는 한국이 하자 없는 민주주의라는 이야기, 따라서 이를테면 6·3사태처럼 여기에 저항한 운동은 민주화운동이 아니라는 이야기에 다름 아니다. 또한 이 법의 규정에 따르면 이승만 독재에 저항한 4·19도 민주화운동이 아니다. 이렇게 민주화운동을 1969년 이후로 국한시킨 민주화보상법은 문제가 많다. 그러나 문제는 보상에 관련된 민주화보상법을 넘어서 이론적 측면에서 시기적 하한선을 언제까지 거슬러 내려가느냐는 것이다. 엄밀히 말해 민주화운동이 반드시 근대 국민국가를 전제로 한 것은 아니라는 점에서 시기를 근대로 국한할 필요는 없다. 만적의 난이나 동학 같은 전근대 시기의 다양한 저항과 민란도 사실은 민주화운동이다. 이런 근본주의적 입장을 취하지 않고 대한민국이라는 국민국가의 존재를 전제로 해 논의를 진행하더라도 민주화운동을 1969년 3선 개헌이나 1961년 박정희 군사독재의 출범 이후로 국한할 수는 없다.

오히려 1948년 정부 수립 이후부터 민주화운동은 시작됐다고 봐야 한다. 시기 문제에서 제기되는 또 다른 문제는 시기적 하한의 정반대 문제, 즉 시기적 상한의 문제다. 민주화와 민주주의란 지속적인 과정이지 어느 순간에 완성되는 것은 아니라는 점에서 민주화운동의 시기적 상한은 없다고 봐야 한다. 이른바 1987년 민주화 이후에도, 특히 많은 사람들이 민주 정부로 생각하는 김영삼, 김대중, 노무현 정부하에서 일어난 다양한 저항 운동들도 민주화운동이지, 민주화운동이 박정희나 전두환 정권 같은 공공연한 독재체제에 저항한 운동에만 국한된 것은 아니다. 이런 면에서 민주화보상법이 시기적 상한을 정해놓지 않은 점은 앞으로도 계속 김대중, 노무현 정권 등에 저항해 민주화운동 인정과 보상 요구를 불러올 수 있다는 행정상의 기술적 문제점을 내포하고 있지만, 그 정신 면에서는 맞는 것이다.

4. 한국 민주화운동과 한국 민주주의의 역사적 특징

위에서 우리는 민주화운동, 민주화, 민주주의의 관계를 살펴본 뒤 민주주의의 체계적 이론화에 기초해 한국 민주화운동의 외연을 분석했다. 이런 작업에 기초해 이제는 한국 민주화운동, 그리고 한국의 민주화와 한국 민주주의의 역사적 특징을 비판적으로 살펴보고자 한다. 다만 이 문제를 살펴볼 때 논의의 범위를 1953년 이후로 국한하고자 한다. 앞에서 지적했듯이 민주화운동은 근대 시기로 국한되는 것이 아닌데다가 설사 근대로 국한하더라도 대한민국이 성립된 1948년 이후부터 존재한다고 봐야 하지만, 전근대 시기나 해방 정국을 포함해 민주화운동을 논의할 경우 논의가 복잡해지기 때문에, 이 글에서는 해방 정국이 끝나고 분단체제가 자리잡은 1953년 이후로 범위를 국한한 것이다.

1) 한국 민주화운동

한국 민주화운동의 특징을 살펴보기에 앞서 우선 위에서 지적한 민주주의의 다양한 유형과 관련해 한국 민주화운동을 역사적으로 개관할 필요가 있다.

민주화운동 제1기는 1953년 분단체제가 고착화돼 남한 사회에서 좌우 이념 분쟁이 사라졌을 때부터 1980년 광주 학살까지 이르는 기간으로, 기본적으로 자유주의적 헤게모니하에 정치적 민주주의를 중심적인 투쟁 목표로 한 시기다. 물론 1960년 4·19혁명 이후 다양한 진보적 운동이 복원돼 사회경제적 민주화운동이 활성화되기도 했고, 1970년대 초에는 전태일의 분신, 철거민들의 광주(현재는 성남) 민란 이후 국민 대중의 생활 등 사회권을 둘러싼 투쟁이 벌어졌다. 그러나 이런 흐름은 부차적인 것이었고, 1980년대까지 민주화운동의 특징은 정치적 민주주의를 회복하려는 자유주의적 운동이었다. 이런 특징은 이 시기 민주화운동을 주도한 주체들의 성격과 무관하지 않다. 당시 민주화운동은 재야와 학생 등 주로 비판적 성향의 자유주의 세력들이 중심을 형성하고 있었다.

제2기는 1980년 광주 학살부터 1987년 6월항쟁에 이르는 시기다. 이 시기는 제1기와 마찬가지로 군사독재에 저항해 정치적 민주주의를 실현하려는 정치적 민주화운동이 민주화운동의 중심축을 형성했다. 그러나 동시에 광주 학살에 따른 우리 사회의 급진화의 결과로 자유주의적 틀을 넘어서 좀더 근본적인 변혁을 추구하려는 급진적 민주화운동이 활성화됐다. 그 결과 사회경제적 민주주의, 생산자 민주주의를 추구하는 좌파적 민주화운동이 본격화되고, 동시에 이른바 민족 문제를 중시하는 '민족해방ᴺᴸ'파를 중심으로 해서 자주화 등 '대외적 민주화'운동도 활성화됐다. 이 흐름을 주도한 집단은 그 이전 시기처럼 학생과 재야였다. 그러나 이 집단의 중심은 과거의 자유주의적 세력이 아니라 비타협적 반독재 투쟁을 주도한 급진적 민주화운동 세력이었다.

제3기는 1987년부터 1990년대 초반까지다.[12] 이 시기는 정치적 민주화운동이 계속되지만, 1987년 6월항쟁의 결과 합법적 공간이 넓어지자 그동안 억눌려 있던 다양한 운동들이 분출하면서 노동자와 농민부터 학생과 급진적 지식인에 이르는 다양한 세력들의 사회경제적 민주화운동, 생산자 민주화운동, 대외적 민주화운동 등 급진적 민주화운동이 정점에 이른 시기다. 어떻게 보면 제2기하고 비슷한 이 시기를 별도로 다루는 이유는 제2기에 시작된 다양한 급진적 민주화운동이 정점에 이른 까닭도 있지만 좀더 근본적인 이유가 있다. 바로 주체의 변화다. 주목할 것은 두 가지다. 하나는 그동안 반독재 투쟁을 위해 연대하던 자유주의적 세력(정치적 민주화에 주된 관심이 있는 정치적 민주화운동 세력)과 급진적 민중 세력(사회경제적 민주화운동, 생산자 민주화운동, 대외적 민주화운동 세력) 간의 분화와 대립이 생겨나기 시작한 점이다. 다른 하나는 급진적 운동에 관련해 기존의 학생과 지식인 이외에도 노동자와 농민 등 기층 민중 계급이 중요한 주체로 등장한 점이다. 또한 시민운동이 생겨나지만 아직 핵심적인 운동으로 자리잡지는 못한 시기다.

　제4기는 1990년대 초반 이후 현재에 이르는 시기다.[13] 우선 이 시기는 그동안 진척된 정치적 민주화의 결과로 정치적 민주화운동이 점차 약화되고, 사회경제적 민주화운동과 생산자 민주화운동 역시 변화를 겪게 된다. 소련과 동구의 몰락 등으로 한국 사회가 빠르게 보수화되면서 급진적 지식인을 중심으로 한 급진적 민주화운동은 위기에 처하고 급속히 해체되지만, 대중 운동, 즉 자주적 노동운동이나 농민운동 등은 민주노총의 출범과 성장이 보여주듯이 서서히 성장해오고 있다.[14] 그러나 이 시기의 가장 중요한 특징은 그동안 억눌려 있던 포스트주의적 의제들이 전면화되면서 포스트주의적 운동이 활성화됐다는 점이다. 즉 거대 권력인 국가권력의 민주화가 어느 정도 진행되고 소련과 동구의 몰락과 함께 사회변혁을 둘러싼 거대 담론들이 무너지면서 환경 문제, 젠더 민주주의 문제, 이주 노동자, 동성애 등 소수자 문제 다양한 포스트주의적 문제들이 시민운동을 중심으로 제기되기 시작했다. 이 시기는 운동 주체에서도 중요한 변화를 겪게 된다. 이 중 가장 눈에 띄는 것은 1953년 이

표 1. 한국 민주화운동의 시기별 특징

	1기(1953~1980)	2기(1980~1987)	3기(1987~1990년대 초)	4기(1990년대 초~현재)
정치적 민주화운동	→	⟹	⟹	→
사회경제적 민주화운동		→	⟹	→
생산자 민주화운동		→	⟹	→
대외적 민주화운동		→	⟹	→
일상성 민주화운동			→	⟹
주체	학생, 지식인 (자유주의적)	학생, 지식인 (급진주의적, 자유주의적)	학생, 지식인, 노동자, 농민 (시민운동) (급진주의, 자유주의 분화)	시민운동 노동자, 농민 민중운동

※ 선의 굵기는 운동의 강도를 표시한 것임.

후 한국 민주화운동을 주도한 학생운동의 퇴조다. 학생운동은 한국 민주화운동의 선도 세력이자 중심 세력의 자리를 내주게 됐다. 이 자리를 대치한 것은 시민단체들의 시민운동과 기층 계급 중심의 민중운동이다. 특히 시민운동은 정치적 민주화와 포스트주의적 민주화에 주도적 역할을 수행하고 있으며, 노동자와 농민을 중심으로 한 기층 계급 운동, 민중운동은 사회경제적 민주화운동, 생산자 민주화운동, 대외적 민주화운동을 주도하고 있다. 이해를 돕기 위해 지금까지 한 논의를 표로 정리하면 다음과 같다(**표 1** 참조).

그러면 이렇게 시기적으로 발전해온 한국 민주화운동의 전체적인 특징은 무엇인가? 우선 강도와 지속성이 아닌가 싶다. 물론 민주화운동의 강도와 지속성 등을 체계적으로 비교 연구한 연구는 없는 듯하고 필자 역시 이것에 대한 체계적인 비교를 실시하지 않았다. 그러나 여러 측면을 고려할 때 한국의 민주화운동은 강도와 지속성에서 세계적으로 평가받을 만한 것이 아닌가 싶다. 한 연구자는 사회운동이 사회적으로 보편화되고 엄청난 힘을 발휘하며 변화를 주도하는 사회를 가리켜 '운동 사회movement society'라는 개념을 사용했는데,[15] 이 개념에 가까운 나라가 바로 한국이 아닌가 싶다.

최소한 1953년 이후를 기준으로 하는 한, 눈에 띄는 둘째 특징은 방법 내지 수단에 관련된 상대적 비폭력성이다. 물론 1987년 민주화 이후 민주화운동에 관련된 여러 시위 현장에서 화염병과 파이프 등이 동원돼 공권력에 대항하는 '대항 폭력'이 행사된 적이 있고, 최근 쟁점이 됐듯이 동의대학교 사건 등에서는 인명 살상까지 벌어진 바 있다.[16] 또한 1980년 봄의 경우 광주민중항쟁 과정에서 시민들이 무장 항쟁을 벌이기도 했다. 그러나 이것은 예외적 상황이고, 폭력이 개입돼 있는 경우도 대부분 독재 정권의 폭력에 대항하는 방어적인 대항 폭력의 형태를 띠고 있었다. 반면에 한국의 민주화운동은 다른 나라들하고 다르게 민주화운동이라는 이름 아래 테러나 게릴라전 같은 무장투쟁을 전개하지는 않았다. 주목할 것은 한국 민주화운동이 대신 택한 극단적인 수단은 테러나 무장투쟁 같은 폭력적 투쟁이 아니라 분신이나 투신처럼 자기 자신에게 폭력을 행사하는, '자기 폭력'이었다는 사실이다. 1991년 분신 정국으로 상징되는 이런 자기희생적 '분신의 정치'[17]는 한국에 국한된 현상이 아니고 통일 이전의 베트남 등 여러 나라에서 나타나지만, 한국처럼 테러 활동이 부재한 대신에 분신의 정치가 활성화된 나라는 없었다. 이것은 분단과 반공주의가 한국 민주화운동에 가한 구조적 제약의 결과로, 분단이라는 조건 아래에서 민주화운동이 대중적 지지를 얻기 위해 취한 전술적 선택이었다.

주체라는 측면에서 한국 민주화운동이 갖는 중요한 특징은 무엇인가? 물론 민주화운동의 주체는 시기별로, 그리고 민주주의 종류(정치적 민주주의, 경제적 민주주의 등)에 따라 변화해왔다. 그러나 일반화해 이야기하면 두 가지가 눈에 띈다. 첫째, 민주화운동에서 학생운동의 주도성이다. 물론 학생운동의 주도성은 1987년 민주화 이후, 특히 1990년대 들어 약화돼 이제 더는 학생운동이 한국 민주화운동의 주도 세력이라고 결코 볼 수 없다. 그러나 평균적으로 볼 때는 학생운동이 민주화운동의 중심 세력이었다는 점은 부인할 수 없다. 다만 흔히 말하듯이 이 사실을 일제 강점기 시기의 '광주학생운동' 등 '학생운동의 유구한 전통'식으로 해석하는 것은 잘못이다. 주목할 것은 학생운동이 해방 공간인 1945~1953년에 결코 중심적인 운동이 아니었다는 사실, 또한 1987년 민주화 이후 주도성을 잃어갔다는 사실이다. 이런 사실은 노동운동 등 계급 운동과 사회운동이 활성화된 때는 학생운동이 민주화운동의 중심 세력이 되지 못한다는 것을 보여준다. 뒤집어 해석하면 1953년 이후 한국 민주화운동에서 학생운동이 중심적인 역할을 수행한 것은 해방 정국을 거치고 분단체제가 고착화되면서 정치적 역할을 해야 하는 계급 운동과 사회운동이 사라져버린 한국적 특수성에서 기인한다. 따라서 1987년 민주화가 되고 노동운동과 (프티부르주아적 계급 운동이라 할 수 있는) 시민운동 등이 활성화되면서 학생운동은 민주화운동의 주도성을 상실하고 만 것이다.

주체라는 면에서 한국 민주화운동이 갖는 둘째 특징은 부르주아 계급의 불참여와 자유주의 세력의 취약성이다. 물론 부르주아 계급은 사회경제적 민주주의와 생산자 민주주의라는 측면에서 보면 민주화운동의 주체가 될 수 없고, 오히려 투쟁의 대상이다. 그러나 정치적 민주주의에 관한 한 "부르주아 없이 민주주의 없다"는 말이 있듯 정도로 시민혁명에서 중요한 역할을 해온 사실은 부인할 수 없다. 물론 이런 일반화는 서구의 경험에 기초한 것으로 제3세계의 경우에는 많은 문제가 있으며, 민주화운동에 대한 대차대조표도 훨씬 복잡해진다.[18] 그러나 제3세계의 경우도 이른바 민주화의 '제3의 물결'이라고 부르는 최근의 민주화에서는 군부에 맞선 자본가 계급이 "사실상의 반정부 세력으로 활동"하고 자신들이 갖고 있는 우수한 권력자원 때문에 "민주화운동 초기에 핵심적인 역할을 수행"했다(O'Donnell & Schmitter 1986, 50). 그러나 한국의 경우 부르주아 계급은 이런 역할을 전혀 수행하지 않았으며, 항상 군부독재 등에 연대해 반민주 세력의 중심에 자리잡아왔다.[19] 이를테면 1987년

6월항쟁에도 이 계급은 직선제를 바라는 국민적 요구에 저항해 전두환의 호헌 선언을 지지하는 성명을 냈다. 그리고 그런 모습은 자본주의적 지향이 도전의 여지가 없을 정도로 확실하고 강력하게 자리잡은 한국 사회에서 부르주아 계급이 다른 나라들하고 다르게 사회적이고 정치적인 헤게모니를 아직 갖지 못한 중요한 이유 중 하나일 것이다(Eckert 1993). 여기에 밀접히 관련된 것이 민주화운동 과정에서 보여준 자유주의 세력의 취약성이다. 사실 한국 사회에서 민주화운동을 주도한 자유주의 세력은 '정치사회'의 보수 야당과 시민사회 수준의 진보적인 민중 세력이지, 자유주의 세력이라고 보기는 어렵다. 다만 최근 들어 시민운동이 발달하면서 자유주의적 정치 세력이 민주화운동의 중요한 세력으로 자리잡고 있다.

한국 민주화운동의 또 다른 특징은 '세계시간'과 한국의 '엇박자'다. 현대 사회에서 엄밀한 의미에서 적합한 분석 단위는 일국적 국민국가들이 아니라 세계체제라는 것은 잘 알려진 사실이다. 이 사실에 관련해 주목할 것은 '세계체제'의 역사적 흐름을 시간이라는 개념으로 표현해주는 '세계시간'이다. 물론 1987년 6월항쟁하고 함께 실현된 정치적 민주화라는 측면에서 보면 한국은 민주화의 '제3의 물결'이라는 세계사적 흐름에 일치하고 있다.

그러나 이런 서술은 표면적인 관찰에 불과하고 여러 면에서 한국의 민주화운동은 세계시간에서 단절돼 엇박자로 발전해왔다. 이를테면 제3세계의 여러 급진적인 민주화운동과 사회운동이 발전한 1950~1960년대, 서구에서 급진적 민주화운동이 발전한 1960~1970년대에 한국의 민주화운동은 분단의 질곡에 갇힌 채 기본적으로 협애한 정치적 민주주의를 위한 '자유주의적인 민주화운동'을 벗어나지 못했다. 그러나 레이건과 대처의 신보수주의 혁명, 그리고 소련과 동구의 몰락으로 상징되는 '세계시간의 보수화' 국면(즉 1980년대와 1990년대 초)에 한국의 민주화운동은 광주 학살의 덕으로 세계시간의 흐름에 정반대로 때늦은 급진화를 경험했다.[20] 그 결과 사회경제적 민주주의, 생산자 민주주의, 자주화 등 '대외적 민주주의'를 위한 급진적이고 진보적인 민주주의 운동은 그 치열한 투쟁성에도 불구하고 세계사적 흐름에 막혀 별다른 성과를 거두지 못하고 있다.

이런 엇박자에서 주목할 만한 또 다른 변수는 세계시간으로서 '지구화', 즉 신자유주의적 지구화다. 구체적으로 말해 민주화운동에 힘입어 집권한 본격적인 자유주의 정권들, 즉 김영삼 정권과 김대중 정권의 집권기가 신자유주의적 지구화라는 세계시간대에 일치하면서 한국의 자유주의는 시장자유주의로 형해화되는 결과를 가져다줬다.[21] 이를테면 그 결과 기본적으로 자유주의적 정치인이지만 1970년대 이후 대통령을 노린 제도권 정치인 중 가장 진보적이고 집권 뒤에도 서민의 정부를 자칭한 김대중 정부에 들어서 빈부 격차가 통계를 측정하기 시작한 박정희 정권 이후 최악의 수준으로 악화되는 역설적인 결과를 낳고 말았다.

마지막으로 포스트주의에 관련된 일상성의 민주주의를 위한 민주화운동의 문제다. 세계사적으로 보면 이런 흐름은 기본적으로 68혁명의 결과로 가시화된 이후 꾸준히 발달해왔다. 그러나 한국의 경우 군사독재에 맞선 반독재 민주화 투쟁이 압도적 과제로 자리잡아온 현실 때문에 전혀 가시적 성과를 거두지 못하다가 1987년 민주화 이후, 그리고 소련과 동구의 몰락 이후 그동안 눌려 있던 것들이 '압축 폭발'하는 양상으로 나타났다.

2) 한국 민주화, 한국 민주주의

위에서는 한국 민주화운동의 역사적 전개와 특징을 살펴봤고, 마지막으로 한국 민주화와 한국 민주주의의 특징을 간단히 짚고 넘어가고자 한다.

한국 민주화는 크게 세 가지 특징을 갖고 있다. 우선 4·19 같은 단절적 계기가 있기는 했지만, 이미 여러 학자들이 지적했듯이 1987년 이후 정치적 민주화 과정이 민주화 유형학으로 볼 때 기본적으로 군사독재 세력과 민주화운동 세력 간의 '타협에 의한 민주화', '거래transaction에 의한 민주화'[22]의 형태를 띠었다. 물론 1987년 6월항쟁 당시 6·29선언은 양 진영 간의 타협이라기보다는 민주화운동에 의해 강제된 군부의 항복 선언에 가깝고, 따라서 한국 민주화가 사회운동에 의한 민주화에 가까운 것은 사실이다. 그러나 민주화운동 세력은 4·19 때처럼 군사독재 세력을 민중의 힘으로 몰아내지 못하고 결국 군부를 상대로 타협하는 방안을 수용했다. 그리고 이것은 그 뒤 한국 민주화가 보수적으로 귀결되는 결정적인 계기가 됐다.

타협에 의한 민주화에 밀접한 관련이 있는 것으로 한국의 민주화운동은 '운동 사회'라는 말이 적합할 정도로 역동성을 갖고 지배 세력에 민주화를 강제하면서 활기차게 움직여왔는데도 불구하고, 이런 운동을 주체적으로 결실을 맺게 하는 데 실패해왔다. 오히려 운동의 결과는 국민적 저항과 요구가 지배 세력에 의해 변형된 형태로 수용되고 이런 과정을 통해 오히려 지배 세력을 강화시키는 '수동혁명'으로 귀결돼온 측면이 강하다.[23] 1987년 6월항쟁이 6·29선언, 나아가 양김의 분열을 통해서 군사독재 정권의 수명 연장으로 끝나야 했던 사례가 대표적이다. 나아가 3당 합당을 통한 민주화운동 지도자 김영삼의 집권, DJP연합을 통한 김대중의 집권도 유사한 사례들이다.

'민주화운동의 수동혁명화'에 관련이 있는 것으로, 한국의 민주화는 '시민사회와 정치사회의 분리'[24]로 나타났다. 시민사회는 역동적으로 움직이며 다양한 민주화운동을 통해 민주화에 대한 압박을 가해오고 있지만, 정치사회는 시민사회에서 분리돼 시민사회의 요구들을 수용하지 못하는 낙후한 모습을 보여줬다. 특히 주목할 것은 시민사회에는 다양한 민중운동이 시민권을 획득해 활성화돼 있으며 사회경제적 민주화에서 생산자 민주화 등 다양한 급진적 민주주의를 요구하고 있지만, 정치사회의 경우 1987년 민주화 이후에는 보수 일변도로 편성된 지난 50년간의 기형성에 전혀 변화가 없다가 2004년 총선 때야 비로소 민주노동당의 원내 진출로 변화가 생기기 시작했다는 사실이다. 진보 세력은 망국적인 지역주의와 다양한 진입 장벽 때문에 아직도 정치사회에서 제대로 된 시민권을 획득하지 못하고 있다.

마지막으로, 이런 민주화를 통해 획득한 한국 민주주의의 현수준은 어떤 것인가? 우선 노벨 평화상에 빛나는 김대중 대통령의 집권, 나아가 노무현 정부의 출범에도 불구하고 가장 초보적인 정치적 민주주의라는 면에서도 한국은 아직 정치적 민주주의 내지 자유민주주의라고 말할 수 없다. 아직도 한국의 정치적 민주주의는 '제한적 정치적 민주주의' 수준이다. 얼마 전 몇 명의 대학생들이 단순히 《자본》을 소지하고 있었고 농활 보고서를 인터넷에 올렸다는 혐의로 국가보안법으로 구속된 사건, 나아가 최근의 강정구 교수 파동이 단적인 증거다. 민주주의에 대한 최근의 최소주의적 흐름에도 불구하고 이런 흐름에 속하는 대표적인 연구조차 "특정한 정당이나 이데올로기적 흐름을 금지"하는 것은 정치적 민주주의에서 거리가 멀고 기껏해야 제한적 정치적 민주주의에 불과하다고 주장하고 있다(O'Donnell & Schmitter 1986, 9). 노무현 대통령이 일본 방문 중 이야기했듯이 한국도 일본처럼 공산당이 허용될 때 완전한 정치적 민주주의를 가질 수 있다. 정치적 민주주의에 관련해 지적할 수 있는 사실은 노무현 정부가 출범하면서 시작된 제2기 민주화에 따라 한국의 정치적 민주주의에서 또 다른 문제이던 사당 정치와 '위임민주주의delegative democracy' 문제가 빠르게 해결되고 있다는 점이다.

한국의 사회경제적 민주주의는 아직도 초보적 수준이며, 어떤 면에서는 오히려 후퇴하고 있다. 경제위기와 함께 국민기초생활보장법 제정 등을 통해 사회적 복지를 늘려가고 있지만, 한국의 사회복지 지출은 2002년 현재 국내총생산에 대한 비율을 기준으로 할 때 5.94퍼센트로 OECD 국가 중 최하위를 차지하고 있다.[25] 뿐만 아니라 1997년 경제위기와 함께 김대중 정부가 미국식 신자유주의 정책을 무비판적으로 추진한 뒤 빈부 격차가 빠르게 악화되면서 사회경제적 민주주의까지 오히려 후퇴하는 측면도 있다. 빈부 격차를 측정하는 지니계수는 1997년 2.18에서 1998년 2.80, 1999년 2.88, 2000년 0.301, 2001년 0.303, 2002년 0.305로 계속 악화되고 있는 것이다.

생산자 민주주의는 더 말할 것도 없다. 한국의 생산자 민주주의는 가장 낙후한 분야다. 자본주의가 기본적으로 생산자 민주주의에 대립되는 것이라지만, 한국의 경우 특히 그동안 사실상의 군대의 위계적 관계를 연상시키는 병영적 노사관계에 기초해 생산자 민주주의가 완전히 무시돼왔다. 이런 상황은 노동자들의 경영 참여를 약속해온 김대중 정부와 참여정부를 내세운 노무현 정부에서도 마찬가지로, 기업들은 말할 것도 없고 역대 정부도 경영 문제는 경영자의 고유 권한으로 노사 협상의 대상이 아니라는 입장을 강력히 피력해 왔다. 그리고 최근 현대자동차가 공장 해외 이전 때 노동조합하고 협의한다는 내용 등을 핵심으로 하는, 초보적인 산업민주주의에 해당하는 노동자 경영 참여 조항에 합의하자 언론과 경제계가 하나가 돼 맹공격한 바 있다.

대외적 민주주의도 아직 무척 부족하다. 한국이 미국의 식민지라는 일부의 주장은 분명 잘못된 것이고 과장이지만, 미군 주둔과 국군 통수권 문제, 불평등한 SOFA 등이 보여주듯 한국의 대외적 민주주의는 '비교 제3세계'적으로 보더라도 매우 뒤떨어진 실정이다.[26] 결국 이런 현실은 미군 장갑차에 깔린 두 여중생 사망 사건을 계기로 촛불시위라는 대중적 저항을 촉발했고, 2002년 대선에서 노무현 대통령이 승리하는 데 기여했다. 그러나 "미국이 아니었으면 북한의 강제수용소에 갇혔을 텐데 그렇지 않은 것에 감사한다"는 노 대통령의 미국 아부 발언, 그리고 대다수 국민의 반대에도 불구하고 미국의 압력 아래 강행된 이라크 파병이 보여주듯 한국의 대외적 민주주의를 제고하려는 노력은 참여정부 들어서도 사실상 집권과 함께 많은 부분 증발하고 말았다.

마지막으로 일상성 민주주의는 그동안 반독재 민주화와 변혁이라는 거대 담론에 밀려 무시되다가 최근 들어 빠르게 성장하고 있다. 그러나 이것 역시 아직도 초보적인 수준이다. 젠더 문제의 경우 오랜 가부장적 질서가 아직도 우리 사회를 억누르고 있다. 동성애자를 비롯한 사회적 소수자의 문제 역시 아직도 완전한 사회적 시민권을 획득하지 못한 상태다. 그러나 이 문제의 경우 생산자 민주주의나 대외적 민주주의 같은 '거대 민주주의'의 쟁점들에 견줘 상대적으로 발전해 나갈 소지가 크다고 할 수 있다.

5. 맺는 글

이 글은 해방 60주년을 맞아 그동안의 민주화를 비판적으로 평가하고 앞으로 올바른 방향을 잡는 데 도움을 주기 위해 민주화운동과 민주화, 민주주의 사이의 개념적 관계를 살펴본 뒤, 최근의 민주화보상법에 따른 민주화운동 인정 여부 논쟁에 관련해 한국의 민주화운동이란 무엇을 의미하는지 등 민주화운동의 정의와 외연 문제를 여러 측면에서 살펴봤다. 이어 한국 민주화운동의 역사적 전개 과정과 특징에 대해서도 개괄적으로 살펴봤고, 한국 민주화의 특징과 한국 민주주의의 현수준을 비판적으로 점검해봤다. 이런 과정을 통해 한국 민주화운동이 그 치열함에도 불구하고 보수적 민주화로 귀결돼왔으며, 이 결과 획득된 민주주의의 수준도 실망스러운 점이 많다는 사실을 지적했다.

마지막으로 몇 가지만 지적하고자 한다. 우선 이론적 문제로, 한국 민주화 연구는 위에서 지적한 한국 민주화운동의 외연을 둘러싼 이론적 쟁점들을 중심으로 좀더 본격적인 논쟁을 벌여 더욱 과학적인 개념화를 도출하는 한편, 한국 민주화운동에 대한 통사적인 지식과 민주주의 유형에 따른 지식을 축적해야 한다. 특히 그동안 진행된 정치적 민주화운동 중심의 민주화운동 연구를 벗어나 다양한 민주주의의 유형에 따른 개별 민주화운동사(이를테면 동성애 민주화운동사)를 축적해 나가야 한다. 또한 이것에 기초해 좀더 체계적인 비교 연구를 통해 한국 민주화운동, 한국 민주화, 그리고 한국 민주주의의 특성과 이 특성들 사이의 인과적 연계를 밝히려 노력해야 한다.

이론적이면서도 실천적인 문제로서, 왜 한국 민주화가 민주화운동의 치열성에도 불구하고 수동혁명과 보수적 민주화로 귀결돼왔는지를 비판적으로 연구하고 성찰[27]함으로써 이런 한계를 극복할 수 있는 해법을 찾아내 제2기 민주화운동과 2기 민주화의 지침으로 삼아야 한다. 특히 민주적 성과까지 빼앗아가고 있는 신자유주의적 세계화의 공세 속에서 다양한 민주주의를 발전시킬 수 있는 이론적 연구와 실천이 필요하다.

한국 민주화운동 비교 1
'1980년 봄'과 '1987년 6월'을 중심으로*

1. 서론

20세기의 끝자락에 서 있는 지금, 세계는 신자유주의의 광풍 속에서 역사적 대전환기를 맞고 있다. 우리 사회의 경우 세계사적 대전환과 한국 자체의 전환이라는 이중의 전환 속에서, 낡은 것은 죽어가지만 새로운 것은 아직 태어나지 않은 상황이 첨예한 갈등과 고통을 빚어내고 있다. 이른바 '문민정부'에 이어 한국 정치에서 사상 최초의 선거를 통한 수평적 정권 교체로 '국민의 정부'가 출범했지만, 경제위기와 이 위기를 극복하기 위한 신자유주의적 정책에 따른 사회경제적 민주주의의 후퇴는 그렇다고 치더라도 정치적 민주주의까지 '제한적 정치적 민주주의' 수준에서 답보 상태에 놓여 있다(손호철 1999 참조). 그리고 이런 현실은 1980년대의 민주화라는 특수한 경로와 무관하지 않다.

이 글은 이런 현실에 관련해 1980년대의 대표적인 한국 민주화 실험인 '1980년의 봄'과 1987년 6월항쟁을 비교 분석하는 데 목적이 있다. 왜 1980년

---

* 손호철, 〈한국 민주화 실험 비교연구 — '1980년의 봄'과 '1987년 6월'을 중심으로〉, 《한국정치연구》 8·9호, 1999를 수정하고 보완했다.

봄의 실험은 실패했고 1987년 6월항쟁은 성공했는가, 나아가 이런 성공 속에는 어떤 한계가 내장돼 있는가를 밝힘으로써 민주화 실험의 현재적 함의를 생각해보고자 한다.

2. 이론적 틀

'변혁의 80년대'가 지나가고 1990년대에 들어서면서, 민주주의는 세계사적 시간에 발맞추듯 한국 사회의 지배적 담론으로 자리잡게 됐다. 따라서 민주화는 1980년대 이후 한국정치 연구의 핵심 주제로 자리잡아왔고, 전략선택 이론부터 세계체제론에 이르는 다양한 이론적 연구들이 쏟아져 나왔다(임혁백 1990; 성경륭 1995; 김호기 1995; Cumings 1989). 이 이론들은 한국 민주화에 대한 이해를 한 단계 높여준 반면, 여러 이론적 문제점들을 안고 있는 것도 사실이다(손호철 1997b, 376).

결국 이런 이론적 문제들을 풀어줄 수 있는 해답은 한국 정치의 구체적 역사, 특히 1980년 봄의 민주화의 실험 실패와 1987년 6월항쟁의 성공에서 찾아야 할 수밖에 없다. 그러나 그동안의 연구들은 이 두 사례에 대해 간접적으로, 또는 이론적 함의를 통해 비교하고 있을 뿐 체계적으로 비교하고 있지는 않다. 또한 이 두 사례를 직접 비교한 연구(임혁백 1990) 역시 핵심 행위자들의 전략적 선택이라는 측면에만 초점을 맞춤으로써 두 사례에서 나타나는 복잡한 민주화의 동학을 체계적으로 추적하지 못하고 있다.

이 글은 이런 문제의식에서 두 사례를 ① 토대, ② 시민사회의 역관계, ③ 운동 주체의 전략, ④ 미국의 역할과 전략이라는 4개의 핵심 변수를 중심으로 체계적으로 비교하고자 한다(표 1 참조). 다만 전제할 것은 이런 변수들에 대한 비교 연구가 한국 민주화의 동학과 인과 관계에 대한 엄밀한 의미의 '이론'을 의미하지는 않는다는 점이다. 사실 이런 다수의 변수 대신 주요 행위자들

표 1. 비교 연구 변수

비교 변수	구체 분석의 주요 초점
① 토대	자본 축적의 성격·수준 실물경제의 국면적 상황 자본주의 세계체제의 규정력
② 시민사회 내부의 역관계	사회적 지배 계급의 태도 '중산층'의 동향 민중운동의 강약의 정도
③ 미국의 전략과 역할	미국의 대 제3세계 전략 한국 민주화에서의 역할
④ 운동 주체의 전략	투쟁 목표(최대주의/최소주의) 투쟁 방식(최대주의/최소주의)

의 전략적 선택 같은 단일 변수를 사용한 좀더 강한 의미의 이론화 역시 민주
화의 인과 관계에 대한 설득력 있는 이론화에 실패하고 있으며, 다른 기존 이
론 역시 마찬가지다. 다만 이 논문은 위의 4개 변수에 대한 비교 연구를 통해
한국 민주화에 관한 진정한 의미의 이론화로 나아가기 위한 느슨한 의미의 이
론적 분석을 시도하고자 한다. 이 점에서 이 글은 '풍부한 서술thick description'과 엄
밀한 의미의 이론을 매개하기 위한 중간 수준의 이론화 작업이다.

3. 자본주의적 토대

민주화 이론을 비롯해 최근의 사회과학에서 두드러진 현상은 토대를 포함
한 '구조'의 실종이다. 이런 현상은 그동안의 구조결정론적, 특히 토대결정론
적 사회과학에 대한 반작용으로 이해할 수 있다. 사실 우파 토대결정론이라
고 할 수 있는 립셋류의 근대화론이나 신식국독자의 '상부구조=신식 파시즘'
이라는 식의 좌파 토대결정론들은 모두 문제가 많다는 것은 주지의 사실이
다. 그러나 인간의 행위나 선택이 진공 상태 속에서 일어날 수는 없고 민주화

가 토대하고 무관하다고 볼 수 없다. 이런 점 때문에 구조결정론에 가장 적대적인 전략선택 이론도 한국 민주화는 "구조적 조건의 제약 속에서 서로 갈등하는 행위자들의 전략적 선택에 의해 결정"되는 것이라고 밝히고 있다. 그러나 문제는 전략선택 이론 등 대부분의 한국 민주화 시론들이 '토대'의 문제에 대해 사실상 침묵해왔다는 점이다.

이 글은 이 점을 염두에 두면서 1980년과 1987년 한국 사회의 자본주의적 토대를 자본 축적의 성격과 수준, 실물경제 상황, 자본주의 세계체제의 규정력 등 세 가지로 구분해, 특정 국면에서 토대가 민주화의 실험을 어떻게 조건 지었는가를 규명하고자 한다.

1) 1980년 봄

1980년 당시 한국 자본주의는 1970년대 이후 상대적 잉여가치의 수취를 통한 자본 축적의 비중이 커지고 있었지만, 절대적 잉여가치의 수취를 통한 자본 축적에도 상당히 의존하고 있었다. 이런 저임금, 절대 노동시간, 민중 배제를 특징으로 하는 당시의 종속적 자본 축적의 특성상 민주화 요구를 수용해 자유민주주의를 허용하면서 동시에 국제 경쟁력을 가지고 고도의 자본 축적을 지속할 능력, 즉 '개량의 물적 토대'를 갖추지 못하고 있었다. 한마디로 취약한 상태에 있었던 것이다.

뿐만 아니라 국면적으로 1980년 한국의 경제는 위기 상황이었다. 1970년대 말부터 한국 경제는 심각한 위기, 즉 '한국 자본주의의 외자 주도, 수출 주도, 그리고 석유 다소비형 종속적 재생산 구조의 위기'에 처하게 됐다. 당시 한국 경제는 중화학공업의 과잉 중복 투자가 2차 오일 쇼크에 중첩되면서 엄청난 불황에 시달리고 있었고, 이런 위기는 박정희 체제가 붕괴하는 구조적 원인이 됐다. 더구나 박정희가 사망하자 정치적 불안정을 이유로 한 국내외 자본의 투자 기피 등으로 위기가 심화되고 있었다. 그 결과 1980년 한국 경제는

표 2. 1980년 봄 전후의 경제 지표

	1978	1979			1980
		연간	1/4-3/4(평균)	4/4	
GNP 성장율	11.6	6.4	9.6	1.0	-5.7
고정 투자 증가율	24.0	9.7	17.7	-5.8	-14.8
수출 증가율	26.5	18.4	20.5	13.1	11.6

※ 1980년의 경우 분기별 자료가 없음. 1980년 수출의 경우 수출 촉진을 위해 연초 환율을 인상하고 변동환율제를 도입해 실시했다는 점을 고려할 필요가 있음.
※ 출처: 경제기획원,《경제백서 1980》, 79쪽;《경제백서 1981》, 64쪽.

표 2. 1980년 봄 전후의 경제 지표

연도	월	가동률	연도	월	가동률
1979	9월	105.6	1980	1월	92.7
	10월	98.2(114.7)		2월	86.5
	11월	98.7(111.1)		3월	97.1
	12월	99.8(116.5)		4월	94.2
				5월	96.2

※ 괄호 안은 1978년 같은 달 지수임.
※ 출처: 경제기획원,《한국통계연감》.

1960년대의 경제개발계획 추진 이후 처음으로 마이너스 성장을 기록하게 된다. 이런 정황을 더 정확히 이해하기 위해 10·26 이후 1980년 봄의 관련 경제 지표들을 살펴볼 필요가 있다.

표 2, 표 3이 보여주듯 국민총생산 증가율, 고정 투자 증가율, 수출 증가율, 세소업 가동률 등이 1979년 3사분기까지에 견줘 4사분기에 들어 폭락하기 시작해 하락세가 1980년까지 이어진다. 특히 자본의 움직임을 보여주는 고정 투자가 17.7퍼센트 증가에서 -5.8퍼센트, -14.8퍼센트로 급감소한 데 주목할 필요가 있다. 수출의 경우 1980년 초의 환율 인상 등에 따라 둔화하기는 해도 증가세는 계속되고 있지만, 신군부가 5·18 진압을 통해 민중운동을 패배시키고 집권해 '안정'을 회복한 1980년 9월 이후와 이전의 수출 부문 지표 사

이에는 엄청난 격차가 나타나고 있다. 결국 이런 경제 불황, 이 불황을 가속시킨 국내외 독점자본의 (정치적 안정을 이유로 한) 투자 기피는 중간 계층들에게 경제 회복을 위한 안정 희구의 구조적 압력으로 작동했다고 볼 수 있다. 즉 중간 계층들의 민주화운동 불참 내지 정치적 안정 희구 심리를 이해하는 데에서 결정적인 요소의 하나는 경제적 국면의 특수성이었다.

토대의 문제에 관련해 또 하나 지적할 필요가 있는 것은 자본주의 세계체제의 규정성 문제다. 즉 해외 독점자본의 움직임, 나아가 세계체제가 1980년 민주화 실험에 어떤 영향을 끼쳤는가 하는 것이다. 10·26으로 독재자가 쓰러진 뒤 사북민주항쟁 등 노동 쟁의가 폭발하고 학생운동이 활성화하는 등 민주화 요구가 분출하자 한국 경제개발의 동력인 외채를 제공해온 해외 독점자본은 '투자 여건의 악화'를 이유로 투자와 차관 공여를 기피하기 시작했다. 한 관계자는 "학생과 노동을 통제하는 강력한 정부가 나와 모든 것이 꽃피어나고 우리가 계속 이윤을 창출할 수 있게 되는 것"이 바람이라고 공언하기까지 했다.[1] 이 문제에 관련해 국제 금융 관계자들을 심층 인터뷰한 한 연구에 따르면, 박정희 암살은 한국 신용도의 하향 조정을 가져왔을 뿐 아니라 세계 시장에서 한국에 대한 차관 공여가 중단되는 계기가 됐으며, 5·18의 비극 등을 거쳐 전두환 정권이 한국 사회를 완전히 굴복시킨 뒤에 처음으로 6억 달러의 차관 도입이 재개됐다(Sampson 1983, 223~225). 이렇게 외향적 산업화에 따라 대외의존도가 높고 종속성이 강한 한국 경제에 대한 세계 자본주의 체제의 규정력은 10·26 이후 1980년 봄 가뜩이나 경제위기를 겪고 있던 한국 사회에 일종의 '탈안정화destabilizing'를 초래함으로써, 군부에 의한 민주화 세력 분쇄와 '정상적 투자'가 가능한 '안정 회복' 지향의 구조적 조건을 유도했다.

2) 1987년 6월항쟁

1970년대 말~1980년의 상황하고 다르게 1987년 이후 한국의 상황은 종속성

표 4. 1986~1990년 주요 경제 지표의 변화 추이

	연도				
	1986	1987	1988	1989	1990
GNP 성장률(퍼센트)	11.9	12.3	12.0	6.9	9.6
국제수지(100만 달러)	4,617	9,854	14,161	5,055	-2,169

※ 출처: 통계청, 《한국통계월보》, 각호; 통계청, 《통계로 본 대한민국 50년의 경제사회상 변화》, 1998, 117쪽; 한국은행, 《국민계정》.
※ 출처에 따라 수치상의 차이가 있음에 주의.

표 5. 1980~1986년 주요 경제 지표의 변화 추이

	연도						
	1980	1981	1982	1983	1984	1985	1986
GNP 성장률(퍼센트)	-3.9	5.5	7.5	12.2	8.5	6.6	11.9
국제수지(100만 달러)	-5,321	-4,646	-2,650	-1,606	-1,373	-887	4,617

※ 출처: 통계청, 《한국통계월보》, 각호; 통계청, 《통계로 본 대한민국 50년의 경제사회상 변화》, 1998, 117쪽; 한국은행, 《국민계정》.
※ 출처에 따라 수치상의 차이가 있음에 주의.

표 6. 1987년 월별 수출·수입 변화 추이(단위: 100만 달러)

	수출: 47,280.9, 수입: 41,019.8					
	1월	2월	3월	4월	5월	6월
수출	2,831.4	2,900.9	3,637.7	3,569.1	3,804.4	4,241.2
수입	2,306.4	2,741.5	3,120.3	3,341.1	3,617.5	3,539.9
	7월	8월	9월	10월	11월	12월
수출	4,224.4	3,478.6	4,440.7	4,041.7	4,423.8	5,244.8
수입	3,623.9	3,489.3	3,671.0	3,392.6	3,836.4	4,300.4

※ 출처: 통계청, 《한국통계월보》, 각호.

이 남아 있기는 하지만 상대적 잉여가치 수취를 통한 자본 축적 등 그동안의
축적양식이 고도화되면서 개량의 물적 토대가 어느 정도 확장됐다고 볼 수
있다. 이런 변화가 조절이론이 하는 주장처럼 지배 세력의 헤게모니전략의 변
화, 즉 강제력에 기반한 지배에서 민주화를 통한 동의에 기반한 지배로 나아

가는 변화를 야기하지는 않았지만, 그래도 객관적 조건으로 작동했다고 봐야 할 것이다.

이런 구조적 성격 이외에도 주목할 것은 국면적 특징이다. 1987년 한국의 경제는 **표 4**, **표 5**, **표 6**의 수치가 말해주듯 이른바 '3저 호황' 속에서 나타난 활황 국면이었다. 1987년의 주요 경제 지표를 구성하는 수치들은 집회와 시위 등 아래에서 올라오는 저항의 수위가 높아지고 사회 '혼란'이 가중되면 경제성장에 마이너스가 된다는 강요된 일반 상식을 뒤집는 것이다. 1986년부터 1990년까지 5년 동안 GNP 성장률의 변화 추이에 관련해서 보면 1987년이 가장 높은 12.3퍼센트의 성장률을 기록했으며, 또한 국제수지의 경우도 1987년의 수치는 1986년에 견줘 50억 달러 이상 증가했다.

한편 1987년 월별 수출입의 변화 추이를 보여주는 **표 6**의 수치 또한 3월부터 시작된 6월 민주화 대항쟁과 연이어 전개된 7~8월 노동자 대투쟁이 경제 활동에 별 영향을 주지 않았다는 것을 입증한다.

이렇게 1980년의 경우하고 다르게 1987년 6월항쟁의 경우 3저 호황에 따른 경제 활황 국면이 경제적 침체를 염려하는 중간 계층의 보수화 경향을 어느 정도 차단한 측면이 있다고 하겠다. 다른 한편 3저 호황 아래에서 고도 경제성장의 과실이 돌아오지 않는 상황에 대한 불만이 중간층의 시위 참여로 표출됐다는 해석(기사연 1987, 82 참조) 또한 가능하다.

한편 세계 자본주의 체제의 규정력의 경우 1987년에도 종속성은 남아 있었지만 규정력의 성격이 변화했다고 볼 수 있다. 커밍스가 지적하듯이 1980년대 들어 미국을 중심으로 한 국제 독점자본은 군사독재가 제3세계 경제발전에 '기능적'이지 않다는 판단에 따라 민주화를 선호하는 '민주화 프로젝트'로 전환하고 민주화에 우호적인 태도로 전환하고 있었다(커밍스 1989). 한국처럼 성공적인 아시아 신흥공업국에 대해 미국 독점자본은 강력한 권위주의 국가의 보호를 받아온 국내 시장을 개방시킬 필요를 느끼는바, 한국의 탈권위주의화는 "개발도상국의 시장을 미국 상품에 개방하라는 강력한 요구의 당연한 정치적 귀결"이라는 주장은 지나치게 외인 결정론적 시각이지만, 이런 변화가 1987년 민주화에 기여한 한 요인인 것만은 사실이다(아래 미국의 전략 참조).

4. 시민사회 내부의 역관계

많은 제3세계의 민주화와 마찬가지로 한국의 민주화는 시민사회의 성장에 기인한 바가 크다는 주장이 광범위하게 유포돼 위력을 발휘하고 있다. 그러나 문제는 그리 단순하지 않다. 시민사회의 성장과 민주화 사이의 인과 관계는 매우 모호하며, 이 둘을 잇는 구체적인 동학은 '실종된 고리'로 남아 있기 때문이다. 단도직입으로 말하면, 민주화의 성패를 좌우하는 것은 '시민사회의 성장' 여부 자체가 아니라 시민사회 내의 민주화 세력과 반민주적인 지배 계급 세력 사이의 역관계, 더 정확히 표현하면 국가와 지배계급의 지배 연합 대 민중 세력 사이의 역관계다(손호철 1997c 참조). 재벌 등 자본가 계급이 서구와 달리 부르주아 혁명의 주체가 된 적이 없는 한국의 경우 시민사회 자체가 민주화를 놓고 계급적으로 균열돼 있었다는 점에서 특히 그러하다. 다만 여기에서 역관계란 산술적 수나 조직력을 의미하기보다는 조직력 등에 기반을 둔 헤게모니와 영향력의 정도를 의미한다. 또한 한국 정치사에서 재벌은 민주화의 결정적 순간마다 항상 독재의 편에 섰고 시민사회 내에서 재벌의 힘 역시 시기별로 차이가 있기는 하지만 일종의 고정 변수라 할 수 있다는 점에서, 이 글에서는 주로 민중운동의 힘, 그리고 중산층의 정치적 태도와 힘을 중심으로 논의를 진행하고자 한다.

1) 1980년 봄

시민사회의 역관계에 관련해서 1980년 봄에 근본적으로 문제가 되는 것은 민중운동의 취약성이었다. 10·26 이후 5·17에 이르는 기간은 유신 독재라는 암흑과 공포의 혹한기를 견디며 살아남은 기층 민중운동이 활발한 모습을 드러낸 시기이자, 동시에 조직적, 정치적, 이념적 한계가 명확하게 드러난 시기이기도 했다. 당시 노동자운동과 농민운동 등 기층 민중운동은 분단 상황에서 연유한 특수성, 국가의 억압적인 국가조합주의적 통제 등 때문에 아직 미발달한 상태였다.

따라서 YH 사건, 부마항쟁이 보여주듯이 민중운동은 유신 체제에 타격을 가해 박정희 정권을 무너뜨리고 이후 1980년 봄을 거치며 사북민주항쟁 등 과거에 견줘 폭발적인 형태로 터져 나왔지만 아직도 힘이 미약했고, 수준의 저급성 때문에 기본적으로 경제적이고 조합주의적인 수준을 넘지 못했다(김진균·정근식 1990, 81~90 참조). 한 예로 노동운동의 경우 총괄적으로 보면 낮은 수준의 경제 투쟁이 압도적이라는 한계와 전국적인 연대 조직도 발전하지 못한 상태에서, 자신의 운명에 결코 무관할 수 없는 한국 사회의 진로를 놓고 벌어지고 있던 독재 대 민주 사이의 일대 회전에서 전혀 적극적인 역할을 하지 못하고 말았다.

둘째, 중산층의 보수적 태도다. 특히 1960년 4·19 때나 1987년 6월의 상황하고 다르게 1980년의 봄은 외부의 힘이 개입하기 이전에 내부의 힘이 한 작용 때문에 좌절된 특징을 갖는다는 점에 주목할 필요가 있다. 최장집 교수의 지적처럼, 4·19 때나 1987년 6월항쟁하고 다르게 1980년 봄이 "보여준 중대한 정치적 의미는 유신체제에 대한 중심적인 반대세력으로서 학생데모가 충분히 예견할 만한 결과로서 그 절정을 향하여 전개되었다는 사실에 있는 것이 아니라, 민주화에 대한 학생들의 열망이 서울에 있는 중심적인 사회계층인 프티부르주아 및 신중산층의 호응을 받지 못하였다는, 즉 그것이 아마도 민주주의의 제도화에 어떤 단초적 계기를 마련하였을지도 모를 학생을 비롯한 반체제집단과 중산층 및 공식·비공식 부문의 사회 저변층의 연합이 형성되지 않았다는 사실에서 찾을 수 있는"(최장집 1985, 49) 것이었다.

다시 말해 중간 계층, 특히 신중산층이라 불리는 계층은 1980년 당시 1987년에 견줘 양적으로도 훨씬 덜 성장해 있었고, 정치적인 입장도 그 '양면성' 중 보수적인 입장이 지배적 형태로 돼 원칙적으로는 민주화를 바라보면서도 중소 자본가와 마찬가지로 학생들을 중심으로 한 민주화 투쟁에 참여하지 않는 방관적인 태도를 보이거나 경제 회복을 위한 정치적 안정화를 암묵적으로 지지하는 분위기였다. 이런 중간층의 태도에는 먼저 앞서 말한 대로 경제적 국면의 특수성, 즉 경제위기가 중요한 요인으로 작용한 것이 아닌가 싶다. 따라서 군부와 재벌의 연합에 대항한 민주화 투쟁은 학생운동과 소수 재야 명망가들이 담당할 수밖에 없었지만, 다수 민중이 동참하지 않은 상태에서 한계가 있을 수밖에 없었다(손호철 1997a, 356). 또한 이 점에서 1980년 신군부의 집권은 호세 눈(Nun 1967)이 말하는 '중산층의 지지에 의한 쿠데타'에 가깝다고 할 수 있다.

2) 1987년 6월항쟁

1987년 6월항쟁 당시 민중운동은 양적으로 보나 질적으로 보나 1980년 봄에 비교할 수 없을 정도로 엄청나게 성장해 있었다. 1980년의 패배에 대한 처절함, 5월 광주에 대한 집단적 기억, 그리고 공통의 역사적 학습historical learning 속에서 이른바 '80년, 5월 세대'가 성장했다. 민중의 선봉대를 자임한 1980년 5월 세대의 '원죄 의식'에 가까운 집단적 기억은 "열사 앞에 살아 있는 것이 부끄럽다. 열사 앞에 우리의 고개를 자신 있게 들 수 없다. 처절하게 죽은 열사 앞에 살아 있다는 사실 하나만으로도 우리는 부끄러울 뿐이다"(전남사회문제연구소 편 1991, 327)라는 표현에서 잘 드러난다.

1980년의 패배는 의식화와 조직화의 측면에서 1980년대 내내 지속적으로 운동의 자양분이 됐다. 의식의 면에서는 과거하고 다르게 변혁 지향적 의식이 싹트게 되고, 조직화의 측면에서는 1983년 민주화운동청년연합(민청련)을 필두로 각 부문별로 민중운동의 공개적 조직화가 진행되고,[2] 1985년에 이르러 서는 민중, 민주, 통일운동을 총체적으로 선도할 조직으로 민주통일민중운동 연합(민통련)이 결성되기에 이른다. 민중운동의 지역적 조직화도 활성화됐다. 각 지역운동의 경우 민통련의 지역운동협의회를 중심으로 해서 전체 민중운동의 통일성과 지역별 특수성을 올바르게 결합시키는 것을 지향했다.[3] 바로 이런 실천적 성장에 바탕을 두고 1987년 5월 27일에 국민운동본부가 결성돼 6월항쟁을 성공적으로 이끌 수 있었다.

1987년 상황에서 주목할 만한 또 다른 현상은 반독재 저항의 분위기가 사회적으로 확산하면서 민심 이반 현상이 특정 집단 또는 특정 계층에 국한되지 않고 사회 저변에 깊이 흐르고 있었다는 사실이다. "민심이 너무 빨리 바뀌고 있어 도저히 기자들이 따라잡을 수 없다. 기사의 예측이 어긋날 뿐만 아니라 이 정도의 타협안은 민심에 먹혀들 것이라고 생각한 것마다 전부 배척되고 있다. 민심의 이반 속도는 무서울 정도"였다(월간조선 특별취재반 1987, 164).

한편 6월항쟁기에 이른바 '중산층'이 국내외 언론의 각광을 받아 '중산층의 반란', '중산층혁명', '중간계급혁명'으로 대서특필됐다. 도시 중산층이 대학생들을 응원하면서 대거 거리로 나왔으며, 중소 상인과 이른바 '넥타이를 맨 사람들'의 시위라는 점에서 사태는 차원이 다른 국면으로 확대됐다. 이렇게 중소 상인과 사무직 노동자가 투쟁에 대거 참가한 데에는 3저 호황에도 불구하고 불평등한 분배 구조 때문에 경제성장의 과실을 누리지 못한 것도 상당한 영향을 미쳤다고 한다(기사연 1987, 88).[4]

물론 이런 저항의 움직임하고는 전혀 상반된 사회적 흐름이 시민사회 내부에 부분적으로 존재하기도 했는데, 그런 흐름은 4·13 호헌 조치를 지지하는 성명으로 표현됐다. 첫 지지 성명은 4월 15일 재벌의 나팔수 역할을 해온 전국경제인연합회가 낸 '선진경제 달성과 정치·사회 발전을 위한 경제계의 의견'이었다. 그 밖에도 한국무역협회, 한국경영자총협회, 대한상공회의소, 중소기업협동조합중앙회 등 자본의 이해를 대변해온 단체들의 성명이 잇따랐다. 또

한 극우 반공 단체라 할 수 있는 한국반공연맹, 이북5도민회중앙연합회, 실
향민호국운동중앙협의회, 광복회, 대한상이군경회, 대한전몰군경유족회, 대
한전몰군경미망인회 등도 각각 성명을 발표해 4·13 조치를 지지하는 의사를
밝혔다. 4월 23일에는 한국노총도 "이번 특별담화는 사상 초유의 평화적 정
부 이양과 서울올림픽의 성공적인 수행을 위한 시기적절한 결단으로 이를 환
영한다"는 내용의 성명을 발표했다. 이런 성명들의 논지가 군부독재의 논리
를 앵무새처럼 반복하는 것이었음은 물론이다.

그러나 이런 노력에도 불구하고 대세는 점점 더 지배블록 전체의 급속한
고립으로 기울고 있었다. 그 결과가 6·19 항복 선언이었다.

5. 운동 주체의 전략

전략의 문제는 기존의 민주화 논의에서 가장 부각된 부분으로, 긴 설명이 필
요 없다. 모든 운동에서 전략은 투쟁을 성공적으로 수행하기 위한 관건적 문
제의 하나라 할 수 있다. 물론 객관적 조건이 중요하게 고려되는 이유가 그런
조건들이 주어진 역사적 상황에 내재해 있는 가능성을 조건 짓고 그 한계를
설정하기 때문이라는 점은 부정할 수 없을 것이다. 그럼에도 불구하고 운동
주체의 전략은 강조될 필요가 있다. 아래에서는 이 문제에 관련해 투쟁 목표
와 투쟁 방식 각각을 최대주의와 최소주의로 나눠 전략을 살펴보고자 한다.

1) 1980년 봄

전략선택 이론에 따르면, 1980년 봄의 좌절은 한마디로 12·12에 따른 "지배
세력 내에서 진정한 대화 상대자로서의 자율적인 온건파의 소멸과 민주화 추
진세력의 전략적 대안조직의 실패"의 결과라는 것이다(임혁백 1990, 64). 그리고

여기서 대안 조직의 실패는 재야가 제도권 내의 투쟁을 주장한 '점진주의자' 와 대중 동원의 거리투쟁을 주장한 '행동주의자'로 분열된 현실, 그리고 투쟁 방식을 둘러싼 최대주의자와 최소주의자의 분열에 기인한다고 한다.

그러나 사실은 그렇지 않았다. 1980년 봄에 신군부의 승리에 따른 온건파 의 소멸은 유신 체제가 정치군인을 배태하면서 생긴 군부 내부 역관계의 구조 적 산물로서 '주어진 조건'이지 전략적 선택의 결과는 아니었다. 유혈 사태로 번진 12·12 군사반란으로 신군부가 군부를 장악함으로써 '타협에 의한 민주 화'는 물건너간 일이 됐고, 신군부는 강경론(수단을 가리지 않는 정권 장악)만 이 선택지로 남게 됐으며, 민주화운동은 자기들의 의지에 상관없이 주어진 조 건을 따라야 했다.

따라서 재야와 정치권의 분열을 민주화가 실패한 이유로 주목함으로써 '최 소주의적' 입장으로 단결했으면 민주화가 달성됐을 것이라는 전략선택 이론 의 가설은 오류다. 왜냐하면 12·12로 이미 체제 내의 온건파가 소멸했기 때문 에 '타협에 의한 민주화'는 물건너갔고, 따라서 남은 대안은 반대 세력 온건파 중심의 최소주의적 단결이 아니라 강경파 중심의 최대주의적 단결이 결과에 상관없는 최선의 선택(손호철 1997b, 385~386)이었다.

이런 점에 비춰볼 때 1980년의 경우 민중운동과 민주화 세력은 전략적 선 택의 오류를 범했다고 할 수 있다. 신군부는 유신 체제의 해체와 문민정부로 정권을 이양하는 방안을 지지하던 당시 군 수뇌부 등 '다수 온건파'를 누르고 군을 장악하기 위해 12·12 군사반란을 성사시켰고, 더구나 그 과정에서 유혈 사태를 빚고 마는 순간 이미 너무 많은 '비용'을 치르고 너무 많은 '판돈'을 걸 었기 때문에, 어떤 수단을 써서라도 정권을 장악하는 것밖에는 다른 대안이 없었다. 신군부는 이미 '루비콘 강'을 건넌 것이다(손호철 1997a, 358). 이런 상황 에서 신군부 앞에 놓인 선택의 관건은 개입할 것인가 말 것인가 여부가 아니 라, 개입하는 데 가장 적당한 시기가 언제인가 하는 것이었을 뿐이다. 따라서 "군부는 5·17로 정권을 잡은 것이 아니라 12·12 사태를 계기로 이미 권력을 잡았다. 5·17 계엄 확대 조치는 그 뒤의 한 과정으로 보아야 한다"는 권정달의 증언(조갑제 1990)은 정곡을 찌른 정확한 분석이다.

그러나 12·12 이후에도 학생과 야당 등 민주화 세력은 "'밑으로부터의 민주화'도 아니고, 그렇다고 '타협적 민주화'도 아닌 어정쩡한 전략"을 추구하는 전략적 오류를 범하고 말았다. 먼저 야당의 정치 지도자들은 권력욕에 눈이 멀어 적전 분열했을 뿐 아니라 제도 정치권에서 최소주의적 전략을 구사하는 한편, 학생운동과 재야를 상대로 이런 방안을 설득하는 오류를 범했다. 양김으로 대표되는 이 세력은 당시 정세에 대한 안이한 낙관론에 매몰돼 있었고, 그렇지 않은 경우에도 이미 최소주의적 대안은 물건너갔다는 사실을 인식하지 못한 채 군부에 구실을 주면 안 된다는 이유로 최대주의적 투쟁 방식을 오히려 비판하는 오류를 범한 것이었다. 특히 안이한 낙관론은 미국이 '한국의 평화적 정권 교체를 적극 지지할 것'이라는 미국의 표면적 입장을 액면 그대로 믿은 '순진한 대미관'에 크게 기인하는바, 이 세력은 미국의 공식 입장에 한껏 고무된 채 어떻게 하면 미국의 환심과 지지를 얻을 수 있을까 노심초사한 사실이 주한 미국 대사관이 1980년 1월 29일에 국무부에 보낸 비밀문서에 잘 나타나 있다.[5]

다음으로 학생을 중심으로 한 민중운동의 경우 5·15 서울역 '회군'이 결정적 오류였다. 물론 민주화 세력이 당시 회군이 아닌 정면 승부를 택했으면 군부를 상대로 한 충돌이 불가피했을지 모른다. 또한 그럴 경우 사태가 민주화 세력의 승리로 귀결했으리라는 보장은 없다. 그러나 나중에 '5·18'이 보여줬듯이 운동 주체의 전략에 무관하게 당시 상황이 어차피 정면 대결로 나아갈 수밖에 없었다는 사정을 염두에 둘 경우 최소한 이 경우 5·18보다는 승리 확률이 훨씬 높았을 것이라는 점, 설사 패배했더라도 그 충격은 5·18에 견줘 비교할 수 없을 만큼 컸을 것이라는 점, 나아가 그 경우 5·18처럼 지배 세력이 문제를 특정 지역의 '지역 문제'로 호도하는 일은 불가능했을 것이라는 점에 주목해야 한다(손호철 1997a, 358~359 참조).

당시 서울대학교 총학생회장이자 3인 비밀 지도부의 한 사람인 심재철은 1988~1989년 국회 청문회에서 이렇게 진술했다.

5월 15일 서울역에서 학생들이 퇴각을 하게 됩니다. 그것은 이 운동에 있어서 결정적인 과오였습니다. 그 결정적인 오류가 광주에서 대학살로 이어져버렸습니다. 그랬을 때 그 운동의 최선봉에 나섰던 저로서는 완전한 패장이었고 고개를 들 수 없었습니다. (최석우 1996, 123 재인용)

2) 1987년 6월항쟁[6]

한편 1987년의 경우 전략선택론은 노태우로 대표되는 체제 내 개방파가 존재했고 반대 세력 역시 "민주화를 위한 이데올로기 투쟁을 연기하고 모든 노력을 직선 대통령제로의 헌법 개정에 집중"해 '최대 다수 연합'을 형성했기 때문에 '타협에 의한 보수적인 민주화'가 가능했다고 주장한다. 다시 말해 반대 세력의 '최소주의적 전략'이 민주화를 성공할 수 있게 했다는 것이 학계의 일반적 견해다. 물론 그동안 논의돼왔듯이 1987년 당시 체제 내의 개방파가 존재했느냐, 또한 그 세력이 노태우 세력이냐는 따져볼 문제다. 그러나 쟁점이 되는 것은 1987년의 성공이 최소주의적 입장에서 재야와 정치권이 단결해 대안을 조직화했기 때문이라는 주장이다. 여기서 주목할 것은 '최대주의'와 '최소주의'가 무엇을 의미하느냐는 그 기준이다.

우선 주목할 것은 이미 필자가 다른 글에서 지적한 대로 1980년에서 최대주의/최소주의와 1987년에서 최대주의/최소주의의 기준이 전혀 다르게 사용되고 있다는 사실이다. 1980년 경우는 제도 정치권 내부에서 하는 투쟁이냐 아니면 가두투쟁이냐 하는 '투쟁 방식'을 기준으로 한 분류인 반면, 1987년 경우는 직선제 쟁취라는 절차적 민주주의의 복원을 목표로 하느냐 아니면 그 이상의 급진적 목표를 내거느냐 하는 '투쟁 목표'(요구 강령)를 기준으로 한 분류라는 점이다. 여기에 비춰 볼 때 분명 1987년 6월항쟁은 투쟁 목표에서 최소주의적이었다. 그러나 실패한 1980년의 경우도 동일하다. 사실 당시에는 민주화의 내용을 둘러싼 이데올로기적 투쟁은 존재하지 않았고, 모두 '시민민주주의' 수준의 최소주의자였다. 1980년 민주화운동 세력 내부의 논쟁은 투쟁 방식의 최소주의와 최대주의 사이의 논쟁이었을 따름이다. 이 점을 명확히 하지 않고 1987년은 최소주의적으로 단결했기 때문에 성공했고 1980년은 그렇지 못했기 때문에 실패했다는 식으로 두 민주화 실험을 단순 연결해 설명할 경우 이념적 목표를 중심으로 한 최소주의적 단결 여부가 1980년의 실패와 1987년의 성공을 결정한 것처럼 착각하게 만드는 광범위하게 유포된 잘못된 경향에 빠지게 된다.

문제는 여기에서 끝나지 않는다. 투쟁 목표라는 점에서는 1980년도 1987년도 모두 최소주의적으로 단결돼 있었다고 할 때, 그렇다면 둘의 차이는 무엇인가 하는 점이 여전히 남기 때문이다. 차이는 투쟁 방식이다. 1980년의 경우 투쟁 방식에서 최소주의와 최대주의로 나뉘어 분열돼 있던 반면, 1987년은 재야가 단결해, 나아가 정치권도 가담해 거리로 뛰어나오고 '최대주의'로 단결했다. 통념하고 다르게 최소주의가 아니라 최대주의로 단결한 것이 1987년을 1980년하고 구별해주는 민주화의 성공 원인이다.

결론부터 이야기하면 1987년 민주화는 지배 세력의 온건파와 반대 세력의 온건파 사이의 타협에 따라 성공한 것이 아니다. 지배블록은 온건파와 강경파로 분열된 것이 아니라 전체적으로 강경파의 입장을 고수했고, 반대 세력도 투쟁 방식에서 최대주의적으로(투쟁 목표에서는 최소주의적이었지만) 단결했다. 이 둘이 정면충돌하는 과정에서 미국의 민주화 지지까지 겹쳐져 힘의 역관계가 반대 세력의 우위로 나타남에 따라 반대 세력이 지배블록을 온건파로 변신하도록 강제한 결과다. 즉 1987년 봄에 신군부가 취한 전략적 선택은 처음부터 타협에 의한 민주화가 아니었다. 신군부의 1차적 선택은 호헌 선언이었고, 6월항쟁에 맞선 대응이라 할 수 있는 2차적 선택은 6월 20일을 기한 위수령 발동이었다. 그러나 이 선택은 최후의 순간에 미국의 압력 등 때문에 군 동원이 취소되면서 6·29 선언으로 이어지게 된다. 결국 여기에서도 힘의 역관 계가 결정적이었다. 이 '투쟁 방식의 최대주의' 부분을 좀더 면밀히 살펴보자.

1980년 봄과 5월 광주에 대한 집단적 기억과 1985년 이후 이어진 지속적 인 개헌 요구와 투쟁, 여기에 박종철 고문 치사 사건, 4·13 호헌 조치, 5·18 폭 로로 이어지는 일련의 과정을 통해 지배블록에 대한 민중의 심리적 공분과 광 범위한 도덕적 저항이 일어나고, '호헌 철폐 독재 타도'에 대한 대중적 공감이 확산됐다. '호헌과 군부독재의 장기 집권을 허용하느냐' 아니면 '군부독재를 타도하고 민주정부를 수립하느냐' 하는 중차대한 상황에서 지배블록에 맞서 강력히 투쟁할 수 있는 구심체를 건설하는 것은 범민중적 요구였다. 이런 요 구를 반영해 마침내 민중운동의 주도 아래 '민주헌법쟁취 국민운동본부'가 결성되기에 이르렀다. '6·10 박종철군 고문살인 은폐 조작 및 호헌철폐 규탄 국민대회'를 시작으로 국민운동본부는 그 뒤 5일 동안 '명동성당 농성투쟁', '6·18 최루탄 추방대회', '6·26 국민평화대행진' 등으로 이어지는 역사적인 6 월 민주항쟁의 정치적 구심체 역할을 수행하면서 반독재 민주화 투쟁을 적극 적으로 전개했다. 이 과정에서 투쟁의 수위는 점점 더 높아졌고, 특히 6월 18 일의 시위가 대중 투쟁이 승리할 가능성을 불러일으키면서 19일에서 21일에 이르는 사이에 시위는 절정을 치달았다.

한편 4·13 호헌 조치 뒤 대중 투쟁이 고양되자 보수 야당은 '선명투쟁에 의 한 현상 돌파'와 '대화에 의한 파국의 예방'이라는 상충된 선택의 기로에서 왔 다갔다했다. 전자의 선택에서 그 시기와 강도는 전적으로 민중운동 쪽의 움 직임에 좌우됐고, 후자의 선택도 대화의 상대방이 응해줘야 가능한 일일 수 밖에 없었다. 따라서 보수 야당은 사태 추이를 관망하면서 일단 '선명투쟁과 함께 실질 대화를 계속 추진하겠다'는 '양다리 걸치기'식 방침을 선택했다.[7] 보수 야당의 이런 기회주의적 행동은 "재야와는 연대해서 투쟁할 것이지만 단일한 조직에 참여하지는 않겠다"며 민중운동에 일정한 거리를 유지하려는 태도로 이어졌다. 국민운동본부 결성 과정에서도 그런 태도는 여실히 드러났는데, 처음에 보수 야당이 국민운동본부 결성에 참여하지 않으려 한 이유는 민중운동의 진보적 성격이 지배블록을 상대로 한 정치 협상에서 장애 요인이 된다고 생각한 때문이었다. 그런 보수 야당도 지배블록이 자신들을 협상의 파트너로 인정조차 하지 않으면서 국회에 설 땅이 없어지자 조직적 연대를 하기로 방향을 급선회해 민중운동의 최대주의적 투쟁에 동참하게 됐다.

어쨌거나 민중운동의 전략, 즉 최소주의적 투쟁 목표와 최대주의적 투쟁 방식의 결합은 민중운동 진영의 힘의 성장과 함께 1980년 봄하고 다르게 6월 항쟁을 승리로 이끈 주요한 요인이다.[8]

6. 미국의 전략과 역할

미국의 직간접적인 강력한 영향 아래 있던 한국의 국내 정치, 특히 정치적 전환 국면에서 미국의 존재 그 자체나 구체적 행위는 정치 변동의 주요 변수의 하나로 이해돼야 한다. 헌팅턴(Huntington 1991)에 따르면, 1970년대와 1980년대 미국은 민주화의 중요한 촉진자로서 민주화에 대한 미국의 기여는 미국의 힘과 영향력의 의식적이고 직접적인 행사 이상의 것을 포함하고 있다고 한다. 그러나 1980년 한국의 예를 포함한 많은 제3세계의 경험들은 그렇지 않다는 사실을 보여준다. 어쨌든 미국의 대한 전략이 1980년과 1987년의 민주화 실험에 각각 어떻게 다른 영향을 주었는지를 살펴볼 필요가 있다.

1) 1980년 봄

1980년 봄에 미국이 한 역할을 이해하기 위해서는, 먼저 제3세계에 대한 미국 외교 정책의 변화에 주목할 필요가 있다. 1979년 박정희의 암살, 1980년 5월의 광주와 신군부의 집권으로 이어지는 일련의 상황 전개는 군사주의의 퇴조를 바탕에 깔고 인권 외교 정책을 앞세운 카터 행정부 때의 일이었다.[9] 그러나 카터 행정부는 10·26 이후 사태에 대응하는 과정에서 인권 외교 정책하고는 거리가 먼 정책을 추구했다. 여기에 중요한 배경이 되는 것은 세계 정세였다. 중동 지역의 친미 체제를 지탱해온 이란 샤 체제의 급속한 붕괴, '소모사 없는 소모사 체제'를 유지하려 한 카터의 구상을 무산시킨 니카라과의 산디니스타 혁명 정권의 등장 등은 '무기력한 미국'을 증명하는 셈이 돼 카터를 심각한 궁지로 몰아갔다. 전자는 미국의 중동 지배 전략을 근저에서 뒤흔드는 사태였으며, 후자는 쿠바 혁명에 뒤이어 미국의 앞마당까지 '좌익 세력'이 침투한 사태로 인식됐다.

사태가 이렇게 전개되자 카터 행정부는 1979년 4월부터 제3세계 외교 정책을 전면 재검토하기 시작해 비밀리에 일련의 국가안전보장회의 개최를 거쳐 6월경에 정책 변화를 위한 일정한 합의에 이르게 된다. 주안점은 ① 현재 제3세계에서 미국의 이해는 중대한 위협에 직면해 있는바, ② 미국은 좀더 강력한 무력 대응을 펼쳐야 하며, ③ 제3세계 분쟁 지역에 신속배치군[RDF·Rapid Deployment Forces]을 파견하는 조치를 마련한다는 것이었다. 이른바 '카터 독트린'은 내부 지침 수준에서 비밀로 돼 있다가 1979년 11월 이란 인질 사태와 12월 소련의 아프가니스탄 침공 사태를 거치면서 1980년 연두교서로 공개적으로 모습을 드러냈는데, 여기서 카터는 "미국의 이해를 위협하는 일에 대해서는 군사력을 포함해 그 어떤 수단도 모두 사용할 것"이라는 초강경한 표현을 구사하기에 이른다. 이런 발언은 제3세계 정책에 관련해 미국의 국익에 손상을 주는 격변적 상황에 대한 군사적 해결 가능성을 분명하게 밝힌 것이었으며, 나아가 인권 외교의 기조를 포기한 채 '신보수주의'로 회귀한다는 의미이기도 했다. 이런 메시지가 제3세계 군부 세력의 '용기를 북돋워주는' 아주 고무적인 요소로 작용한 것은 물론이었다.

이런 상황에서 미국은 한국이 민주화 과정에서 이란이나 니카라과처럼 될 까봐 염려했고, 반작용을 불러오더라도 친미와 반공 성향을 띤 신군부 세력의 강력한 지도력을 확립해줌으로써 정치적, 군사적, 경제적 이해를 확실히 보장받는 길을 선택한 것이다. 이런 정책 기조는 그 뒤 레이건 행정부 초기에 이르면 '커크 패트릭 독트린'으로 알려진 노선, 즉 "제3세계의 어떤 독재든 반미 내지 공산 독재보다는 낫다"거나 "친미 반공이라면 독재 정권이라도 지원하겠다"는 노선으로 확립되기에 이른다.

이런 노선 아래 공식 입장하고는 다르게 10·26 직후부터 미국은 행정부 내 고위 관리들로 암호명 '체로키Cherokee'라는 비상대책반을 구성해 한국에 영향력을 발휘하려는 노골적인 활동을 벌였다. 이런 활동은 한국의 정치 상황과 인물들을 주도면밀하게 평가하고, 주요 인사들을 만나 미국의 국익을 관철하려는 입장에서 구체적인 조언과 요구를 하며, 5·18 민중항쟁에 군 병력을 투입한 일에 대한 승인과 지지를 통보하면서 미국의 직접적인 군사적 개입 방안을 협의한 일[10] 등에서 여실히 드러났다. 글라이스틴의 말처럼, 미국은 "박정희 대통령 암살과 12·12 군사변란 이후 한국의 정치적 전환기에 안정적인 바탕을 마련하도록 도움을 주는, 전례를 찾아볼 수 없는 적극적인 활동가"가 됐던 것이다(《한겨레신문》 1996년 3월 24일 재인용).

나아가 비밀공개법에 따라 공개된 비밀문서에 따르면, 미국은 한국의 사회 불안과 국가 안보에 관한 염려와 함께 보수 야당과 재야, 학생운동을 사회 불안의 구체적 요인으로 지적하고 있다. "학생들의 도전과 야당 정치인들의 (정부에 대한) 비협조적인 태도 때문에 한국 내 불안의 상당 부분이 발생", "수는 적지만 학생들을 이용해 말썽을 촉발할 수 있는 가장 유망한 세력으로서의 재야", "재야의 요구에는 상습적인 형태의 과격한 요구" 등의 표현에 이런 사실이 잘 나타나 있다(《한겨레신문》 1996년 3월 6일 재인용). 결국 한국의 민중에게 희망으로 다가온 '80년 서울의 봄'은 미국에게는 단지 '혼란의 봄'으로 비쳤을 따름이고, 그 결과 '혼란의 봄'을 단지 말뿐인 '안정의 봄'으로 변화시키는 데 일조하게 된 것이다.

2) 1987년 6월항쟁

미국은 레이건 2기 행정부가 들어선 1980년대 중반을 전후해 초기의 '커크 패트릭 독트린'에서 '저강도 전쟁 전략Low Intensity Strategy'으로 제3세계 전략의 변화를 가져왔다.[11] 위에서 소개한 미국 독점자본의 변화한 세계 전략에 따라 민주화 프로젝트라는 이름으로 제3세계 전략을 수정하는바, 1987년 봄 미국의 대한 전략은 이런 전략의 한국적 변형이라고 볼 수 있다. 더 구체적으로 보면, 한국의 군사독재 세력을 더 지지하다가는 1980년대 들어 거세게 일고 있는 반미운동이 위험 수위에 이를 수 있다는 판단 아래 체제에 위협이 되지 않는 선에서 민주화를 촉구하는 노선이었다. 이런 노선은 우선 1986년 4월 14일 조지 슐츠 국무부 장관을 통해 "어떤 독재 세력에도 반대하며 민주적 중도 세력이 필요"하다는 견해로 나타났으며, 그 뒤 7개항의 조건부 내각제 구상으로 알려진 이른바 '이민우 구상'의 출현과 뒤이은 민주화운동의 분열과 파괴도 이런 미국의 의도에 일치하는 것이었다.[12]

그 뒤에도 미국은 한국에 끊임없이 신호를 보내왔는데, 대체로 친미는 아니더라도 반미는 안 된다, 군부가 배척하는 인물은 안 된다, 철저한 의회주의자여야 한다, 집권을 하더라도 정치 보복을 하지 않을 사람이어야 한다는 것으로 요약할 수 있다(조세형 1987, 137). 한편 6월 16일 국무부 브리핑에서도 알 수 있듯이 미국은 대화를 통한 사태 해결을 희망하면서 '한국인 자신들에 의한 자신들의 체제 선택' 같은 종래의 주장을 반복하는 등 한국에 영향력을 행사하는 문제에서 신중했다. 이때까지는 줄곧 '현상 존중'의 태도를 취했다. 그런 태도는 미국이 한국에서 얻으려는 것이 미국 국익의 안정적 보장이지 다른 무엇이 아니기 때문에 언제나 미국의 이익을 보장해온 '현존하는 실세'에 기대지 않을 수 없다는 논리의 연장선상에 놓여 있었다.

그러나 아래에서 시작된 저항이 6월항쟁이라는 전면적 투쟁으로 폭발하면서 상황이 기박하게 돌아가자 미국은 그동안 이어온 '조용한 외교' 정책에서 결별하고 공개 외교, 즉 적극적 개입과 공개적 압력의 자세로 전환했다. 여기에는 과거의 "안보가 중요한 모든 것이며 민주주의는 또 다른 북한의 침략을 초래할 가능성이 있어 한국을 불안정하게 만들지 모른다"는 인식에서 "민주화가 북한의 지속적인 위협에도 불구하고 한국의 안보만큼 최우선적인 것이라는 사실을 마침내 깨닫기 시작한 것"으로 나아가는 인식상의 전환이 깔려 있었다. 특히 6월 18일 이후의 전국적인 시위 사태, 특히 부산에서 벌어진 거대한 시위를 접한 레이건은 6월 19일에 특사를 파견해 전두환에게 친서를 전달하면서 염려를 표시했다. 이렇게 미국이 한국의 정치 상황에 특사까지 파견하면서 신속하게 대응한 배경에는, 1980년 5·18 민중항쟁을 유혈 진압할 때 미국이 취한 태도가 '반미의 무풍지대'인 한국의 민중운동 세력들이 반미 투쟁을 펼치게 한 주요 원인이라는 판단이 큰 영향을 미쳤다. 비유해보건대 '죽은' 1980년 5월의 광주가 '산' 미국의 발목에 족쇄를 채운 것이었다. 레이건의 친서는 내용보다 친서 전달이라는 행위 자체가 주는 효과가 훨씬 컸다.

6월 20일에는 에드워드 더윈스키 국무부 차관이, 6월 23일에는 한국 문제의 실무 책임자인 개스턴 시거 차관보가 급거 방한해 한국 문제의 '새로운 해결'을 위해 모색하기에 이르렀다. 이 인사들은 '군부 개입 반대, 한국 사태의 평화적 해결, 민주 발전의 이룩'에 대한 미국의 희망을 국내 인사들을 만나 구체적이고 명확하게 표시하고 나섰으며, 6월 22일에는 국무부 정오 브리핑을 통해 유례없는 직설적 표현으로 군대의 사태 개입을 묵과하지 않겠다는 강도 높은 메시지를 보내 한때 긴장감을 고조시켰다.[13] 나아가 미 하원 외교위원회 동아시아태평양 소위원회는 6월 24일에 한국에서 진정한 민주화가 실현될 때까지 한국에 경제 보복 조치를 취하기로 한 '87년 한국민주화 법안'을 통과시켰다(《조선일보》 1987년 6월 25일). 이 밖에도 당시 미 중앙정보국CIA 관계자로 일한 한 증인의 경우 미국이 탱크를 동원해서 위수령 때 출동하는 탱크를 저지하는 무력시위를 벌여 위수령을 취소하게 했고, 6·29 선언 역시 미국이 만들어 전두환과 노태우에게 강제한 것이라는 주장도 제기하고 있다(김용일 1996).

7. 결론

이 글은 위에서 1980년 봄의 민주화 실험의 실패와 1987년 6월항쟁의 성공을 토대-시민사회의 역관계, 투쟁 전략, 미국의 역할을 중심으로 비교해봤다. 지금까지 한 논의를 요약하면 **표 7**과 같다.

앞의 이론적 전제에서 지적했듯이 위의 분석들은 4개의 핵심 변수에 관한 평면적인 비교 분석일 뿐, 이 수준을 넘어서 한국 민주화의 인과적 동학에 관한 엄밀한 의미의 이론화라고 할 수는 없다. 이 문제에 관련해 서구의 민주화 과정을 체계적으로 분석한 한 연구는 서구의 '자유민주주의' 중 '민주주의' 부분은 노동자 계급 등 '아래에서 시작된 투쟁'과 이 투쟁을 수용할 수 있던 현대 자본주의의 팽창성과 탄력성의 결과라고 밝힌 바 있다(Therborn 1977).

1980년 봄의 경우 전략적 선택의 오류 등 앞서 지적한 여러 요인들이 작동한 것은 사실이지만, 이런 관점에서 보면 궁극적으로 1980년의 좌절은 아래에서 시작된 투쟁의 미성숙과 민주화를 수용할 수 있는 팽창성과 탄력성의 결여라는 당시 한국 자본주의의 특성이 가져온 결과라고 할 수 있다. 반면 1987년의 민주화 실험은 아래에서 시작된 투쟁의 상대적 성숙과 민주화를 제한적으로 수용할 수 있는 팽창성과 탄력성의 확보라는 당시 한국 자본주의의 특성이 가져온 결과라고 할 수 있다.

마지막으로 살펴볼 점은 양대 민주화 실험 결과가 가져온 일종의 역설에 관련된 것이다. 비유하자면 실패(패배)가 성공(승리)의 어머니라면, '반쪽의 성공(승리)'는 그 이상의 '실패(패배)'를 내장할 수 있다는 역사의 아이러니라 할 수 있다.

한국전쟁 이후 한국 현대사에서 최대의 비극이 '80년 5월의 광주'라는 데에는 논란의 여지가 없다. 유신 독재의 붕괴를 계기로 분출된 1980년 봄의 민주화 열기가 5·17 군부 쿠데타로 무산되고, 여기에 저항한 광주 민중들의 항쟁은 신군부의 강철 군화에 짓밟혀 좌절되면서 '80년 5월 광주'라는 역사적 비

표 7. 1980년 봄과 1987년 6월항쟁 민주화 실험의 비교

	구체 분석의 주요 초점	80년 민주화 실험	87년 민주화 실험
①	자본축적의 성격·수준	저임금, 절대 노동시간, 민중 배제를 특징으로 한 종속적 자본 축적	상대적 잉여가치에 바탕한 자본 축적, 상대적 종속 완화
	실물경제의 국면적 상황	'위기' 국면	'3저 호황'의 경제 활황 국면
	자본주의 세계체제의 규정력	친 군부독재	군부독재에 대한 상대적 비판
②	사회적 지배 계급의 태도	권력 친화적	권력 친화적
	'중산층'의 동향	운동에 대한 거부	운동에 대한 참여
	민중운동의 강약의 정도	취약	양적·질적 성장
③	미국의 대 제3세계 전략	커크 패트릭 독트린	저강도 전략
	한국 민주화에서 한 역할	민주화 저지에 대한 기여	민주화에 대한 부분적 기여
④	투쟁 목표(최대주의/최소주의)	최소주의	최소주의
	투쟁 방식(최대주의/최소주의)	최소주의/최대주의 분열	최대주의

극의 씨앗을 잉태했다. 그러나 5월 광주는 신군부가 시도한 무혈 권력 장악을 좌절시켰고, 정치 개입에 대한 엄청난 대가를 치르게 했다. 이 요소는 지배 블록의 탄압 수준을 극도로 높게 올려놓았을 뿐만 아니라 민중운동의 투쟁의 강도를 극도로 고양시킴으로써 그 뒤 정치 변동에 압도적인 영향력을 행사했다. 전두환 5공 독재의 역사적 정통성을 박탈하고 변혁 지향적인 민중운동의 등장과 반독재 투쟁의 가속화에 도덕적이고 정서적인 기초를 제공한 점에서, 5월 광주는 장래에 다가올 한국의 민주화 과정에서 거의 절대적인 변수가 됐다(최장집 1989b, 203). 다시 말해 5·18 민중항쟁은 단기적 시각에서 보면 실패나 패배라고 할 수 있지만, 중장기적으로 보면 민중 역량이 역사의 전면에 재등장하는 계기였다. 나아가 한국 민주화 투쟁의 거봉이자 민중운동의 한 획을 긋는 역사적 전환점이었을 뿐만 아니라 1987년 6월 민주화 대항쟁의 밑 거름이기도 했다. 실패가 성공의 어머니가 된 역설을 보여준 것이다.

한편 한국 민주화의 성공 사례로 일컬어지는 1987년 6월항쟁은 군부독재

의 청산과 함께 과거하고 완전히 단절한 바탕 위에서 새롭게 민주 정치가 시작된 경우가 아니라, 지배블록과 보수 야당이 잠정적으로 '제한적인 자유주의적 협약'을 맺은 것이며, 따라서 단절성이 아닌 연속성이 한국 민주화 과정의 기본적인 특징이라고 할 수 있다. 그리고 그 결과 지배블록과 보수 야당은 핵심적인 이익을 서로 보장하는 동시에 지배블록은 이행에 대한 주도권을 상실하지 않게 됐고 보수 야당은 선거 경쟁의 불확실성을 통해 집권의 발판을 마련할 수 있게 됐다(조효래 1995, 541). 그런 상황은 지배블록에는 자신감을 주고 보수 야당에는 하나의 가능성을 제시한 반면, 기층 민중이나 민중운동에는 패배감을 가중시킬 가능성이 컸다. 즉 1987년 6월항쟁은 절반의 승리였고, 거기에는 절반의 패배가 내장돼 있었다고 할 수 있다. 결국 10여 년이 지난 지금도 사회경제적 민주화는커녕 사상의 자유 등 절차적 민주주의까지 제한적 수준에 머물러 있는 한국 민주주의의 파행화는 1987년 민주화 이행의 유형적 특징이 남긴 필연적인 부정적 유산(조현연 1997b, 147)으로서, 상당 부분 1987년 민주화 실험의 성공의 역설 속에 내장돼 있다고 할 수 있다.

8장

한국 민주화운동 비교 2

6월항쟁과 '11월촛불혁명'[*]

1. 들어가며

올해로 역사적인 6월항쟁이 30주년을 맞았다.[1] "빨갱이 타도"를 외치는 태극기 부대의 집회의 자유와 표현의 자유를 포함해 우리가 현재 누리고 있는 많은 자유들은 1987년에 일어난 바로 이 6월항쟁에 빚지고 있다. 사실 우리 현대사는 6월항쟁을 기준으로 해서 '민주화 이전 시기'와 '민주화 이후 시기'로 나뉜다고 해도 과언이 아니다.

　이런 역사적인 6월항쟁 30주년을 맞아 우리는 역사적인 또 한 번의 항쟁을 경험하고 있다. 그것은 최초의 현직 대통령 탄핵과 박정희 체제의 '뒤늦은 종말'을 가져온 '11월시민혁명' 내지 '11월촛불혁명'이다(나는 이번 항쟁에 대해 초기에는 '광화문항쟁'이라고 불렀지만 '11월시민혁명'이 올바른 용어라고 생각한다. 우선 광화문이 중심지이지만 1987년 6월항쟁처럼 전국적 항쟁이라는 점에서 '11월항쟁'이 더 적합한 표현이며, 시민들이 단순한 박근혜 퇴진을

---

[*]　민주화운동기념사업회가 주최한 6월항쟁 30주년 기념 학술토론회 '6월항쟁, 촛불혁명, 한국민주주의'(2017년 6월 7일)에서 발표한 〈6월항쟁과 11월촛불혁명 — 반복과 차이〉를 수정하고 발전시켰다.

넘어 헬조선 탈출 등 좀더 근본적인 변화를 요구하고 있다는 점에서 단순한 항쟁보다는 '시민혁명'이 더 적합하다고 생각하기 때문이다).[2] 주목할 것은 박근혜 게이트와 '11월촛불혁명'이 일어난 시점이다. 이 혁명이 기이하게도 1987년 6월항쟁 30주년을 앞두고 일어났다는 사실은 시사하는 바가 크다.

이 혁명을 바라보는 사회과학자의 심정은 양면적이다. 우리의 시민이, 사회운동이 살아 있다는 점에서, 아니 더욱 발전하고 성장했다는 점에서 기쁘다. 그러나 동시에 6월항쟁이 30년이나 지나서도 유신 시대에나 있을 법한 블랙리스트가 우리를 옥죄어왔다는 사실이, 그리고 정치권도, 언론도, 검찰도 아닌 많은 시민들이 이런 잘못을 바로잡기 위해 몇 달간 거리로 뛰어나와야 했다는 사실이 슬프다. 이 글은 이런 문제의식에서 공통점과 차이점을 중심으로 11월촛불혁명과 6월항쟁을 비교하고 분석해보는 데 그 목적이 있다.

2. 6월항쟁과 11월시민혁명

1961년 5·16 군사 쿠데타 이후 한국 사회를 지배해온 군사독재를 끝낸 6월항쟁, 그리고 대한민국 역사상 처음으로 현직 대통령을 탄핵해 권좌에서 몰아내고 감옥으로 보낸 11월시민혁명의 공통점은 무엇이고 차이점은 무엇인가? 이것을 살펴보기 위해 우리는 한국 민주주의의 발전에 중대한 기여를 한 이 두 위대한 투쟁을 원인 내지 배경, 주체, 목표, 투쟁 방식, 결과를 중심으로 비교해보고자 한다.

1) 배경(원인)

1987년 6월항쟁은 왜 일어났는가? 이 문제는 비교적 간단하다. 박정희는 1972년 종신 집권을 위해 유신을 선포하고 유신 헌법을 통해 직선제를 폐지하고 대통령을 통일주체국민회의라는 관변 단체가 선출하도록 만들었다(한홍구 2014). 이른바 '체육관 대통령 선거' 시대가 막을 올린 것이다. 박정희가 암살당한 뒤에도 전두환은 1980년 봄 학생들과 시민들의 민주화 요구를 피의 학살로 진압하고 이런 반민주적 제도를 계승했다. 1987년 전두환의 임기 만료가 다가오면서 야당과 민주 시민들은 최소한의 정치적 권리인 대통령 직접 선출권을 요구하며 정부와 충돌했다. 한마디로 1987년 6월항쟁은 야당과 민주 시민들의 대통령 직선제 개헌 요구를 전두환 정권과 군부가 받아들이지 않았기 때문에 일어난 것이다(학술단체협의회 1997; 서중석 2011).[3]

그러면 유례없는 촛불혁명, 즉 '11월시민혁명'은 왜 일어난 것인가? 표면적으로 그 원인은 최순실의 국정 농단을 중심으로 한 박근혜 게이트다. 그러나 이런 대답은 피상적 분석에 불과하고 87년 6월항쟁하고 다르게 이유는 좀더 복잡하다고 볼 수 있다. 분석에 도움이 되는 것은 사회적 시간을 '단기 지속', '중기 지속', '장기 지속'으로 나누고, 이것을 각각 '사건사', '복합 국면사', '구조사'로 이론화한 한 역사학자의 분석이다(Braudel 1971, 11~42).

딱 일치하지는 않지만, 이번 촛불혁명에도 비슷한 세 층위가 작동하고 있다(손호철 2017, 22~23). 물론 가장 표층인 '사건사'적 측면에는 박근혜 게이트가 있다. 그러나 박근혜 게이트 역시 단순히 최순실 국정 농단이라는 측근 비리로 치부할 수 없다. 박근혜는 '박정희 신화' 덕에 대통령에 올랐고, 문화계 블랙리스트부터 재벌 유착, 공작 정치, 공권력 사유화 등이 보여주듯 철저하게 박정희의 유신적 통치에 기반해 있다. 따라서 박정희 체제가 자리잡고 있다.

중간 수준에는 단순히 박근혜를 넘어서 제왕적 대통령제와 '불완전한 정치적 민주화'('87년 헌정 체제')[4]가 자리잡고 있다. 이 점은 박근혜 게이트 정도는 아니지만 김영삼, 김대중 전 대통령 등도 아들들이 연루된 김현철 게이트, 김홍업·홍걸 게이트 등을 겪어야 했다는 사실이 잘 보여주고 있다. 표 1이 보여주듯 1987년 6월항쟁 이후 우리의 정치적 민주주의는 권위 있는 프리덤하우스 평가에 따르면 4등급에서 1.5등급으로 진전했지만, 사상의 자유를 보장하

표 1. 한국의 정치적 민주주의

·	전두환		노태우, 김영삼 김대중, 노무현(1)	노무현(2), 이명박, 박근혜	박근혜
	1980	1987	1988~2003	2004~2013	2014~2016
정치적 자유	5	4	2	1	2
시민 권리	6	4	2	2	2
평균	5.5	4	2	1.5	2

※ 출처: www.freedomhouse.org(손호철 2017, 41에서 재인용).

표 2. 한국의 양극화 추세

		도시 근로자	전 가구 (국제 기준)
군사독재	1980~1986년 평균	.310	
민주화 (노태우, 김영삼 시기)	87	.306	.298
	93	.281	
	97	.291	
	평균	.291	
민주화+신자유주의 세계화 (1) (김대중, 노무현 시기)	98	.316	
	99	.320	.358
	07	.324	.344
	평균	.315	.346
민주화+신자유주의 세계화 (2) (이명박) (박근혜)	평균	.316	.341
	2013~2014년 평균	.308	.330

※ 출처: 손호철(2017), 54.

표 3. 6월항쟁과 11월촛불혁명 원인 비교

6월항쟁	11월촛불혁명
대통령 직선제 개헌 요구	표층 – 박근혜 게이트(박정희 체제) 중간 – 제왕적 대통령제와 불완전한 정치 민주화(87년 헌정 체제) 심층 – 헬조선에 대한 분노(97년 신자유주의 체제)

는 온전한 자유민주주의 수준에는 이르지 못했다. 특히 그동안 느리지만 전진해온 정치적 민주주의가 이명박 정부와 박근혜 정부 들어 뒷걸음질치다가 결국 2등급으로 후퇴했다. 아니 1987년 6월항쟁이 30년이 다 지나도록 독재 정권에서나 볼 수 있는 블랙리스트가 만들어져 우리를 옥죄어온 것이 정치적 민주주의의 불완전성을 웅변적으로 보여준다.

이 점에서 표층적 원인(박정희 체제), 중간 수준의 원인(제왕적 대통령제와 불완전한 민주화)에 관한 한, 11월시민혁명은 6월항쟁하고 관련이 있다. '6월항쟁의 미완성'에 따른 박정희 체제의 유제의 지속, 그리고 불완전한 정치적 민주화가 결국 11월촛불혁명으로 폭발했다고 볼 수 있다. 다시 말해 '6월항쟁의 미완성'이 촛불혁명의 원인이 됐다.

마지막으로 가장 깊은 심층에는 단순한 대통령의 권력 남용을 넘어서 1997년 IMF 경제위기 이후 전면화된 시장 만능의 신자유주의 체제(97년 체제)에 따라 생겨난 헬조선, 흙수저 세습제에 대한 대중의 분노가 자리잡고 있다. 표 2가 보여주듯 우리의 빈부 격차는 1987년 민주화 이후 개선되다가 1997년 경제위기 이후 급속히 악화해 위험 수위에 이른 지 오래다. 게다가 이런 불평등에 정유라로 상징되는 불공정성까지 더해져 대중의 분노가 폭발한 것이다. 구체적으로 존재 자체가 특혜 그 자체로 박근혜 게이트를 가장 상징적으로 보여주는 최순실의 딸 정유라의 조롱처럼 "돈 많은 부모 만난 것도 실력"인, 아니 "돈 많은 부모 만나는 것이 최고의 실력"인 헬조선에 대한 분노다. 평생 노력해도 개인의 지위가 높아지지 않는다는 사회적 유동성에 대한 부정적 인식이 1997년 전에는 5.3퍼센트에 불과했는데, 이제는 62.2퍼센트로 12배나 높아졌다(《연합뉴스》 2016년 12월 12일). 사실 얼마 전 열린 세계 지도자들의 모임인 다보스 포럼에서 세계적인 국제기구 옥스팜의 총재는 신자유주의에 따른 세계적인 양극화를 염려하면서 "한국의 촛불시위는 (정치적 사건이라기보다는) 불평등에 대한 분노가 표출된 경제적 사건"이라고 논평했다(《중앙일보》 2017년 2월 1일).

이해를 돕기 위해 투쟁의 배경 내지 원인이라는 면에서 6월항쟁과 11월촛불혁명을 비교한 위의 논의를 요약하면 **표 3**과 같다.

2) 전개 과정

그러면 6월항쟁과 11월시민혁명은 각각 어떻게 진행됐는가? 특히 누가 주체였으며, 규모는 어떠했고, 투쟁 방식과 목표는 어떠했는가?

(1) 주체와 규모

6월항쟁과 11월촛불혁명의 참가 규모를 비교하는 것은 매우 어려운 문제다. 우선 이번 촛불하고 다르게 6월항쟁의 경우 참가 인원 관련 자료가 많이 남아 있지 않다. 게다가 당시의 산출 방식과 이번의 산출 방식이 같다고 볼 수도 없다. 그러나 이런 한계에도 불구하고 주어진 자료를 중심으로 참가 인원을 비교해보고자 한다.

이번 촛불혁명의 경우 2016년 12월 3일 제6차 촛불에 최고 인원인 232만 명이 참가했으며, 2016년 10월 19일 제1차 촛불부터 2017년 3월 박근혜 탄핵 뒤 열린 제21차 촛불집회까지 다섯 달 동안 연인원 1684만 명이 참가한 것으로 집계되고 있다. 반면에 30년 전의 항쟁은 규모가 명확하지 않다. 최대 참가 규모에 관련해 항쟁을 주도한 지도부는 1987년 6월 26일 민주헌법쟁취대행진에 130만 명이 참여했다고 주장하지만, 여기에 관련된 주요 저서를 쓴 역사학자는 이런 숫자가 과장돼 있다고 평가한다(서중석 2011, 529~530). 《현대근현대사사전》 등은 이날 전국 33개 도시와 4개 군읍 지역에서 100만여 명이 참여했다고 쓰고 있다. 언론들 역시 이번 촛불혁명을 과거의 운동에 비교하며 한국현대사에서 그 이전까지 최대 인원이 참가한 집회를 1987년 6월 26일의 100만 명으로 상정한 뒤, 이 숫자하고 이번 촛불 참여 인원을 비교했다. 따라서 6월항쟁의 최대 참여 인원은 일단 100만 명으로 추정하고자 한다.

그러면 6월항쟁의 참가 연인원은 어떠한가? 이 문제에 관한 믿을 만한 자료도 없는 것이 현실이다. 다만 한 시사사전은 6월항쟁이 1987년 6월 9일 연세대학교 시위에 참여한 이한열 열사의 비극적 죽음을 기화로 촉발돼 6월 10일 호헌철폐국민대회, 6월 26일 민주헌법쟁취대행진을 거쳐 군부의 항복 선언인 6·29선언까지 이어지는 20여 일 동안 500여만 명이 참여했다고 쓰고 있다(《시사상식사전》). 이런 자료들에 기초해 평가할 경우 6월항쟁과 11월촛불혁명은 최대 참가 인원에서 각각 100만 명과 232만 명, 참가 연인원에서 각각 500만 명과 1684만 명으로 차이가 많이 난다.

그러나 6월항쟁과 11월촛불혁명의 참가 인원을 단순 비교하는 방식은 문제가 있다. 1987년과 2016~2017년의 인구가 다르기 때문이다. 구체적으로 1987년에는 인구가 4160만 명이었지만 2016년 말에는 5140만 명으로 약 25퍼센트 늘어났다. 1987년의 인구는 현재의 80퍼센트 수준에 불과했다. 따라서 1987년의 참여 규모를 현재하고 비교하려면 25퍼센트 정도 높게 평가해야 한다. 결국 이런 인구 차이를 고려해 참가 규모를 정확하게 비교하려면 단순히 참가 총인원을 비교할 것이 아니라 인구에 대한 참가 인원의 비율을 계산해 비교해야 한다. 최대 집회의 경우 6월항쟁은 인구의 2.5퍼센트가, 11월촛불혁명은 4.3퍼센트가 참가했다. 연인원으로는 6월항쟁이 인구의 12퍼센트가, 11월촛불혁명은 32퍼센트가 참가했다는 이야기다. 결국 6월항쟁은 인구 열 명 중 한 명꼴로, 촛불혁명은 열 명 중 세 명꼴로 참가했다는 이야기다.

그러면 시위 참가자와 시위 주도자들은 누구였는가? 우선 지도부를 보면 6월항쟁은 '정치사회'의 제도권 야당들과 '시민사회'의 민중운동 단체 등이 합작해서 민주헌법쟁취국민운동본부(국본)를 구성해 운동을 주도했다. 여기에서 중심적인 역할을 한 것은 민주통일민중운동연합(민통련) 등 민중운동 단체들이지만, 종교계와 지역운동 단체 등하고 함께 민주화추진협의회(민추협), 통일민주당 등 정치권 또한 적극 참여했다. 11월시민혁명하고 비교하기 위해 참가 단체 수를 살펴볼 필요가 있지만, 관련 자료를 찾을 수 없었다. 다만 국본 발기인이 종교계 683명, 재야 단체 343명, 지역 352명, 정치인 213명 등 2191명이었다(학술단체협의회 1997, 128). 따라서 당시의 참가 단체 수가 공식적인 단체만 2300여 곳이 참여한 이번 촛불항쟁보다 훨씬 적었다는 점을 쉽게 짐작할 수 있다.

이번 촛불혁명의 경우 전국민주노동조합총연맹(민주노총) 등 전통적인 '민중운동 단체'들과 세월호 4·16연대, 참여연대 등 (뉴라이트 계열의 냉전 보수 성향 시민단체들을 제외한) 사실상 거의 모든 시민단체가 참여해 무려 2300여 곳의 시민사회단체들이 박근혜퇴진비상국민행동을 구성해 퇴진 투쟁을 주도했다. 이렇게 1987년에 비교할 수 없을 만큼 많은 시민사회단체들이 이번 투쟁에 주도적으로 참여한 것은 지난 30년간 우리의 시민사회가 그만큼 많이 성장하고 조직화됐다는 이야기다. 시민사회의 성장을 반영해 참여한 시민사회단체들이 대폭 확대된 것 말고도 이번 투쟁이 갖는 중요한 특징은 지도부에 정치권을 배제한 점이다. 나아가 6월항쟁은 야당이 투쟁에 적극적으로 참여한 반면, 11월촛불혁명의 경우 정의당 같은 진보 정당은 처음부터 적극적으로 참여했지만 자유주의적 야당들의 경우 일부는 거리를 두는 등 대응 방식에 차이가 있었다.

그러면 일반 참가자들은 누구인가? 참가 주체 면에서 중요한 특징은 1987년의 경우 학생운동이 중심적인 역할을 했지만 이번 촛불에는 그렇지 않았다는 사실이다. 이번에도 학생들이 다수 참여하고 중고등학생들도 적극적으로 참여했지만 중심적인 역할을 했다고는 볼 수 없다. 우리는 학생운동이 한국 현대사에서 사회운동의 중심적 역할을 해왔고, 이런 흐름이 일제 강점기 때의 광주학생운동 등 '역사적 전통'에 기인한 것으로 이해하는 경향이 있다. 그러나 해방 정국에서 학생운동이 전혀 중심적 역할을 못한 것을 생각하면, 이런 이해는 잘못됐다. 해방 정국의 중심 세력은 학생이 아니라 농민과 노동자 등 '기층 민중'이었다(Cumings 1981 등 참조). 이런 사실은 한국 현대사, 정확히 이야기해 1950년대 이후에 학생운동이 중심적 역할을 한 이유는 한국전쟁 등으로 중심적 역할을 해야 할 노동자와 농민 등 '계급운동' 등이 사라진 때문이지 역사적 전통 때문이 아니다. 또한 1987년 민주화 이후 계급운동과 시민운동 등이 성장하면서 학생운동은 '주변적 운동'으로 밀려난 것이다.

둘째, 이번 촛불의 주체는 학생도 조직화된 세력도 아니고 조직화되지 않은 일반 '시민'(퇴진행동의 한 지도자가 쓴 표현을 빌리면 "자유롭지만 위태로운"[5] 개인으로서의 시민)들이었다. 물론 퇴진행동 소속 단체들의 많은 조직원들이 시위에 참여했다. 그러나 절대다수를 차지한 것은 조직화되지 않은 시민들이었다. 퇴진행동 관계자들이 한 추정에 따르면 촛불집회 참가자 중 퇴진행동 소속 단체 소속원들은 10퍼센트 정도고 90퍼센트는 일반 시민이라 한다(손호철 2017, 114). 그렇다고 1987년의 경우 시민들이 주요한 주체가 아니라는 뜻은 아니다. 학생들만이 아니라 넥타이 부대 등 일반 시민들도 항쟁에서 주요한 역할을 수행했다. 물론 '중산층'이 주도한 것인가 아니면 '민중'이 주도한 것인가를 둘러싼 논쟁이 있기는 하다(학술단체협의회 1997, 107~182). 그러나 민중은 단순히 노동자, 농민, 빈민 같은 '기층 민중'만이 아니라 중산층도 포함하는 개념이라는 점에서 잘못된 이분법이다. 그리고 서울 도심의 경우 근무지가 도심이라는 점을 이용해 점심시간 등에 넥타이 부대가 다수 참여해 '넥타이 부대의 신화'가 생겨났지만, 공단 지역과 퇴근 시간 이후에는 전통적 의미의 '노동자'(육체노동자)들도 다수 참여했다(서중석 2011, 619~626). 따라서 중산층 주도설이나 넥타이 부대 신화는 과장된 측면이 강하다.

셋째, 1987년에 견줘 이번 촛불의 경우 연령층, 직업군, 성별 등 모든 면에서 참여의 폭이 넓어졌다. 여성들의 참여가 대폭 확대됐고 청소년과 노인들의 참여도 크게 늘어났다. 서강대학교 현대정치연구소의 참가자 조사(이지호 2017; 이현우 등 2017)에 따르면, 전체 참여자 중 여성의 비율이 50퍼센트를 넘었고 주부도 거의 20퍼센트를 차지했다. 연령도 60대 이상이 23퍼센트나 되는 것으로 나타났다. 여기에 비교할 만한 1987년 항쟁 참여자들의 분포는 알 수 없지만, 여성과 노인의 비중이 훨씬 더 낮았을 것은 자명하다. 나아가 1987년과 2017

표 4. 6월항쟁과 11월시민혁명의 주체와 규모 비교

	6월항쟁	11월촛불혁명
인구	4160만 명	5140만 명
지속 시간	20여일	5개월(실제 촛불집회일 20여일)
최대 참가 인원	100만 명(?)(인구 2.5%)	232만 명(인구 4.3%)
참가 연인원	500여만 명(인구 12%)	1588만 명(인구 32%)
주도 단체	민주헌법쟁취국민운동본부(국본) – 야당 참여	박근혜정권퇴진비상국민행동(퇴진행동) – 야당 불참
중심 세력	학생, 시민(넥타이 부대, 노동자 등)	시민 범위의 확대(여성, 노인, 중고생 등)
정치사회	야당 적극 참여	진보 정당 적극 참여, 보수 야당 양면적

년을 비교하면 지금의 촛불 시민들이 1987년의 참여 시민들보다 '집단 지성'으로 무장되고 훨씬 발전된 시민 의식을 가지고 있었다고 볼 수 있다. 그러나 1987년의 경우 군사독재에 저항해 시위에 참여한다는 자체가 많은 것을 잃을 수 있는 위험한 선택이었다는 점에서 '용기'는 1987년이 이번보다 더 컸다고 봐야 할 것이다. 사실 6월항쟁의 경우 6월 26일 하루만 해도 3687명이 경찰에 연행됐다. 지금까지 한 논의를 요약하면 **표 4**와 같다.

(2) 목표와 투쟁 방식

그러면 6월항쟁과 11월시민혁명은 투쟁 목표와 투쟁 방식에서 어떤 특징을 가지고 있는가? 공통점과 차이점은 무엇인가?

① 목표 6월항쟁의 목표는 단순했다. 바로 대통령 직선제의 쟁취였다. 나아가 이런 민주 헌법을 통해 민주 정부를 수립하는 것이었다. 물론 국본 출범선언문은 단순한 직선제 쟁취를 넘어서 "집시법, 언기법, 형법과 국가보안법의 독소조항, 노동법 등 모든 악법의 민주적 개정과 무효화 범국민운동을 실천한다"고 선언했다.[6] 그러나 이런 내용을 대중 집회, 유인물, 구호 등에 활용하

지는 못했다(서중석 2011, 640). 당시 많이 사용한 "민주헌법 쟁취하고 민주정부 수립하자"(서중석 2011, 285)는 구호가 6월항쟁의 목표를 가장 잘 집약해준다고 볼 수 있다.

이번 촛불투쟁도 어찌 보면 그 목표가 단순하다. 촛불투쟁을 주도한 조직의 명칭이 잘 보여주듯이 '박근혜 퇴진'이다. 그러나 이번 투쟁에 참여한 많은 시민들이 바란 것은 단순한 박근혜의 물리적 퇴진을 넘어서 좀더 근본적인 우리 사회의 변화라고 봐야 한다. 사실 퇴진행동 역시 박근혜의 물리적 퇴진만이 아니라 우리 사회에 누적된 적폐의 청산을 투쟁 목표로 내걸었고, 세월호 진상 규명, 백남기 농민 사망 사건 특검, 성과퇴출제 폐지, 국정 교과서 퇴출, 사드 배치 중단, 언론 독립을 청산해야 할 6대 적폐로 지목하고 이런 과제를 해결하기 위해 투쟁했다(손호철 2017, 71).

나아가 이번 촛불은 사회 혁명 같은 근본적인 사회 질서의 변혁은 아니더라도 헬조선을 벗어나려는 투쟁이기도 했다. "내 안의 박근혜와 내 옆의 최순실에 분노하고 사람을 돈이나 자신들의 소유물로 보지 않고, 사람을 돈과 이익으로 환산하지 않고, 독립된 존재로 보는 세상"과 "어쩔 수 없이 경쟁 속에서 남을 밟고 올라서야만 내가 살아남을 수 있는 것이 아니고, 함께 살아가는 세상"을 만들자는, 진주 촛불집회에서 어느 10대 청소년이 한 발언이나 "누구보다 열심히 일하는 부모님이 가난하다는 이유로 지식에게 부끄러워하지 않아도 되는 사회"를 만들자는 주장 등(손호철 2017, 97)이 대표적인 예다. 바로 이런 특성 때문에 6월항쟁하고 다르게 이번 촛불은 촛불혁명이라고 봐야 한다는 것이 내 생각이다.

② 투쟁 방식 6월항쟁과 11월촛불혁명은 '시민'들이, '대중'이, '민중'이 '제도 정치' 내의 투쟁 방식('최소주의적 방식')을 넘어서 거리로 달려나와 이른바 '최대주의적 투쟁 방식'을 택한 점에서 공통점이 있다.[7] 주류 학계에서는 1987년 6월항쟁의 성공을 1980년 봄의 실패에 비교하며 1980년의 경우 거리투쟁

을 주장하는 강경파(최대주의자)들과 제도 내 투쟁을 주장하는 온건파(최소주의자)로 분열된 반면에, 1987년 6월항쟁의 경우 직선제 개헌이라는 '최소주의'에 기초한 최대 연합이 성공의 원인이었다는 주장이 힘을 발휘하고 있다(임혁백 1990). 그러나 이것은 우리의 항쟁사를 최소주의를 중심으로 해석하며 보수적으로 왜곡하는 잘못된 주장이다. 실패한 민주화 투쟁인 1980년 봄에 민주화운동 진영의 목표는 최대주의가 아니라 계엄령 철폐와 민주정부 수립 같은 최소주의적인 것이었다. 따라서 1987년하고 차이가 없다. 다만 투쟁 방식을 놓고 분열한 것이었다. 반면 1987년의 항쟁은 최소주의가 아니라 최대주의적으로 단결해 모두 거리로 나와 싸웠기 때문에 승리한 것이다(손호철 2011, 514~515). 이번 촛불혁명도 시민들이 모두 거리로 나와 싸우는 최대주의적인 방식으로 투쟁했다.

그러나 1987년과 촛불은 이런 공통점에도 불구하고 중요한 차이가 있다. 이번 촛불혁명은 철저하게 비폭력적 투쟁 방식을 고수한 반면, 6월항쟁은 그렇지 않았다. 6월항쟁에서 시민들은 나름대로 방어적 '대항 폭력'을 행사했다. 투석전은 일상적이었고, 파출소 점거, 경찰 버스 방화, 경찰서 방화, 보도용 차량 방화, 방송국 화염병 투척 등으로 파출소장이 중화상을 입는가 하면(서중석 2011, 371), 버스로 경찰을 공격해 전경 1명이 사망하고 2명이 중상을 입기도 했다(서중석 2011, 424). 6월 26일 하루 동안에만 경찰서 2개소, 파출소 29개소, 민정당 지구당사 4개소가 파괴내지 방화되어 3467명이 연행됐다(《한국근현대사 사전》). 특히 주목할 것은 학생들이 시민들에게서 고립되지 않기 위해 비폭력을 외쳤지만 오히려 시민들이 비폭력을 거부하고 대항 폭력을 선택한 사실이다(서중석 2011, 616).

이번 촛불의 경우는 1987년하고는 양상이 다르게 나타났다. 일부 시위 참여자들이 돌출적 행동을 보일 경우 오히려 시민들이 그런 사람들을 강하게 규율하면서 철저하게 비폭력을 고수했다. 두 투쟁에서 드러나는 이런 투쟁 방식의 차이는 기본적으로 집권 세력의 대응에서 나타난 차이에 기인한다고 볼 수 있다. 6월항쟁의 경우 전두환 정부가 최루탄을 발사하는 등 폭력적인 방식으로 진압하려 하자 시민들도 여기에 대항해 최소한의 자구적인 대항 폭력을 행사했다. 그러나 이번 촛불의 경우 경찰과 정부가 평화적으로 대응하면서 촛불투쟁 역시 과격한 폭력적 방식을 피할 수 있었다.

여기에서 우리는 '최대주의'라는 용어를 다시 살펴볼 필요가 있다. 정치학의 민주화 연구에서 흔히들 반대 운동이 제도 정치가 아니라 거리로 나와서 문제를 푸는 것을 '최대주의'라고 부른다. 따라서 이런 기준에 따르면 1980년 봄에 거리로 나온 학생들이나 1987년 6월항쟁, 이번 촛불혁명은 모두 제도 정치를 넘어 거리로 나온 점에서 '최대주의'로 볼 수 있다. 그러나 반대 운동의 진정한 '최대주의'는 게릴라전이나 1980년 광주민중항쟁 같은 무장투쟁이라고 볼 수 있다. 즉 제도 정치를 넘어서는 투쟁 방식이라는 포괄적 의미의 최대주의를 세분해야 한다. 구체적으로 이번 촛불혁명 같은 비폭력 거리투쟁, 6월항쟁 같은 대항 폭력 거리투쟁, 1980년 광주의 무장투쟁 같은 세부적 차이를 구별해야 한다. 사실 어떻게 보면 이번 촛불 같은 비폭력 거리투쟁은 투쟁 방식에서 '최대주의'가 아니라 '중도주의'이다.

투쟁 목표와 투쟁 방식이라는 면에서 위에서 비교한 6월항쟁과 11월시민혁명의 특징, 나아가 또 다른 한국 현대사의 주요 항쟁인 5·18민중항쟁과 4·19학생혁명의 특징을 요약해 비교하면 **표 5**와 같다.

항쟁의 경과라는 면에서 하나 더 짚고 넘어가야 할 문제가 두 가지 있다. 첫째, 이번 촛불혁명 과정에서 터져 나온 '보수 시민'들의 탄핵 반대 시위 문제다. 물론 6월항쟁 당시에도 1987년 4월 전두환이 발표한 4·13 호헌 선언(직선제 개헌 요구에도 불구하고 간선제를 고수하겠다는 선언)에 대해 전경련과 한국노총 등 여러 단체들이 지지 선언을 했다(이 점에서 6월항쟁을 억압적인 '국가에 대한 시민사회의 저항'으로 그리는 것은 문제가 많다. 전경련과 한국노총은 '시민사회'가 아니고 '국가'인가?[8]). 그러나 6월항쟁 당시 직선제 개헌 투쟁에 대항해 직선제 개헌에 반대하는 '보수 시민'들의 시위는 없었다.

표 5. 한국 주요 항쟁 투쟁 목표 및 방식

목표＼방식	최소주의 (제도 정치 내의 투쟁)	최대주의 1 (평화적 거리투쟁)	최대주의 2 (대항 폭력적 거리투쟁)	최대주의3 (대항 폭력적 무장투쟁)
최소주의 (제한적인 정치적 목표)			(경찰-폭력) 6월항쟁(직선제 +민주 정부 수립)	(군-폭력) 5·18민중항쟁 (계엄 철폐 +민주 정부 수립)
중간 수준 (최소주의+ 일정한 사회개혁)		(경찰-비폭력) 11월시민혁명 (박근혜퇴진 +적폐청산 +탈헬조선)	(경찰-폭력) 4·19학생혁명 (이승만퇴진 +민주정부수립 +진보변혁)	
최대주의 (근본적인 사회변혁)				사회 혁명 (프랑스 혁명, 러시아 혁명 등)

그만큼 지난 30년 동안 뉴라이트의 등장 등 우리 사회가 이념적으로 분화됐다는 이야기, 특히 '냉전적 보수 세력'이 조직화했다는 이야기다. 구체적으로 우리의 냉전적 보수 세력은 분단 체제가 확립된 뒤 반공 체제에 기생해 조직화할 필요가 없었지만 김대중 정부가 출범한 뒤에는 위기의식을 느껴 조직화하기 시작했다. 그 결과 우리의 시민사회도 진보(민주노총 등), 자유주의(시민단체), (냉전적) 보수(뉴라이트)의 3분 구도가 완성됐다(손호철 2011, 129~133; 772~773). 그러나 탄핵 반대 시위는 단순히 이런 시민사회의 변화가 가져온 결과만은 아니다. 이념하고는 무관한 부패 범죄의 문제를 자신들이 살기 위해 "보수 대통령을 쫓아내기 위한 좌파 빨갱이들의 음모"로 몰아간 '수구 엘리트'들의 망국적인 선동의 결과라 할 수 있다.

둘째, 항쟁의 '성장 전화'라는 문제다. 6월항쟁은 이어서 7~8월 노동자 대투쟁이라는 한국 현대사에서 가장 거대한 '노동자 대투쟁'으로 '성장 전화'했다. 6·29선언으로 군사정부가 민주화 요구에 항복 선언을 하자 그동안 억눌려 있던 노동운동이 폭발적으로 분출한 것이다. 이런 7~8월 노동자 대투쟁과

6월항쟁의 관계에 관해서는 연속성과 단절성을 둘러싸고 논쟁이 진행됐다(노중기 1997). 이 문제에 관련해 노중기는 노동자 대투쟁은 한국의 병영적 노동 현장을 민주화하라는 요구가 핵심이었으며, 이 점에서 6월항쟁의 "연속선상에서 발생하였던 민주화투쟁", 즉 "노동자대중이 수행한 또 다른 6월항쟁"(노중기 1997, 213)이라고 주장하고 있다.

반면 이번 촛불혁명은 1987년 6월항쟁 같은 별도의 노동자 대투쟁이 뒤따르지 않았다. 6월항쟁의 경우 민주노총 같은 자주적인 노동조합이 존재하지 않았기 때문에 노동자들은 개별적 '시민'으로 참여했다. 그리고 항쟁이 성공해 민주적 공간이 생겨나자 자연 발생적으로 사방에서 노동자들의 투쟁이 벌어졌고, 그런 투쟁들이 모여서 7~8월 노동자 대투쟁을 구성했다. 그리고 그 결과로 전국노동조합협의회(전노협)가 출범했고, 전노협은 다시 민주노총으로 발전했다.

그러나 이번 촛불혁명의 경우 민주노총이 처음부터 퇴진행동에 참여해 중심적인 역할을 수행했다. 그리고 적폐 청산의 6대 과제로 박근혜 정부가 일방적으로 추진하던 성과퇴출제를 포함시키는 등 노동자들의 요구 사항을 투쟁 속에 녹여냈다. 그런 결과로 6월항쟁하고 다르게 촛불혁명의 경우 7~8월 노동자 대투쟁 같은 노동자 투쟁이 뒤따르지 않은 것이다.

3) 결과

이제 마지막으로 항쟁의 성과 내지 결과를 분석할 필요가 있다. 성과 면에서 6월항쟁과 11월촛불혁명은 어떻게 비교될 수 있는가? 주목할 것은 역사적인 이번 촛불혁명의 지휘부에서 핵심적인 구실을 해 박근혜 퇴진에 일등공신이 된 한 퇴진행동 핵심 관계자의 평가다. 퇴진행동의 공동대변인 구실을 한 안진걸 참여연대 공동사무처장은 최근 한 인터뷰에서 "이번 촛불혁명은 4·19혁명과 5·18민주화운동, 6월항쟁의 연장선상에 있는 것은 사실"이지만 "중요한 차이가 있다"고 지적했다. "4·19혁명은 핏빛혁명이자 미완의 시위"였고, "5·18 민주화운동은 역사적으로 승리하였"지만 "200명이 학살당하고 …… 7년간 패배"하였으며, "6월항쟁은 노태우 대통령이 당선됐으니 죽 쑤어 개 준 꼴"이라면, 이번 혁명은 "비폭력으로 탄핵이라는 성과를 만들어낸 역사상 유례없는 완성된 혁명"이라는 것이다(《뉴시스》 2017년 5월 21일). 이런 평가는 박근혜 퇴진을 이끌어낸 핵심 실무자의 평가라는 점에서 주목할 만하다. 그러나 사회과학자로서 내가 내린 평가는 조금 다르다.

이 평가는 6월항쟁과 11월촛불혁명의 비교라는 이 글의 주제를 넘어서 4·19학생혁명과 5·18민중항쟁의 비교까지 논의를 확대하고 있다. 그러나 중요한 문제인 만큼 안 처장의 문제 제기를 따라가 이 넷을 비교해보려 한다. 우선 안 총장은 4·19와 이번 촛불을 혁명으로 보고 있고, 5·18과 6월항쟁을 혁명이 아니라 항쟁 내지 민주화운동으로 본다. 이 점에서는 나도 의견을 같이한다. 문제는 '항쟁'과 '혁명'의 차이다. 단순한 항쟁하고 구별되는 혁명의 고유한 특징이 무엇이냐는 것이다. 그것은 단순한 정권 교체를 넘어서 정치, 경제, 사회 전반의 근본적 변화다. "짧은 시간에 (단순한 정권 교체를 넘어서) 정치, 경제, 사회 전반에 대한 근본적인 변화를 가져다주는 행위"를 우리는 혁명이라고 부른다(Skocpol 1979). 좀더 구체적으로 '정치 혁명'은 정치 체제의 근본적인 변화를 가져오는 것이고, '사회 혁명'은 단순한 정치 혁명을 넘어서 사회 전반의 근본적인 변화를 가져오는 것이다. 다시 말해 혁명은 항쟁을 좀더 '폼 나게 보이고' 더 많은 의미가 갖게 만들기 위한 수사나 미사여구가 아니다.

이런 기준 때문에 우리는 단순히 직선제 개헌과 민주 정부 수립을 요구한 6월항쟁이나 유신 철폐와 민주화를 요구한 5·18민중항쟁을 혁명이라고 부르지 않는 것이다. 특히 5·18은 4·19를 넘어서 무장투쟁이라는 훨씬 극단적인 투쟁 방식을 택했는데도 4·19하고 다르게 혁명이라고 부르지 않는 이유가 여기에 있다. 반면 4·19는 단순히 이승만의 퇴진을 넘어서 (이승만 퇴진 이후) 한국전쟁 학살자 명예 회복, 남북 평화통일운동, 민주노조운동 등 빠르게 급진화돼 우리 사회의 좀더 근본적인 변화를 요구한 점에서 '혁명'이라는 성격을 부여할 수 있다(사월혁명연구소 1990). 물론 이런 투쟁이 5·16 쿠데타 때문에 좌초되면서 4·19는 '미완의 혁명'으로 남게 된다.

따라서 이번 촛불의 성격을 퇴진행동의 명칭처럼 단순히 박근혜 퇴진 투쟁으로 파악하고 박근혜 퇴진으로 목표가 달성된 것으로, 즉 "완성된" 것으로 보면 이번 투쟁은 6월항쟁, 5·18항쟁처럼 단순한 '항쟁'('11월촛불항쟁')이지 '혁명'이라고 볼 수 없다. 나는 그렇게 보면 안 된다고 생각한다. 이번 촛불의 원인에는 박정희 정부로 상징되는 우리의 '고장난 대의민주주의', 나아가 헬조선을 향한 대중의 분노가 자리잡고 있고, 위에서 지적했듯이 여러 참가자들은 공개 발언을 통해 이런 문제들의 근본적 개혁을 요구했다. 이 점에 주목해 개인적으로 이번 촛불을 촛불항쟁이 아니라 촛불혁명으로 부른 것이다.

멀리 갈 필요도 없다. 퇴진행동 스스로 이번 투쟁의 목표 중 하나를 적폐 청산으로 보고 사드 배치 철회 등 6대 적폐 청산을 주요 과제로 내걸고 투쟁했다. 퇴진행동도 이번 촛불의 목표를 단순히 박근혜 개인의 탄핵으로 상정하지 않은 사실을 보여주는 것이다. 따라서 적폐 청산이 제대로 되기 전에는 이번 촛불이 한국 역사상 최초로 "완성된 혁명" 내지 '완성된 항쟁'이라고 말할 수 없다. 사실 촛불의 목표를 단순히 박근혜 퇴진으로 좁게 보고 그 목표가 실현됐으니 완성된 것, 성공한 것이라고 본다면, 6월항쟁 역시 일차적인 목표인 직선제 개헌은 실현된 점에서 완성된 것, 성공한 것이다.

이번 촛불을, 나아가 지나간 주요 항쟁들을 제대로 평가하려면 그 결과를 최소한 세 수준에서 분석해야 한다. 첫째, 직선제 개헌이나 박근혜 퇴진 같은 좁은 수준의 '1차 목표'다. 둘째, 민주 정부 수립이나 적폐 청산처럼 좁은 수준을 넘어서는 실질적인 '2차 목표'다. 셋째, 진보적인 사회변혁이나 탈헬조선 같은 좀더 근본적인 사회 변화라는 '근본적 목표'다. 바로 이 셋째 목표가 '항쟁'과 '혁명'을 구별하는 분기점일 것이다.

이런 기준으로 볼 때 5·18은 1차적 목표부터 패배했다. 다만 중장기적으로는 민주화와 한국전쟁 이후 사라진 '진보의 부활'에 엄청난 기여를 하게 된다. 6월항쟁은 첫째 수준(1차 목표)에서는 성공했지만 양김의 분열로 군부 통치 종식과 민주정부 수립이라는 둘째 목표(2차 목표)에서는 실패했다. 그러나 중장기적으로는 민주화에 크게 기여했지만 한계도 많았다. 4·19학생혁명은 단순한 이승만 타도만이 아니라 우리 사회의 근본적 변화를 추구했으며, 그런 점에서 '혁명'이었다. 그리고 '이승만 타도'라는 1차 목표와 민주 정부 수립이라는 2차 목표에는 성공했지만, 마지막 목표인 진보적 변혁은 5·16 때문에 좌절되고 미완의 혁명으로 남게 됐다.

그러면 이번 촛불은 어떠한가? 우선 박근혜 탄핵이라는 1차 목표는 달성됐다. 그리고 2차 목표에 관련해 6월항쟁하고 다르게 정권 교체와 '자유주의' 정부 수립에는 성공했지만,[9] 적폐 청산과 대의민주주의의 발본적인 개혁은 아직 미지수다. 물론 문재인 정부가 기대 이상으로 잘하고 있고 취임하자마자 국정 교과서를 폐지하는 등 적폐 청산에 나섰다. 그러나 보수 세력의 반발, 국제정치의 현실 등을 고려할 때 사드 배치 등 6대 적폐 청산은 장담할 수 없다. 따라서 이번 촛불을 항쟁으로 본다고 하더라도 아직은 '미완의 (현재 진행형) 항쟁'이다.

또한 이번 촛불을 단순한 '촛불항쟁'이 아니라 '촛불혁명'으로 만들어줄 탈헬조선은 더더욱 미지수다. 사실 새 정권이 신자유주의를 계속 유지하는 한 헬조선은 계속될 수밖에 없다. 그러면 박근혜 게이트로 수그러든 박정희 신화는 다시 살아나고 '제2의 박근혜'가, 한국판 트럼프가 나타날 가능성이 적지 않다(손호철 2017, 121). 이 점에서 11월시민혁명은 아직 끝나지 않은 '미완성의 현재 진행형 혁명'으로 봐야 한다. 다만 여기에서 두 가지 문제가 남는다.

첫째, 탈헬조선 같은, 박근혜 퇴진과 적폐 청산을 넘어서는 좀더 근본적인 변화를 향한 요구가 이번 촛불의 밑바탕에 깔려 있고, 이런 요구가 집회 발언에서 여러 차례 나왔지만 이것이 얼마나 일반적인 요구였느냐는 문제다. 이 문제는 항쟁 과정에 관한 좀더 실증적인 연구를 통해 논의돼야 할 주제다. 둘째,

표 6. 6월항쟁과 11월촛불혁명 결과 비교

	'항쟁'		'혁명'	
	5·18민중항쟁	6월항쟁	4·19학생혁명	11월촛불혁명
1차 목표	× (계엄 철폐)	O (직선제 개헌)	O (이승만 퇴진)	O (박근혜 퇴진)
2차 목표	× (민주 정부 수립)	× (군부 통치 종식, 민주 정부 수립)	O (민주 정부 수립)	O (민주 정부 수립) ? (적폐 청산)
근본 목표			× (진보적 변혁) – 미완의 혁명	? (탈헬조선) – 현재 진행형
장기적 결과	민주화, 진보의 부활	민주화(OX)	민주화	

혁명을 '성취한 결과'가 아니라 '요구 사항'을 기준으로 해서 판단할 수 있느냐는 문제다. 물론 결과는 중요하다. 그러나 '미완의 혁명'이나 '실패한 혁명'이라는 개념은 요구 사항을 기준으로 삼아 혁명을 이해하는 방식이 유용하다는 것을 보여준다.

3. 나오며

카를 마르크스의 글 중에 자주 인용되는 다음 같은 구절이 있다. "헤겔은 어디에선가 역사의 중요한 인물이나 사건은 두 번 반복한다고 썼는데, 다음과 같은 것을 덧붙이는 것을 잊어버렸다. 첫 번째는 비극으로, 두 번째는 희극으로 반복한다"(Marx 1979, 103). 마르크스의 표현대로 박정희가 비극이었다면 박근혜는 희극이다. 나아가 박정희를 무너뜨린 부마항쟁은 양김의 분열 속에서 12·12 쿠데타와 5·18 학살을 통해 비극으로 끝이 났다. 또한 박정희의 유신체제를 이어받은 제5공화국과 군사독재는 6월항쟁으로 끝장났지만, 그 결과는 또다시 양김의 분열 속에서 노태우의 승리라는 비극으로 끝났다.

마르크스의 정식이 맞는다면 박근혜를 무너뜨린 11월촛불혁명은 희극으로 끝나게 돼 있다. 그러나 이번 촛불혁명은 희극으로 끝나서도, 4·19학생혁명, 부마항쟁, 6월항쟁처럼 비극으로 끝나서도 안 된다. 11월시민혁명을 성공한 혁명으로 만들어야 한다. 11월시민혁명은 다행스럽게도 일단 6월항쟁하고 다르게 '민주 정부'의 수립에는 성공했다. 그러나 4·19학생혁명도 '민주 정부' 수립까지는 성공했다. 문제는 그다음이었다. 이번 촛불혁명도 마찬가지다. 이번 촛불혁명의 진정한 성패는 지금부터 다가올 시간에 달려 있다. 그렇기 때문에 우리는 아직 촛불을, 최소한 가슴속의 촛불을 끌 수가 없다. 촛불이여, 영원하라!

9장

한국 '진보 정당' 실험 비교

4·19혁명과 6월항쟁 이후 '민주화'기를 중심으로*

한국 정치의 중요한 특징 중 하나는 근대적인 계급적 균열과 계층적 균열에 기초한 진보 대 보수라는 정치적 균열 구조가 부재하다는 점이다. 다시 말해 여야를 막론하고 보수 정당만 존재할 뿐 의미 있는 '진보 정당'[1]이 없다는 것이다. 이런 특징은 잘 알려져 있는 것처럼 한국전쟁과 분단에 따른 이데올로기 지형, 정치 지형의 반쪽 불구화에 원인이 있다. 그 밖에도 역대 반민주적 정권들의 억압과 탄압도 여기에 기여한 사실을 부인할 수 없다.

그러나 이런 어려움 속에서도 진보 정당을 건설하려는 노력이 없지는 않았다. 1956년 대통령 선거에서 예상 밖의 놀라운 득표력을 과시한 조봉암의 출마와 진보당 결성에서 시작해 유신 등 어두운 암흑기에도 진보 정당에 관련된 움직임은 있었다.[2] 사실 전두환을 중심으로 한 신군부는 다단계 쿠데타를 쳐쳐 정권을 장악한 뒤 정치권을 개편하면서 정권의 정당성을 제고시키기 위해 '관제 진보 정당'을 만들어 원내 의석까지 제공한 일이 있다.

---

* 〈한국 '진보정당' 실험 비교연구 ― 1960년대 초반과 1990년대를 중심으로〉, 한국정치학회 연례학술대회(1997년 12월 1일) 발표 논문을 수정하고 보완했다. 이 글은 1997년에 쓴 만큼 2000년대 만들어져 원내 진출에 성공한 민주노동당, 통합진보당, 정의당 등을 다루지 못했다. 따라서 진보 진영의 다수파인 민족해방 진영이 보수 야당에 대한 비판적 지지에서 독자적 진보 정당 건설로 노선을 변화시킨 것 역시 다루지 못했다.

이런 진보 정당 움직임 중에서 특히 주목할 필요가 있는 것은 두 차례의 민주화 국면, 즉 4·19혁명 이후의 민주화 국면과 1987년 6월항쟁 이후의 민주화 국면에서 시도된 진보 정당 건설 움직임이다. 4·19 이후 우후죽순처럼 생겨난 사회대중당, 한국사회당, 통일사회당, 혁신동지총연맹, 민주사회당, 사회당 등 일련의 이른바 '혁신 정당' 움직임과 1987년 이후 13대 대선(1987년)과 14대 대선(1992년)에 각각 참여한 민중의당과 민중당의 실험이 그것이다. 이 두 사례는 자유당 정권의 용공 조작 때문에 비극으로 끝나고 만 진보당 실험 이후에 시도된 가장 체계적인 진보 정당 건설 움직임이었으며, 특히 민주화 국면에서 합법적인 정치적 공간이 확대되고 진보 세력에 대한 직접적인 탄압이 상대적으로 약화된 국면적 특징에 기인하는 면이 작지 않다.

이 글은 이런 사실에 주목해 이 두 차례의 진보 정당 건설 움직임을 비교하고 분석하는 데 목적이 있다. 사실 그동안 한국의 진보 정당에 대한 관심은 여러 어려운 조건에서도 끊기지 않고 지속돼 적지 않은 연구 성과를 생산해왔다. 그러나 그동안 해방 정국 연구자들은 해방 정국의 '진보 정당'들을 연구하고,[3] 진보당 관계자들은 1950~1960년대의 '진보 정당'을 연구하고,[4] 최근 젊은 연구자들의 경우는 민중당 등 1990년대의 '진보 정당'을 연구했을 뿐,[5] 이 연구처럼 1960년대 초의 실험과 1980~1990년대의 실험을 체계적으로 비교하려는 노력은 없었다.

이런 연구사적 공백에 주목해 이 논문은 민주화를 통해 확대된 정치적 공간 속에서 진보 세력의 진보 정당 건설 움직임은 어떤 식으로 전개됐으며, 민주화의 조건 속에서도 이 움직임들을 좌절시킨 요인은 무엇이었고, 1960년대 초와 1980년대 말, 1990년대라는 상이한 조건 속에서 시도된 진보 정당 실험의 공통점과 차이점은 무엇인가를 비교하고 분석하고자 한다. 특히 이 논문에서는 정강과 이념, 주도 세력, 결과와 그런 결과를 가져온 원인이라는 측면에 초점을 맞추고자 한다.

1. 정당의 핵심 — 정강과 정책

정강과 정책은 정당의 핵심이다. 그러나 한국 정당들의 경우 정강과 정책은 별 의미가 없는 하찮은 것이기만 하다. 우리의 경우 정강과 정책이란 정당의 정체성을 나타내는 주장이 아니라 대중의 지지를 받을 만한 것들을 모두 모아놓은 것에 불과하기 때문이다. 사실 전형적인 극우 반공 정당인 자유당의 초기 강령은 해방 정국의 혁명적 분위기를 반영해 유럽 공산당의 반독점자본주의 강령 수준으로 매우 급진적이었다.[6] 따라서 한국정치 연구에서 정강과 정책에 대한 분석을 통해 정당을 이해하려는 것은 매우 위험한 발상이다.

이런 한계에도 불구하고 탈이념화되고 기본적으로 좋은 것은 다 모아놓아 모든 세력의 지지를 얻으려는 '포괄 정당catch-all party'의 성격을 띠고 있는 보수 정당들하고는 다르게 '이념 정당'인 진보 정당들을 분석하는 데 있어 정강과 정책에 대한 이해는 매우 중요한 요소다.

우선 1960년대 초 진보 정당들의 정강과 정책에서 두드러진 것은 모든 정당들이 당의 이념으로 '민주사회주의' 내지 '민주적 사회주의'를 들고나온 점이다. 이를테면 이 시기의 대표적 진보 정당인 사회대중당은 "좌우의 독재를 배제하며, 정치적 횡포를 시정하고, 의회제 민주주의를 수호하며, 점진적으로 사회주의를 실현"[7]하는 '민주사회주의'를, 통일사회당은 "민주주의가 전면적으로 관철된 사회주의"인 '민주적 사회주의' 이념을,[8] 사회당은 "공산당과 기지 일체의 독재 세력을 타도하여 자유를 수호하고 품위 있는 민주정치를 실현"[9]하는 '민주적 사회주의'를 각각 주창하고 나섰다.

해방 정국과 한국전쟁을 거치며 공산주의 세력들이 대부분 괴멸하면서 사회민주주의자들 같은 온건한 진보 세력이 주로 살아남을 수 있었다는 역사성에 더해서, 분단 현실, 국가보안법 등 법적 제약 때문에 설사 더 급진적인 이념을 갖고 있어도 민주적 사회주의를 표방할 수밖에 없었기 때문이다.

문제가 되는 것은 후자일 경우, 즉 본의 아니게 민주적 사회주의를 내걸 수밖에 없던 경우다. 이 진보 정당들을 구성한 인물 등을 고려할 때 후자보다는 전자에 해당하는 경우라고 할 수 있는데, 뒤에서 살펴보겠지만 1960년 7·27 총선 이후 뒤늦게 출범한 사회당 내의 '좌파' 세력 같은 경우에 그렇지 않은 것 같다는 점을 주목할 필요가 있다.

그러나 당시 진보 정당들 사이에 존재한 민주적 사회주의라는 이념에 대한 합의에도 불구하고 그 이념이 무엇을 의미하는가에 대해서는 약간의 차이가 있었다. 사회대중당은 민주적 사회주의를 "자본주의 폐해를 시정, 극복하여 적중방식에 의해 자본주의를 변용"시켜서 "시장원리와 계획원리를 조화한 혼합경제의 확립"으로 이해한[10] 반면, 통일사회당은 "궁극적으로 자본주의를 폐기"하고 "근로대중이 평등하게 공동으로 일하는 사회를 건설하는 것"[11]으로 봤고, 사회당은 "독점 및 기타 모든 형태의 착취를 폐지하여 현대적 복지국가를 건설"[12]하는 것이라고 주장했다.

소유 문제에서도 사회대중당은 "철강업, 석탄업, 항공산업, 비료사업의 사회화"를 방침으로 "국유 내지 국가 관리의 범위를 먼저 한정해서 함부로 확대하지 않는다"는 입장을, 통일사회당 역시 "사기업으로서 급속한 성장이 보장되기 어려운 여러 중요 사업 분야의 전부 또는 주도 부분의 국영"을 제외한 "자유기업의 원칙 견지"라는 입장을 취하는 등 온건한 노선을 택한 반면, 사회당은 좀더 급진적인 노선을 채택했다. 즉 "이 땅의 생산수단은 그 대부분이 민족의 고혈을 짜서 이루어진 귀속재산과 …… 원조 물자와 남용된 권력의 물질적 증거"이므로 기간산업과 주요 사업을 공유로 전환할 뿐만 아니라 부당한 방법으로 불하된 귀속 재산은 그 계약을 취소하고 특별법에 의해 부정 축재를 몰수하는 한편, 그렇지 않은 생산수단의 사유도 "정의로운 사회질서와 국민 공동복리에 헌납하는 한에서만 사회의 보호를 받을 수 있을 것"이라는 입장을 취했다.[13]

당의 성격에 대해서도 사회대중당은 "특정 계급에 봉사하는" 계급 정당이 아니라 "근로하는 전체 국민"을 위한 '국민의 정당'으로서 "각종 근로자의 집단적 이해를 의회를 통해서 정치에 반영"시키는 것[14]을, 통일사회당은 "땀 흘려 일하는 기쁨과 괴로움을 아는 모든 사람들"의 '국민대중정당'으로서 "의회에서 절대 다수를 차지하여 정권을 담당하고 …… 민주적 방법으로 혁명을 완수"하는 것[15]을 각각 주장한 반면, 사회당의 경우는 이런 문제에 대해 구체적인 언급을 하지 않고 있으며, 뒤에서 살펴보겠지만 내부 논의의 경우 전혀 다른 생각을 갖고 있었다.

총선 당시 주요 쟁점이 됐으며 보수 정당들과 진보 정당을 구별해준 또 다른 중요한 쟁점은 통일 문제였다. 물론 진보 정당 중 한국사회당의 경우 "유엔 감시하의 총선거로써 조국통일"을 이룩한다면서 보수 정당하고 별 차별성이 없는 입장을 취하기도 했지만, 대부분의 진보 정당들은 그렇지 않았다.

사회대중당은 "현재로서는 유엔의 한국 총선거 결의만의 권위를 인정한다"는 입장을 취하면서도 "변화하는 국내외의 역사적인 단계에서 민주 합법적이고 민족의 자주 독립이 보장되는 구체적인 방안"을 모색해 "민주사회주의가 실현되는 조국통일"을 추구한다는 전진적인 태도를 견지했다.[16]

통일사회당은 남북한 사이의 서신 왕래. 물자 교류, 수학여행과 기자 시찰단 교환, 김일성의 퇴진을 조건으로 하는 남북 정치지도자 회담 개최, 한반도 중립화를 통한 통일을 주장했으며,[17] 사회당은 여기에서 한발 더 나아가 "민주적인 남북한 제 정당 및 사회단체가 자유로운 분위기에서 통일위원회를 구성하여 유엔의 협조 하에 민주주의의 승리에 의한 정치적 남북통일"을 추구한다는 정강을 내세웠다.[18]

끝으로 1960년대 초 진보 정당들의 중요한 특징은 미국이 우리 사회에 가지고 있는 엄청난 힘이라는 현실적 여건을 반영한 탓인지 아주 추상적인 수준에서 자주의 문제를 거론하고 있지만 외세와 제국주의, 특히 미국의 문제에 대해서는 거의 언급하고 있지 않다는 사실이다. 다만 사회당만이 "약소민족의 생존권인 자주성을 확립하는 것이 강대국에 대한 오랜 예속과 굴종의 욕된 역사를 끝맺게 하는 길이며 …… 저개발과 무[※]기술의 지대를 노리는 선진

자본의 경제적 침략으로부터 우리의 생존을 수호하는 길"[19]이라는 정도로 이 문제를 다루고 있다. 그러나 주한 미군 문제에 관련해서 통일사회당과 사회당은 유엔군 사령관에게 있는 국군 통수권을 회복한다는 공약을 내걸었다. 그렇지만 이 경우도 공산 세력의 침범에 대비하기 위해 "유엔군의 주둔과 한국 상호방위조약은 필요한 것"이라는 전제 조건을 달고 있다.[20]

그럼 1960년대의 진보 정당들에 견줘 1980년대 말에서 1990년대 초의 진보 정당들이 가지고 있던 정강과 정책은 어떤 차이가 있는가? 이 시기의 진보 정당 실험을 대표하는 민중당을 중심으로 이 문제를 살펴보면 다음 같다.[21]

우선 민중당은 '민중 주체 민주주의'[22]를 이념으로 내세우고 있다. 민중 주체 민주주의는 정확한 성격이 좀 모호하지만, 1960년대의 진보 정당들이 내건 사회민주주의 내지 민주적 사회주의보다 훨씬 급진적이라는 점은 확실하다. 한마디로 과거 정통 마르크스레닌주의에서 사회주의의 전 단계로 파악한 '민중민주주의'[23]를 한국적 상황에 맞게 적용시킨 1980년대 운동권의 '좌파' 세력이던 'PD' 진영의 반제반독점 민중민주주의론[24]하고 매우 유사하다. 한국 사회를 "외세와 그 하위 동맹자인 독점 재벌과 독재 정권이 지배하는 사회"로 규정하고 민중, 즉 "독재 정권과 독점 재벌, 외세의 지배하에서 고통받고 있으면서 이를 극복하려는 민족 구성원"[25]들이 주인이 되는 세상을 민중 주체 민주주의로 인식하고 있다.

또한 국가보안법 탓에 사상과 결사의 자유가 아직도 제한돼 있는 등 한국적 특수성 때문에 자본주의의 폐절과 사회주의라는 기치를 직접적으로 내걸고 있지는 못하지만 "노동 해방, 인간 해방"이라는 기치를 명시적으로 내걺으로써 사실상 사회주의를 지향했다. 다만 1980년대 말~1990년대 초에 벌어진 소련과 동구의 몰락에 관련해, 현존 사회주의의 국가사회주의적 실천에 내재해 있던 노동자들의 소외와 프롤레타리아 독재라는 이름 아래 행해진 '프롤레타리아에 대한 독재' 현상에 주목해[26] 민중의 주체성과 주도성을 강조하는 한편, 계획경제의 문제점에 주목해 시장사회주의적 요소를 강조한 것[27]

이 차이라고 할 수 있다.

더 구체적으로 핵심적인 소유 등 경제 문제를 살펴보면, 한국 경제를 국내외 독점자본이 지배하는 경제로 인식한 바탕 위에서 "민중이 생산수단의 소유, 생산조직의 관리, 전체 국민경제의 운영과 관리, 소득 분배 등에 주인으로 참여"함으로써 "경제민주주의가 철저히 관철"되는 '민중 주도 경제'를 지향한다는 것이다.[28] 이런 목표를 위해 ① 독점 재벌을 해체해 민주적으로 개편하고, ② 주요 기간산업, 금융 기관, 천연자원을 국유화하며, ③ 일정 규모 이상의 토지는 국유화해 국유 토지 임대제를 실시하는 한편, ④ 시장과 계획을 유기적으로 결합한 계획적 시장경제를 지향한다는 것이다. 특히 생산 조직의 경영과 관리에 노동자가 주체적으로 참여하는 생산민주주의[29]를 실현하는 한편, 노동자들의 진정한 주인됨을 보장하는 노동 공동체 자주관리를 실시한다는 주장을 통해 국가사회주의의 문제점을 교정하는 데 신경을 쓰고 있다.

당의 성격 역시 1960년대의 대종이던 의회 정당을 넘어서고 있다. "선거활동과 의회활동이 갖는 적극적인 의의를 충분히 승인"하지만 "노동운동을 비롯하여 일상적으로 전개되는 광범한 민중운동과 결합하여 이를 지원하고 조직화"[30]해 나갈 것이라는 주장이 그것이다. 다시 말해 "민주주의의 완성이 간접민주주의 형태로만 실현되거나 국가 권력구조의 민주화로만 이루어질 수 있다고 이해하지 않"기 때문에 "직접민주주의 형태의 확산과 심화, 국가 권력 바깥에서 시민사회의 현장으로부터 쟁취되고 실현되는 민주주의에 각별한 의의"를 둬야 한다는 것이다.[31]

이런 주장을 앞에서 소개한 생산민주주의, 노동자 자주관리주의라는 문제의식에 결합시켜 볼 때, 민중당의 입장은 단순히 국가권력의 점진적인 장악을 시도한 사회민주주의를 훨씬 넘어서 직접민주주의와 간접민주주의, 국가권력의 민주화와 국가 밖에서 하는 투쟁의 변증법적 지향을 추구한 평의회민주주의council democracy[32] 내지 '유로코뮤니즘 좌파'[33]하고 맥을 같이하고 있다.

민중당이 1960년대 진보 정당하고 구별되는 중요한 또 다른 차이는 반제의식이 명시적으로 나타난다는 점이다. 우선 민중당은 독재 정권과 독점자본을 기본적으로 "외세의 종속적 동맹세력"이라고 이해하면서 한국 사회를 이 종속적 동맹 세력뿐 아니라 외세가 지배하는 사회로 인식하고 있다.[34] 나아가 세계 질서 역시 명시적으로 "선진자본주의의 경제적·정치적 패권"에 의한 "지배–종속관계"로 파악하는 한편, 한-미 상호방위조약 등 우리의 주권을 제약하는 모든 조약과 협정을 전면 개폐하고, 어떤 군사적 블록과 정치적 블록에도 가담하지 않은 채 비동맹 운동에 적극 참여하며, 불평등한 국제 질서를 호혜 평등한 관계로 전환시키기 위해 투쟁하겠다고 밝히고 있다.[35]

통일 문제에서도 1960년대에는 꿈도 꾸기 어려운 주한 미군의 철수를 과감하게 주창하고 있다. 통일의 당면 기본 과제는 평화체제의 구축과 남북 간의 교류와 협력인바, 특히 전자를 위해 남한에서 미군과 핵무기를 철수하고, 한반도 비핵지대화를 추진하며, 남북 불가침 선언과 평화 협정이 체결돼야 한다는 것이다.[36] 그리고 이런 당면 과제를 추진하는 동시에 남북 간의 본격적인 통합에 나서서 연방제를 거쳐 단일 체제로 통일해 나아간다는 주장이다.

이 밖에도 민중당은 '68혁명' 이후 서구에서 새롭게 부상한 포스트모더니즘과 신사회운동의 합리적 측면에 주목해 성차별을 근절하는 문제와 생태학적 발전 모형이라는 환경 문제에 대한 관심을 표명하고 있다.[37]

2. 진보 정당의 추진 주체

진보 정당 건설 움직임은 시민사회 속에 존재하는 다양한 진보적 사회 세력들이 합법적인 정당 건설을 통해 이른바 '정치사회'라고 불리는 제도 정치권에 진출함으로써 시민사회 속의 계급적 이해와 이념을 국가 정책에 반영하기 위한 노력이다.[38] 따라서 진보 정당 건설에 관련된 움직임을 분석하려면 진보 정당을 추진하고 지지 기반이 되는 시민사회의 진보적 사회 세력이 누구인가라는 추진 주체를 파악할 필요가 있다.

나아가 "자본의 역사는 통합의 역사, 좌파의 역사는 분열의 역사"라는 한 연구자의 지적처럼,[39] 한국의 진보 세력 역시 다양한 이념과 노선으로 분열돼 진보 정당 건설에 대해 상이한 입장을 보여왔다. 따라서 1960년대 초와 1980년대 말~1990년대 초 진보 세력의 다양한 분포와 노선을 체계적으로 분석하고, 이것과 진보 정당 실험의 관계를 밝혀내는 일이 필요하다.

체계적 분석 없이 쉽게 이해할 수 있는 1960년대 초와 1980년대 말~1990년대 초의 차이는 일종의 '세대 차이'다. 우선 장면 정권하의 진보정당운동의 경우 기본적으로 좌우익 분쟁으로 점철된 해방 정국 내지 해방 8년사에서 살아남은 '좌파 1세대'[40]가 추진 세력이었다. 즉 일본 제국주의의 유산으로 물려받은 식민지 반봉건적 모순을 타파하기 위해 진보적 사상을 갖게 돼 1950년대의 일정한 변화에도 불구하고 그런 기본적인 생각을 유지하고 있던 사람들이다.[41] 반면에 1980년대 말~1990년대 초의 진보 정당 건설은 한국전쟁을 체험하지 못한 '좌파 2세대', 즉 '전후 세대의 자생적 좌파'가 중심 추진 세력이었다. 다시 말해서 좌파 1세대하고 다르게 한국전쟁을 체험하지 못했으며, 식민지 반봉건적 모순이 아니라 1960년대 이후에 추진한 급속한 산업화의 결과로 생겨난 매우 발달된 자본주의 사회(종속적 국가독점자본주의 사회), 특히 재벌 체제, 독점자본과 민중 간의 모순 속에서 생겨난 진보 세력이라 하겠다.

이런 아주 일반적인 관찰에 기초해 두 실험의 추진 세력들을 더 체계적으로 살펴볼 필요가 있다. 우선 4·19 정국에서 진보 정당의 경우 다수파를 구성하는 주류는 민주적 사회주의를 기본 이념으로 하고 있었다. 진보당 계열의 김달호, 근로민주당의 장건상, 민주혁신당의 서상일 등이 모여 결성한 사회대중당, 사회대중당 창당 계열에서 이탈한 전진한과 김성숙 등이 창립한 한국사회당, 장건상 등이 세운 혁신동지총연맹, 고정훈 등이 결성한 사회혁신당 등 1960년 7월의 제5대 국회의원 선거에 참여한 진보 정당들과 선거 참패 뒤 재통합 협상을 거쳐 결성된 통일사회당, 재통합에 불참한 김달호 등이 재결성

한 사회대중당이 모두 이런 주류로서 서구의 사회민주당 노선을 추구했다.[42]

반면 소수파이기는 하지만 비주류 세력은 해방 정국에서 조선공산당, 남로당, 빨치산 등의 전력을 갖고 있다가 살아남은 잔존 세력으로서 사회민주주의적 노선을 추구한 주류하고 다르게 반제 민족해방을 목표로 생각하고 제5대 국회의원 선거 이후 사회당을 창당한 사회당 내 '좌파 세력'이다. 일반적인 통념과 달리 1950년대에도 사회민주주의만이 아니라 민족 모순을 강조하는 민족해방 이데올로기가 시민사회 내에 잔존 좌파를 중심으로 '대항 사회 이데올로기'로 꽤 많이 살아남아 있었으며, 이런 흐름이 4·19 정국에서 합법적인 진보 정당 움직임으로 표출됐다.[43]

더 구체적으로 말하면, 이 세력은 공식적으로는 민주사회주의의 노선을 내걸고 있었지만 '1946년 민주주의 민족전선 결성 때와 마찬가지로 친미 외세 의존의 소위 혁신 우파와 통일전선을 결성할 수 없다'는 입장에서 새로운 정당은 '국회의원이 몇이요, 장관 출신이 몇이요 하는 부르주아 정당이나 개량주의 정당이 아니라 반제민족통일전선을 영도할 당'이어야 한다는 입장을 취하고 있었다.[44]

여기에서 주목할 만한 점은 1960년대 초의 경우 이후에 살펴볼 1980년대 말의 진보 세력하고 다르게 주류나 비주류나 할 것 없이 진보 세력은 모두 보수 야당을 상대로 정책 연합이나 비판적 지지라는 입장을 취하지 않고 독자적 진보 정당 건설이라는 독자 노선을 추구했다는 점이다. 왜 그랬는지 구체적인 이유는 알 수 없지만, 몇 가지를 유추할 수는 있을 것 같다.

보수 야당이 기본적으로 친일 지주들을 중심으로 한 한민당에 뿌리를 두고 있다는 역사적 기억이 강하게 남아 있는데다가, 1956년 대선 과정에서 조봉암이 추구한 야당 통합운동, 이후 조봉암 출마, 진보당 사건 등에서 보여준 보수 야당의 반민주적 태도, 나아가 해방 정국 등을 거치며 살아남은 진보 세력의 독자적인 자기 정체성에 대한 강한 집착 등에 기인하는 듯하다.

그러나 이런 독자적인 진보 정당 추구라는 공통점에도 불구하고 이 중 주류 세력은 사회민주주의적 입장에서 의회주의적 정당 노선을 추구한 반면, 비주류인 사회당의 경우는 의회주의적 입장과 변혁 노선('반제민족통일전선을 영도할 당')이라는 입장이 혼재해 있었다는 차이가 있었다.

1980년대 말~1990년대 초의 진보 세력의 경우는 1960년대 초와 중요한 유사점과 차이점을 함께 보여주고 있다. 6월항쟁 이후 시민사회의 진보 세력은 1960년대와 마찬가지로 다수파를 형성하는 주류와 소수파의 비주류로 나뉘어 있었다.

그러나 1960년대 초하고 다르게 1980년 광주 학살과 이후 이른바 C-N-P 논쟁을 시발로 펼쳐진 사회구성체 논쟁 등을 통해 세력을 확대한 주체사상파 등 민족해방 이데올로기 세력(NL파)이 다수파인 주류로 자리잡았다.[45] 더 구체적으로 이 세력들은 남한 사회를 미국에 군사적으로 강점된 식민지로 규정하면서 이런 식민지 상태에서 해방되는 민족해방을 우선적 과제로 주목했다.

반면 소수파인 비주류는 민중민주주의 내지 '민중 주체 민주주의' 이념을 내세운 소위 PD 세력이었다. 민족해방 이데올로기에 견줘 한국 사회의 계급적 모순과 내적 모순을 강조한 민중민주주의는 1960년대 초의 주류 세력이 추구한 사회민주주의보다는 급진적이고 사회주의보다는 온건한 이념이다.

이런 진보 세력의 내부 구성의 차이 이상으로 주목할 필요가 있는 것은 진보 정당 건설에 관련해 이 세력들이 추구한 노선이다. 주류와 비주류가 모두 독자적인 진보 정당 건설을 추구한 1960년대 초하고 다르게, 1980년대 말의 경우 비주류인 민중민주주의 세력만이 독자적인 진보 정당의 건설을 모색했을 뿐 다수인 민족해방운동 세력은 진보 정당 건설에 반대해 보수 야당을 상대로 한 정책 연합 내지 보수 야당에 대한 비판적 지지 노선을 추구했다.[46]

다시 말하면 1960년대 초 진보 세력 내에서 '좌파'적인 입장, 즉 단순한 합법적 의회 정당이 아니라 민족해방 통일전선을 지도할 변혁 정당의 건설을 추구한 민족해방운동 세력이 1980년대 말에 이르러서는 진보 정당의 건설 자체까지 반대하며 보수 야당을 상대로 연대를 추구하는 '우경적' 입장으로 급변

표 1. 진보 정당 추진 세력과 노선 비교

	4·19 이후		6월항쟁 이후	
	이념	노선	이념	노선
주류	사회민주주의 (혁신 우파)	독자 정당 (의회주의)	민족해방 (NL파)	보수 야당과 연합 (비판적 지지)
비주류	민족해방 (혁신 좌파)	독자 정당 (변혁 노선)	민중민주주의 (PD파)	독자 정당 (의회주의/변혁 노선)

한 사실에 주목할 필요가 있다. 따라서 1960년대 초하고 다르게 1980년대 말의 진보 정당 움직임은 시민사회 내부에 존재하는 진보 세력의 역량을 충분히 동원하지 못한 소수파의 실험으로 그친 한계를 갖게 됐다. 지금까지 한 논의에 관한 이해를 돕기 위해 내용을 표로 정리하면 **표 1**과 같다.

3. 진보 정치 실험의 한계

진보 정당은 크게 보아 두 가지 목적을 가지고 있다. 하나는 가시적이고 단기적으로 나타나는 목표로서 선거에서 좋은 결과를 얻어 의회에 진출해 국가 정책을 좀더 진보적인 방향으로 변화시키는 것이며, 또 다른 하나는 비가시적이며 중장기적인 목표로서 직접적인 선거 결과로 나타나지 않더라도 합법적인 정당 활동을 통해 민중 등 지지 획득 세력의 정치의식을 고양하고 주체 형성을 촉진하는 것이다. 따라서 이 논문에서 다루고 있는 두 차례의 진보 정당 움직임 역시 바로 이런 두 가지 목표의 성취 여부를 기준으로 성과를 평가해야 한다.

그러나 둘째 목표의 성취 여부 같은 경우 비가시성 때문에 객관적인 평가가 어려운데다가, 1960년대 초의 실험은 채 1년도 못 돼 5·16 쿠데타가 일어나

단명으로 끝나고 말았으며, 1980년대 말~1990년대 초의 실험 역시 평가하기에는 아직 이르다는 점에서 이 논문에서 다루는 것은 적합하지 못하다.

따라서 일면적인 평가라는 한계를 갖지만 이런 진보 정당 실험들에 대한 평가는 첫째 목표, 즉 선거 결과를 중심으로 할 수밖에 없는 실정이다. 다만 4·19 이후 거세게 제기된 평화통일운동에 관련해서 사회당과 사회대중당 등 진보 정당들이 진보적 사회단체들하고 함께 '자주·평화·민주'의 원칙에 따른 통일을 위한 '민족자주통일중앙협의회'를 구성해 평화통일운동을 추진한 것은, 비록 이 운동이 5·16 쿠데타 때문에 좌절하고 말았지만, 둘째 목표에 관련해 주목할 만하다. 이런 전제 아래에서 이런 진보 정당 실험들의 결과를 평가하면 다음과 같다.[47]

1960년 제5대 총선에서 사회대중당을 비롯한 진보 정당들은 평균 6.8퍼센트의 전국 득표율을 기록하여 민의원에 5명(사회대중당 4명, 한국사회당 1명), 참의원에 2명(사회대중당 1명, 한국사회당 1명)을 당선시키는 데 그쳤다.[48] 그러나 전통적으로 좌파가 강하고 한국전쟁 과정에서도 북한에 점령되지 않아서 상대적으로 좌파가 살아남은 경상도 지역의 경우 10퍼센트 이상의 득표를 기록했으며,[49] 당선자들 역시 이 지역에서 집중적으로 나타났다.

한편 1988년의 제13대 총선과 1992년의 제14대 총선의 성과는 여기에 훨씬 못 미친다. 제13대 총선의 경우 4개의 보수 정당이 각축하는 사이에 진보 정당은 민중의당이 0.3퍼센트를 득표하고, 진보 정당과 '개혁적 보수 정당'의 혼합적 성격을 띠고 있는 한겨레민주당의 득표율(1.3퍼센트)을 포함할 경우 1.6퍼센트를 득표해 당선자를 내는 데 실패했다. 제13대 총선에 견줘 훨씬 체계적인 준비 과정을 거쳐 선거에 임한 14대 총선에서도 민중당은 1.5퍼센트를 득표했는데, 민중회의 등 그 밖의 진보 후보들[50]을 포함할 경우에도 2.2퍼센트 득표에 그치면서 원내 진출에 실패하고 말았다(표 2 참조).

이런 득표는 매우 실망스러운 결과임에 틀림없다. 그러나 짚고 넘어갈 것은 1960년대 초의 실험에 대한 평가다. 일반적인 평가는 진보 정당이 난립하면서

표 2. 진보 정당 득표율 비교

	4·19 이후	6월항쟁 이후	
	5대 총선(1960년)	13대 총선(1988년)	14대 총선(1992년)
서울	5.7		1.8
부산			1.9
대구			0.9
인천			5.3
광주			15
대전			0.4
경기	1.9		1.9
강원	0.2		2.3
충북	2.9		0.9
충남	1.2		
전북	4.4		0.6
전남	9.4		0.1
경북	12.5		1.7
경남	10.7		0.9
제주	11.5		
계	6.8	1.6(0.3)	1.5

※ 1988년의 1.6은 한겨레민주당과 민중의당의 합계이며, 0.3은 민중의당 득표율이다.

진보 세력이 1960년 7·29 총선에서 '참패'했다는 것이다.[51] 물론 6.8퍼센트의 득표와 10석 미만의 국회 의석 확보는 서구 진보 정당의 지지율이나 1956년 대통령 선거에서 진보당의 조봉암 후보가 획득한 득표율 등에 비춰 볼 때 저조한 것이다.

그러나 분단이라는 조건 등 여러 상황적 요인들을 고려할 때는 결코 참패라고 평가할 수 없는 중요한 성과다. 특히 1퍼센트대의 득표에 원내 진입조차 하지 못한 1980년대 말 이후의 실험에 비교할 경우 '엄청난 성공'이라고 하지 않을 수 없다. 기이하게도 한국 현대 정치사를 바라보면 한국전쟁의 상흔이 채 가시지 않은 1956년 선거에서는 조봉암 후보가 무려 30퍼센트의 득표를 한 반면, 1960년 총선에서는 진보 정당이 6.8퍼센트를 득표하고 1980년대 말 이후에는 1퍼센트대의 득표율을 기록하는 등 시간이 흐르면서 진보 정당의 득표율이 하락하는 추세를 보이고 있다는 사실을 발견하게 된다.

어쨌든 이제 문제가 되는 것은 진보 정당의 움직임이 이런 결과를 가져온 원인, 나아가 단명하고 만 원인, 그리고 비교론적 시각에서 1960년대 초의 실험이 1980년대 말에 견줘 상대적으로 성공을 거둔 원인, 뒤집어 말하면 1980년대 말의 실험이 오히려 1960년대 초보다도 소기의 성공을 거두지 못한 원인이다. 두 차례의 민주화 국면에서 시도된 진보 정당 움직임이 기대한 만큼의 성과를 거두지 못한 근본적인 이유는, 잘 알려져 있듯이 분단에 따른 이데올로기적 지형의 협소성, 그 결과인 일반 대중들의 진보 기피증이라 할 수 있다.

또한 '정치사회'의 폐쇄성이라는 한국적 특수성 역시 여기에 기여했다고 하겠다. 립셋 등의 주장처럼 새로운 정치 세력이 정치사회에 진입하려면 크게 보아 4개의 '문지방'thresholds', 즉 '정당성의 문지방'(비판 등 정치적 자유 인정 여부), '통합의 문지방'(정치적 시민권 여부), '대표성의 문지방'(독자적 대표성 확보의 용이성 여부), '다수결의 문지방'을 넘어야 하는바,[52] 이런 진입 장벽이 한국의 경우 매우 높다고 하겠다. 그러나 이런 구조적 요인 이외에도 여러 가지 원인이 내재해 있다.

여기에서 1960년대와 1980~1990년대의 특수한 상황에 관련된 이런 요인들을 살펴보기 전에 진보 정당 실험을 직접적으로 좌절시킨 요인을 살펴볼 필요가 있다. 왜냐하면 이 정당들이 한 차례 선거에서 거둔 상대적으로 저조한 득표율이 곧바로 이런 실험의 실패를 의미하는 것은 아니기 때문이다.

우선 1960년대 초의 실험을 좌초시킨 것은 유권자들이 아니라 군부, 즉 5·16 쿠데타였다. 5·16 세력은 쿠데타를 통해 권력을 장악한 뒤 진보 정당뿐 아니라 모든 정당들의 정치 활동을 중지시켰고, 반공을 국시로 내세운 쿠데타를 정당화하기 위해 진보 정당 등 4·19혁명 이후 다시 살아나기 시작한 진보 세력들을 투옥시킴으로써 진보정당운동에 사망 선고를 내리고 말았다.[53]

반면 1990년대 초의 민중당 실험을 좌초시킨 것은 제도적 장벽이었다. 기존 보수 정당을 중심으로 한 정치권은 신진 세력의 정치권 진입을 막고 자기들의 기득권을 유지하기 위한 정파적 관점에서 정당을 유지하려면 최소한 전국 득표율 2퍼센트를 확보해야 한다는 인위적인 진입 장벽을 새로 만들어놓았다. 이런 득표에 실패한 민중당은 법적으로 해산할 수밖에 없었다.

그러나 이런 제도적 장벽 못지않게 민중당의 좌초에 기여한 요소는 진보 진영의 분열이다. 민중당은 전국적으로 1.5퍼센트 득표에 그쳤지만, 나머지 진보 단체들이 내세운 진보 후보들의 득표를 합칠 경우 득표율은 2.3퍼센트에 이르렀다. 만일 진보 진영이 단결해서 선거에 임했으면 정당 유지에 필요한 최소한도를 지키지 못해 당이 해산당하는 수모는 피할 수 있었을 것이다.[54]

이 밖에도 민중당 내부의 분열 역시 그냥 지나칠 수 없다. 창당 과정에서부터 변혁 지향적 노선에 무게를 둔 '좌파'와 의회 진출이라는 의회주의적 노선을 강조한 '우파' 사이의 내분은 선거 실패의 원인을 진단하는 과정에서 "대중성의 과잉과 이념성의 결핍"이냐 아니면 "이념성의 과잉과 대중성의 결핍"이냐를 놓고 격돌함으로써[55] 제도적 장벽 때문에 강제된 해체의 길이 빨라졌다.

그러면 이제 두 차례의 진보 정당 실험이 준 전반적인 실망감, 나아가 이것을 전제로 한 1960년대 초 실험의 '상대적인 선전'과 1980년대 말 실험의 실패에 관련된 더 구체적인 원인을 살펴볼 차례다. 주목할 것은 이런 결과하고 다르게 사실 1980년대의 민중당 실험이 어떤 면에서는 1960년대 운동보다 훨씬 유리한 조건에 놓여 있었다는 점이다.

우선 4·19 이후 민주화 국면의 경우 진보 세력은 전혀 조직화돼 있지 않았고, 혁명 과정에서도 중심적이고 지도적인 역할을 하지 못한 채 다만 예상하지 못한 혁명 때문에 정치적 공간이 넓어지자 비로소 부랴부랴 정당을 만들고 정치 활동에 나선 일종의 '무임승차자'였다고 할 수 있다.

반면 1980년대의 경우에는 가깝게 보면 1980년 광주민중항쟁 이후고 멀게 보면 1970년대 민주화 투쟁 이후부터 지속적으로 성장해온 민주화운동의 조직적 역량에 기초해 있었으며, 1980년대 후반의 민주화를 가능하게 한 1987년 6월항쟁에서도 핵심적인 지도부로서 중심적인 역할을 수행했다.[56] 게다가 1980년대 말은 그동안 산업화에 따라 생겨난 막대한 규모의 노동자 계급, 그것도 엄청난 전략적 힘을 갖추고 있지만 전근대적 노동 조건에 시달리는 노동자 계급이라는 잠재적 지지 세력을 갖추고 있었다.

따라서 문제는 이렇게 훨씬 유리한 조건에 놓여 있던 1980년대 말의 진보 세력이 어떻게 해서 오히려 1960년대 초보다 훨씬 저조한 성과를 거뒀느냐 하는 점이다. 우선 쉽게 관찰할 수 있는 두 개의 요인이 있다.

첫째, 지역주의다. 1960년대 초의 경우 지역주의가 선거에 별로 영향을 미치지 않은 반면, 1980년대 말~1990년대 초의 경우는 지역주의가 지배적인 정치적 균열 구조와 투표 결정 요인으로 자리잡았다는 것이다. 그동안 한국 정치는 한마디로 민주 대 반민주의 대립 구조가 지배해왔다. 그러나 군사정권의 개발독재에 따라 생겨난 지역 간 불균형과 인사 차별 등 구조적 요인, 그리고 1987년 대선을 둘러싸고 생겨난 보수 야당 진영의 대표적 정치인인 양김의 분열이라는 직접적 원인에 따른 중층적 요인의 결과[57] 지역주의는 1980년대 후반 들어 한국 정치의 지배적인 균열 구조로 자리잡게 됐다. 1987년 민주화 이후 약화되기 시작한 민주 대 반민주의 갈등 구조를 지역주의가 대체함으로써 보수 대 진보라는 근대적인 균열 구조로 전환하는 과정을 가로막은 것이다. 이 점에서 자본 대 노동이라는 사회적 균열 구조에 기초한 신생 정당의 등장을 여기에 대응하는 대안적 균열 구조를 부각시켜 가로막은 기존 정당의 '갈등의 전치displacement' 전략[58]이 성공한 것이라고 하겠다.[59]

둘째, 진보 진영의 다수파인 주류의 '우경적' 노선이다. 앞에서 살펴본 대로 1960년대 초의 경우 조직적 역량이 훨씬 취약했지만 주류나 비주류나 할 것 없이 모두 진보 정당 건설이라는 독자 노선을 고수해 이 목표를 위해 매진했다. 그러나 1980년대 말~1990년대 초의 경우 조직적 역량은 훨씬 앞서 있었지만 진보 진영의 다수파인 민족해방운동 세력이 독자 정당 건설에 반대해 보수 야당에 대한 비판적 지지 노선을 취함으로써 진보 정당 움직임이 실패하는 데 중요한 일익을 담당했다.

진보 정당 실험이 실패한 뒤 이런 입장의 다수파는 진보 정당 건설이 시기상조인 좌경적 입장이라는 사실이 선거 결과에 따라 입증됐다고 주장했지만, 이런 주장은 다수파가 진보 정당 실험에 동참했을 경우 민중당이 해산 사태를 겪지 않을 수 있었다는 점을 고려하지 않은 잘못된 평가다.[60]

그러나 이런 가시적인 요인 이외에도 여러 요인이 1960년대 초와 1980년대 말의 성과에서 드러나는 차이에 기여한 것으로 보인다. 체계적 분석, 특히 실증적 자료가 뒷받침된 분석은 어렵지만, 아주 기초적인 수준에서 이 문제를 추적해보면 다음과 같다.

우선 1960년대 초만 하더라도 기존 보수 정당들의 정치 머신political machine이 취약해 시민사회에 대한 침투력이 약했고, 일반 유권자들이 부르주아 정치에 상대적으로 덜 포섭돼 있었다. (사실 1960년대 초만 해도 인구 구성에서 절대 다수를 차지하는 세력이 농민이었다는 점을 상기하면, 이런 현상은 '한 자루의 감자a sack of potatoes'들이라는 일상적 비판[61]하고 다르게 농민들이야말로 노동 과정의 분산성 등 때문에 자본주의 헤게모니로 포섭하기 어려운 세력이라는 스캇의 가설[62]에 관련해서도 생각해볼 가치가 있을지 모른다.) 그러나 이후 정치 제도와 부르주아 정치가 제도화되면서 일반 유권자들이 부르주아 정치와 보수 정당에 포섭돼 진보 정당의 정치적 진출이 어려웠다고 하겠다.

여기에 관련된 문제로서 1960년대 초만 하더라도 일반 대중 수준에서는 자본주의 체제의 우월성이 내면화되지 않았다고 볼 수 있다. 이런 인식은 당시 남북한 사이의 우월성 비교에서도 드러나는데, 한국 자본주의의 현실이 극히 열악하고 일반 대중의 생활 수준 역시 마찬가지였다. 또한 해방 정국의 좌익 지지 세력이 일반 대중의 수준에서도 상당히 많이 살아남아 있었다.[63]

그러나 1980년대 말의 경우 자본주의적 산업화에 따라 자본주의의 모순이 그만큼 심화됐다고는 하지만, 동시에 남북한 사이의 체제 우월성이 판가름 난 상태에서 일반 대중 수준에서도 자본주의의 우월성이라는 인식이 일반화됐다고 하겠다. 이런 문제에 관련해 특히 적지 않은 역할을 한 것이 국제적 환경이다. 사회주의가 대안적 체제로서 막강한 힘을 발휘하던 1960년대하고 다르게, 새로운 진보정당운동이 어려운 걸음을 하고 있던 1980년대 말~1990년대 초에는 소련과 동구의 몰락이라는 세계사적 전환이 발생함으로써 진보 세력의 매력을 격감시켰다. 나아가 한국 정치에서 국회의원 선거는 한국 정치의 낙후성의 반영으로서 명망성, 특히 지역적 명망성이 중요한데, 1960년대 초의 경우 일제 강점기하 독립운동 등을 통해 지역적 명망성을 갖춘 후보가 진보 진영에 상대적으로 풍부했다. 따라서 단순한 6퍼센트대의 득표를 넘어 최소한 몇 명이라도 의석을 확보하고 원내 진출이 가능했던 반면, 1980년대 말의 경우 이런 명망가가 상대적으로 부족해 최대 득표자가 20퍼센트대 득표에 그치고 말았다.

4. 가능성의 단면들

이 글에서는 한국 현대사에서 중요한 두 차례의 성공한 민주화운동인 4·19혁명과 6월항쟁 이후에 생겨난 민주화 국면에서 시도된 두 차례의 진보 정당 실험을 여러 측면에서 비교하고 분석했다. 앞에서 살펴본 대로 민주화 국면이라는 유리한 정치적 조건에도 불구하고 두터운 보수의 벽과 여러 가지 요인 때문에 두 실험은 좌초될 수밖에 없었다. 그 결과 진보 정당과 이것에 기초한 근대적인 보수 대 진보의 정치 균열의 구조화는 아직도 달성해야 할 한국 정치의 숙제로 남아 있다. 특히 주목할 만한 것은 민중운동과 진보적 대중운동의 발전에도 불구하고 한국 현대 정치사에서 진보정당운동이 조봉암, 1960년대 초의 사회대중당과 사회당 등 혁신정당운동, 1990년대의 민중당 실험으로 이어지는 과정에 지지율 면에서 지속적인 쇠락의 과정을 겪은 사실이다.

그러나 문제가 절망적인 것만은 아니다. 중요한 사실은 두 차례의 진보 정당 실험이 모두 대중 조직이 아니라 급진적 지식인 위주의 하향식 운동이었다는 점이다. 또한 진보 정당의 지속적인 좌절에도 불구하고 전노협, 민주노총의 출범 등이 보여주듯이 대중운동이라는 측면에서 진보세력은 여러 가지 어려움에도 불구하고 계속 괄목할 만한 성장을 해오고 있다.[64]

그리고 최근 15대 대통령 선거에 관련해 권영길 민주노총 위원장이 민주노총이 내린 집단적 결정에 따라 '국민 후보'라는 이름으로 대통령 선거에 출마함으로써 한국의 진보정당운동에 새로운 기원을 열었다. 그러나 결과는 1.2퍼센트인 30만 표 득표에 그쳐 민중당 실험의 수준을 넘지 못했다. 이런 결과는 다시 한 번 보수의 두터운 벽과 지역주의의 벽,[65] 나아가 유례없이 치열한 각축전으로 전개된 이번 선거의 특징에서 비롯된 사표 심리라는 벽을 실감하게 한다. 그러나 노동자 계급이 몰려 있는 울산 지역 한 선거구의 경우 14퍼센트의 득표율을 기록하고, 울산광역시 전체에서는 6.1퍼센트의 득표를 기록한 것은 새로운 가능성을 보여주는 중요한 징후다.[66]

한국 체제 논쟁을 다시 생각한다

87년 체제, 97년 체제, 08년 체제론을 중심으로*

1. 여는 글

올해(2009년)로 1987년 6월 항쟁도 22주년을 맞는다. 역사적 사건에 관련해 20주년이나 30주년처럼 10주년을 중심으로 의미를 부여하는 일반적인 관행에 비춰 보면, 22주년은 그 중요성에서 별 관심을 끌지 못할 것이다.

그러나 올 6월은 1987년 6월 항쟁의 결과로 탄생한 김대중 정부, 노무현 정부 같은 민주화운동 출신의 '자유주의적 개혁' 정권[1]이 추진한 신자유주의적 정책의 결과로 민심 이반이 일어나 '산업화 세력'이라고 부르는 냉전적 보수 세력이 다시 집권한 뒤 맞는 6월이라는 점에서 일상적 관행하고는 별개로 그 의미가 크다. 특히 이명박 정부의 집권 첫 해인 지난해 6월의 경우 촛불집회 때문에 민주주의에 대한 공세가 나타나지 않았지만, 촛불이 사그라진 광복절 이후 민주주의에 대한 공세가 가시화돼 현재에 이르고 있다는 점에서 올 6월의 의미는 각별하다.

* 이 글은 민주화운동기념사업회가 개최한 6월 민주항쟁 22주년 기념 학술대토론회 '한국 민주주의와 87년 체제'(2009년 6월 9일)에서 처음 발표한 논문을 수정한 것이다.

이런 정세는 우리들에게 "87년 6월은 현재 우리에게 무엇인가" 등 1987년 6월에 대해 여러 문제를 생각하게 한다. 이 문제에 관련해 주목할 만한 것은 몇 년 전 논쟁이 된 '87년 체제론'이다. 아직 우리는 87년 체제 속에 살고 있는가, 87년 체제론은 아직도 우리에게 유효한 담론인가 등 여러 문제를 생각하게 한다.

이 글은 이런 사실에 관련해서 한국의 체제론을 체계적으로 재검토하는 것을 목적으로 한다. 구체적으로 그동안 조금은 '주먹구구식'으로 진행된 체제 논쟁을 체계화하기 위해 우선 이론적 쟁점들을 '사회체제social system'와 '부분 체제들partial regimes'이라는 문제의식에서 살펴보고자 한다.[2] 이어 87년 체제론의 대안으로 제시되고 있는 97년 체제론과 08년 체제론을 비교하며 한국의 현 사회체제를 비판적으로 검토한 뒤, 한국 사회체제의 역사적 궤적과 시기별 특징을 분석하고자 한다. 마지막으로 다양한 부분 체제들을 예시적으로 살펴보고자 한다.

2. 이론적 전제 — '사회체제'와 '부분 체제'들

본격적으로 87년 체제론을 비롯한 한국 체제론을 논의하기에 앞서 전제돼야 할 이론적 문제들이 있다. 우선 '한국 체제'가 하나가 아니며, 한국 체제 논쟁이 단일한 차원이나 지평plane에서 진행될 수 있는 것이 아니라는 점이다.

첫째, 물론 한국 사회 전체를 추상화시킨 '총체적 체계'('열린 총체성')[3]로서 한국 '사회체제social system' 내지 한국 '사회구성체'가 존재한다. 원래 사회체제란 자기 완결성과 내적 노동 분업을 필요로 한다는 점에서 현대 사회에서 엄격한 의미의 사회체제는 '세계체제'뿐이다(Wallerstein 1974, 347~349). 그러나 느슨한 의미로 사용할 때 '한국 사회체제'라는 개념화가 가능하다.

다만 여기에서 문제는 사회체제가 무엇이냐는 것이다. 이 한국 사회체제란 엄밀히 말하면 한국의 "다양한 모든 사회적 관계들의 총체"('한국 사회구성체')를 의미할 것이다. 그러나 이것을 이론화를 위해 단순화시키면 '한국 (정치)경제체제'와 '정치체제'로 구성돼 있다고 볼 수 있다. 이것은 세계체제론이 세계체제가 '자본주의적 세계경제'라는 (정치)경제체제economic system와 '국가 간 체제'interstate system라는 정치체제political system로 구성돼 있다고 보는 것과 마찬가지의 논리다. 사실 사회구성체론의 경우도 한국의 사회성격(사회체제 성격)을 한국의 '토대'(경제체제)의 성격과 국가(정치체제)의 성격의 결합으로 이해한 바 있다. 87년 체제론도 마찬가지의 입장이다(아래 참조).[4]

둘째, 그럼에도 불구하고 앞에서 지적했듯이 '한국 체제'는 하나가 아니다. 열린 총체성으로서 한국 사회체제와 별개로 한국 '헌정체제constitutional regime'[5]도 있고 한국 '노동체제labor regime'도 있다. 나아가 한국 '사회운동체제', '정치균열체제', '정당체제', '젠더체제' 등 다양한 '하위 체제들' 내지 '부분 체제들'도 존재한다. 현대 민주주의는 하나의 통일된 체제가 아니라 별개의 특성을 지닌 개별 영역에서 제도화된 부분 체제들로 구성돼 있다는 주장(Schmitter 1992, 427)을 빌린다면, 한국 사회 역시 다양한 부분 체제들로 구성돼 있는 셈이다. 이런 문제의식을 빌려올 수 있는 선구적인 분야는 국제정치 분야다. 일찍이 체제 변화regime change에 관한 많은 연구를 한 이 분야는 이를테면 '국제경제체제international economic regimes'를 국제통화체제, 무역체제, 석유체제 등 여러 하위 체제들로 나누어 연구해왔다(Keohane 1984, 182~240).

셋째, 한국 체제는 하나가 아닌 다양한 부분 체제들로 구성돼 있으며, 이런 다양한 부분 체제들의 문제는 단일한 지평에서 추상-구체의 문제가 아니라 다른 지평들 사이의 단순-복합의 문제다. 그리고 일찍이 밥 제숍(Jessop 1990, 10~11)이 국가론 연구에서 지적한 바 있듯이 여러 지평의 문제들을 한 지평으로 환원할 수 없다는 점에서 이런 부분 체제들의 문제는 환원주의적 방식이 아니라 다양한 지평 간의 '접합의 방법method of articulation'을 통해서만 제대로 인식될 수 있다.

좀더 구체적으로 국제통화체제, 무역체제, 석유체제는 각각 상대적 독자성을 가진 체제들로 그 시기 구분이 일치해야 할 이유가 없다. 한국 체제들의 경우도 마찬가지다. 한국헌정체제, 노동체제, 젠더체제 등이 '87년 체제'라는 식으로 일치된 시기 구분에 따라 작동하고 있다고 가정할 이유가 전혀 없다.

3. 한국 사회체제 ─ "87년 체제라고? 멍청하긴, 97년 체제야!"

한국 사회체제 문제를 다루기 위한 좋은 출발점은 87년 체제론이다. 확실히 하고 넘어갈 것은 87년 체제론에서 이야기하는 87년 체제의 명확한 '차원' 내지 '지평'이다. 쉽게 말해 87년 체제론이 무슨 체제를 이야기하는 것이냐는 것이다. 처음 87년 체제론을 본격적으로 논의한 창비·시민행동 공동 심포지엄과 후속 논의들을 보면 (헌법 개정이라는 기획의 문제의식과 참가자들의 논의가 잘 보여주듯이) 87년 체제가 87년 헌법에 관련된 '헌정체제'라는 제한된 차원에서 논의한 것이라는 점을 알 수 있다. 구체적으로 참가자들인 홍윤기(2005, 13), 박명림(2005, 34) 등이 '87년체제'를 "87년 헌정체제"라는 제한적 의미로 사용하고 있다. 일부 학자들의 경우 "87년 민주화체제"(유철규 2005, 79), "87년체제는 …… 지체된 민주주의체제"(윤상철 2005, 96)라는 표현이 잘 보여주듯이, 헌정체제라기보다는 또 다른 부분 체제인 '민주화체제' 내지 '민주주의체제'로 사용하고 있다. 또한 후속 논의에서도 박상훈(2009, 185)의 경우 87년 체제를 '정당체제'라는 차원에서 논의하고 있다. 즉 한국 사회를 총괄하는 열린 총체성으로서 '한국 사회체제'라는 문제의식 아래 논의한 것이 아니다. 그리고 이것은 정당한 문제의식이다.

문제는 일부 학자들이 이런 문제를 넘어서 하나의 총체적 사회체제로서 87년 체제가 아직도 한국 사회를 지배하고 있다고 주장하고 나섰다는 점이다. 나아가 87년 체제론이 세속화되면서 그런 견해가 널리 보급된 것이다. 그 결과 이명박 정부가 들어서자 민주화를 넘어 선진화라는 의미에서 "87년 체제에서 08년 체제로"라는 담론까지 등장했다(이영성·김호기 2007).

이런 입장을 대표하는 경우가 김종엽이다. 김종엽 역시 "1987년 이후 현재에 이르는 우리 사회체제를 87년체제라고 명명할 수 있는 일차적인 근거는 헌정적 통일성"이라는 점을 인정하고 있다. 그러나 이것을 넘어서 "정치와 경제라는 두 축을 겹쳐서 87년체제의 성격을 규정"한다고 주장한다(김종엽 2005, 21). 즉 87년 체제가 단순한 부분 체제로서 헌정체제가 아니라 정치체제와 경제체제로 구성된 총체적인 사회체제라는 주장이다. 뿐만 아니라 이런 한국 사회체제가 아직도 87년 체제라고 주장하고 있다.

주목할 것은 김 교수가 87년 체제론을 주장하기 위해 1987년이 그 이전과 정치와 경제 두 측면에서 다른 질적 전환점이었다는 것을 강조하고 있다는 점이다. 이것은 중요한 쟁점이다. 그러나 문제는 1987년이 질적 전환점이었느냐 하는 점이 아니라 오히려 1987년 이후에 이것에 상응하는 질적 전환점이 없었느냐 하는 점이다. 1987년 이후 질적 전환이 없었을 때만 아직도 87년 체제를 이야기할 수 있기 때문이다. 그러나 질적 전환은 분명히 있었다. 그것은 1997년 경제위기와 신자유주의 체제의 전면화다.

물론 박정희 모델과 발전국가가 해체되고 신자유주의 정책이 도입된 때는 훨씬 이전이다. 한국에서 신자유주의의 효시는 제2차 오일 쇼크에 따른 경제위기를 극복하기 위해 박정희 정권이 1979년에 도입한 경제안정화 정책이라는 것이 정설이다(윤소영 1999, 103). 나아가 전두환, 노태우 정권은 이런 정책을 더욱 가속화시켰고, 김영삼 정권 역시 세계화라는 이름 아래 신자유주의 정책을 펴 나갔다. 그러나 신자유주의가 전면화돼 체제적 전환을 한 것은 1997년이다. 즉 1997년을 기준으로 이전의 발전국가에서 신자유주의로 경제체제가 질적으로 전환된 것이다. 한국정치의 권위자 중 한 명인 브루스 커밍스가 1997년의 경제위기와 신자유주의 정책을 발전국가에 의한 '후발 발전late development 모형의 종언'이라고 부른 것은 이런 이유 때문이다(Cumings 1998).

이 문제에 관련해 주목할 것은 1987년 체제의 후속 논쟁에서 나타난 두 가지 입장이다. 하나는 87년 체제론 자체를 부정하는 입장이다. 즉 61년 체제와 97년 체제만이 체제의 성격을 갖고 87년 체제는 존재하지 않는다는 입장이다(정일준 2007). 1987년에는 박정희의 국가 주도형 경제체제에서 벗어나는 '사회경제적 구조 전환'이 일어나지 않았기 때문에 체제 전환을 이야기할 수 없고, 1997년에야 신자유주의 체제의 도입과 함께 그 체제가 해체됐기 때문에 1997년이 체제 전환이라는 것이다. 김호기(2009, 125~127) 역시 유사한 입장에서 "87년체제란 민주화시대에 대응한다는 점에서 나름의 의미를 갖지만 정치사회적 과정인 민주화에 대등하는 경제체제가 모호"하다며 "87년체제보다는 97년체제가 이론적 적실성이 높다"고 주장하고 있다.

또 다른 입장은 조희연으로, 97년 체제의 등장을 주장하면서도 이것을 87년 체제의 하위 체제라고 주장하고 있다. 따라서 1997년 이후는 97년 체제이지만 동시에 87년 체제라는 이야기다. 구체적으로 97년 체제는 "97년 외환위기라는 사건과 97년 12월 김대중의 대통령 당선으로 인한 50년만의 반독재야당 정권의 수립이라는 두 사건"("50년만의"는 틀린 주장이다. 4·19혁명과 장면 정권의 수립이 있었으므로 '36년 만의 반독재 야당 정권의 수립'이 맞다. 비슷한 주장이 "97년은 한국 현대사에서 최초의 여야간의 정권교체"라는 것이다. 1960년의 장면 정권은 어디로 갔나?)에 의해 규정되는 체제이며, "87년 체제의 하위 체제적 성격"을 띤다(조희연 2009, 80).

이 둘은 다 문제가 있다. 전자는 사회체제를 (정치)경제체제와 정치체제의 두 측면에서 복합적으로 바라보는 것이 아니라 (정치)경제체제로 환원시키는 경제주의라면, 후자는 정치체제를 특권화하는 정치주의다. 우선 전자는 김종엽이 87년 체제론에서 이야기하는 이전과의 경제적 단절이라는 것이 별 것 아니며, 1987년은 정치경제적 면에서 1961년의 연장이고, 진정한 단절은 1997년이라는 점을 밝혀준 것이 큰 공이다. 그러나 (정치)경제체제가 사회체제를 규정하는 데에서 핵심적이라고 하지만 정치체제 역시 중요하다는 점을 보지 못하고 있다. 결국 1987년 이전과 1987년 민주화 이후를 같은 체제로 이해하는 것은 지나치게 경제환원주의적인 생각이다.

다른 한편 조희연의 경우 87년 체제의 존재를 인정하면서도 김종엽과 달리 97년 체제의 존재 역시 인정한다는 점에서 진일보했다. 그러나 1997년을 반독재 야당 정권의 수립이라는 측면에서 민주화라는 87년 체제의 하위 체제로 본 것은 정치적 변화에 지나치게 초점을 둠으로써 1997년에 1961년의 (정치)경제체제의 변화에 상응하는 근본적인 (정치)경제체제의 전환이 일어났다는 것을 보지 못한 정치주의다. 즉 97년 체제를 인정하면서도 절반밖에 나가지 못한 것이다. 물론 반독재 야당 정권의 수립이라는 정치적 측면이 나름의 의미가 있지만 1997년의 좀더 근본적인 의미는 이런 정치적 측면보다 발전국가의 해체와 신자유주의의 전면화에 있다. 따라서 97년 체제는 87년 체제의 하위 체제가 아니라 61년 체제나 87년 체제와 같은 수준의 체제이며, 87년 체제를 대체한 것으로 봐야 한다.

물론 조희연이 97년 체제에서 정치적 측면만이 아니라 외환위기라는 경제적 측면도 주목했다고 반론을 제시할지 모른다. 그러나 중요한 것은 1997년에서 외환위기라는 사건만 주목했지 그 결과인 발전국가의 해체와 신자유주의의 전면화라는 경제체제의 근본적 전환을 보지 못함으로써 97년 체제를 87년 체제의 해체가 아니라 하위 체제로 인식하고 있다는 점이다.

사실 87년 체제론에 참여한 학자 중에서도 일부(유철규 2005, 74~75)는 1997년을 "경제체제system의 전환" 내지 "체제전환system transition"이라고 말하고 있다. 명시적으로 이야기하고 있지 않지만 내용적으로는 97년 체제론을 주장하고 있는 것이다. 그것뿐만이 아니다. 김종엽 자신(2005, 20)도 "경제체제의 수준에서 87년체제는 외환위기를 기점으로 그전의 불확정적인 상태에서부터 신자유주의체제로의 이행경로 위에 서게 되었다"고 말하고 있다. 즉 자신이 사회체제를 구성하는 두 축이라고 말하는 정치와 경제 중 하나인 "경제체제의 수준"에서 1997년에 질적인 변화가 일어났다는 이야기다. 따라서 사실상 87년 체제에서 97년 체제로 이행했다는 주장에 다름 아니다. 그러면서도 아직도 97년 체제가 아니라 87년 체제라고 이야기하니 기이한 일이다.

긴말이 필요 없다. 비정규직의 주류화, 청년 실업, 사회적 양극화 등 1997년 이후 나타난 우리 사회의 근본적 변화를 두 눈 뜨고 뻔히 바라보면서 한국의 사회체제가 아직도 87년 체제라고 주장하는 것은 현실에 눈먼 '색맹 사회과학'에 다름 아니다.[6] 97년 체제의 도입 이후 한국의 정치경제체제가 얼마나 변했는지는 1997년 경제위기 직전 3.2퍼센트에 불과하던 외국인 주식 보유가 이후 40퍼센트 이상으로 급증한 사실이 웅변적으로 보여주고 있다(Sonn 2006, 204). 소유라는 면에서 세계에서 가장 폐쇄적인 경제 중의 하나가 가장 개방적인 경제로 변모한 것이다.

1992년 미국 대선 당시 이라크 전쟁에 전력투구하는 부시 대통령에 대항해 민주당의 클린턴 후보는 "문제는 (전쟁이 아니라) 경제야, 멍청하긴!"이라는 구호를 들고 나와 승리한 바 있다. 이 구호를 변형하자면 "87년 체제라고? 멍청하긴, 문제는 97년 체제야!"라고 말할 수 있다.

그러면 현시점에서 87년 체세는 더는 의미가 없는 것일까? 아니다. 아래에서 살펴보겠지만 헌정체제, 정치균열체제 등 다양한 부분 체제로서 87년 체제는 아직도 유효하다. 나아가 사회체제라는 점에서도 97년 체제의 정치체제 부분이 기본적으로 불완전한 민주화('제한적 정치적 민주주의')라는 87년 체제의 성격을 기본적으로 계승하고 있다는 점에서 97년 체제의 한 부분으로서 부분적으로, 그리고 간접적인 방식(97년 체제를 통하는)을 통해 영향력을 계속 유지하고 있다. 이런 전제 아래 해방 이후 한국 사회체제의 역사적 변화와 시기별 특징을 요약하면 다음과 같다.[7]

1) 48년 체제

1948년 정부 수립과 함께 출범한 48년 체제는 국가보안법으로 상징되는 극

그림 1. 한국 사회체제의 역사적 변화

48년 체제 (극우반공 체제)	61년 체제 (개발독재 체제)	87년 체제 (민주화 체제) 민주화 (정치체제 전환)	97년 체제 (신자유주의 체제) 신자유주의화	08년 체제? (선진화 체제?)

표 1. 한국 사회체제의 시기별 특징

	48년 체제	61년 체제	87년 체제	97년 체제	(08년 체제?)
정치	권위주의	권위주의 (종속적 파시즘?)	제한적 정치적 민주주의		
정치 경제	'시장경제'(?)	발전국가	(약화된) 발전국가	신자유주의 ('좌파 신자유주의') (우파 신자유주의)	
	종속적 자본주의	종속적 국독자	종속적 국독자	종속적 국독자	
	테일러주의	테일러주의 → 포드주의	포드주의	포스트포드주의	

우반공 체제였다. 그 정치경제적 특성은 귀속 재산 처리, 원조 물자 불하 등
에서 나타난 '관료 자본주의'적 성격에도 불구하고 기본적으로 '자유 시장경
제 체제'였다. 다시 말해 최근의 생산체제^production regime론에 따르면(Hall & Soskice
2001), '자유주의적 시장경제' 체제였다. 경제개발계획 등을 통해 경제발전을
추구한 박정희 정권식의 발전국가적 요소를 갖지 않았고, 은행을 비롯한 주
요 산업 시설들을 귀속 재산 처리라는 이름 아래 사영화^privatization[8]했다. 그리고
농지개혁을 통해 과거의 식민지 반봉건적 성격을 벗어나 종속적 자본주의적
성격을 갖췄고, 축적양식에서는 장시간 노동에 저임금을 특징으로 하는 유
혈의 주변부 테일러주의였다(손호철 2006, 217~222).

   한편 정치체제 면에서는 민주주의하고는 거리가 먼 '전통적인' 권위주의
체제였다. 다만 그런 억압성은 민중 배제적인 종속적 산업화 전략에 밀접한
관련이 있는 이후 시기하고 다르게 분단의 대치 상황과 자본주의적 토대가

제대로 갖춰지지 않은 상황에서 자본주의적 길을 강제하기 위한 '정치적, 군사적' 측면이 강했다(손호철 2003, 254~255).

2) 61년 체제

1961년 5·16 쿠데타는 전후 한국 정치경제와 정치의 기본틀을 만들었다는 점에서 '한국판 55년 체제'라 할 수 있는 61년 체제[9]를 우리 사회에 도입했다. 61년 체제의 핵심은 (정치)경제체제로서 '발전국가'라고 부르는 국가 주도형 경제체제다(White 1988; 이병천 1998).[10] 생산체제도 이승만 시대의 자유주의적 시장경제 체제에서 집단조정 체제group-based coordination regime로 변화했다(Hall & Soskice 2001, 34; 손호철 2006, 224). 자본주의의 성격도 시간이 흐르며 종속적 국가독점 자본주의(이하 국독자)로 발전해갔고, 축적체제도 1970년대 중화학공업화 이후 테일러주의에서 포드주의로 발전해 포드주의적 종속적 국독자가 자리 잡게 됐다.[11] 정치체제라는 면에서 보면 61년 체제는 억압성과 권위주위라는 면에서 48년 체제와 단질싱보다는 연속성이 강하나. 그러나 48년 체세의 난순한 전통적 권위주의에서 군부가 권력의 핵심으로 부상하고 그 억압성이 민중 배제적인 종속적 산업화에 밀접한 관련이 있는 '관료적 권위주의' 내지 '종속적 파시즘' 체제로 '진일보'했다(손호철 2006, 151~158). 1972년 유신 선포와 함께 파시즘 내지 관료적 권위주의가 강화됐지만, 이런 유신 체제(72년 체제)는 61년 체제의 하위 체제로 61년 체제 내의 변형이었다.

3) 87년 체제

1987년 6월항쟁의 결과로 출범한 87년 체제는 종속적 파시즘 내지 관료적 권위주의라고 불리던 억압적 정치체제의 해체를 특징으로 한다. 즉 민주화 시대의 문을 연 것이다. 그러나 '완전한' 정치적 민주주의 내지 자유민주주의

체제가 아니라 여전히 특정한 사상과 정당을 금지하는 '제한적 정치적 민주주의'(O'Donnell & Schmitter 1986, 13), 그리고 전근대적인 사당 정치, 제왕적 대통령제(위임민주주의)와 지역주의라는 3김 정치가 새로운 정치체제의 특징으로 자리잡았다.

반면 경제체제의 경우 61년 체제의 핵심인 발전국가를 해체하기보다는 계승하고 있다(이 점 때문에 앞에서 봤듯이 일부에서는 87년 체제란 존재하지 않는다고 주장한다). 구체적으로, 박정희 정권이 1979년에 경제안정화 정책을 시발로 도입한 신자유주의 정책을 노태우 정권이 계승하고 김영삼 정권도 세계화라는 이름 아래 이런 흐름을 가속시켰지만 61년 체제(발전국가)와 질적 단절을 하지는 못했다. 따라서 기껏 이야기해야 '약화된 발전국가'라 할 수 있다. 자본주의적 성격도 일부 포스트포드주의가 1990년대 들어 도입되기는 하지만 (주변부) 포드주의적 국독자라는 성격을 유지했다.

4) 97년 체제

1997년 경제위기의 결과로 도입된 97년 체제는 (정치)경제체제라는 면에서 그동안 한국 사회를 지배해온 발전국가를 완전히 해체하고 영미식 신자유주의를 전면화한, 전혀 새로운 체제다. 주요 국영 기업의 사유화, 국내 주요 금융 기관과 기업의 해외 매각, 노동의 유연화, 탈규제 등 한국 경제는 근본적인 변화를 경험했다. 정치체제와 달리 경제체제라는 면에서는 61년 체제를 계승한 87년 체제와 질적 단절이 생겨났다. 한국 자본주의의 성격도 포드주의적 국독자에서 노동의 유연성을 특징으로 하는 포스트포드주의적 국독자로 전환했다(김세균 1988; 손호철 1999, 246~247). 그 결과 비정규직이 일상화되고 사회적 양극화가 심화되는 등 한국 사회는 근본적인 변화를 겪게 됐다.

반면 정치체제의 경우 87년 체제의 연장선상에 있다. 물론 한국전쟁 이후 최대의 국난이라는 경제위기에 힘입어 36년 만에 여야 간에 정권이 교체돼

반독재 민주 정권이 들어서고 노동조합의 정치 참여 허용(김대중 정부), 사당 정치 극복(노무현 정부) 등 일정한 민주주의의 전진이 있었다(손호철 2007, 373~380). 그러나 사상의 자유는 계속 제약돼 제한적 정치적 민주주의를 벗어나지 못했다.

5) 08년 체제?

주목할 것은 한쪽에서 벌써부터 08년 체제를 이야기하고 있다는 사실이다. 이명박 정부가 들어서자마자 '민주화를 넘어 선진화'라는 의미에서 "87년 체제에서 08년 체제로"라는 담론까지 등장했다(이영성·김호기 2007).[12] 이것이 기본적으로 저널리즘적 담론이었다면 좀더 심각한 학문적 담론도 나오고 있다.

조희연은 이명박 정부 출범으로 2008년 체제가 들어섰다며, 이것은 "60년대 개발독재적 보수의 개발주의를 계승하면서도 그것과는 다른 '신자유주의적 성장 프레임'을 선진화라는 이름으로 전면화한 보수세력이 재집권한 체제"(조희연 2009, 82)라고 주장한다. 이 체제가 87년 체제하고 같은 수준인지 아니면 조 교수가 그 하위 체제라고 주장하는 97년 체제하고 같은 수준인지는 분명하지 않다. 그러나 어느 수준이건 문제가 많다. 다시 말해 분석적 개념이 아니라 이명박 정부를 지칭하는 서술적 용어로, 나아가 97년 체제의 하위 체제로 언급하는 것 이외에는 08년 체제를 이야기할 근거는 아직은 없다.

조 교수는 97년 체제를 "반독재야당세력이 집권한 체제", 08년 체제를 "보수세력이 재집권한 체제"로 보는 등 체제의 전환을 '집권 세력의 교체'에서 찾고 있는 듯하다. 물론 세력 교체는 중요하다. 그러나 이런 이해 방식은 잘못된 것이다(국가의 성격을 집권 세력의 인적 성격에서 유추하는 '도구주의적 국가론'이다). 이런 논법이라면 1987년에 군사독재 세력이 계속 집권했다는 점에서 87년 체제는 없다! 체제 전환의 기준은 세력 교체 그 자체가 아니라 정치체제 내지 (정치)경제체제의 전환이다. 따라서 문제는 2008년에 정치체제나 (정치)경제체제에서 1987년이나 1997년 같은 수준의 변화가 일어났느냐는 것이다. 아직까지는 그렇지 않다.

물론 정치체제 수준에서 이명박 정부 들어 '재권위주의화'가 일어나고 있다. 노무현 대통령의 최대 업적인 대통령의 탈권위주의화가 뒷걸음쳐 제왕적 대통령이 살아나고 있으며, 사상의 자유(사노련 사건), 언론의 자유(YTN 노조 위원장 구속, 〈PD수첩〉 프로듀서 체포 등), 표현의 자유(미네르바 구속), 집회의 자유(촛불시위 구속 등)가 후퇴하고 있다(손호철 2009a). 그러나 '예외국가' 복귀 내지 '(민간) 파시즘'을 이야기하기에는 시기상조다(손호철 2009b).

(정치)경제체제도 마찬가지다. 물론 이명박 정부가 세계적인 탈신자유주의 추세에 정반대로, 나아가 김대중 정부와 노무현 정부하고 다르게 감세, 금산분리 완화, 출자총액제한제 폐지 등의 정책을 추진하고 있다. 그러나 이런 흐름은 1997년 이후 그동안 진행돼온 신자유주의의 심화를 의미할 뿐 97년 체제에서 벗어난 것은 아니다. 다시 말해서 김대중, 노무현 정부의 '좌파 신자유주의'하고 구별되는 '우파 신자유주의'를 의미한다(사실 노무현 대통령은 진보 진영의 비판에 대해 자신을 '좌파 신자유주의'라고 변명한 바 있다(노무현 2006). 당시는 그런 말이 "말이 되지 않는 형용 모순"이라고 생각했지만 이명박 정부의 정책을 보면서 나름대로 의미 있는 개념이라고 다시 생각하게 됐다). 따라서 08년 체제는 97년 체제를 대체하는 대안 체제가 아니라 기껏해야 97년 체제의 하위 체제로 이야기할 수 있을 뿐이다.

6) 한국 사회체제와 정치균열 구조

한국 사회체제 분석을 마치고 부분 체제 문제로 넘어가기에 앞서 이런 사회체제 분석을 현재 한국의 정치균열 구조, 나아가 여기에 관련된 사회운동적 과제들에 관련해 검토해볼 필요가 있다. 2009년 4·29 재보궐 선거에서 나타난 것처럼 한국의 정치균열 구조는 매우 복합적이다.

그림 2. 한국 사회의 정치균열 구조

(냉전적 보수 세력)　　　(자유주의적 개혁 세력)　　　(진보 세력)
한나라당, 친박연대 등　　민주당, 창조한국당　　민주노동당, 진보신당, 사회당 등

1) 보수 세력 대 개혁 세력+진보 세력 → 반MB전선 1(정치적 권위주의화 반대)
　　　　　　　　　　　　　　　　(민주대 반민주):(87년 체제의 유제로서의) 97년 체제의 정
　　　　　　　　　　　　　　　　치적 민주주의의 불철저성+08년 체제
　　　　　　　　　　　　　　→ 반MB전선 2(금산법 완화, 감세 등 '우파 신자유주의' 반대)
　　　　　　　　　　　　　　　　(경제민생위기 극복을 위한 연석회의) – 08년 체제
　　　　　　　　　　　　　　→ 반MB전선 3(냉전적 대북 정책 반대)
　　　　　　　　　　　　　　　　분단체제로서의 2000년 체제 대 08년 체제(아래 참조)
2) 보수 세력+개혁 세력 대 진보 세력 → 반신자유주의 전선 – 97년 체제

　　그중 한나라당 내의 친이 대 친박(경주), 민주당 내의 정세균 대 정동영(전
주), 진보 진영 내의 민주노동당 대 진보신당(울산 북구) 같은 내부 갈등을 일
단 논외로 할 경우, 그 균열 구조 내지 전선은 **그림 2**와 같다. 이것은 위에 논
의한 체제들에 긴밀히 연결돼 있다.

4. 한국의 부분 체제들 — 몇 가지 예시

여기에서는 앞서 이야기한 열린 총체성으로서 '한국 사회체제'를 전제로 해
다양한 부분 체제들의 역사적 변화를 예시적으로 살펴보고자 한다. 나아가
다양한 부분 체제로서 87년 체제의 현재성을 비판적으로 평가해보고자 한다.

1) 헌정체제

부분 체제들 중 가장 분석하기 쉬운 것이 바로 헌정체제다. 왜냐하면 헌법 개
정이라는 명확한 기준이 존재하기 때문이다.

　　한국 헌정체제는 1948년 제헌 헌법 제정과 함께 출범한 48년 체제 이후

52년 체제, 54년 체제, 60년 체제, 62년 체제, 69년 체제, 72년 체제(유신 체제), 80년 체제를 거쳐 현재의 87년 체제에 이르고 있다. 각 헌정체제의 핵심 내용은 다음과 같다(박인수 2006, 105~122).

48년 체제는 제헌 헌법 체제로, 간선제 대통령제, 천연자원과 운수, 통신, 보험, 전기 등 기간산업의 국유화, 경자유전 원칙에 따른 농지개혁이 특징이다. 해방 정국의 좌파 지배적인 분위기를 반영해서 꽤 진보적이었다(손호철 1991, 166~168). 한국전쟁 중 부산 파동을 통해 이승만 대통령이 강제한 52년 체제는 대통령과 부통령의 직선제 도입을 주요 내용으로 한다. 54년 체제는 한국전쟁이 끝나자 제헌 헌법에 내재해 있던 국가자본주의적 요소를 제거해서 자유시장 경제체제로 대폭 수정했고, 초대 대통령에 대해 중임 제한 규정을 철폐했다.

4·19혁명의 결과로 등장한 60년 체제는 대통령제의 폐해에 대한 반작용으로 내각책임제를 도입했다. 또한 4·19의 성과로 기본권이 강화됐고, 경찰과 공무원의 정치적 중립이 보장됐고, 지방자치단체장의 선거제가 도입됐다. 5·16 쿠데타 이후의 62년 체제는 다시 대통령중심제를 복원했고, 사법부의 위헌심사권을 도입했다. 박정희의 3선 출마를 위해 만든 69년 체제는 대통령 3선을 허용하고 대통령 탄핵 소추 요건을 강화했다. 유신 체제인 72년 체제는 체육관 선거의 뿌리인 대통령 간선제를 도입했고, 대통령에게 국회의원 3분의 1의 임명권과 법관 임명권을 부여했고, 기본권과 노동 3권을 대폭 제약한 가장 반민주적인 체제였다. 전두환 등 신군부가 광주 학살 뒤 도입한 80년 체제는 유신 체제에서 대통령 임기를 7년 단임제로 바꾼 것이었다.

6월항쟁의 결과로 나타난 87년 체제는 대통령 직선제와 5년 단임제를 중심으로 국회의 행정부와 사법부 견제권을 강화해 의원내각제적 요소를 가미했다. 이 밖에 헌법재판소 제도 도입, 언론, 출판, 집회, 결사에 대한 허가제와 검열제 금지, 경제 민주화 규정, 여성, 노인, 청소년, 장애인의 복지 향상 규정 보완 등을 특징으로 한다. 현재 우리를 지배하는 헌정체제가 이 87년 체

그림 3. 한국 사회의 헌정체제

48년 체제 — 52년 체제 — 54년 체제 — 60년 체제 — 62년 체제 —
69년 체제 — 72년 체제 — 80년 체제 — 87년 체제 —

제로, 이 체제의 한계가 87년 체제 논쟁의 출발점이었다. 따라서 부분 체제인 헌정체제로서 87년 체제는 현재 진행형이다.

2) 노동체제

헌정체제 다음으로 논의하기 쉬운 것이 노동체제다. 관련 연구가 상당히 축적됐기 때문이다. 임영일(2003, 24)은 노동체제를 "특정한 자본축적 체제에 조응하여 형성되는 노동통제, 노동시장, 그리고 노동운동의 특정한 유형들이 유기적으로 결합되어 구성되는 포괄적인 계급관계"라고 규정하고 있는바, 이것은 48년 체제, 61년 체제, 87년 체제, 97년 체제로 변화해왔다.

48년 체제가 이승만을 위한 대한노총의 주기적인 관제 시위가 상징하듯 전근대적인 후견주의적 동원을 가미한 배제를 특징으로 한다면(손호철 2006, 221~222), 박정희 정권이 도입한 61년 체제는 과거의 기업별 노조를 산별노조로 전환하고 이것을 통해 국가의 통제를 체계화한 국가코포라티즘 체제를 특징으로 한다(최장집 1988). 이 체제는 유신을 통해서, 그리고 80년 광주 이후 국보위가 산별 체제를 기업별 노조로 바꾸고 3자 개입을 제도화하면서 억압성이 강화됐지만, 기본틀은 61년 체제 안에서 일어난 변형이라고 봐야 한다. 즉 유신의 72년 체제와 신군부의 80년 체제는 61년 체제의 하위 체제였다.

87년 체제는 억압적 국가코포라티즘 체제가 해체되기 시작하지만 노동자들의 정치, 사회, 경제적 권리가 여전히 확보되지 못한 불안정한 과도기 체제였다(임영일 1997; 노중기 1997; 정영태 2005, 52). 이런 87년 체제는 97년 경제위기와

그림 4. 한국 사회의 노동체제

```
48년 체제 ──────── 61년 체제 ──── 87년 체제 ──────────── 97년 체제
(배제적 후견주의)   (국가코포라티즘)  (과도 체제)   (신자유주의, 유사 사회코포라티즘)
```

함께 해체되고 97년 체제가 성립된다. 97년 체제의 성격에 대해서는 그 핵심 내용인 신자유주의적 반노동성에 주목해 '종속적 신자유주의 체제'로 보는 견해(노중기 2007, 141)와 노사정위원회라는 사회 합의체적 형식을 주목해 '유사 사회코포라티즘 체제'(정병기 2008, 219~222)로 보는 견해가 경쟁하고 있다.

3) 민주주의체제

정치적 민주주의체제는 정치체제에 밀접히 관련이 있으므로 사회체제의 두 구성 요소 중 하나인 정치체제의 변화에 밀접하게 연관된다. 그러나 87년 체제에 의해 정치적 민주주의가 복원된 뒤 정치적 민주주의는 일정한 변화를 거쳐왔다고 할 수 있다.

정치적 민주주의체제로서 87년 체제는 앞에서 지적했듯 '완전한' 정치적 민주주의 내지 자유민주주의 체제가 아니라 여전히 특정한 사상과 정당을 금지하는 '제한적 정치적 민주주의'(O'Donnell & Schmitter 1986, 13), 그리고 전근대적 사당 정치, 제왕적 대통령제와 지역주의라는 3김 정치를 핵심 특징으로 하고 있었다. 이것은 2003년에 변화를 겪게 된다. 노무현 정부 들어 제한적 정치적 민주주의와 지역주의에는 큰 변화가 없었지만, 사당 정치와 위임민주주의가 혁파된 것이다. 따라서 1987년부터 2002년까지를 민주화 1기라고 하면 2003년부터는 03년 체제를 특징으로 하는 민주화 2기라고 할 수 있다(손호철 2006, 373~378). 물론 1997년 반독재 야당 정권의 수립이라는 역사적 사건이 있었지만 87년 체제를 대체하는 97년 체제를 이야기하기는 어렵다. 역

그림 5. 한국 사회의 민주주의 체제

〈정치적 민주주의 체제〉

87년 체제 ──────────── 03년 체제 ──────── (08년 체제?)

(제한적 정치적 민주주의,　　　(97년 체제)　　　(제한적 정치적 민주주의,　　　(재권위주의화?)
위임민주주의, 사당 정치)　　　　　　　　　　탈위임민주주의, 탈사당 정치)

〈총체적 민주주의 체제〉

87년 체제 ────── 97년 체제 ────── 03년 체제 ────── 08년 체제?

(사회경제 민주주의 후퇴)

그림 6. 한국 사회의 분단체제

〈높은 추상성〉

48년 체제(53년 체제) ─────────────────────────── 현재

〈낮은 추상성〉

48년 체제(53년 체제) ────── 2000년 체제 ────── (08년 체제?)

('적대적 분단')　　　　　('평화 공존적 분단')　　　　　('적대적 분단'으로 후퇴?)

사적 사건에도 불구하고 1997년 이전과 이후가 제한적 정치적 민주주의, 사당 정치, 위임민주주의라는 면에서 질적 변화가 없기 때문이다. 오히려 정치적 민주주의체제로서 97년 체제는 87년 체제의 하위 체제였다. 따라서 "97년 체제는 87년체제의 하위 체제"라는 주장은 사회체제social system 수준에서는 틀린 이야기지만 민주주의체제democracy regime라는 측면에서는 맞는 이야기다.

나아가 이명박 정부 들어 사상, 집회, 결사, 표현의 자유가 후퇴하고 위임민주주의도 되살아나고 있다는 점을 주목할 필요가 있다. 물론 08년 체제를 말하기는 시기상조지만, 이런 민주주의의 후퇴가 어느 선을 넘을 경우 08년 체제를 이야기할 수 있을 것이다. 그러나 정치적 민주주의를 넘어서 사회경제적 민주주의를 포함한 '총체적 민주주의'체제를 살펴보면 조금 차이가 생긴다. 즉 1997년 경제위기 이후 사회적 양극화가 초유의 수준으로 심화되는

등 사회경제적 민주주의의 위기가 극심해졌다는 점에서(손호철 2006, 381), 87년 체제, 03년 체제와 같은 수준에서 97년 체제를 이야기할 수 있을 것이다.

4) 분단체제

분단 문제에 관련된 분단체제는 보기에 따라 사회체제의 상위 체제일 수도 있고, 또 다른 부분 체제일 수도 있다. 분단체제론의 효시인 백낙청 교수(1992)처럼 이것을 남북한을 어우르는 체제로 이해할 경우 한국 사회체제 위에 존재하는 상위 체제일 것이다. 그러나 한국 사회의 여러 측면의 하나(분단에 관련된)로 이해할 경우 이것은 또 다른 부분 체제일 것이다. 그러나 어느 입장을 취하든 분단(또는 분단체제)이 극복되지 않았다는 점에서 아직도 48년 체제[13]가 계속되고 있다고 볼 수 있다.

 그러나 추상성을 낮춰서 볼 경우 분단체제는 '적대적 분단'을 특징으로 하는 48년 체제와 2000년 남북 정상회담 이후 '평화 공존적 분단'을 주된 특징으로 하는 2000년 체제[14]로 나누어 볼 수 있을 것이다. 한편 이명박 정부 들어 이런 평화 공존적 분단체제가 다시 적대적 분단체제로 돌아가고 있는 경향이 강하다는 점에서 08년 체제를 이야기할 수 있을 것이다. 그리고 다양한 차원의 08년 체제 주장 중 분단체제로서 08년 체제가 현시점에서는 가장 설득력이 있어 보인다. 즉 다른 체제들에 견줘 08년이 분단체제라는 면에서 과거와 단절성이 가장 크다는 이야기다.

5) 정치균열체제와 정당체제

다음은 서로 밀접히 연관된 정치균열체제와 정당체제 문제다. 정치균열체제라는 점에서 좌우익이 친일파 척결과 농지개혁 등으로 갈등한 45년 체제가 한국전쟁하고 함께 해체된 뒤 53년 체제가 한국정치를 지배해왔다.[15] 53년

그림 7. 한국 사회의 정치균열체제

```
┌─────────────────────────────────────────────────────────────────────┐
│                                                                       │
│  45년 체제 ── 53년 체제 ──── 80년 체제 ──────── 87년 체제 ──────        │
│                                                                       │
│  (좌우 갈등)   (민주 대 반민주)  (민주 대 반민주)        (지역주의)          │
│                            (진보 대 보수 ─ 부차적 균열)  (민주 대 반민주 ─ 부차)  │
│                                                (진보 대 보수 ─ 부차)     │
│                                                (세대 균열 부상)          │
│                                                                       │
└─────────────────────────────────────────────────────────────────────┘
```

그림 8. 한국 사회의 정당체제

```
┌─────────────────────────────────────────────────────────────────────┐
│                                                                       │
│    45년 체제 ──────── 53년 체제 ──────── 87년 체제 ──────── 04년 체제      │
│                                                                       │
│    (이념 정당        (보수 정당         (보수 지역 정당      (보수 지역 정당   │
│     난립 체제)        독점 체제)          독점 체제)          우위 체제)      │
│                                                                       │
└─────────────────────────────────────────────────────────────────────┘
```

그림 9. 한국 사회의 사회운동체제

```
┌─────────────────────────────────────────────────────────────────────┐
│                                         90년 체제                      │
│  45년 체제 ─ 53년 체제 ── 80년 체제 ──  (87년 체제)  ── 2000년 체제 ── 02년 체제  │
│                                                                       │
│  (좌우 대립)   (반독재     (진보 운동 부활   (자유주의       (냉전적 시민   (비조직화 대중  │
│              자유주의)    +반독재 민주화)   시민운동과      운동의 등장)   운동 ─ 촛불)  │
│                                        민중운동 분화)                     │
│                                                                       │
└─────────────────────────────────────────────────────────────────────┘
```

체제는 전후 한국정치를 지배해온 기본틀로서, 분단체제가 완결되면서 진보 세력이 소멸하고 억압적 정치체제가 일상화되자 '민주 대 반민주'의 대립이 모든 것을 압도한 체제다.

그러나 1980년 광주 학살하고 함께 진보 세력이 부활하고 '진보 대 보수'가 '민주 대 반민주'의 부차적 균열 구조로 등장하게 된다. 이것이 80년 체제다. 그리고 1987년 민주화하고 함께 87년 체제가 등장한다. 이것은 '지역 균열 구도'의 압도적 우위 아래 약화됐지만 소멸하지 않은 민주 대 반민주 구도와 부상하고 있지만 아직 제대로 자리잡지 못한 진보 대 보수 구도가 부차적 균열 구조로 결합돼 있는 체제로서, 아직도 이 체제가 지배하고 있다(최근 세대 균열도 부상하고 있다).

정치균열체제의 하위 체제인 지역균열체제는 4개 지역당이 경쟁하는 지역할거 체제(87년 체제), 3당 통합에 따른 지역 패권 체제(90년 체제), 지역 패권 체제의 해체와 재할거화 체제(95년 체제)로 나뉜다(손호철 1999, 295~300).

정당체제의 경우 비슷하면서도 약간 그림을 달리한다. 우선 45년 체제는 좌우 이념 정당이 난립한 이념 정당 난립 체제였다. 전후 질서를 대표하는 53년 체제는 보수 정당들이 경쟁하는 보수 정당 독점 체제였다면, 87년 체제는 보수 정당들이 지역에 기반해 경쟁하는 보수 지역정당 독점 체제였다. 그리고 마지막으로 04년 체제로 민주노동당이라는 진보 정당이 원내에 진입함으로써 보수 독점이 깨지고 보수 우위로 변화한 보수 지역정당 우위 체제다.

6) 사회운동체제

사회운동체제라는 면에서 우선 생각할 수 있는 것은 다양한 좌우익 운동이 분출되고 충돌한 45년 체제다. 그 뒤가 53년 체제로, 해방 8년사의 종식과 함께 진보 운동이 사라지고 자유주의적인 반독재 민주화 운동이 지배한 것이 특징이다. 이후 1980년 광주와 함께 진보적 민중운동이 부활하면서 80년 체제가 등장한다. 그러나 80년 체제는 자유주의적 운동과 진보 운동이 반독재 민주화라는 압도적 과제 앞에서 단결한 것이 또 다른 특징이다. 1987년 6월항쟁으로 민주화가 진전하면서 이런 단결은 깨어지고 분열이 시작된다. 이 분열의 시작을 1987년 노동자 대투쟁으로 보면 새 체제는 87년 체제가 될 것이고, 경실련 같은 시민단체가 등장해 전통적인 민중운동을 공격한 일을 기준으로 하면 새 체제는 90년 체제가 될 것이다. 1997년 김대중 정부 출범 뒤, 특히 2000년 남북 정상회담 뒤 냉전적 보수 세력이 위기의식을 느끼고 조직화해 시민운동에 나서면서 진보적 민중 단체, 자유주의적 시민단체, 냉전적 시민단체가 경쟁하는 체제가 들어선다. 그것이 2000년 체제다.

마지막으로 2002년 체제다. 이것은 다양한 이념을 지닌 조직화된 운동 단체들과 달리 일반 대중이 인터넷 등을 통해 자발적으로 모여 운동을 하는 새로운 체제다. 한 연구자가 '유연자발집단' 내지 '제4의 결사체'(조대엽 2009, 10~13)라고 부른 새로운 세력이 중심이 된 이 체제는 2002년 효순·미선 사망 사건에 대한 항의로 촉발된 촛불집회가 시작으로, 2004년 탄핵 반대 촛불시위를 거쳐 2008년 역사적인 광우병 촛불집회로 발전했다(박영균 2008).

5. 맺는 글

열린 총체성으로서 한국 사회체제와 부분 체제들이라는 문제의식에서 한국 체제론에 관련된 이론적 문제들을 검토한 뒤 실증적으로 분석해봤다. 특히 사회체제라는 면에서 1948년 정부 수립 이래 현재에 이르는 우리 사회의 역사적 변화를 체계화하는 한편, 우리가 더는 87년 체제가 아니라 97년 체제 속에 살고 있으며 08년 체제를 이야기하는 것은 시기상조라는 점을 그동안 진행된 논의들을 비판적으로 검토함으로써 보여줬다. 나아가 헌정체제, 노동체제, 민주주의체제, 분단체제, 정치균열체제, 정당체제, 사회운동체제 등 다양한 부분 체제들의 역사적 변화를 예시적으로 살펴봤다. 이런 과정을 통해 87년 체제가 사회체제 수준에서는 이미 죽은 과거의 일이지만, 다양한 부분 체제의 수준에서는 아직 의미가 있다는 것을 알 수 있었다.

결국 앞으로 체제 논의를 위해서는 이 글에서 간략하게 서술한 한국 사회 체제의 역사적 변화와 각 시기의 특징, 그리고 예시적으로 보여준 다양한 부분 체제들의 역사적 변화와 그 특징들을 좀더 깊이 있게 연구해야 할 것이다. 또한 이 글에서 다루지 못한 젠더체제 등 다양한 다른 부분 체제들에 대해서도 깊이 있는 연구를 진행해 부분 체제들에 대한 지식을 축적해야 한다.

11장

97년 체제론은 경제주의인가
조희연과 서영표의 주장에 답하다*

1. 왜 다시 97년 체제론인가?

몇 년 전부터 한국 사회과학에 유행하고 있는 중요한 담론이 '87년 체제'다. 이 87년 체제론(김종엽 2009)은 여러 기여에도 불구하고 이론적 엄밀성의 결여와 현실적 분석의 부적실성 등으로 많은 폐해를 만들었다. 이런 문제에 관련해 필자는 얼마 전(2009년)에 87년 체제와 97년 체제, 08년 체제를 중심으로 진행된 그동안의 체제 논쟁을 비판적으로 검토하는 글을 발표했다(손호철 2009c). 특히 그 글은 87년 체제론의 주된 주창자인 창비 그룹뿐만 아니라 조희연 등 후속 논쟁에 가담한 다양한 학자들의 글(조희연 2009a; 정일준 2007; 김호기 2009 등)도 비판적으로 검토했다.

　이 문제에 관련해 최근 조희연과 서영표가 《마르크스주의 연구》에 반론의 형식으로 새로운 주장을 한 바 있다(조희연·서영표 2009). 그리고 이 글의 일부가 진보 언론에 보도되면서 추가 논쟁이 있었다(정상근 2009; 손호철 2009f; 서영표

---

* 2009년 가을에 《마르크스주의 연구》에 발표한 〈'사회학적 서술주의'와 추상성의 혼돈을 넘어서 ― 조희연, 서영표의 체제론에 대한 반론〉을 수정하고 보완했다.

2009; 손호철 2009g; 조희연 2009b). 이미 이 추가 논쟁을 통해 지적했듯이 조희연과 서영표의 비판 중 상당 부분은 필자의 글에 대한 잘못된 독해에 따른 것으로, 필자의 원래 글을 꼼꼼히 읽어보면 해결될 문제라고 생각한다. 그렇지만 일부 주장의 경우 새로운 논점을 제기하고 있기 때문에 여기에 관련된 논쟁이 필요하다. 오해와 오독에 따른 필자에 대한 비판 역시 문제의 핵심을 명확히 해둘 필요가 있다고 판단해 재반론을 쓴다.

2. 주장과 반론

필자는 한국 사회체제론에 관련해 오래전부터 짧은 단상들을 밝혀왔다(손호철 1999; 손호철 2006a).[1] 그러다가 최근 두 글(손호철 2009c; 손호철 2009d)을 통해 87년 체제론, 나아가 한국 사회체제론에 관련된 논쟁에 적극적으로 개입했다. 특히 이 두 글이 조희연과 서영표가 필자를 비판하면서 사용한 주요 텍스트인 만큼 우선 이 두 글의 주장을 요약해 소개할 필요가 있다. 그리고 필자의 글에 대한 조희연과 서영표의 비판과 주장을 요약하고 소개하려 한다.

1) 손호철의 주장

1. 한국 체제 논쟁은 열린 총체성으로서의 '사회체제'와 다양한 '부분 체제들'(헌정체제, 노동체제 등 같은)로 나눠 진행돼야 한다(손호철 2009c, 33). 이 중 사회체제로서의 한국 체제는 한국의 다양한 사회적 관계들의 총체, 즉 한국 사회구성체에 다름 아니지만, 이것을 단순화하면 세계체제론이나 87년 체제론자들의 주장처럼 정치체제와 경제체제로 구성된다고 볼 수 있다(손호철 2009c, 33~34). 다양한 부분 체제들의 문제는 "다양한 지평 간의 단순-복합"의 문제로, 환원주의적 방식이 아니라 접합의 방법에 의해서만 제대로 분석될 수

있다(손호철 2009c, 34~35).

2. 역사적으로 한국의 사회체제는 극우 반공 체제인 48년 체제, 개발독재 체제인 61년 체제, 이 중 정치체제를 민주화한 87년 체제, 61년 체제의 경제체제(발전국가 체제)를 해체해 신자유주의 체제로 전환한 97년 체제로 변화해왔다(손호철 2009c, 40~46).

3. 따라서 87년 체제는 헌정체제 등 일부 부분 체제에서만 그 의미를 여전히 지니고 있을 뿐, 사회체제로서는 이미 87년 체제에서 97년 체제로 바뀌었다(손호철 2009c, 39).

4. 후속 논쟁에 관련해 정일영과 김호기는 87년에 경제체제의 전환이 없었다는 점에서 87년 체제란 애당초 존재하지 않았다고 보며 61년 체제와 97년 체제만을 인정하는데, 이것은 사회체제를 경제체제로 환원시키는 경제주의다(손호철 2009c, 37~38).

5. 한편 조희연은 87년 체제론자들하고 다르게 97년 체제를 인정하면서도 정일영, 김호기하고는 정반대로 97년 체제를 "97년 외환위기라는 사건과 97년 12월 김대중의 대통령 당선으로 인한 50년만의 반독재 야당정권의 수립이라는 두 사건"으로 규정하고, 이 97년 체제는 "87년 체제의 하위체제"에 불과하다(조희연 2009a, 80)고 주장한다.

이런 주장은 87년 체제론에 견줘 진일보했지만, 1997년에 1961년의 (정치)경제체제의 변화에 상응하는 근본적인 (정치)경제체제의 전환이 일어났다는 것을 보지 못한 채 1997년의 변화를 지나치게 반독재 야당 정권의 수립이라는 정치적 차원에서만 파악하는 일종의 정치주의다. 물론 1997년이 반독재 야당 정권의 수립이라는 정치적 측면은 나름의 의미를 갖지만 좀더 근본적인 의미는 이런 정치적 측면보다 발전국가의 해체와 신자유주의의 전면화에 있다. 따라서 97년 체제는 61년 체제, 87년 체제와 같은 수준의 체제이며, 87년 체제의 하위 체제가 아니라 87년 체제를 대체한 것으로 봐야 하는데, 그렇지 못했다(손호철 2009c, 38).

그림 1. 한국 사회체제의 역사적 변화

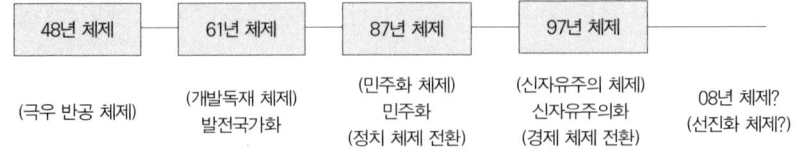

48년 체제	61년 체제	87년 체제	97년 체제	
(극우 반공 체제)	(개발독재 체제) 발전국가화	(민주화 체제) 민주화 (정치 체제 전환)	(신자유주의 체제) 신자유주의화 (경제 체제 전환)	08년 체제? (선진화 체제?)

표 1. 한국 사회체제의 시기별 특징

	48년 체제	61년 체제	87년 체제	97년 체제	08년 체제?
정치	권위주의	권위주의 (종속적 파시즘?)	제한적 정치적 민주주의		
정치 경제	시장경제(?) 테일러주의	발전국가	(약화된) 발전국가	신자유주의 (좌파 신자유주의) (우파 신자유주의)	
	종속적 자본주의	종속적 국가독점자본주의			
	테일러주의	테일러→포드주의	포드주의	포스트포드주의	

그림 2. 한국 사회의 정치균열 구조

냉전적 보수 세력	자유주의적 개혁 세력	진보 세력
한나라당, 친박연대 등	민주당, 창조한국당	민주노동당, 진보신당, 사회당, 사노준 등

1) 반MB전선: 보수 세력 대 개혁 세력+진보 세력
　　　반MB전선 1(정치적 권위주의화 반대)
　　(민주 대 반민주): (87년 체제의 유제로서의) 97년 체제의 정치적 민주주의의 불철저성+08년 체제
　　　반MB전선 2(금산법 완화, 감세 등 '우파 신자유주의' 반대)
　　(경제민생위기 극복을 위한 연석회의) — 08년 체제
　　　반MB전선 3(냉전적 대북 정책 반대)
　　분단체제로서의 2000년 체제 대 08년 체제

2) 반신자유주의 전선: 보수 세력+개혁 세력 대 진보 세력
　　　반신자유주의 전선 — 97년 체제

6. 조희연은 이명박 정부 출범으로 08년 체제가 들어섰다며, 이것은 "60년대 개발독재적 보수의 개발주의를 계승하면서도 그것과는 다른 '신자유주의적 성장프레임'을 선진화라는 이름으로 전면화한 보수세력이 재집권한 체제"(조희연 2009a, 82)라고 주장한다. 그러나 "분석적 개념이 아니라 이명박 정부를 지칭하는 서술적 용어로, 나아가 97년 체제의 하위 체제로 이야기하는 것 이외에는, 08년 체제가 97년 체제를 대체했다고 이야기할 근거는 아직은 없다"(손호철 2009c, 44~45).

조희연은 97년 체제를 "반독재야당세력이 집권한 체제", 08년 체제를 "보수세력이 재집권한 체제"로 보는 등 체제의 전환을 '집권 세력의 교체(정권 교체)'에서 찾고 있는 듯하다. 이런 논법이라면 87년에 군사독재 세력이 계속 집권했다는 점에서 87년 체제는 없다. 체제 전환의 기준은 세력 교체 그 자체가 아니라 정치체제 내지 (정치)경제체제의 전환이다. 따라서 문제는 2008년에 정치체제나 (정치)경제체제에서 1987년이나 1997년 같은 수준의 변화가 일어났는지 여부다. 물론 2008년 이후 정치체제 수준에서 재권위주의화, 경제체제 수준에서 '좌파 신자유주의'에서 '우파 신자유주의'로 나아가는 변화 등이 일어나고 있지만, 아직까지는 1987년이나 1997년 수준의 변화로 보기는 어렵다. "따라서 08년 체제는 97년 체제를 대체하는 대안체제가 아니라 97년 체제의 하위체제로 이야기할 수 있을 뿐이다"(손호철 2009c, 46).

7. 이런 사회체제 논쟁을 반MB 전선과 반신자유주의 전선이라는 실천적 문제에 결합시키면 **그림 2**와 같다(손호철 2009c, 46).

8. 반MB 연합은 일각의 인식과 달리 87년 체제보다는 오히려 08년 체제(08년 체제의 정치체제의 정치적 권위주의화, 08년 체제의 경치체제의 우파 신자유주의, 분단체제로서 08년 체제의 냉전주의)와 관계가 있다(**그림 2** 참조). 또한 97년 체제에 관련해 반신자유주의 투쟁만 강조하는 것은 좌익 소아병이며, 반대로 08년 체제에 관련해 반MB 투쟁으로 대동단결하자고 주장하는 것은 우편향이다. 결국 "반이명박연합과 반신자유주의연합을", "당장 눈앞의 투쟁

인 08년 체제의 문제, 나아가 보다 심층적인 97년 체제의 문제를 적절히 결합시키는 지혜가 필요하다"(손호철 2009d). 다시 말해 "현재의 한국에서 반신자유주의가 주모순이고, 반MB는 주모순의 주된 측면이다"(손호철 2009e).

2) 조희연·서영표의 주장

1. 손호철의 주장은 현재의 한국 사회를 97년 체제를 중심으로 분석하려는 97년 체제 중심론으로 "그의 97년 체제 중심론은 87년 체제와 그 이후의 체제변동에 대한 경제주의적 시각에 기초하고 있으며, 그 결과 정치와 경제의 복합적 상호작용 속에서 구성되는 현실의 복합성을 충분히 고려하지 못하는 결과를 낳고 있다"(조희연·서영표 2009, 157 이하 쪽수만 표시함).

2. 이런 경향 때문에 손호철은 87년 체제 분석에서는 경제적 변화를 보지 못하고 정치체제의 변화만 주목하는 정치주의적 편향을, 97년 체제 분석에서는 경제체제의 분석만 보고 정치적 분석을 보지 못하는 경제주의적 편향을 드러내고 있다(158).

"손호철의 분석에서 87년 체제는 오로지 정치혁명(정치체제 변화)으로만 규정되기 때문에, 87년 체제 하에서의 경제체제를 둘러싼 투쟁과 저항의 역사와 잠재성이 온전히 주목되지 않게 된다"(160). 손호철하고 다르게 "87년 체제는 '민주주의와 자본주의의 전쟁'의 시기"로 봐야 한다(161). 97년 체제 분석에 관련해, (조희연이) "정권의 교체가 체제전환의 계기인 것처럼 서술"함으로써 "정치주의로 오해될 소지를 제공했다는 것을 부정하지는 않겠다"(164). 그러나 "97년 체제를 신자유주의적 경제체제로의 전환적 계기"로 보는 손호철의 견해는 경제주의적 편향이며, "97년 체제는 분명히 정치체제로서의 성격(형식적 민주주의의 진전)과 경제체제로서의 성격(신자유주의적 개방의 전면화)을 동시에 가지고 있다"고 보아야 한다(163).

3. 나아가 이런 경향 때문에 손호철은 "스스로가 지적하고 있는 장기적 경제

변동의 추세가 정치적 계기를 통해 드러나는 복합적인 '사회체제' 분석으로 나가지 못하고 정치적 분석 또는 경제적 분석으로 치우치고 마는 것이 아쉽다. 복합체로서의 사회체제 안에서 분석되어야 할 노동체제, 민주주의체제, 정당체제, 사회운동체제를 각각 분리하여 독립적인 하위체제로 분석할 수밖에 없게 되는 것이다"(160).

4. "87년, 97년, 08년 체제를 이야기하는 이유는 87년 6월 민주항쟁, 김대중정부의 수립, 이명박정부의 수립이라고 하는 '정치적 사건'들을 계기로 하는 각종의 변화들의 상호관계를 해명하고자 하는 것이었다. 그런 점에서 87년 체제, 97년 체제, 08년 체제는 모두 일차적으로는 정치레짐으로서의 성격을 갖는다. 그러나 정치레짐은 경제적 심급의 운동과 분리되어 분석될 수 없다는 점은 분명하다. 문제는 87년, 97년, 08년이라는 정치적 계기와 경제적 레짐의 변화가 항상 일치하는 것은 아니라는 점이다"(158). "손호철의 주장처럼 헌정체제, 노동체제, 민주주의체제, 분단체제, 정치균열체제, 정당체제, 사회운동체제 등 하위체제를 분석할 수 있다는 의미에서 장기적인 경제적 경향이 정치적, 이데올로기적 계기들에 의해 드러나는 정치체제만을 유일한 체제개념으로 제시하는 것은 올바르지 못하다. 구체적인 현실은 정치체제가 아닌 다른 하위체제 개념을 통해서도 분석될 수 있기 때문이다. 다만 현재 논의되고 있는 87년 체제, 97년 체제, 08년 체제는 정치적 성격이 강하기 때문에 정치체제로 분석하는 것이 올바르다는 것이다. 각각의 정치체제의 근저에 있는 중장기적인 경제적 구조는 신자유주의적 축적 체제로 파악할 수 있다"(158).

5. "더욱 중요한 것은 97년 체제의 성격은 이명박 수립 이후에도 바뀌지 않았기 때문에 08년 체제를 이야기하는 것은 의미가 없다"고 손호철이 주장하고 있다는 사실이다(156). 이 주장은 "정치체제로서의 08년 체제가 가지는 특징(97년 체제와의 연속성과 단절성)을 복합적으로 파악하고 있지 못한다. 이런 입장은 구체적인 정세 속에서 형성되는 다양한 정치적 계기를 포착하고 그것에 기반한 대항헤게모니전략을 구성하는 데 어려움을 겪을 수 있다"(158).

표 2. 조희연·서영표의 체제론

체제 =정치체제	61년 체제	87년 체제		
		87년 체제 =보수 정권	97년 체제 =자유주의적 민주 정권	08년 체제 =신보수 정권
경제	발전국가	(1979년?)중장기적 추세로서의 신자유주의적 축적구조		

※ 조희연은 97년 체제를 87년 체제의 하위 체제라고 주장하고 있어 그렇게 그렸다.
※ 조희연·서영표가 08년 체제는 97년 체제의 하위 체제라는 필자의 주장을 두 체제를 동일시하고 있다고 비판하고 있다는 점에서, 사실상 08년 체제를 97년 체제의 대체 체제로 보고 있는 것이 아닌가 싶어 그렇게 그렸다.

"필자들은 08년 체제가 97년 체제와 급격하게 단절되었다고 보지 않는다. 하지만 97년 체제와 08년 체제를 동일시하려는 손호철의 분석과는 구별되는 점이 있다. 심층적인 부분에서 97년 체제와 08년 체제 사이의 연속성(신자유주의적 역사적 블록)을 분석한다는 것이 정치적 심급에서 형성되는 이데올로기 투쟁의 차이를 무시하는 것으로 귀결되어서는 안 되기 때문이다"(173).

6. 참고적으로 지금까지의 조희연과 서영표의 주장을 이해하기 쉽게 필자 나름대로 도식화하면 **표 2**와 같다.

7. 반신자유주의 투쟁 환원론과 반MB 투쟁 환원론을 모두 비판하며 두 투쟁의 결합을 주장하는 손호철의 주장은 일견 조희연과 서영표의 주장하고 유사하게 들리지만, 이 두 주장을 잘 보면 "독자들은 상이한 함의를 포착하게 될 것이다"(181). "손호철의 시각은 반MB전선 속에서 자유주의세력과 급진정치세력 간의 종별적 차이를 사장시켜서는 과거의 '비판적 지지'의 재론이 될 수 있다고 하는 우려를 가지고 있다. 이런 인식에 기본적으로 동의한다. 하지만 헤게모니전략의 관점에서 국민적 정치전선과 반신자유주의적 정치전선의 이중적 존재를 정확히 파악하고 국민정치적 공간에 반신자유주의적 세력이 어떻게 헤게모니적 개입 전략을 구사할 것인가 하는 문제의식이 필요하다고 생각한다. 이것은 한편에서는 국민적 정치공간에서 형성되고 있는 쟁점들을 반신자유주의전선으로 발전시키는 것(즉, 국민적 전선에서 반신자유주의적 내용을 강화하는 것)과 다른 한편에서는 반신자유주의전선으로 환원할 수

없는 고유한 국민적 정치전선에 반신자유주의세력, 진보세력, 급진세력이 적극적으로 개입함으로써 대항헤게모니의 토대를 마련하는 것이다. 이를 위해서는 '경제환원주의' 혹은 신자유주의 환원주의적 접근이 아니라 급진민주주의적 헤게모니전략의 관점이 필요하다고 생각한다"(181~182).

8. 손호철의 체제론은 너무 높은 추상적인 분석에 머물러 구체적인 정세적 계기, 그리고 사람들의 불안과 잠재적 저항이 교차하는 일상적 정치 공간에 대한 통찰이 부족하다. 대항 헤게모니 전략은 우리의 일상에서 시작해야 하며, 이것에 관련해서 대안적 공동체들에 주목하고 시민사회의 활성화와 국가의 민주화, 시장의 사회화를 추구해 나가야 한다(서영표 2009).

9. 김대중 정부와 노무현 정부가 신자유주의 때문에 실패했다는 최장집과 손호철류의 신자유주의 환원론적 설명을 넘어서야 한다. 다시 말해 진보 세력은 '반신자유주의 경제학'을 넘어서 '반신자유주의 정치학', '반신자유주의 헤게모니 정치'를 추구해야 한다. 이것을 위해 민주노동당, 진보신당, 사회당, 사회주의노동자정당준비위원회(사노준)에 이르는 반신자유주의 정치 세력들이 '신자유주의 반대와 공공성 실현을 위한 새정치연합' 같은 연합적 구심을 만드는 한편, 정치 공간에서 "우파정치세력과 반독재자유주의세력과 경쟁, 각축하면서 대안적인 '국민적-대중적 세력'으로 부각되기 위한 각축을 유연한 헤게모니전략에 기초하여 행"해 나가야 한다(조희연 2009b).

3. 반론 ― '사회학적 서술주의'와 추상성의 혼돈을 넘어서

조희연·서영표의 글은 필자의 글이 지닌 한계를 잘 지적하고 있으며 우리가 생각해야 할 여러 문제들을 제기하고 있다는 점에서 반갑기 짝이 없다. 그렇지만 필자의 글을 오해하고 왜곡한 점도 있기 때문에 '정당한 문제 제기'와 '그렇지 못한 부분'으로 나눠 논의를 진행하려 한다.

1) 정당한 문제 제기

우선 '정당한 문제 제기'부터 다루고자 한다. 조희연·서영표의 주장 중 1번과 3번이 여기에 해당한다. 특히 3번이다. 그리고 서영표의 7번 주장이다.

첫째, 3번 주장을 살펴보자. 분명 필자는 체제 논쟁을 분석하면서 사회체제란, "엄격히 말하자면 한국의 '다양한 모든 사회적 관계들의 총체'(한국사회구성체)를 의미"해야 한다고 전제했다(손호철 2009c, 33). 즉 노동, 젠더 등을 포함한 총체성을 구현해야 한다. 또한 이런 다양한 사회적 관계들은 단일한 지평 plane이 아니라 "다른 지평 간의 단순–복합의 문제"라는 복합성("복합체로서의 사회체제")의 문제이기 때문에 환원주의적 방식이 아니라 접합의 방법에 의해서만 제대로 인식될 수 있다고 주장했다(손호철 2009c, 34~35).

그러나 이런 문제의식에도 불구하고 복잡한 사회적 관계들을 사회체제라는 하나의 틀 속에 총체적으로 이론화할 능력이 도저히 없었다. 따라서 세계체제론과 사회구성체론 같은 기존 연구를 따라 편의적으로 사회체제를 정치체제와 경제체제의 복합체로 규정하고 다른 부분들은 부분 체제로 분리시켜 다룰 수밖에 없었다. 특히 이런 분리는 87년 체제론자들도 주장하듯이 "정치와 경제라는 두 축"을 겹친 사회체제로서 87년 체제(김종엽 2005, 21)는 이제 더는 유효하지 않으며, 헌정체제 등의 일부 부분 체제로만 아직도 의미를 가질 뿐이라는 필자의 비판을 명확히 보여주는 적합한 이론적 장치이기 때문에 사회체제와 부분 체제들을 부득이 분리해 논의했다. 그 결과 조희연·서영표가 지적했듯이 "복합체로서의 사회체제 안에서 분석되어야 할 노동체제, 민주주의체제, 정당체제, 사회운동체제를 각각 분리하여 독립적인 하위체제로 분석할 수밖에 없게"된 것은 부인하기 힘든 사실이다. 따라서 이런 비판을 전적으로 수긍한다.

다만 그런 수긍에도 불구하고 필자의 지적 능력으로는 계속 이것을 하위체제로 분리해 다룰 수밖에 없다는 점을 밝혀둔다. 그리고 조희연·서영표가 다양한 부분 체제들을 독립적인 하위 체제로 분석하지 않고 복합체로서 사회체제 속에서 총체적으로 분석하는 대작을 써주기를 바라마지 않는다.

나아가 사회체제와 부분 체제를 분리시켜 분석하는 필자의 방식이 지닌 나름의 장점을 지적할 필요가 있다. 그것은 사회체제와 다양한 부분 체제 간의 시기 구분의 불일치성이다. 분단체제를 예로 들어보자. 필자의 체제론(손호철 2009c)에서 이미 지적했듯이 분단체제는 적대적 대립을 특징으로 하는 48년 체제가 2000년 남북 정상회담을 계기로 평화 공존을 특징으로 하는 2000년 체제로 변했다가 이명박 정부 출범과 함께 다시 옛날로 회귀하는 08년 체제가 생겨나는 경향을 보이고 있다. 이런 분단체제를 조희연·서영표처럼 별도의 부분 체제가 아니라 "복합체로서의 사회체제 안에서 분석"하려 할 경우 87년 체제, 97년 체제처럼 분단체제의 시기 구분에 별 상관이 없는 시기 구분에 억지로 맞춰야 하는 문제가 생긴다.

따라서 분단, 노동, 젠더 같은 문제들을 오히려 나름의 상대적 자율성을 갖는 별도의 부분 체제로 상정하고 나름의 운동에 따른 시기 구분을 통해 독자적인 체제 변화를 분석하는 것이 더 효과적이라고 생각한다. 다시 말해 노동, 젠더, 환경, 사화운동 등 다양한 사회적 관계들을 하나의 사회체제 안에서 총체적으로 분석하려 할 경우, 불가피하게 사회체제의 중심축인 정치와 경제의 중심으로 흘러갈 수밖에 없고 잘못하다가는 이런 관계들의 독자성(복합성)을 존중하는 '접합'의 방식이 아니라 정치환원론적 또는 경제환원론적 방식으로 흐를 가능성이 매우 높다.

둘째, 조희연·서영표의 1번 주장에 관련해 주장의 앞부분(필자의 주장이 경제주의라는 비판)에는 동의하지 않지만, 뒷부분(필자의 '97년 체제 중심론'이 정치와 경제의 복합적 상호작용 속에서 구성되는 현실의 복합성을 충분히 고려하지 못하고 있다는 비판)은 동의한다. 앞부분은 아래에서 다루기로 하고, 우선 뒷부분을 중심으로 이 문제를 설명해보려 한다.

필자의 분석은 기본적으로 '사회체제라는 관점에서 한국 현대사를 어떻게 볼 것인가'라는 문제의식에서 출발해, 한국 현대사를 48년 체제, 61년 체제, 87년 체제, 97년 체제 식으로 시기 구분을 하고 각 시기의 특징을 나열한 것이다. 또한 부분 체제라는 관점에서 시기 구분을 하고 각 시기의 특징을 서술했다. 다시 말해 일종의 '분류학적' 분석에 불과하다. 그렇기 때문에 정치와 경제 등이 어떻게 복합적으로 상호작용하며 이런 체제 변화들을 이끌어왔는지를 동태적으로 보여주지 못했다. 그러나 이것은 글의 목적이 아니었고 하나의 짧은 논문에서 다룰 수 있는 문제도 아니었다. 필자는 조희연·서영표의 비판을 겸허하게 받아들여 앞으로 연구를 통해 그런 작업을 해보고자 한다.

위의 1번, 3번 주장에 관련해 주목할 것이 하나 있다. 조희연·서영표의 '정치적 계기'("정치적 계기로서의 체제")라는 표현이다. 맞는 말이다. 국가론 논쟁에서 국가도출론자들이 잘 지적했듯이(Holloway 1978), '정치'와 '경제', '이데올로기'는 분리된 폐쇄적인 공간이나 층위가 아니라 사회적 관계의 내재적 계기들일 뿐이다. 따라서 마르크스주의와 좌파 이론의 핵심은 정치와 경제의 분리에 매몰되는 것이 아니라 왜 상호 연관된 내재적 계기들이 자본주의하에서는 분리된 형태를 띠고 나타나는가에 대해 근본적인 의문을 제기하는 '형태 비판'에 있으며, 마르크스주의의 최고의 정치 이론(비판)은 마르크스의 정치 저작들이 아니라 이런 분리를 비판한 《자본》이라는 주장은 맞다.

그러나 실제 분석에서는 정치와 경제를 분리해 분석할 수밖에 없는 '이론적 곤궁'이 있다. 사실 조희연과 서영표 역시 상호연관성과 '계기'를 이야기하고 있지만 실제 분석에서는 이런 내재성을 보여주지 않는다. 나아가 "'정치적 사건'들의 계기", "경제적 심급의 운동", "정치체제의 근저에 있는 중장기적인 경제적 구조" 등이 보여주듯이, 정치는 '사건사적 계기'이고 경제는 '심층적인 구조'라고 잘못 인식하는 경향이 있다.[2] 이런 경향은 결국 '경제 분석=구조결정론', '정치 분석=정세주의 내지 주의주의'라는 양 편향을 낳을 수밖에 없다(더 자세한 논의는 아래 참조). 이런 가정하고 다르게 정치도 분석 수준에 따라 심층적 구조와 사건사적 계기가 있을 것이고, 경제도 마찬가지로 심층적 구조만이 아니라 사건사적 정세적 계기가 존재한다.

셋째, 서영표의 8번의 비판에도 전적으로 동의한다. 필자의 체제론이 너무 추상적인 분석에 머물러 구체적인 정세적 계기와 일상적 정치 공간에 대한 통찰이 부족하다는 지적에 동의해 겸허하게 받아들인다. 또한 대항 헤게모니전략에 관련해 대안적 공동체운동에 주목해야 한다는 서영표의 주장, 반신자유주의 세력이 '국민적-대중적(민중적)' 대안 세력으로 성장하기 위한 헤게모니 전략이 필요하다는 조희연의 주장(요약 9번)에도 전적으로 동의한다.

그러나 서 교수의 표현을 빌리면, '현실 담론과 괴리된 고답적인 이론적 담론'에 머무는 필자의 체제 분석이 전혀 쓸모가 없는 것인지는 한번 생각해볼 문제다. 고추상성의 체제론은 그 한계에도 불구하고 나름의 중요한 의미가 있다. 그것은 1997년 IMF 경제위기 때문에 한국 사회가 완전히 신자유주의 체제로 바뀌었는데도 다 지나간 87년 체제를 여전히 읊조리고 있는 87년 체제론 같은 색맹 사회과학, 나아가 08년 체제가 97년 체제를 대체했다는 08년 체제론에 기대어 반MB론에 '올인'을 강요하는 '반MB대동단결론'에 대한 비판 기능이다. 특히 어느 면에서는 87년 체제론과 반MB대동단결론이 현재 우리 사회의 '운동 진영'과 비판적 학계에서 '다수파'인 만큼 이런 비판 기능은 매우 중요하다. 그리고 이 비판 기능을 전제로 해 '구체적 정세에 대한 구체 분석'은 추상적인 체제 논쟁하고는 다른 차원에서 진행되고 보완돼야 할 과제다(아래 참조).

2) 87년 체제 등은 정치체제인가?

위의 논의를 전제로 해서 이제 필자가 수긍하기 어려운 논쟁적 부분으로 옮겨가려 한다. 우선 87년 체제, 97년 체제, 08년 체제는 기본적으로 정치체제라는 주장이다. 조희연·서영표는 87년 체제, 97년 체제, 08년 체제가 기본적으로 정치체제인 까닭을 다음같이 설명하고 있다. "87년, 97년, 08년 체제를 이야기하는 이유는 87년 6월 민주항쟁, 김대중정부의 수립, 이명박정부의 수립이라고 하는 '정치적 사건'들을 계기로 하는 각종의 변화들의 상호관계를 해명하고자 하는 것"이었기 때문이다.

여기에서 재미있는 것은 위의 문장 중 "이야기하는 이유"의 주어가 없다는 것이다. 누가 그렇게 이야기하나? 조희연과 서영표인가? (둘이 주장하면 그것이 '진리'인가?) 그것이 아니라 체제론을 연구하는 연구자들이 일반적으로 그렇다는 것인가? 체제 논쟁에 관련된 학자들에게 "당신들이 체제론을 공부하는 이유가 87년 6월민주항쟁, 김대중 정부의 수립, 이명박 정부의 수립이라고 하는 '정치적 사건'들을 계기로 하는 각종의 변화들의 상호관계를 해명하고자 하는 것이냐"고 물어보면 동의하지 않는 사람들이 더 많을 것이다.

더 구체적으로 살펴보면, 87년 체제와 08년 체제의 경우는 동의할 수 있지만 97년 체제가 김대중 정부의 수립이라는 '정치적 사건'들을 계기로 나타난 각종 변화를 분석하기 위한 것이라는 설명에는 많은 사람들이 동의하지 않을 것이다. 97년 체제론은 오히려 97년 경제위기라는 '경제적 사건'을 계기로 가능해진 김대중 정부의 수립(이것은 대선 직전에 터져 나온 경제위기 때문에 가능해진, 경제위기의 '의도하지 않은 선물'이다[3])과 신자유주의 체제의 전면화라는 근본적인 변화를 분석하기 위한 것이다. 아니다. 87년, 97년, 08년 모두 한국 사회의 변화를 정치적 계기와 경제적 계기라는 두 계기의 변화를 중심으로 살펴보려는 것이다. 그 결과 어느 변화(87년 같은 변화)는 정치적 계기가 두드러지고 어느 변화(97년 변화)는 경제적 계기가 두드러진 것이지, 처음부터 "'정치적 사건'들이라는 계기"를 전제로 삼아 연구할 문제는 아니다.

"현재 논의되고 있는 87년 체제, 97년 체제, 08년 체제는 정치적 성격이 강하기 때문에 정치체제로 분석하는 것이 올바르다"는 조희연·서영표의 주장도 마찬가지다. 현재 논의되고 있는 87년 체제, 97년 체제, 08년 체제는 정치적 성격이 강하다? 이것 역시 부당한 전제다. 최소한 지금껏 논의에 참여한 연구자들 중 87년 체제 등을 기본적으로 정치체제로 보는 사람은 조희연과 서영표뿐이다. 87년 체제론자인 김종엽, 그리고 이 논의를 비판하는 '97년 체제 중심론자'인 필자는 체제를 경제체제와 정치체제의 복합체로 파악한다. 심지어 정일영과 김호기는 체제를 기본적으로 사회경제체제로 보아 87년 체제는 아예 없다고 주장한다. 그렇다고 이론의 진위를 다수결로 정하자는 것은 아니다. 오히려 조희연과 서영표가 주장의 정당성을 이론적으로 입증하는 것이 아니라 "현재 논의되는 체제는 정치적 성격이 강하기 때문에 정치 체제이다"는 식으로 자꾸 이론 외적인 이유, 즉 학계 논쟁의 배경적인 이유(그것도 현실하고 다른)를 들고 나오기 때문이다.

나아가 단순히 "87년 6월민주항쟁, 김대중정부의 수립, 이명박정부의 수립이라고 하는 '정치적 사건'들의 계기"에 주목하려면 그냥 '노태우·김영삼 정권'(또는 보수 정권), '김대중·노무현 정권' (또는 자유주의 정권), '이명박 정권'(또는 신보수 정권)이라고 부르면 되지, 엄밀하게 사용해야 할 '체제'라는 어려운 사회과학적 용어를 빌려다가 굳이 87년 체제, 97년 체제, 08년 체제라고 불러야 하는지 잘 이해가 되지 않는다.[4] 사회과학의 개념들이 단지 단순한 이야기를 '유식하게 보이게 만들기 위한 치장물'은 아니다.

기이한 것은 조희연·서영표가 87년 체제, 97년 체제, 08년 체제 등이 기본적으로 '정치체제'라고 주장하면서 정치주의라는 비판에 반발하며 거꾸로 필자를 경제주의라고 반박하는 것이다. 이 체제들을 정치 체제로 인식하는 것이 '정치주의'가 아니고 무엇인가? 반대로 이 체제들이 (단순한 경제체제가 아니라) '정치체제와 경제체제의 복합체'라는 필자의 주장이 경제주의라는 말인가? 이 제제들이 정치체제라고 주장하는 이상 정치주의를 인정하고 정치주의가 옳다는 것을 입증하려 노력해야지, 이 체제들이 정치체제라고 주장하면서 동시에 정치주의를 부정하려 해서는 안 된다.

정말 주목할 또 다른 것이 기다리고 있다. 87년 체제, 97년 체제, 08년 체제라는 "각각의 정치체제의 근저에 있는 중장기적인 경제적 구조는 신자유주의적 축적체제로 파악할 수 있다"는 주장이다. 쉽게 말하면 87년 이후 경제체제는 모두 신자유주의였다는, 어쩌면 한국경제사를 다시 써야 할 획기적인 주장이다! 이제야 모든 의문이 풀린다. 조희연 같은 일급 학자가 97년 체제를 87년 체제의 대체가 아니라 단순히 87년 체제의 하위 체제로 본 이유, 조희연과 서영표가 87년 체제, 97년 체제 등을 정치체제로 본 이유가 명확해진다. 이미 경제 구조가 87년에 신자유주의로 변했는데, 97년에 발생한 경제체제의 변화가 무슨 큰 의미가 있겠는가? 당연히 남는 것은 정치적 사건들뿐이다.

그러나 87년 이후의 경제체제를 신자유주의라고 보는 것은 상당히 '혁명적'인 주장으로, 이런 주장을 하려면 그럴 만한 논거들을 제시해야 한다. 물론 조희연·서영표는 도망갈 구멍을 미리 만들어놓았다. '중장기적인' 경제적 구조라는 표현과 "문제는 87년, 97년, 08년이라는 정치적 계기와 경제적 레짐의 변화가 항상 일치하는 것은 아니라는" 주장이다. 그러나 구체적인 정치체제와 경제적 레짐을 이야기하는 것이 아니라 중장기적 구조를 분석할 바에야 87년, 97년, 08년 체제같이 구체적인 연도가 들어간 체제론을 군이 이야기할 필요가 있을까?

또 다른 문제는 이 중장기적 경제구조론 뒤에 내재한 위험한 이론적 편향이다. 특히 이런 편향은 "장기적 경제변동의 추세가 정치적 계기를 통해 드러나는 복합적인 '사회체제'"라는 표현에 잘 나타난다. 한마디로 이 표현은 중장기적 경제적 추세란, 경제의 정세적 계기나 정치적 계기에 상관없이, 마르크스의 표현을 빌리자면 "철의 필연성을 갖고 관철"(Marx 1967, 8)되게 마련이고, 다만 그때그때 정치적 계기를 통해 '드러날' 뿐이라는 구조결정론이다. 다르게 표현하면 신자유주의는, 아니 조희연·서영표의 표현을 빌리자면 신자유주의라는 "장기적 경제변동의 추세"는 1970년대 말부터 중장기적으로 한국 사회에 철의 필연성을 갖고 관철되도록 미리 정해져 있었고, 다만 (1987년, 1997년 같은) 정치적 계기들이 이렇게 미리 정해진 추세를 드러내줄 따름이라는 주장에 다름 아니다.

이런 사실에 주목하면, 체제는 기본적으로 정치체제라는 조희연·서영표의 체제론은 표면적으로 정치적 계기를 강조한다는 점에서 '표면적 정치주의'지만 심층적으로는 경제주의 내지 구조결정론('심층적 경제주의', '심층적 구조주의')이라 할 수 있다. 나아가 '정치=정세주의, 경제=구조주의'라는 잘못된 이분법에 이른다. 다시 말해 중장기적인 경제 추세는 정세적 사건에 관계없이 관철될 것이라고 전제하고 있다는 점에서 심층적 구조주의, 심층적 경제주의다. 그러나 그렇기 때문에 경제적 추세는 따로 분석할 필요가 없고 주로 정치적 사건 분석에 집중하면 된다는 주장으로 나가고 있다는 점에서, 사실상 구조적 규정과 경제적 변동을 무시하는 정치주의와 정세주의로 귀결된다.

필자는 조희연·서영표하고 생각을 달리한다. 필자는 신자유주의가 장기적 내지 중장기적으로 관철되도록 미리 정해져 있기 때문에 사실상 별도의 분석이 필요 없고 정치적 계기들만 주로 분석하면 된다고 생각하지 않는다. 신자유주의의 강력한 전지구적 경향에도 불구하고 김영삼 정부가 세계화를 내세운 신자유주의 축적전략을 채택하고 이 목표를 위해 OECD 가입과 그 전제 조건인 금융시장 개방을 날림으로 추진하지 않았다면, 나아가 그 결과로 1997년 IMF 경제위기라는 경제적 계기가 생기지 않았다면, 그리고 그 덕으로 집권한 김대중 대통령이 여기에 보답이라도 하듯이 대통령 자신이 직접 나서서 "지금은 식민지 시대가 아니기 때문에 외국 자본은 많이 들여올수록 좋다"며 신자유주의 정책을 무비판적으로 수용하지 않았다면,[5] 한국의 경제체제는 지금하고 상당히 다를 것이라고 생각한다.

다시 말해 현재 한국 사회의 신자유주의는 "장기적 경제변동의 추세"의 필연적 결과가 아니라 1997년의 외환위기 같은 다양한 경제적 계기들과 (그 결과로서 정권 교체라는 정치적 사건, 그리고 새) 정권의 전략적 선택(축적전략)의 결과다. 따라서 기본적으로 체제는 정치체제라는 조희연·서영표류의 체제론으로는 1997년 경제위기 같은 '경제체제의 정세적 계기' 등을 제대로 분석할 수가 없다고 생각한다.

결국 체제 분석이 이를테면 3퍼센트대에서 40퍼센트대로 높아진 외국인의 주식 소유, 군사독재 시대보다 더 악화된 양극화, 청년 실업과 비정규직의 일상화 등 1997년 외환위기라는 '경제적 사건'의 결과로 일어난 엄청난 변화들을 단순히 "장기적인 경제변동추세가 실현된 것"으로 치부하고 정치적 사건을 중심으로 분석해 나가야 하는 것인가? 필자는 그렇게 생각하지 않는다. 다시 말해 1997년 IMF 경제위기 같은 '경제적 사건'들도 '정치적 사건'과 '장기적 경제적 추세' 못지않게 중요하다. 따라서 체제론은 경제 문제 역시 장기적 추세로 부당 전제할 것이 아니라 정세적 사건을 중심으로 시기 구분하고 구체적 분석을 해나가야 한다. 즉 체제를 기본적으로 정치체제로 보는 것이 아니라 정치체제와 경제체제의 복합체로 봐야 한다.

3) 87년 체제론

이제 구체적으로 87년 체제, 97년 체제, 08년 체제에 대해 논의할 필요가 있다. 우선 87년 체제의 문제부터 보기로 하자. 조희연·서영표는 "손호철의 분석에서 87년 체제는 오로지 정치혁명(정치체제 변화)으로만 규정되기 때문에, 87년 체제 하에서의 경제체제를 둘러싼 투쟁과 저항의 역사와 잠재성이 온전히 주목되지 않게 된다"(160)고 비판하면서 자신들이 파악하는 "87년 체제는 '민주주의와 자본주의 간의 전쟁'의 시기였다"고 주장한다(161). 필자의 87년 체제(특히 경제체제) 분석에 대해 제기될 수 있는, 또한 제기되고 있는 비판은 두 가지다. 하나는 신자유주의화에 따른 경제체제의 변화 문제고, 또 다른 하나는 위에서 언급한 "민주주의와 자본주의의 전쟁"의 문제다.

첫째, 신자유주의 문제를 살펴보자. 조희연·서영표는 이미 1970년대 말 신자유주의가 시작됐고 5·18 광주항쟁은 이것에 대한 저항이라는 조지 카치아피카스의 주장 등을 인용하고 있다. 필자 역시 조희연·서영표가 비판한 바로 그 글에서 "한국에서 신자유주의의 효시는 제2차 오일쇼크에 의한 경제위기 극복을 위해 박정희정권이 1979년 도입한 경제안정화정책이라는 것이 정설이다. 나아가 전두환, 노태우정권은 이 같은 정책을 더욱 가속화시켰고 김영삼정권 역시 세계화라는 이름 아래 신자유주의 정책을 펴나갔다"고 쓴 바 있다(손호철 2009c, 36~37).

그리고 윤소영(1999, 102~103)도 이미 카치아피카스보다 6년 전에 부마항쟁이 한국 최초의 반신자유주의 항쟁이었고 5·18 민중항쟁도 부마항쟁을 이은 반신자유주의 투쟁이라고 쓴 바 있다(나아가 김대중 전 대통령이 반신자유주의 투쟁인 "광주항쟁을 이용하여 그것도 세 차례씩이나 대선에 도전해 집권에 성공한 후 항쟁정신을 헌신짝처럼 폐기"하고 '광주 정신'에 정반대로 신자유주의 정책을 전면화해 완성시킨 데 이르러서는 "부두voodoo 정치의 대가라고 할지라도 할 말이 없"고, "그렇기 때문에 어떻게 보면 김대중정권의 성향은 김영삼의 그것보다 훨씬 더 퇴행적"이라고 비판하기까지 했다). 그러나 이런 주장들이 1970년대 말과 1980년의 한국 경제가 신자유주의 체제라는 주장인가?

결국 문제는 신자유주의 정책의 도입을 경제체제로서 신자유주의를 향한 전환으로 인식하는 '사회학적 서술주의'와 추상성의 혼동이다. 부마항쟁 이전에 신자유주의 정책이 도입됐고 부마항쟁과 5·18 광주항쟁이 반신자유주의 투쟁이었다는 것이 1979~1980년의 한국 경제가 신자유주의 체제라는 주장은 결코 아니다. 허생이 조선 시대에 매점을 했다고 조선이 독점자본주의 체제인가? 동일한 혼란은 97년 체제, 08년 체제에서도 계속된다.

하나만 더 이야기하자. 카치아피카스와 윤소영이 부마항쟁과 5·18 광주항쟁을 반신자유주의 항쟁이라고 이야기하지만, 시야를 넓혀 보면 현존 사회주의 체제 붕괴의 신호탄으로 간주되는 폴란드의 자유노조운동도 반신자유주의 투쟁이었다. 폴란드는 1970년대 후반 동아시아 발전 모형의 성공에 착안해 외채를 빌려 '사회주의적 수출 주도형 산업화'를 추진했다. 그러나 제2차 오일 쇼크로 세계 경제가 불황에 빠지면서 수출이 되지 않아 국가 부도에 이르렀다. 결국 국제통화기금IMF에서 구제금융을 받는 조건으로 신자유주의 프로그램에 따라 이중 곡가제를 없애고 식료품값을 4배나 인상했다. 여기에 분노해 일어난 투쟁이 자유노조운동이다. 따라서 이것 역시 반신자유주의 투쟁이라고 할 수 있다. 그러나 그렇다고 해서 1970년대 말의 폴란드를 신자유주의 체제라고 말할 수 있을까?

조희연과 서영표는 필자가 87년 체제를 단순히 정치체제의 변화로 파악하는 정치주의라고 비판한다. 그러나 위에서 정리한 손호철의 주장 요약 2번(**표1**)에서 볼 수 있듯이 필자는 87년 체제를 과거의 발전국가에서 '약화된 발전국가'로 바꾸는 변화라고 분석했다. 즉 발전국가가 약화되고 신자유주의가 강화됐다고 봤다. 이렇게 단순히 정치체제의 변화만이 아니라 경제체제의 변화에도 주목했다. 그렇지만 이 변화의 수준(추상성의 수준)은 1997년 같은 체제 변화의 수준이 아니라 발전국가 내에서 일어난 '정세적' 변화였다.[6] 다시 말해 조희연과 서영표가 인용한 그람시적 표현을 빌리면(Gramsci 1971), 1987년의 정치적 변화가 '유기적 변화'였다면 경제적 변화는 '유기적 변화'가 아니라 '정세적 변화'였다. 따라서 정치체제의 변화에 초점을 맞춘 것이다.

둘째, 이른바 '민주주의와 자본주의의 전쟁'이라는 문제다. 조희연과 서영표는 "손호철의 분석에서 87년 체제는 오로지 정치혁명(정치체제 변화)으로만 규정되기 때문에, 87년 체제 하에서의 경제체제를 둘러싼 투쟁과 저항의 역사와 잠재성이 온전히 주목되지 않게 된다"고 비판한다. 그렇다. 필자가 87년 체제론에서 저항의 역사를 전혀 언급하지 않은 것은 사실이다. 짧은 글 속에서 그것까지 다 이야기하기는 어려웠다(나아가 이 문제에 대한 본격적인 분석은 필자의 능력으로 볼 때, 경제체제 그 자체가 아니라 사회운동체제에서 논의돼야 한다고 본다).

그러나 "경제체제를 둘러싼 투쟁과 저항의 역사와 잠재성"이라는 것과 그런 투쟁의 결과, 즉 '힘의 벡터vector의 결과'로서 구체적인 경제체제는 전혀 다른 이야기다. 다양한 진보적 투쟁이 있었다는 사실이, 그럼에도 불구하고 당시의 한국 자본주의가, 그리고 경제체제가 발전국가 체제에 불과했다는 사실을 변화시키지는 못한다. 사회주의 운동이 있었다는 사실이 당시 한국 경제

체제를 사회주의 체제 내지 발전국가와 사회주의 체제의 혼합 체제로 만들어 주는가? 하다못해 '사회주의적 우클라드'라도 만들었나? 그렇지 않다. 운동과 체제를 혼동해서는 안 된다.

물론 발전국가의 억압성, 반민중성이 상대적으로 완화된 것은 사실이다. 조희연과 서영표의 지적대로 "제한된 형태이지만 경제적 심급에서도 어느 정도의 진전을 성취"해 "노동자의 권리, 인권의 확장 등 개혁적 조치들이 이루어"졌다. 그래서 이것을 필자는 "완화된 발전국가"라고 표현했다. 그렇지만 민주주의 투쟁에 따른 억압성과 반민중성의 완화가 발전국가의 수준을 넘어서, 이를테면 '사회민주주의의 복지자본주의' 체제로 나아가는 변화 같은 질적 전환을 가져온 것은 아니었다.

마지막으로 짚고 넘어갈 것은 조희연·서영표가 필자의 97년 체제론을 대신해 주장하고 있는 '87년-97년 (체제) 관계론'이다. 우선 필자는 왜 87년 체제론이 아직도 필요한지 이해가 되지 않는다. 먼저 그 이유가 87년의 유산인 정치적 민주주의 때문인가? 혹여 그렇다면 87년의 유산인 정치적 민주주의를 97년의 정치체제에서는 이미 계승했기 때문에 이것을 계속 붙잡고 있을 필요가 없다. 앞서 지적했듯이(손호철 주장 2번), 97년 체제는 단순한 신자유주의 경제체제가 아니라 여기에 1987년의 유산인 제한적 정치적 민주주의의 유산을 계승하고 발전시킨 정치체제가 결합한 체제다.

필자가 보기에 조희연·서영표는 이런 정치적 민주주의의 유산을 뛰어넘어 '자본주의에 대항했던 민주주의'라는 반자본적 진보 운동을 계승하기 위해 87년 체제를 아직도 붙잡고 있는 것처럼 보인다. 조희연은 필자의 반비판에 답하는 《레디앙》 기고문에서 "진보적 사회과학에서 87년 체제를 이야기할 수 없는가"라고 반문한 뒤, 87년 체제에 대한 자유주의적 해석을 넘어서 (7, 8월 노동자 대투쟁과 이후 급진 투쟁 등에 내재한) 급진적 계기들에 주목하는 급진적 해석을 시도해 "87년 체제의 부정이 아니라" 이것을 진정으로 계승해 나가야 한다고 주장한다(조희연 2009b). 자신의 87년 체제-97년 체제 관계론이 이런 목표를 위한 주장이라는 것이다.

우선 명확히 하고 넘어갈 것은 진보적 사회과학자 중에서 어느 누구도 "진보 사회과학에서는 87년 체제를 이야기할 수 없다"고 주장하지는 않는다는 사실이다. 필자가 87년 체제론을 비판하고 부정하고 있다는 점에서 "진보적 사회과학에서 87년 체제를 이야기할 수 없는가"라는 조희연의 문제 제기가 필자를 겨냥한 것처럼 보이기도 하다. 그렇다면 이것 또한 명백한 오독이다. 필자가 부정하고 있는 것은 (사회체제로서) '87년 체제의 현재성' 내지 '현재적 규정성'이지 87년 체제의 역사적 기여나 역사적 규정성이 결코 아니다. 그리고 사회체제론은 현재적 규정성을 분석하기 위한 것이지, "잊지 말자, 87년!" 같은 '기억 투쟁용'이 아니다.

급진적 운동의 계승성 때문에 87년 체제를 붙잡고 있다는 논지 역시 설득력이 약하다. 앞에서 지적했지만 우리가 논의하는 '사회체제'는 정치체제와 경제체제의 복합체이지 사회운동을 다루는 (부분 체제로서의) '사회운동체제'가 아니며, '사회운동체제'가 아닌 사회체제로서 87년 체제의 현재성은 거의 없거나 있더라도 이미 97년 체제에 계승돼 별도로 87년 체제를 이야기할 필요가 없다(다시 말해 87년 체제의 급진적 운동은 '사화운동체제'에서 논의할 문제다). 나아가 급진적 운동의 계승이 문제라면 왜 하필 87년 체제인가? 운동의 계승이 문제라면, 해방 공간의 45년 체제를 택해 '45년 체제-97년 체제 관계론'을 주장해야 더 적합한 것 아닌가?

물론 87년 체제의 '해석 투쟁'에서 진보 좌파가 승리해 87년 체제를 진보 세력이 전취해야 한다는 조희연의 주장에 필자도 동의한다. 그러나 그런 주장과 "현재가 87년 체제"라는 주장이 같을 수는 없다. '87년 체제-97년 체제론'처럼 87년 체제를 이론적으로 강조하고 97년 체제는 87년 체제의 하위 체제에 불과하다고 강변한다고 해서 87년 체제의 '해석 투쟁'에서 진보 좌파가 승리하는 것도 아니다.

진짜 주목할 것은 97년 체제에서도 민주노총, 민주화를 위한 전국교수협의회, 문화연대, 진보연대, 사노련, 사노준, 사회당, 진보신당, 민주노동당 등 급진적 운동은 계승되고 있다는 점이다. 따라서 이런 운동을 어떻게 활성화시킬 것인가를 고민해야지 죽은 87년 체제를 붙잡고 있다고 사그라진 운동이 살아나는 것은 아니다.

필자가 보기에 이런 급진 운동의 계승과 87년을 연결시키려는 조희연·서영표의 강박적 집착은 두 가지 '기이한' 현상으로 귀착되고 있다. 하나는 '87년-97년 체제 관계론'에 나타나는 87년 체제와 97년 체제 간의 비대칭성이다. 97년 체제, 나아가 08년 체제는 현실을 설명하기 위한 현실 분석 모형, 즉 '경험적 모델empirical model'이다. 그러나 87년 체제는 기본적으로 진보 운동이 계승하고 추구해야 한다고 조희연과 서영표가 생각하는 일종의 '규범적 모델'에 가깝다. 따라서 '87년-97년 관계론'이란 키와 몸무게를 혼합한 '키다리-뚱뚱이 관계론'처럼 전혀 차원이 다른 모델을 결합시켜 놓은 기이한 모델이다.

또 다른 하나는 필자의 97년 체제 중심론을 '신자유주의 환원론'이라고 비판하며 08년 체제와 반MB의 중요성을 강조해온 조희연의 입장[7]에서 08년 체제가 슬그머니 사라지고 87년 체제가 들어앉은 점이다. 08년 체제를 강조하는 조희연의 입장을 고려할 때, 최소한 '87년-97년 (체제) 관계론'이 아니라 08년 체제까지 더해 '87년 체제-97년 체제-08년 체제 관계론'을 주장해야 하는 것 아닌가? 아니 '87년-97년 관계론'처럼 옛 체제의 유제까지 주목하려면, 61년 체제의 유제도 아직 남아 있다는 점에서 '61년 체제-87년 체제-97년 체제-08년 체제 관계론', 아니 '48년 체제-61년 체제-87년 체제-97년 체제-08년 체제 관계론'이라는 복잡다단한 체제론을 주장해야 하는 것 아닌가?

결론적으로 우리에게 필요한 것은 죽은 87년 체제를 붙잡고 있는 '87년-97년 관계론'이나 이것을 붙잡고 진보운동의 부활을 기원하는 '부활의 성령사'가 아니다. 오히려 반신자유주의와 반MB를 복합적으로 사유할 수 있는 '97년-08년 복합체제론'(08년은 하위 체제라는 점에서 대문자 97에 소문자 08로 표기된)을 통해 급진 운동의 현재성과 과제를 모색하는 것이다(아래 참조).

4) 97년 체제론

97년 체제의 문제를 살펴보자. 조희연·서영표는 "97년 체제를 신자유주의적 경제체제로의 전환적 계기"로 보는 필자의 견해는 경제주의적 편향이며, "97년 체제는 분명히 정치체제로서의 성격(형식적 민주주의의 진전)과 경제체제로서의 성격(신자유주의적 개방의 전면화)을 동시에 가지고 있다"고 비판한다. 여기서도 문제는 역시 추상화 수준의 혼동이다.

필자가 97년 체제에서 정치체제의 성격 변화, 즉 형식적 민주주의의 전진에 대해 침묵하고 있는가? 필자는 97년 체제하의 정치체제에 대해 다음같이 쓴 바 있다. "한국전쟁 이후 최대의 국난이라는 경제위기에 힘입어 36년 만에 여야 간의 정권교체에 의해 반독재민주정권이 들어서고 노동조합의 정치참여 허용(김대중정부), 사당정치 극복(노무현정부) 등의 일정한 민주주의의 진전이 있었다"(손호철 2009c, 44).

문제는 (87년 체제 논쟁에서 제기되는 경제체제의 변화와 마찬가지로) 이전진의 수준이다. 다시 말해 정치체제의 변화 수준, 즉 추상성의 수준이 문제다. 그 수준은 87년의 변화 수준, 즉 (파시즘에서 제한적 정치적 민주주의로 나아가는) 체제 변화의 수준에 미치지 못한 낮은 수준의 변화(제한적 정치적 민주주의 내에서 일어나는 변화)이기 때문에, 크게 보아 97년 체제는 "정치체제의 경우 87년 체제의 연장선상에 있다"고 이야기한 것이다(정치체제라는 면만 보고 97년 체제가 87년 체제의 하위 체제라는 조희연의 주장도 사실은 필자의 논지하고 같다).

사실 97년 체제 초기의 경우, 다시 말해 김대중 정부 초기의 경우(2000년 남북 정상회담 이전), 신자유주의적 구조조정에 반대하는 노동자들을 국가보안법 등으로 무더기 구속하면서 김영삼 정부 초기에 견줘 양심수와 국가보안법 구속자 수가 오히려 3~4배 많았다(손호철 1999, 179~181). 그러다가 2000년 남북 정상회담 이후 급속히 줄었다(따라서 정치적 민주주의로 시기 구분을 엄격하게 한다면 97년이 아니라 2000년이 정치체제의 중요한 분기점일 수 있다).

물론 앞의 손호철 요약(6번)에서 봤듯이 조희연처럼 '97년 체제="반독재야
당세력이 집권한 체제"', '08년 체제="보수세력이 재집권한 체제"'라는 식으로
체제의 전환을 실질적으로 일어난 정치 변화의 수준이 아니라 '집권 세력의
교체'에서 찾을 경우,[8] 97년 체제는 정치적으로도 체제 수준의 질적 전환이다.
그러나 이런 주장은 일종의 도구주의 국가론으로 문제가 많다. 앞의 조희연·
서영표 주장 요약(2번)에서 인용했듯이, 조희연은 자신이 97년 체제를 분석하
면서 "정권의 교체가 체제전환의 계기인 것처럼 서술"함으로써 "정치주의로
오해될 소지를 제공했다는 것을 부정하지는 않겠다"고 인정한 사실을 봤다.
정권 교체를 체제 전환의 계기로 봐서는 안 된다는 점을 인정한 것이다. 그리
고 '정권 교체' 대신 '형식적 민주주의의 전진'을 97년 체제의 정치적 변화로
새롭게 지목한다.

그러나 '형식적 민주주의의 전진'을 97년 체제의 정치적 변화로 인정하는
필자를 여전히 정치적 변화를 보지 못하는 경제주의라고 비판하는 것으로 보
아 속으로는 아직도 정권 교체 그 자체에 집착하고 있는 것이 아닌가 싶다. 그
것이 아니라면 1997년 이후 일어난 형식적 민주주의의 전진이 필자가 주장하
는 '제한적 정치적 민주주의 내에서 일어나는 일정한 전진'이 아니라 '제한적
정치적 민주주의'에서 '제한적'이라는 수식어가 빠진 명실상부한 '정치적 민주
주의' 내지 '명실상부한 자유민주주의 체제'(이것에 관한 기준은 주류 학계조
차 '특정 사상이나 특정 정당의 금지가 없는 것'으로 보고 있다[9]) 또는 그 이상
의 질적 변화였다는 점을 입증해야 한다. 그래야만 비록 필자가 형식적 민주
주의의 전진을 이야기하지만, 전진의 수준을 엄청나게 과소평가해 정치적 변
화를 제대로 보지 못한 경제주의적 편향이라는 주장을 할 수 있을 것이다. 다
시 말해 문제는 필자가 아니라 97년 체제에서 일어난 민주주의의 전진을 엄청
난 질적 변화인 것으로 과대평가하고 있는 조희연·서영표가 아닐까?

이렇게 정치체제의 변화는 제한적인 반면, 경제체제의 경우 1987년의 변화

수준을 훨씬 뛰어넘어 1961년하고 비슷한 체제 수준의 변화가 1997년에 있었다. 이렇게 경제체제의 변화가 정치체제의 변화 수준보다 훨씬 근본적이기 때문에 97년 체제는 주로 경제체제의 변화로 봐야 한다는 것이 필자의 주장이었다. 다시 말해 조희연·서영표가 인용한 그람시의 표현을 다시 한 번 빌리면, 1997년의 경제적 변화는 '유기적 변화'였고 정치적 변화는 '정세적 변화'였다. 그러나 조희연·서영표는 97년 체제를 경제체제의 변화라는 유기적 변화가 아니라 김대중 정부의 출범이라는 정치적 사건의 계기(정세적 변화)를 중심으로 보고 있다(이 경우 97년 체제가 아니라 '98년 체제'가 맞다. 왜 이명박 정부는 정권 취임을 기준으로 07년 체제가 아니라 08년 체제라고 하면서 김대중 정부는 선거가 기준이 된 97년 체제라고 부르나?). 유기적 변화보다 정세적 변화가 더 중요하다?

이 문제를 다르게 표현해보자. 조희연·서영표는 필자가 87년 체제 분석에서는 정치적 변화만 주목해 정치주의로 흘렀고, 97년 체제 분석에서는 경제적 변화만 주목해 경제주의로 흘렀다고 비판한 바 있다. 그렇지만 87년 체제 분석에서 정치적 변화에 주로 주목해 필자를 '정치주의'로 보이게 만들고, 97년 체제 분석에서 경제적 변화에 주로 주목해 필자를 '경제주의'로 보이게 만든 것은 1987년과 1997년의 '현실'이지 필자의 이론적 편향이 아니다.

조희연과 서영표에게서 정치주의와 경제주의라는 낙인이 찍히지 않으려면 경제와 정치 분석의 산술적인 '기계적 균형'을 맞춰야 하고, 이것을 위해 1987년의 경제 변화의 수준을 기계적으로 정치 변화의 수준(체제 수준)으로 격상시켜 과장하고 왜곡하며, 1997년의 정치 변화의 수준은 기계적으로 경제 변화의 수준(체제 수준)으로 격상시켜 왜곡해야 한다는 말인가? 올바른 분석이란 경제와 정치 분석의 기계적 균형을 맞추기 위해서 현실을 왜곡해 선험적인 틀에 꿰어 맞추는 것이 아니라, 현실을 '있는 그대로의 현실'로 분석하는 것이다. 따라서 정치주의와 경제주의가 '있는 그대로의 현실' 분석에 충실해 정치와 경제 분석의 산술적이고 기계적인 균형을 맞추지 않은 것을 의미한다면,

정치주의와 경제주의라는 비판을 필자는 얼마든지 감내할 작정이다.

　마지막으로, 08년 체제의 등장에 관련해 김대중 정부와 노무현 정부가 신자유주의 때문에 실패했다는 최장집과 손호철류의 신자유주의 환원론적 설명을 넘어서야 한다는 조희연의 주장(요약 8번)[10]이다. 최장집 교수의 글은 다 읽어보지 않아 모르는 일이고, 필자에 대한 비판에 답하겠다. 물론 지금도 필자는 두 정권이 실패한 가장 큰 이유는 신자유주의 정책이라고 생각하며, 긴 분량을 쓸 수 없는 짧은 칼럼 같은 경우는 이런 논지를 강조했다. 그러나 이런 주장은 실패의 모든 원인이 신자유주의라는 '신자유주의 환원론'하고는 거리가 멀고, 중요한 원인이 신자유주의라는 '신자유주의 중심론'에 가깝다.[11] 대표적인 예가 진보 언론에도 크게 보도된 두 정권의 실패와 한국 민주주의의 위기를 논한 필자의 한 논문이다(손호철 2006b).

　그 글에서 필자는 그런 실패와 위기의 이유로 첫째, 김대중 전 대통령의 아들들이 줄줄이 연루된 '홍삼 게이트'로 상징되는 운동권의 도덕성의 몰락, 둘째, 다수 의석을 갖고도 국보법 폐지 법안 하나 통과시키지 못하고 대통령까지 직접 나서 "집값 잡을 테니 집 사지 말라"고 큰소리를 쳐놓고 집값을 두 배로 올린 무능(게다가 자기들은 강남에 집 산 사기 행각), 셋째, 국민들의 비판적 여론에 대해 "대통령은 21세기인데 국민들이 19세기라 그렇다"고 대응하는 독선과 오만, 넷째, 자기가 속한 진보 정당 간부의 성향을 분석해 북한에 보고하는가 하면 북한 핵이 자위권이니 운운하며 '반핵과 인권'을 민주 진영이 아니라 한나라당과 냉전적 보수 세력의 담론으로 만들어준 일부 운동권의 오류, 다섯째, 신자유주의를 지적하는 등 복합적으로 사고했다. 그런데 필자가 신자유주의 환원론자라니, '마른하늘에 날벼락'이다.

5) 08년 체제론과 전략의 문제

우선 08년 체제의 경우를 살펴보자. 조희연·서영표는 필자가 "97년 체제의 성격은 이명박 수립 이후에도 바뀌지 않았기 때문에 08년 체제를 이야기하는 것은 의미가 없다"고 주장하고 있다고 비판한다(156). 이것 또한 완전한 오독이다. 필자의 원래 글 중 해당 부분을 인용해보면, "분석적 개념이 아니라 이명박정부를 지칭하는 서술적 용어로, 나아가 97년 체제의 하위체제로 이야기하는 것 이외에는 08년 체제를 이야기할 근거는 아직 없다"고 썼다(손호철 2009c, 44). 어떻게 이 주장이 "08년 체제를 이야기하는 것은 의미가 없다"는 주장인가? 필자의 논지는 오히려 "08년 체제를 97년 체제의 대체 체제가 아니라 '97년 체제의 하위체제'로는 이야기할 수 있다"는 주장에 다름 아니다. 그리고 그런 입장에 따라 08년 체제의 성격을 첫째, 정치체제로서 정치적 재권위주의화, 둘째, 경제체제로서 '좌파 신자유주의'에서 '우파 신자유주의'로 나아가는 변화, 셋째, 분단체제로서 2000년 평화체제에서 냉전체제로 나아가는 전환이라고 그림으로 정리까지 해서 보여줬다(위의 손호철 주장 7번 참조).

그런데도 조희연·서영표 같은 일류 학자가 필자의 주장을 "08년 체제를 이야기하는 것은 의미가 없다"고 요약한 뒤, 나아가 필자가 "97년 체제와 08년 체제를 동일시"한다고 요약한 뒤, 필자의 주장을 비판한 것은 필자를 쉽게 공격하려는 악의적 왜곡이 아닐 수 없다. 두 사람의 주장처럼 필자가 "97년 체제와 08년 체제를 동일시"한다면, 왜 하위 체제라는 개념을 사용하고 정치체제로서 정치적 재권위주의화, 경제체제로서 좌파 신자유주의에서 우파 신자유주의로 나아가는 변화, 분단체제로서 2000년 평화체제에서 냉전체제로 나아가는 전환이라는 분석을 굳이 하겠는가? 상식 이하, 수준 이하의 비판이다.

논쟁을 하려면 남의 주장을 정확히 전제한 뒤 공격해야지, 허수아비를 만들어 부숴놓고 이겼다고 만세를 부르면 안 된다. 또 한 번 강조하지만 하위 체제란 동일시가 아니라 김대중 정부와 노무현 정부, 그리고 MB 정부 사이의 단절성과 연속성을 '동시에' 사고하기 위한 개념이며, 다시 생각해봐도 정확한 개념이라고 본다.[12] 어쩌면 조희연·서영표가 필자의 주장을 이렇게 왜곡한 것은 08년 체제는 97년 체제의 대체 체제가 아니라 '97년 체제의 하위 체제'라는 주장을 공격하기가 쉽지 않은 탓인지도 모른다.

　여기서도 문제는 여전히 추상성이다. 조희연·서영표의 경우 체제 변화를 김대중 정부 출범나 이명박 정부 출범이라는 정치적 사건을 중심으로 보니 당연히 08년 체제가 97년 체제를 대체한 것으로 분석해야 옳다. 그렇다면 이런 주장은 08년 체제가 지닌 정세적 변화의 추상성을 과대평가한 셈이다. 97년 체제라는 경제체제의 질적 변화(유기적 변화)와 신자유주의 체제 내에서 좌파 신자유주의에서 우파 신자유주의로 나아가는 변화(정세적 변화)를 같은 수준의 변화로 어떻게 동일시할 것인가? 자신들도 이런 문제점을 알고 있는 듯 조희연·서영표는 "08년 체제가 97년 체제와 급격하게 단절되었다고 보지 않는다"며 "심층적인 부분에서 97년 체제와 08년 체제 사이의 연속성"을 인정한다고 말한다.

　그렇다면 이런 주장은 08년 체제는 97년 체제의 대체 체제가 아니라 '97년 체제의 하위 체제'라는 필자의 주장하고 무엇이 다른가? "당장 눈앞의 투쟁인 08년 체제의 문제, 나아가 보다 심층적인 97년 체제의 문제"라는 필자의 주장, "현재의 한국에서 반신자유주의가 주모순이고, 반MB는 주모순의 주된 측면"이라는 필자의 주장하고 무엇이 다른가? 경제체제는 아니지만 정치체제 수준에서는 질적 체제 변화(정세적 변화를 넘어선 유기적 변화)가 일어나고 있다는 주장인가? 구체적으로 제한적 정치적 민주주의 범위 내에서 정치적 재권위주의화가 일어나고 있는 것이 아니라 파시즘으로 나아가는 질적 체제 변화가 일어나고 있다는 주장인가? 다시 말해 이명박 정부는 파시즘 체제라는 주장인가?[13] 그렇지는 않을 것이다. 결국 조희연과 서영표가 겉으로는 부정했지만 내심 체제의 전환을 실질적으로 일어난 정치 변화의 수준이 아니라 여전히 '집권 세력의 교체', 즉 정권 교체로 보고 1997년과 2008년의 질적 단절을 강조하고 있는 것은 아닌지 의심스럽다.

　다음으로 조희연·서영표가 이야기하는 자신들의 전략들과 손호철의 반MB, 반신자유주의 결합론의 차이를 살펴보자(조희연·서영표 요약 7번). 그렇게 하기 위해 조희연·서영표의 글을 그대로 인용하되 두 사람이 사용하고 있는 급진민주주의론의 '유식한' 용어들을 필자와 운동 진영에서 사용하는 조야한 '일상 언어'로 대체해보려 한다. 그리고 원래의 글하고 비교할 수 있게 대체한 조희연·서영표의 용어는 괄호 안에 표기했다.

> 헤게모니전략의 관점에서 반MB전선(국민적 정치전선)과 반신자유주의적 정치 전선의 이중적 존재를 정확히 파악하고 정치 공간(국민정치적 공간)에 반신자유주의적 세력이 어떻게 헤게모니적 개입 전략을 구사할 것인가 하는 문제의식이 필요하다고 생각한다. 이것은 한편에서는 정치 공간(국민적 정치공간)에서 형성되고 있는 쟁점들을 반신자유주의 전선으로 발전시키는 것, 즉 반MB 전선(국민적 전선)에서 반신자유주의적 내용을 강화하는 것과 다른 한편에서는 (정치적 권위주의화, 냉전적 남북관계로 회귀하기 등 — 논지를 명확히 하기 위해서 필자가 추가한 것임) 반신자유주의 전선으로 환원할 수 없는 고유한 반MB 전선(국민적 정치전선)에 반신자유주의 세력, 진보 세력, 급진 세력이 적극적으로 개입함으로써 대항헤게모니의 토대를 마련하는 것이다.

적어도 위의 인용 부분에 관한 한, '국민적 정치전선'을 '반MB(국민) 전선'으로, '국민적 정치공간'을 그냥 '정치 공간'으로 바꾸면 필자가 하고 있는 이야기하고 별로 다르지 않다. 그런데도 이런 주장을 논거로 제시한 뒤 바로 이어서 필자의 주장을 "'경제환원주의' 혹은 신자유주의 환원주의적 접근"으로 몰면서 국민적 정치전선과 반신자유주의적 정치전선의 이중적 접근에 기반한 "급진민주주의적 헤게모니전략의 관점이 필요하다"고 하니, 기이하기만 하다. 필자가 반MB 전선의 주요 내용의 일부로 지적하고 있는 정치적 재권위주의화(정치체제)와 2000년 평화체제에서 냉전체제로 나아가는 전환(분단체제)에 대한 저항도 '경제환원주의' 또는 '신자유주의 환원주의적 접근'인가?

물론 급진민주주의론[14]은 중요한 이론적 전통으로 한국 정치를 분석하고 실천적 전략을 수립하는 데 매우 요긴한 관점이다. 그러나 이론의 기여란 그 이론이 내용 면에서 기존의 주장과 전략하고 어떻게 다른지를 구체적으로 제시하고 논증할 때 가능해진다. 자신의 주장하고 별 차이가 없는 타인의 주장을 경제환원론으로 몰면서, "상이한 함의"를 독자들은 알 것이라는 선문답 같은 '뉘앙스의 사회과학'론을 편다고 해서 해결되는 문제가 아니다.

앞에서 인정했지만, 필자의 체제론은 고추상적 이론으로서 구체적인 정세적 계기와 일상적 정치 공간에 관한 구체적인 분석을 보완할 필요가 있다. 반신자유주의와 반MB를 복합적으로 사유할 수 있는 필자의 97년-08년 복합체제론을 전제로 해 신자유주의가 구체적 정세에서 대중의 삶을 어떻게 파괴하고 있는가(청년 실업, 사오정, 쌍용차 등), 이명박 정부가 구체적으로 우리의 삶을 어떻게 피폐화하고 있는가(민주적 권리에 대한 공격, 강부자, 용산 참사 등)를 분석하고(레닌의 표현을 빌리면 "구체적 상황의 구체적 분석"), 여기에 개입하는 것은 앞으로 풀어가야 할 과제다. 이 문제에 관련해 조희연과 서영표가 '87년-97년 관계론' 대신 반신자유주의와 반MB를 복합적으로 사유할 수 있는 필자의 '97년-08년 복합체제론'(08년은 하위 체제라는 점에서 대문자 97년에 소문자 08년으로 표기된)을 채택하고, 여기에 자신들의 급진민주주의론에 기초해 역동하는 정치 정세와 사람들의 불안과 잠재적 저항이 교차하는 일상의 정치적 공간에 대한 통찰력을 발휘할 수 있는 분석과 전략을 더해 나가기를 바란다.[15]

마지막으로 조희연의 '새정치연합' 제안과 유연한 헤게모니전략에 대해 몇 가지만 지적하겠다. 첫째, '새성지연합'의 문제다. 필자 역시 반신자유주의, 반MB 전선 이외에도 진보 진영(을 관통하는) 내부 전선 ('친북주의', 개량주의 대 변혁주의 등)을 고려한 다양한 진보 연합의 가능성을 분석한 바 있다(손호철 2009f). 나아가 향후 선거들에 관련해 반신자유주의 내지 반자본주의라는 '최대 강령의 최소 연합'과 반MB 중심의 '최소 강령의 최대 연합'이라는 이분법을 넘어서, 그 중간의 '최적optimal 강령의 최적 연합', 즉 다양한 세력이 합의할

수 있는 최적 강령을 정하고 '민주당 좌파'까지 어우를 수 있는 최적 연합까지
도 하나의 가능성으로 제기한 바 있다(손호철 2009i).

그러나 이런 글들에서 이미 지적한 대로, 물론 정당이나 정치 세력 간의 이
런 상층부 연합도 중요하지만 더 중요한 것은 '대중' 내지 '민중'이다. 대중을
움직여 '풀뿌리 연합'(이를테면 '풀뿌리 복지연합'[16])을 만들어내는 한편 다양
한 형태의 대안적 공동체를 확산시켜 나가는 것이 가장 중요하다. 대중을 움
직이지 못한다면 상층부 연합은 그 형태가 무엇이건 한계가 많을 수밖에 없
다. 따라서 상층부 연합을 중심으로 사고하는 조희연의 전략, 특히 유연한 헤
게모니전략을 민주당 같은 자유주의 세력까지 포함하는 '유연한 상층부 연
합 전략'을 중심으로 사고하는 것은 문제가 있다고 생각한다.[17]

사실 이승원이 잘 지적했듯이, 진보 진영 내에서도 반신자유주의와 반MB
의 문제를 단순히 (또는 주로) "반신자유주의적인 진보정당 지지냐 아니면
민주당에 대한 비판적 지지냐"는 문제로 사고하는 경향이 존재해왔다(이승원
2009). 그러나 이것을 넘어서야 한다. 이를테면 얼마 전(2009년) 터진 지엠대우
문제, 쌍용자동차 문제에 대해서 단순히 MB 정권의 미온적 대응을 비판하는
데 머문다면 이것은 반MB론이다. 반면 민중 진영의 반대와 '국유화' 내지 '사
회화' 요구에도 불구하고 해외 매각을 단행해 파탄을 가져온 김대중 정부와
노무현 정부의 신자유주의적 구조조정의 반민중성을 폭로하고 지금이라도
이 기업들을 '사회화'해야 한다고 선전함으로써 반신자유주의의 대항헤게모
니를 강화해가는 대항헤게모니전략 방식이 올바른 대응이다(손호철 2009j).

그러나 반MB론의 한계를 비판하며 반신자유주의를 주장해온 진보 정당이
나 진보 언론들까지 후자에는 별다른 노력을 기울이지 않고 이 문제에 관한
한 김대중과 노무현이 저질러놓은 '오물 청소'를 제대로 못한 책임'밖'에 없는
'엉뚱한' MB나 잡고 있었다(이런 비판은 손호철 2009i). 이렇게 반신자유주의와 반
MB의 문제는 단순한 선거 지형을 넘어서 구체적 정세와 사회 현안 속에서 구
체적으로 정치화돼야 한다. 나아가 상층부 연합도 민주노동당, 진보신당, 사

회당, 사노준 같은 진보 정당과 정파, 그리고 민주당 대상의 연합을 중심으로 사고하는 전통적 방식을 넘어서 필자가 '부분 체제'라고 부른 젠더체제, 환경체제, 분단체제 등에 관련해 급진적 페미니즘, 급진적 생태운동, 급진적 평화운동 등의 '녹·보·적 연대'[18] 같은 '무지개 진보 연합'을 고민해야 한다.[19]

둘째, 대안적 '국민-대중적' 세력화와 유연한 헤게모니전략의 문제. 필자도 진보 세력이 '경제적-조합주의적' 세력을 넘어서 헤게모니를 갖춘 '국민-민중적' 세력[20]이 돼야 한다고 주장하며, 안기부법과 노동법 개악에 맞서 민주노총이 벌인 1997년 총파업이야말로 진보 세력이 안기부법이라는 민주주의의 문제에 맞서 가장 치열하게 투쟁함으로써 일시적이지만 '국민-민중적' 세력이 된 드문 경험이라고 분석한 바 있다(Sonn 1997). 따라서 조희연의 '국민-대중적' 세력화론에 기본적으로 동의한다. 다만 노파심에서 한 가지만 짚고 넘어가면, 유연한 헤게모니전략의 '유연성'을 '우경화'로 혼동하면 안 된다는 점이다.

개인적으로 생각할 때 진보 진영의 문제 중 하나는 구체성을 결여한 관념성인데, 진보 진영의 상당수가 관념성을 급진성하고 혼동해 "결국 급진성이 문제"라고 오판한 뒤 우경화를 통해 이 문제를 해결하려 한 결과, 관념성은 그대로 지닌 채 우로, 우로 이동하는 경향이 있었다. 그러나 정주영의 '아파트 반값' 공약이 진보 진영보다 훨씬 급진적이었다. 다시 말해 관념성과 추상성을 그대로 지닌 채 우경화를 하는 것이 유연한 것이 아니다. 오히려 신자유주의와 이명박 정부의 정책이 가져온 직접적인 삶(교육, 직장, 건강, 노후 등)의 폐해에 대한 구체적이면서도 발본적인 급진적 대안('정책적 대안' 내지 '대안적 공동체' 등)을 제시하고, 이런 대안을 통해 대항헤게모니를 구축해가야 한다.

4. 87년 체제론을 물으며

이 글을 통해 한국 체제 논쟁에 대한 필자의 비판적 개입과 이 개입에 대한 조희연·서영표의 반론, 그리고 이 반론을 둘러싼 지상 논쟁을 다시 비판적으로 살펴봤다. 특히 두 사람의 주장 중에서 동의할 수 있는 비판들을 수용하는 한편 필자의 주장을 왜곡한 비판을 반박하고, 필자와 다른 주요 주장들에 대해서도 (재)반론을 제기했다.

여기에서 나타난 구체적인 비판의 내용하고는 별개로, 조희연과 서영표가 필자에게 제기한 반론 속에 담긴 문제의식은 추상적 논의를 넘어서 다양한 실천적 계기와 구체적 지점들에 착목하자는 것으로 보인다. 이런 문제의식은 바람직한 만큼 필자도 겸손한 자세로 배우려 한다. 그러나 그런 구체적 분석이 추상성을 혼동하면서 진행돼서는 안 된다. 나아가 다양한 측면에 대한 서술적 풍부함이 '인상주의적 서술'을 '과학적 분석'으로 혼동하는 '사회학적 서술주의'로 흘러서도 안 된다고 생각한다.[21]

문득 프랑스 공산당에서 벌어진 프롤레타리아트 독재 논쟁 당시 에티엔 발리바르가 한 이야기가 생각난다(Balibar 1977). 전술 전략적 필요성, 실천적 요구는 중요하고 실천이 좌파 이론의 궁극적 목표지만, 그렇다고 이론을 실천적 필요와 전략적 필요에 꿰어 맞출 수는 없다는 주장이다. 이를테면 현실적으로 반MB 투쟁이 절실하게 필요하다고 해서 08년 체제의 수준을 무매개적으로 격상시켜 97년 체제를 대체한 것이라고 이론을 꿰어 맞출 수는 없는 노릇이다. 필자의 이런 생각, 그리고 08년 체제는 97년 체제의 대체가 아니라 하위 체제라는 필자의 08년 체제론이 '이론주의'라면, 필자는 이 '이론주의'라는 주홍 글씨를 기꺼이 감수하고 나갈 것이다.

다시 강조하지만, 우리에게 필요한 것은 죽은 87년 체제를 붙잡고 있는 '87년-97년 관계론'이 아니다. 오히려 반신자유주의와 반MB를 복합적으로 사유할 수 있는 '97년-08년 복합체제론'(08년은 하위 체제라는 점에서 대문자 97년에 소문자 08년으로 표기됨)이다. 이제 87년 체제에는 거기에 합당한 장례식을 치르고 우리의 현재에 맞서 싸우자.

12장

21세기 한국 정치의 발전 방향*

1. 여는 글

21세기의 첫 대통령인 노무현 대통령의 임기도 이제 절반을 넘겼다. 이것과 관련해 우리는 21세기 한국 정치의 발전 방향을 다시 한 번 성찰해볼 필요가 있다. 특히 참여정부 출범 이후 분출되고 있는 사회적 갈등, 촛불시위에 대항한 반핵반김 시위와 전교조에 대항한 교총의 저항처럼 '수구' 내지 냉전적 보수세력의 조직화와 활성화,[1] 김대중 정부와 노무현 정부가 추진해온 신자유주의 정책에 의한 사회적 양극화, 그리고 박정희 신드롬의 확산 등에 관련해 21세기 한국 정치의 발전 방향을 진보와 보수라는 관점에서 깊이 있게 생각해봐야 한다. 이 글은 이런 문제의식에서 21세기 한국 정치의 발전 방향을 진보적 시각에서 비판적으로 살펴보고자 한다.

---

* 손호철, 〈한국정치의 발전 방향〉, 손호철, 《해방60년의 한국정치, 1945~2005》, 이매진, 2006을 수정했다.

2. 진보란 무엇인가

'진보적 시각에서 살펴본 한국 정치의 발전 방향'이라는 주제를 다루는 데 전제가 돼야 하는 것은 과연 진보란 무엇인가 하는 문제다. 여기에서는 이 문제를 먼저 간단히 짚고 넘어가고자 한다. 진보·보수를 바라보는 시각은 크게 세 가지가 있다.

첫째, 진보·보수를 변화를 지지하느냐 변화에 저항하느냐는 변화에 대한 태도로 이해하는 시각이다. 1980년대 말 소련과 동구가 몰락하는 과정에서 전통적인 기준으로 볼 때 '좌파'라 할 수 있는 공산당을 보수파로 부른 것이 바로 이런 시각이다. 진보·보수에 대한 이런 인식은 다양한 정치 세력의 현실과 변화에 대한 입장을 이해하는 데 도움이 되는 것이 큰 장점이다. 그러나 이런 인식은 절대적, 이념적 내용과는 무관하게 정세적 인식만을 절대화하는 결정적 결점이 있다.

둘째, 진보와 보수를 하나의 연속체상에서 상대적인 정도의 차이로 이해하는 성층론^{strata}적 인식이다. 2002년 대선 당시 《중앙일보》가 한국정당학회의 도움을 받아 실시한 국회의원과 대선 후보 이념 성향 조사가 대표적인 예다.[2] 이런 시각은 첫째 시각에 비교해 단순한 변화에 대한 태도가 아니라 이념적 내용을 기준으로 진보와 보수를 규정하고 있다는 점에서 진일보한 것이다. 또한 모든 성층론이 그렇듯이 통계적 처리 등에 매우 유리하다. 그러나 이 시각에 따르면 보수로 봐야 할 무솔리니도 히틀러에 견줘 진보적이라는 이유로 진보로 평가되는 등 모든 것이 상대화된다는 단점이 있다. 이를테면 절대적인 내용을 기준으로 할 때 보수양당제로 봐야 할 미국의 정당도, 이런 시각에 따르면 민주당이 진보로 규정됨으로써 미국 정치의 특수성이 부각되지 못하게 된다. 이것은 보수정당 일변도인 한국 정치의 경우도 마찬가지다.

셋째, 절대적인 이념적 내용을 기준으로 진보와 보수를 규정하는 것이다. 대표적인 것이 자본주의와 시장경제에 대한 입장을 기준으로 삼아 자유주처럼 이것에 우호적인 것이 보수고 사회민주주의나 사회주의처럼 이것에 비판적인 것이 진보라고 보는 시각이다. 이런 시각은 앞에서 본 두 시각의 문제점을 극복한 가장 바람직한 개념화라 할 수 있다.

그러나 셋째 시각을 택하더라도 사회적 균열의 다층화, 그리고 포스트주의가 주목하는 '주체의 다원주의'(Mouffe 1988, 80~90)와 관련해 진보·보수 문제는 또 다른 어려움에 빠지게 된다. 이를테면 시장경제에 대한 입장을 기준으로 한 진보가 젠더 문제에 관련해 항상 진보인 것은 아니다. 따라서 진보의 문제를 단순히 전통적인 계급론적 시각에서 반자본주의 내지 반시장경제의 문제로 환원하는 일원론적이고 환원론적인 시각은 잘못이다. 그러나 동시에 진보의 문제를 단순히 개별 쟁점의 문제로 해체하는 단일 의제 정치single issue politics류의 해체주의도 문제가 많다. 오히려 진보는 모든 억압, 착취, 배제, 차별에 반대해 시장경제, 젠더, 평화, 환경 등 상대적 자율성을 가지고 있지만 완전히 분리되지 않고 연대에 의해 연결돼 있는 것으로 봐야 한다.[3] 특히 시애틀 반세계화 투쟁이 보여주듯이(Thomas 2000), 현 국면에서 진보는 이런 상대적 자율성을 가진 반억압, 반착취, 반배제, 반차별 운동의 연대이되 이것들을 모두 위협하는 신자유주의에 대항하는 반신자유주의를 중심축으로 하고 있다.

마지막으로 진보와 보수의 문제를 한국 정치와 관련해 짚고 넘어갈 필요가 있다. 특히 두 개의 잘못된 인식을 교정해야 한다. 우선 보수를 단순히 반공주의로 이해해 자신들을 보수로 이해하고 김대중 대통령 등 보수 야당 세력을 진보라고 비판해온 군사독재 세력의 인식은 잘못이다. 이 세력의 인식과 달리 보수는 자유민주주의적 입장을 의미하며, 이런 점에서 한국 정치에서 진정한 보수 세력은 김영삼 대통령과 김대중 대통령으로 상징되는 민주화운동 출신 야당 세력이고 군사독재 세력은 수구에 불과하다. 또한 김영삼 정부와 김대중 정부가 추진한 개혁이 자유민주주의를 넘어서는 진보적 내용이 아니라 극우로 왜곡되던 한국의 '보수'를 자유민주주의에 근접시켜 정상적 보수로 만들려는 노력이었다는 점에서, 개혁이 보수에 대립되는 것은 아니다. 개혁이 보수고 이것에 대립되는 것은 보수가 아니라 수구였다.

이런 논의의 연장선상에서 지적할 문제는 노무현 대통령과 참여정부를 진보로 보는 시각이다. 물론 성층론적 시각에 따르면 지난 대선 과정에서 노 대통령이 다른 제도 정치권의 후보들보다 상대적으로 진보적이던 것은 사실이다. 그러나 이것은 무솔리니가 히틀러보다 진보적인 것과 같은 상대적 의미일 뿐이다. 그리고 위에서 지적한 셋째 시각에 따르면 노 대통령은 개혁적 자유주의, 개혁적 보수 세력이지 진보라고 보기는 어렵다. 즉 현재 한국의 정치에서 진보 세력은 노 대통령과 열린우리당이 아니라 민주노동당과 사회당이며, 지난 (2002년) 대선은 노 대통령으로 대표되는 개혁적 자유주의(내지 개혁적 보수), 한나라당으로 상징되는 냉전적 자유주의(내지 수구적 보수)에 이어 진보 세력이 한국 정치에서 초보적인 시민권을 획득하는 '이념적 3정립 구도'가 자리잡는 계기였다고 봐야 한다.[4]

3. 한국 정치의 발전 방향 — 진보적 시각

진보적 시각에서 한국 정치의 발전 방향을 분석하는 데에서 전제가 돼야 할 점은 주류 이론에서 당연시하고 있는 '정치와 경제의 분리'라는 생각은 잘못된 것이고, 이 생각을 그대로 받아들이는 것은 '진보 정치의 무덤'이라는 사실이다.[5] 정치와 경제의 분리라는 기존 관념을 그대로 따라갈 경우 정치는 단순히 선거와 의회, 정당 등의 문제로 협소해지게 된다. 그러나 카를 마르크스가 《자본》의 공장 전제정 비판에서 잘 보여주듯이 생산관계 그 자체가 지배·종속의 현상이고 '생산의 정치'가 내재돼 있다.[6] 따라서 진보적 시각에서 하는 한국 정치의 발전 방향에 대한 분석은 이런 총체적 시각에서 진행돼야 한다. 다만 이 글에서는 이런 입장을 전제로 하되 전통적 의미의 정치를 중심으로 논한 뒤 다른 문제들을 간단히 언급하고자 한다.

전통적 의미의 정치라는 측면에서 한국 정치의 발전 방향을 분석할 때 주목할 것은 한국 정치의 균열 구조의 역사적 변천이다.[7] 한국 정치의 균열 구조는 해방 8년사의 좌우익 대립 이후 진보 세력이 사라지고 보수 일변도의 정치 지형 내에서 민주 대 반민주의 대립이 지배해왔다. 1980년 광주 학살 이후 진보 세력이 살아나기 시작했지만 부차적이고 잠재적인 균열에 머물러왔고, 1987년 민주화 이후 양김이 분열하면서 민주 대 반민주 구도는 급속히 약화되고 지역 균열 구조가 한국 정치의 지배적 균열 구조로 자리잡고 말았다. 이것은 지난 2002년 대선에서도 마찬가지였다.

이런 현실은 망국적 지역주의의 구조화라는 문제 말고도 또 다른 문제를 야기해오고 있다. 바로 이른바 '정치사회'와 시민사회의 분리 내지 정치사회의 비대표성이다.[8] 1960년대 산업화 이후 한국의 계급화가 빠르게 진행되고 시민사회 수준에서는 계급적 분화가 진행돼왔는데도 정치사회의 수준에서는 보수 정당만이 존재함으로써 노동자 계급을 포함한 민중 세력이 대표되지 못했다. 그 결과 다양한 사회적 갈등이 이 세력을 대표하는 진보 정당을 통해 정치사회에서 조절되지 못하고 거리의 정치로 뛰어나오는 것이 일상화돼 있는 현실이다. 한국 정치 최대의 균열은 무엇보다도 "사회적 기반이 없는 정치적 대표 체제와 이에 대표되지 못하는 비투표 유권자 사이의 균열"이라는 한 연구자의 지적(최장집 2002, 34)도 바로 이런 측면을 주목한 것이다.

이런 정치사회와 시민사회의 괴리를 고려할 때 진보와 보수의 입장을 떠나서 한국 정치의 가장 중요한 과제는 2004년 총선에서 33년 만에 원내에 진입한 진보 정당이 더욱 성장해 정치사회에서 확실한 시민권을 획득하고 그동안 대표되지 못하던 민중의 목소리를 대변하는 것이다. 이렇게 될 경우 정치사회의 비대표성이라는 문제를 해결할 수 있을 뿐 아니라 지역주의 극복에도 크게 기여할 것이다. 지역주의는 이것을 대신할 다른 균열 구조가 부상하지 않는 한 계속될 수밖에 없다는 점에서, 현재의 '초계급적 지역 연합'을 근대적인 계급적 이익에 기초한 '초지역적 계급 연합'으로 대치할 때 비로소 깨어질 수 있다(손호철 2003b, 605).

따라서 시급한 것은 진보 세력의 정치세력화를 가로막고 있는 다양한 제도적 장벽들을 개선하는 것이다. 우선 국가보안법을 폐지해야 한다. 국가보안법 폐지는 단순히 진보 세력의 정치세력화를 도와주기 위해 필요할 뿐 아니라 아직도 '제한적 정치적 민주주의'(O'Donnell 1987, 9) 수준에 머물러 있는 한국의 정치적 민주주의를 진정한 자유민주주의의 수준으로 끌어올리기 위해서도 필요하다. 노무현 대통령의 일본 발언처럼 "한국에서도 공산당 활동이 허용될 때라야 비로소 완전한 (정치적) 민주주의가 될 수 있다."[9] 다음은 이미 위헌 판결이 난 전국구 제도에 관련해 독일식 정당명부식 비례대표제(소선거구제, 비례대표 병용제(요즘 표현으로는 연동형 비례대표제))를 도입해 진보 정당 같은 신생 정치 세력이 원내에 쉽게 진입할 수 있게 해줘야 한다. 진입 장벽이 낮아져 진보 정당이 성장해서 한국 정치가 진보 대 보수의 대결 구도로 발전하는 것이 중요한 역사적 과제다.

진보 대 보수로 전환하는 것이 기본적으로 정당 정치를 중심으로 한 문제라면, 이 문제에 못지않게 중요한 요소는 다양한 참여민주의, 나아가 직접민주주의적 기제들의 극대화다. 이 중 가장 기초적인 것은 너무 낙후한 채로 남아 있는 정당 구조에 관련해 국민참여경선제 같은 민주적 상향식 공천제의 제도화와 정당 민주화다. 그러나 좀더 근본적 차원에서는 진보 정당도 "당 자체 내에서, 당 지도자와 당 활동가 간의 차이 속에서 부르주아 국가의 구조가 재생산"되고 있고(Althusser 1992, 20), 자율주의자들이 잘 지적하고 있듯이 모든 대의제는 악이다(Negri & Guattari 1998). 따라서 최소주의적으로는 주민발의, 주민소환제부터 더욱 근본적인 것에 이르기까지 다양한 직접민주주의적 기제의 발전과 확산이 필요하다. 결국 후기 풀란차스가 지적한 대로 진보 정당을 통한 대의제와 직접민주주의적 기제 등을 통한 국가 안과 밖의 투쟁을 통해 국가 조직망 속에서 "새로운 저항의 중심을 창출, 발전시키고 보급, 발전, 강화, 지도"(Poulantzas 1994, 334)함으로써 국가를 민주화하고 변혁해야 한다.

위에서 지적했듯이 진보의 시각은 정치와 경제의 분리를 무비판으로 수용해서는 안 된다. 특히 진보 정치의 문제를 단순히 선거주의적 진보 정당의 원내 진출로 환원하면 안 된다.[10] 이 점에서 한국 정치의 발전 방향이라는 문제를 일상적 정치의 통념을 넘어 좀더 총체적인 시각에서 간단히 짚어보자.

우선 '시민사회' 수준에서 민중 세력, 특히 노동자 계급의 '사회 세력화'다. 한국 노동자 계급의 계급 형성이 초보적 단계에 불과하고 계급적 정체성이 취약하다는 점[11]에 관련해 기업, 업종, 대기업 대 중소기업, 출신 지역, 성별, 조직 노동자 대 비조직 노동자, 국제통화기금IMF 경제위기 이후 급부상하고 있는 비정규직 대 정규직의 분할을 넘어서 민주노총을 중심으로 노동자 계급을 하나의 단결된 계급으로 구성해내야 한다. 이 점에서 비정규직 노동자들을 대표하는 데 실패하는 민주노총은 많은 문제점을 안고 있다. 이런 '사회 세력화'가 뒷받침되지 않은 '정치 세력화'는 사상누각이 될 수밖에 없다. 나아가 최근 정식 출범한 '민중연대'를 중심으로 노동자 계급, 도시 빈민, 농민, 여성, 장애인 등 사회적 약자들과 진보 세력 간의 연대를 강화하는 한편, 시민사회 내의 헤게모니를 확대해 자본 중심의 보수적 시민사회를 진보적 시민사회로 변화시켜야 한다.

현재 한국의 시민사회는 '자유시민연대'를 중심으로 한 수구적 보수 세력, 시민단체들의 연합체인 '시민사회단체연대회의'를 중심으로 한 개혁적 자유주의 세력, '민중연대'를 중심으로 한 진보 세력으로 3분돼 있는데,[12] 진보 진영이 진보적 진지들을 확산시키는 한편 개혁적 자유주의 세력을 견인해내야 한다. 특히 진보 진영의 새로운 정치는 단순히 의회와 선거에 얽매이는 것이 아니라 시민사회 내지 자본의 지배와 상품 논리가 관철되고 있는 '사회적 공장social factory'(Negri 1984)의 다양한 일상의 현장에서 행해지는 '일상적 반역의 정치'여야 한다. 그리고 이것은 자본의 지배에 맞선 사회의 민주화를 넘어서 가정, 일, 성의 영역에서 구조화돼 있는 성차별과 가부장적 지배 체제의 민주화, 교육 독재를 대체할 수 있는 쌍방적 교육을 중심으로 한 교육 민주화, 차이의 정치에 기초한 기호의 민주화 등 다양한 민주화로 이어져야 한다.

한국 정치의 발전은 이른바 '토대'의 민주화 없이는 생각조차 할 수 없다. 1997년 IMF 위기 이후 한국 자본주의는 1978년 통계를 집계하기 시작한 뒤 최악의 빈부 격차가 잘 보여주듯이 종속적 신자유주의적 국가독점자본주의 체제 내지 종속적 포스트포드주의적 국가독점자본주의 체제[13]로 전환해 사회적 양극화가 빨라지고 있다(헬조선, 흙수저 사회화). 세계적인 지구적 신자유주의와 결합한 이런 흐름은 결국 시장의 효율성이라는 신화에도 불구하고 세계 대전과 파시즘의 비극으로 표상되는 1930년대로 후퇴하는 것으로서,[14] 칼 폴라니가 잘 보여주듯이 경제에 대한 사회적 통제가 없이는 한국 정치는 말할 것도 없고 한국 사회 자체가 붕괴될 수밖에 없다. 따라서 중요한 것은 노동자들의 경영 참여, 무비판적인 민영화(정확히 표현해 사유화) 저지, 대안적인 사회적 통제 기제의 제도화 등을 통해 경제에 대한 민주적 통제와 사회적 통제의 기제를 마련하는 것이다.

마지막으로 두 가지만 지적하려 한다. 우선 통일의 문제다. 남북한의 적대적 상호의존 관계를 생각할 때 남북한 관계와 통일의 문제를 고려하지 않고 한국 정치의 발전 방향을 이야기할 수 없기 때문이다. 이 문제에 관해 지적하고 싶은 것은 두 가지다. 첫째, 통일은 결국 남한 중심의 통일이 될 수밖에 없다는 점에서 가장 중요한 것은 남한 자체의 민주화라는 사실이다. 둘째, 김대중 정부가 추진해온 햇볕정책, 그리고 노무현 정부의 평화번영정책이라는 것에 탈냉전이라는 긍정적 계기와 신자유주의적 흡수 통일이라는 부정적 계기가 동시에 내재해 있다는 사실을 인식해야 한다.[15] 그리고 진보의 시각에서 볼 때 전자를 극대화하고 후자를 극소화해야 한다. 통일과 함께 한국 정치의 발전 방향을 고려할 때 생각하지 않을 수 없는 것은 지구화의 흐름이다. 여러 모순된 측면에도 불구하고 현재 추진되고 있는 지구화는 자본 중심의 신자유주의적 지구화가 그 중심에 사리잡고 있다는 점에서,[16] 이것에 대항할 수 있는 아래로부터의 세계화도 시급한 과제다.

3부

분단과 통일

1장

분단체제론*

1. 여는 글

미소 양대국의 분할 점령으로 시작해 한국전쟁으로 '최종 봉인'된 분단도 이제 내년(1995년)으로 반세기에 이른다. 분단이 한국 현대사에서 하나의 '원죄'처럼 남북한 사회에 심대한 영향을 미쳐온 점은 주지의 사실이다.

그러나 분단이 갖는 이런 중요성에도 불구하고 분단에 대한 체계적인 사회과학적 이해는 상대적으로 '저발달'돼왔다고 할 수 있다. 물론 이것은 분단과 통일 문제를, 나아가 한국 현대사 문제를 금기시한 한국 정치의 억압적 상황에 크게 기인한다. 그러나 1980년대 민중운동의 성장과 함께 진보 학계를 중심으로 진행된 '사회구성체' 논쟁 등 한국 사회에 관한, 아직도 미흡히지만 그런대로 축적된 다양한 연구 성과들을 고려할 때, 분단 문제는 상대적으로 연구 성과가 '낙후한' 주제, 따라서 어느 분야보다 많은 연구가 필요한 분야라는 느낌을 지울 수 없다.

＊ 1994년에 《창작과비평》 84호에 실린 〈분단체제론의 비판적 고찰〉과 《창작과비평》 86호에 실린 〈분단체제론 재고〉를 수정하고 보완했다.

이 글의 목적은 이런 문제의식에서 최근 주목받고 있는 '분단체제론'을 백낙청 교수의 논의를 중심으로 비판적으로 평가해보는 데 있다.[1] 이 분단체제론은 소련과 동구의 몰락에 따른 '탈냉전' 질서 속에서 통일의 문제가 그 어느 때보다 핵심 쟁점으로 떠오르고 있다는 점에서, 나아가 과거 진보 운동을 주도한 민족해방운동론[NL]과 민중민주주의론[PD]이 실천적, 이론적 교착 상태 내지 위기에 놓여 있어 한국 사회를 바라보는 이론틀의 '혁신'을 갈구하는 욕구가 팽배하다는 점에서 체계적인 평가와 검증을 받을 만한 가치가 있다 하겠다.

다만 본격적인 논의에 앞서 한 가지만 전제하고자 한다. 백 교수의 분단체제론은 한두 편의 글을 빼놓고는 대부분 체계적이고 본격적으로 '사회과학적'인 논문으로 쓴 분단체제론이 아니라, 다양한 문예 비평 속에서 단편적으로 개진된 편린의 성격이 강하다는 것이다.[2] 이 점에서 분단체제론은 체계화되고 완성된 하나의 이론이기보다는, 비판적이되 열린 지성의 인문과학자가 민중운동, 특히 진보적 사회과학계에 던지는 '화두'라는 느낌이 든다.[3] 따라서 분단체제론을 체계적으로 재구성해내는 것부터 그리 용이한 작업이 아니고, 본래의 의미에서 벗어나 상당한 왜곡이 생겨날 가능성이 크다. 뿐만 아니라 엄격한 '사회과학적' 잣대로 평가하는 것은 '공평한' 일이 아닐 수도 있다. 그럼에도 불구하고 이 이론의 핵심적 테제들은 오해의 여지가 없이 뚜렷하고, 세세한 부분까지 (그 타당성 여부에는 상관없이) 탄탄한 사회과학적인 이론적 기초 위에 기반해 있으며, 백 교수 자신이 분단체제론에 관련해 다른 학자들을 엄격한 사회과학적 잣대로 비판[4]하고 있다는 점에서 다소 엄격한 사회과학적 기준에 따라 비판적으로 살펴보고자 한다.

2. 분단의 인식사와 '분단체제론'

분단체제론을 체계적으로 평가하기에 앞서 분단에 관한 인식이 어떤 식으로 변모해왔는가 하는 '분단의 인식사'를 간단히 살펴보고, 이것에 기초해 '분단체제론'의 핵심적 가설과 이런 이론이 제기된 '이론 형성사적' 배경, 문제의식을 짚고 넘어갈 필요가 있다.

우선 핵심적 문제 설정을 중심으로 다소 도식화해 이야기하면, 분단에 대한 인식은 '분단 시대'에서 '분단 모순'을 거쳐 '분단체제'로 변모해왔다고 할 수 있다. 분단 문제가 터부시되던 1970년대 말 대표적 '민족 사학자'인 강만길 교수가 제기한 '분단 시대'라는 시대 설정은 해방 이후의 한국사를 '분단'이라는 비극적 조건을 중심으로 파악함으로써 분단 극복의 과제를 부각시킨 중요한 시도였다.[5] '분단시대론'이 이런 선구적 기여에도 불구하고 한국 사회에서 분단의 과학적 내용과 위상에 대한 문제의식을 상대적으로 결여하고 있었다면, 이런 문제의식에서 분단 문제에 접근한 것이 1980년대 말 사회구성체 논쟁에서 등장한 '분단모순론'이다. 이 과정에서 NL 진영은 한국 사회의 주요 모순은 민족 모순(제국주의 대 남한 민중)이며 분단 모순은 민족 모순의 한 발현 형태라고 주장한 반면, PD 진영은 제국주의와 그 하위 동맹인 종속적 국내 독점자본 대 남한 민중이 주요 모순이라는 '두 개(계급 모순과 민족 모순)의 주 모순론'을 개진하면서 분단 모순의 핵심은 계급 모순과 민족 모순의 결합의 개별성이라는 입장을 취했다. 이런 '대세'에 반기를 든 것이 바로 백 교수의 '주 모순으로서의 분단모순론'이다. 그러나 이 주장은 운동 진영과 사회과학계의 관심을 별로 끌지 못한 채 '광야의 메아리'로 그쳤다.[6] 이런 상황에서, 특히 소련과 동구의 몰락에 자극받아 자신의 분단모순론을 더욱 발전시킨 것이 백 교수의 분단체제론이다. 특히 분단체제론은 《창작과비평》이 기획한 일련의 통일 문제 기획을 통해 과거보다 활발하게 논의를 확산해왔다.[7]

그러나 아직도 분단체제론은 사회과학계에서 확고한 '시민권'을 획득한 것이 아니며, 《창작과비평》을 중심으로 한 제한된 범위의 지지자들을 갖고 있을 뿐이다. 물론 '분단체제'라는 용어가 과거보다 훨씬 잦은 빈도로 다양한 이론가들에 의해 사용되고 있는 것은 사실이지만, 백 교수 자신이 예리하게 파헤

쳤듯이 그런 논의들이 백 교수가 뜻하는 의미의 분단체제론을 채택하고 있는 것은 아니다. 또한 분단체제론이라는 것이 과연 분단 시대, 분단 모순에 이어 분단의 인식에 대한 새로운 구획을 그어줄 수 있을 만큼 내용이 있고 과학적인 이론인가는 검증돼야 할 문제다.

백 교수의 분단체제론은 다음 같은 두 가지 가설로 요약될 수 있다.[8]

1. 한국 사회의 주 모순은 분단 모순이다.

   1-1. 주 모순으로서의 분단 모순은 그 주요 측면이 민주화, 부차적 측면이 자주화
   이거나, 민주화와 자주화가 두 개의 주요 측면이다.[9]

2. 분단 상황은 하나의 '체제'로서 '분단체제'를 형성하고 있으며, 이것은 세계체제의
   (나아가 중간 매개로서의 동아시아 지역의) 하위 체제이다.

   2-1. 분단체제는 여러 분단 상황 중 한반도에 고유한 것이다.

   2-2. 분단체제하에서 남북한 공히 의미 있는 변화는 불가능하며, 따라서 변혁은
   '선민주(부분 민주·부분 자주화), 통일, 후변혁'으로 가야 한다.

이 중 가설 1은 이미 분단모순론 논쟁에서 제기된 것이고, 새로운 것은 가설 2다. 특히 가설 2는 분단을 하나의 '체제'로 파악한다는 점과 분단을 월러스틴의 세계체제론에 접목시켜 세계체제의 하위 체제로 보고 있다는 점 등 두 가지의 상호 분리된 이론적 전개에 기초한다는 데 주목할 필요가 있다.[10]

그러면 이런 이론화의 형성사적 배경과 문제의식은 무엇인가? 첫째, 1980 년대 말의 사회구성체 논쟁이다. 이 논쟁에서 '민족 모순=주 모순'론에 기초한 NL 진영의 '선통일, 후민주변혁'론과 두 개의 주 모순론에 근거한 PD 진영의 '선민주변혁, 후통일'론 간의 끝없는 논쟁과 평행선상의 대립을 극복하고 민주변혁과 통일을 "일체화"시킬 수 있는 새로운 모형을 만들어야겠다는 실천적 의지의 표현이 이런 이론화였다. 둘째, '한국적' 분단의 특수성에 주목함으로써 베트남식 무력 통일이나 독일식 흡수 통일이 아닌, 바람직한 제3의 통

일 모형을 만들어낼 수 있는 이론적 근거를 확보하려는 노력의 소산이다. 마지막으로 현재 속에서 자본주의도 몰락한 현실 사회주의(스탈린주의)도 아닌 제3의 통일 한국상을 가능하게 할 계기를 확보하도록 하는 새로운 이론틀을 모색할 필요성이다. 결국 이런 문제의식은 단순한 남한 사회성격을 넘어서 남북한을 아울러 하나로 파악할 수 있는 새로운 인식틀을 필요로 하게 됐고, 그 구체적 결과물이 분단체제라는 개념화다.

3. 비판적 평가

1) 공헌

분단체제론의 각론에 대한 비판적 평가에 앞서 간단히 분단체제론의 공헌 내지 긍정적 측면을 살펴보자면 다음과 같다.

우선 들 수 있는 것은 앞의 형성사적 문제의식에서 지적한 세 가지 점이다. 이 이론이 겨냥하고 있는 민주변혁과 통일의 일체화, 제3의 통일 모형, 제3의 통일 한국상에 대한 모색은, 특히 1980년대 말의 세계사적 변화 이후에 과거의 사고에 대한 발본적인 비판적 반성이 필요한 상황을 고려할 때 그 의미가 지대하다 하겠다. 또한 통일 문제가 첨예한 쟁점으로 부상할 향후 정세를 고려할 때 분단을 중심에 놓고 사고하는 이 인식틀은 '분단 중심적' 사고 그 자체가 커다란 자원이 된다 하겠다. 다만 이 문제에 관련해 유보가 필요한 이유는 이런 긍정적 측면에도 불구하고 남북을 하나로 아울러 파악할 수 있는 인식틀의 필요성이 '현실'에서도 남북을 '하나의 분단체제'로 만들어주는 것은 아니고, 분단에 대한 관심을 제고할 필요성 그 자체가 자동으로 분단을 현실에서도 주 모순으로 만들어주는 것은 아니라는 점 때문이다.

이런 큰 전제하에서 여섯 가지 정도 각론에 해당하는 공헌을 지적할 수 있을 것 같다. 첫째, 남북한이 하나의 '분단체제'를 구성한다는 가설이 시사하듯이 남북한 사회 간의 상호연관성에 대한 강조다. 이것은 이런 연관에 대한 인식 없이는 남한도 북한도 제대로 이해할 수 없다는 사고이자, 나아가 변혁 자체도 남북한 민중 간의 연대가 필요하다는 인식이다(《민중운동》, 56; 《분단체제》, 308). 또한 분단의 효과가 종전의 시각에 견줘 좀더 부각되며, 특히 그 부정적 효과만이 아니라 다른 이론들이 간과한 '긍정적 효과'(고성장 등)에도 주목한다는 점이다(《미래를》, 15). 그러나 여기에서도 이런 남북한의 상호연관성은 이미 '전 한반도적 시각'이라는 표현으로 자주 강조돼왔다는 점에서 분단체제론이 새로운 기여를 하려면 단순한 이런 연관성을 강조하는 것을 넘어서 그 연관의 구체적 내용을 밝혀줘야 한다.

둘째, 분단의 부정적 효과에 관련해, 상대적으로 등한시되던 북한 사회의 부정적 효과, 특히 북한의 '자주성의 제약'이라는 문제를 사고하게 한다는 점이다(《분단체제》, 295). 이것은 다른 것은 몰라도 자주성에 관한 한 북한에 후한 점수를 줘온 민중운동 세력에 대한 하나의 도전이다.[11]

셋째, 남북한 지배 세력 간의 '대립', 즉 '체제 모순'만을 주목해온 종전의 사고에 견줘 이 세력들 간의 '통일성'과 '공통성', 특히 분단의 유지에서 얻어지는 '이해관계의 공유'라는 측면을 부각시킨 점이다. (이해를 돕기 위해, 비유적 예를 든다면 과거 민주화운동의 결정적 국면에서 분단과 북한의 여러 대남 정책들이 운동에 찬물을 끼얹는 경우가 적지 않아, 그럴 때면 남북한 지배 세력이 자신들의 국내 지배 구조를 유지하기 위해 서로 '짜고' 도와주는 것이 아닌가 하고 생각한 경험들을 상기하면 될 것이다.)

넷째, 분단의 효과에 관련해, 분단하에서 민주변혁의 가능성에 대해 근본적인 재평가를 강제한다는 점이다.[12] "분단체제하에서의 **민중권력**의 창출은 하나의 **환상**"(《민중운동》, 53. 강조는 인용자. 이하 강조는 모두 인용자의 것임)이며, 이것은 남한에 국한된 것이 아니어서 '분단체제' 자체에 대한 큰 폭의 변화가 없는 한 남북한 공히 의미 있는 변화는 **불가능**(《미래를》, 33)하다는 주장은, (다소 '숙명론' 내지 '분단결정론'의 냄새가 나기는 하지만) 분단이 강제하는 이데올로기 지형의 협소화, 일반 대중 수준에서의 이데올로기적 보수화 등 분단의 부정적 효과에 대한 '비관적'이지만 어쩌면 '현실주의적'인 평가에 기초해 민주변혁 전략에 대해 다시 한 번 생각하도록 한다.

다섯째, '정치적 현실주의'다. PD 진영의 '선민주변혁, 후통일'론은 당위만을 강조하는 '당위론'이자 '관념론'이라는 분단체제론의 비판은 중간 매개와 '요구 강령'에 대한 사고가 부족한 채 궁극적 목표만을 강조해온 PD의 '최대 강령주의적 편향'에 대한 뼈아픈 비판이다. 이런 비판의 연장선상에서 나온 또 하나의 주장, 즉 민주화나 자주화도 분단하에서 가능한 민주화나 자주화의 수준과 통일 후 가능한 수준을 구별하고 실천해 나가야 한다는 주장(Paik, 80)은 PD에 부족하던 단계적 사고이자, 현재의 역관계를 고려할 때는 '현실주의적' 입장이라는 평가가 가능하다.

여섯째, 정치적 현실주의의 또 다른 측면이라고 볼 수 있는 것으로서, 이 이론은 세계체제론을 수용함으로써 현 정세하에서 세계체제 이탈의 현실적 불가능성을 직시하는 한편, 일국적 변혁 모델의 한계를 시사하고 있다는 점이다(다만 분단체제론의 근본적인 대안이 월러스틴이 주장하는 것처럼 '세계사회주의 정부'인지, 아니면 다른 무엇인지는 불분명하다). 또한 '분단체제'와 세계체제를 연결시킴으로써 '분단체제'의 극복과 세계(자본주의)체제의 극복을 동시에 사유하고자 한다는 점이다.

2) 비판적 평가 1 — 분단체제론

(1) 분단체제론은 가능한가

그러면 분단은 하나의 '체제'로 분단체제를 형성하고 있는가?[13] 이것을 살펴보기 위해서는 먼저 분단체제론의 '분단체제'가 무엇을 의미하는지를 이해해야 한다.

분단체제는 단순히 '분단의 효과', 특히 부정적 효과를 지칭하는 개념도 아니고, 냉전 체제나 반공 체제를 지칭하는 개념도 아니다(《분단체제》, 288~289). 분단체제는 "세계체제의 하위체제이면서 일정한 독자성을 갖는 남북한 체제의 독특한 결합"을 의미한다. 여기에서 문제는 백 교수 자신이 정확히 인지하고 있듯이, "생산양식부터 판이한 별개의 사회구성"(《새 단계》, 83), "두 개의 이질적인 사회"(《분단시대》, 13), "그토록 이질적인 현상들을 하나의 단일한 체제로 파악할 수 있는지"(《세계 속의》, 3)다. 물론 분단체제론의 입장은 그렇다는 것이다. 그리고 그 논거가 무엇인지를 체계적으로 밝히고 있지는 않지만, 발표된 글들을 읽어보면 논거로 삼을 수 있을 것 같은 두 개의 주장을 찾아낼 수 있다. 첫째, **북한도** 일상적으로 '세계체제'로 불리는 **"자본주의 세계경제"의 일부**라는 것이며(Paik, 81; 〈지구시대〉, 90),[14] 둘째, 분단이 '체제'라는 이름에 값하는 "일정한 지속성, 즉 **자기 재생산 능력**"을 갖고 있다는 분석(《분단체제》, 293)이다. 특히 자기 재생산 능력은 '분단체제'에 대한 "양쪽 기득권 측의 얼마간 공통된 이해관계"의 존재와 "일반 대중들을 위해서도 그 물질 생활을 상당 부분 해결해줄 수 있는 능력은 물론 어느 정도의 자발적 순응을 확보할 객관적 근거"(《분단체제》, 293~294)를 포함한다.[15]

이런 주장을 평가하려면 먼저 이것을 평가할 수 있는 잣대, 다시 말해 하나의 대상을 '체제'로 파악할 수 있는 필요조건 내지 '체제'의 구성 요건이 무엇인지를 알아야 한다.[16] 그 구성 요건은 '체제'가 어떤 의미의 '체제'냐에 따라 달라질 수밖에 없는데, 문제는 분단체제론에 있어 분단체제의 '체제'가 어떤 의미의 '체제'인지가 불분명하다는 점이다. 다만 분단체제가 세계체제의 하위체제라는 주장에서 유추할 수 있는 일차적인 고려 대상은 '세계체제'의 '체제'와 같은 의미의 체제일 것이다. 그러나 그럴 경우 '분단체제'는 성립할 수 없다. 왜냐하면 세계체제론에서 체제의 필요조건은 자기 완결성(내지 자기 폐쇄성)과 내적 노동 분업이지만,[17] 남북한 관계의 경우 백 교수가 스스로 인정하듯이 거의 노동 분업이 부재하기 때문이다(Paik, 74).

그렇다면 분단체제의 '체제'는 어떤 의미의 체제일까? '체제'를 아주 느슨하게 정의할 경우, ① 체제의 구성 요소가 될 복수의 실체들, ② 종별화할 수 있는 이것들 간의 일련의 관계, ③ 이 관계에서 도출되는 일련의 법칙성이라는 조건만 갖추면 '체제'라 할 수 있다.[18] 이 경우 '체제'라는 이름을 부여하지 못할 현상이 그리 많지 않으며, 분단에도 '체제'라는 명칭을 부여할 수 있는 것처럼 보인다. 그러나 이 경우 분단체제론이 의도하고 있는 '분단체제'의 '체제'의 의미가 그만큼 희석되고 만다. 마지막으로 생각해볼 수 있는 것은 대부분이 취하고 있는 중간적 입장으로서, 이 경우 주목하는 것은 위의 세 조건 이외에도 그 구성 요소들 간의 상호작용에서 연유하는 '상호의존성'과 체제라고 부르고자 하는 것의 '자기 충족성'(자기 재생산 능력), 체제의 '경계boundary'와 그 외적 조건으로서의 '환경'이다.[19] 분단체제는 이 중 자기 재생산, 경계(남북한), 환경이라는 세 조건은 일단 어느 정도 충족한다고 볼 수 있지만, 그 구성 요소인 '상호의존성'은 과연 남북한이 '체제'에 값할 만큼 상호의존적인가 의심스럽다. 뒤에서 다시 언급하겠지만 문제는 남북한이 하나의 체제의 구성 요소로서 상호의존적이며 이것을 경계로 그 밖에 세계체제의 환경이 있다고 보는 것이 더 합당한 것인지, 아니면 남한은 북한보다는 세계자본주의경제의 다른 구성 부분과 더 상호의존적이고, 따라서 하나의 체제인 세계자본주의경제를 경계로 해 그 바깥의 북한이 '환경'으로 존재하며 북한의 입장에서는 그 반대('세계사회주의체제'의 구성 부분이고 환경으로 존재하는 남한)인 것으로 보는 것이 합당한지다. 이 문제에 관련해 과연 분단체제론적 시각이 더 타당한지 의심스럽다.

분단체제론이 논거로 제시한 자기 재생산도 문제가 많다. 즉 단순히 역사적으로, 결론적으로 자기 재생산을 해온 것이 아니냐는 사후적이고 역사적인 정당화를 넘어서는 이론적 검토가 필요하다. 물론 자본주의화와 사회주의화라는 양 사회의 이질화 자체도 그것이 분단의 재생산에 기여한다는 점에서 자기 재생산적이다. 그러나 이것을 보고서 '분단체제'라고 할 수는 없고, 핵심적인 쟁점은 과연 분단체제론의 주장처럼 양측의 기득권 세력이 공히 분단에 공통된 이해관계를 가져왔는가, 나아가 이런 공통의 이해관계가 양측을 분단체제라는 하나의 체제의 구성 부분으로 볼 수 있을 정도로 커서 상이한 두 사회체제 간의 '체제 모순'[20]과 적대를 능가하는 것이었느냐 하는 문제다.

필자는 이 문제에 대해 부정적이다. 오히려 분명 양쪽 지배 세력이 분단을 통해 내적 체제 안정의 효과를 얻어왔고, 이 점에서 분단 유지에 일정한 공통의 이해관계를 가져온 것은 사실이지만, 힘의 역관계의 격차(내지 이런 격차가 존재한다는 주관적 판단) 속에서 우세한 쪽은 분단 혁파에 더 큰 이해관계를 가져온 것이 아닐까? 즉 1950~1970년대는 북한이 분단 혁파적이고 남한이 분단 고착적이던 반면, 결정적으로 힘의 관계가 역전된 1980년대 말 이후는 사실상 이런 상황이 역전됐다고 봐야 하지 않을까? 물론 분단체제론의 논리를 따라가면 분단체제의 성립 시기를 1945년 내지 1948년으로 보는 경우에는 한국전쟁을 설명할 수 없고, 이 시기를 1953년 한국전쟁의 종전으로 보더라도 1960~1970년대 북한의 모험주의적 대남 공작과 침투를 설명할 수 없게 된다. 이 점에서 분단체제론이 남북한 지배 세력을 경시한 측면, 즉 공통의 이해관계를 부각시킨 긍정적 측면에도 불구하고, 이 측면을 지나치게 강조함으로써 그 대립적 측면을 부차화시키는 역편향을 일으켰다고 할 수 있다. 또한 분단체제를 남북한 체제의 독특한 결합으로 보고 이것을 경계로 해서 세계체제라는 환경 속에서 이런 자기 완결성과 재생산성을 가지는 것으로 보는 것은 잘못하면 분단 재생산의 기제가 한반도 내에 내재적이라고 보는, 따라서 이 기제에서 외세는 배제되는 결과를 가져올 가능성이 크다.

분단체제론의 또 다른 논거인, 북한이 자본주의 세계경제의 일부라는 주장 역시 문제가 많기는 마찬가지다.[21] 다시 북한을 자본주의 세계경제의 일부로 봐야 하는 근거는 명시하지 않았지만, 이 이론이 준거틀로 삼고 있는 세계체제론의 주장, 즉 현실 사회주의 국가도 자본주의 세계경제의 일부였다는 주장과, 소련과 동구의 몰락은 "사회주의권이 …… 자본주의 세계경제와 동일한 차원의 세계체제는 아니었음을 확인한 셈"(《지구 시대》, 90)이라는 명시적인 지적이 있다. 우선 후자는 사후적이고 역사적인 정당화일 뿐이다. 왜냐하면 10살에 죽은 어린이가 90살까지 장수한 노인하고 같은 차원의 인간이 아닌 것은 아니듯이 체제의 수명이 체제의 수준을 결정하는 것은 아니기 때문이다. 또 다른 근거인 세계체제론은 ① 현실 사회주의권도 한계적 수준이지만 교역 을 통해 자본주의 세계경제에 참여하고 있었고, ② 상품 생산과 가치 법칙이 존재했기 때문에 이 사회들이 동구 몰락 이전에도 '세계사회주의 경제체제'가 아니라 자본주의 세계경제의 일부였다고 주장하고 있다.[22] 여기에서 확실히 하고 넘어갈 것은 이 사회들이 생산양식은 사회주의지만 자본주의 세계경제 에 참여하고 있던 일부라는 뜻이 아니라 생산양식 자체도 자본주의였다는 주 장이다.[23] 그러나 이것은 자본주의를 노동의 상품화라는 생산관계를 기준으 로 파악하는 것이 아니라 '유통주의적'인 접근이다.[24] 물론 분단체제론이 세계 체제론과 달리 북한이 생산양식은 사회주의지만 자본주의 세계경제의 일부 라는 주장을 하고 있는 것일 수도 있다. 그러나 과연 극소량의 경제 교역을 이 유로 북한이 줄곧 자본주의 세계경제의 일부였다고 주장할 수 있을지는 극히 회의적이다(아래 참조).

이런 개념적 문제들은 일단 제쳐놓더라도, 진짜 문제는 '전통적' 방식대로 (동구 몰락 이전의) 남북한 사회를 각각 세계체제의 하위 체제인 세계자본주 의 경제체제와 세계사회주의 경제체제의 하위 체제의 한 구성 부분들로 보는 견해와 분단체제론처럼 이것을 뭉뚱그려 하나의 '분단체제'의 구성 부분들 로 보는 견해 중 어느 것이 백 교수의 표현대로 "한반도 전체 현실을 훨씬 효 과적으로 설명할 것"(《분단체제》, 292)인가 하는 문제다. 결국 이 문제는 5·16, 유 신, 한국 자본주의의 전개, 북한의 '주체사회주의화' 같은 남북한 사회의 역사 적 전개에 있어 분단체제론이 주목하는 분단 상황('분단체제')이 더 규정적이 었는가, 아니면 양 체제의 차이에서 연유하는 상이한 내적 동학과 세계자본 주의체제/세계사회주의체제(전통적 시각이 주목해온)가 더 큰 규정력을 미쳤

느가 하는 문제, 즉 남북한 사회에 대한 규정성의 우위성에 관한 평가에 따라 좌우된다. 이 문제에 대해서도 분단체제론이 분단의 규정성을 과대평가하고 있다는 느낌을 피할 수 없다.

(2) 비교 '분단 사회학'적 시각에서 본 분단체제론

분단체제론이 지닌 또 다른 문제점은 이 이론이 한반도의 분단을 '특권화'하고 있다는 점이다. 즉 분단체제가 "세계체제의 역사에서도 **특정한 시기에 동아시아라는 특정 지역에 자리잡은 독특한** 하위 체제"(《분단체제》, 292)라고 주장하고 있지만, 분단체제가 지리적 개념이 아니라면 왜 하필 한국의 분단만이 분단체제이고 다른 나라의 분단은 분단체제라고 볼 수 없는지를 밝혀줘야 한다. 다른 분단국에는 "분단체제라고 함직한 어떤 구조가 성립되어 있지는 않았다"[25]고 하는데, 그 구조가 무엇이냐는 것이다. 이 문제에 대해 명시적으로 밝히고 있지 않지만, 우선 상정할 수 있는 것은 앞에서 살펴본 지속성과 재생산성, 지배 세력의 공통의 이해관계(분단 유지)일 것이다. 그러나 지속성과 재생산성에서 독일이나 베트남 등과 (그 기간은 차이가 있어도) 근본적으로는 별 차이가 없다. 공통의 이해관계는 그 타당성에 이미 문제를 제기했지만, 설사 그것이 강하게 존재한다고 해도 다른 분단국의 분단 상황 때에 비교하면 역시 정도의 차이일 뿐이다. 사실 소련 몰락 이전(1988년)에 쓴 글이기는 하지만 백 교수 자신이 독일이 한반도보다 분단 고착 가능성이 높다고 주장한 바 있다(《새 단계》, 96). 독일은 "분단 모순의 해결과 더불어 아무렇지도 않게 통일"했는데 한반도는 그렇지 못하다는 지적은 이런 차이가 한반도의 분단만이 분단체제인 또 다른 이유일 수 있지만, 곰곰이 생각해보면 분단 모순의 구체적 내용의 차이가 분단체제 여부를 결정한다고 주장할 수는 없다.[26]

독일과 한국의 결정적 차이라고 할 수 있는 반민주성과 반자주성(이것은 분단체제론이 주목하는 한반도 분단 모순의 두 측면이다)이 한반도의 분단만을 분단체제라고 봐야 하는 논거라고 주장할 수도 있다. 그러나 이것은 순환 논법에 불과하다. 즉 반민주성과 반자주성에 결합된 분단만이 분단체제라고 자의적으로 정의하고, 그 기준에 따라 독일 분단은 반민주성과 반자주성에 결합되지 않았으므로 분단체제가 아니었다고 주장하는 꼴이다. 이 문제에 관련해 자유민주주의화라는 낮은 수준의 민주화도 한국에서는 불가능하다는 PD의 주장(신식파시즘론)을 인용하면서, 그 주장은 맞지만 다만 그 원인을 신식파시즘에서 찾는 것은 잘못이고 사실은 분단체제 탓(Paik, 78)이라고 분석한 주장이나, 남한은 "분단국임으로 해서 …… 끝끝내 그것이 계급적 헤게모니를 정착할 수 없는 취약성"을 갖는다는 주장을 살펴볼 필요가 있다. 이 주장들은 분단의 규정력을 강조하는 논거로 사용되고 있지만 문제가 많다. 즉 그렇다면 분단하의 서독은 어떻게 해서 자유민주주의와 계급적 헤게모니를 정착시킬 수 있었고, 북한도 최소한 계급적 헤게모니(물론 그것이 '진정한' 것인지는 논란의 여지가 있지만)를 정착시킬 수 있었느냐는 것이다. 이것은 문제가 분단 자체에 있는 것이 아니라 (PD의 주장대로) 종속성과 '예외적'인 계급적 역관계에 있다는 것을 보여준다. 또한 독일은 그렇다 치고 베트남과 중국(본토와 대만)의 분단을 분단체제로 볼 수 없는 이유는 무엇인가?

분단체제라는 개념의 이런 '작위화'에 따른 문제점은 (비록 "역설적 표현"이라는 주해가 달려 있기는 하지만) **분단 없는 분단체제의 성립**"에 대한 염려라는 표현(《지구 시대》, 121)에서 가장 극적으로 나타난다. 이것은 분단이 극복돼도, 즉 통일이 돼도 분단체제는 남을 가능성을 시사하는 표현으로, 분단 극복과 통일이 분단체제 극복하고는 별개의 것이라는 것을 의미한다. 이것은 일종의 양날의 칼이다. 통일이 되더라도 그 통일이 자주적이고 민주적인 통일이 아니어서 비자주성과 반민주성을 제거 내지 최소한 대폭 감소시키지 못하는 한 분단체제는 존속할 것이라는 의미로서, 요즘처럼 비자주적이고 반민주적인 통일의 가능성(흡수 통일)이 높아진 상황에서는 그런 통일이 실현될 경우 그 현실 속에서도 분단체제론을 구해줄 수 있는 '최후의 도피처'로 기능할 수 있다. 그러나 이것은 앞에서 봤듯이 분단체제를 재생산성을 가진 분단 일반

이 아니라 반민주적이고 비자주적인 분단 상황에 자의적으로 국한시켜야만 통일이 되더라도 그 통일이 비자주적이고 반민주적인 통일이면 분단체제는 남아 있다('분단 없는 분단체제')고 이야기할 수 있게 해준다는 점에서 지나친 '개념의 폭력'이라는 느낌이 든다. 뿐만 아니라 이것은 분단체제론이 스스로 자랑하는 바와 달리 자주화, 민주화, 통일을 일체화하는 이론이 아니라는 것을 스스로 보여주고 있는 셈이다.

이런 문제점은 결국 분단체제라는 것이 있다면 그것을 규정하는 질적 특성은 어떤 것들인지를 검토하고 그 정의 아래에서 분단 사례들을 실증적으로 분석해 분단체제를 가리는 방식이 아니라, 한반도의 분단에서 그 특성을 추출한 뒤 그것을 분단체제의 특성으로 삼고서 그 기준에 따라 분단 사례를 검토하는 방식으로 한반도만이 분단체제라는 결론에 이르렀기 때문에 생긴 결과가 아닌가 싶다. 분단체제라는 개념화를 하려면, 한반도를 특권화시키는 이런 이론화보다는 독일과 베트남 등도 분단체제로 보고서 그 구체적인 내용의 차이를 비교 분석하는 것이 바람직하지 않을까?

(3) 세계체제론

분단체제론은 분단을 하나의 체제로 볼 뿐 아니라 이 분단체제를 세계체제론적 시각에서 세계체제의 하위 체제로 간주하기 때문에, 분단체제론에 관한 평가는 세계체제론에 대한 평가까지 나아갈 수밖에 없다. 이 문제에 관련해 세계체제론의 문제 중 북한 등 현실 사회주의 사회들을 자본주의 세계경제의 일부, 나아가 자본주의적 생산양식으로 보는 시각이 지닌 문제점은 이미 지적한 바 있다. 다만 한 가지 덧붙일 것은 세계체제의 하위 체제로서 분단체제라는 인식이 일국 단위를 상정한 논의의 한계에 대한 문제 제기(《분단시대》, 16)로서는 정당하지만, 문제는 세계체제의 하위 체제로서 분단체제라는 문제의식 자체가 아니라 세계체제와 '분단체제'라는 것의 구체적인 연관을 과학적으로 규명하는 데 있으며, 이 문제를 규명하는 데 분단체제론이 아직 특별히 기여하고 있는 것이 없고 앞으로도 특별히 다른 이론보다 더 기여할 만한 잠재력이 있는 것도 아니라는 사실이다. 그리고 세계체제적 시각 그 자체는 분단체제론이 아니어도 이미 숱하게 거론됐으며, 결코 새로운 것이 아니다.

3) 비판적 평가 2 — 분단모순론

분단체제론이 분단 모순에 관련해 제기하고 있는 문제는 크게 보아 두 가지다. 하나는 병렬주의의 문제로, 기존의 논의가 한국 사회의 모순 구조를 파악하는 과정에서 여러 모순을 나열하는 병렬주의에 빠져 있다고 비판하면서 분단체제론은 이런 상황을 극복하는 데 기여한다는 것이다(《분단체제》, 289, 295). 또 다른 하나는 분단 모순의 위상으로, 분단 모순이 주 모순이라는 것이다.

(1) 분단체제론은 병렬주의를 극복했는가

언뜻 보기에 분단 모순이 주 모순이라는 주장은 여러 모순 간에 위계성을 부여함으로써 병렬주의를 극복한 것처럼 보인다. 그러나 주 모순의 설정 같은 수준을 병렬주의의 극복으로 이해한다면 다른 이론도 병렬주의를 극복했다. 왜냐하면 다른 이론들도 단순한 병렬이 아니라 무엇이 주 모순인지를 밝히고 있기 때문이다. 특히 자신의 주장처럼 분단 모순 자체가 여러 모순이 중첩된 '복합 모순'(《분단체제》, 295)이기 때문에 분단 모순을 구성하는 여러 모순 간의 위계성과 관계를 밝히지 않는 한, 병렬주의는 다시 뒷문으로 들어오고 있는 셈이다. 이것이 아니라 분단 모순이 민주화, 자주화, 통일을 일체화시킨 이론이기 때문에 병렬주의를 극복한 것이라고 주장하더라도 사태는 마찬가지다.[27] '선통일, 후변혁'론이나 '선변혁, 후통일'론도 우선 과제를 지시하고 있다는 점에서는 병렬주의를 극복했다. 따라서 여기에서 문제는 병렬주의가 아니라 어느 것이 맞는 이론화냐는 것이다.

병렬주의 문제를 분단 모순의 내용에 관련시켜 살펴보는 것도 이해를 도와준다. 분단 모순은 "분단이라는 특수 상황에서 여러 모순이 결합되어 이룩된 복합 모순"으로서 민족 모순과 계급 모순이라는 두 개의 변수를 동원한 "2차 방정식의 차수를 높이는 것이 아니라 많은 변수의 다원 방정식을 필요"로 한다는 지적(《분단시대》, 14)은 분명히 맞다. 사실 분단 모순의 발생은 민족 모순과 계급 모순 이외에도 진영 모순, 부차적으로는 패망한 제국주의 일본과 승리한 제국주의 미국 간의 모순(제국주의 간의 모순)이 개입돼 있으며, 이후 '분단체제'의 지속은 민족 모순, 계급 모순, 진영 모순(소련과 동구의 몰락 이후는 거의 소멸했지만), 그리고 '민족 내 체제 모순' 등이 관계돼 있다. 어쨌든 분단 모순의 내용에 대한 분단체제론의 구체적인 입장은 모호하다. 우선 분단 모순을 자주화와 민주화라는 두 측면으로 보는 것은 분단체제론이 비판하는 2차 방정식의 한 종류다. 그러나 분단 문제는 "민족 역량의 배치라든가 진영 모순의 개입 양식 등 신식민지 사회의 규정성 범주에 포함되지 않는 요인을 고려해야" 한다는 주장(《새 단계》, 42)이나 분단 모순은 내적 모순, 민족 모순, 진영 모순, '반도 내적 모순'(이 글의 용법으로는 '민족 내 체제 모순')이 관련돼 있다는 주장(Paik, 78)은 분명히 2차 방정식 이상의 변수의 다원화를 달성했다. 그렇지만 이 경우 이 모순들이 어떤 식으로 결합해 분단 모순을 구성하고 있는지를 밝히지 못한 채 병렬함으로써 병렬주의를 극복하지 못하고 있다.

결론적으로 분단모순론은 병렬주의를 극복하지 못했고, 다른 이론들보다 이것을 극복할 수 있는 잠재력이 선험적으로 큰 것도 아니라고 하겠다. 그리고 단순한 변수의 다원론은 새로운 것이 아니다.[28] 여기에서 분명히 해둘 사실은 이런 비판이 분단체제론에 병렬주의를 극복하기를 요구하고 분단체제론이 이 문제를 극복하지 못했다며 비판하는 것은 아니라는 점이다. 병렬주의는 다른 이론도 극복하지 못한 문제인데, 분단체제론, 그것도 체계화되지 않은 분단체제론에 이 문제를 극복하라고 요구하는 것은 무리다. 비판의 초점은 분단체제론이 다른 이론을 병렬주의라고 비판하면서 자신은 병렬주의의 극복에 기여하고 있다고 주장하지만 사실은 그렇지 못하다는 것일 뿐이다.

(2) 분단 모순은 주 모순인가

분단 모순은 주 모순인지를 따져보기에 앞서 분단 모순이 정확히 무엇을 의미하는지를 짚고 넘어갈 필요가 있다. 분단 모순은 단순한 남북한 체제 간의 모순이 아니라 **남북한 민중 대 분단체제 간의 모순**이라는 분단체제론의 주장(《새 단계》, 99)은, 앞에서 지적한 '분단체제'라는 개념의 문제점을 일단 덮어둘 경우 당연시돼온 문제를 좀더 엄격하게 규정해낸 중요한 공헌이다. 결국 이것은 분단 모순이 통일 지향 세력 대 분단 고착 세력 간의 모순이라는 이야기인데, 문제는 '통일 지향 세력=남북한 민중, 분단 고착 세력=남북한 지배 세력'이라는 등식이다. 앞에서 봤듯이 남북한 지배 세력이 분단 고착 세력이 아니라 힘의 역관계에 따라 그중 하나는 분단 고착 세력이고 다른 하나는 분단 혁파 세력이었다면, 통일 지향 세력 대 분단 고착 세력 간의 모순인 분단 모순은 1960~1970년대의 경우 남북한 민중과 북한 (지배 세력) 대 남한 지배 세력 사이의 모순이 되고, 1980년대 후반 이후는 남북한 민중과 남한 지배 세력 대 북한 지배 세력의 모순이 되는바, 모순의 대립쌍의 내용이 시기에 따라 달라진다는 문제를 야기한다. 이런 비판에 대해 남북한 지배 세력은 '진정한 의미의 통일'(즉 단순한 분단 극복이 아니라 '분단체제'의 극복)을 지향하지 않으므로 통일 지향 세력으로 볼 수 없다고 반박할 수 있지만, 이런 주장은 앞에서 봤듯이 분단체제의 작위적 개념화에 기초한 또 하나의 '개념의 폭력'이다.

다음은 분단 모순이 주 모순인가 하는 문제다. 기본 모순이 높은 추상성의 사회구성체 수준의 모순이고 주 모순은 구체적인 특정 사회에서 사회구성체의 수명보다는 기간이 짧은 특정 시기 동안에 주되게 나타나는 모순이라는 시각에서 보면,[29] '분단 모순=주 모순'론은 분단 여부를 기준으로 한 분단 시대라는 '시대 구분'에 기초한 모순의 파악일 것이다(**그림 1** 참조).

'분단 모순=주 모순'론이 그동안 사회과학계에서 관심을 끌지 못한 이유는 분단이라는 아주 특수한 '개별성'이 과연 주 모순이 될 수 있는가 하는 의문, 나쁘게 말하면 '도식적인 관성'의 탓인 측면도 크다. 그러나 새로운 모색이 불

그림 1

주 모순= 민족 모순	주 모순 =분단 모순	주 모순 ?
식민지 시대 (1단계)	분단 시대 (단계 2)	통일 시대 (단계 3)

기본 모순

가피한, 따라서 뭔가 새로운 '역사적 상상력'이 필요한 현시점에서는 이런 선입견을 의도적으로라도 접어두고 이 주장을 한번 살펴볼 필요가 있다. 이런 관점에서 볼 때, 분단 시대라는 시대 설정 아래에서 분단 모순이 주 모순이 되는 것은 논리적으로 하자가 없다. 문제는 무엇을 기준(분단 여부 아니면 다른 그 무엇)으로 시대 구분을 하느냐 하는 그 잣대의 타당성일 것이다.

여기에는 크게 보아 두 가지 가능성이 있다. 하나는 주체적인 문제의식 내지 문제 설정을 그 기준(따라서 무엇을 주 모순으로 볼 것인가의 잣대)으로 삼는 것이다. 다른 하나는 한 사회의 '객관적'인 구조적 총체에 대한 '과학적' 분석에서 그 사회의 주된 규정력과 주된 갈등의 축을 찾아내는 것이다. 문제는 이 양자의 '변증법적 통일'을 기하는 것이고, 이 중 하나만을 강조하면 각각 '주관주의적' 편향과 '객관주의적' 편향에 빠지게 되지 않을까 싶다. 이런 문제의식에서 볼 때, 분단 시대 설정과 '분단 모순=주 모순' 설정이 첫째 의미의 설정이라면, 이것은 분단 극복의 의지라는 주체적 문제의식의 발로라고 볼 수 있다. 그러나 여기에서 문제는 과연 분단 극복이 한국 사회의 가장 중요한 과제인가 하는 가치 판단의 문제고, 이것에 대해서는 결국 다양한 입장이 가능할 것이다. 그렇지 않고 둘째 의미(객관적 의미)의 '분단 모순=주 모순'론이라면, 과연 분단이 '객관적으로' 한국 사회의 가장 주된 규정력을 가지며 가장 주된 갈등의 축인지를 따져 봐야 한다. 이런 문제는 복잡하고 논쟁적인 주제이지만, 앞에서 봤듯이 분단의 규정력의 (최)우위성 가설은 잘못된 것이 아닌가 싶다.

이 밖에 '분단 모순=주 모순'론은 바로 위에서 지적한 그 모순의 대립쌍이 변한다는 문제(대립쌍의 내용이 변하는 주 모순?)가 있다. 이 문제에 관련, 분단 모순의 내용이라고 주장하는 비자주성과 반민주성의 내용 자체도 시기에 따라 변화해왔다는 문제(그 내용이 바뀌는 주 모순?)가 있다. 1940년대 말과 1950년대 초의 반민주성과 비자주성은 제국주의와 봉건 지주 대 민중의 대립이었다면, 농지개혁이 완료된 1950년대 후반에는 제국주의와 종속적 자본 대 민중의 대립이고, 1980년대에는 제국주의와 종속적 독점자본 대 민중의 대립이 아니었을까?

여기에서 '분단 모순=주 모순'론을 PD의 주 모순론(민족 모순과 계급 모순)과 비교해보는 것이 의미가 있다. 분단 모순의 내용이 민주화와 자주화라는 점에서 이것은 '계급 모순과 민족 모순'하고 사실상 다를 바 없다는 점이다.[30] 그렇다면 동일한 것을 가리킬 바에야 PD식으로 두 개의 주 모순을 이야기하느니 둘을 하나(분단 모순)로 부르는 것이 '경제적'이다. 그러나 '분단 모순=주 모순'론은 그 반대급부로 PD가 주 모순으로 보는 계급 모순과 민족 모순의 결합 결과 중 분단 이외의 것들을 놓치고 마는 손실이 있다. "분단 모순이 민족 모순을 포괄하는가, 민족 모순이 분단 모순을 포괄하는가" 하는 문제 제기(《좌담: 민족통일》, 45)를 통해 분단 모순을 민족 모순의 발현태로 보는(민족 모순이 분단 모순을 포괄하는) NL에 대해서도 간접적으로 비판을 가하고 있지만, 그 대안으로서 분단 모순이 민족 모순을 포괄한다고 보는 것(분단 모순이 복합 모순이므로)은 분단 모순 내의 민족 모순 이외의 요소를 볼 수 있게 만드는 반면에 분단 모순 이외의 민족 모순의 발현 현상을 경시하게 만드는 효과가 있는 것 같다.

마지막으로 위의 비교 분단 사회학적 입장에서 보면, 북한, 통일 전 독일, 베트남에서도 분단 모순이 주 모순이어야 하는데 과연 그런지, 그렇지 않고 남한 내지 남북한에서만 분단이 주 모순이라면 왜 그런지가 설명돼야 한다.

4) 비판적 평가 3 — 민족 모순과 자주화

분단체제론은 민족 모순에 대해서도 중요한 문제 제기를 하고 있다. 즉 민족 모순과 자주화의 문제를 단순히 남한 정부의 예속성이 아니라 북한을 포함한 **"분단체제 전체의 비자주성"**(《지구 시대》, 120)의 문제로 바라봐야 하며, 분단체제가 "북한의 자주성도 제약하며 내부 모순을 심화"시키고 있다는 점을 인식해야 한다(《분단체제》, 292)는 발본적인 의식 전환의 필요성을 주장하고 있다. 자주의 기준이 "자신에게 필요하고 자신이 소망하는 바를 남의 간섭 없이 성취할 수 없는 상태"라고 본다면(《분단체제》, 292), 북한도 그다지 자주적이지 않으며 민족 모순 때문에 자주성이 제약받고 있다는 것이다.

이런 문제 제기는 북한의 '주체사회주의'의 '자주성의 신화'를 깨뜨리고, 북한이 자랑할 수 있는 자주성의 이면에는 동전의 앞뒤 관계처럼 자주성을 지키기 위한 '고립'과 폐쇄성에서 연유하는 그 대가로서 행동의 제약, 즉 '비자주성'이 도사리고 있다는 것을 직시하게 해준다. 그러나 이것을 민족 모순이 (직접적으로 또는 복합 모순인 분단 모순을 통해) 북한(북한 민중)에도 작동한다고 보고, 그런 상황이 자주성 제약의 한 원인이라고 파악하는 것은 무리가 아닌가 싶다.[31] 더 구체적으로 말해, 과연 민족 모순을 미국 등 제국주의 대 북한 민중에도 적용할 수 있느냐는 것이다. 오히려 미국 대 북한 민중 간의 모순은 북한 지배 세력과 북한 민중 간의 내적 모순(계급 모순?)을 매개로 한 진영 모순이고, 북한의 행동 제약('비자주성')은 민족 모순이 아니라 이런 진영 모순의 결과라고 보는 것이 더 합리적이지 않을까? 분단체제론의 발상대로 하면 미국 대 구소련 민중, 미국 대 사회주의화 이후의 중국 민중, 쿠바 민중과의 모순도 민족 모순이다. 물론 그렇게 부르지 못할 이유는 없다.[32] 그러나 이것은 민족 모순이 무엇이냐, 위계적인 자본주의적 국제 분업에 들어가 있지 않은 사회주의권에도 이것을 적용할 수 있느냐 하는 단순한 개념화의 문제가 아니다. 민족 모순을 분단체제론처럼 탈역사해 광의로 정의할 경우, 위계적

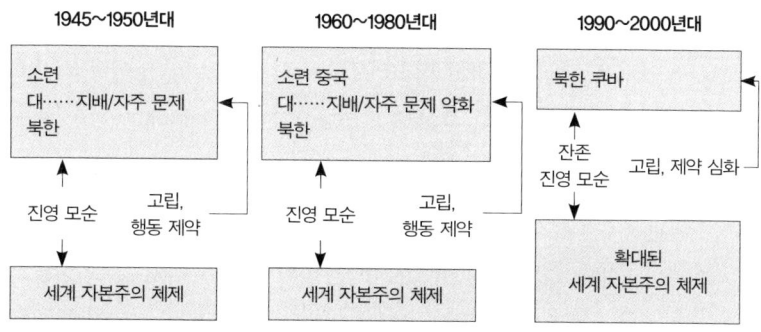

그림 2

인 자본주의 세계경제의 국제 분업 속에서 그 결과로 생겨나는 자주성의 제약과 모순(제국주의와 제3세계 민중 간의 모순이라는 전통적 의미의 민족 모순)을 이런 국제 분업과 세계자본주의체제에 참여하지 않음으로써 발생하는 '고립'에 연관된 갈등(진영 모순)과 자주성의 제약하고 구별할 수 없게 된다. 뿐만 아니라 이런 경우 이를테면 미국 민중이 북한 방문 교류나 투자라는 "자신이 소망하는 바를" 북한 때문에 성취할 수 없다는 점에서 북한과 미국 민중 사이에도 '민족 모순'이 생겨나며 북한 때문에 미국 민중이 '자주성의 침해'를 경험하게 된다고 말해야 한다.

시야를 북한에 좁히더라도 북한 민중과 미국 사이를 진영 모순으로 보는 것이 민족 모순으로 보는 것보다 유용하다. 왜냐하면 민족 모순으로 볼 경우 분단 이후 현재까지 북한 사회의 전개와 '자주성'의 제약이 민족 모순이라는 단일 변수에 따라 별 변화 없이 고정적으로 설명되는 반면, 진영 모순으로 볼 경우 진영 모순이 있던 1980년대 말까지 일어난 상황(소 단계로서 중소 이념 분쟁, 북한의 '주체화' 이전과 이후)과 이 모순이 소멸한 뒤의 상황 등을 차별화해 역사적이고 동태적으로 파악할 수 있게 해주기 때문이다(**그림 2** 참조).

남북한의 자주성 논의에 사용되는 자주성 개념도 민족 모순의 개념처럼 탈역사화된다. 즉 행동 제약('비자주성')의 내용과 원인의 차별성을 파악할 수 있도록 역사 특수적 개념으로서 자주성(이것은 역사 특수적 의미의 민족 모순의 대당이다) 개념을 사용하는 것이 아니라 "자신이 소망하는 바를 ……" 식으로 이 개념을 탈역사화하고 형식적으로 추상화하고 있다. 이런 의미로 자주성을 사용할 경우 미국을 포함해 자주적인 국가는 어디에도 없다. 자주성/'비자주성'은 이렇게 추상적인 개념이 아니라 ① '상호의존적'인 선진국 간의 상호연관성에서 생겨나는 행동의 제약, ② 세계자본주의체제의 지배/종속 구조에서 연유하는 제3세계의 비자주성, ③ 진영 모순과 세계자본주의경제에서 고립된 데에서 연유하는 소련 등 '선진' 사회주의국의 행동의 제약, ④ ③의 제약 이외에도 사회주의권 내의 위계적 관계에서 생겨나는 제약이 더해진 '발전 도상의 사회주의국'(쿠바, 북한 등)[33]의 행동의 제약을 구별할 수 있도록 정의돼야 한다. 또한 이런 개념의 탈역사화와 비구분은 민족 모순(제국주의와 제3세계 민중 간의)과 '민족 문제'(선진 자본주의 민족 간의 문제 내지 제3세계 민족 간의 문제)를 구별하지 않고 한데 뭉뚱그리는 분단체제론의 경향에도 관계가 있지 않나 싶다.[34]

5) 비판 4 ― 변혁론

변혁론 분야에서도 분단체제론의 문제 제기들은 의미심장하다. 우선 '선민주, 후통일', '선통일, 후민주'만 있었지 양자의 일체화에 관한 효과적인 이론이 없었다는 비판(《분단체제》, 299), 그리고 민주화, 자주화, 민중 해방, 통일을 하나로 아우르는 이론이 필요하다는 주장은 그동안의 운동에 대한 중요한 문제 제기다. 분단체제론이 그런 이론을 발전시켰다고 이야기할 수는 없지만, "그런 이론의 필요성과 가능성을 전보다는 구체적으로 제시한 것"이라는 주장(《분단체제》, 230)에도 부분적으로 동의할 수 있다. '부분적으로'라는 유보 조항이 필요한 이유는 분단체제론이 그 필요성을 제시한 것이라는 데는 전적으로 동의할 수 있지만, 그 가능성을 더 구체적으로 제시한 것인가에 관한 판단은 아직 미지수라고 보기 때문이다. 이 문제는 앞으로 분단체제론이 증명해 보여야 할 과제이고, 분단체제론이 분단 모순의 구체적인 내용(그 구성 요소와 그 요소들 사이의 복합적인 규정 관계)을 밝혀줄 때 비로소 해결될 수 있는데, 아직은 그렇지 못하다고 할 수 있다. 또한 위에서 지적했듯이 '분단 없는 분단체제'라는 표현이 시사하는 바처럼 비민주적이고 비자주적인 통일의 가능성은 자주화, 민주화와 분단 극복 사이의 연관 관계가 취약하다는 것을 반증해준다.

분단('체제')하에서 민중 변혁이 지닌 한계의 부각, 통일을 기준으로 한 자주와 민주의 단계화라는 분단체제론의 변혁론적 기여는 이미 지적한 바 있다. 그러면 분단체제론의 변혁론적 모형은 어떤 것인가? 기본적으로 '선민주(개량 내지 부분 민주·부분 자주)-통일-후변혁'론이라고 할 수 있다. 이 점에서 내용과 접근 방식 등에서 일견 상반되는 듯하지만, 이종오 교수의 시나리오('선민주, 후통일', '선통일, 후변혁'='선민주-통일-후변혁')하고 흡사하다.[35] 이 모델은 일단 현재의 정세에 비춰 가장 '현실주의적'인 모델인 것 같다. 그러나 문제도 적지 않다. 우선 이 모형은 분단하에서 가능한 민주와 자주의 내용, 즉 '선민주'의 내용을 구체화해 보여줘야 한다. 그러나 아직까지 **분단하에서는 민중 권력의 창출이 불가능하다, 나아가 자유민주주의의 획득도 불가능하다**(Paik, 80)는 '부정적 어법'만을 보여주고 있다. 그렇다면 완전한 자유민주주의 이하의 그 무엇이 될 것인데, 분단체제가 허용할 수 있는 그 한계가 무엇인지가 궁금하다. 뿐만 아니라 통일이 되기 전에는 자유민주주의 정도도 불가능하다는 주장은 신식민지국가독점자본주의하에서는 자유민주주의가 불가능하다는 경제환원론적 주장만큼이나 지나치게 비관적이며 분단의 효과를 과대평가하는 '분단 결정론적 숙명론'이 아닌가 싶다.

다음의 문제는 분단체제론의 변혁론 중 '통일, 후변혁' 부분이다. 통일이 변혁으로 이어지는 매개 고리에 관한 단서는 "분단체제의 붕괴를 통해 가능해질 민중 주도성의 획기적 강화"라는 한 소장 학자의 주장[36]에 대한 인용과 이 주장에 대한 동조((분단체제), 299)다. 민중 주도성 형성에 분단이 끼쳐온 부정적 효과를 생각할 때 이것은 중요한 관찰이다. 그러나 문제는 그 동전의 뒷면으로서 통일이 가져올 '역계기화'다. 노동자 계급 등 민중 역량이 상당히 축적돼 있는 독일에서도 통일에 따른 구동독 지역의 폐해에 대한 반사 작용, 동독 노동자들의 가세에 따른 노동시장의 분열 등으로 통일이 오히려 민중운동의 약화로 나타나고 있는 점을 주목할 필요가 있다. 게다가 세계적인 역관계의 변화와 국내적 세력 배치, 정세 등을 고려할 때 더욱 그러하다. 물론 민중 주도성 강화의 계기와 그 역계기 중 어느 것이 지배적이 될 것인지는 이런 요소들 말고도 '어떤 통일'이냐에 따라 달라지게 된다. 여기에서 우리는 일종의 딜레마에 빠지게 된다. 분단체제론의 주장대로라면 분단하에서는 자유민주주의도 불가능한 것인데, 이것은 분단하에서는 민중 주도성과 민중 역량이 자유민주주의 정도도 쟁취해내지 못할 만큼 취약한 수준으로 성장할 수밖에 없다는 이야기에 다름 아니다. 따라서 통일 역시 민중 주도적 통일이 아니라 (자유민주주의도 완전히 허용하지 않을 정도로) 극히 부분적으로 개량이 됐지만 근본적으로는 반(내지 극히 '부분')민주적이고 반(내지 극히 '부분')자주적, 반민중적, 자본 주도적인 통일이 될 수밖에 없고, 이것은 통일 뒤 역계기화의 우세를 예고하는 것이다.

이 문제에 관련해 "남한 민중이 …… 고집이라도 부릴 경우 (외세, 반자주적 지배세력 등이) 좀더 자주적인 통일이라도 시켜줄 수밖에 없"(《민중운동》, 56)기 때문에 민중의 통일운동이 중요하다는 논리를 살펴볼 필요가 있다. 이 논리대로 반민중적 통일 가능성이 높기 때문에 그만큼 통일운동이 중요할 수 있다. 그러나 그런 논리라면 분단체제론이 관념론이라고 비판한 PD적 통일관과 변혁관 역시, 분단과 현 정세하에서도 근본적인 민중 변혁이 가능하고 따라서 민중 변혁 후 통일을 해야 한다는 주장이 아니라 분단체제하에서 민중 주도성 확보가 그만큼 어렵고 '어떤 통일'(민중 주도적 또는 자본 주도적)인가가 통일 후 민중 주도성의 강화나 약화 여부에 중요하기 때문에라도 "남한 민중이 민중 주도성과 민중 변혁을 고집할 경우, 좀더 민주적 개량이라도 시켜

줄 수밖에 없고, 그래야 그 결과 좀더 자주적·민중적인 통일이라도 가능하다"는 이데올로기적 효과와 담론적 효과를 노린 개입으로 볼 수도 있다.[37]

그러면 통일운동은 구체적으로 어떻게 전개돼야 하며, 통일운동과 민주화운동의 관계는 어떤 것인가? 통일운동은 "민중이 각각의 구체적 생활 현실에 근거하여 분단체제의 비자주성과 반민주성과 싸워가는 운동"이라는 주장(《민중운동》, 54)은 올바른 지적이다. 이것은 통일운동의 독자적인 내용이 따로 있는 것이 아니라 구체적인 생활 현실 속에서 비자주성과 반민주성에 대한 투쟁(반제반파쇼, 반독점 등)이 바로 통일운동이라는 과거 PD의 주장과 사실상 유사한 것이 아닌가 싶다. 문제는 '구체적 생활 현실'이 무엇인가 하는 것인데, 분단체제론은 이 문제에 대해 침묵하고 있다. 반면에 오히려 위의 주 모순(내용의 변화) 부분에서 부분적으로 지적했듯이 바로 그 '구체적인 생활 현실'이라는 것이 크게 보아 한국 사회의 사회구성체의 역사적 전개에 따른 특정 시기마다 상이한 비자주성과 반민주성의 구체적인 성격이고, 바로 그것을 밝히려 한 시도가 사회구성체 논쟁이 아니었나 싶다.

분단체제 극복을 위한 남북한 민중의 연대(《분단체제》, 308) 역시 시야를 전 한반도로 확대한 중요한 문제 제기다. 그 문제의식의 정당성에도 불구하고 남북한 현실을 '현실주의적' 시각에서 바라볼 때, 이것은 분단하의 민중 변혁론만큼이나 당위론적이고 관념론적인 이상론이 아닌가 싶다. 범민련 등이 이런 연대라고 주장할 수도 있지만, 이런 형태를 북한 '민중'을 상대로 한 연대라고 보기 어렵고, 오히려 분단체제론의 분류에 따르면 남북한 민중의 대립쌍에 속하는 '북한의 지배 세력'(분단체제론의 용어로는 북한의 '기득권층') 내지 그 세력에 의해 '동원된 민중'을 상대로 한 연대로 봐야 맞는 것이 아닐까?[38]

마지막으로 시야를 세계체제로 넓혀 보면, 분단체제론은 **분단 한국 내의 개량**(부분 민주, 부분 자주화)─**분단체제 변혁**(통일 한국 변혁과) **세계체제 개량, 변혁**(《분단체제》, 305)이라는 시나리오를 갖고 있다. 이런 시나리오는 분단 극복과 소련과 동구의 몰락 이후 거의 전일화된 세계(자본주의)체제의 극복을 동시에 사고한다는 점에서 중요한 구상이다. 특히 일국 (국가)'사회주의' 실험의 실패와 '지구화' 추세 등을 감안할 때, 일국적 변혁이라는 것이 점점 어려워지고 설사 성공하더라도 생존 가능성 등에 극히 회의적인 현실을 감안할 때 그러하다. 월러스틴의 세계체제론이 최근 주목을 받는 것도 바로 이런 이유이지만, 분단체제론의 세계체제 변혁이라는 것이 세계체제론의 대안인 '세계사회주의 정부'인지 궁금하다.[39] 다만 "자본주의 승리의 연속이야말로 자기 모순을 격화시키는 원동력"이고 자본주의가 "놀라운 중·단기적인 대응력에도 불구하고 장기적으로는 대안이 거의 없"[40]기 때문에 세계체제가 "변증법적으로 극복"될 것이라고 밝히고 있는 정도다(《민중운동》, 56). 물론 세계적으로도 현상황에서 이 이상을 이야기한 학자는 내가 아는 한 아직 없는 것 같고, 나 자신도 세계 변혁은 자본주의화된 소련과 동구 등에서 '트로이의 목마'처럼 새로운 계급 모순과 민족 모순에 의해 구조적 문제들이 응집되는 등 중장기적으로는 자본의 승리가 패배로, 따라서 민중의 패배가 승리로 작동하게 될 것이라는 '트로이 목마론'을 개진한 바 있다.[41] 따라서 분단체제론에 이 이상을 요구하는 것은 공평한 일이 아니다. 그러나 앞으로 더욱 강화될 자본과 제국주의의 공세, 그 결과인 다수 민중의 고통을 생각할 때 "변증법적 극복"이라는 극히 모호한 기제에 희망을 거는 것으로는 부족해도 한참 부족하다는 느낌을 지울 수 없다. 답답한 일이다.

또한 분단체제의 변혁이 세계체제에 그만큼 큰 타격을 줄 것이라든가, 통일 한국의 새로운 연방 구조가 민족국가라는 현재의 세계체제의 단위의 새로운 모델을 형성하는 데 기여할 것이고(Paik, 83), 통일이 인간 해방 운동에 "희귀한 지혜의 경험"을 보태줄 것이라는 주장 등은 매우 창조적이고 중요한 관찰이다. 다만 이것을 지나치게 강조하는 경우 한반도와 한민족을 '특권화'시키는 (일상적 의미하고는 또 다른 의미의) '자국중심주의'에 빠질 가능성이 있다는 염려는 든다.[42]

4. 맺는 글

앞에서 백 교수의 분단체제론은 아직 체계적인 사회과학적 이론이기보다는 문제 제기와 '화두'의 성격이 강하다고 지적한 바 있다. 또한 분단체제론은 분단과 통일 문제에 대한 '진보적' 사회과학자들의 경시와 게으름에 보내는 '경고장'이자 한국 사회성격론과 변혁론에 관련된 '타성적 사고'에 대한 '꾸짖음'이기도 하다. 또한 분단체제론은 이 글에서 지적한 여러 문제점에도 불구하고 활발한 논의와 논쟁의 대상이 될 가치가 있는 많은 긍정적 측면을 지닌 중요한 문제 제기다. 특히 요즘 같은 '전환기'에는 꼼꼼한 논리적 치밀성만큼이나 창조적인 '역사적 상상력'이 필요한지도 모른다. 따라서 이 글 속에서 한 비판은 분단체제론의 이론적 '대차대조표'에 대한 '최종적 평가로서의 비판'이라기보다는 분단체제론이 생각하고 보완해야 할 '과제 제시로서의 비판'의 성격이 더 강하다. 한마디로 현수준에서 분단체제론에 관한 내 중간 평가는 분단체제론의 여러 이론적 측면과 보조 가설 등에는 동의할 수 없지만 '분단체제'를 백 교수식의 엄밀한 의미가 아니라 좀더 느슨한 수준의 의미로 사용하는 방식은 남북한 문제를 동시에 사고하는 데 도움이 될 수 있다는 것이다.

머지않아 통일 문제가 한국 사회의 제1의 쟁점으로 전면 부상하는 '통일 정국'이 도래할 것이 자명하다. 또한 통일에 대한 나름의 프로젝트를 갖지 못한 세력은 이런 정국과 그 뒤 이어지는 상황에서 정치적 영향력을 행사하기 어려울 것이라는 점에서 진보 학계와 민중운동 진영은 이 문제에 시급히 대비해야 한다.[43] 분단체제론은 NL의 '통일지상주의'하고는 또 다른 합리적이고 논리적인 시각에서 이 문제를 부각시킨다는 점에서 의미가 각별하다. 사실 진보 학계와 민중운동이 현실 변화를 사후적으로나 쫓아가는 '미네르바의 부엉이'에 머물러 있을 수는 없지 않는가?

왜 다시 '분단체제론'인가?

백낙청 교수의 반비판에 대한 답변

1. 여는 글

'천당과 지옥을 오간다'는 말이 있다. 극에서 극으로 치닫는 상황의 극적 반전이 반복되는 것을 의미하는 이 표현처럼 최근의 국내 정세는 남북 정상회담이라는 '희보'부터 소문 파동 이후 이이진, 괴기 군사정권에서도 찾아보기 어렵던 공안 히스테리로 나아가는 반전, 언제 그랬냐는 듯한 구 민중당 핵심 간부들의 민주자유당 조직책 임명 등 '널뛰기'를 하고 있다.

　물론 이런 상황은 현 집권 세력의 정책 결정에서 드러나는 '즉흥성', 나아가 더 근본적으로는 3당 통합에 따라 형성된 현 지배블록의 유동성과 헤게모니 전략을 둘러싼 권력 투쟁을 반영하고 있다.[1] 그러나 동시에 최근 정세, 특히 조문 파동은 우리 사회에 대한 분단의 규정력을 새삼 확인하게 해주는 한편 필자가 얼마 전 비판적으로 검토[2]한 바 있는 백낙청 교수의 '분단체제론'에 대해 다시 한 번 되새겨보게 만들었다. 그러던 참에 필자의 비판에 대한 반비판이라 할 수 있는 백 교수의 〈분단시대의 최근 정세와 분단체제론〉을 반갑게 읽었다.[3] 특히 백 교수의 글은 필자의 비판에 대한 답변 이외에도 최근 정세를 분단체제론의 시각에서 분석함으로써 일련의 사태 전개가 분단체제론이 올바른 이론화라는 사실을 입증한다는 주장을 펴고 있어 주목된다.

　이런 백 교수의 반비판에 대한 답변의 형식으로 쓴 이 글은 우선 백 교수의 반비판에 필자 나름의 재비판을 가한 뒤, 최근 정세에 대한 분단체제론적 해석에도 간단하게 의문을 제기하고자 한다.

2. 분단체제론을 다시 생각한다

이론적 논쟁은 대개 두 가지 상황에서 연유한다. 하나는 특정 이론의 특정 주장을 잘못 독해하거나 오해함으로써 벌어지는, 즉 학문적 의사소통의 과정에서 발생하는 논쟁('가상의 적'을 상대로 하는 논쟁)이고, 또 다른 하나는 정확한 의사소통이 됐는데도 이론적 입장이 달라 생겨나는 논쟁이다. 분단체제론 논의 역시 예외는 아니어서, 이 두 문제가 다 개입돼 있기 때문에 두 문제를 나누어 논의할 필요가 있다.

1) '이론적 왜곡'?

첫째 문제부터 짚고 넘어갈 필요가 있다. 백 교수는 우선 필자가 분단체제론의 기본 가설을 요약하고 정리한 가설 중 〈2-2〉("분단체제 하에서 남북한 공히 의미 있는 변화는 불가능하다")가 분단체제론에 대한 "부정확한 요약"이자 "단순 논리"화로서, 분단체제론이 분단결정론적 숙명론이라는 "비판의 꼬투리"를 자의적으로 만들었다고 해명하고 있다(《최근 정세》, 242). '의미 있는 변화'에서 '의미 있는'이라는 표현이 모호하기 때문에 그럴 수 있다. 그러나 분명 백 교수는 분단체제하에서 남북한 공히 "변화할 수 있는 여지가 매우 제한되어 있다"고 밝히고 있는데,[4] '매우 제한되어 있다'는 표현 역시 모호하기는 마찬가지지만, '변화 여지의 극히 제한'을 '의미 있는 변화 불가능'으로 요약한 것은 부정확한 요약이라고 생각하지 않는다. 특히 '부분 민주·부분 자주-통일-변혁'으로 나아가야 한다는 결론 부분을 필자가 〈2-2〉 가설 속에 포함시킨 점을 감안하면 더욱 그러하다.

쟁점이 되는 것은 이런 단순한 '언어 표현'상의 문제가 아니다. 필자는 평소 정확한 '학문적 의사소통' 문제를 심각하게 생각해온 사람으로서 나름대로는 남의 글을 꼼꼼히 읽으려 노력해왔고, 〈비판적 고찰〉을 집필할 때도 분단체제론의 논지를, 특히 분단체제론이 주장하는 분단체제하에서 가능한 변화의 여지가 정확히 어느 수준인가를 정확히 파악하기 위해 여러 글들에 단편적으로 언급된 백 교수의 논지들을 꼼꼼히 검토했다. 그 결과 〈비판적 고찰〉(338)에서 지적했듯이 분단하에서는 민중 권력의 창출은 고사하고 자유민주주의의 획득도 불가능하다는 것이 분단체제론의 주장[5]이라는 것을 알게 됐다. 분단체제론이 "지나치게 비관적이고 분단의 효과를 과대평가하는 '분단결정론적 숙명론'이 아닌가 싶다"는 필자의 평가는 이렇게 분단하에서는 자유민주주의 정도도 불가능하다는 이런 주장에 근거했을 따름이다. 따라서 백 교수의 반박에도 불구하고 분단하에서는 자유민주주의 정도도 불가능하다는 분단체제론의 입장이 수정되지 않는 한 '분단결정론적 숙명론'의 냄새가 난다는 평가는 단순히 '부정확한 요약에 기초한 괜한 시비'는 결코 아니라 하겠다.

이번에는 입장을 바꿔 〈최근 정세〉가 필자의 입장을 '왜곡'하고 있는 부분을 해명할 필요가 있다. 백 교수는 분단체제론이 채택하고 있는 세계체제론에 대한 필자의 이해에 "의아스러운 구석이 적지 않다"(247)고 지적한다. 북한 등 '현실 (국가)사회주의 사회'들이 '세계국가체제'interstate system(백 교수의 번역으로는 열국 체제)'의 일부로서는 '세계체제'에 속하지만 '자본주의 세계경제'의 일부는 아니라는 주장(비판적 고찰), 326)은 세계체제론의 기본 전제에 어긋나는 것으로서 필자가 세계체제론을 제대로 이해하지 못하고 있는 증거라는 것이다. 이런 주장은 '오독'이다. 문제의 주장을 세계체제론이 그렇게 주장한다고 필자가 말한 것이라면 분명 백 교수의 지적대로 필자가 세계체제론을 잘못

이해한 것이다. 그러나 문제의 주장은 세계체제론의 주장이 아니라 필자의 주장일 따름이다. 오히려 〈비판적 고찰〉은 문제의 326쪽에서 세계체제론은 세계체제가 자본주의 세계경제와 세계국가체제로 구성돼 있는데, 현실 사회주의 사회들은 세계국가체제에 참여하고 있을 뿐 아니라 교역을 통해 자본주의 세계경제에 참여하고 있고, 상품 생산과 가치 법칙이 존재했기 때문에 자본주의 세계경제의 일부로 봐야 한다고 주장하고 있으며, 이런 논리를 분단체제론이 수용하고 있다고 분명히 밝혔다. 나아가 필자는 이렇게 북한 등 현실 사회주의 사회(동구 몰락 이전의)를 국가 간 체제의 일부뿐만이 아니라 자본주의 세계경제의 일부였다고 보는 세계체제론과 분단체제론의 시각은 '유통주의적' 시각이라고 비판하면서(327), 바로 문제의 주장, 즉 북한 등은 국가 간 체제의 일부이기는 하지만 자본주의 세계경제의 일부는 아니라는 주장을 필자 나름의 대안으로 제시한 것이었다.

2) 이론적 쟁점들의 재고

이제 문제는 단순한 '오해'가 아닌 실질적인 이론적 쟁점들이다. 〈최근 정세〉의 답변들 중의 일부는 〈비판적 고찰〉이 제기한 문제에 대한 본격적인 답변이 아니라는 느낌을 주는 부분들도 적지 않다. 이를테면 북한과 미국의 관계에도 민족 모순을 적용하는 등 분단체제론의 민족 모순, 자주화에 대한 논의가 위계적인 자본주의 세계경제의 참여에 따른 자주성 제약과 여기에 참여하지 않은 데서 오는 자주성 제약(북한)의 차이를 탈역사화한다는 비판에 대한 답변이나, 왜 독일은 분단체제로 볼 수 없고 한반도만 분단체제로 봐야 하느냐 하는 필자의 반문에 대한 답변 등은 최소한 필자가 보기에 그러하다. 그러나 이 글은 많은 부분 불투명한 문제들을 명료하게 해주고 문제가 되는 쟁점들이 무엇인지를 부각시켜 필자가 지적한 하나의 '화두'로서 분단체제론을 구색을 갖춘 하나의 '사회과학 이론'으로서 분단체제론으로 발돋움할 수 있게 하는 이론적인 '전략적 고지'들을 인식할 수 있게 만들어주고 있다. 뿐만 아니라 분단 극복 뒤 '통일 체제'의 모형에 대한 논의는 아직도 극히 단편적이기는 하지만 많은 것을 생각하게 하는 창조적인 상상력이며, 여기저기의 분석들은 세간의 단선적 분석들과 달리 백 교수 특유의 탁월한 변증법적 사고를 실감하게 하는 편린들이다.

분단체제론과 필자 간의 입장 차이가 명확해졌고 백 교수의 반비판으로 논쟁이 발전하고 있는 문제는, ① 북한도 자본주의 세계경제의 일부로 봐야 하느냐, ② 남북한 간의 상호의존성이 '체제'에 값할 만한 것인가, 특히 남북한 지배 세력 간의 이해의 공유가 이 둘 간의 대립보다 우세한 것이었느냐, ③ 분단 모순이 남북한 사회에서 공히 주된 갈등 축이고 주된 규정력을 갖는 주 모순이냐. 이 밖에 다른 쟁점들도 많지만 지면 관계상 이 셋을 중심으로 논의를 진행하려고 한다.

문제가 되는 남북한 지배 세력 간의 대립과 공존(상호의존) 중 어느 것이 지배적인가 하는 쟁점부터 살펴보자. 필자는 이 세력들이 분단에서 체제 안정의 이해관계를 가져온 것은 사실이지만 힘의 역관계의 격차 속에서 우세한 쪽의 경우 분단 유지보다 분단 혁파에 더 큰 이해관계를 가져왔다는 점에서 분단체제론이 그동안 등한시돼온 남북한 지배 세력 간의 분단 유지를 통한 이해의 공유라는 측면을 부각시킨 것은 큰 기여지만 그렇다고 이 세력들 간의 공존적 측면이 대립적 측면보다 우세하다고 보는 것은 잘못이라고 분단체제론을 비판했다(〈비판적 고찰〉, 325~326).

이 비판에 대해 〈최근 정세〉는 우세한 한쪽이 분단 혁파에 이해관계를 가져왔음에도 불구하고 오늘까지 분단 혁파가 되지 않은 현실 그 자체가 지배 세력의 주관적 의지와는 일정하게 독립된 분단체제의 체제적 논리가 작동해왔다는 증거라면서 필자의 비판이 '정책'과 '체제 논리'를 혼동했다고 반비판하고 있다(244~245). 나아가 주관적 의도 자체도 "언제나 남북 각각의 체제 보존을 전제하고 가능하면 통일해보겠다는 것이었던 한에서는 분단체제의 논리에서 크게 벗어나지 못한 꼴"이었다고 반박하고 있다(245).

우선 필자가 정책(지배 세력의 이해관계, 주관적 의도의 결과로서)과 체제 논리를 구별하지 못하고 있다는 비판은 정당한가? 여기에서 명확히 하고 넘어갈 것은 이해관계 내지 정책 의도라는 것은 필자가 분단체제론을 비판하기 위해 도입한 필자 자신의 개념적 장치가 아니라 분단체제론의 '발명품'이라는 점이다. 즉 분단체제론이 남북한 분단 상황을 분단체제로 봐야 하는 논거로 백 교수의 표현을 빌리자면 '체제 논리'를 입증해보인 것이 아니라,[6] '주관적 의도'(각각의 체제를 유지하기 위해 분단을 지속하겠다는)인 "양쪽의 기득권층이 (갖는) 얼마간 공통된 이해관계"[7]를 제시했고, 필자는 분단체제론이 논거로 제시한 이 주관적 의도를 체제 여부의 판단 기준으로 채택한다 할지라도 문제가 많다는 반론을 폈을 따름이다. 따라서 '정책'과 '체제 논리'를 혼동했다면 그것은 필자가 아니라 분단체제론이라고 봐야 하는 것이 아닌가?

둘째, 주관적 의지에도 분단이 아직도 남아 있다는 사실 그 자체가 체제 논리의 존재, 따라서 분단체제라는 체제의 존재를 입증하는 증거라는 주장 역시 문제가 있는 것 같다. 이 문제에 관련해 비교 분단 사회학의 입장에서 왜 하필 한반도의 분단만을 분단체제로 봐야 하느냐는 필자의 문제 제기에 대한 반론, 즉 한반도의 분단만 냉전 이후까지 살아남아 있다는 역사적 사실이 한반도의 분단만이 하나의 체제라는 증거라는 반론(《최근 정세》, 245)도 마찬가지로 문제가 있다. 베트남, 독일의 경우 힘이 우세한 쪽에 의해 분단이 혁파됐지만 한반도의 경우 힘이 우세한 쪽의 분단 혁파 의지에도 불구하고 분단이 지속돼왔다는 것도, 다른 곳들과 달리 분단체제가 있는 한반도는 이런 분단체제의 '체제 논리'(그 내용이 무엇인지 밝혀지지 않은 모호한 것이지만)가 작동했기 때문이 아니라 단순히 힘의 격차(단순한 국내적 격차만이 아니라 국제적 역관계까지를 포함한)가 베트남과 독일의 경우 분단 혁파가 가능한 수준까지 벌어졌지만 우리의 경우 그렇지 못했기 때문이라고 볼 수 있다.

셋째, 주관적 의도 자체가 '무조건의 분단 혁파론'(통일지상론)이 아니라 자신의 체제 보존을 전제로 한 분단 혁파론('조건부 분단 혁파론')이었다는 사실은 주관적 의도 자체도 분단체제 논리를 벗어나지 못했다는 것을 보여주고 있는 셈이라는 주장 역시 문제가 많다. 이런 논법대로라면 통일 전의 남북 베트남이나 통일 전의 동서독 정권들은 "각각의 체제 보존을 전제하고 가능하면 통일까지 해보겠다는 것"이 아니라 '무조건의 통일론'을 펴왔다는 말인가? 그렇지는 않을 것이다. 그렇다면 결과는 베트남과 독일에도 분단체제가 있었고 이 사회들에서도 주관적 의도가 이 체제 논리를 벗어나지 못했다고 인정해야 하는 예상치 않은 이론적 궁지에 백 교수는 놓이게 된다. 뿐만 아니라 이 논리를 따를 경우 남북한 지배 세력 대 남북한 민중이라는 분단 모순 자체가 무화無化되는, 분단체제론으로서는 불행한 사태가 야기된다. 왜냐하면 이 분단모순론이 성립하기 위해서는 남북한 지배 세력의 대립쌍인 남북한 민중의 경우 지배 세력과 달리 '무조건의 분단 혁파론'을 가지고 있어야 하는데, 이 민중들 역시 극소수의 '통일지상론자'들을 제외한다면 무조건의 통일론이 아니라 지배 세력들과 매한가지로 자신들이 선호하는 체제를 보존하는 한에서 가능하면 통일까지 해보겠다는 사람들이기 때문이다.

이 문제에 관련돼 있는 또 다른 주제, 즉 북한도 자본주의 경제의 일부로 봐야 하느냐는 쟁점으로 옮겨가보자. 〈비판적 고찰〉은 남북한을 공히 '자본주의 세계경제'의 일부이자 이것의 하위 단위인 분단체제의 두 구성 부분으로 보기보다는, 남한은 자본주의 세계경제(세계자본주의체제)의 일부이고 그 외부에 '환경'으로서 북한이 있으며 거꾸로 북한은 '사회주의 세계경제(세계사회주의체제)'의 일부이고 환경으로서 남한이 있되, 다만 남북한 간의 상호연관성을 강조하기 위해 '느슨한 의미', 즉 서술적descriptive 개념[8]으로서 분단체제를 상정할 수는 있으며 북한과 미국 간의 모순은 민족 모순이 아니라 진영 모순으로 봐야 한다고 분단체제론을 비판했다. 이 비판에 대해 백 교수는 이런 입장이 '진영 모순'과 한반도 내의 '체제 모순'에 부차석 의미 이상의 무게를 부여함으로써 "세계체제와 분단체제의 재생산에 오히려 기여하는 이데올로기로 복무"하는 결과를 초래할 염려가 있다며(244, 249) '북한=자본주의 세계경제의 일부'라는 테제를 재차 옹호하고 있다.

물론 진영모순론이 세계체제의 재생산에 기여해온 점도 없지 않다. 특히 진영 모순이 '주 모순'이라는 입장에 서서 '사회주의 모국 방어론'이라는 명목으로 세계 변혁운동을 소련의 외교적 목적 등에 종속시킨 소련의 관행[9]이나 진영 간 대립을 자본주의 체제의 재생산에 이용해온 자본주의 국가들의 행태[10]를 고려할 때 백 교수가 진영모순론에 거부 반응을 보이는 것은 충분히 이해가 가고도 남는다. 이 점에서 필자 역시 이런 관행들에 백 교수 못지않게 비판적이다. 분명 진영 모순이 주 모순이라는 주장은 잘못이다. 그러나 북한이 자본주의 경제의 일부가 아니라는 주장, 남북한 지배 세력 간의 이해의 공유보다는 대립의 측면이 더 강하다는 주장이 진영 모순이나 남북한 간의 체제 모순이 주 모순이라고 주장하는 것은 결코 아니라는 점을 분명히 하고 넘어갈 필요가 있다.[11] 북한 등 현존 사회주의 국가들이 자본주의 세계경제의 일부가 아니라 독자적인 다른 경제체제였다는 주장은 이 독자적 경제체제와 자본주의 세계경제 간의 모순, 즉 진영 모순이 세계체제의 주 모순이라는 주장과는 전혀 다른 별개의 주장이다.

문제는 미국과 북한 민중의 관계를 민족 모순이 아니라 진영 모순으로 보고 남북한 지배 세력 간의 공동의 이해관계보다 대립적 측면이 크다고 말하는 것이 지배 세력의 남북한(나아가 양 '진영' 간의) 대치에 따른 안보 논리를 정당화해줄지도 모른다는 염려가 그 사회 성격이 자본주의 사회냐 왜곡됐지만 '사회주의 사회'냐는 북한 사회의 사회 성격에 대한 과학적 규명 작업을 면제해준 채 북한을 자본주의 세계경제의 일부로 만들어주지는 (아니면 그 일부로 '보도록' 만들어주지는) 않으며, 또한 '현실'에 있어서 남북한 지배 세력 간의 이해관계의 공유 측면이 대립적 측면보다 우세하도록 (아니면 그렇게 '보도록') 만들어주지는 않는다는 점이다. 이것은 갑이라는 사람을 장사라고 부를 경우 생겨날 부작용에 대한 염려가 그 사람을 신체적으로 나약한 사람으로 만들어주지는 않는 것과 동일한 논리다. 다시 말해 염려는 염려고 '현실'은 '현실'이다. 그럼에도 불구하고 〈최근 정세〉는 미국과 북한 민중 간의 관계를 진영 모순으로 보고 남북한 지배 세력 간의 대립적 측면이 공존적 측면보다 우세하다고 보는 시각은 지배 세력의 안보 논리를 강화시키므로 전자는 민족 모순으로 봐야 하고 후자는 공존적 측면이 크다고 봐야 한다는 논리를 펴고 있는 것이다. 결론적으로 분단체제론이 이 문제들에 관한 자신의 입장이 옳다는 점을 입증하려면 반대 입장이 가져올 이데올로기적 부작용에 대한 염려를 지적하는 것을 통해서가 아니라 '현실 분석'을 통해 이 주장을 설득력 있게 보여줘야 한다. 사실 진영 모순이 한반도에 갖는 규정력은 시기별로 차이가 있기는 하지만 진영 모순을 심각하게 고려하지 않고서 '분단체제'의 근원인 분단 그 자체를 어떻게 설명할 것인가?

마지막으로 주 모순으로서 분단모순론 문제다. 〈비판적 고찰〉은 분단을 우리 사회에 가장 주된 갈등 축이자 가장 규정력이 강한 모순, 즉 주 모순으로 볼 수 없다는 반론을 제기했다(232~234). 그러자 〈최근 정세〉는 "분단체제가 자본주의 세계체제의 일부인 이상 한반도에서도 가장 근원적인 규정력은 자본주의 생산양식의 모순에 기인하지 분단에서 오는 것이 아니라고 말할 수 있다. 그러나 …… 우리 사회의 온갖 문제들은 세계체제의 모순이 분단체제를 통해 매개되는 방식으로 '가장 주된 규정력'을 행사하고 있다고 할 것이다"(249)고 답하고 있다. 특정 용어에 집착하고 싶지는 않지만 일상적 용어로 환원해 '가장 근원적인 규정력(과 갈등)'이 기본 모순을, '가장 주된 규정력(과 갈등)'이 주 모순을 의미한다고 할 때, 〈최근 정세〉의 요지는 '기본 모순=자본주의 생산양식의 모순(노동–자본의 계급 모순)'이지만 '주 모순=분단체제를 통해 매개되는 세계체제의 모순'이라는 주장이라고 하겠다.

우선 이 주장의 앞(기본 모순) 부분에는 이의가 없다. 그러나 이 부분도 위의 인용문 중 관련된 앞 문장("분단체제가 …… 답할 수 있다")을 잘 읽어보면 심각한 문제가 나타난다. 즉 이 부분이 "분단체제가 …… 남한에서도 사회적 ……"이 아니라 "분단체제가 …… 한반도에서도 사회적 ……"이라고 기술된 사실에 주목할 필요가 있다. 이것은 남한뿐 아니라 북한에서도 기본 모순이 노동-자본 간의 자본주의적 계급 모순이라는 이야기다. 물론 북한도 자본주의 세계경제의 일부라고 보는 분단체제론의 입장에서는 이런 주장이 당연한 논리적 귀결이다. 그러나 이 주장처럼 북한에서도 "사회적 모순의 가장 근원적인 규정력은 자본주의 생산양식의 모순", 즉 기본 모순이 노동과 자본 간의 자본주의적 계급 모순이라고 봐야 한다는 말인가?[12]

주 모순에 관련된 뒷부분도 문제가 있다. "세계체제의 모순이 분단체제를 통해 매개되는 방식으로 ……"에서 우선 모호한 것은 세계체제의 모순이 무엇이냐는 것이다. 위의 자본주의적 생산양식의 모순(기본 모순으로서 계급 모순)을 의미하는지, 아니면 그런 계급 모순, 민족 모순, 제국주의 간 모순, 진영 모순 등 세계체제에서 작동하는 세칭 '4대 모순' 전체를 의미하는지 모호하기만 하다. 또 다른 문제는 이 문장을 어순을 바꿔 그 내용을 재구성하면 위에서 지적했듯이 '분단체제를 통해 매개된 세계체제의 모순=주 모순'이라는 주장인데, 그렇다면 이 공식 중 앞의 형용구("분단체제 …… 매개된")를 생략하고 여기에 '주 모순=분단 모순'론을 대입하면 사실상 '세계체제의 모순=주 모순=분단 모순', 따라서 '세계체제의 모순 =분단 모순'이라는 기이한 결론에 다다른다는 점이다. 설사 형용구를 살려줘도 '분단체제를 통해 매개된 세계체제의 모순=주 모순=분단 모순', 따라서 '분단체제를 통해 매개된 세계체제의 모순=분단 모순'이라는 이야기인데, 이것이 분단체제론이 주장해온 분단모순론의 내용인지 알 수가 없다. 오히려 '분단체제를 통해 매개된 세계체제의 모순'이 분단 모순이 아니라 '분단체제를 통한 매개' 그 자체가 분단 모순이라고 봐온 것이 사실상 분단체제론의 주장이 아니었나 싶다.[13] 이렇게 세계체제의 모순의 의미가 불분명하고, 게다가 이것이 '분단체제를 통해 매개되는 방식'이라는 주장과 분단 모순의 정확한 관계가 무엇인가 하는 문제까지 겹쳐, 백교수의 반론은 '분단 모순=주 모순'이라는 주장을 보완적으로 설명하고 해명하기보다는 더 많은 의문을 야기하고 독자들을 더 혼란스럽게 만들고 있다는 느낌을 지울 수 없다.

모순론에 관련해 백 교수가 지적하고 있는 또 다른 문제는 모순론을 전개하는 데에서 '분석 단위'의 문제다. 〈최근 정세〉는 필자의 모순론이 기본적으로 일국 사회적 발상, 그것도 완전한 '일국'도 아닌 남한 사회를 분석 단위로 놓는 발상을 벗어나지 못하고 있다고 비판하면서 좀더 시야를 넓혀 세계체제적, 분단체제적 시각에서 모순을 파악할 것을 촉구하고 있다(249). 이 문제 제기는 분명 엄청나게 중요하다. 특히 '지구화'라고 불리는 세계적 추세를 고려할 때 그러하다. 불행하게도 필자는 이렇게 거창한 화두에 자신 있게 답할 능력이 없음을 절감한다.

그러나 백 교수가 인정하듯 남한 주민들에게 "남한사회는 실천의 일차적 장이며 분석대상으로서도 결코 소홀히 할 수 없는 단위"라는 점(249), 나아가 세계체제적 모순이 지역별로 불균등하게 발전할 수밖에 없다는 점, 모순론이 궁극적으로 구체적 실천의 지침으로 필요한 것이라는 점 등을 상기할 때, 최소한 현재까시의 자본주의의 역사와 분단 뒤 현재까지의 한국 사회를 파악하는 데 있어서 (나아가 국제화가 심화될 앞으로의 사회를 분석하는 데 있어서도) 일차적 실천의 장에 대한 문제의식을 잃지 않으면서도 세계체제적 수준에서 모순을 파악하는 것('세계체제 중심적 시각')이 올바른 방식인지, 거꾸로 세계체제적 문제의식을 버리지 않으면서 그것이 구체적인 일차적 실천의 장에서 구체적으로 나타나는 모순에 초점을 맞추는 것('일국 사회 중심적 시각')이 올바른 방식인지는 그렇게 단순히 판단할 수 있는 문제는 아닌 것 같다. 오히려 문제는 추상적 원칙 수준에서 이 두 방법 중 어느 것이 옳은 방식이냐는 양자택일의 문제가 아니라 어느 방식이든 일국적 측면과 세계체제적 측면을 얼마나 역동적으로 파악해내느냐 하는, 구체적인 이론적 실천과 분석의 내용이 아닐까 싶다.

454

3. 맺는 글 — 최근 정세와 분단체제론

〈최근 정세〉는 조문파동을 위시한 최근 정세가 분단체제의 존재를 또 한 번 실감하게 했다고 밝히고 있다. 두말할 필요 없이 최근 일련의 사태는 많은 사람들에게 분단의 족쇄, 남북한 간의 상호연관성을 실감하게 했다. 필자 또한 예외는 아니다. 물론 그것이 분단이 하나의 '체제'인가 하는 문제하고는 또 다른 이야기이지만 말이다. 하여간 이것에 관련된 백 교수의 논의를 간단히 논평하면서 맺는 글을 대신하고자 한다.

백 교수는 최근 정세를 다시 한 번 분단체제에 연결시켜 다음같이 설명한다. 조문 파동 등 우리 사회의 히스테리적 현상은 "분단국가 특유의 불안한 …… 영토 및 주권상의 불안정성 때문에 분단 상황에서 '안보에 대한 위협'은 항시적으로 일정한 근거를 지니고 있기" 때문이라는 것이다(239). 분명 맞는 이야기다. 그러나 문제는 그렇다면 이렇게 분단 국가였고 주권상의 불안정성 때문에 안보에 대한 위협이 항시적으로 있던 서독은 어떻게 해서 이것이 히스테리적 반공주의 등 반민주성의 재생산 기제로 작동하지 않았느냐는 것이다. 따라서 문제는 오히려 분단 국가라는 현실에 따른 항시적 안보 위협 그 자체가 아니라 〈비판적 고찰〉이 이미 지적했듯이 사회적 역관계가 아닐까 하는 생각을 해보게 된다.

최근 정세를 분단체제론에 연결시키는 논의에 품게 되는 또 다른 의문은 왜 남북한 공히 분단체제의 구성 부분이자 분단 모순이 주 모순으로 작동하고 있는데도 불구하고, 또한 북한에서도 "분단국가 특유의 불안한 …… 영토 및 주권상의 불안전성 때문에 분단 상황에서 '안보적 위협'은 항시적으로 일정한 근거를 지니"는데도 불구하고, 김일성 주석의 사망이 남한에서는 "반민주세력이 남북한 긴장을 빌미로 기세를 올리"는 반면(239) 정작 당사자인 북한에서는 여기에 상응하는 '반민주 세력의 기승'과 '공안 정국'이 생겨나지 않았느냐는 것이다. 이것은 분단체제론으로는 설명할 수 없는 기이한 '이탈 현상'이며, 결국 궁극적으로 중요한 것은 남북한 사회 각각의 내적 동학과 내적 모순, 사회적 역관계 등이라는 점을 보여주는 것이 아닌가 싶다

2장

분단과 남남 갈등 60년[*]

1. 들어가며

소련과 동구의 몰락에 따른 냉전 종식과 함께 많은 학자들은 탈냉전 세계 질
서에 관련해 국내외적으로 평화와 번영의 세계가 찾아올 것이라는 낙관적 견
해를 피력한 바 있다. '역사의 종말', 정확히 말해 '역사의 해피엔딩'을 이야기
한 프랜시스 후쿠야마(Fukuyama 1992)가 대표적인 예다. 그리고 '좌파' 진영에
서도 20세기 초 카를 카우츠키가 제기한 초제국주의ultra-imperialism론을 재생시켜
낡은 제국주의가 극복되고 평화롭고 새로운 '제국'의 시대가 열릴 것이라는
주장이 나와 각광을 받았다(Negri 2000).[1]

그러나 역사는 이런 예측을 비웃듯 엉뚱한 방향으로 흘러가고 있다. 9·11
테러와 여기에 대응해 예방 전쟁이라는 이름하에 진행되고 있는 미국의 침략
전쟁들('무장한 세계화')이 대표적인 예다.[2] 나아가 소련과 동구의 몰락 이후
미국의 주도 아래 추진되는 신자유주의적 지구화는 많은 나라들에서 사회적

---

[*] 경남대학교 극동문제연구소 주최 학술대회 '남남갈등 진단과 해소 방안'(2004년 12월 30일)에서 발표한 논문 〈남남갈
등의 기원과 전개 과정〉을 수정하고 발전시켰다.

갈등을 오히려 심화시키고 있다. 한국의 경우도 예외는 아니다.[3]

민주화 이후 분출된 남한 사회의 사회적 갈등은 1990년대 들어 한 고비를 넘기는가 싶다가 1997년 경제위기와 이 위기를 극복하기 위해 도입한 신자유주의적 구조조정[4]하고 함께 다시 한 번 다양한 층위에서 극렬한 양상으로 나타나고 있다. 뿐만 아니라 지구상에서 거의 유일하게 냉전의 사각지대로 남아 있는 한반도를 탈냉전 질서로 편입시키려는 김대중 정부의 햇볕정책은 새로운 사회적 갈등, 즉 남남 갈등을 심화시켰다. 특히 네오콘을 중심으로 한 부시 정부의 출범과 9·11 테러, 이 결과 생겨난 '포스트 포스트 냉전체제'('무장한 세계화'를 특징으로 하는)는 북한의 핵 문제를 중심으로 한반도에 '새로운 냉전체제'를 도입함으로써 남남 갈등을 더욱 심화시키고 있다. 결국 우리는 해방 60주년을 심각한 남남 갈등 속에 맞아야 했다.

이 글은 이런 현실에 관련해, 남남 갈등의 문제를 좀더 긴 호흡의 '거시 역사적' 시각에서 살펴보고자 한다. 더 구체적으로, 남남 갈등을 해방과 분단 60년사라는 거시 역사적 시각에서 기원과 전개 과정을 점검해본 뒤 이것에 기초해 최근의 남남 갈등을 김대중 정부와 노무현 정부하에서 벌어진 남남 갈등을 중심으로 분석해보고자 한다.

2. 몇 가지 전제들

하나의 언어란 사회적 산물이며 독특한 역사성을 갖는다. '남남 갈등'이란 말도 그러하다. 말 그대로 해석하면, 남남 갈등이란 '남과 남의 갈등', 다시 말해 '남한 사회의 내부 갈등'을 의미한다. 따라서 계급 갈등, 지역 갈등, 최근 부상하고 있는 세대 갈등을 포함한 남한 사회 내의 모든 갈등을 포괄하는 개념이다. 그러나 우리는 역사적으로, 그리고 관행적으로, 남남 갈등을 그런 의미로 사용하기보다는 남북 관계에 관련해 제한적으로 사용한다. 즉 남남 갈등은

'남북 갈등'에 대칭하는 의미로 주조된 용어로서, 남한 사회의 내부 갈등 일반이 아니라 '남북 관계를 둘러싼 남한 사회의 내부 갈등'을 지칭하는 개념으로 사용되고 있다. 그리고 이런 말이 생겨난 것은 김대중 정부 들어 남북 관계에 혁명적 변화가 일어나면서 이 문제를 둘러싼 국민들 사이의 분열이 본격화된 뒤의 일이다. 구체적으로 말해, 최소한 체계적인 추적이 가능한 언론 보도를 기준으로 할 경우 남남 갈등이라는 말은 2000년 6월 15일 남북 정상회담 직후인 2000년 7월 13일자 《조선일보》에 '남북갈등보다 남남갈등 더 심각'이라는 제목으로 처음 등장했다(함인희 2002, 62).

그러나 그렇다고 남남 갈등이 김대중 정부 들어 처음 생겨났다는 말은 결코 아니다. 설사 김대중 정부 이전에 남남 갈등이라는 용어가 없었다고 해서 현실에서도 남남 갈등이 없었다는 것은 아니다. 사실 위에서 지적했듯이 남남 갈등이 '남북 관계를 둘러싼 남한 사회의 내부 갈등'이라고 이해할 때, 남남 갈등은 1945년 해방과 함께 시작됐고, 해방 이후의 한국 현대사는 남남 갈등의 역사였다고 말해도 과언이 아니다. 따라서 남남 갈등을 단순히 김대중 정부 이후 등 최근의 현상으로만 이해하는 근시안적이고 탈역사적인 시각을 벗어나 좀더 긴 호흡의 거시 역사적 시각에서 바라보는 것이 필요하다.

이런 거시 역사적 시각을 택한다고 해서 단순히 남남 갈등을 연대순으로 추적해 나열하는 연대기적이고 서술적인 방식을 택하겠다는 말은 아니다. 오히려 남남 갈등이 어떻게 변화해왔는가 하는 남남 갈등의 내용적 변화, 특히 사회적 변화에 맞물려 어떤 사회적 변화가 어떤 남남 갈등의 내용적 변화를 유도해왔는지를 분석하는 것이 필요하다.

이 글은 이런 문제의식에서 남남 갈등을 다양하게 유형화해 시대적 변화에 주목하고자 한다. 다시 말해 여기에서 주목해야 하는 것은 북한에 대한 일방적인 경제 지원과 북핵 문제 등 남남 갈등의 실질적이고 구체적인 내용 자체가 아니라, 그때그때 정세에 따라 달라질 수밖에 없는 개별 사안의 구체적인 내용을 넘어 "누구와 누가 갈등하느냐"는 갈등의 양상이다. 이런 분석을 하기

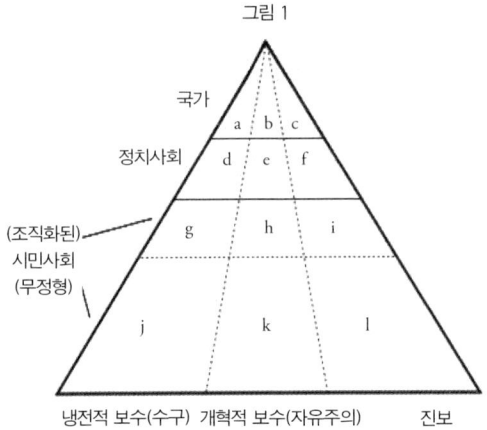

그림 1

국가

정치사회

(조직화된)
시민사회
(무정형)

a	b	c
d	e	f
g	h	i
j	k	l

냉전적 보수(수구)　개혁적 보수(자유주의)　　　진보

위한 기본 모델로서 한국 사회를 추상화하면 **그림 1**과 같다.

　그림 1이 보여주듯이 이 글은 한국 사회를 그 '부문'과 '이념적 색채'라는 두 기준을 중심으로 구성돼 있다고 가정했다. 우선 부문은 '국가'와 '정치사회', 그리고 '시민사회'로 구성돼 있고,[5] '시민사회'는 다시 민중 단체, 시민단체들 같은 '조직화된 시민사회'와 조직화되지 않은 일반 시민 수준의 '무정형의 시민사회'로 분화돼 있다고 봤다. 한편 이념적 색채의 경우 흔히 수구라고 부르는 '냉전적 보수' 세력과 자유주의적인 '개혁적 보수' 세력, 그리고 '진보' 세력을 상정했다.[6] 냉전적 보수는 자유민주주의를 이야기하면서도 자유민주주의의 핵심인 사상의 자유 등을 부정하고 반공을 제일로 여기는 극우반공주의를 의미하는바, 이승만, 박정희, 전두환으로 이어지는 역대 독재 정권들이 대표적인 예다. 개혁적 보수는 기본적으로 시장경제라고 부르는 자본주의 체제와 자유민주주의를 신봉하는 세력으로, 민주화운동을 주도해온 양김의 보수 야당, 그리고 노무현 정부가 대표적이다. 마지막으로 진보는 자본주의와 시장경제에 대해 비판적인 사회민주주의 이상의 '좌파적' 시각을 의미하는바, 조봉암의 진보당과 최근의 민주노동당 등을 들 수 있다.

　중요한 것은 이런 이념적 색채가 국가, 정치사회, 시민사회를 가로질러 현존한다는 점이다. 이를테면 냉전적 보수의 경우 역대 독재 정권하의 국가들이 그렇지만 김대중, 노무현 정부하에서는 정치사회에 한나라당과 자민련이라는 형태로 존재해왔고 시민사회 수준에서는 최근의 반핵반김 조직 등으로 나타나고 있다. 그러나 하나의 그림으로 표현하려다 보니 '국가' 속에 냉전 보수와 개혁적 보수, 진보 세력이 함께 존재하는 것처럼 그려졌지만 실제로 그런 것은 아니다. 국가의 경우 김영삼 정권과 김대중 정부처럼 개혁적 보수와 냉전적 보수가 연합해 두 세력의 색깔이 동시에 존재하는 경우도 있지만 대부분 냉전적 보수 같은 단일한 색채를 띠었고, 진보적 색채를 띤 국가는 한국사에서 존재한 적이 없다. 정치사회의 수준에서도 민주노동당이 원내 진출에 성공한 2004년 4월 총선 이전에는 진보 세력이 존재하지 않았고, 시민사회의 수준에서도 1980년대 이전에는 진보 세력이 사실상 없었다. 즉 각 부문과 구체적 이념의 결합 형태는 시기에 따라 각각 다르게 나타난다고 할 수 있다.

3. 남남 갈등의 역사적 전개(1) — 거시 역사적 접근

여기에서는 남남 갈등의 기원과 역사적 전개를 '분단 60년사'라는 거시 역사적 시각에서 몇 개 시기로 구분해 살펴보고자 한다. 특히 각 시기를 위에서 분석한 한국 사회의 분석 모형에 따라 분석해봄으로써 남남 갈등의 유형적 변화를 추적하고자 한다. 이런 문제의식에서 살펴보면 한국 현대사는 남남 갈등이라는 측면에서 다음같이 시기 구분할 수 있다.

제1기. 해방 8년사(1945~1953)
제2기. 극우반공 독재기(1953~1987)
　　1시기. 극우반공 독재기(1953~1961)
　　2시기. 극우반공 체제 완성기(1961~1987)

제3기. 민주화 이후(1987~)

　1시기. 반공 체제 연장기(1987~1992)

　2시기. 과도기(1993~1997)

　3시기. 탈냉전 체제 이행기(1998~)

위의 시기 구분에 관련해 간단히 언급하고 넘어갈 필요가 있는 것은 제2기와 제3기의 단절 시기다. 이 글은 그 단절점을 1987년으로 삼았지만 보기에 따라 1992년이라고 할 수도 있다. 왜냐하면 노태우 정권은 사실상 이전의 극우반공 체제의 연장이기 때문이다. 그러나 노태우 정권이 끝나는 1992년이 아니라 1987년을 제2기와 제3기의 단절점으로 본 이유는, 1987년 이후에도 국가의 성격에는 큰 변화가 없지만 정치사회와 시민사회의 수준에서는 서경원 전 의원과 문익환 목사 사건 등 극우반공 체제에 대한 도전이 거세지면서 남남 갈등이 이전하고는 질적으로 전혀 다른 차원으로 발전했기 때문이다.

1) 제1기 — 해방 8년사(1945~1953)

남남 갈등을 '남북 관계를 둘러싼 남한 사회의 내부 갈등'으로 이해할 때, 남남 갈등의 역사적 기원은 당연히 분단, 즉 미소 양국의 분할 점령에 따른 '제1차 분단'부터 1948년 단독 정부의 수립에 따른 '제2차 분단', 한국전쟁과 1953년 휴전에 따른 '제3차 분단'에 이르는 총체적인 분단 과정에 있다.

　사실 남남 갈등이라는 측면에서 해방 8년사를 재조명할 때' 남남 갈등이 개입돼 있지 않은 해방 8년사의 주요 사건은 존재하지 않는다. '선독립, 후통일' 논리인 반탁과 '선통일, 후독립' 논리인 찬탁 간의 치열한 이념 대립부터 유엔의 남한 단독선거안을 놓고 벌어진 '2·7 구국투쟁'과 여순 사건, 제주 4·3 항쟁으로 이어진 단정 세력과 통일 세력 간의 대립(이승만과 김구의 갈등을 포함한), 그리고 여기에서 패배한 좌파들의 무장 저항과 한국전쟁이 모두 남

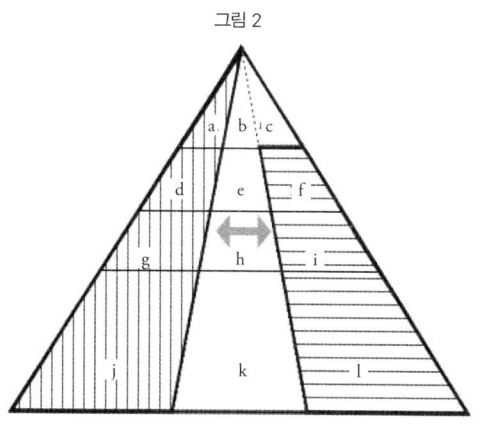

그림 2

남 갈등의 한 표현이었다.[8]

그럼 제1기의 남남 갈등이 갖는 중요한 특징은 무엇인가? 이것은 제1기의 한국 사회가 지니는 특징에 밀접한 관련이 있다. 제1기의 한국 사회는 국가 수준에서는 미군정과 이승만 정부라는 극우냉전적 국가가 존재했고, 정치사회 수준에서는 한민당을 중심으로 한 극우냉전 세력과 남로당을 중심으로 한 진보 세력이, 시민사회 수준에서는 취약한 개혁적 보수 세력을 가운데 놓고 친일 지주 계급을 중심으로 한 극우 세력에 맞서 전농과 전평을 중심으로 한 진보적 민중 세력이 부딪치는 형국이었다. 따라서 남남 갈등은 '극우냉전 국가와 정치사회의 극우냉전 세력(한민당 등), 시민사회의 극우냉전 세력(지주 등)의 연합 대 정치사회의 진보 세력(남로당 등)과 시민사회의 진보 세력(전농, 전평 등)의 연합' 간의 전국적, 전사회적, 전면적인 갈등의 양상을 띠고 있었다. 즉 **그림 1**에 따르면 기본적으로 a+d+g+j 대 f+i+l의 대립이었다(**그림 2** 참조).

이 시기의 남남 갈등의 둘째 특징은 분단과 분단 의식이 완전히 자리잡지 않은 상황에서 한국전쟁이 잘 보여주듯이 북한이 한반도의 반제반봉건민주주의혁명을 수행하기 위한 민주기지라는 '민주기지론'에 기초해 남남 갈등에 직접적이고 전면적으로 개입한 점이다.

2) 제2기 — 극우반공 독재기(1953~1987)

남남 갈등이 분단과 남한과 북한이라는 적대적인 주권 국가의 존재를 전제로 한다고 할 때, 분단이 고정되지 않은 1953년 이전의 경우 엄격한 의미에서 남남 갈등을 이야기하는 것은 부적합하다. 오히려 1953년 이후에 대해서야 비로소 우리는 엄격한 의미의 남남 갈등을 이야기할 수 있다.

그러나 제2기의 경우 남남 갈등은 상대적으로 심각하지 않았고 중심적인 갈등이 아니었다. 즉 제2기(특히 1961년 이후에서 1987년까지 이르는 시기)는 한국 현대사에서 남남 갈등이 가장 심각하지 않던 시기다. 왜냐하면 남남 갈등은 남한 사회 내에 남북 관계에 대한 다양한 이념적 인식의 차이가 존재한다는 것을 전제로 하는데, 이 시기는 극우반공주의가 국가뿐 아니라 정치사회와 시민사회 전체를 지배하고 있어 이념적 차이가 거의 존재하지 않았기 때문이다. 정치사회의 경우 진보 세력은 진보당 같은 예외가 있기는 하지만 기본적으로 사라져버렸고, 자유주의 세력(개혁적 보수)은 반공주의라는 면에서 극우반공 세력하고 큰 차이가 없었다.[9] 시민사회 수준에서도 4·19 이후에 진보적 민중 조직들이 일시적으로 폭발했지만 기본적으로 진보 세력은 사라졌고 자유주의 세력도 취약하기만 했다. 다시 말해 국가, 정치사회, 시민사회 수준에서 극우냉전 세력이 지배한 시기다. 다만 이런 특징을 기본 골격으로 해서 제2기의 남남 갈등을 자세히 살펴보면 다음과 같다.

제2기는 1961년 5·16 쿠데타를 기점으로 해서 두 개의 시기로 나뉠 수 있다. 1961년 이전의 시기는 오히려 조봉암과 진보당의 움직임, 그리고 '4·19혁명' 이후 나타난 혁신 정당들과 진보적 민중 조직들이 보여주듯이 정치사회와 시민사회에서 진보 세력이 살아 있는 시기였다. 그리고 이 세력과 극우반공 국가가 부딪치는 남남 갈등이 생겨났다.

이 시기의 남남 갈등은 크게 보아 두 유형으로 나타나는데, 첫째 유형은 "냉전 보수적 국가 대 진보적 정치사회의 갈등(a 대 f의 갈등)"이다(**그림 3** 참

그림 3

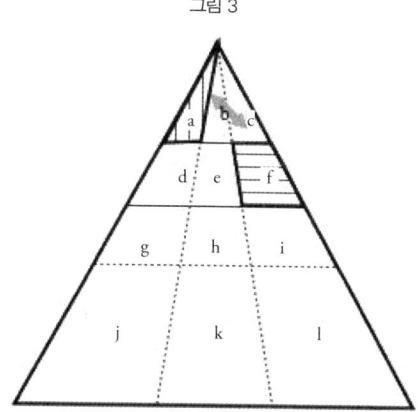

조). 이것은 이승만 정권의 북진 무력통일론에 대항해 "통일은 무력적 방법으로 이루어질 가능성이 희박"[10]하기 때문에 평화 통일을 지향해야 한다고 주장했다가 사법적 살인을 당한 진보당 조봉암의 비극이 잘 보여주고 있다.

여기에서 주목할 것은 정치사회와 (조직화된) 시민사회 내의 '자유주의' 세력의 반응이다. 정치사회에서 일종의 자유주의 세력이라고 할 수 있는 보수 야당, 즉 민주당은 1956년 대선 당시 "조봉암에게 대통령 자리를 맡기느니 차라리 김일성과 타협하겠다"며 이승만 지지를 호소했다(오유석 1992, 146). 《동아일보》도 "무력통일을 전면불가 내지 불능이라고 주장하는" 조봉암의 평화통일론은 "현실을 무시하는 하나의 패배주의"라며 "조봉암에게 투표하는 것이 얼마나 위험한 것인가"를 유권자들이 알아야 한다고 경고했다.[11] 결국 조봉암의 사례는 형식적으로는 '냉전 보수적 국가 대 진보적 정치사회'(a 대 f)의 남남갈등의 양상을 띠고 있지만, 내용적으로는 '냉전 보수 세력(국가, 정치사회, 시민사회)+자유주의 세력(정치사회, 시민사회) 대 진보적 정치사회'(a+d+g+j+e+ h+k 대 f)의 갈등이었다(그림 4 참조).

둘째 유형은 '냉전 보수적 국가 대 진보적 시민사회'(a 대 i)의 갈등으로, 1960년 4·19혁명 뒤 생겨난 다양한 진보적 민중운동 단체, 특히 통일운동 단

그림 4

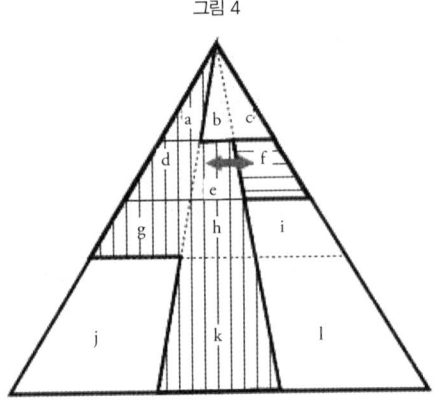

그림 5

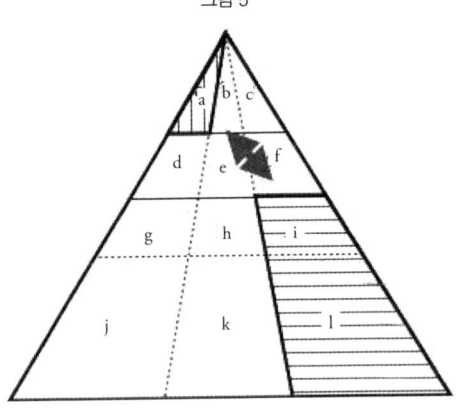

그림 6

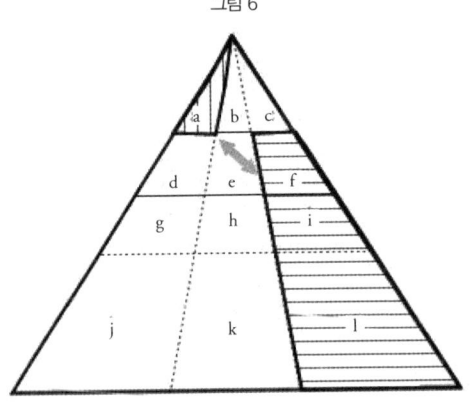

체들이 5·16 쿠데타 정권의 철퇴를 맞은 것이 그 예다(**그림 5** 참조). 이를테면 1961년 5월 전국 18개 대학과 1개 고등학교 대표가 참가해 결성한 민족통일전국학생연맹 결성준비위원회는 남북한 학생회담과 통일축제 개최를 추진하다가 5·16 이후 된서리를 맞아야 했다(김낙중 1990, 227~230). 또한 4·19혁명 이후 결성된 피학살자 유족회, 교원노조, 민주민족청년동맹 등도 같은 운명을 걸어야 했다. 특히 이 단체들은 사회당, 사회대중당, 혁신당 일부 등과 함께 민족자주통일중앙협의회(민자통)를 결성해 남북 협상을 통한 자주적인 남북통일을 주장하다 곤욕을 치르는바, 이것은 첫째 유형과 둘째 유형의 혼합인 '냉전 보수적 국가 대 진보적 정치사회와 진보적 시민사회의 연합'(a 대 f+i)의 갈등이었다(**그림 6** 참조).

위 두 유형 이외에도 부차적이기는 하지만 또 다른 유형의 남남 갈등으로 생각해볼 수 있는 것은 1960년 4·19혁명 후 생겨난 다양한 혁신 정당[12]들에 관련된 남남 갈등이다. 물론 이 혁신 정당들은 5·16 쿠데타 정권의 철퇴를 맞게 되는바, 이 점에서 보면 조봉암의 경우처럼 첫째 유형의 남남 갈등이다. 그러나 정작 여기에서 주목할 것은 혁신 정당 내부의 남남 갈등, 즉 '진보적 정치사회 대 진보적 정치사회'(f 대 f)의 갈등이다(**그림 7** 참조). 이 혁신 정당들은 남북 관계에 관한 인식과 처방에서 상당한 차이가 나 남남 갈등을 야기했다.

사회당, 사회대중당 등이 중심이 돼 진보적인 민중 단체들과 민자통을 결성하고 조직을 확대해 나가는 도중에 혁신계 우파라고 불리는 세력들이 민자통을 이탈해 통일사회당, 혁신당, 《민족일보》 등을 중심으로 중립화조국통일운동총연맹이라는 별노 조직을 만들어 남북과 미소에서 모두 자유로운 중립화 통일을 주장하고 나섰다(김낙중 1990). 특히 이 중 통일사회당은 김일성의 퇴진을 전제로 한 남북정치지도자 회담 개최와 한반도 중립화를 통한 통일을 주장한 반면, 사회당은 "1949년 남북노동당 합당으로 당중앙이 평양에 있으므로 노동당 당적이 있는 사람이 또 다른 기본당을 만든다는 것은 일당일국주의 원칙에 위배"(김세원 1993, 328)된다고 생각하는 당원들이 상당수를 차지하

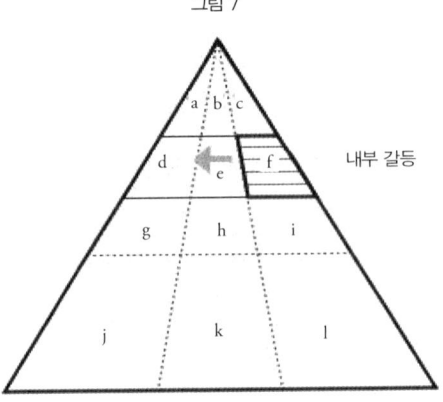

그림 7

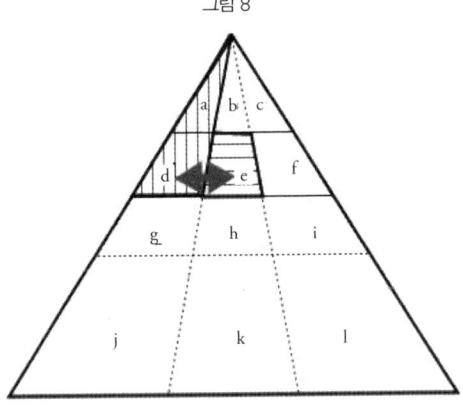

그림 8

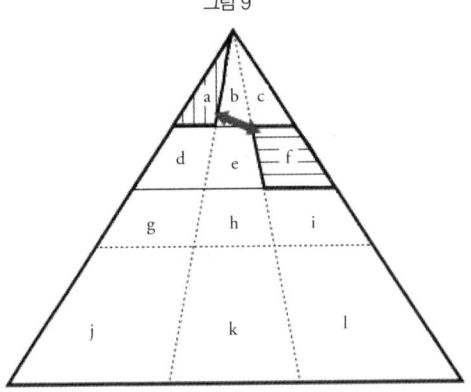

그림 9

468

는 등 친북적인 민족해방주의[NL] 노선을 갖고 있었다. 이것은 1980년대 이후 진보 운동이 되살아나면서 생겨난 진보 진영 내부의 남남 갈등, 즉 친북적인 NL 세력과 북한에 비판적인 민중민주주의[PD] 세력 간의 남남 갈등[13]의 전초전의 모습을 띠고 있다는 점에서 주목할 필요가 있다.

해방 정국을 뚫고 살아남은 '잔존 진보 세력'이 5·16 쿠데타 때문에 정치사회와 시민사회 수준에서 사실상 모두 궤멸하면서 1961년 이후 한국의 남남 갈등은 제1기의 제2시기라고 볼 수 있는 극우반공 체제 완성기로 들어가게 된다.[14] 이 시기는 국가, 정치사회, 시민사회 수준에서 극우냉전 세력이 지배했고, 그 결과로 한국 현대사에서 남남 갈등이 가장 덜 심각하던 시기다. 다시 말해 국가의 반공극우 체제는 더욱 강고해지고 정치사회와 시민사회 수준에서는 진보 세력이 사라진 냉전적 보수 세력의 절대적 우위 속에서, 자유주의적 보수 세력이 간헐적으로 저항하지만 남북 관계에 대해 반공주의를 넘어서는 체계적인 대안을 제시하지 못함으로써 심각한 남남 갈등이 존재하지 않던 시기다. 이런 상황에서 예외적으로 존재한 남남 갈등은 가뭄에 콩 나듯이 가끔 터진 '냉전 보수적 국가+냉전 보수적 정치사회 대 자유주의적 정치사회'(a+d 대 e)의 갈등이다(**그림 8** 참조). 당시로는 선구적이던 김대중 신민당 대통령 후보의 4대국 안보론을 중심으로 한 1971년 대통령 선거 당시의 박정희 대 김대중의 대립, "반공이 아니라 통일이 대한민국의 국시"라는 유성환 신민당 의원의 국회 대정부 질의 발언을 통해 야기된 1986년의 국시 논쟁[15] 등이 대표적인 예다.

그러나 이런 현상적 모습을 넘어서 살펴보면 이 시기의 남남 갈등은 새로운 양상을 띠고 있었다고 할 수 있다. 정치사회와 시민사회에서 진보 세력이 궤멸하고 극우반공 체제가 완성되면서 통일혁명당(통혁당), 남조선민족해방전선(남민전)처럼 북한에 연관을 갖거나 그렇지는 않더라도 남북 관계에 관해 극우반공 세력하고 전혀 다른 생각을 가진 지하 전위 정당 내지 지하 전선체 조직이 생겨난 것이다.[16] 따라서 남남 갈등이라는 측면에서도 '극우반공 국가

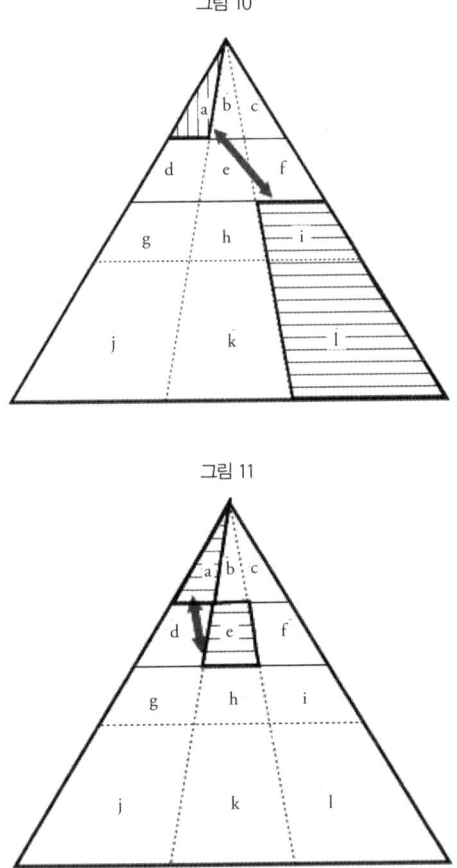

그림 10

그림 11

대 비제도적 정치사회의 지하 정당(내지 지하 전선체)'(a 대 f)[17]의 갈등이라는 새로운 형태의 남남 갈등이 나타났다(**그림 9** 참조).

이 시기의 또 다른 특징은 1980년 광주 학살 이후 학생운동을 중심으로 시민사회 수준에서 진보 운동이 복원돼 남남 갈등의 새로운 모습이 생겨나기 시작했다는 것이다. 아니 정확히 표현해, 남남 갈등도 1961년 이전의 모습이 일부 복원되기 시작했다. 구체적으로 말해, '냉전적 국가 대 진보적 시민사회'(a 대 i)의 갈등 양상이 다시 나타난 것이다(**그림 10** 참조). 특히 1984년 전국학생총연맹(전학련)과 삼민투가 등장하고 북한의 주체사상을 수용하는 한편 1986년 반미자주화반파쇼민주화투쟁위원회(자민투)가 등장하면서 이런 갈등은 증폭됐다.[18] (이 점에서 제2기와 제3기의 시기 구분 시점을 1987년이 아니라 1980년으로 할 수도 있다. 그러나 남남 갈등의 결절점은 1980년이라기보다는 1987년이 더 적합하다.)

3) 제3기 — 민주화 이후(1987~)[19]

1987년 6월항쟁과 그 뒤를 이은 민주화는 그동안 억눌려 있던 각종 사회적 갈등을 전면적으로 분출시켰다. 7, 8월 노동자 대투쟁이 그렇고 양김의 분열에 따른 지역 갈등의 전면화도 또 다른 예다. 남남 갈등도 예외는 아니다. '80년 광주' 이후 성장하기 시작한 진보 운동, 특히 NL 진영이 1987년 민주화에 따라 생겨난 합법적 공간에서 남북 관계에 관한 진보적 시각들을 여과 없이 분출하면서 남남 갈등은 질적으로 다른 차원으로 심화되게 된다. 이후의 남남 갈등을 시기별로 살펴보면 다음과 같다.

　제3기의 제1시기인 노태우 정권은 민주화에도 불구하고, 그리고 선언적 수준에서는 민족자존과 통일번영을 위한 특별선언(1988년 7·7선언)과 한민족공동체 통일방안(1989년), 남북기본합의서(1991년) 채택 같은 일부 전향적 대북 정책을 내놓았음에도 불구하고, 극우반공 체제에는 큰 변화가 없는 '반공 체제의 연장기'였다. 그러나 이 시기는 이런 극우반공 체제에 대한 도전이 정치사회와 시민사회에서 강하게 일어나 남남 갈등이 그 어느 때보다도 심각했다. 특히 이 시기를 특징지은 것은 일련의 방북 사태였다. 1989년 3월의 문익환 목사를 필두로, 서경원 의원, 황석영 작가, 임수경 학생 등 방북 행렬이 끊이지 않았다. 그 결과 이 시기는 서경원 사건으로 상징되는 '극우반공 국가 대 자유주의적 정치사회'(a 대 e)의 갈등(**그림 11** 참조),[20] 문익환과 임수경의 방북으로 상징되는 '극우반공 국가 대 진보적 시민사회'(a 대 i)의 갈등(**그림 12** 참

그림 12

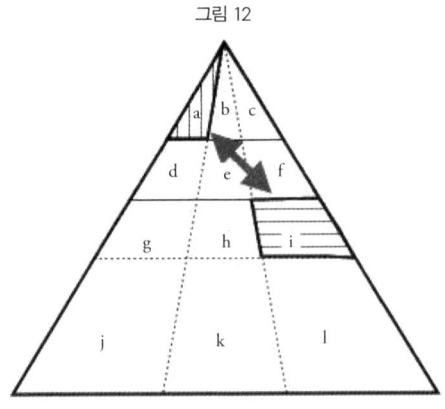

그림 13

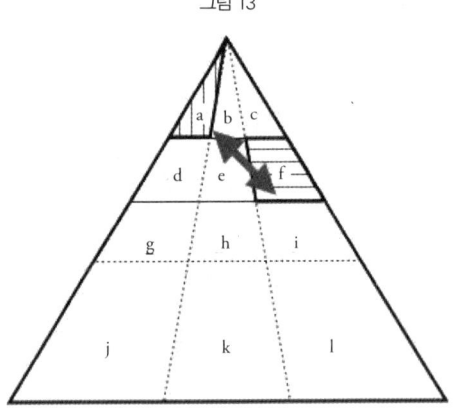

그림 14

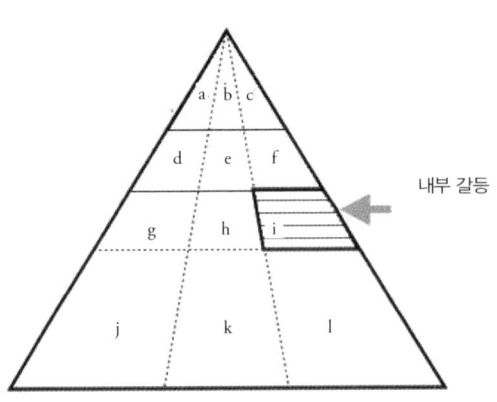

내부 갈등

조)이 과거에 비교할 수 없을 정도로 심각한 수준으로 진행된 시기였다.

또한 특이한 점은 재향군인회, 실향민호국운동중앙협의회 등 순수한 시민 단체로 볼 수는 없지만 극우적인 '준*시민 조직'들이 방북을 비난하고 방북 자를 구속하라는 성명을 내는 등 시민사회 수준에서 극우 세력의 조직적 대응이 나타나기 시작했다는 사실이다. 한편 실패한 진보 정당 실험인 민중당에 관련된 이른바 북한 고위 간첩이라는 이선실 사건이 보여주듯, 1992년 대선 국면에 관련해서는 남남 갈등이 부차적으로 '냉전적 국가 대 진보적 정치사회'의 갈등(a 대 f)을 띠기도 했다(**그림 13** 참조). 마지막으로 이 시기는 남남 갈등의 새로운 형태, 즉 '진보적 시민사회 대 진보적 시민사회'의 갈등(i 대 i)이 전면에 나타난다(**그림 14** 참조). 좀더 구체적으로, 앞에서 지적했듯이 친북적인 NL 진영과 북한에 비판적인 PD 진영 간의 남남 갈등이 전면화됐다.

제2시기인 김영삼 정권은 김대중 정부 이후 시작되는 '탈냉전 체제 이행을 위한 과도기'로서 중요한 전환점의 의미를 갖는다. 김영삼 정권은 그 성격에서 완전한 자유민주주의하고는 거리가 먼 '제한적 정치적 민주주의 정권'이었고,[21] 군사독재 세력과 3당 합당을 해서 집권한 정권이다. 그러나 동시에 처음으로 민주계라는 자유주의적 분파가 국가권력을 장악했고, 초기의 경우 남북 관계에서도 이런 자유주의적 개혁성을 보여주기도 했다. 대표적인 예가 비전향 장기수인 이인모 씨의 조건 없는 북한 송환이었다. 이 사건은 한국 현대사에서 전혀 새로운 남남 갈등을 야기했다. 바로 '자유주의적 국가 대 냉전 보수적 시민사회'(b 대 g)의 갈등이다(**그림 15** 참조).

과거하고 다르게 국가가 전향적이고 개혁적인 대북 정책을 구사하고 오히려 《조선일보》 등 시민사회(조직화된 시민사회)가 친북 용공이라고 공격하는 양상을 띠게 된 것이다. 이 구도는 김대중 정부 이후 시기의 남남 갈등의 기본 틀이 된다. 그러나 김대중 정부 이후의 남남 갈등하고는 차이도 있었다. 김대중 정부 이후하고 다르게 자유주의적 국가에 대립하는 세력 중에 (한나라당 같은) '냉전 보수적 정치사회'(d)는 부재했다는 점이다. 그렇게 된 이유는 3당

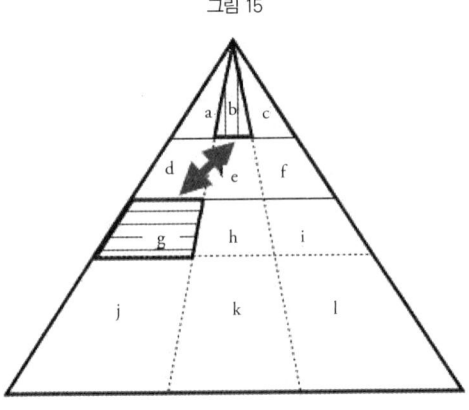

그림 15

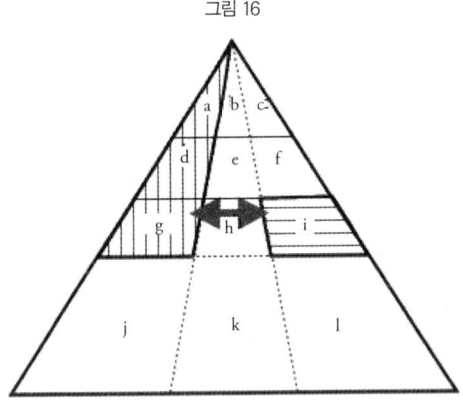

그림 16

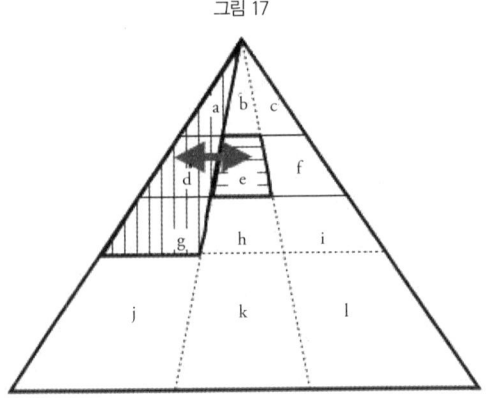

그림 17

합당에 따라 정치사회의 냉전 보수 세력(민정계, 공화계)이 여당의 일부가 돼 지배 연합 내의 헤게모니 분파인 자유주의 세력(민주계)의 자유주의적 대북 정책을 공개적으로 비난할 수 없었기 때문이다. 또한 이 시기 이후 수구 언론이 냉전적 정치사회를 제치고 냉전 반공주의의 수호신이자 남남 갈등의 가장 중심적인 행위자로 부상하게 된다는 것도 주목할 만한 사실이다.

자유주의적 국가의 개혁적 대북 정책은 김일성 주석을 만나는 역사적인 남북 정상회담으로 빛을 보는가 싶더니 김 주석이 갑작스럽게 사망하고 조문 파동이 터지면서 다시 남남 갈등을 과거의 냉전 시대로 돌려놓고 말았다. 조문 파동과 주사파 파동이 보여주듯 김영삼 정권은 이후 냉전 보수적 국가로 회귀했고, 남남 갈등은 과거의 남남 갈등하고 유사한 형태로 되돌아갔다. 다만 과거하고 다른 중요한 차이는 '냉전 보수적 국가'보다 '냉전 보수적 시민사회'(수구 언론)가 남남 갈등의 중심 주체로 부상한 것이다. 다시 말해, 김 주석 사망 이후 남남 갈등은 냉전 보수적 (조직화된) 시민사회(수구 언론)의 주도 아래 냉전 보수적 국가가 (냉전 보수적 정치사회하고 함께) 진보적 시민사회(한총련, 범민련 등)와 부딪치는 양상을 띠었다('냉전 보수적 조직화된 시민사회+냉전 보수적 국가 대 진보적 시민사회', g+a+d 대 i)(그림 16 참조).

또한 김대중 후보를 떨어뜨리려는 1997년 대선 직전의 북풍이 보여주듯 부차적으로 가끔 '냉전 보수적 시민사회+냉전 보수적 정치사회+냉전 보수적 국가 대 자유주의적 정치사회'(g+d+a 대 e)의 모습을 띠기도 했다(그림 17 참조).

'IMF 경제위기'에 힘입은 김대중 정부의 출범은 제3시기인 탈냉전 체제 이행기로 넘어갈 수 있게 해줬다. 제3시기(특히 2000년 남북 정상회담 이후)의 남남 갈등은 기본적으로 김영삼 정권 초기의 남남 갈등을 기본틀로 해서 이것을 확대하고 변형한 형태였다. 즉 '자유주의적 국가(정확히 표현하면 자유주의적 국가+자유주의적 정치사회+자유주의적 시민사회+진보적 시민사회 일부) 대 냉전 보수적 시민사회(수구 언론)+냉전 보수적 정치사회(한나라당)'의 갈등 구조(b〈+e+h+i〉 대 g+d)로 나타났다(그림 18 참조).

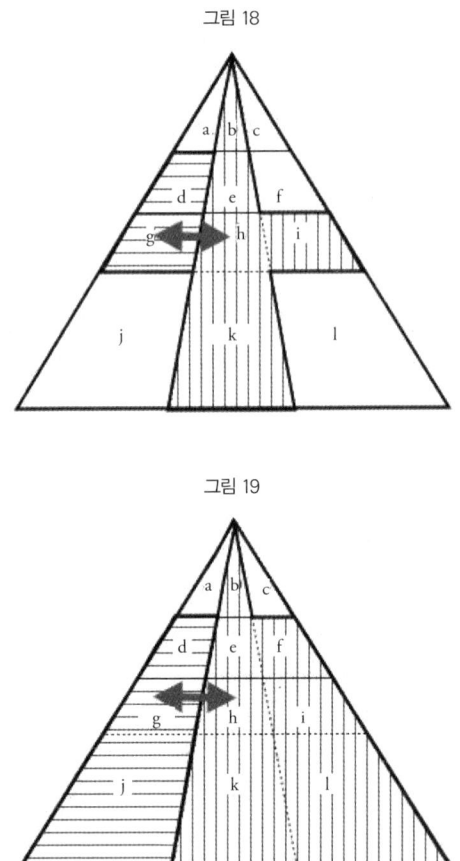

그림 18

그림 19

　　대북 지원 퍼주기 논란부터 북한 인권 문제, 북한 핵 문제 등 정부 정책이 친북 용공이라며 시민사회와 정치사회의 냉전 세력이 사사건건 시비를 거는 형국이다. 김영삼 정권 초기하고 다른 것은 냉전 보수 세력에 한나라당이라는 '정치사회의 냉전 보수 세력'(d)이 중요한 대립축으로 등장한 것이다. 이 밖에 주목할 것은 '냉전 보수적 시민사회'(g)의 조직화와 정치화다. 물론 남북 정상회담 이전에도 수구 언론이라는 시민사회 내의 냉전 세력이 남남 갈등의 중요 행위자였다. 그러나 '시민단체'라는, 일상적 의미의 시민사회의 행위자 차원에서는 그렇지 못했다. 반공 단체들이 있었지만 반공주의에 기생하는 반[#]관제, 어용 단체에 불과했고, 자율적 시민운동으로 생존할 능력은 없었다. 그러나 민주화운동 출신이 주축이 된 김영삼 정권과 김대중 정부를 거치면서 권력에서 소외된 수구 세력은 이 문민정부들의 개혁적 정책에 반대해 나름대로 시민단체를 형성하기 시작했고, 비판적 목소리와 저항이 거세지고 있다. 특히 2000년 11월 6·25 참전단체연합회, 성우회, 헌법을 생각하는 변호사 모임 등 수구적 색채를 띤 40여 개 단체들이 "대한민국의 정통성과 정체성이 실종되(고) 적대세력에게 양보와 선의를 보이면 평화가 온다는 논리와 주장은 이 나라를 파멸로 몰아"[22]가는 것이라는 취지에 기초해 자유시민연대라는 새로운 연대체를 만들어 적극적인 반[反]햇볕정책 투쟁에 나섰다. 최근 서해교전 사태에 관련해서 참여연대 등 개혁적 색채의 시민단체들이 입장 정리를 하지 못하고 침묵을 지킨 반면, 자유시민연대는 "국민정서에 반하는 햇볕정책을 고집해온 현정부가 북한으로부터 얻어낸 것이 젊은이 4명의 희생 외에 무엇이냐"며 "햇볕정책의 용도 폐기"를 촉구하고 나서는 한편 회원 400여 명이 국방부 장관의 파면을 촉구하는 시위를 벌였다.[23]

　나아가 주목할 것은 이런 수구적 시민사회의 조직화에 따라 남남 갈등이 '시민사회 대 시민사회'의 갈등, 즉 '진보적 시민사회(+자유주의적 시민사회) 대 냉전적 시민사회'(i(+h) 대 g)의 갈등 양상으로 발전하고 있다는 점이다. 다시 말해 이미 존재하던 정치사회 수준의 남남 갈등이 시민사회 내의 남남 갈등까지 더해져 '자유주의적 국가+자유주의적 정치사회+진보적 시민사회+자유주의적 시민사회 대 냉전 보수적 정치사회+냉전 보수적 시민사회'(b+e+i+l+h+k 대 d+g+j)라는 전면적인 남남 갈등의 양상으로 발전하고 있다는 점이다(**그림 19** 참조). 2001년 8·15 민족통일대축전에 참가한 진보적 민중 단체 관련자들의 돌출 행동에 대한 냉전적 시민단체들의 반응이 대표적인 예인데, 노무현 정부 들어서 이런 현상은 더욱 심화돼 주요 국경일에는 한 장소에서 정반대되는 집회들이 열리고 있는 현실이다.

4. 남남 갈등의 역사적 전개(2) — 미시적 접근(남북 정상회담 이후)

위에서는 남남 갈등이 역사적으로 어떻게 변화해왔는지를 갈등의 유형을 중심으로 살펴봤다. 이런 거시 역사적 틀을 전제로 해 여기에서는 남북 정상회담 이후 나타나고 있는 남남 갈등을 좀더 구체적으로 살펴보고자 한다. 즉 일종의 망원경을 가지고 살펴본 큰 윤곽을 전제로 해 현미경을 가지고 최근의 남남 갈등을 자세히 들여다보고자 한다. 특히 김대중 정부하의 남남 갈등과 노무현 정부하의 남남 갈등은 기본틀에서는 아주 유사하지만 미묘한 차이가 있다는 점에서 이런 차이에도 주목할 것이다.

1) 김대중 정부 시기[24]

이미 위에서 지적했듯이 김대중 정부의 햇볕정책을 둘러싼 남남 갈등도 국가와 '정치사회'라고 불리는 제도 정치권, 시민사회의 두 수준, 즉 조직화된 시민사회와 조직화되지 않은 일반 국민 수준의 무정형의 시민사회라는 네 수준에서 생겨나고 있다. 이해를 돕기 위해 이것을 도식화했다(**표 1** 참조).

이런 남남 갈등 중 가장 자명하고 인식하기 쉬운 것은 정치권, 즉 정치사회의 남남 갈등이다. 잘 알려져 있듯이 김대중 정부 시기에 정치사회의 남남 갈등은 김대중 정부의 햇볕정책을 지지하는 민주당을 한나라당이 비판하는 것을 기본틀로 해서, DJP 공동 정권이 원활하게 굴러간 초기에는 민주당 편에서서 햇볕정책을 지지하던 자민련이 임동원 통일부 장관 불신임 사태가 보여주듯 DJP 연대가 삐걱하기 시작한 후기에 들어서는 햇볕정책을 비판하는 목소리에 가세하는 양상으로 전개됐다.

다만 불분명한 것은 한나라당이 한 비판의 정확한 수준이다. 한나라당이 김대중 정부의 햇볕정책을 "밑 빠진 독에 물 붓기"식 선심 외교 등 여러 항목을 들어 비판해왔지만, 동시에 "북한을 상대로 이 정도로 진전된 남북관계를

표 1. 김대중 정부 시기 남남 갈등

	지지		반대
국가	DJP (개혁적 보수+냉전적 보수 연합)		
정치사회	민주당 (개혁적 보수)	자민련 (냉전적 보수)	한나라당 (냉전적 보수)
시민사회			
조직화된 시민사회 (정파)	1) 햇볕정책 **개혁적 보수 (자유주의 세력, 시민단체) **진보 세력 I (구NL, 통일운동 세력)	**진보 세력 II (구PD, 노동운동) (지지/투쟁)	**수구적 보수
	2) 신자유주의 정책 **개혁적 보수	**수구적 보수 (지지/투쟁)	**진보 세력 I **진보 세력 II
무정형의 시민사회 (지역) (세대)	호남 2030		영남 5060

이룬 것도 역사적으로 기록될 것"이라고 높이 평가하는 등 총론에서는 긍정적인 평가를 한 바 있다.[25] 따라서 한나라당의 비판이 정확히 어떤 수준에서 하는 비판이냐가 분명하지 않다.

그러나 더 근본적인 문제는 시민사회에서 일어난 남남 갈등이다. 아래에서 살펴보겠지만 김대중 정부 시절의 남남 갈등은 일반 국민들의 경우 기본적으로 지역주의를 중심으로 구성돼 있었다면, 조직화된 시민사회에서는 이념을 중심으로 다양한 시민사회단체들 사이에 첨예하게 진행됐다. 그러나 이 문제를 살펴보면서 반드시 짚고 넘어가야 하는 점은 일상적으로 생각하듯이,[26] 단순히 '진보, 개혁(적 보수)=햇볕정책 지지, 수구(적 보수)=햇볕정책 반대'라는 분류 방식은 현실하고는 거리가 먼 잘못된 과잉 단순화라는 사실이다. 문제는 단순히 진보 대 보수라는 이분법이냐, 아니면 진보, 중도, 보수라는 삼분법이냐는 분류 기준이 결코 아니다. 중요한 것은 진보를 표방한 민중운동 진영이 햇볕정책에 대한 태도에서 둘로 갈라져 있는 사실을 민중운동의 내부 사정에 둔감한 기존 연구들이 잘 인식하지 못하고 있다는 사실이다.

햇볕정책을 둘러싼 민중운동 내부의 이견은 1980~1990년대 한국 민중운동의 역사성에 뿌리를 두고 있다. 위에서 이미 지적했듯이 1980~1990년대 민중운동은 크게 보아 민족 모순을 강조하며 반미운동과 통일운동을 중시하는 한총련 등의 NL 노선과 계급 모순을 강조하는 노동운동 등 PD 노선으로 나뉘어 경쟁해왔다. 그러나 소련과 동구의 몰락과 한국 사회의 보수화에 따라 개량적 시민운동이 급부상하면서 민중운동은 이런 대립을 넘어서 개량 대 변혁이라는 전선을 중심으로 제휴 노력을 벌여왔다. 그 결과 이제 민중운동 진영은 과거처럼 주사파 같은 NL와 민중당류의 PD로 나뉘어 있지 않다. 그리고 2004년 총선에서 제3당으로 부상한 민주노동당 역시 이 두 세력이 함께한 일종의 정파연합당이다. 그러나 그런 경향은 아직도 존재하며 이른바 민중운동 내 '우파'로 불리는 전자의 경우 햇볕정책을 적극 지지했지만 '좌파'로 불리는 후자(김혜란 2000, 92~119)는 그렇지 않았다. 즉 '진보적 시민사회 대 진보적 시민사회'의 갈등이 존재했다.

이런 갈등은 김대중 정부의 햇볕정책이 지닌 이중적 성격에서 기인한다. 햇볕정책은 기본적으로 탈냉전이라는 '긍정적 계기'와 미국을 중심으로 강력히 추진되고 있는 신자유주의적 세계화에 북한을 통합한다는 '부정적 계기'가 함께 내재해 있었다.[27] 이 문제에 관련해 옛 NL 세력이 전자의 측면을 특권화해 햇볕정책을 적극 지지한 반면, 옛 PD 세력은 전자의 측면은 지지하면서도 후자의 측면에 대해서는 적극 반대했다. 후자의 입장에서는 ① 민중 중심의 통일, ② 자본 중심의 통일, ③ 적대적 분단, ④ 평화 공존적 분단이라는 크게 보아 네 상황 중 지금까지가 ③의 상황이었다면 한국 민중운동이 지향해야 할 목표는 ①인데, 김대중 정부의 햇볕정책은 페리 프로세스에 기초한 ②의 시나리오가 현실화되는 과정이기 때문에 반대한다는 것이다(채만수 2000).

햇볕정책은 "한미일 동맹체제에 근거해서 북한체제를 국제 사회 ─ 정확하게는 세계 자본주의체제 ─ 로 편입시키고 궁극적으로 체제 전환을 시도하려는 …… 자본주의적 흡수통일정책의 성격을 갖고 있"으며, 김대중 정부가 추진해온 정리해고, 해외 매각 등 최근의 신자유주의적 구조조정[28]에 관련해 "노동자 민중운동을 남북관계를 고리로 한 전국민적 단결 구도 속에서 '주변화'시키면서 동시에 '동반자화'시키려는 신자유주의적 공세가 우려된다"는 비판적 입장이었다(오세철 2000, 56~58). 따라서 "시민운동은 물론 노동자·민중운동 진영의 많은 개량주의세력 및 민간 통일운동을 주도하고 있는 NL세력이 김대중 정부의 대북정책 추진 및 남한 독점자본의 대북 경제 진출을 뒷받침하는 정권과 자본의 제2중대로 편입"되는 현실에 맞서 "노동자·민중운동은 정권과 자본의 통일운동에 명백한 경계선을 그어야" 한다는 것이다(김세균 2000).

결국 NL 진영 등 일부 진보 진영에서는 신자유주의 반대 투쟁을 생존권 투쟁으로 위치 지으면서 가볍게 보는 경향이 있지만, "미국의 대한반도 지배 전략이 한국의 신자유주의적 구조 재편과 북한을 미국이 주도하는 신자유주의 세계체제로 편입시키면서 정치적으로 무력화하는 것을 목표로 하고 있기 때문에 신자유주의 반대 투쟁과 반미반제 투쟁은 분리된 것이 아니며 역으로 반미반제 투쟁은 (통일운동이 아니라) 신자유주의 반대 투쟁으로 집약되어야 한다"(정종권 2000)는 주장이었다. 사실 실행에 옮겨지지는 않았지만, 이런 입장에 기초해 그중 일부 강경파의 경우 2000년 4월 남북 정상회담 발표 당시 정상회담 반대 성명을 내자고 주장하기도 했다. 결국 이런 입장의 차이 때문에 햇볕정책 지지 세력의 대표적인 연대체인 6·15 남북공동선언 실현과 한반도 평화를 위한 통일연대(통일연대)의 경우 진보 세력 안에서도 '좌파 세력'은 참여하지 않고 비판적 입장을 견지했다. 따라서 '진보 진영=햇볕정책 지지'라는 등식은 진보 진영의 내부 현실을 무시한 잘못된 과잉 일반화다.

문제는 여기에 그치지 않는다. 햇볕정책을 둘러싼 남남 갈등은 김대중 정부가 추진하고 있던 신자유주의에 유기적으로 결합돼 있다. 그 이유는 아래에서 상세하게 지적할 것이지만, 단지 여기에서는 햇볕정책을 적극적으로 지지해야 하고 실질적으로 상당히 지지하는 옛 NL 세력의 경우도 신자유주의에 대해서는 미국의 한국 지배 심화라는 이유로 강력히 반대했다는 사실이다. 이 세력도 김대중 정부에 대해 햇볕정책 지지와 신자유주의 반대라는 자기 분열을 겪으며 일면 지지와 일면 투쟁이라는 어정쩡한 상황에서 갈팡질팡했다. 이런 점에서 햇볕정책, 그리고 여기에 밀접한 관련이 있는 신자유주의 정책이라는 측면에서 김대중 정부의 일관된 지지 세력은 진보 진영이 아니라 오히려 시민단체 등으로 상징되는 자유주의 세력, 즉 개혁적 보수 세력이었다.

냉전 보수적 시민사회의 경우 이미 위에서 지적했듯이 김대중 정부 들어 빠르게 조직화되고 정치화돼 2000년 11월 자유시민연대라는 연대체가 결성되면서 치열한 이데올로기 투쟁에 나섰다. 다만 햇볕정책에 대한 가장 강력한 반대 세력인 수구적 보수 세력의 경우도 신자유주의 정책에 관련해서는 모호한 태도를 취했다는 점을 주목해야 한다. 재벌 개혁 등에 관련해 한나라당이 김대중 정부를 향해 제기해온 신관치경제론이라는 비판과 유사한 시각에서 "천문학적 액수의 국민 혈세를 공적 자금이라는 이름으로 낭비하는 관료주도 구조조정"을 비판했지만,[29] 정리해고 합법화 등 김대중 정부의 신자유주의 정책이 지닌 반노동적인 측면에는 적극 지지를 보내는 등 일면 지지와 일면 투쟁의 태도를 보였다.

마지막으로 일반 국민 수준에서 일어난 남남 갈등이다. 물론 햇볕정책은 통일부와 국정홍보처 등 정부의 공식적 여론조사에 따르면 한때 90퍼센트가 넘는 지지를 받았고 각종 비리 의혹으로 김대중 정부의 인기가 떨어진 정권 말기에 들어서도 70퍼센트가 넘는 지지를 받은 '인기 정책'이다(박선원 2002, 125). 이런 상대적 인기는 다른 비정부 기관의 여론조사에서도 잘 나타나, 햇볕정책에 대한 지지도는 줄곧 김대중 대통령의 국정 운영에 대한 지지율을 크게 앞질렀다(박선원 2002, 130). 그러나 그렇다고 햇볕정책이 일반 국민들 사이에서는 갈등의 대상이 아니며 절대적 지지를 받았다는 이야기는 결코 아니다. 햇볕정책은 일반 국민들 사이에서 총론적 수준에서는 광범위한 지지를 받았지만 속도와 수행 방식 등 각론 수준에서는 많은 갈등 요소를 드러냈다. 이를테면 2000년에 실시한 여론조사에 따르면, 절대 다수의 국민이 햇볕정책을 지지하면서도 추진 속도에 관해서는 '적당하다'가 29퍼센트고 '좀더 빨라야 한다'가 4.2퍼센트인 반면 64.7퍼센트는 '너무 바르기 때문에 속도 조절이 필요하다'고 답한 것으로 나타났다.[30]

일반 국민 수준에서 드러나는 햇볕정책에 대한 평가의 차이와 이 차이에 따른 남남 갈등은 일반 국민 수준에 존재하는 이념적 정향의 차이에 기인하는 면이 적지 않다. 그러나 더 근본적인 것은 지역주의다. 잘 알려져 있듯이 우리 사회의 지배적 균열 구조는 보수 대 진보가 아니라 지역주의이며, 불행하게도 김대중 정부의 대북 정책을 둘러싼 남남 갈등의 핵심에는 지역주의와 이것에 기초한 DJ 대 반DJ의 구도가 자리잡고 있다. 이를테면 2001년 6월에 실시한 한 여론조사에 따르면 김대중 정부의 대북 정책에 대한 평가는 광주와 호남의 경우 '잘했다'는 평가가 53.1퍼센트고 '못했다'가 30.4퍼센트로 나타난 반면, 대구와 경북의 경우 '잘했다'는 평가는 23.5퍼센트에 불과하고 '못했다'는 평가가 54퍼센트나 됐다. 이런 부정적 평가는 부산과 경남 지역의 경우도 마찬가지로 나타났다(박선원 2002, 139).

일반 국민 수준에서 주목할 또 다른 측면은 세대 갈등이다. 이 갈등은 특히 효순·미선 사망 사건과 촛불시위를 통해 젊은 세대가 급속히 정치화하고 급진화되면서 나타났는데, 대선 과정에서 20~30대의 '2030'과 50대 이상의 '5060'이 벌이는 갈등 양상으로 발전했다.[31] 그런데 여론조사 결과에 따르면 이 세대들 사이에는 사회경제적 문제에 관한 인식은 별 차이가 없지만 북한과 미국의 대한 인식은 큰 차이가 있는 것으로 나타났다. 구체적으로 국가보안법 폐지에 대해 50대 이상은 32퍼센트만 지지한 반면 20대는 62.8퍼센트나 지지했고, 핵개발에 상관없이 북한을 지원해야 한다는 의견도 50대 이상은 43퍼센트 수준인 반면 20대는 62.2퍼센트나 됐다.[32] 다시 말해 대선 국면에서 남남 갈등이 세대 갈등으로 나타났다고 할 수 있다.

결국 김대중 정부 시절 남남 갈등은 사안에 따라 일반 국민 수준(호남 대 영남, 2030 대 5060)에서, 조직화된 시민사회 수준(냉전적 보수 대 자유주의와 진보 세력1 대 진보 세력2)에서, 정치사회의 수준(냉전적 보수 대 자유주의)에서 나타났다. 또한 남남 갈등은 궁극적으로 '자유주의적 국가+자유주의적 시민사회+진보적 시민사회1(NL)+호남+2030' 대 '냉전 보수적 정치사회+냉전 보수적 시민사회+영남+5060' 대 '진보적 시민사회2(PD)'라는 전면적인 갈등의 양상을 띠고 말았다.

이제 문제는 이런 남남 갈등이 생겨난 원인을 분석하는 것이다.[33] 우선 두말할 필요 없이 지역주의와 반공주의라는 우리 사회의 구조적 악에 크게 기인한다. 역설적이지만 이런 점에서 보면 지역주의 측면에서 소수 지역을 대표하고 군부독재의 조작 때문에 색깔론에 시달려온 김대중 대통령은 전략적으로 남북 정상회담과 햇볕정책을 추진하기에 구조적으로 적합하지 못한 위치에 놓여 있었다. 이 점에서는 오히려 색깔론에 시달릴 가능성이 약하고 지역적으로 다수 지역을 대표하는 김영삼 전 대통령이 남남 갈등을 야기하지 않고 비슷한 정책을 추구할 수 있는 훨씬 유리한 위치에 있었다고 볼 수 있다.[34] 사실 우리에 견줘 색깔론에서 자유로운 미국에서도 두 개의 역사적인 대소 핵무기 제한 협정, 즉 'SALT I'과 'SALT II'를 공화당 대통령, 특히 대표적인 극우 반공주의자인 닉슨과 레이건이 조인할 수 있었다는 사실에 주목할 필요가 있다.

그러나 김대중 정부 시절의 남남 갈등이 구조적 요인에만 기인한 것은 아니었다. 사건사적 요인, 정치적 선택에서도 기인한 바가 크다. 우선 ① 김대중 정부의 정략성, (우리 정권이 한 건 올리자는) 업적주의, 일방주의적 추진 방식, ② 일부 운동권의 감상주의적 돌출 행동, ③ 한나라당과 수구 언론의 시비 걸기 등을 들 수 있다. 이 중 다른 문제들의 경우 자세한 설명이 필요 없이 어느 정도 자명한 사실이라는 면에서, 그리고 일차적 책임은 역시 김대중 정부에 있다는 점에서, 김대중 정부의 정략성과 업적주의 문제를 살펴보고자 한다.

김대중 정부의 정략성과 업적주의 중 특히 김대중 정부가 남북 정상회담 소식을 선거 며칠 전 전격 발표한 것은 김대중 정부의 햇볕정책이 내내 지고 가야 할 원죄이자 결정적인 패착이었다. 김대중 정부는 북한이 이 시기에 발표하자고 요구한 때문이라는 구차한 변명을 하고 있지만 발표 시점의 선택이 선거를 겨냥한 정략의 결과라는 점은 부인할 수 없다.

　　물론 어느 정권이든 정략적 고려에서 자유로울 수 없다. 그러나 소수 정권이라는 한계, 지역주의라는 현실, 민족 문제라는 사안의 성격을 고려하면 그런 선택은 하지 말았어야 했다. 설사 북한이 그 시점을 요구하더라도 대국민 발표에 앞서 이회창 한나라당 총재 등하고 여야 영수회담을 열어 이 자리에서 사실을 알리고 여야 지도자가 함께 나와 정상회담 개최 소식을 국민들에게 발표하는 형식을 취했어야 했다. 그러나 김 대통령이 오랜 정치에서 습득한 '정치 공학적 잔머리'는 다른 선택을 하게 만들었고, 그 결과 민족적 문제를 선거라는 정략적 사안에 이용했다는 비난을 자초하고 말았다(햇볕정책에 대한 지지가 정점에 이르러 있던 정상회담 얼마 뒤에 실시한 한 여론조사에서도 김대중 정부가 대북 정책을 국내 정치적 목적으로 이용하고 있느냐는 질문에 77.4퍼센트가 '그렇다'고 대답했다).[35] 게다가 선거 결과에서도 수도권에서 득을 봤지만 영남의 단결을 자극해 영남에서 참패함으로써 전투에서는 이기고 전쟁에서 지는 결과를 가져오고 말았다.[36] 첫 단추를 잘못 끼워 실리도 명분도 다 잃은 것이다.

　　김대중 정부의 업적주의가 햇볕정책을 어긋나게 하고 남남 갈등을 부추긴 또 다른 예는 한-미 정상회담이다. 대통령 당선 뒤 부시 정부의 대북 정책이 나아갈 방향을 차분하게 연구하고 분석한 뒤 이 결과에 기초해 대미 외교에 나서지 않고, 아시아 지역의 대통령 중 가장 먼저 부시 대통령을 만나 정상회담을 갖는다는 업적주의에 매달려 서둘러 한-미 정상회담을 성사시켰다가 죽을 쑤고 말았다. 그 결과 부시 정부 출범 뒤 가시화된 후기 햇볕정책의 교착 상황을 자초했을 뿐 아니라 국내 수구 세력의 비판 목소리에 힘을 실어주고 남남 갈등을 자초한 꼴이 되고 말았다. 또한 단기적인 업적주의에 매달려 국민적 합의 과정을 소홀히 하고, 햇볕정책을 추진하는 과정에서 "내가 옳고 내게 반대하는 사람은 수구 세력"이라는 계몽 군주식 리더십, 푸코식 표현으로 하면 '사목권력'(Foucault 1980)에 의존한 것도 남남 갈등이 심화된 이유다.

위에서 지적한 국내 정치적 요인 이외에도 햇볕정책을 둘러싸고 남남 갈등이 심화된 이유는 신자유주의 정책, 북한의 체제유지주의, 부시의 강경 노선과 테러와의 전쟁을 들 수 있다. 이 중 김대중 정부의 신자유주의 정책이 햇볕정책의 강력한 지지 기반이 돼야 할 민중운동 진영을 지지 세력과 유보 세력으로 분열시켰을 뿐 아니라, 그중 핵심 지지 기반이 돼야 할 옛 NL 세력조차 적극적 지지 세력이 되기 어렵게 만들고 있다는 점은 위에서 이미 지적한 바 있다. 신자유주의 정책은 그 밖에도 두 가지 측면에서 남남 갈등에 큰 영향을 미쳤다. 우선 신자유주의 정책은 전반적인 경제난을 불러와 햇볕정책의 지지 기반이 돼야 할 세력의 지지를 약화시켰을 뿐 아니라 삼성자동차 퇴출 등으로 부산 지역에 경제적 고통을 집중시켜 영남 지역주의를 강화하고 남남 갈등을 심화시켰나. 징부의 공식 통계조차 부산 지역의 경제고통지수가 전국 최고인 것을 보여주고 있다.

이런 점에서 과거 호남의 지역주의가 물적 토대(호남의 낙후)를 가지고 있듯이 최근 영남의 반DJ 정서는 그것 나름대로 물적 토대를 가지고 있다.[37] 이 사실에 주목해 한 연구자는 지난 2000년 총선이 지역주의 선거가 아니라 정책 선거(신자유주의 심판 선거)라는 주장까지 했다(박상훈 2001). 마지막으로 신자유주의 정책은 통계 작성이 시작된 1978년 이후 최악의 빈부 격차 등 사회적 양극화의 결과로 생겨난 국내 빈곤 문제 때문에 남남 갈등을 부추겼다. "우리 주위에도 노숙자가 즐비하고 끼니를 걱정하는 사람이 많은데 북한에 퍼주기나 하느냐"는 분위기가 조성된 것이다.

북한의 체제유지주의 역시 남남 갈등을 부추긴 심각한 요인이다. 김대중 대통령이 베를린 선언에서 약속한 대북 인프라스트럭처 지원이 제대로 안 지

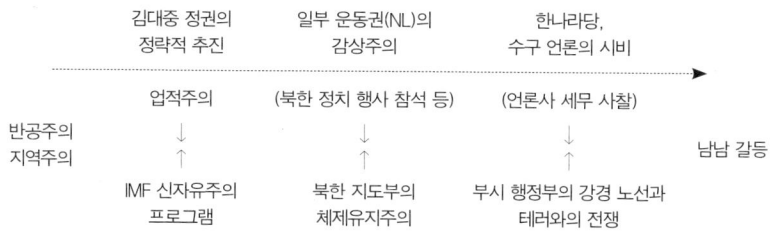

그림 20. 김대중 정부 시기 남남 갈등의 촉진 요인

켜진 것은 사실이고, 또한 김대중 정부와 북한 사이에 어떤 밀약이 있어서 그 약속이 안 지켜지고 있는지도 알 수 없는 일이다. 그러나 북한의 태도를 보면 "김대중 정부를 너무 안 도와줬다." 햇볕정책이 비판받고 있을 때 이른바 '영해 침공'을 자행하는가 하면 북한을 방문한 민간단체 대표자들에게 문제의 소지가 많은 행사에 참여하라고 압박하는 등, 장기적 안목에서 햇볕정책이 국민의 신뢰를 받게 해주는 것이 아니라 북한 자체의 국내 정치적 목적에 이용하고 단기적인 지원 극대화 전략에 의존함으로써 남남 갈등을 부추겼다.

마지막으로 부시 정부의 대북 강경책, 특히 9·11 테러와 그 뒤를 이은 테러와의 전쟁이다. 이런 요인은 햇볕정책을 둘러싼 한국과 미국 사이의 갈등 양상으로 나타났고, 그동안 몸을 낮추고 있던 수구 세력들이 "그것 보라"는 식의 대응을 하게 만들었으며, 동시에 남남 갈등을 심화시켰다.

지금까지 논의한 남남 갈등의 촉진 요인들을 정리하면 **그림 20**과 같다.

2) 노무현 정부 시기

노무현 정부의 대북 정책과 이 정책을 둘러싼 남남 갈등을 이해하려면 두 가지 측면에 주목해야 한다. 우선 김대중 정부와 노무현 정부의 연속성이다. 노무현 정부는 자신들의 대북 정책에 햇볕정책이라는 말 대신에 평화번영정책이라는 표현을 쓰고 있지만, 내용에서는 기본적으로 햇볕정책을 '발전적으로'(?) 계승한 것이다. 따라서 북방한계선[NLL] 관련 보고 사태, 북핵 문제, 북한 인권 문제 등 남남 갈등의 기본틀도 김대중 정부 시절의 남남 갈등을 '발전적으로'(?) 계승하고 있다(개혁 보수적 국가 대 냉전적 시민사회+냉전적 정치사회). 나아가 대북 정책, 그리고 남남 갈등에 간접적으로 연관된 신자유주의 정책에서도 김대중 정부의 신자유주의 노선을 계승하고 있다는 점에서도[38] 또 다른 연속성을 발견할 수 있다.

또 다른 측면은 김대중 정부와 노무현 정부의 차별성 또는 단절성이다. 노무현 정부의 평화번영정책은 그동안의 일방적인 퍼주기에 대한 비판을 수용하는 한편 부시 정부가 9·11 테러 이후 추진하고 있는 테러와의 전쟁, 특히 '악의 축' 발언으로 상징되는 대북 강경 노선을 반영해 김대중 정부의 햇볕정책보다는 조금 '보수적' 내지 '우경적'인 입장을 취하고 있다. 특히 이런 차별성은 한나라당이 주도해 국회를 통과한 김대중 정부의 대북 송금에 대한 특검 법안에 대해 노무현 대통령이 거부권을 행사하지 않음으로써 박지원 전 문광부 상관 등 김대중 정부의 실세들이 줄줄이 쇠고랑을 차고 정몽헌 현대아산 회장이 자살을 해야 한 사건에서 가장 잘 나타나고 있다.

이런 큰 문제의식에 기초해 노무현 정부 시기의 남남 갈등을 좀더 구체적으로 살펴보면, 우선 국가는 대북 정책에서 기본적으로 개혁적 보수(자유주의)이되 김대중 정부에 견줘 다소 우경화한 모습일 것이다. 그리고 이런 점은 노무현 정부하의 국가가 전체적으로 볼 때 김대중 정부에 견줘 진정한 자유민주주의의 방향으로 다소 왼쪽에 위치하고 있는 것하고는 대조적인 현상이다. 정치사회 수준에서도 중요한 차이가 나타난다. 우선 여당인 열린우리당이 냉전적 보수 세력인 한나라당과 갈등하고 있지만 김대중 정부 시절의 여당인 민주당보다 다소 우경화해 같은 개혁적 보수 세력이지만 햇볕정책을 전적으로 지지하는 민주당하고도 갈등을 일으키고 있다. 또한 민주노동당이 원내에 처음 진출해 정치사회에 공식적인 시민권을 획득한 것도 중요한 차이다.

조직된 시민사회의 수준에서는 김대중 정부 시절하고 유사하지만 진보 세력1(NL)의 경우 햇볕정책의 전적인 지지 세력으로 민주당과 마찬가지로 한나라당에 맞선 대치선에서는 노무현 정부의 대북 정책을 지지하되, 노무현 정부의 정책이 지나치게 우경적이라고 비판하는 입장을 취하고 있는 것이 중요한 차이다. 무정형의 시민사회, 즉 일반 국민의 수준에서도 양상은 비슷하다. 2004년 총선이 잘 보여주듯이 영남은 아직도 한나라당의 텃밭으로 노무현 정부의 정책에 비판적이다. 한편 호남은 민주당과 마찬가지로 김대중 정부의 햇볕정책을 지지하는 지역으로 특검 등을 수용한 노무현 정부의 대북 정책에 비판적이면서도 한나라당에 맞선 대치선에서는 노무현 정부를 지지하는 비판적 지지론의 입장이다.

이 밖에 새로운 현상은 2004년 총선에서 자민련의 몰락과 열린우리당의 압승이 보여주듯 충청 지역이 노무현 정부의 수도 이전 계획에 힘입어 노무현 정부와 열린우리당 지지 지역으로 변화하는 모습을 보여준 것이다. 따라서 대북 정책에서도 노무현 정부 지지 지역으로 변화하고 있는 것이 아닌가 싶다.[39] 특별한 조사 작업이 없이 판단할 때, 또 다른 어려운 문제는 세대 갈등에 관한 분석이다. 세대 갈등이라는 점에서 노무현 정부하의 남남 갈등은 김대중 정부 시절과 마찬가지로 2030 대 5060의 갈등일 것이다. 그러나 문제는 노무현 정부의 대북 정책이 상대적으로 우경화된 데 따른 2030의 반응이다. 즉 지난 대선에서 노 대통령을 지지한 2030이 노무현 정부를 따라 노무현 정부의 대북 정책을 지지하는 쪽으로 바뀌었는가, 아니면 호남처럼 김대중 정부의 햇볕정책을 지지하고 노무현 정부의 대북 정책에 대해서는 일면 비판적인 '비판적 지지' 입장을 지니고 있는가다.

가설적으로 이야기하면, 1980~1990년대의 역사적 경험을 가지고 있고 상대적으로 더 진보적인 30대(386)의 경우 민주당이나 호남처럼 햇볕정책을 지지하는 입장에서 노무현 정부의 대북 정책을 비판적으로 지지하는 입장을 지니고 있지만, 상대적으로 보수적이고 노사모의 영향이 강한 20대의 경우 노

표 2. 노무현 정부 시기 남남 갈등

	햇볕정책 지지		(평화번영정책)	반대
국가			노무현 정부 (개혁적 보수) (햇볕정책-계승/비판)	
정치사회	민주노동당 (진보)	민주당 (개혁적 보수)	열린우리당 (개혁적 보수) (햇볕정책-계승/비판)	한나라당 (냉전적 보수)
시민사회				
조직화된 시민사회 (정파)			**개혁적 보수 (자유주의 세력, 시민단체) **진보 세력 1 (구NL, 통일운동 세력)	**수구적 보수
	**진보 세력 2 (구PD, 노동운동) (지지/투쟁)			
무정형의 시민사회 (지역) (세대)	호남 30대(?)		충청(?) 20대(? 노사모)	영남 5060

무현 정부를 지지하는 입장에 가까운 것이 아닌가 싶다.[40] 이런 논의를 체계화하면 **표 2**와 같다.

5. 나오며

지금까지 남남 갈등의 기원과 역사적 전개 과정을 국가, 정치사회, 시민사회라는 한국 사회의 구성 부분과 이념적 색채를 중심축으로 해서 갈등의 내용이 어떻게 변해왔는가를 거시 역사적으로 살펴본 뒤, 김대중 정부와 노무현 정부하의 남남 갈등을 좀더 미시적 시각에서 분석해봤다.

그러나 부시 정부의 출범과 9·11 테러에 따른 테러와의 전쟁이 남남 갈등에 끼친 영향이 잘 보여주듯이, 남남 갈등은 단순히 남한 사회의 조건만이 아니라 세계체제적 요인에 따라서도 크게 좌우돼왔다. 이런 시각에 비추어 볼 때, 남남 갈등은 쉽게 완화될 것처럼 보이지 않는다. 그러나 우리가 1970년대의 냉전 시대로 다시 되돌아갈 수 없다는 점을 고려할 때, 각론에 관한 많은 이견에도 불구하고 햇볕정책의 기본 정신과 틀은 앞으로도 계승하고 발전시켜야 할 우리 시대의 정신이다.[41] 2000년 총선에서 '원조 냉전 보수당'인 자민련이 몰락하고 민주노동당이 제3당으로 등장한 것, 얼마 전 온 나라를 뒤집어놓은 마녀사냥의 광기에도 불구하고 송두율 사건이 대부분의 혐의에서 무죄 판결을 받고 흐지부지된 일이 이런 점을 잘 보여준다.[42] 따라서 문제는 햇볕정책을 어떻게 수정하고 발전시킬 것인가, 특히 남남 갈등을 완화하면서 이런 과제를 추진할 수 있느냐는 것이다. 문제는 남남 갈등 자체가 아니다. 민주주의는 갈등을 내포하고 있으며, 갈등은 어느 면에서는 건강의 증거일 수 있다. 문제는 오히려 남남 갈등 속에 내재한 비합리적이고 전근대적인 요소를 제거함으로써 남남 갈등을 건설적인 것으로 전환시키는 일이며, 동시에 불필요한 갈등을 최소화하는 것이다.

이것을 위해 필요한 것은 반공주의와 지역주의의 극복이다. 어떤 정책이 그 합리성에 관계없이 전근대적인 지역주의에 의해 지지되고 반대되는 한, 그리고 낡고 맹목적인 반공주의에 의해 재단되는 한, 합리적 대화와 논쟁은 불가능하다. 따라서 궁극적으로는 지역주의와 반공주의를 넘어서려는 노력이 필요하다. 그러나 많은 시간이 걸리는 일이라는 점에서 이런 노력 이외에도 좀 더 직접적인 요인들에 주목할 필요가 있다. 김대중 정부는 햇볕정책이 단기적 성과와 정권의 필요성에 따라 추진될 때 오히려 역효과를 낸다는 사실을 보여줬다. 따라서 앞으로는 중장기적인 긴 호흡의 시각에서 정파성과 업적주의의 유혹을 최대한 배제해야 한다. 특히 중요한 것은 국민적 합의를 만들어가는 과정과 노력이다. 시간이 걸리더라도 '혼자 열 걸음'보다 '함께 한 걸음'이라는 자세가 필요하다. 운동권의 소영웅주의적 돌출주의 역시 반성과 자성이 필요하다. 또한 아직은 남북 관계에 특별히 진전되는 사안이 없어서 문제가 되지 않지만 김정일 국방위원장의 답방 등 남북 관계에 큰 진전이 있어 남남 갈등이 전면적으로 재연되는 경우에 염려되는 것으로, 불필요하게 갈등을 유발하는 '전투적 리더십'을 자제해야 한다. 탄핵 사태를 자초한 노 대통령의 리더십 스타일이 남북 관계에도 적용돼 남남 갈등의 또 다른 기폭제가 되어서는 안 된다.

신자유주의 정책에 대한 비판적 재검토도 필수적이다. 신자유주의적 정책을 계속하는 한 사회적 양극화는 피할 수 없고, 사회적 양극화가 계속되는 한 퍼주기 논란과 남남 갈등은 지속될 수밖에 없다. 자기 나라의 노동자들에게는 법과 경쟁력이라는 이름 아래 무자비한 공권력 행사와 정리해고를 일삼으면서 북한에게는 화해와 협력을 외치는 한, 퍼주기 시비와 남남 갈등은 그치지 않을 수밖에 없다. 또한 햇볕정책 내에서도 탈냉전의 긍정적 계기를 극대화하고 신자유주의적 세계화의 계기를 극소화하려는 노력이 필요하다.

북한과 미국의 경우 각각 자기 나름의 체제 논리와 이해관계에 기인한 것이라는 점에서 정책을 변화시키려는 우리의 노력에는 한계가 있을 수밖에 없다. 그러나 북한에 대해서는 장기적으로 햇볕정책에 관한 남한 국민의 신뢰를 구축하는 일이 북한에도 도움이 된다는 점을 설득해서 지금의 단기적 대남 정책을 바꾸도록 해야 한다. 미국에 대해서도 부시 정부를 상대로 설득 작업을 계속하는 한편 국내의 진보 세력들이 미국 그리고 세계의 진보적 세력들하고 연대해서 미국이 패권주의적이고 군사주의적인 정책을 바꾸도록 압박을 강화해야 한다.

3장

남북한 통일의 사회 이념적 문제점*

1. 문제의 제기

급변하는 국내외 정세 속에서 민족의 오랜 숙원인 한반도의 통일 문제가 어느 때보다도 관심의 초점이 되고 있다. 관심의 제고라는 측면 이외에도 주목되는 것은 통일에 대한 낙관적 전망이 그 어느 때보다도 팽배하다는 점이다.

　이런 현상은 크게 봐서 다음 같은 사실에서 연유한다. 우선 1980년대 후반 들어 그동안 축적된 민중 역량과 민주화의 흐름 속에서 분단 체제 아래 터부시돼온 통일 문제에 관련해 재야 세력이 벌인 통일운동과 '북한바로알기운동' 등을 통해 통일에 대한 폭넓은 관심이 제고된 데 기인한다. 그러나 더 근본적으로는 현존 사회주의의 몰락과 뒤이은 탈냉전으로 특징지어지는 새로운 세계질서, 그리고 그동안 진행된 남한 자본주의의 발달에 따른 국내외적 힘의 역관계의 변화에 기인한다.[1] 특히 누구도 예측하지 못한 동서독의 갑작스러운 통일은 한반도 통일에 대한 관심과 낙관론에 결정적인 기여를 했다.

---

* 손호철, 〈남북한 통일의 사회이념적 문제〉, 준봉 구범모 교수 화갑기념논총 편집위원회, 《전환기 한국 정치학의 새 지평 — 준봉 구범모 교수 화갑기념논총》, 1994.

이 글의 목적은 최근 고조되는 한반도 통일에 대한 관심에 관련해, 남북한 통일의 사회 이념적 측면을 분석하는 데 있다.[2] 남북한 체제가 한국전쟁에 의한 분단의 '최종 봉인' 이후 근 40년간 적대적인 사회체제하에서 상이하고 적대적인 이념을 유지해온 점에서 통일에 있어 사회 이념적 측면은 다른 어느 것 못지않게 중요한 과제라고 하지 않을 수 없다. 따라서 이 글은 이런 문제의식에 기초해 남북한의 통일이 이념적 측면에서 어떤 문제들을 야기할지, 그리고 그런 문제들을 어떻게 극복할 수 있을지를 개괄적으로 살펴보려 한다.

2. 방법론적 문제

우선 선행돼야 할 것은 남북한에서 현재의 사회 이념이 각각 무엇인가 하는 현상에 대한 과학적 분석이다. 현상태에 대한 과학적 분석에 기초하지 않고는 문제점 분석과 처방이 사상누각이 될 것은 자명한 사실이다.

이런 현상 분석을 바탕으로 7다음 단계의 작업은 남북한 통일 과정에서 생겨날 이념적 측면의 제반 문제점을 전망하는 것이다. 그러나 여기에서는 여러 가지 방법론적 문제들이 제기된다.

첫째, 남북한 통일 과정에서 생겨날 이념적 문제점들이 무엇인가 하는 것은 남북한 통일이 어떤 통일이 될 것이냐 하는 통일 유형에 따라 내용이 달라진다는 점이다. 흡수 통합에 따른 통일 때 발생하는 이념적 문제점들이 수렴형 통일 때 생겨날 문제점들과 똑같을 수는 없다. 따라서 이 글에서는 단일한 특정 통일 시나리오에 기초해 이 문제들을 분석하기보다는 다양한 통일 시나리오를 상정한 뒤 이 시나리오들에 따라 각각 제기되는 문제점을 전망하는 방식을 취하고자 한다.

둘째, 통일 과정에서 생겨날 이념적 문제점 등은 통일이 언제 달성되느냐 하는 통일 시점에 따라 내용이 달라질 수 있다는 사실이다. 이 둘째 문제점은 첫째 문제점처럼 자명하게 우리에게 다가오지 않기 때문에 간략한 부연 설명이 필요하다. 이런 문제가 제기되는 이유는 남북한의 이념이 고정되고 정태적이 아니라 동태적이기 때문이다. 즉 통일이 일어나는 통일 시점에 남북한의 사회 이념이 현재 남북한의 사회 이념과 동일할 것이라는 보증이 없기 때문이다. 따라서 남북한의 사회 이념이 앞으로 변화한다면 어떤 방향이 될 것인가 하는 그 내적 운동의 계기를 파악해야 한다. 또한 남북한의 사회 이념은 내적 계기의 자동적 전개가 아니라 각 사회 세력들의 구체적인 실천과 의식적 '개입'을 매개로 하며, 현대 사회의 '상호의존성'[3]을 고려할 때 이런 내적 측면 말고도 외적 조건 내지 외인 또한 남북한 사회 이념의 변화에 영향을 미치리라는 점에서, 이런 측면도 고려해야 한다. 그러나 이런 운동 계기와 변화 방향을 파악하더라도 여전히 문제는 남는다. 왜냐하면 통일이 어느 시점에 일어나느냐, 이를테면 단기간에 진행되느냐 아니면 장기간의 시간이 흐른 뒤에 달성되느냐에 따라 통일 시점에서 남북한 이념의 정확한 모습이 달라질 것이기 때문이다. 그러나 이런 요인들에 대한 총체적 분석은 필자의 능력 밖의 일이다. 따라서 이 글에서는 이런 방법론적 문제가 존재한다는 사실을 지적하는 한편 가능한 범위 안에서 이 요인들을 최대한 고려하는 선에서 만족하려 한다.

마지막으로 이런 통일 시나리오별 문제점에 대한 분석에 기초해 이 글은 각 시나리오별 문제점을 극복할 방안을 개괄적으로 제시해보려 한다.

3. 남북한 사회 이념의 현황

남한과 북한이 내세우는 사회 이념이 각각 '자유민주주의'와 '주체사상'임은 주지의 사실이다. 그러나 남북한 사회 이념의 현황에 대한 과학적 파악은 그렇게 간단한 문제가 아니다. 왜냐하면 한 사회가 특정한 이념을 표방하고 있다는 것이 반드시 그 사회의 구성원들이 지닌 실질적인 이념이 이 이념과 동일한 이념이라는 것을 보증하지는 않기 때문이다. 따라서 우리가 파악해야 하는 것은 자유민주주의와 주체사상이라는, 남북한이 공식 표방하고 있는 '지도 이념'이 아니라 남북한 사회 구성원들이 지닌 실질적 이념의 실상이다.

이런 시각에서 바라볼 때 남한 사회의 실질적인 사회 이념은 무엇일까? 이 문제에 대한 과학적 연구는 그리 많이 축적돼 있지 않은 것이 사실이다. 남한 사회의 이념을 이해하는 출발점은 부정적 정체성으로서 반공주의라 할 수 있다. 왜냐하면 남한 사회의 이념은 자유민주주의 같은 그 나름의 적극적 이념을 생활화하기보다는 반공주의라는 부정적 접근을 통해 형성돼왔기 때문이다.[4] 물론 반공주의는 1980년대 들어 급성장한 민중운동과 세계적인 탈냉전의 기조 속에서 전체적으로 약화돼온데다가 특히 젊은 세대와 진보적인 민중 부문의 하위 사회 이념에서는 영향력이 미치고 있지 못한 상태이기는 하지만, 전체적으로 봐 아직도 남한 사회의 중요한 사회 이념으로 작동하고 있다.

그다음으로 지적할 수 있는 것은 자유민주주의다.[5] 그러나 자유민주주의가 얼마나 남한 사회의 사회 이념으로 특징지어질 수 있느냐는 극히 논쟁적인 주제다. 남한 사회의 다수 국민들이 개인의 자유(정치적 자유주의), 자유로운 경제 활동과 시장에 대한 신봉(경제적 자유주의) 등 자유민주주의의 중요한 이념적 구성 요소 내지 자유민주주의와 일정한 '선택적 친화력'을 가진 이념들을 내면화하고 있는 것은 사실이다. 그러나 하나의 정치 체제로서 자유민주주의 체제를 반공 체제 내지 선거 정치체제, 민선 정치체제로 등식화해 남한의 정치체제를 자유민주주의 체제로 규정하기에는 여러 문제점이 따르듯이,[6] 남한의 사회 이념을 자유민주주의로 일반화하기에는 무리가 있다. 하나의 이념으로서 자유민주주의는 나뿐 아니라 타인에게도 개인적 자유의 극대화, 개인적 자유에 개입하는 국가에 대한 저항 등을 기본 특징으로 하지만, 남한 사회는 이런 의미의 자유민주주의자(진정한 의미의 보수주의자)는 극히 소수에 불과하며, 자신과 다른 의견이나 사상, 행동에 대해서는 국가가 개입해 탄압하는 것을 선호하는 '극우 파쇼'적 이념이 오히려 지배적이다.[7] 이런 점에서 남한 사회의 이념은 자유민주주의라기보다는 반공주의, 자유민주주의가 극단적으로 왜곡된 '극우 파쇼 이념', '천민자본주의'로 물질화돼 나타나는 극도의 개인주의와 황금만능 물질주의의 혼합물로 특징지어질 수 있다.

북한의 사회 이념의 실상을 파악하는 데는 더욱 어려운 문제들에 봉착한다. 우선 부딪치는 문제는 주체사상이란 무엇인가 하는 문제다. 주체사상은 마르크스-레닌주의의 창조적 변형인가, 아니면 유물론에 의해 물질의 본질이 밝혀진 전제하에 사람을 중심으로 세계를 파악하는 독창적인 사상인가,[8] 민족해방형 사회주의 건설에 관련된 '혁명적 조합주의' 이념인가,[9] 대중적 정서에 부합해 대중 동원을 위해 인간을 중시하는 한국적 사상(동학 등)에 사회주의를 덧씌운 한국적 대중 동원 이데올로기인가, 신학 체계를 모방한 개인숭배 사상인가? 이 문제에 대한 평가는 나름대로 하나의 독립된 과제로서, 이 논문의 주제를 넘어서는 작업이다. 그러나 이 글의 관심은 주체사상의 사상사적 맥락이나 위상 자체가 아니라 그 구체적 내용이라 볼 수 있다. 이런 구체적 내용의 형상적 특징을 살펴보면 '유기적이며 조합주의적'인 공동체주의 내지 집단주의, 혁명적 자발주의(정신주의), 극단적 민족주의 등을 들 수 있다.[10]

둘째로 부딪치는 문제는 남한의 경우와 마찬가지로 북한의 공식적인 지도 이념이 주체사상이라고 해서 북한 사회의 실질적 이념을 주체사상이라고 할 수 있느냐, 즉 북한 사회의 구성원들이 주체사상을 얼마나 실질적으로 내면화하고 있느냐는 문제다.[11] 특히 이것은 소련과 동구의 몰락이 보여주듯 이 사회들에 존재하는 지도 이념들과 별도로 일반 국민 대중의 경우 이 지도 이념들하고는 다른 이념적 요소들이 존재해 지도 이념에 저항하게 될 수 있다는 점에서 중요한 문제다. 이 문제에 대해서도 북한 사회의 실상을 다른 자료의 제한 등 때문에 단정적으로 이야기하기에는 어려움이 따른다. 그러나 한국전쟁과 전후의 복구 사업 등 북한의 역사적 경험과 북한 방문기 등 다양한 채널의 정보 등을 종합해보건대 주체사상이 소련과 동구 등 다른 사회에 견줘 상대적으로 다수 국민 대중들에게 상당히 내면화돼 있는 것이 아닌가 싶다

(물론 이런 사실이 외부 사회를 접촉하는 기회가 증가하는 등 변화하는 조건 속에서도 계속 현상태가 유지된다는 것을 보증하지는 않는다).

남북한 사회 이념의 현황을 이해하는 과정에서 언급하고 넘어가야 할 것은 남북한 간의 사회 이념의 강도와 남북한 사회에서 각각의 이념이 차지하는 비중 내지 이념이 수행하는 역할의 중요성에서 나타나는 불균등성이다. 이런 불균등성은 어떤 형태의 통일이건 통일 때 발생하는 이념적 문제들의 심각성이 남북한 사회에서 이런 불균등성에 비례해 불균등하게 나타날 수밖에 없다는 것을 시사한다. 좀더 구체적으로 남한에서 사회 이념의 강도는 상대적으로 북한에 견줘 약하다고 할 수 있다. 반면 북한에서 주체사상은 알파이자 오메가로서 주체사상에 대한 이해 없이 북한에 대한 이해는 불가능하다는 일부 학사들의 주장[12]은 사회에 대한 지나친 관념론적 이해이자 북한 사회에서 이데올로기가 하는 기능을 과대평가한다는 문제점이 있기는 하지만,[13] 북한 사회에서 이념이 차지하는 비중이 매우 큰 것은 부인할 수 없는 사실이다.

4. 남북한 통일 시나리오

남북한 통일을 둘러싼 이념적 문제점이 통일 시나리오에 따라 각각 달라질 수밖에 없다는 점은 이미 앞에서 지적했다. 따라서 이 장에서는 남북한 통일에 관한 다양한 통일 시나리오를 간략히 개괄해보려 한다.

남북한 통일 시나리오는 크게 세 가지 유형을 들 수 있다. 첫째, 흡수 통일, 둘째, 연방제 통일, 마지막으로 셋째, 수렴형 통일이다. 각각을 좀더 구체적으로 살펴보면 다음과 같다.

우선 흡수 통일 모델은 북베트남의 남베트남 무력 통일, 서독의 동독 흡수 통일같이 남북한 한쪽이 다른 한쪽을 흡수해 통일하는 시나리오다. 이 시나리오는 다시 북한의 남한 흡수 통일과 남한의 북한 흡수 통일로 나눠 생각할 수 있다. 그러나 전자의 경우 현존 사회주의의 몰락 등 세계적 정세의 변화와 남북한 간의 경제력 격차 등을 고려할 때 현실적으로 실현 가능성이 없는 '순수 가정적' 모델에 불과하다고 볼 수 있다. 따라서 현실적으로 고려의 대상이 될 수 있는 것은 후자의 경우다.

남한의 북한 흡수 통일 모델은 다시 두 가지 하위 유형으로 나누어진다. 하나는 이런 흡수 통일이 상대적으로 단기간 안에 진행되는 경우고, 다른 하나는 상당한 시간이 흐른 뒤, 즉 장기적 내지 최소한 중장기적으로 진행되는 경우다. 첫째 모델은 미국과 남한 정부 내의 강경파들이 선호하는 모델로서, 현재 소련과 동구의 몰락 등으로 국제적 고립 속에 여러 면에서, 특히 경제적으로 심각한 어려움을 겪고 있는 북한을 이번 기회에 더욱 몰아붙이고 고립시킴으로써 자체 붕괴시켜 독일식으로 흡수 통일하자는 전략이다.

흡수 통일 모형의 또 다른 하위 모형은 남한 정부의 온건파와 대기업 등이 선호하는 모델이다. 이 모델은 남한이 북한 체제를 흡수 통일해야 한다는 데는 동의하면서도 막대한 통일 비용 등 우리 사회가 아직 북한 사회를 흡수하기에는 여러 면에서 능력이 부족하기 때문에 단기적인 흡수 통일은 오히려 우리에게 부담이 된다고 본다. 따라서 북한의 고립을 통한 단기간 내의 흡수 통일이 아니라 기능주의적 방식에 따라 점진적인 교류를 통해 북한 사회를 점진적으로 남한식 자본주의 체제로 변화시키는 한편, 남한 사회도 국력을 더 배양해 중장기적으로 북한을 남한 체제에 흡수 통일한다는 모델이다.[14] 이 모델은 보는 관점에 따라 수렴형 모델로 간주될 수 있지만, 남한 사회는 크게 봐 현 체제로 그대로 있고 북한 사회만 남한 체제 쪽으로 점진적으로 수렴한다는 일면적 수렴 모델로서, 사실상의 흡수 통일 모델이다.

연방제 통일 모델은 북한, 국내 일부 재야 세력, 일부 야당 정치인이 선호하는 모델로, 민족 통일과 제도 내지 체제 통일을 구분해서 민족 통일 우선의 원칙 아래 하나의 국가 속에 두 개의 상이한 체제가 공존하는 통일 모델이다.

마지막으로 수렴형 통일 모델은 남북한 체제가 현재의 양 체제에서 양자 모두 변화해 그 중간의 특정 지점으로 수렴하는 모델이지만, 그 지점이 어디냐에 따라 다양한 변형이 생겨나고 있다. 이런 변형은 남한 사회가 '사회적 민주주의'로 변화하고 북한이 '민주적 사회주의'로 변화하는 수렴 모델부터,[15] 서구형 사회민주주의를 향한 수렴,[16] 구체적 내용이 논자에 따라 다양한 '민중민주주의'를 향한 수렴,[17] 가장 급진적 대안으로 북한 사회주의의 민주화와 남한 사회의 사회주의화를 통한 '진정한 사회주의'(몰락한 현존 사회주의와는 다른)를 향한 수렴 등이다.[18]

5. 시나리오별 문제점

1) 흡수 통일 모형

앞에서 지적했듯이 북한의 흡수 통일은 현실적으로 불가능하기 때문에 여기에서는 남한의 흡수 통일만을 논하겠다.

(1) 단기형

단기형 흡수 통일 모델은 여러 통일 모형 중 이념적 문제점이 가장 극대화되는 모형이다. 즉, 단기적 흡수 통일이 사회경제적 여건의 악화 등에 대한 불만이 아니라 하나의 체제로서 북한 체제 자체에 반기를 든 민중 봉기 때문에 북한 체제가 붕괴돼 실현된 흡수 통일이 아닌 한, 이 경우 전혀 반대의 축에 서 있는 두 개의 이념이 하나의 사회 속에서 맞부딪침으로써 심각한 사회적 문제들을 야기하게 된다. 특히 양쪽 주민들 사이의 단순한 이념적 거리만 문제가 되는 것이 아니라 남한의 사회 이념으로 동화돼야 하는 북한 주민들이 스스로 자기들의 이념을 포기하고 동화될 심적 자세가 안 돼 있다는 점에서 심각한 문제를 야기할 것이다. 또한 설사 북한 체제가 주민들의 체제 부정 봉기 때문에 붕괴되더라도(그 가능성은 극히 희박하지만) 북한 주민들이 남한의 이념을 수용할 자세가 돼 있다고 볼 수가 없고, 설사 그런 자세가 돼 있더라도 엄청난 이념적 거리라는 문제는 계속 남는다. 이런 문제의 심각성은 서구를 지속적으로 접촉해 서구적 이념이 상대적으로 많이 침투해 있는 등 여러 외부 영향 때문에 체제 부정적 민중 봉기로 기존 체제가 무너진 동독도 이념적 거리라는 객관적 현실과 그동안 인식하지 못하던 자본주의적 이념의 부정적 측면을 체험하면서 엄청난 진통을 겪고 있다는 사실이 웅변적으로 보여준다.[19]

이런 통일 모형은 그런 통일이 야기할 이념적 문제점의 심각성 말고도 '가치'적 측면 내지 바람직함의 측면에서도 문제가 있다. 남한 사회는 최소한 자유민주주의적 이념의 수준에도 못 미치는 극히 편협한 '극우 파쇼적' 이념, 천민자본주의적인 극도의 개인주의와 황금만능주의 등의 특징을 갖고 있으며, 이런 이유로 남한 사회에서도 정부가 다수 국민에 대한 진정한 의미의 헤게모니를 행사하고 있지 못하다. 이 점에서 단기적 흡수 통일의 경우, 최소한 자유민주주의적인 장점을 실현하고 나아가 사회민주주의적인 측면을 강하게 확보하고 있는 서독의 동독 흡수 통일과 달리 이런 왜곡된 이념이 '전반도적'으로 확장되고 21세기 한반도의 사회 이념이 되는 변화가 과연 바람직한 대안인지를 심각히 고민해야 한다.

(2) 중장기형

중장기형 흡수 통일 모형은 기본적으로 단기형과 유사하되 그 충격과 이념적 문제점을 상당히 완화시킬 것으로 기대된다. 두 가지 측면에서 그렇다.

첫째, 남한 사회의 사회 이념 자체의 계기적 발전이다. 앞에서 지적했듯이 한 사회의 사회 이념은 정태적인 것이 아니기 때문에 중장기적인 통일 이전까지 남한 사회의 이념 자체도 변화할 것이다. 문제는 그 방향이다. 중장기적 흡수 통일 모형이 가정하고 있는 것은 한국 자본주의의 발전에 따라 이런 이념의 발전 방향이 정상적 의미의 자유민주주의로 나아갈 것이라는 전망이다.

둘째, 북한 사회의 변화다. 북한 사회가 남한 등 외부의 자본주의 사회를 접촉하면서 접촉과 개방의 효과가 사회 내부에 파급되면 주체사상에서 어느 정도 자유민주주의의 방향으로, 집단주의적 이념에서 개인주의적 이념으로, 혁명적 자발주의에서 물질주의로 사회 이념이 변화해갈 것이라는 가정이다.

이런 모형이 가져올 이념적 문제들을 분석하기 전에 짚고 넘어가야 할 것은 이 모델이 깔고 있는 기본 전제들의 타당성에 대한 평가다. 우선 남한 사회 이념의 자유민주주의화는 자유민주주의, 특히 자유주의의 민주주의적 요소가 자본주의의 자동적 산물이 아니라 민중들의 투쟁의 산물이라는 점에서 남한 사회의 민중 부문의 성장과 사회적 역관계의 변화에도 크게 좌우되겠지만, 다른 한편으로 이런 변화를 가능하게 하는 물적 토대, 즉 한국 자본주의의 자립화 여부에 규정받는다고 할 수 있다.[20] 이 문제는 다시 지속적인 산업 구조의 고도화에 달려 있는 열려진 문제이지만, 그 개연성은 종속심화론자들의 주장처럼 일방적으로 부정할 수 있는 것은 아니라 하겠다.

다른 한편 남북 교류에 따른 북한 사회 이념의 변화 가능성은 이 모델의 전제와는 반대로 오히려 교류의 부작용을 상쇄하기 위한 체제 수호적 자구책으로서 기존 이념의 강화로 나아갈 수도 있다. 그러나 이런 기존 이념의 강화가 단기적으로는 가능할지 모르지만 세계적 추세 등을 고려할 때 중장기적으로는 극히 어렵다는 점에서, 이 모델이 상정하는 북한 이념의 변화 역시 변화의 수준은 문제로 남지만 일반적 수준에서는 개연성이 크다고 하겠다.[21]

이 모형이 갖는 이론적 문제점은 위에서 지적했듯이 북한 이념이 중장기적인 기능주의적 교류를 통해 어느 수준까지 변화할지에 달려 있다. 통일 시점 등에 관련된 문제라 간단히 예측할 수는 없지만, 장기간의 기능주의적 교류를 지속한 동독이 서독으로 흡수 통일된 뒤 겪고 있는 이념적 문제들을 고려할 때 변화의 폭은 상당히 제한적일 수밖에 없다. 따라서 중장기적 흡수 통일 모형의 경우 단기적 흡수 통일 모형에 견줘 이념적 문제점이 상대적으로 적지만 연방제나 수렴형 모형에 견주면 아직도 심각한 문제로 남아 있다 하겠다.

마지막으로 '바람직함'의 측면에서도 이 모형이 단기적 흡수 통일 모형보다는 바람직하지만 자유민주주의가 한때 이 이론의 대표적 이론가에서 비판적 이론가로 변신한 로버트 달이나 찰스 린드블럼 등이 지적한 대로 "정치적 평등과 민주적 과정을 왜곡시킬 만큼 강력한 사회적 자원과 경제적 자원의 불평등을 만들어냄으로써 평등을 실현하는 것이 아니라 저해하는 방향으로, 자유를 증진하는 것보다는 저해하는 방향으로 나아가고" 있다는 문제를 안고 있어,[22] 과연 통일 뒤 사회 이념으로 바람직한가 하는 의문이 제기된다.

2) 연방제 통일 모형

연방제 통일은 여러 통일 모델 중 이념적 통일에서 부딪치는 문제점을 극소화할 수 있는 모델이다. 왜냐하면 연방제란 단일 국가가 되더라도 두 개의 다른 체제와 다른 이념이 그대로 유지되는 모델이기 때문이다. 다시 말해 남한은 남한대로 현재 같은 '자유민주주의'를 이념으로 그대로 유지하고 북한은 북한대로 '주체사상'을 자신들의 이념으로 유지한 채 연방제로 통일을 하면 되므로 통일에 따라 심각한 이념적 문제들이 야기될 염려를 할 필요가 없다.

그러나 이 모델은 그런 반대급부로 나름의 문제점을 안고 있다. 바로 단일 국가 아래 상이한 이념을 지향하는 두 개의 상이한 체제가 장기적으로 존립 가능한가 하는 현실성의 문제다. 다시 말해 연방제가 하나의 단일 체제를 향해 궁극적 통일로 가는 과도기적 통일 국가 체제일 수는 있지만 과연 과도기적 체제가 아니라 영원한 궁극적인 정치체제로 존립 가능하느냐는 문제다. 일단 연방제 형식으로 통일을 달성하더라도 결국 중장기적으로 두 개의 체제를 구성하는 '하위 사회' 사이의 교류 속에서 두 사회가 체제 간 수렴이나 특정 체제 흡수 통일의 방향으로 나아갈 수밖에 없는 것이 현실이고, 따라서 연방제는 과도기적 체제의 의미밖에 갖지 못한다고 볼 수 있다. 결국 궁극적으로 연방제가 시간이 흐르면서 수렴형으로 나아가면 뒤에 지적할 수렴형 통일에 따른 이념적 문제들을 야기할 것이며, 흡수 통일로 나아가면 앞에서 지적한 흡수 통일 때의 이념적 문제들을 초래할 것이다. 다시 말해 연방제 모델은 통일이 야기할 이념적 문제들을 극소화할 수 있지만, 이것은 문제의 해결이 아니라 다만 문제의 발생을 지연하는 데 불과하다고 볼 수 있다. 다만 궁극적 통일이 수렴형이 되든 흡수 통일이 되든, 연방제 통일이라는 과도기적 중간 단계를 거침으로써 이 문제들의 강도를 완화하는 효과는 있으리라 기대된다.

3) 수렴형 통일 모형

흡수 통일 모형과 연방제 모형이 각각 통일 뒤 이념적 문제를 극대화 내지 극소화하는 모형이라면, 수렴형 통일 모형은 중간에 해당한다. 그러나 수렴형 모델이 제기할 이념적 문제의 구체적 내용은 그런 수렴이 양 체제의 현재의 이념적 거리 속에서 어느 지점에서 일어나느냐에 따라 달라진다. 수렴형이란 말 그대로 양 체제가 중간 지점으로 변화해야 하는 것이지만, 그 중간 지점이 이념적 스펙트럼에서 '우' 쪽에 가까우냐 좌' 쪽에 가까우냐에 따라 어느 제제가 더 많이 변화하고 이념적 변화의 부담을 더 지게 되는지가 결정된다.

이 문제에 관련해 그동안 제기된 이념 중 우선 들 수 있는 것은 '사회적' 민주주의부터 서구식 사회민주주의에 이르는 광의의 사회민주주의다. 시장의 이용, 생산수단의 사유화와 임노동의 허용을 전제로 해 자본주의의 모순에서 생겨나는 부작용들을 사회보장 제도, 생산 과정과 경영 과정에 대한 노동자 참여와 통제권 확대 등으로 중립화시키는 것을 핵심으로 하는 사회민주주의 모델은 여러 면에서 중요한 대안일 수 있다. 그러나 이런 모델을 채택할 수 있는 현실적인 이념적 지향의 실현 가능성 문제를 일단 논외로 하더라도, 이 모델은 이런 '계급 타협'을 가능하게 하는 '개량'의 물적 토대를 어떻게 확보할 것이냐는 문제와 서구에서 1970년대의 복지국가 위기와 신보수주의 대두가 보여주듯 이런 '비제로섬적' 계급 타협이 물적 토대의 위기에 따라 '제로섬적'

으로 변화할 경우 붕괴되고 만다는 한계를 갖고 있다.[23]

사회민주주의 모델보다 급진적인 모형은 국내의 다양한 진보적 학자들이 주장하는 '민중민주주의' 모형이다. 민중의 정확한 범주화와 민중민주주의의 구체적인 내용에 대해서는 차이가 있고 아직도 논의가 초보적 수준에서 진행되고 있어 정확히 정의되지 않은 애매한 측면이 있지만, 기본적으로 서구의 계급에 견줘 역사의 전개 과정에 관련된 한국적 특수성을 강조하고 사회민주주의보다는 민중 자신이 사회의 주체가 되는 좀더 근본적인 변화를 추구한다는 특징이 있다.[24] 또한 식민지적 경험이 부재한 탓에 민족 모순 문제에 둔감한 사회민주주의 모델과 달리[25] 외세 등 민족 문제에 대한 문제의식을 깊이 내장하고 있어서 자주성 등 민족주의적 측면을 강조하는 북한 사회의 이념과의 수렴을 용이하게 한다 하겠다. 그러나 이런 대안은 그 프로그램 자체의 모호성 이외에도 우선 남한 사회만 보더라도 현재의 이념적 지형의 보수성을 고려할 때 실현 가능성의 측면에서 여러 문제점을 야기한다고 할 수 있다.

마지막으로 들 수 있는 것은 가장 급진적인 대안으로 남한 사회의 이념이 기존의 현존 사회주의의 '왜곡된' 사회주의와 다른 '진정한 사회주의'로 나아가고 북한 사회의 이념 역시 북한식의 '왜곡된' 현존 사회주의의 민주화를 통해 이것으로 수렴하는 모형이다. 한 진보적 정치학자가 다분히 당위적인 테제식으로 제기한 이 모형은 이런 '진정한 사회주의'의 내용이 무엇인지에 대해서는 윤곽 자체도 애매한, 이 모형을 근거로 삼은 좀더 구체적인 논의가 불가능한 극히 일반론적인 주장에 불과하다. 또한 이런 급진적 대안은 현재의 정세 속에서 민중민주주의보다도 현실성이 의심되는 공상적 모델이라 하겠다.

6. 결론에 대신하여

위에서 이 글은 남북한 사회의 이념적 현황과 통일 시나리오별로 파생되는 이념적 문제점을 개괄적으로 살펴봤다. 이런 문제점들을 고려할 때 수렴형 통일 모형이 바람직함과 통일 때 생겨나는 이념적 문제의 극소화라는 양면에서 가장 이상적 모형이라 할 수 있다. 물론 이 모형은 그 중간 단계로서 국가연합이나 연방제 같은 과도기적 통일을 동반할 수도 있으며, 따라서 순수한 수렴형 통일이 아니라 연방제와 수렴형의 혼합 형태를 취할 수도 있다. 다만 앞에서 지적한 대로 그런 수렴이 어느 지점에서 일어나느냐는 논란의 여지가 많은 주제이고, 통일 뒤 한국 사회의 이념이 이런 수렴 지점에 정지해 있는 것이 아니라 동적으로 변화해가리라는 점에서 반드시 미리 예단할 필요성이 있는 문제도 아니다. 오히려 두 사회의 여러 사회 세력 사이의 힘의 역관계, 특히 세계적 정세를 고려할 때 수렴형이라 할지라도 그 주도권을 가지게 될 남한 사회의 사회적 역관계에 따라 결정될 현실적이고 구체적이며 열린 문제다.

따라서 문제는 그동안 분단 체제 때문에 형해화된 남한 사회의 사회 이념과 정치체제를 최소한 서독의 사회민주주의 수준으로 끌어올려서 좀더 자유롭고, 더 평등하며, 더욱 인본주의적이고, 진정한 의미에서 다수 민중이 사회의 주체가 될 수 있는 사회 이념과 제제로 만들어내는 것이다. 또한 이런 변화는 자본주의의 내적 논리에서 자동으로 도출되거나 위에서 내려주는 시혜로 주어지지 않고 밑에서 올라오는 압력과 투쟁에 의해 쟁취되는 것이라는 점에서[26] 다수 민중의 정치 세력화가 선결 과제라 하겠다. 한편 북한 체제의 이런 수렴적 변화는 북한 사회의 내적 동학에 기초해야 한다는 점에서 우리가 선불리 직접적으로 개입할 수 있는 문제는 아니다. 그러나 남북 교류 등 대북한 정책은 흡수통일론처럼 북한 사회의 이념을 단순히 지양과 극복의 대상으로 간주하는 형태가 아니라, 수렴의 계기적 운동 속에 위치한 남한 사회가 오히려 받아들여야 하는 긍정적 측면과 극복돼야 할 부정적 측면의 모순적 통일체로 인식한 뒤 이 중 긍정적 측면을 증폭시키고 부정적 측면이 지양되는 방향으로 그 운동 계기를 유도할 수 있도록 초점이 맞춰져야 한다.

주

1부. 한국정치 연구

1장. 한국정치, 무엇을 어떻게 공부할 것인가 — 방법론적 쟁점에 대한 단상

1 '방법론'이란 모호한 개념이다. 많은 경우 통계 분석 등 좀더 '기술적인' 연구 방법을 지칭하기도 하고 때로는 좀더 포괄적인 '이론의 문제'를 의미하기도 한다. 여기에서는 후자의 의미로 사용했다. 이런 의미의 다양성에 따른 오해의 소지에도 불구하고 '이론적 쟁점'이라는 표현 대신 '방법론적 쟁점'이라고 표현한 것은 '이론적 쟁점'이 한국 국가론, 시민사회론 같은 구체적인 개별 이론들의 쟁점들을 연상시킬 염려가 있기 때문이다.

2 그동안의 한국정치 연구의 역사와 특징, 과제 등에 대한 연구로는 김학준, 《한국정치학사전》, 한길사, 1990; 진덕규, 〈한국의 정치학을 위하여〉, 《한국사회연구 1》, 한길사, 1983; 안청시, 〈한국정치학의 발전과제와 방향〉, 서울대 사회과학연구소, 《한국사회과학 방법론의 탐색》, 서울대학교, 1986; 정해구, 〈한국사회현실과 한국정치학〉, 학술단체협의회, 《80년대 한국인문사회과학의 현단계와 전망》, 역사비평사, 1988; 최장집, 〈정치사회사연구현황과 과제〉, 역사문제연구소, 《한국근현대연구입문》, 역사비평사, 1988; 정영태, 〈한국정치학의 현황과 과제〉, 《사회비평》 제10호(1983) 등 참조. 이 밖에 다양한 주제별 연구 동향, 과제에 대한 논문들도 다수 있다.

3 최장집, 〈한국국가론의 비평적 개관〉, 《한국민주주의 이론》, 한길사, 1993, 80쪽.

4 한국정치론은 일반적으로 한국정치에 대한 이론적 연구를, 한국정치사는 한국정치에 대한 역사적 분석을 다루는 것이라는 것이 일상적인 분류다. 그러나 여기에서는 이론적 분석을 주로 하는 좁은 의미의 한국정치론을 중심으로 하지만 한국정치사를 포함해 한국정치 연구 일반을 지칭하는 넓은 의미로 사용했다.

5 하나의 '민족(nation)'이 갖는 이런 시공간적 모태의 문제에 대해서는 Nicos Poulantzas, *State, Power, Socialism*, London: Verso, 1979, pp. 99~120.

6 I. Wallerstein et al., *Open the Social Sciences*(《사회과학의 개방 — 사회과학의 재구조화에 관한 괄벨키안위원회보고서》, 당대, 1996), 제1장.

7 이런 정치의 정의에 대해서는 각각 David Easton, *Political System*, NY: Alfred Knopf, 1953; Harold Lasswell, *Who Gets What, When, and How*, Cleveland: Meridian,1958; Nicos Poulantzas, *Political Power & Social Classes*, London: Verso, 1973.

8 손호철, 《정치란 무엇인가 — 보수주의, 자유주의, 마르크스주의, 포스트마르크스주의적 관점의 비판적 평가》(근간) 참조

9 I. Wallerstein, *The Capitalist World-Economy*, Cambridge: Cambridge Univ. Press, 1979.

10 Theda Skocpol, *States and Social Revolutions*, Cambridge: Cambridge Univ. Press, 1979.

11 이 시각들의 요약 소개에 대해서는 김명섭, 〈분단의 구조화과정과 한국전쟁〉, 최장집 외, 《해방전후사의 인식 4》, 한길사, 1989.

12 손호철, 《현대 한국정치》, 〈한국 국가성격 논쟁〉, 이매진, 2011 참고.

13 임혁백, 〈한국에서의 민주화과정 분석: 전략적 선택이론을 중심으로〉, 《한국정치학회보》 24(1), 1990; Bruce Cumings, "The Absortive Abertura: South Korea in the Light of Latin American Experience," *New Left Review* 173, 1989. 비판적 평가로는 손호철, 〈한국민주화이론 비판〉, 《이론》 15호, 1996년.

14 Nicos Poulantzas, *The Crisis of the Dictatorship*, London: Verso, 1976, p. 22.

15 정진영, 〈세계화: 개념적, 이론적 분석〉, 세종연구소, 《세계화와 민주주의》, 세종연구소, 1996; 김경원·임현진 편저, 《세계화의 도전과 한국의 대응》, 나남, 1995; 손호철, 〈세계화와 민족국가의 향방〉, 구범모 외, 《세계화와 민족국가의 발전》, 한국정신문화연구원, 1996.

16 손호철, 〈세계화와 민족국가의 향방〉.

17 하나의 '복합적 총체'로서 사회구성체와 부분으로서 각 층위에 대해서는 Louis Althusser & Etienne Balibar, *Reading Capital*, London: Verso, 1979, p. 97. 물론 이런 시각은 정치, 경제 등이 각각 하나의 독립된 층위로서 외재적 관계라는 그릇된 통념, 즉 국가의 도움이 없이 자기 재생산이 가능한 자기 폐쇄적인 경제라는 층위가 있고 여기에 국가와 정치가 사후적으로 개입한다는 통념을 가져다준다는 점에서 문제가 있다(John Holloway et al.(eds.), *State and Capital*, Austin: Univ. of Texas Press, 1978). 즉 정치와 경제는 외적 관계가 아니라 사회 현상의 다른 내적 계기들일 뿐이다. 그러나 이런 사실에도 불구하고 현실 분석에 있어서 층위적 인식법은 어쩔 수 없으며, 그 나름의 장점을 갖는다.

18 강민, 〈관료적 권위주의론의 한국적 생성〉, 《한국정치학회보》 17집, 1983.

19 이정복, 《한국정치의 이해》, 서울대출판부, 1995의 제1부.

20 박광주, 〈집정관적 신중상주의 국가론〉, 한국정치학회, 《현대한국정치와 국가》, 법문사, 1987.

21 전자는 임혁백, 〈한국에서의 민주화과정 분석〉; 후자는 박정희의 개발 독재의 경제성장이 있어서 문민정부가 가능했다는 김종필의 '기승전결론'(신근대화론)과 김호기, 〈권위주의 정권의 해체와 민주주의로의 이행, 1987~1992〉, 《현대자본주의와 한국사회》, 사회비평사, 1995.

22 고전적 정식화는 F. Engels, "Letter to Joseph Bloch"(Sep. 21, 1890), K. Marx, F. Engels, *Selected Correspondence*, Moscow: Progress, 1975, pp. 395~397. 이것에 관한 해석상의 문제는 손호철 〈무엇을 할 것인가: 진보적 정치학의 새로운 전진을 위하여〉, 《전환기의 한국정치》, 창작과비평사, 1993, 19~22쪽.

23 대표적인 예가 박광주, 위의 글.

24 Althusser & Balibar, *op. cit.*

25 임현진, "Dependent Development in the World System," Harvard Univ. Ph. D. Dissertation, 1982.

26 비슷한 논쟁으로는 유명한 '로빈슨-갤러거' 논쟁을 들 수 있다. 갤러거는 영국의 식민지이던 이집트를 사례로 영국이 이집트에서 얻은 경제적 이익보다 경비가 더 나간 사실을 실증적으로 보여주며, 제국주의는 경제적 동인이 아니라 정치·군사적인 것, 특히 민족 자존심에 따른 것이라고 주장했다(R. Robinson & J. Gallagher, *Africa and the Victorians*, London: Macmillan Press, 1961). 그러나 문제는 이집트의 정치·군사적 중요성은 영국에 엄청난 부를 제공하던 식민지인 인도로 가는 항로인 수에즈 운하의 전략적 필요성 때문이었다는 점이다. 결국 세계체제적 차원에서 보면 이것 역시 궁극적으로는 경제적 동인이었다(D. Platt, "The Imperialism of Free Trade," H. Wright(ed.), *The "New Imperialism"*, Lexington: D.C. Heath, 1976 등).

27 이 문제에 대해 방법론적으로 좀더 철저한 입장을 가진 학자들의 경우 '구조'와 '행위'라는 대상은 잘못된 '사회학적' 대상이라고 비판하면서 '구조'와 '모순'이라는 대상을 선호하기도 한다.

28 최근의 이것에 대한 주요 연구와 관련 연구에 관한 비판적 소개로는 Perry Anderson, *In the Track of Historical Materialism*, London: Verso, 1983의 Ch. 2 "Structure and Subject"; Anthony Giddens, *The Central Problems in Social Theory*, London: Macmillan, 1979; Alex Callinicos, *Making History: Agency Structure and Change in Social Theory*, Ithaca, NY: Cornell University Press(김용학 옮김, 《역사와 행위》, 교보문고, 1991).

29 Karl Marx, "The Eighteenth Brumaire of Louis Bonaparte"(〈루이 보나파르트의 브뤼메르 18일〉, 《칼 맑스·프리드리히 엥겔스 저작 선집 2》, 박종철출판사, 1992, 287쪽).

30 전후 마르크스주의의 부활에 가장 기여한 학자로 일컬어지는 알튀세르조차 '주체'와 '행위'를 비판하기 위한 '이론적 반인간주의'의 입장에서 '구조주의와의 지나친 불장난'이라고 자신이 표현한 '초기' 저작의 경우 인간을 '단순한 구조의 담지자'로 간주하는 철저한 구조주의의 입장을 주장한 반면, '후기'에 들어서는 자기비판을 통해 "역사를 만드는 것은 대중"이라는 행위론적 입장으로 바뀌게 된다(L. Althusser, *For Marx*, London: Verso, 1977; Althusser, *Essays of Self-Criticism*, London: Verso, 1976). 대표적인 국가론 이론가인 풀란차스 역시 초기의 구조주의에서 후기에 들어서는 '구조적 인과성에 대한 계급투쟁의 우위'라는 행위론으로 바뀌게 된다.

31 임혁백, 〈민주화비교연구서설〉, 《한국정치연구》 제3호, 1991, 176쪽.

32 임혁백, 〈한국에서의 민주화과정 분석〉, 51쪽.

33 물론 전략선택 이론의 경우도 사회 현상이 진공 상태에 이루어지는 것이 아니라 "구조적 조건의 제약 속에서 서로 갈등하는 행위자들의 전략적 선택에 의해 결정된다"고 밝히고 있기는 하다(임혁백, 〈한국에서의 민주화과정 분석〉,

51쪽). 그러나 문제는 이런 이론적 전제와는 달리 실제 분석 속에서 구조적 제약은 실종되고 전략적 선택만 남는다는 점이다.

34 Bob Jessop, *State Theory*, Cambridge: Polity Press, 1990. 이것의 한국적 적용은 김호기, 위의 글.

35 Richard Gunn, "Marxism, Metatheory and Critique," W. Bonefeld & J. Holloway(eds.), *Post-Fordism and Social Form*, London: Macmillan Press, 1991.

36 자세한 내용은 손호철, 〈전략·관계론적 국가론의 비판적 고찰〉, 한국정치학회, 《한국정치학회 월례발표논문집 4》, 1994 참조.

37 역사학의 이런 문제의식의 한 예로는 Fernand Braudel, *The Mediterranean and the Mediterranean World in the Age of Philip II*, NY: Harper & Row, 1973.

38 L. Althusser, *For Marx*, London: Verso, 1977, pp. 182~193.

39 이런 입장은 Barry Hindess & Paul Hirst, *Pre-Capitalist Modes of Production*, London: Routledge & Kegan Paul, 1975. 그러나 이 학자들은 이후 자기비판을 통해 이런 이론자상주의를 폐기하고 말았다(B. Hindess & P. Hirst, *Mode of Production and Social Formation*, London: Macmillan, 1977).

40 아래 〈분석 수준〉을 참조할 것.

41 Etienne Balibar, "Foucault and Marx: the Question of Nominalisrn," *Michel Foucault Philosopher*, Translated by T. Armstrong, NY: Harvester, 1992; 서관모, 〈적대와 이데올로기: 맑스주의의 전화〉, 《이론》 8호(1994년 봄).

42 관련된 요약, 소개로는 김학준, 《한국전쟁》, 박영사, 1989.

43 Bruce Cumings, *The Origins of the Korean War*, Princeton: Princeton Univ. Press, 1981.

44 이런 해석에 대해서는 '손호철의 사색 시리즈 4권에 실릴 〈80년 5·18항쟁 — 민중항쟁인가 시민항쟁인가〉 참조.

45 F. Braudel, "History and Social Sciences: the longue duree," P. Burke(ed.), *Economy and Society in Early Modern Europe*, London: Routledge & Kegan Paul, 1972, pp. 11~42. 이것에 대한 뛰어난 해설로는 I. Wallerstein, *Unthinking Social Sciences*, Cambridge: Polity, 1991(《사회과학으로부터의 탈피》, 창작과비평사, 1994)의 10장 〈시공간 현실의 창안〉.

46 A. Gramsci, *Selections from Prison Notebooks*, NY: International Pub., 1971, pp. 177~179.

47 한 예는 박명림, 《한국전쟁의 발발과 기원》, 나남, 1996.

48 I. Prigogine et al., "Long-term Trends and the Evolution of Complexity," E. Laszlo et al.(eds.), *Studies in the Conceptual Foundations*, NY: Pergamon, 1977, pp. 1~26. 국내의 논의로는 《시대와 철학》 제2호, 1991, 〈신철학 특집〉. 마르크스주의에서도 법칙적 설명과 예측이 기본적으로 목적론적이라는 시각에서 우발성을 강조하는 '우발성의 유물론'이 제기되고 있다(루이 알튀세르, 《철학과 맑스주의: 우발성의 유물론을 위하여》, 새길, 1996).

49 이런 대표적인 입장은 백낙청, 〈분단체제의 인식을 위하여〉, 《창작과 비평》 78호, 1992. 이 입장에 대한 비판적 평가로는 이 책 3부 1장 〈분단체제론〉 참조. 백 교수의 입장과 달리 좀더 '합리적'인 입장의 분단체제론은 강만길, 《고쳐 쓴 한국현대사》, 창작과비평사, 1994.

50 박명림, 《한국전쟁의 발발과 기원》, 나남, 1996.

51 그 예로는 남북한 정치를 한 책 속에서 깊이 있게 분석한 장을병 외, 《남북한 정치의 구조와 전망》, 한울, 1994; 박명림, 《한국전쟁의 발발과 기원》, 나남, 1996.

52 전자는 모두 6권으로 출간된 《해방전후사의 인식》, 한길사, 1983~1989, 후자는 이현희 외, 《광복전후사의 재인식 1, 2》, 범우사, 1991.

53 '손호철의 사색 시리즈 4권 3부에 실릴 〈박정희 정권의 재평가〉와 〈보론 — 개발독재론의 재평가〉; 한국정치학회 월례발표회, 〈박정희시대 연구: 쟁점과 과제〉, 1996년 3월.

54 Michel Foucault, *Power/Knowledge*, NY: Panthen Books, 1980, p. 118.

55 실재론은 주류 사회과학의 실증주의와 그 역편향으로서 협의주의 등 상대주의를 비판하며 나타난 과학철학으로, Roy Bhaskar, *The Possibility of Naturalism*, New Jersey: Humanities Press, 1979; R. Bhaskar, *Reclaiming the Reality*, London: Verso, 1995 참조. 이 밖에 실증주의, 협의주의, 실재론의 비교와 비판적 평가로는 Russell Keat and John Urry, *Social Theory as Science*, London: Routledge & Kegan Paul, 1981.

56 손호철, 〈학문의 '이데올로기'적 성격과 맑스주의〉, 백낙청 외, 《현대학문의 성격과 발전방향》, 서울대출판부, 근간

참조.

57 Michel Foucault, *History of Sexuality*, vol. 1(《성의 역사》) 제1권, 나남, 1990), 107~108쪽.

58 Ernesto Laclau & C. Mouffe, *Hegemony & Socialist Strategy*, London: Verso, 1985, ch. 3.

59 Rene Betramsen et al., *State, Economy, and Society*, London: Unwin Hyman, 1991, P. 6.

60 Chantel Mouffe, "Hegemony and New Political Subject," Cary Nelson et al.(eds.), *Marxism and the Interpretation of Culture*, London: Macmillan, 1988, pp. 89~90.

61 Stanley Aronowitz, *The Politics of Identity*, London: Routledge, 1992.

62 다만 담화환원론의 경우 문제가 많다.

63 Poulantzas, *PPSC*, 1973.

2장. 주체사상의 연구 방향에 대한 일 제안 — 총체적 파악과 평가를 위하여

1 김명섭은 주체사상 연구 방법론을 이데올로기적 스펙트럼에 따라 크게 4가지 시각, 즉 ① 단순히 전체주의적 통치 이데올로기로 보는 시각, ② 우파 시각에서 마르크스-레닌주의 체계를 빌려 주체사상을 비판하는 시각, ③ 주체사상을 관념론적 아류로 간주하는 정통 좌파 시각, ④ 주체사상을 긍정적으로 보는 시각으로 분류한다(《해방전후 북한현대사의 쟁점》, 《해방전후사의 인식 6》, 한길사, 1989, 132~133쪽). 김남식은 또한 주체사상 자체는 아니지만 북한 연구 일반에 대해 역사문화적 접근법, 전체주의 접근법, 복합조직 접근법, 발전론적 접근법, 관료적 다원주의 접근법, 엘리트 접근법, 자유화 접근법, 체계 이론, 통일통합과정 접근법 등 9가지로 분류했다(《북한연구방법론의 현황과 문제점》, 《이대학보》 1986년 10월 13일).

2 박상섭 교수는 주체사상 연구를 출현 배경에 관한 연구와 내용 자체에 대한 연구로 구별해 그 기능적 측면 등을 '내용 분석' 속에 포함시키고 있지만, 내용 자체의 분석과 주체사상이 수행하는 기능은 구별해야 한다는 문제의식에서 이 둘을 구별했다(《주체사상 비판연구에 대한 비판적 내용분석, 《북한 통치이데올로기 연구》, 한국정신 문화연구원, 1984, 283~310쪽). 주체사상 연구에서 선구적 역할을 한 김갑철 교수의 경우 ① 주체 개념, ② 형성 과정, ③ 기능으로 나눠 분석하고 있다(《북한 통치이데올로기(주체 사상)의 형성과 그 기능에 관한 연구》, 같은 책, 47~100쪽).

3 김연각, 〈주체사상에 관한 일 연구 — 주체사상이란 무엇인가를 중심으로〉, 서울대학교 정치학과 박사 과정 1989년 2학기 연구발표회 발표 논문, 15~16쪽 참조.

4 같은 글, 3쪽.

5 세칭 국내 운동권의 '주체사상파'의 경우도 내부적으로 볼 때는 ③만 받아들이는 세력부터 ①, ②, ③ 전체를 받아들이는 집단에 이르기까지 다양한 편차가 있을 것으로 보이며, 이런 편차를 구별하는 데도 이 기준은 도움이 될 듯하다.

6 주체사상의 경우 사상-이론-방법이라는 틀로 구성돼 있어 단순한 일반 이론 체계가 아니고 이론과 '변혁주체의 가치의식이 종합된' 사상 체계라는 것이 주체사상의 주장이다. 이런 사상과 이론의 구별에 대해 비판과 반비판이 진행되고 있지만, 이 글에서는 대비와 비교의 대상이 되는 이론 체계와의 형평성이라는 관점에서 주체사상을 일단 이론 체계로 상정했다. 사상과 이론의 구별에 대해서는 전남대학교 교지 용봉 편집위원회, 〈사상과 사상투쟁〉, 김창호 편역, 《한국사회변혁과 철학논쟁》, 서울: 사계절, 1989, 35~36쪽과 김창호, 〈사회과학이론의 방법론 비판〉, 앞의 책, 99쪽 참조. 이것에 대한 비판은 최영호, 〈주체사상비판서설〉, 《역사비평》 계간 2호(가을호), 1988, 88~90쪽과, 김현철, 〈초기 마르크스-레닌주의의 새로운 발전과 인간중심주의사상에 대하여〉, 김창호 편역, 앞의 책, 269쪽.

7 주체사상은 원래 이 밖에도 '지도적 원리를 기본 원리로 포함시키지만(한을 편집부, 《주체사상의 체계와 그 비판》, 양호민 외, 《북한사회의 재인식 I》, 서울: 한울, 1987, 62쪽), '지도적 원리'의 경우 그 추상성의 수준에서 철학 원리나 사회역사 원리 같은 일반 이론의 수준과는 구별돼야 한다고 판단해서 여기에서는 배제했다.

8 태백 편집부 편역, 《북한의 사상: 주체의 사상, 이론, 방법》, 서울: 태백, 1988, 17쪽. 일반 이론 수준의 1차 자료들은 이 책과 한마당 편집부 편역, 《세계와 인간》, 서울: 한마당, 1988을 참조.

9 같은 책, 19쪽.

10 〈일본 '마이니치' 기자들이 제기한 질문에 대한 대답〉(1972년 9월 17일)(김연각, 앞의 글, 12쪽에서 재인용).

11 사회과학출판사 편, 《주체사상총서 ① ― 주체사상의 철학적 원리》, 47쪽(이진경, 〈마르크스-레닌주의의 계승발전과 주체사상〉, 이진경 편역, 《주체사상비판 I》, 서울: 벼리, 1989, 153쪽에서 재인용).

12 같은 책, 48~49쪽(이진경, 같은 글, 153쪽에서 재인용).

13 김정일, 〈김일성주의의 독창성을 옳게 인식할 데 대하여〉, 1976년 10월 2일, 45~46쪽(최영호, 앞의 글, 100쪽에서 재인용).

14 박승덕, 〈마르크스-레닌주의와 주체사상〉, 김창호 편역, 앞의 책, 399쪽. 이 논문은 북한 사회과학원의 박 교수가 1988년 스웨덴에서 열린 주체사상 학술 심포지엄에서 주제 발표한 논문이라는 주가 붙어 있다.

15 이진경, 앞의 글, 114쪽.

16 태백 편집부 편역, 앞의 책, 25쪽. 주체시대라는 개념 역시 정통 마르크스주의에서 주장해온 자본주의의 전반적 위기(general crisis)의 시대에 다름 아니라는 해석이 나와 논쟁이 되고 있다. 이산, 〈혁명사상에 대한 한 연구〉, 김창호 편역, 앞의 책, 334쪽; 김현철, 〈소위 마르크스-레닌주의의 새로운 발전과 인간중심주의 사상에 대하여〉, 김현철 외, 《NL론 비판 I》, 서울: 벼리, 1988, 62~68쪽. 전반적 위기론에 관해서는 Kozlov, *Political Economy: Capitalism*, Moscow: Progress, 1977, pp. 381~388과 Yuri Popov, *Essays in Political Economy*, Moscow: Progress, 1984, pp. 213~218쪽 참조.

17 이런 평가는 필자 미상, 〈마르크스-레닌주의의 계승·발전으로서의 주체사상〉; 이정민, 《우리시대의 철학》, 서울: 대동, 1988; 朴庸坤, 《チ·チ·思想の理論的基礎》, 東京: 未來社, 1988.

18 대표적인 예는 하수도, 《유물론과 주체사상》, 서울: 새벽, 1988; 정세연, 〈주체사상과 철학의 근본문제〉와 정용진, 〈유물론적 인간론과 주체사상의 인간론〉, 이진경 편역, 앞의 책, 161~285쪽; 김순우, 〈주체의 사회역사원리 비판〉, 이진경 편역, 《주체사상 비판 I》, 서울: 벼리, 1989, 11~56쪽.

19 신일철, 《북한 '주체철학'의 비판적 분석》, 서울: 사회발전연구소, 1987), 특히 pp. 11˜16과 49 등; 조태훈, 〈북한의 '주체철학'에 대한 분석비판〉, 한국정신문화연구원 편, 앞의 책, p. 224 등.

20 주요 1차 자료들은 한마당 편집부 편역, 앞의 책, 7~14쪽; 통일문제연구소 편역, 《북한경제자료집》, 서울: 민족통일, 1989; 나라사랑 편집부 편역, 《중소대립과 북한》, 서울: 나라사랑, 1988, 제2부; 사회과학출판사 편, 《반제반봉건민주주의혁명과 사회주의 혁명이론》, 서울: 백산서당, 1989; 현대조선문제강좌편집위원회 편, 《북한의 경제》, 광주: 광주, 1988 등.

21 Friedrich A. Hayek, *The Road to Serfdom*, Chicago Univ. of Chicago Press, 1944; Wolfgang Mornmsen, *The Age of Bureaucracy Perspectives on the Political Sociology of Max Weber*, NY: Harper Torchbooks, 1974, Ch. 3; Raymond Aron, *The Opium of Intellectuals*, NY: W. W. Norton, 1962 등.

22 K. Marx, "Critique of the Gotha Program," Robert Tucker(ed.), *The Marx-Engels Reader*, NY: W. W. Norton, 1972(Second Edition), pp. 525~541; K. Marx, "The Civil War in France," *Collected Works* 22, NY: International Publishers, 1986, pp. 307~355; F. Engels, "Anti-Dühring," *Collected Works* 25, NY: International Publishers, 1987 의 Part III 등.

23 Lenin, *On the Dictatorship of the Proletariat*, Moscow: Progress, 1976. 2차 문헌은 Hal Draper, *Dictatorship of the Proletariat from Marx to Lenin*, NY: Monthly Review, 1987; Neil Harding, *Lenin s Political Thought*, Vol. 2, NY: Humanities Press, 1981 등.

24 Stalin, *Problems of Leninsm, Peking*: Foreign Language Press, 1976; Charles Bettelheim, *Economic Calculation and Forms of Property*, NY: Monthly Review, 1975; P. Fedoseyev, *Scientific Communism*, Moscow: Progress, 1986; *Political Economy*, Moscow: Progress, 1983의 Part "Socialism"; 고르바초프, 《페레스트로이카》, 서울: 시사영어사, 1988; Y. 페브즈넬, 《자본론과 페레스트로이카》, 서울: 참한, 1989; Etienne Balibar, *On the Dictatorship of the Proletariat*, London: New Left Books, 1977 등.

25 나라사랑 편집부 편역, 앞의 책, 제1부; 《中蘇論爭主要文獻集》, 東京: 1985; 송주명, 〈중소논쟁: 사회주의사회 건설의 총노선과 평화공존의 문제〉, 《사회와 사상》 9월호, 1989, 314~332쪽 등.

26 K. Marx, "Critique of the Gotha Program," Robert Tucker(ed.), 앞의 책, p. 538; Romald Hill, "The All-People's State and Developed Socialism," Neil Harding(ed.), *The State in Socialist Society*, Albany: State Univ. of New York

Press, 1984, pp. 104~208; 중국공산당위원회, 〈국제공산당운동의 총노선에 관한 제안〉, 나라사랑 편집부 편역, 앞의 책, 102쪽.

27 북한경제사전 중 〈자본주의로부터 사회주의에로의 과도기와 프롤레타리아독재 문제에 대하여〉, 통일문제연구소 편역, 앞의 책, 181~187쪽.

28 이런 입장은 재일동포 학자가 쓴 고승효, 《북한사회주의 발전연구 — 그 이론과 실제》, 서울: 청사, 1988과 Ellen Brune et al., *Socialist Korea*, NY: Monthly Review Press, 1976의 Ch. 7.

29 대표적인 국내 연구는 양호민, 〈자본주의로부터 사회주의에로의 과도기론〉, 양호민 외, 앞의 책, 89~142쪽. 그러나 이 연구는 북한의 사회주의 건설 이론을 중국과 소련에 비교하고 있을 뿐 체계적인 평가는 못하고 있다.

30 태백 편집부 편역, 앞의 책, 제4장 〈한국사회의 성격〉과 제5장 〈한국사회변혁과 조국통일〉.

31 같은 책, 〈보론: 한국사회성격의 몇 가지 쟁점들〉, 317~331쪽. 기타 국내 주요 문건으로는 대동 편집부 편역, 《민족과 경제》 I, II, 서울: 대동, 1988과 1989; 한기영, 《한국사회 성격 논의》, 서울: 대동, 1989; 정민, 〈민족해방민중민주주의 변혁의 이론〉, 《사회와 사상》 11월호, 1989, 95~411쪽.

32 전자에 대해서는 김대환, 〈(반)식민지반봉건사회론: 사회구성체론인가, 정세론인가?〉, 김대환 외 편역, 《중국사회성격논쟁》, 서울: 창작과비평, 1988, 92~120쪽. 필자의 생각으로는 주체사상이 식민지반봉건사회를 봉건사회, 자본주의 사회 등 전통적 5가지 유형과 같은 수준에서 병렬시킨 점(한마당 편집부 편역, 앞의 책, 141~144쪽)으로 미루어 이 개념을 사회구성체 수준에서 주장하고 있다고 봐야 할 것 같다. 반봉건성의 모호성에 대해서는 일송정 편집부 편역, 《팜플렛 철학논쟁 I》, 서울: 일송정, 1988, 110~112쪽.

33 대표적인 예는 한국개발연구원(KDI)과 하버드 대학교가 공동으로 연구해 출판한 *Studies in the Modernization of the Republic of Korea: 1945-1975* 시리즈

34 윤소영, 〈식민지반봉건사회론과 신식민지국가독점자본주의론〉, 《현실과 과학》 제2호, 1988, 140~180쪽; 벼리 편집부 편역, 《신식민지국가독점자본주의 논쟁 I》, 서울: 벼리, 1988; 박현채·조희연 편역, 《한국사회구성체논쟁 I》, 서울: 죽산, 1988 등. 물론 이런 신식국독자론이 '정통' 마르크스주의인가 하는 문제 자체에도 의문을 제기할 수 있다.

35 이경철, 〈NL론자의 사회성격론비판〉, 김현철 외, 앞의 책, 115~159쪽; 임정국, 〈북한의 '남조선혁명론' 비판〉, 이진경 편역, 앞의 책, 제2권, 159~492쪽; 기타 주 34 참조.

36 S. S. 수슬리나, 《남한경제론》, 광주: 솔밭, 1989. 식반론 이론가에서 입장을 바꾸어 이런 중진자본주의론을 허락한 안병직 교수의 논문은 〈중진자본주의로서의 한국자본주의〉, 《사상문예운동》 제2호, 1989, 8~29쪽. 중진자본주의론에 대한 비판은 윤소영, 〈한국사회성격 논쟁에도 페레스트로이카가 임박했는가〉, 《현실과 과학》 제3호, 1989, 105~178쪽.

37 태백 편집부 편역, 앞의 책, 292~316쪽; 김남식, 〈북한의 통일전략과 통일방안〉, 《사회와 사상》 창간호, 1988, 108~118쪽.

38 국토통일원, 《한민족공동체통일방안 기본해설자료》, 서울: 국토통일원, 1989 참조.

39 한민승, 〈북한의 '남조선통일론'과 '조국통일론'에 대하여〉, 김현철 외, 앞의 책, 261~283쪽; 임정국, 〈북한의 조국통일론 비판〉, 이진경 편역, 앞의 책, 제2권, 193~243쪽; 조형제, 〈국가론의 관점에서 본 분단과 통일의 문제〉, 《경제와 사회》 창간호, 1988, 43~70쪽.

40 Charles Bettelheim, *Class Struggles in the USSR, Second Period: 1923-1930*, NY: Monthly Review, 1978, pp. 11~18.

41 김갑철, 앞의 글, 81~89쪽; 박상섭, 앞의 글, 284~293쪽. 이 밖에 1930년대 형성설, 1950년대 형성설 등 형설 시기를 둘러싼 논쟁까지 포함한 포괄적인 분석은 윤해성, 〈주체사상의 성립과정〉, 이진경 편역, 앞의 책, 61~94쪽; 김명섭, 앞의 글, 132~138쪽; Dae-sook Suh, *Kim Il Sung: The North Korean Leader*, NY: Columbia Univ. Press, 1988, pp. 298~313.

42 필자의 이런 생각과 비슷한 사고를 간략히 언급한 것으로는 한정철, 〈무엇이 주체사상-맑시즘 논쟁의 쟁점인가?〉, 김창호 편역, 앞의 책, 262쪽.

43 이상은 김갑철, 앞의 글, 90~95쪽.

44 이상은 신정현, 〈주체사상의 이데올로기적 기능과 그 비판연구방향〉, 한국정신문화연구원, 앞의 책, 333~343쪽.

45 이상은 유영준, 박상섭 교수의 앞의 글, 295쪽에서 재인용.

46 단편적인 예로 세계적으로 저명한 세계체제 이론가 월러스틴은 사회주의 경제 체제 내부의 상품 범주 문제에 관해서 장문의 '주체사상'을 인용해 자신의 논리를 펴고 있다(Imanuel Wallerstein, *The Capitalist World-Economy*, Cambridge: Cambridge Univ. Press, 1979, pp. 109~112).

47 이런 예로 "주체사상이라는 이데올로기적 접근 방법만이 북한사회를 총체적인 면에서 적실성 있게 연구할 수 있는 방법"이라는 주장(김남식, 〈해방전후 북한현대사의 재인식〉, 김남식 외, 《해방전후사의 인식 5 ― 북한편》, 서울: 한길사, 1989, 13쪽)이나 "주체사상은 북한의 알파이자 오메가"라는 주장 등.

48 이것에 대해 "우리가 한 개인을 그가 무엇을 생각하고 있는가에 의해서만 판단할 수 없듯이 우리는 이러한 변혁기를 그 시대 자체의 의식에 의해 판단할 수는 없다"는 마르크스의 지적이 시사적이다("Preface to A Contribution to the Critique of Political Economy," Robert Tucker(ed.), *op. cit.*, p. 5). 즉 자본주의 사회는 현실을 기준으로 평가하면서 사회주의 사회는 현실이 아니라 '원론'만을 기준으로 평가하려는 일부의 경향은 잘못됐다고 할 수 있다.

49 주체사상이 주장하는 주체성은 북한의 특정 지도자 한 사람의 '주체성'일 뿐이라는 김갑철 교수의 비판은 바로 주체사상의 내용 자체보다는 이런 차원에서 나온 비판이다(김갑철, 앞의 글, 99쪽).

4장. 우리의 정치 연구 ― 역사적 고찰

1 이런 주제는 사실 필자의 능력을 벗어난 것이다. 그러나 2003년 한국정치학회 창립 50주년을 맞아 《한국정치학회 50년사》를 쓰면서 필자가 '한국정치연구 50년'을 정리한 바 있다(손호철 2003). 이 글을 보고 인문학박물관에서 필자에게 집필을 '강권해' 능력 밖인데도 불구하고 글을 쓰게 됐다. 그리고 주제에 맞게 새로 글을 썼지만, 일부 내용은 손호철(2003)과 중복된다는 점을 미리 밝혀둔다.

5장. 한국정치 연구 50년 ― 1953~2002년

1 한배호 교수는 이번 한국정치학회 50년사의 총론격인 〈한국정치학 학사: 총론〉을 집필하면서 70년대 이후 출간된 정치학 관련 서적들의 목록을 손수 작성했는데, 이 자료를 필자를 비롯한 다른 집필자들에게 흔쾌히 제공해줬다. 이 자리를 빌려 감사드린다.

2 이 시기를 포함해 1976년까지 한국정치 연구 경향에 대해서는 한승조(1978) 참조.

3 민주주의에 사회경제적 전제 조건이 필요하다는 립셋류의 근대화론은 결국 한국 같은 제3세계가 민주주의가 안 되는 이유는 사회경제적으로 저개발된 때문이며 민주주의를 하기 위해서는 사회경제적 근대화가 필요하다는 '선경제발전, 후 민주화' 논리로 이어져 박정희의 개발 독재 논리와 기가 막히게 맞아떨어졌다.

4 한배호 교수는 본 학사의 '총론'에서 유신이라는 극한 상황이 한국정치학 학자들로 하여금 자신의 학문에 대해 근본적인 회의와 의문을 갖게 했을 것으로 분석하고 있다.

5 민중주의 내지 수정주의의 시기가 언제 끝나느냐는 것은 다소 이견이 있을 수 있다. 그러나 이 글에서는 그 시점을 1991년으로 봤다. 소련과 동구의 몰락이 1980년대 말 진행됐는데도 민중주의가 계속 기승을 부리다가 1991년 5월의 분신 정국, 나아가 정원식 부총리의 '밀가루 소동'을 끝으로 급격한 하락세를 보였기 때문이다.

6 사실 관료적 권위주의론은 '국가'라는 개념이 체계적으로 도입되고 있지 않는 등 본격적인 '국가론'의 문제의식에 기초해 있다고 보기 어렵다.

7 《한국정치학회보》의 경우 이 시기 동안 국가론과 정치경제학적 시각 등 새로운 문제의식과 주제를 도입한 논문은 30여 편으로 상당한 수에 이른다. 그러나 이 중에서도 '진보적'인 시각을 가진 논문은 10편 미만이라고 할 수 있을 정도로 미약했다.

8 Surkin and Wolfe(1970)과 Wolfe(1969), 352~373 등을 참조.

1 논문 작성을 위해 여러 자료들을 수집해준 서강대학교 정치외교학과 박사 과정의 김대환 군과 석사 과정의 여지훈 군에게 감사드린다.

2 이 부분의 일부는 손호철(2003)을 요약한 것이고, 일부는 이 내용을 발전시킨 것이라는 점을 밝힌다.

3 《한국정치학회보》와 달리 단행본의 경우 분류에 어려움이 많아서 아주 정확한 통계는 아니라고 볼 수 있다. 그러나 기본적인 경향을 파악하는 데는 별 문제가 없을 것이다.

4 아래 책들의 경우 출판 자료 검색에서 분류상의 오류 탓에 한국정치학회 회원들의 한국정치 관련 주요 저서가 빠졌을 수도 있다는 점을 양해해주기 바란다. 또한 자료 검색의 체계상 저자명 순서가 아니라 출판 시기별로 정렬돼 있는 점을 양해해주기 바란다. 마찬가지 이유로 한국정치 관련 연구이되 정치학자들이 아닌 다른 분야의 연구자들이 집필한 저서도 포함돼 있다.

5 물론 한국정치학의 중심 화두가 민중주의 시기에는 민중이었다는 것은 아니다.

2부. 국가, 시민사회, 민주주의

1장. 국가-시민사회론 — 한국정치의 새로운 대안?

1 이렇게 시민사회의 성장을 민주화의 원인으로 보는 경향은 자유주의적 시각부터 조절이론(김호기, 〈권위주의정권의 해체와 민주주의로의 이행〉, 산사연, 《한국사회의 변동》, 한울, 1994)에 이르는 시각까지 다양한 입장들이 자신들의 이론적 경향과는 별개로 공유하고 있는 이론적 가설이다.

2 이것은 '국가'라는 개념이 모호하지 않은 자명한 개념이라는 주장은 아니다. 국가라는 개념 역시 모호한 것이기는 하지만 시민사회라는 개념이 지닌 모호성의 정도는 이것보다 훨씬 더 크다. 참고로 국가에 대한 다양한 개념화는 손호철, 〈국가자율성의 과학적 이해〉, 《한국정치학의 새구상》, 풀빛, 1990 참조.

3 다양한 용법의 요약과 비교에 대해서는 유팔무, 〈한국의 시민사회론과 시민사회 분석을 위한 개념틀의 모색〉, 경남대 극동문제연구소 편, 《한국정치·사회의 새 흐름》, 나남, 1993 참조.

4 임혁백, 〈시민사회의 성장과 국가기구의 민주적 통제〉, 한국사회학회·한국정치학회 편, 《한국의 국가와 시민사회》, 한울, 1992, 381쪽.

5 John Keane, *Democracy and Civil Society*, London: Verso, 1988; David Held, *Political Theory and Modern State*, Stanford: Stanford Univ. Press, 1989.

6 Antonio Gramsci, *Selections from Prison Notebooks*, New York: International Pub., 1971, p. 12.

7 Andrew Arato, "Civil Society, History and Socialism," *Praxis International* 9, 1989, pp. 131~152.

8 김세균, 〈시민사회론의 이데올로기적 함의 비판〉, 《이론》 제2호, 1992년.

9 최장집, 《한국 민주주의의 이론》, 한길사, 1993, 379~386쪽. 최 교수는 초기의 국가-시민사회의 이분법에서 최근 들어 이런 삼분법으로 옮겨오고 있다.

10 오해인지 모르겠지만 원래 그람시적인 시민사회론을 개진해왔으며 최근 최장집 교수의 정치사회론에 전적인 지지를 보내는 임영일 교수가 사실은 이런 입장에 가깝지 않은가 한다(임영일, 〈한국의 노사관계와 계급정치〉, 경남대 극동문제연구소, 위의 책). 참고로 국내의 이런 이론틀의 분화하고는 별도로 서구 학계의 경우 시민사회 자체를 '조직화된 시민사회'와 그렇지 않은 '무정형의 시민사회'로 세분화해보려는 경향이 대두되고 있다(Samuel Valenzuela, "Is There a Link between Democratization and Civil Societies," Unpublished Paper Presented at Georgetown Conference on Korea II, May 1995 at Georgetown Univ., Washington D.C.).

11 Gramsci, *op. cit.*, p. 238.

12 각각 K. Marx, "The Eighteenth Brumiare of Louis Bonaparte," "Critique of the Gotha Program," Robert Tucker(eds.), *The Marx-Engels Reader*, NY: W.W. Norton, 1978, p. 606 & p. 537.

13 이런 설명 방식은 이 방면의 뛰어난 '1급 학자'들 사이에도 만연돼 있는 지배적 경향이다. 임영일 역시 "80년대의 민

주화운동은 …… 시민사회의 반격이다. 시민사회는 …… 정당을 조직하고 사회 운동을 조직하였다"(임혁백, 〈시민사회의 성장과 국가기구의 민주적 통제〉, 391쪽), "무자비한 국가권력이 시민사회를 탄압하면 할수록 ……"(임현진·김병국, 〈노동의 좌절, 배반된 민주화〉, 《계간 사상》 4호, 1991년 가을, 133쪽) 등의 예를 들면서 이런 경향을 문제삼은 바 있다(임영일, 〈한국의 노사관계와 계급정치〉, 67~68쪽).

14 이런 분석에서 가장 뛰어난 패러다임적 분석으로는 최장집, 《한국 민주주의의 이론》, 한길사, 1993 중 〈한국 정치 균열의 구조와 전개〉(이 글은 Jang Jip Choi, "Political Cleavages in South Korea," Hagen Koo(ed.), *State And Society in Contemporary Korea*, Ithaca: Cornell Univ. Press, 1993으로 영역돼 있다). 한국정치 분석의 여러 이론적 혁신을 주도해온 최 교수는 이 글들에서도 국가-시민사회론을 이용해 탁월하게 현대 한국정치사를 분석해내는데, 이것을 정확히 이해하려면 다음 같은 두 측면에 대한 인식이 필요하다. 우선 뒤의 여러 인용이 보여주듯이 최 교수는 세간의 속류화된 추세와 달리 시민사회를 다양한 사회 세력이 각축하는 공간으로 인식해 그 내부 구성과 균열 구조에 주목한다. 그러나 동시에 해방 정국 분석 등 일부 분석("치열한 갈등은 이승만 체제와 시민사회에 존재하였다"(163쪽), "국가에 반하는 시민사회"(401쪽)는 국가-시민사회를 개별적인 행위자로 서로 대립하고 투쟁하는 것처럼 그리는 문제점을 보이고 있다. 특히 문제는 최 교수의 복합적인 분석을 단순화시켜 잘못 이해해 후자의 행위자의 시각에서 한국 현대사를 분석하는 다른 연구자들의 속류화된 일반적인 경향이다.

15 이런 분석은 주로 함자 알라비의 과대성장 국가론을 논거로 들고 있지만 '훈고학적' 입장에서 짚고 넘어간다면 알라비의 주장은 인용자들의 주장과는 달리 국가가 그 '토대'에 대해 과대성장됐다는 것이지 '시민사회'에 대해 과대성장됐다는 주장은 아니었다(Hamza Alavi, "The State in Post-Colonial Societies," *New Left Review* 74, 1972, pp. 59~81). 그러나 문제를 곰곰이 생각해보면 다음 같은 이유 때문에 알라비식의 주장보다는 시민사회에 대한 국가의 과대성장성이라는 주장이 이론적으로 '진일보한' 것이라는 느낌이 든다. 알라비는 식민지 국가에서 토대에 견줘 상부구조인 국가가 과대성장됐다고 주장하고 있지만, 과연 상부구조가 토대에 조응하는 것이 아니라 과대성장할 수 있느냐는 것이다. 즉 국가장치라는 면(전체 인구 중 공무원의 비율 등)에서 분명히 식민지 국가는 과대성장돼 있었는데, 그 이유는 민족 모순과 계급 모순이 이곳에 중첩돼 있어 이런 과대성장된 국가장치가 없이는 체제의 재생산이 어려웠기 때문이며, 이것은 이런 장치적 과대성장성이 토대의 필요에 의한 것이라는 점에서 토대-상부구조 차원에서는 과대성장성이 아니라 조응 관계일 따름이다(W. Zieman et al., "The State in Peripheral Societies," *Socialist Register*, 1977, p. 145). 그러나 국가와 '시민사회' 간의 관계는 '토대-상부구조' 간의 관계와 달리 '기능적 관계'가 아니기 때문에 시민사회에 대해 과대성장된 국가를 이야기하는 것이 가능하다. 사실 이렇게 국가가 시민사회에 견줘 과대성장돼 있던 상황이 위에서 지적한 대로 바로 그람시가 주목한 러시아적 특수성이었다.

16 진덕규, 〈미군정 시대 정치사회의 시민사회적 함의성에 대하여〉, 한국사회학회·한국정치학회 편, 위의 책, 144쪽.

17 최장집, 앞의 글, 163쪽.

18 한완상, 〈서문〉, 한국사회학회·한국정치학회 편, 《한국의 국가와 시민사회》, 한울, 1992, 18쪽.

19 진덕규, 앞의 글, 126쪽.

20 이 문제에 관련해 한쪽에서는 중간 계층들은 민중이 아니라는 견해가 피력될 수 있지만, '민중'과 '기층 민중'은 다른 것이며 전자가 결국 주요 모순이라는 측면에서 '권력블록'과 대립되는 개념이라는 점을 상기할 때 중간 계층들도 민중의 일부라고 볼 수 있다. 사실 국내 학계의 '정통적 좌파'도 이런 입장을 견지해왔다(한 예로 서관모, 〈식민지반봉건사회론과 신식민지국가독점자본주의론의 계급분석〉, 《현실과 과학 2》, 1988, 196쪽).

21 최장집, 앞의 글, 163쪽.

22 Hagen Koo, "Strong Society and Contentious Society," Koo(ed.), *op. cit.*, pp. 231~249.

23 힘의 관계에 대한 평가는 결론 부분 참조.

24 비생산적인 '지대 추구' 행위가 국가 행동의 주를 차지하는 국가를 지칭하는 개념으로, 주로 '공공선택 이론'에서 사용되는 개념이다(James Buchanan et al.(eds.), *Toward a Theory of the Rent-Seeking Society*, College Station: Texas A & M Univ. Press, 1980).

25 제로섬적 축적이란 "생산적 활동 …… 을 통한 새로운 부의 축적보다는 기존의 국부의 재분배 내지 해외 자산의 이전들을 통한" 축적을 칭한다(Leroy Jones et al., *The Government, Business, and Entrepreneurship in Economic Development*, Cambridge: Harvard Univ. Press, 1980, p. 273).

26 서울사회과학연구소, 《한국에서의 자본주의의 발전》, 새길, 1991, 138~148쪽.

27 Robert Brenner, "The Origins of Capitalist Development: A Critique of Neo-Smithian Marxism," *New Left Review* 104, 1977), pp. 27~92; Clive Hamilton, *Capitalist Industrialization in Korea*, Boulder: Westview, 1986.

28 Jones et al., *op. cit.*, p. 69.

29 Kyong-Dong Kim, "Political Factors in the Formation of the Entrepreneurial Elite in South Korea," *Asian Survey* 16(5), 1976, p. 465.

30 Hyun-chin Lim, "Dependent Development in the World-System: The Case of South Korea, 1963~1979," Unpublished Dissertation, Harvard Univ. 1982, p. 146.

31 D. Rueschemeyer and P. Evans, "The State and Economic Transformation," P. Evans et al.(eds.), *Bringing the State Back In*, Cambridge: Cambridge Univ. Press, 1985, p. 62.

32 이 절의 주요 부분, 즉 5·16 쿠데타 후의 제1차 5개년 계획에 대해서는 '손호철의 사색 시리즈 4권에 실릴 〈5·16 쿠데타의 재조명〉에서 자세히 다루고 있다. 그러나 이런 입장이 국제 학계에는 소개된 적이 없어 이 글에 포함시켰으며, 국제 학술대회에 발표한 영어 논문을 한국어로 번역하는 과정에서도 과거 논문을 발전시킨 점이 있는데다가 국가-시민사회론을 이용한 한국 현대사를 시기별로 추적한 논문의 본래 취지를 살리기 위해서 생략하지 않고 그대로 남겨뒀다.

33 도구적 자율성과 구조적 자율성의 더 구체적인 내용은 손호철, 앞의 글 참조.

34 Adam Przeworski, "Structural Dependence of the State on Capital," *American Political Science Review* 82(1), 1988.

35 이런 주장이 모든 자본주의 국가가 이런 상대적 자율성을 가지고 있고, 따라서 항상 관념적 총자본의 기능을 성공적으로 수행한다는 '기능주의적' 주장은 아니다.

36 Gorden White and Robert Wade, "Developmental State and Markets in East Asia," Gorden White(ed.), *Developmental States in East Asia*, NY: St. Martin's Press, 1988, p. 7.

37 《한국 군사혁명사》, 1권, 서울, 1963, 916~954쪽.

38 Joungwon Kim, *Divided Korea: Politics of Development*, Cambridge: Harvard Univ. Press, 1975, p. 220.

39 국가적 위기의 이런 경향에 대해서는 Fred Block, "Beyond the Relative Autono: State Managers as Historical Subject," *Socialist Register*, 1980, pp. 227~242.

40 위영일, 〈한국의 산업화와 계급정치〉, 한국사회학회·한국정치학회, 위의 책, 189쪽.

41 일부에서는 이 둘을 사실상 동일시한 채 재벌의 경세적 자유회의 탈규제에 대한 요구를 정치적 민주주의에 대한 요구로 혼동해 재벌이 민주화를 지지했다는 등의 잘못된 주장을 펴고 있다.

42 부르주아 없이도 찬란한 민주주의의 꽃을 피운 고대 그리스의 경험을 상기할 때 이 유명한 공식도 사실은 엄청난 역사의 왜곡이다. 고대 민주주의와 현대 민주주의의 탁월한 비교에 대해서는 E. Meiksins Wood, *Democracy against Capitalism*, Cambridge: Cambridge Univ. Press, 1995의 6, 7장.

43 한국뿐 아니라 세계 각지에서 민주주의 발전에 대해 자본가 계급이 수행한 역할에 대한 양면적인 대차대조표에 대해서는 D. Rueschemeyer et al., *Capitalist Development and Democracy*, Chicago: Chicago Univ. Press, 1992.

44 G. O'Donnell & P. Schmitter, *Transitions from Authoritarian Rule: Tentative Conclusions about Uncertain Democracies*, Baltimore: The Johns Hopkins Univ. Press, 1986, p. 50.

45 최장집, 위의 책, 401쪽.

46 사실 "한국의 부르주아지는 …… 진보적, 자유민주주의적 태도와 가치를 가진 적이 없다. 이 점에서 한국의 부르주아지는 …… 브라질이나 아르젠티나의 부르주아지가 …… 군부독재와의 정치동맹으로부터 이탈하여 민주화를 지지했던, 그러한 부르주아 민주주의 세력으로 역할할 수도 없었다"(최장집, 위의 책, 369쪽)에서 보여주듯이 최장집 교수의 경우 다른 국가-시민사회론자들과는 달리 문제의 핵심을 정확히 보고 있다. 그럼에도 불구하고 다만 "국가에 반하는 시민사회", 한국의 민주주의는 "부르주아지나 중산층과 함께, 특히 민중이 주도할 수밖에 없다"(379쪽) 등의 표현은 '민주화=시민사회의 성장' 테제를 주장하는 것 같은 오해를 주고 있다.

47 1980년 5월 광주에서 그어진 대치선도 국가 대 민중이지 국가 대 시민사회가 아니라는 실증적인 연구는 손호철, 《현대 한국정치》의 〈1980년 5·18 항쟁 — 민중항쟁인가 시민항쟁인가〉(손호철의 사색 시리즈 4권에 수록될 예정) 참조.

48 이미 다른 글에서 밝힌 내용이지만, 이 절의 내용 중 많은 부분은 2절과 마찬가지로 영어로 이런 내용을 소개한 것

이 없어 원래의 논문 속에 포함시켰다. 이 부분을 번역하는 과정에서 중복을 피하기 위해 이 절을 삭제하는 것도 검토했지만 국가-시민사회론의 입장에서 한국 현대사를 통사적으로 본다는 취지를 살리기 위해서, 다른 한편 이 절의 문제의식을 국가-시민사회론적 관점에서 재해석한 시도는 이번 글이 처음이기 때문에 일부 내용이 중복되지만 그대로 번역해 포함시켰다.

49 Scott Mainwaring et al.(eds.), *Issues in Democratic Consolidation*, Norte Dame: Univ. of Norte Dame Press, 1992 참조.

50 '진정한 민주주의'란 정치적 민주주의만이 아니라 사회경제적 민주주의까지 포함한 민주주의냐는 의미가 아니라, 단순히 최소한 정치적 민주주의에서라도 진정한 민주주의냐, 다시 말해 '진정한 정치적 민주주의'냐는 의미다.

51 O'Donnell & Schmitter, *op. cit.*, p. 13. 자세한 내용은 손호철, 《현대 한국정치》의 〈문민정부와 정치개혁〉('손호철의 사색' 시리즈 5권에 수록될 예정) 참조.

52 최근의 한국통신 사태 등 일련의 '노동 분규'가 시사하는 바가 크다.

53 Gramsci, *op. cit.*, pp. 181~182.

54 Carter Eckert, "The South Korean Bourgeoisie : A Class in Search for Hegemony," Koo(ed.), *op. cit.*, pp. 95~130 참조.

55 결론 참조.

56 토지 공개념이 지닌 이것과 비슷한 의미에 대해서는 손호철, 〈자본주의 국가와 토지공개념〉, 《한국정치학의 새구상》, 풀빛, 1990 참조.

57 《중앙일보》 1993년 5월 18일.

58 《한겨레신문》 1995년 3월 25일.

59 한국은행 보고서, 《한겨레신문》 1993년 6월 18일.

60 《조선일보》 1993년 6월 19일.

61 《조선일보》 1993년 7월3일.

62 최장집 교수는 비슷한 시각에서 문민정부의 모델을 "문민화된 박정희 모델"로 특징짓고 있다("Is It Democracy: An Analysis of the Kim Yong Sam Reforms in South Korea", Unpublished paper, 1994, p. 12).

63 자세한 내용은 손호철, 〈문민정부와 정치개혁〉('손호철의 사색' 시리즈 5권 수록 예정) 참조.

64 최장집, 위의 책, 192쪽과 413쪽. 결국 최 교수의 주장은 1987년 이전에는 국가 대 "민주화의 중심축으로서 국가에 반하는 시민사회"라는 분석틀이 유효하며 그 이후에는 국가 대 시민사회가 아니라 시민사회(나아가 정치사회) 내의 계급적 역관계가 중심적 분석틀이 돼야 한다는 주장이다. 이 중 1987년 이후 부분은 전적으로 동의할 수 있는 뛰어난 분석이지만, 문제는 1987년 이전에는 국가(=억압) 대 시민사회(=민주주의)라는 등식이 유효하다고 보는 점이다. 위에서 본 대로 1987년 이전에도 시민사회는 하나의 사회적 공간이자 계급적 지형에 불과했고, 이것은 계급적 대립으로 분화돼 민주화에 대해서도 상반된 입장이 대립하는 장이었다.

65 임영일, 〈한국의……〉(앞의 글), 201쪽.

66 양자를 더하면 제로가 되는, 즉 한쪽이 커지면 다른 쪽은 작아지는 등 양자가 반비례로 운동하는 관계를 지칭한다.

67 일반론의 수준에서는 Keane, *op. cit.*, p. 61, 한국에 대해서는 한완상, 앞의 글 13쪽과 Koo, *op. cit.*

68 Keane, *op. cit.*, p. 15.

69 최장집, 위의 책, 78쪽. 위에서 여러 차례 지적한 대로 이 뛰어난 분석에서 다만 아쉬운 것은, 이 주상이 과거에는 시민사회 그 자체가 '민주화의 사회적 기반'이고 '국가에 반하는 시민사회'였다고 전제하고 있는 점이다.

70 Peter Evans, "The State as Problem and Solution," Stephan Haggard et al.(eds.), *The Politics of Economic Adjustment*, Princeton: Princeton Univ. Press, 1992, p. 141.

71 Ibid. 이후 이 주제와 관한 인용은 이 글의 쪽수만을 본문 속에 표기했다. 이 주제를 발전시킨 에반스의 최근 저서는 Peter Evans, *Embedded Autonomy*, Princeton: Princeton Univ. Press, 1995.

72 손호철, 〈국가자율성, 국가능력, 국가강도, 국가경도〉, 손호철, 위의 책 참조.

73 조절이론을 국가론에 접목시키려는 밥 제솝의 이론적 작업에 대한 비판적 평가는 손호철, 〈전략-관계론적 국가론의 비판적 고찰: 밥 제솝을 중심으로〉, 《현대 국가론의 성과와 과제》, 한국정치학회 월례발표회 논문집 IV(1994) 참조.

74 Robert Brenner et al., "The Regulation Approach: Theory & History," *New Left Review* 188, 1991.

75 Jang-Jip Choi, *op. cit.*, p. 50. 이 글은 최 교수가 쓴 한글 논문의 번역이지만(앞의 글, 197쪽), 한글 논문보다는 영어 논문이 논지가 정확하게 표현돼 있는 탓에, 조금 이상하지만, 원래 논문인 한글 논문을 인용하지 않고 번역본인 영어 논문을 재번역했다.

보론. '국가-정치사회-시민사회?'

1 최장집, 《한국 민주주의의 이론》, 한길사, 1993, 제3부, 제3장.
2 대표적인 예가 임영일, 〈한국의 산업화와 계급정치〉, 한국사회학회·한국정치학회 편, 《한국의 국가와 시민사회》, 한울, 1992와 유재일, 〈한국정치사회의 구조 형성과 변화〉, 경남대 극동문제연구소 편, 《한국정치·사회의 새 흐름》, 나남, 1993.
3 최장집, 위의 책, 393쪽.
4 임영일, 앞의 글, 177쪽.
5 A. Denisov, *The Theory of State and Law*, Moscow: Progress, 1987, p. 16. 일반적인 통념과 달리 이런 학자들도 국가와 정당 및 다양한 정치 조직들을 구별한 후자들(정당과 정치 조직)의 총체를 '정치체제'로 명명하고 있다. 물론 이 경우 '사회를 위한 가치의 권위적 배분 행위의 총체'라는 의미를 지닌 주류 학계의 '정치체제론'의 정치체제 개념과는 그 의미가 전혀 다르다.
6 임영일, 앞의 글, 197쪽.
7 최장집, 앞의 글, 393쪽.
8 알튀세르는 '정당은 특수한 이데올로기적 국가장치, 즉 지배계급의 정치적 이데올로기를 실현시키는 정치적 이데올로기적 국가장치의 한 구성 부분에 불과'하다고 지적하고 있다(Louis Althusser, "Note on ISAs," *Economy & Society* 12(4), 1983).
9 그람시는 "현대 사회에서 정당은 …… 국가(기계적으로 이해되는 정부가 아니라 통합 국가) 속으로 통합돼 발전한다"고 쓰고 있다(Gramsci, *op. cit.*, P. 27).
10 Joachim Hirsch, "The Fordist Security State and New Social Movements," *Kapitalistate* 10/11, 1983, pp. 82~83.
11 Nicos Poulantzas, *Political Power & Social Classes*, London: Verso, 1973, p. 300.
12 어쩌면 이런 입장이 정치사회가 국가와 시민사회를 매개히는 선거나 정당의 영역이라는 원래의 문제의식에 충실한 것일지도 모른다. 이런 입장은 유재일, 앞의 글, 183쪽.
13 선거 사회주의 일반의 가능성과 한계에 대해서는 손호철, 〈자유민주주의와 선거〉, 《국가와 민주주의》, 이매진, 2017 참조.
14 유팔무, 앞의 글, 260쪽.
15 "국가를 민주화하고, 그것이 가능한 수준까지는 부분적으로 장악해 나가며"(최장집, 위의 책, 393쪽)는 이런 해석의 여지가 있는 부분이다. 이 국가 장악 테제는 최 교수가 비판하고 있는 '객체 내지 대상으로서의 국가'론(국가는 장악해야 할 중립적 대상이라는)으로 귀결될 염려가 있다.
16 한편 한완상의 모델은 그람시의 진지전을 시민사회에서 벌이는 진지전으로 보고 있으면서도 이것을 "사회민주주의적 처방"(한완상, 〈서문〉, 한국사회학회·한국정치학회 편, 《한국의 국가와 시민사회》, 한울, 199, 215쪽)이라고 규정하는 점에서 잘못된 것이다.
17 정치사회론에 직접 연결시키지 않았지만 최근의 민주주의 논의에 대한 이것과 비슷한 염려는 임영일, 〈한국의 노사관계와 계급정치〉, 경남대 극동문제연구소, 《한국정치·사회의 새 흐름》, 나남, 1993, 62쪽.

2장. 시민사회론 논쟁 — 문제는 자본인가 국가인가?

1 최장집, 〈민중민주주의의 조건과 방향〉, 《사회비평》 6호, 1991.
2 20 대 80의 사회란 신자유주의적 세계화 때문에 잘사는 20퍼센트의 사람과 점점 못살게 되는 80퍼센트의 사람으로 분리된 사회를 의미한다.

1 1기와 2기는 1기가 양김의 사당 정치를 중심으로 정당 민주화가 수반되지 않은 민주화라면 2기는 사당 정치의 극복을 포함한 민주화라는 의미에서 구별했다.

2 이것에 대해서는 손호철(2003e) 참조.

3 푸코 등 탈근대론자들이 보여줬듯이 '과학'과 '진리'라는 담론은 이른바 '비진리'에 대한 억압성을 내장하고 있는 '반민주적 담론'이다. 따라서 민주주의의 '과학적' 개념화라는 것이 형용 모순일 수 있다. 이 글은 이런 문제점을 인정하면서도 단순한 상대주의로 빠질 수는 없다는 문제의식에서 '과학적'이라는 용어를 사용했다(이 문제에 대해서는 손호철(2002a).

4 현대 사회과학의 중요한 쟁점인 이 문제에 대한 선구적 분석은, Marx·Engels 1975, 375.

5 이 논쟁에 대해서는 손호철(2003c).

6 손호철(2003a), 26~28쪽.

7 Schumpeter 1975의 20장 3절, 22장 1절, 23장 1, 2절.

8 고전적인 논의는 Marshall(1994), pp. 5~44.

9 마르크스가 《자본》에서 수행한 공장법에 관한 분석들이 보여주는 것이 바로 이 문제로, 《감시와 처벌》에 나타난 푸코의 문제의식의 기초가 됐다.

10 푸코의 저작들 참조. 또한 푸코의 권력론에 대한 비판적 평가는 손호철(2002b).

11 이 문제에 대해서는 Burnheim(1986).

12 제3기와 제4기의 분기점을 정확히 짚어내기는 어렵다. 보기에 따라 이것은 급진 운동의 패배가 확실해지는 1991년 5월 분신 정국으로 볼 수도 있고, 아니면 김영삼 정부가 출범하는 1993년 초로 볼 수도 있으며, 더 나아가면 1990년대 중반으로 볼 수도 있다.

13 사실 운동사적으로 볼 때 2000년 6월을 기점으로 또 하나의 시기 구분을 할 필요를 느끼기는 한다. 연이은 반핵반김 집회가 보여주듯이 2000년 6월 남북 정상회담 이후 수구 냉전 세력의 정치화, 운동 세력화라는 새로운 현상이 나타났기 때문이다. 그러나 위에서 지적했듯이 이것을 민주화운동 속에 어떻게 위치 지을 것인지를 정확히 판단할 수 없기 때문에 일단 논외로 했다.

14 이 둘을 구별하지 못한 일부 외부 관찰자들의 경우 1990년대 중반 전자만을 주목해 '노동운동의 위기' 등을 논한 적이 있다. 이 문제는 임영일(1993).

15 Tarrow(1984), ch. 11, "Movement Society?"

16 문부식 씨가 이 문제를 제기했지만 동의대 사태만 해도 '우발적 사고'로 인명 피해가 난 점에서 보면, 민주화운동의 가장 폭력적인 사례는 오히려 한총련이 프라치 용의자를 잡아 심문하는 과정에서 고문해 살해한 사건이다.

17 김정한(1994); 91년 5월투쟁 청년모임 편(2002).

18 Rueschemeyer(1992).

19 손호철(2003b), 46~50, 56~58쪽.

20 손호철은 이런 현상을 노동운동과 관련해 '초기의 부진과 때늦은 개화'라는 '이중적 예외'(세계적 흐름에 대한)라고 표현했다(Sonn 1988).

21 조현연(2003).

22 이런 유형학에 대해서는 Mainwaring(1992).

23 수동혁명에 대해서는 Gramsci(1971). 한국 정치에 대한 수동혁명적 성격에 대해서는 최장집의 저술을 참조할 것.

24 최장집(1993)과 임영일(1993).

25 《한겨레》 2002년 9월 9일.

26 손호철(2003d) 참조.

27 최근의 중요한 연구로는 최장집(2005)를 들 수 있다.

1 *Far Eastern Economic Review*, no. 12(December), 1982, p. 40.

2 1983년부터 1986년에 이르는 기간 동안 조직된 민중운동 단체로는 민청련, 해직교수협의회, 한국노동자복지협의회, 민족문화운동협의회, 민중민주운동협의회, 민주통일국민회의, 전국민주화투쟁학생연맹, 자유실천문인협의회, 민주통일민중운동연합, 민중불교운동연합, 민통련 서울지부, 서울노동운동연합, 민주화실천가족운동협의회, 인천지역노동자연맹, 민주교육실천협의회, 한국출판문화운동협의회 등이 있다.

3 지역운동협의회의 성장은 1986년에 전국적으로 확산되기 시작한 개헌 투쟁을 주도적으로 이끌어가는 하나의 원동력이 됐다. 그리고 지역운동 단체의 출범과 성장, 전국적 통일성과 연대의 형성은 1987년 국민운동본부가 각 지역에 설치될 수 있는 인적 자원과 지역별 투쟁 공간을 만들어냄으로써, 6월항쟁 과정에서 물리적 폭력을 분산시키고 각 부문이 탄압에 맞서 투쟁을 펼칠 수 있는 중요한 기반을 형성해주기도 했다(조현연 1997a, 98).

4 이런 사실에 비춰볼 때 한국 민주화 이행 과정에서 두드러진 특징의 하나로 중간층의 양면적 태도를 꼽을 수 있다. 1980년과 달리 1987년 6월의 경우에는 중간층이 반독재 민주화 투쟁의 대오에 합류한 사실, 그러나 그 직후 전개된 7~8월 노동자 대투쟁에 대해서는 보수적 태도로 돌변해 노동운동에 적대적인 자세로 급속한 변화를 보인 사실이 그 점을 입증한다. 중산층이 6월항쟁에 참여하거나 지지를 보낼 수 있던 이유는 '군부독재 타도', '민주 쟁취'라는 구호 속에 나타난 민주주의의 의미를, 고전적 자유주의의 원리에 입각한 국가의 억압적 폭력의 배제와 시민의 기본적 자유와 권리가 보장될 수 있는 자유민주주의 또는 시민민주주의 수준의 그 어떤 것으로 받아들인 때문이었다. 그러나 시민민주주의, 그 최소 수준을 넘어서는 계급적 이슈와 계급 정치의 등장에 중간층이 보인 일차적 반응은 자본주의 질서와 지배적 사회관계의 변화를 추구하는 '급진주의'에 대한 심각한 불안과 공포였다. 그 결과는 민중 부문의 계급적 분화와 계급적 균열의 표출로 나타났다. 민중 부문의 계급적 균열의 표출은 그동안 미분화돼 있던 민중 부문이 기본적으로는 자본주의 성장에 바탕해, 그리고 특정한 정치적 계기를 통해 분화 현상을 나타낸다는 것을 의미한다. 즉 기층 민중과 중간층의 사회적 분화와 정치적, 이데올로기적 분화가 그것으로, 이데올로기적 헤게모니가 작동하는 조건하에서는 물질적 사회 집단의 범주로서 민중은 훨씬 축소된 형태로 나타나는 반면 중산층은 훨씬 확대된 형태로 나타나게 된다(최장집 1989, 298)는 것이다.

5 이 비밀문서의 보고 내용에는 "(한국의) 모든 중요 정치세력이 미국의 지지를 모색하고 있다"는 구절((한겨레21) 1996년 4월 11일, 94)이 있으며, 또한 주한 미국 대사인 글라이스틴은 미국의 영향력을 의식해 자신에게 접근한 한국의 야당 정치인들과 재야인사, 군 인사들에 대해 '미국의 환심을 사기 위해 혈안이 되어 있는 구걸꾼늘'((한겨레신문) 1996년 3월 6일)이라는 모욕적인 언사를 사용하고 있기도 하다.

6 이 부분은 손호철(1997b)의 386~388쪽을 수정하고 보완했다.

7 보수 야당의 이중적 태도는 6월항쟁 전 과정에서 지배블록의 눈치를 살피면서 지속적으로 대화를 제의한 데에서도 단적으로 입증되기도 한다. 보수 야당의 대화 제의는 고조된 민중의 투쟁 열기 속에서 위기감을 절감하고, 혁명적 민중 봉기 등의 발생에 따른 정치적 '파국'을 막으려는 인식에서 비롯된 것이라고 할 수 있다.

8 한편 여기에 관련해 한 연구자의 문제 제기에 주목할 필요도 있을 것 같다. 바로 6·26 국민평화대행진의 구호인 '직선제로 독재 타도'로 상징되는 문제다. 그 연구자에 따르면, "이 구호에는 지배블록의 타협안인 '4·13의 사실상 철회 정도에는 절대 만족할 수 없다는 민중들의 단호한 거부가 들어 있음과 동시에, 반독재 민주화투쟁의 목표가 직선제 개헌으로 축소되는 결절점"이기도 했다. 국민운동본부 쪽에서는 즉각적으로 6·26대회의 성공을 선언하고 나섰고 방송을 제외한 주요 언론매체에서도 '시민의 승리'로 판정을 내렸다. 그리하여 "이제 민주화가 대세로 굳어졌음을 누구나 느낄 수 있었으며, 남은 것은 지배블록의 결단뿐"(안상수 1995, 258)이라는 사회적 분위기가 형성되었다. 그러나 바로 이 지점에 크나큰 함정이 도사리고 있었다고 할 수 있다. '당시 남은 것은 지배블록의 결단만이 아니라, 그 이상의 주요 변수로서 민중운동 지도부의 올바른 판단과 결단 또한 남아 있었기 때문이다. 즉, 시위의 물결을 이후 어느 방향으로, 그리고 어느 수준까지 몰고 갈 것인가에 대한 운동 지도부의 결정과 결단은 어떻게 보면 당시 정국의 향배를 좌우하는 가장 결정적인 변수였던 것이다. 그러나 이들은 눈앞에 펼쳐 진 '성공'과 '승리'에 너무도 쉽게 안주해버리는 잘못된 선택을 하고 말았다. 이들의 기본 입장은 일단 직선제 개헌 쟁취와 선거를 통한 군부독재 '종식'(군부독재 '타도'가 아니라) 및 민선민간정부의 수립에 있었다. 따라서 민중의 힘을 지속적인 비타협적 투쟁을 통한 군부퇴진/타도로 상승시키려는 실천적 의지나 노력은 찾아볼 수 없었다. 그리하여 결국 민중

운동 지도부는 결정적 국면에서 선거혁명의 환상과 직선제 개헌에 매몰됨으로써, 군부의 재쿠데타에 대한 '관념적 공포' 속에서, 그리고 주체역량과 아타 간의 역관계에 대한 성급한 주관적 판단을 통해서 지속적인 아래로부터의 비타협적 투쟁을 통한 군부독재 타도/퇴진의 가능성을 '너무 쉽게 그리고 너무 일찍' 포기해버렸다"(조현연 1997a, 155~156; 224 참조).

9 카터 시대 인권 외교의 일시성과 이중 기준에 대해서는, 이삼성, 〈미국과 제3세계의 정치 변동〉, 《미국의 대한정책과 한국민족주의》(한길사, 1993) 참조. 이삼성은 "카터의 인권 압박은 친미독재정권이 마르크스주의 정치세력으로부터 도전을 받지 않고 있으며, 미국이 경제적으로 또는 전략적으로 상당히 의존해 있지 않은 나라에 대해서만 적용했다. 그 결과 카터의 인권외교는 라틴 아메리카에만 한정되는 '라틴 아메리카 정책'에 불과했다"고 말한다(88).

10 '미국은 한국의 진압을 알고 있었다'는 제목으로 광주 문제를 특집 기사로 다룬 1996년 2월 27일자 《저널 오브 커머스》에 따르면, "1980년 5월 22일 소집된 백악관의 한 회의에서는 사태가 통제 불능으로 악화될 경우 미국이 직접 군사적으로 개입하는 방안도 아울러 협의했다"고 한다. 이 회의에는 국무부 장관 에드먼드 머스키, 국무부 부장관 워런 크리스토퍼, 국무부 차관보 리처드 홀브룩, 국가안보보좌관 즈비그뉴 브레진스키, 국방부 장관 헤럴드 브라운, 합창의장 데이비드 존스, 중앙정보국장 스텐스필드 터너가 참석했다고 알려졌다(《한겨레신문 1996년 2월 29일).

11 저강도 전략의 구체적 내용에 대해서는 임재경·폴 마틴 외, 《저강도 전쟁》(민중사, 1987); 전원하 엮음, 《저강도전쟁의 이론과 실제 — 미국의 반혁명 수출과 제3세계 전략》(친구, 1990) 참조.

12 미국은 이민우 구상을 적극적으로 옹호하고 나섰다. 특히 동아시아·태평양 담당 차관보인 개스틴 시거는 1987년 2월 6일 한미협회 연설을 통해 "한국은 문민정부를 지향해야 할 것"이라는 미국의 희망을 표시하면서 "여야 대결을 해결하는 혁신적 방안의 타협안 수용"을 촉구했다(《월간중앙》 1990년 4월, 171쪽). 여기서 혁신적 방안이란 물론 이민우 구상을 의미했다.

13 그 내용은 다음과 같았다. "우리는 현재의 한국 사태를 해결하기 위해 군이 개입하는 것은 한국의 국익에 심각한 해악을 끼칠 것이라고 지적하고, '한국군의 지휘관들은 국방에만 전념하고 한국 국민들이 받아들일 수 있는 방법을 통해 정치과정이 전개되도록 하라'며 촉구했다"(《동아일보》 1987년 6월 23일). "미국의 언론들이 지적하고 있듯이 미 국무성은 6·10사태 이후 한 번도 이번 사태로 인한 북한의 도발 가능성에 대해서 언급하지 않았다. 과거 같았으면 '북한은 기회를 악용하지 말라'는 성명이 나왔을 법한데 이번 사태 속에서는 일체의 대북한 언급이 나오지 않고 있으며, 기자들의 북한 관련 질문에도 의도적으로 답변을 피하고 있다. 워싱턴의 외교 전문가들은 국무성의 이 같은 태가 군의 사태 개입을 예방하려는 세심한 계산에서 나온 것으로서 군사 쿠데타나 계엄령 같은 비상조치에 명분을 제공하지 않겠다는 국무성의 방침을 말해 주는 것이라고 분석했다"(《조선일보》 1987년 6월 27일).

8장. 한국 민주화운동 비교 2 — 6월항쟁과 '11월촛불혁명'

1 이 글은 민주화운동기념사업회가 주최한 6월항쟁 30주년 기념 학술토론회 '6월항쟁, 촛불혁명, 한국민주주의'(2017년 6월 7일)에서 발표한 《6월항쟁과 11월촛불혁명: 반복과 차이》를 수정하고 발전시킨 것이다. 기념사업회에서 이 글을 써달라는 청탁을 받은 나는 취지에 공감해 쓰고는 싶었지만 끝까지 망설였다. 이른바 김영란법 때문이다. 최근에 알게 됐는데, 김영란법은 교수들에게 외부 강의, 기고, 학회 발표, 토론 등 모든 외부 학술 활동을 사전 보고하거나 사후 이틀 안에 보고하도록 규정하고 이 규정을 어길 경우 처벌하고 있다(김영란법 시행 6개월 동안 법 위반으로 신고된 사건의 74퍼센트가 이런 외부 강의 등 신고 불이행과 늦장 신고였다). 물론 고액 강의 등 특혜는 법으로 규제할 필요가 있다. 그러나 이런 사항은 종합소득신고 때 국세청에 다 보고되며, 이 결과를 정부가 모니터링하거나 필요하면 규정 이상의 고액 강의 등만 보고하게 하면 되는 일이다. 그런데도 모든 외부 학술 활동을 보고하게 한 것은 학자들이 하는 모든 지적 활동을 국가가 보고받고 통제하려는, 반학문적이며 반헌법적인 '1984년'의 현실화다(사실 이 규정이 가진 장점은 국가정보원이 이런 정보 수집을 할 필요가 없어져 국정원 예산을 줄여도 되게 된 것이다.). 따라서 이 글을 쓸 경우 '1984년'식 악법에 나 자신이 순응해 이 발표 사실을 보고하거나, 아니면 내 양심에 따라 보고를 거부하고 범법자가 되는 것 중 하나를 택해야 하기 때문에 글을 쓰고 싶지 않았다. 그러나 고민 끝에 6월항쟁과 촛불혁명의 정신을 이어받아 '양심적 범법자'가 되는 대신 국가인권위원회에 이 법을

반인권적 악법으로 고발하기로 결심하고(이미 고발했다), 이 글을 쓰기로 수락했다.

2 투쟁이 11월을 넘어 12월로 이어져 '2016년 시민혁명'이 더 적합할 수 있지만, 2017년에도 이어진 점에서 항쟁이 본격화된 11월을 기준으로 해 '11월시민혁명'이라고 부르는 것이 낫다고 생각한다(너무 길어서 그렇지 정확한 이름은 '2016~2017년 촛불혁명'일 것이다). 이번 항쟁에 대해 11월시민혁명이 아니라 '광화문항쟁'이라고 부른 필자의 초기 글은 〈광화문항쟁, 이제 무엇을 할 것인가?〉, 《프레시안》 2016년 11월 16일. 그 뒤 '11월시민혁명'으로 보고 분석한 것은 손호철(2017)인데, 이 글의 11월촛불혁명 부분은 여기에 주로 의존한다.

3 물론 6월항쟁에 이어진 7~8월 노동자 대투쟁에 연결시켜 하나로 파악한다면, 그 원인은 훨씬 복잡해진다. 그러나 6월항쟁과 7~8월 노동자 대투쟁은 하나의 투쟁으로 연결시켜 파악하기에는 많은 문제가 따른다(노동자 대투쟁에 대해서는 노중기(1997)를 참조).

4 손호철 2017, 39~50 참조

5 어떤 조작에도 속해 있지 않다는 점에서 '자유롭고' 언제 광장을 버리고 집으로 돌아갈지 모른다는 의미에서 '위태로운.'

6 언기법은 언론통제를 위한 언론기본법의 약자.

7 '시민', '대중', '민중'은 매우 논쟁적인 주제지만 이 글의 주제를 벗어난다. 이 주제는 김정한(1998)과 최장집(2009) 참조.

8 손호철 2011, 58~61 참조

9 흔히들 '민주 정부'라고 부르지만, 이명박과 박근혜 정부를 '독재 정부'라고 볼 수 없기 때문에 여기에 대비되는 '민주 정부'는 적합한 표현이 아니고, '보수 정부'에 대비되는 '자유주의 정부'가 맞는 표현이다.

9장. 한국 '진보 정당' 실험 비교 — 4·19혁명과 6월항쟁 이후 '민주화'기를 중심으로

1 한국 정치에서 '진보'와 진보 정당이 무엇을 의미하는지는 많은 논란이 필요한 논쟁적 주제다(이 주제에 대해서는 손호철, 《때 아닌 보수 논쟁의 진상》, 《참여사회》 1996년 5·6월호; 강정인, 〈보수와 진보〉, R. 니스벳 외, 《에드먼드 버크와 보수주의》, 문학과지성사. 1997). 다만 여기에서는 기존의 '주류' 보수 정당들과는 달리 최소한 사회민주주의적 이념을 가지고 한국 사회의 근본적 변화를 추구하는 정당을 지칭하고자 한다.

2 진보 세력의 정당 움직임, 정치 세력화 움직임이 항상 합법 정당의 형태를 띠는 것은 아니다. 한국전쟁 이후 한국 정치에서도 통혁당과 인혁당이라는 비합법적 지하당 등 합법 정당 이외에 다양한 형태의 정치 세력화 움직임이 있었다(조희연, 《현대 한국사회운동과 조직》, 한울, 1993). 다만 이 글에서는 진보 정당 움직임을 합법 정당에 국한시켜 논의하고자 한다.

3 김남식의 선구적인 연구와 서중석, 심지연 교수의 해방 정국 진보 정당 연구들이 대표적인 예다.

4 권대복, 《진보당》, 지양사, 1985; 정태영, 《한국 사회민주주의 정당사》, 한울, 1995; 손호철, 〈1956년 대선과 1963년 대선〉, 손호철, 《현대 한국정치: 이론과 역사》, 사회평론사, 1997 등 참조.

5 현재호, 〈진보정당 운동의 실패 원인에 관한 연구〉, 고려대학교 정치외교학과 석사 학위 논문, 1996; 박상병, 《한국의 진보정당에 관한 연구〉, 인하대학교 정치외교학과 박사 학위 논문, 1997; 손호철, 〈14대 총선 결과와 그 의미〉, 《이론》 창간호, 1992 참조.

6 손호철, 〈한국전쟁과 이데올로기 지형〉, 《한국과 국제정치》 가을호, 1990.

7 〈사회대중당 결당 선언〉(1960년 11월 24일), 권희경 편저, 《한국 혁신정당과 사회주의 인터내셔널》, 태양, 1989, 49쪽.

8 〈통일사회당 정강〉, 권희경 편저, 위의 책, 64쪽.

9 〈사회당 정강〉, 위의 책, 93쪽.

10 〈사회대중당 강령〉, 앞의 책 52~53쪽.

11 〈통일사회당 강령〉, 위의 책 64쪽.

12 〈사회당 강령〉, 위의 책, 93쪽.

13 〈사회당 강령〉, 앞의 책 94~95쪽.

14 〈사회대중당 선언문〉, 위의 책, 49, 51쪽.

15 〈통일사회당 강령〉, 위의 책, 63, 65, 72쪽.

16 〈사회대중당 강령〉, 앞의 책, 62쪽.

17 〈통일사회당 강령〉, 위의 책, 74~75쪽.

18 〈사회당 정강〉, 위의 책, 96쪽.

19 〈사회당 강령〉, 위의 책, 92쪽.

20 〈사회당 정강〉, 앞의 책, 97쪽.

21 이 시기의 실험으로는 1988년 총선 때의 '민중의당', 그리고 보는 견해에 따라 '한겨레민주당'이 있다. 한겨레민주 당은 '진보 정당'과 '개혁 정당'의 성격이 혼합된 정당이라고 할 수 있으며, 민중의당은 기본적으로 민중당과 노선 이 유사한 이른바 '피디(PD)' 정당으로서 민중당보다 급진적이지만 정강이 체계화되지는 않았다.

22 민중당, 〈민중당 강령·기본정책〉, 1990년 10월, 8쪽.

23 V. Zagladin(ed.), *The World Communist Movement*, Moscow: Progress Pub., 1973; 이창휘, 〈러시아혁명과 레닌의 민 중민주주의혁명론〉, 《현실과 과학》 제3호, 1989 참조.

24 〈특집: 현 단계 변혁이론의 쟁점 ― NDR론과 PDR〉, 《현실과 과학》 제4호, 1989 등 참조.

25 앞의 글, 7쪽. 이것과 비슷하지만 이런 민중 개념을 가장 체계적으로 정의한 탁월한 문제의식으로는 최장집, 《한국 민주주의의 이론》, 한길사, 1993, 384~396쪽 참조.

26 이런 변질에 대해서는 Istvan Meszados, "Political Power and Dissent in Post-Revolutionary Societies," L. Althusser et al., *Power and Opposition in Post-Revolutionary Societies*, London: Ink Links, 1978 참조.

27 시장사회주의론에 대해서는 Alec Nove, *The Economics of Feasible Socialism*, London: Allen & Unwin, 1983; A. Nove, "Mandel on Planning: Markets and Socialism," *New Left Review* 161, 1987 참조. 비판적 평가로는 David McNally, *Against Market: Political Economy, Market Socialism, and Marxist Critique*, London: Verso, 1993이 있다.

28 민중당, 〈민중당 강령·기본정책〉, 13쪽.

29 이런 생산 현장에서 일어나는 생산의 정치에 대해서는 Michel Burawoy, *The Politics of Production*, London: Verso, 1985 참조.

30 〈민중당 강령·기본정책〉, 9쪽.

31 위의 책, 11쪽.

32 이런 흐름은 Henry Weber, "Eurocommunism, Stalinism and Democracy", *New Left Review* 118, 1978 참조.

33 이런 입장은 Nicos Poulantzas, "Towards a Democratic Socialism," *New Left Review* 109, 1978 참조.

34 〈민중당 강령·기본정책〉, 6쪽.

35 위의 책, 12쪽.

36 위의 책, 13쪽.

37 앞의 책, 39~40쪽, 46~47쪽.

38 정치사회의 기능에 대해서는 최장집, 《한국 민주주의의 이론》, 한길사, 1993; 임영일, 〈한국의 산업화와 계급정치〉, 한국사회학회·한국정치학회 편, 《한국의 국가와 시민사회》, 한울, 1992 참조.

39 Giovanni Arrighi, "Marxist Century—American Century: The Making and Remaking of the World Labor Movement," Samir Amin et al., *Transforming the Revolution*, New York: Monthly Review Press, 1990.

40 엄격히 말해서 한국의 좌파가 1910~1920년대에 형성됐다고 볼 때, 이 세대는 '좌파 1세대'만이 아니라 '좌파 1세대' 와 '좌파 2세대'의 혼합이라고 하겠다. 그러나 여기에서는 넓은 의미의 '좌파 1세대'로 파악했다.

41 물론 1960년대 초 한국의 사회 성격은 1950년대에 시행한 토지 개혁과 수입대체형 산업화에 따라 식민지 반봉건 사회에서 종속적 자본주의로 변했다고 할 수 있다(손호철, 〈5·16쿠데타의 재조명〉, 손호철, 앞의 책 참조). 또한 1960년대 초의 진보 세력들이 모두 당시 한국 사회를 식민지반봉건사회로 본 것은 아니었다. 그러나 이 세력들의 기본적인 역사적 경험과 인식틀은 크게 봐 여기에 기초하고 있다고 할 수 있다.

42 권희경 편저, 앞의 책 참조.

43 손호철, 〈1950년대의 이데올로기〉, 손호철, 앞의 책 참조.

44 김세원 씀. 현대사 증언록 간행위원회 편, 《비트, 상》, 일과 놀이, 1993, 341쪽.

45 박현채·조희연 편, 《한국사회구성체논쟁 1, 2》, 죽산, 1989 참조.

46 조현연, 〈한국정치 변동의 동학과 민중운동: 1980년에서 1987년까지〉, 한국외국어대학교 정치학 박사 학위 논문, 1997, 208~213쪽; 양재원, 〈합법정당 결성 주장에 대한 비판〉, 《사상문예운동》 가을호, 1989; 진보적 대중정당 건설을 위한 준비모임, 《가자, 진보정당과 함께 민중의 시대로》, 1989; 박상병, 앞의 논문 등 참조.

47 김낙중, 〈4월혁명과 민족통일운동〉, 사월혁명연구소 편, 《한국사회 변혁운동과 4월혁명 1》, 한길사, 1990 참조. 한편 진보 정당 중에서도 견해 차이가 있어 통일사회당계의 우파는 민족자주통일협의회에서 탈퇴해 더 보수적인 중립화조국통일총연맹을 결성했다.

48 중앙선거관리위원회, 《역대 국회의원 선거 현황》, 1971.

49 손호철, 〈1956년 대선과 1963년 대선〉, 손호철, 앞의 책 참조.

50 물론 이 진보 정당들과 단체들이 전국 선거구에 모두 출마한 것은 아니다. 민중당 50개 지역 등 71개 지역에 출마한 만큼 전국 득표율이 아니라 출마 지역에서 거둔 평균 득표율만 따지면 약 6.8퍼센트를 얻었다(손호철, 〈14대 총선 결과와 그 의미〉 참조).

51 김광식, 〈4월혁명과 혁신 세력의 등장과 활동〉, 사월혁명연구소 편, 앞의 책, 199~201쪽; 김낙중, 앞의 글; 권희경, 앞의 책, 48쪽.

52 Saymor M. Lipset and Stein Rokkan, "Cleavage Strucutres, Party Systems, and Voter Alignments: An Introduction," S. Lipset and S. Stein(eds.), *Party Systems and Voter Alignments: Cross-National Perspectives*, New York: Free Press, 1967, 27쪽.

53 한국 군사혁명사 편찬위원회, 《한국 군사혁명사》, 1963 참조.

54 손호철, 〈14대 총선 결과와 그 의미〉 참조.

55 손호철, 〈14대 총선 결과와 그 의미〉 참조.

56 조현연, 앞의 논문 참조.

57 손호철, 〈수평적 정권교체론, 한국정치의 대안인가?〉, 《정치비평》 창간호(1996년 겨울)와 〈한국의 지역주의, 그 진단과 처방〉, 《현대 한국정치: 이론, 역사, 현실, 1945~2011》, 이매진, 2011, 713~739쪽 참조.

58 F. Schattschneider, *The Semisovereign People*, Hinsdale, Illinois: The Dryden Press, 1975, 70쪽.

59 1960년대를 대상으로 한 비교 연구는 아니지만 지역주의가 1980년대 진보 세력의 정치 세력화에 장애로 작용했다는 기존 연구는 최장집, 〈왜 한국 노동자계급은 정치세력화에 실패했는가?〉; 손호철, 〈'문민정부'의 성격과 '호남정치'의 향방〉, 손호철, 《전환기의 한국정치》, 창작과비평사, 1993, 274~275쪽 참조.

60 손호철, 〈14대 총선 결과와 그 의미〉; 손호철, 〈14대 대선과 민중운동: 평가와 전망〉, 손호철, 《전환기의 한국정치》, 창작과비평사, 1993.

61 Karl Marx, "The Eighteenth Brumaire of Louis Bonaparte," *Marx-Engels Reader*, New York: W. W. Norton & Company, 1978, pp. 608.

62 James Scott, "Peasant and Hegemony," *Politics and Society*, 1980.

63 손호철, 〈1956년 대선과 1963년 대선〉 참조.

64 따라서 급진적 지식인 위주의 정치 운동이 직면한 위기만을 근거로 한국에서 '진보 운동의 위기'나 '좌파의 위기'를 주장하는 것은 잘못이다(임영일, 〈한국의 노사관계와 계급정치〉, 경남대학교 극동문제연구소, 《한국정치·사회의 새 흐름》, 나남, 1993).

65 놀랍게도 흔히 한국 정치의 '민주 성지'로 불리는 광주에서 이 노동자 후보는 전국적으로 가장 낮은 0.2퍼센트 득표에 그쳤다.

66 〈15대 대선 후보별 전국 득표 현황〉, 《한겨레》 1997년 12월 20일. 이것과 비슷한 견해는 노회찬, 〈국민승리21의 진보정당운동 진단, 우리는 왜 실패라고 말하지 않는가?〉, 《참여사회》 1·2월호, 1998, 20~21쪽 참조.

10장. 한국 체제 논쟁을 다시 생각한다 — 87년 체제, 97년 체제, 08년 체제론을 중심으로

---

1 김대중 정부와 노무현 정부를 '진보'로 부르는 것은 잘못으로, 현재의 한국 정치는 진보 대 보수의 2분법이 아니라

진보, 자유주의적 개혁 세력, 냉전적 보수라는 3분법으로 봐야 한다(손호철 2006, 350~353, 365~367 참조).

2 'social system'의 'system'과 'regime'은 모두 체제로 번역돼 혼란스럽다. 따라서 'system'을 체계로 번역해 혼란을 피하는 방법을 생각해봤지만, 세계체제(world system), 87년 체제, 97년 체제 등 이미 굳어진 용어가 많아 이 방법도 많은 문제를 야기할 것으로 보여서 둘 다 그대로 체제로 사용하되 괄호 속에 영어로 표시해 구별했다. 다만 다양한 부분 체제들은 모두 'regime'이며, 사회체제의 구성 부분인 경제체제, 정치체제, 87년 체제, 97년 체제, 08년 체제 등은 'system'이다.

3 물론 '총체성'이라는 개념은 포스트주의자들의 비판을 받아왔다. 이런 비판에 동의할 수 있지만 포스트주의식의 해체주의적 방식에도 문제가 많은바, 폐쇄적이지 않은 '열린 총체성'이라는 수준의 '사회체제'가 존재한다는 것이 이 글의 입장이다.

4 다만 일부 경우 사회체제를 단순히 정치경제 체제 중심으로 이해하려는 경향이 있지만, 이것은 잘못이다. 아래에서 자세히 다룰 것이다.

5 체제(regime)란 "특정 분야에 있어서 행위자들의 기대가 이것을 중심으로 수렴되는 명시적 내지 묵시적인 일련의 원칙, 규범, 규칙, 그리고 정책 결정의 절차들"을 말한다(Krasner 1983, 2).

6) 사실 경제체제와 정치체제가 아니라 불완전한 민주화라는 87년 체제의 특성과 관련해, 사회적 과제라는 측면에서 아직 87년 체제라고 주장할 수도 있다. 그러나 이것 역시 1997년 이후 나타난 신자유주의의 문제를 과소평가한 잘못된 주장이다.

7 개인적으로 1990년대 후반 최장집과 한-일 공동 연구를 하면서 일본의 55년 체제와 비유해 '한국판 55년 체제'인 61년 체제'라는 개념을 사용해, 1987년을 61년 체제의 정치체제를 해체한 '제1의 전환', 1997년을 61년 체제의 정치경제 체제를 해체한 '제2의 전환'이라고 주장했다(손호철 1999, 245~247). 이후 이런 문제의식을 발전시켜 해방 뒤 나타난 '48년 체제', 이것을 대체한 '61년 체제', 이 중 정치체제를 해체한 '87년 체제, 정치경제 체제를 해체한 '97년 체제'라는 체제 변화의 시계열을 제시함으로써 아래 주장의 기본틀을 제시했다(손호철 2006, 11~13). 그리고 아래 표와 주장은 이것을 체계화한 것이다.

8 민영화는 정말 잘못된 번역이다.

9 발전국가 모델은 제1차 경제개발 5개년 계획의 원안이 실패하고 수정안이 도입된 1963년에 만들어진다는 점에서 엄밀히 말하면 63년 체제가 맞지만, 관행에 따라 61년 체제라고 부르고자 한다.

10 개인적으로 발전국가론을 수용해 일찍이 발전국가라는 개념을 사용했지만(손호철 1995, 30~32), 이 개념이 이 시기 한국 정치경제 체제를 이해하는 데 핵심이라고 생각하지 않았다. 대신 '종속적 국가독점자본주의' 같은 자본주의 성격이 핵심이라고 생각했다. 그렇지만 1997년 신자유주의 정책이 전면화된 뒤 1997년 이전과 이후의 차이를 인식하게 하는 개념으로 발전국가를 재평가하게 됐다(손호철 2006, 136~139).

11 여러 문제가 있지만 1997년 경제위기 이후 문제의식이 다른 국독자론과 조절이론을 결합해 이런 이론화를 하게 된 이유에 대해서는 손호철(1999)의 160쪽과 246쪽 주 참조.

12 김영삼 정부의 세계화 담론과 OECD 가입 등도 기본적으로 선진화 담론이었다는 점에서 1987년부터 2007년까지를 민주화를 중심으로 한 87 체제, 08년 이후를 선진화를 중심으로 한 08년 체제로 보는 것은 잘못이다.

13 백낙청 교수는 이것을 분단이 최종 봉인된 때가 1953년이라는 점에서 53년 체제로 부르고 있다(백낙청 2009, 62). 맞는 이야기다. 그러나 다른 체제들에서 논의된 48년 체제와의 일관성을 위해 이 글에서는 분단 정부들이 수립된 1948년을 기점으로 해 48년 체제라는 용어를 사용하고자 한다.

14 백낙청 교수도 2000년 체제라는 말을 쓰지 않았지만 2000년을 분단 체제의 '동요기' 내지 '해체기'의 분기점으로 보고 있다(백낙청 2009, 62~63).

15 이런 체제 변화는 손호철(1999)의 265~269쪽.

11장. 97년 체제론은 경제주의인가 ─ 조희연과 서영표의 주장에 답하다

1 이것은 극우 반공 체제인 48년 체제, 발전국가로 불리는 국가 주도형 경제체제와 정치적 권위주의 체제를 특징으로 하는 개발독재 체제인 61년 체제, 이 중 정치체제를 민주화시킨 87년 체제, 나머지 경제체제를 해체해 신자유주

의 체제로 바꾼 97년 체제라는 기본틀로서, 현재 필자의 입장과 크게 다르지 않다.

2 이것은 조절이론의 '구조와 전략의 변증법'을 '구조=경제'와 '전략=정치'로 이해하는 오류와 유사한 것이다. 전략도 헤게모니전략만 있는 것이 아니라 축적전략도 있으며, 구조 역시 경제구조만이 아니라 정치구조도 있다.

3 자세한 분석은 손호철(1999)의 133~144쪽을 참조하라.

4 사실 조희연과 서영표가 사용하는 '정치레짐'이라는 개념은 국가론에서 국가유형이나 국가형태보다 낮은 정부형태 내지 정권을 지칭하기 위해 사용하는 개념으로, 한 사회를 '총체적(열린 총체성)으로 파악하기 위해 필자가 사용하는 '사회체제'와는 추상성과 문제의식이 전혀 달라서 사회체제의 대안적 이론틀로 전혀 적합하지 않다. 다시 말해 조희연과 서영표가 필자의 사회체제론을 비판하고 정치레짐을 대안적 체제론으로 내놓았지만 말만 같은 '체제'이지 추상성이 전혀 다른 '엉뚱한' 이야기를 하고 있다는 느낌이 든다.

5 사실 김대중 전 대통령은 1997년 경제위기 훨씬 이전에 사실상 '신자유주의 지지자'에 가까웠다. 이미 1980년대 중반에 박정희 정권이 군 장성을 기업체 사장으로 임명하고 뇌물을 요구하기 때문에 외국인들이 직접 투자를 꺼린다는 아전인수식 해석을 내세워 한국 경제가 외채에 견뎌 외국인 직접 투자 비율이 낮은 점을 비판하는가 하면(외국 직접 투자 비율이 낮은 것이 왜 문제인가? 오히려 박정희의 '업적' 아닌가?), 민주 정부가 들어서면 공기업을 민영화, 아니 사유화해 외국인의 직접 투자를 유치하겠다고 약속했다(Kim 1985, 31~32). 이런 이유 때문에 커밍스는 1997년 경제위기 당시 김대중의 집권을 염려한 일부 월스트리트의 견해에 대해 김대중은 오히려 "오랜 정치 경력 내내 IMF와 비슷한 개혁을 주장"해온 "IMF 서울 지부장(The IMF's Man in Seoul)"이라고 지적했다. 나아가 김대중의 당선은 한국 시민사회의 성숙에 기인한 것인데, 'IMF 서울 지부장'인 김대중을 당선시킴으로써 '역설적으로 시민사회의 성숙은 워싱턴과 IMF가 한국으로 진격해 들어가는 핵심 메커니즘이 됐다'(Cumings 1998, 58, 60)고 분석했다.

6 앞에서 지적한 대로 '경제=유기적', '정치=정세적'이라는 도식은 기계적 이분법에 바탕한 잘못된 도식이다.

7 사실 조희연은 사회과학적인 이론적 개념으로는 08년 체제론을 처음 체계화한 장본인이다.

8 앞에서 이미 지적한 대로 그럴 경우 '김대중-노무현 정권', '이명박 정권' 식으로 그냥 '정권'이라고 부르지 왜 어렵게 '체제'라고 부르나?

9 대표적인 예는 O'Donnell & Schmitter(1986)의 p. 13이다.

10 이 경우는 다른 경우들과 달리 필자가 신자유주의 환원론이라고 명시적으로 꼬집어 이야기하고 있지는 않다. 그러나 "최장집, 손호철 교수 논의에 강조하고 싶었던 것 중 하나는 노무현 정부가 신자유주의 정책을 취해 실패했다는 신자유주의 환원론적 설명은 사실은 설명이 아니라 '동어 반복'"이라는 비판이었다는 조희연의 설명은 결국 최장집과 손호철이 신자유주의적 환원론이라는 주장으로 읽힐 수밖에 없다. 그리고 김대중-노무현 정부가 신자유주의 때문에 실패했다는 주장이 원인을 단순화한 '신자유주의 환원론적 설명' 내지 '신자유주의 중심론적 설명'일 수는 있지만 그것 자체가 동어반복은 아니다. 그 주장이 어떻게 동어 반복인가?

11 이 글에서도 잘 나타나듯이 이런 사례가 한두 번이 아니라는 점에서 조희연은 남의 주장 중 '중심론'을 '환원론'으로 왜곡해 공격하는 습관이 경향적으로 존재하는 듯하다. 재미있는 사실은 조희연이 필자에 대한 자신의 비판 중 오독에 따른 부분이 상당히 있었다고 인정하는 최근에 쓴 글에서 김대중-노무현 정부 실패에 대한 이런 신자유주의 환원론을 새롭게 제기하고 나선 것이다. 한 글에서 오독에 대해 사과하면서 동시에 새로운 오독을 추가하는 이중성을 보인 셈이다. 조희연은 이 글을 "논쟁이라는 것이 이념적 기반이나 현실 인식이 다를수록 논쟁의 쟁점도 선명하고 다를수록 좋다"는 말로 시작하고 있다는 점에서 논쟁의 효과를 극대화하기 위해 이렇게 상대방의 주장을 의도적으로 환원론 같은 극단적인 입장으로 변질시킨 것인지 모른다. 그러나 그럴 경우 필자의 이번 글이 보여주듯 이 논쟁의 상당 부분을 조희연의 비판이 허수아비를 상대로 싸우는 격이라는 점을 설명하는 데 소모해야 하는 비효율적인 논쟁으로 나아가게 된다.

12 김대중-노무현 정권과 이명박 정권 사이의 단절성과 연속성을 '동시에' 보기 위해 08년 체제를 97년 체제의 하위 체제로 파악한 필자의 주장을 세 정권을 동일시했다고 보고 있다는 사실은, 거꾸로 조희연과 서영표가 이 정권들 사이의 연속성에는 눈을 감고 단절성만 얼마나 절실하게 보고 싶어하는지를 간접적으로 입증해주는 셈이다.

13 관련된 논쟁은 문화과학(2009) 참조.

14 이것에 대한 기본 텍스트와 비판적 관점은 각각 Laclau & Mouffe(1985)와 우드(1993)의 4장을 참조. 개인적으로는 필자가 편역한 우드의 비판적 관점. 즉 '급진민주주의론'은 여러 장점에도 불구하고 변혁의 '사회적 토대'의 존

재 자체를 부정하고 변혁을 담화의 문제로 치환하는 '담화혁명론'("태초에 말이 있었으나……")이라는 관점에 더 가깝다. 급진민주주의론은 헤게모니의 문제에 있어서도 그람시가 주목한 헤게모니의 '물적 토대'의 문제를 무시하고 헤게모니를 담론 실천에 의해 좌우되는 지적, 도덕적, 정치적 문제로 파악하는, 헤게모니에 대한 주관주의적이고 관념론적인 해석(그람시에서 마르크스의 《독일 이데올로기》로 옮겨가는 후퇴)에 기초해 있다는 생각이 든다. 나아가 헤게모니에 대한 이런 이해는 지배 계급과 피지배 계급 사이의 비대칭성, 즉 지배적 헤게모니와 대조적으로 대항헤게모니의 '물적 토대의 부재'에서 연유하는 실천적 곤궁을 회피하게 만드는 것 같다.

15 사실 체제론과 급진적 민주주의는 '인종'과 '몸무게'처럼 전혀 상관이 없는 별개의 이론들이다. 따라서 조희연의 87년 체제에 대한 '정서적 집착' 이외에는 급진적 민주주의를 87년 체제와 결합시켜야 할 내적 필연은 존재하지 않는다.

16 노회찬 진보신당 대표(현 정의당 원내대표)가 제안한 민들레연합이 그런 예로, 모호성 등 여러 문제에도 불구하고 중요한 제안이다(노회찬 2009).

17 유연한 헤게모니 전략이 무엇인지 명확하게 기술하지 않아 모호하며, 자유주의 세력을 상대로 하는 유연한 연대를 의미하지 않을 수도 있다. 그러나 조희연의 글 제목이 '좌파는 유연한 정치연합 구사해야'라는 점과 "반MB투쟁 속에서 반독재 자유주의세력들과 연대"(조희연 2009b)라는 전략을 지적하고 있다는 점 등에 관련해 그렇게 독해했다.

18 녹색(생태주의), 보라(페미니즘), 적색(좌파)의 연대를 지칭하는 것으로, 박영균(2009a)과 박영균(2009b) 참조. 사실 라클라우와 무페의 급진적 민주주의라는 것도 원래 이런 운동들 사이의 '등가적 연대'라는 문제의식에서 출발한 것으로 기억한다.

19 이 점에서도 부분 체제의 독자성을 인정하는 필자의 방식이 장점이 있다고 생각한다.

20 '국민-대중적'은 그람시의 'national-popular'를 번역한 것으로 '국민-대중적'보다는 '국민-민중적'이 더 적합하다는 것이 필자의 생각이다.

21 이런 필자의 주장이 '서술적 연구'의 가치를 부인하려는 것은 결코 아니다. 오히려 우리 사회과학의 문제는 '풍부한 서술적 연구'가 부족하다는 것이며, 따라서 '밀도 있는 서술(thick description)'이 무엇보다 필요하다고 생각한다. 그러나 그것을 '이론적 분석'으로 혼동하는 것은 전혀 다른 문제다.

12장. 21세기 한국 정치의 발전 방향

1 손호철(2003a, 658).

2 《중앙일보》 2002년 1월 30일.

3 〈창간 11주년 기념 기획좌담: 우리 시대의 진보와 보수〉, 《교수신문》 2003년 4월 14일.

4 손호철(2003c); 정대화(2002).

5 Etienne Balibar(1987)의 제2부 자료편.

6 손호철(2002a, 100~102).

7 손호철(1999).

8 장훈(1997, 274).

9 《한겨레》 2003년 6월 12일.

10 김세균(1992), 진보세력의 전략으로서 선거의 문제에 대해서는 손호철(1993) 참조.

11 Sonn(1997).

12 손호철(2003a) 참조.

13 김세균(1998) 참조.

14 한 연구자를 이것을 "1930년대로의 전진?"이라고 비꼰 바 있다(Martin 외 1987, 394).

15 손호철(2003a) 참조.

16 손호철(2002b) 참조.

3부. 분단과 통일

1장. 분단체제론

1 백낙청 교수 이외에도 분단체제론을 체계적으로 전개하고 있는 학자는 강만길 교수다. 강 교수는 최근 출간한 《고쳐 쓴 한국 현대사》(창작과비평사, 1994)에서 분단체제론의 틀 속에서 분단 이후사를 기술하고 있다(아래 참조). 앞으로 별도의 수식어가 없이 단순히 '분단체제론'이라고 지칭하는 것은 모두 백 교수의 분단체제론이다.

2 체계적인 글은 백낙청, 〈분단체제의 인식을 위하여〉, 《창작과비평》 78호, 1992(이하 〈분단체제〉로 표기)와 Paik Nak-chung, "South Korea: Unification and the Democratic Challenge," *New Left Review* 197, 1993(이하 Paik으로 표기). 이 밖에 이 글에서 참조한 백 교수의 단편적 글은 《민족문학과 세계문학 2》, 창작과비평사, 1985(이하 〈민족문학〉); 〈대담: 현 단계 한국사회의 성격과 민족운동의 과제〉, 《창작과비평》 58호, 1987(이하 〈대담: 현 단계〉); 〈좌담: 민족통일운동과 민주화〉, 《창작과비평》 61호, 1988(이하 〈좌담: 민족통일〉); 《민족문학의 새 단계》, 창작과비평사, 1990(이하 〈새 단계〉); 〈분단시대의 계급의식을 다시 생각한다〉, 《동향과 전망》 13호, 1991(이하 〈분단시대〉); 〈민중운동과 통일운동〉, 《사회평론》 4월호, 1992(이하 〈민중운동〉); 〈세계 속의 분단체제를 알자〉, 《창작과비평》 77호, 1992(이하 〈세계 속의〉); 〈대담: 미래를 여는 우리의 시각을 위하여〉, 《창작과비평》 79호, 1993(이하 〈미래틀〉); 〈지구시대의 민족문학〉, 《창작과비평》 81호, 1993(이하 〈지구시대〉).

3 물론 인문과학과 사회과학의 구분 자체는 인위적이고 바람직한 것이 아니다. 그럼에도 불구하고 이런 구별이 불가피한 것이 현실이다.

4 다양한 학자들의 '분단체제'라는 개념의 용법에 대한 엄밀한 비판을 그 예로 들 수 있다(〈분단체제〉, 288~289).

5 강만길, 《분단시대의 역사 인식》, 창작과비평사, 1978.

6 한 예로 〈좌담: 민족통일〉을 보라.

7 〈특집: 변화하는 정세, 통일운동의 전망〉, 《창작과비평》 77호, 1992; 이종오, 〈분단과 통일을 다시 생각해 보며〉, 《창작과비평》 80, 1993; 정대화, 〈통일체제를 지향하는 '분단체제'의 탐구〉, 《창작과비평》 81호, 1993.

8 이 밖에 이것에 살을 붙여주고 뒷받침해주는 다양한 보조 가설들이 있지만 지면 관계상 생략하고, 비판적 평가 부분에서 구체적인 내용들을 직접 인용하며 다루겠다.

9 이 둘 중 어느 것이 백 교수의 정확한 입장인지는 글 지체가 모호해 판단하기가 어렵다.

10 강만길 교수의 분단체제론은 이 두 측면 중 앞부분(체제로서의 분단)을 공유하지만 두 번째 측면(세계체제론)에 기초하지는 않는다는 것이 백 교수와의 차이인 것 같다(1994년 2월 '창작과비평사 동계 워크샵'에서 강 교수와 백 교수의 토론. 아래 참조). 이 글의 초고는 이 워크숍에서 발제돼 토의된 것으로, 여러 토의자들의 토론에 빚진 바가 크다.

11 물론 북한의 자주성의 한계가 과거에도 거론되지 않은 것은 아니지만, 새로운 점은 이것을 일상적으로 소련이나 중국과 맺는 관계라는 면에서 파악하는 것이 아니라 분단과 관련된 세계체제의 구조적 제약이라는 각도에서 파악한다는 점이다.

12 이런 문제의식은 이미 1985년 출간된 《민족문학》(65~66)에서 제기되고 있다.

13 '체제'라는 개념이 여러 의미가 있기 때문에 명확히 하고 넘어가야 할 것은, 이때의 '체제'는 백 교수가 쓴 영어 논문(Paik)에서 볼 수 있듯이 체제 또는 체계로 번역되는 'system'을 의미한다는 것이다.

14 그러나 엄격히 이야기하자면, 세계체제론에서도 세계체제와 자본주의 세계경제는 동일한 것이 아니다. 세계체제는 자본주의 세계경제와 (국제 정치체제라고 할 수 있는) '세계국가체제(interstate system)'로 구성돼 있다는 것이 세계체제론의 주장이다(Terence Hopkins, Immanuel Wallerstein, et al., *World-Systems Analysis: Theory & Methodology*, Beverly Hills: Sage Pub., 1982, pp. 11~12).

15 "분단체제는 분단국가들 …… 을 계속 이질화시켜 가면서 자체의 유지 기반을 마련해갔다. 이질화되어 가는 두 체제는 상호간의 견제와 대립과 경쟁을 통해 그 기반을 한층 더 확대 강화해 갔다"는 분석이 보여주듯이 강만길 교수의 분단체제론은 이 재생산성을 그 논거로 하지만, 백 교수와 달리 북한을 자본주의 세계체제의 일부로 보지 않고 따라서 이것을 분단체제론의 근거로 삼지는 않는다(《고쳐 쓴 한국 현대사》, 203쪽).

16 분단체제가 "고정된 실체로서의 '체제'에 대한 근본적인 의문"을 제기하게 한다거나 분단체제라는 것이 "탈중심적

텍스트"라는 주장((지구시대), 121)이 분단체제론을 이런 검증에서 면제시켜주는 것은 아니다.

17 I. Wallerstein, *The Modern World System I*, New York: Academic Press, 1974, pp. 347~349. 그 이유로 현대 사회에 서 엄격한 의미의 (사회)체제는 세계체제뿐이라는 것이 세계체제론의 주장이다.

18 *International Encyclopedia of the Social Sciences*, New York: The Macmillan Press, p. 453.

19 Ibid., p. 461과 p. 473.

20 이것은 일상적인 의미의 '진영 모순'(세계 자본주의 진영과 '세계 사회주의 진영' 간의)이 아니라 계급 모순의 변형 으로서 1민족 내 2체제 간의 모순을 지칭한 것이다.

21 북한이 '세계체제'의 일부라는 주장이 아니라 '자본주의 세계경제'의 일부라는 주장이라는 것을 주목해야 한다. 왜 냐하면 세계체제에는 '세계국가체제'도 포함되므로 '세계국가체제'의 일부라는 의미에서는 북한 등 현실 사회주의 사회도 세계체제의 일부였다.

22 I. Wallerstein, *The Capitalist World-Economy*, Cambridge: Cambridge Univ. Press, 1979, pp. 68~69; I. Wallerstein, *Geopolitics & Geoculture*, Cambridge: Cambridge Press, 1991, p. 107 등. 이 밖에 '세계국가체제 참여도 논거로 들 고 있지만((대담: 이매뉴엘 월러스틴), 《사회비평》 10호, 1993, 344쪽), 이 논거는 북한 등이 단순히 '세계체제'(세계 국가체제까지를 포괄하는)의 일부가 아니라 '자본주의 세계경제 체제'의 일부라는 분단체제론의 논거하고는 무관 하다.

23 I. Wallerstein, *The Politics of World-Economy*, Cambridge: Cambridge Univ. Press, 1984, p. 165 참조.

24 손호철, 《한국정치학의 새구상》, 풀빛, 1991, 344~347쪽.

25 고세현, 〈통일운동론의 몇 가지 쟁점에 대하여〉, 《창작과비평》 77호, 1992, 61쪽. 이 부분이 강만길 교수의 분단체 제론이 백 교수의 분단체제론과 갈라지는 두 번째 지점이라 할 수 있다. 강 교수는 분단체제론이 분단 사회주의, 분단 자본주의의 특수성에 주목하고자 하는 것이라고 밝힘으로써 분단체제론이 한반도에 고유한 것이 아니라는 입장을 시사하고 있다(1994년 2월 '창작과비평사 동계 워크샵).

26 고세현, 앞의 글, 61쪽. 뿐만 아니라 이 주장은 독일 통일을 과잉 단순화하고 있다. 독일 통일은 진영 모순의 해소 이외에도 1민족 내 '체제 모순'의 해소(이것에 따른 세계 수준의 역관계의 변화와 민족 내 두 체제 간의 역관계 변화 의 일치), 동독 내의 '계급 모순' 폭발, 제국주의 간 모순의 발현태의 전화(프랑스 등의 독일 통일 찬성)의 복합적 결 과물이다.

27 여기에서는 분단체제론이 과연 이것을 일체화시킨 이론인지 여부는 일단 논외로 하자.

28 박명림, 〈해방, 분단, 한국전쟁의 총체적 인식〉, 《해방전후사의 인식 6》, 한길사, 1989, 23쪽 등이 그 예다. 이것과 관 련 분단체제론은 피디가 분단 모순을 계급 모순 내지 체제 모순으로 인식한다고 보는데, 이것은 과잉 단순화다. 이를테면 피디의 대표적 이론가인 윤소영은 분단 모순을 민족 모순의 극단적 형태와 계급적 역관계의 예외적 배치 로 보고 있다(김현철 외, 《NL론 비판》, 벼리, 275쪽).

29 마오쩌둥, 《실천론·모순론》, 두레, 1989.

30 물론 구체적인 그 내용이 문제이기는 하다.

31 〈좌담: 민족통일〉의 47쪽에서도 이 문제가 논의됐지만, 당시는 모호하던 입장이 〈분단체제〉에서는 민족 모순이 "어떻게 해서 분단체제를 통해 한반도 전역에 걸쳐 작동하는지"(295)라는 구절이 보여주듯이 북한에도 작동하는 것으로 명시화된 듯하다. 이 밖에 분단 모순이 민족 모순을 포괄하고 있으므로 분단체제 대 남북한 민중 간의 모 순은 민족 모순이 북한 민중에도 적용되고 있다는 것을 의미한다.

32 특히 이것들도 세계 자본주의 경제의 일부로 보는 세계체제론의 틀에서는 그럴 수 있지만, 그 문제점은 이미 지적 했다. 뿐만 아니라 세계체제론도 제국주의와 '사회주의권'의 대립은 민족 모순이 아니라 진영 모순으로 보고 있다.

33 이곳들은 제3세계가 아니라 '제2세계'의 일부였다.

34 〈분단시대〉의 16쪽과 좌담을 참조.

35 이종오 앞의 글, 294쪽.

36 정대화, 〈통일운동론의 분화와 논쟁의 두 지점〉, 《경제와 사회》 14호, 1992, 239쪽.

37 김세균((연방제 통일방안의 모순), 《사회평론》 7월호, 1992) 등의 주장도 이런 의미가 아닐까 싶다.

38 물론 북한의 지배 세력과 민중의 관계를 남한의 지배 세력과 민중의 관계와 등치시켜 이해할 수는 없고, 이것을 과 학적으로 파악하려면 북한의 사회성격과 국가성격에 대한 규명이 필요하다. 다만 지적하고 싶은 점은 북한 사회

의 특수성 때문에 '순수 민간 차원'의 민중 연대로는 보기 어렵다는 것이다.

39 참고로 세계체제론도 이 세계사회주의 정부를 어떻게 획득할 것인가, 또 그것은 어떻게 움직이는 사회인가에 대해서는 침묵하고 있다.

40 이것은 월러스틴의 주장이기도 하다.

41 손호철, 위의 책, 411~412쪽.

42 대표적인 예가 문학 작품이라서 상징적이기는 하지만 한반도에 한이 가장 많이 쌓여 여기에서 후천 개벽이 일어난다는 김지하의 《남》이다. 이런 주장은 가장 소외된 세력이 변혁 주체라는 식의 결정론이라는 문제점 이외에도 과연 한반도가 세계에서 가장 한이 맺힌 곳이냐는 의문이 제기되며, 한민족의 수난사를 특권화하는 '자국 중심주의'다.

43 물론 엔엘 진영 역시 통일 문제를 줄곧 부각해왔지만, 이런 분석과 대응은 이론적으로나 실천적으로나 문제가 너무 많아 대안이 될 수 없다.

보론. 왜 다시 '분단체제론'인가? — 백낙청 교수의 반비판에 대한 답변

1 손호철, 〈한국 국가성격 논쟁의 재고찰〉, 《이론》 7호, 1993년 겨울 참조.

2 손호철, 〈'분단체제론'의 비판적 고찰 — 백낙청 교수의 논의를 중심으로〉, 《창작과비평》 84호, 1994년 여름호(이하 〈비판적 고찰〉).

3 《창작과비평》 85호, 1994년 가을호(이하 〈최근 정세〉).

4 〈대담: 미래를 여는 우리의 시각을 찾아〉, 《창작과비평》 79호, 1993년 봄호, 33쪽.

5 Paik Nak-chung, "South Korea: Unification and the Democratic Challenge," *New Left Review* 197, 1993, p. 80.

6 분단체제론 중 그나마 '체제 논리'라고 봐줄 만한 부분은 '재생산성'이다. 그러나 이 재생산성이라는 것 역시 분단이 단순히 재생산돼온 역사적 사실에서 분단이 체제라고 유추하는 것, 특히 남북한의 분단만이 유독 체제라고 보는 것 등의 문제점을 안고 있다는 점은 〈비판적 고찰〉에서 이미 지적한 바 있다(327~328).

7 백낙청, 〈분단체제의 인식을 위하여〉, 《창작과비평》 78호, 1992년 겨울호, 293쪽.

8 〈비판적 고찰〉의 결론 부분은 '분단체제'라는 개념을 분단체제론식의 엄격한 의미(즉 '분석적 개념')가 아니라 느슨한 수준에서 사용하는 쪽이 바람직한 것 같다고 제안하고 있는데(342), '느슨한 의미'란 바로 이런 의미(서술적 개념)다.

9 이것에 대한 통렬한 비판은 Fernando Claudin, *The Communist Movement: From Comintern to Cominform*, NY, Monthly Review, 1975.

10 일각에서는 진영 모순의 극단적 현실태인 냉전은 소련이라는 인위적인 적을 '창출'함으로써 2차 대전 종전 후 서구 자본주의들이 1, 2차 대전 전과 마찬가지로 '1국 자본주의'로 나아가는 것을 막고 미국 헤게모니하의 '세계 자본주의' 체제에 묶어두기 위해 미국에 의해 의도적으로 '제조'된 것이라는 극단적 주장(음모설)까지 제기돼왔다(Fred Block, *The Origins of International Economic Disorder*, Berkeley: Univ. of California Press, 1979).

11 물론 백 교수가 진영 모순이나 한반도 내 체제 모순의 존재 자체를 부정하는 것은 아니다. 백 교수는 이것들을 '부차적 모순'으로 간주한다(〈최근 정세〉, 244). 부차적 모순이라는 표현은 '주 모순'이 아니라는 의미일 텐데, 필자 자신도 어디에서도 그것들이 주 모순이라고 한 적이 없으며 마찬가지로 부차적 모순으로 본다. 따라서 백 교수와 필자 사이의 쟁점은 그것이 얼마나 부차적이냐, 특히 다른 모순들과 비교할 때 어떠하냐는 것이다. 결국 이 사안을 구체적으로 검증할 수 있는 쟁점은 위에서 본 '북한=자본주의 세계경제의 일부'냐, 남북한 간 대립과 이해 공유 중 어느 것이 우세하냐 하는 평가의 문제다.

12 세계체제론의 경우 구 현존 사회주의 사회도 자본주의 세계경제의 일부라고 주장하지만 분단체제론처럼 이 사회들의 기본 모순이 자본주의적 계급 모순이라고 하는 주장은, 필자가 아는 한 본 적이 없다.

13 이것은 분단체제론 자체의 모호성, 이 모호성에 따른 필자 자신의 개인적 독해의 오류에 기인한 분단체제론의 '오해'일 수도 있다.

1 관련된 논쟁은 Passavant et al.(2004), Wood(2003), 손호철(2004b) 등 참조.

2 Mann(2001) 참조. '무장한 세계화(armed globalization)'에 대해서는 Serfati(2002) 참조.

3 한국의 사례 연구는 Sonn(2004).

4 이것에 대해서는 손호철(1999)의 1, 5, 6, 7장 참조.

5 이 부분을 둘러싼 이론적 쟁점과 한국 사회의 특징은 손호철(2003)에 실린 〈국가-시민사회론 — 한국정치의 새 대안인가〉('손호철의 사색 시리즈 3권 수록 예정)와 〈신자유주의 시대의 한국 정치〉('손호철의 사색 시리즈 6권 수록 예정) 참조.

6 이 이념적 삼분법에 대해서는 손호철, 〈2002년 대선의 역사적 의미〉, 《현대 한국정치》, 이매진, 2011('손호철의 사색 시리즈 7권 수록 예정) 참조.

7 해방 8년사의 주요 쟁점들에 대해서는 《해방전후사의 인식》(한길사) 시리즈를 참조할 것.

8 도진순(1997) 참조.

9 민주당의 반공주의에 대해서는 백운선(1981).

10 〈조봉암 대담: 평화통일의 구체적 방안〉, 《신태양》 4월호, 1957. 그 밖에 조봉암의 평화통일론에 대해서는 권대복 편(1985)과 손호철(2003)에 실린 〈1950년대의 이데올로기〉('손호철의 사색 시리즈 4권 수록 예정) 참조.

11 《동아일보》 1956년 5월 7일, 손호철(2003, 203)에서 재인용.

12 권희경 편(1989); 손호철, 〈차이와 반복, 4·19혁명과 6월항쟁 이후의 진보정당 비교〉, 《신자유주의시대의 한국정치》, 푸른숲, 1999(이 책 2부 9장으로 수록) 참조.

13 이것에 대해서는 박현채·조희연 편(1991) 참조.

14 박정희 정권이 이승만 시절과 달리 반공주의의 체계적인 주입에 얼마나 노력했는지에 대한 경험적 연구는 배규환(1979).

15 1986년 10월 15일~18일자 일간지들 참조.

16 편집부 편(1988); 조희연(1993).

17 정상적인 정당이 아니고 지하 정당이라는 점에서 정치사회의 변형이라는 뜻으로 'f'로 표기했다.

18 조희연(1993, 123~131).

19 남남 갈등의 역사적 전개에 관련해 1987년 민주화 이후의 복잡한 남남 갈등의 연표를 검색해준 서강대학교 정치외교학과 박사 과정의 방인혁 군에게 감사드린다.

20 물론 서경원 의원의 진보적 성격을 고려할 때 이것을 '반공 국가 대 진보적 정치사회'의 갈등으로 볼 수도 있다. 그러나 서경원 의원은 자유주의적 야당인 평민당의 의원이었고, 당시 진보 세력(진보 정당)은 정치사회에 존재하지 않았다. 오히려 다르게 분류한다면, 서경원 의원의 과거 가톨릭농민회 활동에 관련해 이것을 '반공 국가 대 진보적 시민사회'의 갈등의 변형태라고 볼 수도 있지만, 결국 공안 당국의 정치적 필요에 따라 나타난 양상은 '반공 국가 대 자유주의적 정치사회'의 갈등이었다.

21 손호철, 〈김영삼 정권의 국가성격〉, 《현대한국정치: 이론과 역사, 1945~2003》, 사회평론, 2003 참조('손호철의 사색 시리즈 5권 수록 예정).

22 〈자유시민연대 취지문〉, http://www.freectzn.org.

23 〈참여연대, YMCA 등 입장 정리 못한 채 침묵〉, 《중앙일보》 2002년 7월 8일.

24 이 부분은 손호철(2002)를 발전시킨 것임.

25 한나라당, 〈총체적으로 실패한 정부: 김대중 정부 2년 반을 평가한다〉, 2000년 8월.

26 대표적인 예로 남궁영(2001, 84~85)이 있다. 여러 면에서 뛰어난 이 글은 그동안의 국내 학자들 사이에 논의된 햇볕정책에 대한 평가를 진보와 보수 등으로 분류해 체계적으로 비교하는 과정에서 이렇게 등식화하고 있는데, 이것은 학계의 일반적인 경향이다.

27 손호철(2000b) 참조.

28 손호철(1999) 참조.

29 〈자유시민연대 취지문〉, http://www.freectzn.org.

30 《문화일보》 2000년 11월 1일, 김형준·김도종(2000, 322~323)에서 재인용.

31 손호철(2003, 681~684).

32 《중앙일보》 2003년 1월 17일.

33 이것에 대해 한 연구자는 1) 민족 문제를 정략적으로 접근하려는 여야 정치권의 정략성, 2) 극우 언론들의 대북 정책 흠집 내기, 3) 지역주의에 마비된 일부 주민들의 반DJ주의, 4) 자기 권력의 확대 재생산을 노리는 반민족적 사대 지식인과 정치 세력, 5) 일부 근본주의 통일 및 계급운동 진영의 급진주의 등을 남남 갈등이 깊어진 원인으로 지적했다(강정구 2000).

34 개혁과 관련해 이런 정권의 성격과 구조적 조건 간의 딜레마에 대해서는 손호철(1999) 중 〈국가론의 시각에서 본 IMF 개혁〉과 〈김대중 정부와 IMF개혁〉(모두 '손호철의 사색 시리즈 6권 수록 예정).

35 〈8·15 55주년 기념 통일문제 국민 여론조사〉, 《중앙일보》 2000년 8월 14일.

36 이런 선거 결과에 대해서는 손호철(2000a).

37 손호철(2000a) 참조.

38 손호철(2004a) 참조.

39 좀더 엄밀한 분석을 위해서는 여론조사 등을 실시해봐야 한다. 그리고 최근 국민중심당이라는 새로운 지역당이 출범함에 따라 충청 지역의 노무현 정부 지지는 유동적으로 변하고 있기는 하다.

40 2004년 6월에 실시한 여론조사에 따르면 북한 지원과 국가보안법 개정에 대해 30대가 20대보다 진보적인 견해를 갖고 있는 것으로 나타난다(강원택, 〈남남갈등의 이념적 특성에 대한 경험적 분석〉, 《남남갈등: 진단 및 해소방안》, 경남대 통일관 개관 기념 학술회의(2004년 9월 1일) 자료집, 16쪽).

41 위에서 지적했듯이 한나라당도 어느 정도 인정하는 사안이다.

42 전자에 대해서는 손호철, 〈강시와 붉은 악마〉, 《한국일보》 2004년 4월 24일, 후자는 손호철, 〈다시 역사를 생각한다〉, 《한국일보》 2004년 8월 10일 참조.

3장. 남북한 통일의 사회 이념적 문제점

1 민족 모순과 통일운동을 중시하는 일부 재야 세력, 즉 세칭 민족해방운동(NL) 정파의 경우 이런 세계사적 전환과 거기에 따른 세계체제와 한반도 내적 힘의 역관계에서 일어난 변화를 인지하지 못한 채 아직도 남한 정부와 미국을 반통일적 분단 고착 세력으로 파악하고 있지만, 이것은 오류다. 역사적으로 1980년대 중후반까지 이 세력들이 분단 고착적이었고, 따라서 통일 그 자체가 한국 사회에서 '진보의 담론'이었다는 것은 사실이다. 그러나 현존 사회주의의 몰락에 따른 세계체제의 힘의 역관계의 변화, 그동안 일어난 한국 자본주의의 급속한 발전에 따른 한반도 내적 힘의 역관계의 변화에 따라 이제는 통일이 '진보의 담론'이라기보다는 '자본의 담론'이 되고 있다(손호철, 〈남북한 권력 구조의 변화와 통일 전망〉, 전남대 통일문제연구소 주최 심포지엄 발표 논문, 1992년 10월 참조).

2 '사회 이념'은 과학적 정의가 쉽지 않은 모호한 개념이다. 다만 이 글에서 '정치 이념'이라는 용어 대신에 '사회 이념'이라는 개념을 사용한 이유는 정치 이념이 한 사회가 지향하고 있는 공식적 정치 이데올로기라는 함의가 강한 반면 이 글이 다루려 하는 것은 이런 공식 이데올로기가 아니라 실제 사회 구성원들이 갖고 있는 이념이기 때문이다.

3 여기에서 상호의존성은 이 단어가 지닌 두 가지 의미 중 국제관계를 지배-종속이 아니라 단순한 의존도의 차이로 보고 의존도가 비슷한 상태를 의미하는 주류 국제경제학적 의미의 상호의존성(Robert Keohane & Joseph Nye, *Power & Interdependence*, Boston: Little Brown & Co., 1977)이 아니라, 단순한 상호연관성이라는 의미의 상호의존성이다. 이 문제는 손호철, 〈페레스트로이카 제3세계론에 대한 비판적 고찰〉, 《창작과 비평》 봄호, 1991 참조

4 이런 문제점은 최장집·이성형, 〈한국사회의 정치이데올로기〉, 한국산업사회연구회 편, 《한국사회와 지배이데올로기》, 녹두, 1991, 211~226쪽.

5 하나의 이념으로서 자유민주주의 역시 모호한 개념이다. 자유민주주의는 고전적 의미의 자유주의, 따라서 현대적 의미의 보수주의를 의미할 수도 있고, 다른 한편으로는 소극적 자유가 아니라 적극적 의미의 자유를 지향하는 현대적 의미의 자유주의를 의미할 수도 있다. 이 두 전통에 대해서는 David Sidorsky(ed.), *The Liberal Tradition in European Thought*, NY: Carpricorn Books, 1971와 Robert Schuettinger(ed.), *The Conservative Tradition in*

European Thought, NY: Carpricorn Books, 1971 참조.

6 이 문제와 정치체제로서 자유민주주의가 갖춰야 할 최소한의 조건에 대해서는 손호철, 〈14대 대선과 민중운동: 의미와 전망〉, 《이론》 4호, 1993 참조.

7 한국에 과연 '진정한' 보수주의 이론이 있는가, "에드먼드 버크와 같은 보수주의 철학자가 한국에는 왜 없는가"라는 최장집 교수의 반문은 바로 이런 현상에 연관이 있다. 최장집, 〈지배이념의 구조·기능·변화〉, 《한국 민주주의의 이론》, 한길사, 1993, 204쪽.

8 상호 모순되는 이런 두 입장의 대표적인 예는 김정일, 〈일본 《마이니치》 기자들이 제기한 질문에 대한 대답〉(1972년 9월 17일)과 김정일, 〈김일성주의의 독창성을 옳게 인식한 데 대하여〉(1976년 10월 2일).

9 Bruce Cumings, "Corporatism in North Korea," *Journal of Korean Studies* 4, 1982~1983. 커밍스는 이렇게 봐야 하는 이유로 북한이 계급투쟁보다는 사회 공동체적 조화 등을 강조하고 있다는 점을 지적하고 있다.

10 페레스트로이카와 현존 사회주의의 몰락에도 불구하고 "인민대중이 하나의 사회경제적 생명체로 결합되어 있는 사회주의 사회에서는 다원주의와 다당제가 허락될 수 없다"는 북한의 주장 등을 주목할 필요가 있다(《로동신문》 1989년 12월 22일자). 혁명적 자발주의 등 북한 사회주의의 특징에 대해서는 한국정치연구회, 《북한정치론》, 백산서당, 1990, 제1부.

11 아무리 지배적 이데올로기가 강력한 사회에서도 이런 이데올로기가 개개인의 사회 구성원들에게 '동일화(identification)'뿐 아니라 '반동일화(counter-identification)'와 '비동일화(disidentification)' 과정을 통해 지배 이데올로기의 내면화에 저항하게 된다. Michel Pecheux, *Language; Semantics and Ideology: Stating the obvious*, London: Macmillan, 1975 참조.

12 김남식, 〈해방 전후 북한현대사의 재인식〉, 김남식 외, 《해방전후사의 인식 5 — 북한 편》, 한길사, 1989, 13쪽 등.

13 손호철, 〈주체사상의 연구방향에 대한 일 제안〉, 《국제정치논총》, 1989.

14 이 글 이후에 나타난 김대중 정부와 노무현 정부의 대북 정책('햇볕정책')이 바로 이런 중장기적 흡수 통일 정책이다.

15 이삼열, 〈한반도 통일에서의 민족의식과 이데올로기 문제〉, 광주대학 주최 독일대사 초청강연회(1992년 8월) 발표 논문. '사회적 민주주의'의 구체적 내용은 모호하지만 복지 등 사회적 인권을 강화한 민주주의라는 의미가 기본 골격이다.

16 우성대, 〈수렴론적 시각에서 본 남북한 통일모델에 관한 연구〉, 한국정치학회, 《새로운 세계질서의 도전과 한국정치》, 한국정치학회, 1991, 401~425쪽.

17 이창휘, 〈한국사회의 민주변혁과 통일문제〉, 《경제와 사회》 제4호, 1989, 161~169쪽 등 참조.

18 김세균, 〈연방제 통일방안의 모순〉, 《사회평론》 7월호, 1992. 비슷한 맥락에서 강정구 교수는 이런 '진정한 사회주의'를 유고슬라비아형 자주관리 체제로 구체화하고 있다.

19 우리 사회의 기득권 세력이 한반도 통일의 모델로 간주하고 있는 독일 통일의 경우도 기간시설 투자 등 막대한 통일 비용이라는 경제적 측면이 부각되고 있지만, 이것보다 심각한 것은 동독인들의 적응이라는 문제다. 현존 사회주의의 몰락 이후 '자본주의적 효율성'과 '사회주의적 정의'를 결합한 새로운 대안으로 주목받고 있는 스페인의 협동조합 경험(몬드라곤) 역시 이런 구성원들의 적응이라는 문제가 가장 어려운 과제로 분석되고 있다(William Foote Whyte et al., *Making Mondragon*, NY: ILR Press, 1991).

20 손호철, 〈제3세계와 자유민주주의〉, 앞의 책, 376~377쪽과 손호철, 〈한국자본주의: '탈종속'과 '탈독점'은 가능한가?〉, 구범모 편저, 《2천년대와 한국의 선택》, 한국정신문화연구원, 1992.

21 Hochul Sonn, "Two Korean States in the New Global & Regional Orders," *The Korean Journal of International Studies* 13(2), 1992, pp. 228~232.

22 Robert Dahl, *A Preface to Economic Democracy*, Cambridge: Polity Press, 1985; Charles Lindblom, *Politics & Markets*, NY: Basic Books, 1977.

23 손호철, 〈자유민주주의와 선거: 선거사회주의의 가능성과 한계〉, 《경제와 사회》 제13호, 1992, 50~51쪽; Donald Shure, "Dilemmas of Social Democracy in the 1980s," *Comparative Political Studies* 21(3), 1988, pp. 408~435.

24 그 예로는 최장집, 〈한국민주주의의 이론과 실천〉, 앞의 책, 367~398쪽; 박현채·조희연 편, 《한국사회구성체논쟁》, 죽산, 1989, 제10부.

25 그 한 예로 베른슈타인의 경우 독일의 제국주의적 정책을 옹호하면서 "더 높은 문명이 더 높은 권리를 갖기" 때문에 "독일 제국의 식민지 정책에 염려할 것은 아무 것도 없다"는 망발을 하고 있다(Edward Bernstein, *Evolutionary Socialism*, NY: Schocken Books, 1961, pp. 175~180).

26 Göran Therborn, "The Rule of Capital & the Rise of Democracy," *New Left Review* 103, 1977.

참고 문헌

1부. 한국정치 연구

4장. 우리의 정치 연구 — 역사적 고찰

강정인. 2002. 《민주주의의 한국적 수용》. 책세상.

_____. 2004. 《서구중심주의를 넘어서》. 아카넷.

구범모. 1967. 〈비교정치학 20년의 반성〉. 《한국정치학회보》 2집.

김계수. 1987. 《한국과 정치학》. 일조각.

_____. 1995. 〈한국정치 50년과 한국의 정치학 연구〉. 《한국정치학회보》 29집 2호.

김운태. 1978. 〈한국정치학의 연구방향과 전망〉. 《한국정치학회보》 12집.

_____. 1987. 〈한국정치학 연구의 발전과 현황: 정치사〉. 《한국정치학회보》 21집 2호.

김일영 외. 2006. 《해방전후사의 재인식 1, 2》. 책세상.

김학준. 1990. 《한국정치학 사전》. 일조각.

_____. 2000. 《한말의 서양 정치학 수용 연구: 유길준·안국선·이승만을 중심으로》. 서울대출판부.

김학준 외. 2007(재발간). 《해방전후사의 인식 1, 2, 3, 4, 5, 6》. 한길사.

박명림. 1996. 《한국전쟁의 발발과 기원 1, 2》. 나남.

손호철. 1991. 《한국정치학의 새구상》. 풀빛.

_____. 2003. 《현대한국정치: 이론과 역사, 1945~2003》. 사회평론사.

_____. 2003. 〈한국정치연구 50년〉. 한국정치학회, 《한국정치학회 50년사》. 한국정치학회.

신복룡. 2001. 〈한국정치사학사〉. 한국정치학회 엮음. 《한국정치학 50년》. 한울.

양승태. 2010. 《대한민국이란 무엇인가》. 이화여대 출판부.

유영익. 1992. 《한국근대현대사론》. 일조각.

윤천주. 1963. 《한국정치체계: 정치상황과 정치참여》. 일조각.

오영교. 2008. 《실학파의 정치, 사회개혁론》. 혜안.

월러스틴, 이매뉴얼. 1996. 《사회과학의 개방》. 당대.

이기하. 1961. 《한국정당발달사》. 의회정치사.

이정복. 1999. 〈한국정치학의 변화와 발전방향〉. 《한국정치연구》 8·9호 합병호.

이정식. 1967. 〈한국정치 및 정치과정 연구〉. 《한국정치학회보》 2집.

_____. 1969. 〈한국 현대정치사 연구에 있어서의 문제점〉. 《한국정치학회보》 3집.

이홍구. 1986. 〈근대 한국정치학 백년: 그 한계성의 극복을 위한 자성〉. 《한국정치학회보》 20집 2호.

최장집. 1990. 《한국현대정치의 구조와 변화》. 까치.

_____. 2002. 《민주화 이후의 민주주의》. 후마니타스

_____. 2009. 《민중에서 시민으로》. 돌베개.

한국정치학회. 1986. 《현대한국정치와 국가》. 법문사.

한국정치학회·한국사회학회. 1992. 《한국의 국가와 시민사회》. 한울.

한배호. 2003. 〈한국정치학 학사: 총론〉. 한국정치학회, 《한국정치학회 50년사》. 한국정치학회.

한승조. 1978. 〈한국정치연구의 성향과 평가〉. 《한국정치학회보》 12집.

_____. 1987. 〈한국정치연구의 발전 현황, 1976~1987〉. 《한국정치학회보》.

한태수. 1961. 《한국정당사》. 신태양사.

Cumings, Bruce. 1981. *The Origins of the Korean War*. Princeton: Princeton University Press(김자동 옮김, 《한국전쟁의 기원》, 일월서각, 1986).

Surkin, Marvin and Alan Wolfe, eds. 1970. *An End to Political Science: The Caucus Papers*. New York: Basic Books.

Wolfe, Alan. 1969. "Pleaching the Pluralism We Preach: Internal Processes in American Political Science Association." *Antioch Review* 20.

5장. 한국정치 연구 50년 — 1953~2002년

구범모. 1967. 〈비교정치학 20년의 반성〉. 《한국정치학회보》 2집.

김계수. 1987. 《한국과 정치학》. 일조각.

____. 1995. 〈한국정치 50년과 한국의 정치학 연구〉. 《한국정치학회보》 29집 2호.

김운태. 1978. 〈한국정치학의 연구방향과 전망〉. 《한국정치학회보》 12집.

____. 1987. 〈한국정치학 연구의 발전과 현황: 정치사〉. 《한국정치학회보》 21집 2호.

김학준. 1990. 《한국정치학사전》. 한길사.

____. 2000. 《한말의 서양정치학 수용 연구: 유길준·안국선·이승만을 중심으로》. 서울대 출판부.

손호철. 1991. 〈한국국가성격에 대한 이론적 고찰〉. 손호철. 《한국정치학의 새구상》. 풀빛.

____. 1997. 〈한국정치론〉. 한국정치학회편. 《한국의 정치학: 현황과 전망》. 법문사.

신복룡. 2001. 〈한국정치사학사〉. 한국정치학회 엮음. 《한국정치학 50년》. 한울.

염홍철. 1987. 〈최근 10년간 북한의 대내외 정책에 대한 실증적 연구〉. 《한국정치학회보》 21집 2호.

이정복. 1999. 〈한국정치학의 변화와 발전방향〉. 《한국정치연구》 8·9호 합병호.

이정식. 1967. 〈한국정치 및 정치과정 연구〉. 《한국정치학회보》 2집.

____. 1969. 〈한국 현대정치사 연구에 있어서의 문제점〉. 《한국정치학회보》 3집.

이홍구. 1986. 〈근대 한국정치학 백년: 그 한계성의 극복을 위한 자성〉. 《한국정치학회보》 20집 2호.

최장집. 1993. 〈한국국가론의 비평적 개관〉. 최장집. 《한국민주주의의 이론》. 한길사.

한승조. 1978. 〈한국정치연구의 성향과 평가〉. 《한국정치학회보》 12집.

____. 1987. 〈발전현황, 1976~1987〉. 《한국정치학회보》 19집.

Cumings, Bruce. 1981. *The Origins of the Korean War*. Princeton: Princeton University Press(김자동 옮김, 《한국전쟁의 기원》, 일월서각, 1986).

Surkin, Marvin and Alan Wolfe(eds). 1970. *An End to Political Science: The Caucus Papers*. New York: Basic Books.

Wolfe, Alan. 1969. "Pleaching the Pluralism We Preach: Internal Processes in American Political Science Association." *Antioch Review* 20.

6장. 21세기(2003~2012년)의 한국정치 연구 — 양적 쇠퇴와 이념적 보수화

구범모. 1967. 〈비교정치학 20년의 반성〉. 《한국정치학회보》 2집.

김계수. 1987. 《한국과 정치학》. 일조각.

____. 1995. 〈한국정치 50년과 한국의 정치학 연구〉. 《한국정치학회보》 29집 2호.

김운태. 1978. 〈한국정치학의 연구방향과 전망〉. 《한국정치학회보》 12집.

____. 1987. "한국정치학 연구의 발전과 현황: 정치사〉. 《한국정치학회보》 21집 2호.

김일영외. 2006. 《해방전후사의 재인식 1, 2》. 책세상

김학준. 1990. 2000. 《한말의 서양정치학 수용 연구: 유길준·안국선·이승만을 중심으로》. 서울대 출판부.

김학준 외. 2007(재발간). 《해방전후사의 인식 1~6》. 한길사

손호철. 2003. 〈한국정치연구 50년〉. 한국정치학회. 《한국정치학회 50년사》. 한국정치학회.

_____. 2006. 《해방 60년의 한국정치》. 이매진.

_____. 2011. 《현대한국정치, 이론 역사, 현실: 1945-2011》. 이매진

신복룡. 2001. 〈한국정치사학사〉. 한국정치학회 엮음. 《한국정치학 50년》. 한울.

윤천주. 1963. 《한국정치체계: 정치상황과 정치참여》. 일조각

이정복. 1999. 〈한국정치학의 변화와 발전방향〉. 《한국정치연구》 8 · 9호 합병호

_____. 2006. 《한국정치의 분석과 이해》. 서울대학교출판부.

이정식. 1967. 〈한국정치 및 정치과정 연구〉. 《한국정치학회보》 2집.

_____. 1969. 〈한국 현대정치사 연구에 있어서의 문제점〉. 《한국정치학회보》 3집.

이홍구. 1986. 〈근대 한국정치학 백년: 그 한계성의 극복을 위한 자성〉. 《한국정치학회보》 20집 2호.

최장집. 2002. 《민주화 이후의 민주주의》. 후마니타스

_____ 2009. 《민중에서 시민으로》. 돌베개

한배호. 2003. 〈한국정치학 학사: 총론〉. 한국정치학회. 《한국정치학회 50년사》

한승조. 1978. 〈한국정치연구의 성향과 평가〉. 《한국정치학회보》 12집.

_____. 1987. 〈한국정치연구의 발전현황, 1976~1987〉. 《한국정치학회보》.

Przeworski, Adam et al. 1988. *Paper Stones: A History of Electoral Socialism*. Chicago: Univ. of Chicago Press.

Surkin, Marvin and Alan Wolfe(eds.). 1970. *An End to Political Science: The Caucus Papers*. New York: Basic Books.

Wolfe, Alan. 1969. "Pleaching the Pluralism We Preach: Internal Processes in American Political Science Association." *Antioch Review* 20.

2부. 국가, 시민사회, 민주주의

3장. 시민사회의 해부학 — 민중운동과 시민운동의 정체성과 과네를 중심으로

김동춘. 1999. 〈되돌아본 시민운동 10년, 21세기의 대안〉. 《한국시민운동, 21세기 대안을 찾아》. 참여사회연구소.

김세균. 1995. 〈'시민사회론'의 이데올로기적 함의 비판〉. 유팔무·김호기 편, 《시민사회와 시민운동》. 한울.

서관모. 2003. 〈시민사회 담론의 혼란과 문제점〉. 한국산업사회학회, 《사회이론과 사회변혁》. 한울.

손호철. 1995. 〈국가-시민사회론: 한국정치의 대안인가〉. 손호철, 《해방 50년의 한국정치》, 새길.

_____. 1999. 〈신자유주의 시대의 한국정치〉. 손호철, 《신자유주의시대의 한국정치》. 푸른숲.

원종찬. 1995. 〈새로운 시대의 민중운동과 시민운동을 위하여〉. 유팔무·김호기 편, 《시민사회와 시민운동》. 한울.

유팔무. 1995a. 〈한국의 시민사회론과 시민사회분석을 위한 개념틀의 모색〉. 유팔무·김호기 편, 《시민사회와 시민운동》. 한울.

_____. 1995b. 〈시민사회의 성장과 시민운동〉. 유팔무·김호기 편, 《시민사회와 시민운동》. 한울.

이교정. 1995. 〈진보적 시민운동의 이해를 위하여: 동두천 민주시민사회의 실천경험을 중심으로〉. 유팔무·김호기 편, 《시민사회와 시민운동》. 한울.

성태석·김호기·유팔무. 1995. 〈한국의 시민사회와 민주주의의 전망〉. 유팔무·김호기 편, 《시민사회와 시민운동》. 한울.

정종권. 2001. 〈시민연대와 '민중연대'의 간극에 대하여〉. 참여사회연구소.

조희연. 1995. 〈민중운동과 '시민사회', '시민운동'〉. 유팔무·김호기 편, 《시민사회와 시민운동》. 한울.

_____. 1999. 〈참여연대 5년의 성찰과 전망〉. 참여사회연구소, 《한국시민운동, 21세기 대안을 찾아》. 참여사회연구소.

_____. 2001. 〈시민운동을 보는 민중적 관점, 민중운동을 보는 시민적 관점?〉. 《성공회대 사회문화연구소 Discussion Paper Series》. 성공회대사회문화연구소.

차명제. 2001. 〈2000년 NGO 활동의 평가와 2001년의 과제〉. 중앙일보시민사회연구소 제3회 시민사회포럼 발제문.

홍윤기. 2002. 〈시민민주주의론〉. 《시민과 세계》 창간호.

Keane, John. 1988. *Democracy and Civil Society*. London: Verso.

Cohen, Jean and Andrew Arato. 1994. *Civil Society and Political Theory*. Cambridge: MIT Press.

김일영 외. 2006. 《해방전후사의 재인식 1~2》. 책세상.

김학준 외. 2007(재발간). 《해방전후사의 인식 1~6》. 한길사.

손호철. 1991a. 〈한국전쟁과 이데올로기 지형〉. 손호철. 《한국정치학의 새구상》. 풀빛.

_____. 1991b. 〈5·16 쿠데타의 재조명〉. 손호철. 《한국정치학의 새구상》. 풀빛.

_____. 1999. 〈위기의 한국, 위기의 사회과학: IMF위기의 두 개의 기원〉. 손호철. 《신자유주의시대의 한국정치》. 푸른 숲.

_____. 2006. 《해방 60년의 한국정치》. 이매진.

_____. 2011a. 〈한국체제논쟁을 다시 생각한다〉. 손호철. 《현대한국정치 — 이론, 역사, 현실, 1945~2011》. 이매진.

_____. 2011b. 〈신자유주의와 민주주의사이에서: 자유주의정권 10년의 정치〉. 손호철. 《현대한국정치 — 이론, 역사, 현실, 1945~2011》. 이매진.

이동기. 2011. 〈현대사박물관, 어떻게 만들 것인가?〉. 《역사비평》.

이동기·홍석률. 2012. 〈대한민국역사박물관 사업비판과 정책대안〉. 《역사비평》.

황수익. 2006. 〈5·10 총선거의 재조명〉. 《한국사 시민강좌 38》. 일조각.

Carr, E. H. 1987. *What Is History?*. Second Edition. Penguin Books.

Fukuyama, Francis. 1992. *The End of History and the Last Man*. Free Press.

Kim, Gye-Dong. 1993. *Foreign Intervention in Korea*. Dartmouth Pub. Co.

O'Donnell, G. & P. Schmitter. 1986. *Transitions from Authoritarian Rule: Tentative Conclusions about Uncertain Democracies*. The Johns Hopkins Univ. Press.

Said. Edward. 1977. *Orientalism*. Penguin Books.

6장. 한국 민주화운동과 민주주의 60년

91년 5월투쟁 청년모임 편. 2002. 《그러나 지난 밤 꿈속에서 이 친구들이 너에 대해 이야기하는 소리가 들려왔다》. 이후.

김정한. 1994. 《대중과 폭력》. 이후.

손호철. 2002a. 〈사회과학: 과학인가? 이데올로기인가?〉. 《근대와 탈근대의 한국정치》. 문화과학사.

_____. 2002b. 〈푸코의 권력론 읽기〉. 《근대와 탈근대의 정치학》. 문화과학사.

_____. 2003a. 〈한국정치: 무엇을, 어떻게 공부할 것인가〉. 《현대한국정치: 이론과 역사, 1945~2003》. 사회평론.

_____. 2003b. 〈국가·시민사회, 한국정치의 새 대안인가?〉. 《현대한국정치: 이론과 역사, 1945~2003》. 사회평론.

_____. 2003c. 〈한국민주화: 이론적 쟁점〉. 《현대한국정치: 이론과 역사, 1945~2003》. 사회평론.

_____. 2003d. 〈논쟁〉. 《현대한국정치: 이론과 역사, 1945~2003》. 사회평론.

_____. 2003e. 〈2002년 대선과 노무현정권의 의미〉. 《현대한국정치: 이론과 역사, 1945~2003》. 사회평론.

임영일. 1993. 〈한국의 노사관계와 계급정치〉. 임현진 외, 《한국정치사회의 새 흐름》. 경남대 극동문제연구소.

조현연. 2003. 〈자유민주주의 지배담론의 역사적 궤적과 지배효과〉. 조희연 편, 《한국의 정치사회적 지배담론과 민주주의 동학》. 함께 읽는 책.

최장집. 1993. 《한국민주주의의 이론》. 한길사.

_____. 2005. 《민주화 이후의 민주주의》(개정판). 후마니타스.

Burnheim, John. 1986. "Democracy, Nation States, and the World System." David Held et al.(eds.), *New Forms of Democracy*. Beverly Hills: Sage Publications.

Dahl, Robert. 1961. *Who Governs?* New Haven: Yale University Press.

_____. 1985. *A Preface to Economic Democracy*. Cambridge: Polity Press.

_____. 1971. *Polyarchy: Participation & Opposition*. New Haven: Yale Univ. Press.

Eckert, Carter. 1993. "The South Korean Bourgeoisie: A Class in Search for Hegemony." Hagen Koo(ed.), *State and Society in Contemporary Korea*. Ithaca: Cornell University Press.

Galtung, Johan. 1978. *Peace and Social Structure*. Prometheus Books.

Gramsci, Antonio. 1971. *Selections From Prison Notebooks*. New York: International Publishers.

Kiloh, Magaret. 1986. "Industrial Democracy." David Held et al.(eds.), *New Forms of Democracy*. Beverly Hills: Sage Publications.

Mainwaring, Scott. 1992. "Transition to Democracy and Democratic Consolidation." S. Mainwaring et al.(eds.), *Issues in Democratic Consolidation*. Notre Dame: University of Notre Dame.

Marshall, T. H. 1994. "Citizenship and Social Class." Bryan Turner et al.(eds.), *Citizenship(II): Critical Concepts*. London: Routledge.

Marx·Engels. 1975. "Engels to Joseph Bloch, Sept. 21, 1890." *Selected Correspondence*. Moscow: Progress Pub.

O'Donnell, G. & P. Schmitter, 1986. *Transitions from Authoritarian Rule: Tentative Conclusions about Uncertain Democracies*. Baltimore: The Johns Hopkins Univ. Press.

Rueschemeyer, D. et al., 1992. *Capitalist Development and Democracy*. Chicago: Chicago Univ. Press.

Schumpeter, Joseph. 1975. *Capitalism, Socialism and Democracy*. New York: Harper & Row Publishers.

Sonn, Hochul. 1988. "The Late Blooming of South Korean Labor Movement." *Monthly Review* June–Sept.

Tarrow, Sidney. 1984. *Power in Movement*. Cambridge: Cambridge Univ. Press.

7장. 한국 민주화운동 비교 1 — '1980년 봄'과 '1987년 6월'을 중심으로

김동춘. 1997. 〈1980년대 민주변혁운동의 성장과 그 성격〉. 학술단체협의회, 《6월민주항쟁과 한국사회 10년 I》. 당대.

김진균·정근식. 1990. 〈광주 5월민중항쟁의 사회경제적 배경〉. 한국현대사사료연구소, 《광주 5월 민중항쟁》. 풀빛.

김용일. 1996. 〈미 정부요원의 한국현대사 충격증언〉. 《월간 WIN》 4월호.

김호기. 1995. 《현대자본주의와 한국사회》. 사회비평사.

사상계 편집부. 1988. 《항소이유서》. 사상계.

서울사회과학연구소 경제분과. 1991. 《한국에서의 자본주의 발전》. 새길.

성경륭. 1995. 〈한국 정치민주화의 사회적 기원: 사회운동론적 접근〉. 임현진·송호근 공편, 《전환의 정치, 전환의 한국 사회》. 사회비평사.

손호철. 1996. 〈한국 민주화 이론 비판〉. 여름·가을호.

_____. 1997a. 〈1980년 5·18항쟁: 민중항쟁인가, 시민항쟁인가?〉. 손호철, 《현대한국정치: 이론과 역사》. 사회평론사.

_____. 1997b. 〈국가-시민사회: 한국정치의 대안인가〉. 《현대한국정치: 이론과 역사》. 사회평론.

_____. 1999. 〈한국의 신자유주의와 민주주의〉. 《창작과 비평》 1999년 봄호.

송호근. 1991. 《권위주의적 노동정치와 노동운동의 성장》. 《한국의 노동정치와 시장》. 나남.

안상수. 1995. 《이제야 마침표를 찍는다》. 동아일보사.

월간조선 특별취재반. 1987. 〈6월 평화혁명의 대드라마〉. 《월간조선》 8월호.

이삼성. 1993. 〈미국과 제3세계의 정치변동〉. 《미국의 대한정책과 한국민족주의》. 한길사.

이영석. 1990. 〈이민우구상의 진상〉. 《월간중앙》 4월호.

임재경·폴 마틴 외. 1987. 《저강도 전쟁》. 민중사.

임혁백. 1990. 〈한국에서의 민주화 과정 분석: 전략적 선택이론을 중심으로〉. 한국정치학회 편, 《한국정치학회보》 제24 집 1호.

_____. 1991. 〈민주화비교연구서설〉. 《한국정치연구》 제3호.

_____. 1994. 〈5공의 민주화투쟁과 직선제 개헌〉. 동아일보사, 《5공평가대토론》.

전남사회문제연구소 편. 1991. 《윤상원 평전: 들불의 초상》. 풀빛.

전원하 엮음. 1990. 《저강도전쟁의 이론과 실제-미국의 반혁명 수출과 제3세계 전략》. 친구.

정대화. 1995. 〈한국의 정치변동, 1987-1992〉. 서울대학교 대학원 정치학과 박사 학위 논문.

정상용·유시민 외. 1995. 《광주민중항쟁》. 돌베개.

조갑제. 1990. 〈5·17 기습작전〉. 《월간조선》 10월호.

조세형. 1987. 〈대통령선거와 미국의 영향력〉. 《월간조선》 10월호.

조현연. 1997a. 〈한국 정치변동의 동학과 민중운동: 1980년에서 1987년까지〉. 한국외국어대학교 정치외교학과 박사 학위 논문.

_____. 1997b. 〈6월민주항쟁의 이념·주체·전략〉. 학술단체협의회, 《6월민주항쟁과 한국사회 10년 I》. 당대.

조효래. 1995. 〈민주화 이행과 민주적 공고화: 한국과 브라질, 에스파냐의 비교〉. 임현진·송호근 공편, 《전환의 정치, 전환의 한국사회》. 사회비평사.

조희연. 1995. 〈한국의 민주주의 이행과정에 관한 연구〉. 임현진·송호근 공편, 《전환의 정치, 전환의 한국사회》. 사회비평사.

최석우. 1996. 〈아, 통한의 5·15회군〉. 《사회평론 길》 1월호.

최장집. 1985. 〈해방 40년의 국가, 계급구조와 정치변화에 관한 서설〉. 최장집 편, 《한국현대사 1》. 열음사.

_____. 1989. 《한국 현대정치의 구조와 변화》. 까치.

한국기독교사회문제연구원. 1987. 《6월 민주화투쟁》. 민중사.

Cumings, Bruce. 1989. "The Abortive Abertura: South Korea in the Light of American Experience." *New Left Review* 173.

Nun, José. 1967. "The Middle Class Military Coup." Claudio Veliz(ed.), *The Politics of Conformity in Latin America*. Oxford Univ. Press.

Therborn, Göran. 1977. "The Rule of Capital and the Rise of Democracy." *New Left Review* 103.

8장. 한국 민주화운동 비교 2 — 6월항쟁과 '11월촛불혁명'

김원. 2009. 《87년 6월항쟁》. 책세상.

김정한. 1998. 《대중과 폭력》. 이후.

노중기. 1997. 〈6월민주항쟁과 노동자대투쟁〉. 학술단체협의회 편, 《6월민주항쟁과 한국사회 10년 I》. 당대.

사월혁명연구소편. 1990. 《한국사회변혁운동과 4월혁명 1》. 한길사.

서중석. 2011. 《6월항쟁》. 돌베개.

손호철. 2011. 《현대한국정치 — 이론, 역사, 현실》. 이매진.

손호철. 2017. 《촛불혁명과 2017년체제: 박정희, 87년, 97년 체제를 넘어서》. 서강대학교 출판부.

이지호. 2017. 〈박근혜 촛불, 누가 왜 참여했나?〉. 서강대 현대정치연구소 심포지엄 발표 논문.

이현우 외. 2017. 《탄핵광장의 안과 밖 — 촛불민심 경험 분석》. 책담.

임혁백. 1990. 〈민주화과정 분석: 전략적 선택이론을 중심으로〉. 《한국정치학회보》 24집 1호.

지식엔진연구소. 《시사상식사전》. 박문각.

최장집. 2009. 《민중에서 시민으로》. 돌베개.

학술단체협의회 편. 1997. 《6월민주항쟁과 한국사회 10년 I》. 당대.

한국사사전편찬회. 2005. 《한국근현대사사전》. 가람기획.

한홍구. 2014. 《유신》. 한겨레출판.

Braudel, Fernando. 1972. "History and Social Science: the longue duree." P. Burke et al.(eds.), *Economy and Society in Modern Europe*. Routledge.

Marx, Karl. 1979. "The Eighteenth Brumaire of Louis Bonaparte." *Collected Works* 11. International Publishers.

Skocpol, Theda. 1979. *States and Social Revolutions*. Cambridge Univ. Press.

김세균. 1998. 〈IMF 관리체제, 김대중정권, 그리고 노동운동〉. 《현장에서 미래로》 3월호.

김종엽. 2005. 〈분단체제와 87년체제〉. 《창작과비평》 130호(겨울).

김종엽 엮음. 2009. 《87년체제론》. 창비.

김호기. 2009. 〈87년체제인가? 97년체제인가?〉. 김종엽 엮음, 《87년체제론》. 창비.

노중기. 1997. 〈한국의 노동체제 변동: 1987~1997〉. 《경제와 사회》 36호.

_____. 2007. 〈민주화 20년, 노동의 위기와 민주주의〉. 학술단체협의회·민주화운동기념사업회 편, 《한국민주주의의
　　　현실과 도전》. 한울.

노무현. 2006. 〈국민과의 인터넷대화〉. 2006년 3월 23일.

박명림. 2005. 〈87년 헌법체제 개혁과 한국민주주의〉. 《창작과비평》 130호(겨울).

박상훈. 2009. 〈민주화이후 정당체제의 구조와 변화〉. 김종엽 엮음, 《87년체제론》. 창비.

박영균. 2008. 〈촛불의 정치경제학적 배경과 정치학적 미래〉. 《진보평론》 37호.

박인수. 2006. 《한국헌법의 이해》. 영남대학교 출판부.

백낙청. 1992. 〈분단체제의 인식을 위하여〉. 《창작과비평》 78호(겨울).

_____. 2009. 〈6월항쟁 20주년에 본 87년체제〉. 김종엽 엮음, 《87년체제론》. 창비.

손호철. 1991. 〈한국전쟁과 이데올로기 지형〉. 《한국정치학의 새 구상》. 풀빛.

_____. 1995. 《해방 50년의 한국정치》. 새길.

_____. 1999. 《신자유주의시대의 한국정치》. 푸른숲.

_____. 2003. 《현대한국정치: 이론과 역사》(개정증보 2판). 사회평론.

_____. 2006. 《해방 60년의 한국정치, 1945~2005》. 이매진.

_____. 2007. 〈한국 민주주의 20년: 성과, 한계, 위기〉. 학술단체협의회·민주화운동기념사업회 편, 《한국민주주의의 현
　　　실과 도전》. 한울.

_____. 2009a. 〈이명박정부의 속도전과 진보진영의 대응〉. 《진보평론》 39호(봄).

_____. 2009b. 〈한국사회, 파시즘이 오는가〉. 대구경북 민교협 정세토론회 발표 논문(5월 13일).

유철규. 2005. 〈80년대 후반이후 경제구조 변화의 의미〉. 《창작과비평》 130호(겨울).

윤상철. 2005. 〈87년체제의 정치지향: 과도적 불안정성〉. 창비·시민행동 공동 심포지엄 '87년 체제의 극복을 위하여' 발
　　　표 논문.

윤소영. 1999. 《신자유주의적 금융세계화와 워싱턴 콘센서스》. 공감.

이병천. 1998. 〈발전국가자본주의와 발전딜레마〉. 《창작과비평》 101호(가을).

이영성·김호기 엮음. 2007. 《시대정신 대논쟁: 87년체제에서 08년체제로》. 아르케.

임영일. 1997. 〈계급정치와 노사관계, 1987~1997〉. 6·10 민주화운동기념학술대회 발표 논문.

_____. 2003. 〈신자유주의적 구조조정과 노동체제전환〉. 경상대학교 사회과학연구원 편, 《신자유주의적 구조조정과
　　　노동운동》. 한울.

정병기. 2008. 〈한국역대정권과 노동의 관계〉. 《진보평론》 38호(겨울).

징영태. 2005. 《신자유주의시대 한국사회의 변화와 진보정당》. 인하대 출판부.

정일준. 2007. 〈87년체제는 없다〉. 제10회 비판사회학대회 발표 논문.

조대엽. 2009. 〈사회변동으로서의 '촛불'과 시민운동의 주기〉. 《참여사회》 150호.

조희연. 2009. 〈'87년체제' '97년체제와 민주개혁운동의 전환적 위기〉. 김종엽 엮음, 《87년체제론》. 창비.

최장집. 1988. 《한국의 노동운동과 국가》. 열음사.

학술단체협의회·민주화운동기념사업회 편. 2007. 《한국민주주의의 현실과 도전》. 한울.

홍윤기. 2005. 〈국민헌법에서 시민헌법으로〉. 창비·시민행동 공동 심포지엄 '87년 체제의 극복을 위하여' 발표 논문.

Cumings, Bruce. 1998. "The Korean Crisis and the End of 'Late Development'." *New Left Review* 231.

Hall, Peter and David Soskice(eds.). 2001. *Varieties of Capitalism*. Oxford: Oxford Univ. Press.

Jessop, Bob. 1990. *State Theory: Putting Capitalist States in Their Place*. University Park: Penn. State University Press.

Keohane, Robert O. 1984. *After Hegemony*. Princeton: Princeton Univ. Press.

Krasner, Stephen. 1983. "Structural Causes and Regime Consequences: Regimes as Intervening Variables." Stephen Krasner(ed.), *International Regimes*. Ithaca: Cornell Univ. Press.

O'Donnell, G. and P. Schmitter. 1986. *Transitions from Authoritarian Rule: Tentative Conclusions about Uncertain Democracies*. Baltimore: The John Hopkins Univ. Press.

Schmitter, Philippe. 1992. "The Consolidation of Democracy and Representation of Social Groups." *American Behavioral Scientist* 30, 4/5(March/June).

Sonn, Hochul. 2006. "The Post Cold War World Order and Domestic Conflict in South Korea: Neo-liberal and Armed Globalization." Vedi Hadiz(ed.), *Empire and Neo-liberalsim in Asia*. London: Routledge.

Wade, Robert. 1998. "The Asian Crisis: The High Debt Model versus the Wall Street-Treasury-IMF Complex." *New Left Review* 228.

Wallerstein, I. 1974. *The Modern World System I*. New York: Academic Press.

White, Gorden(ed.). 1988. *Developmental States in East Asia*. New York: St. Martin's Press.

11장. 97년 체제론은 경제주의인가 — 조희연과 서영표의 주장에 답하다

김종엽. 2005. 〈분단체제와 87년 체제〉. 《창작과비평》 130호. 창비.

김호기. 2009. 〈87년 체제인가? 97년 체제인가?〉. 김종엽 엮음, 《87년 체제론》. 서울: 창비.

노회찬. 2009. 〈반MB연대, 이대로 좋은가?〉. 진보신당 대토론회(2009년 8월 12일).

문화과학 편집위원회. 2009. '파시즘' 특집. 《문화과학》 58호. 문화과학사.

박영균. 2009a. 〈오늘날 마르크스주의적 관점에서 적·녹·보라의 연대를 어떻게 모색할 것인가〉. 《진보평론》 40호.

_____. 2009b. 〈인권과 헤게모니 정치를 위한 제언〉. 녹보적 연구자네트워크(가칭) 발표 논문(9월 19일).

서영표. 2009. 〈일상의 정치공간에 대한 통찰부족〉. 《레디앙》 2009년 9월 23일.

손호철. 1999. 《신자유주의시대의 한국정치》. 서울: 푸른숲.

_____. 2006a. 《해방 60년의 한국정치 — 1945~2005》. 서울: 이매진.

_____. 2006b. 〈한국 민주화운동과 민주주의의 위기: 민주운동의 자기성찰을 중심으로〉. 71동지회 2006년 송년토론회 발표 논문(12월 5일).

_____. 2009a. 〈이명박정부의 속도전과 진보진영의 대응〉. 《진보평론》 39호. 진보평론.

_____. 2009b. 〈한국사회, 파시즘이 오는가〉. 대구경북 민교협 정세토론회 발표 논문(5월 13일).

_____. 2009c. 〈한국체제논쟁을 다시 생각한다〉. 《한국과 국제정치》 25권 2호. 경남대학교 극동문제연구소.

_____. 2009d. 〈문제는 반MB연합과 반신자유주의연합의 결합이다〉. 《한겨레》 2009년 6월 18일.

_____. 2009e. 〈바보 노무현 계승자는 진보정치〉. 《레디앙》 2009년 6월 23일.

_____. 2009f. 〈내가 '신자유주의 환원론자'라굼쇼?〉. 《레디앙》 2009년 9월 16일.

_____. 2009g. 〈기꺼이 '이론주의자'가 되겠다〉. 《레디앙》 2009년 9월 24일.

_____. 2009h. 〈이명박 정부의 속도전과 진보진영의 대응〉. 《진보평론》 39호. 진보평론.

_____. 2009i. 〈미네르바의 단상: MB를 넘어, 김대중·노무현을 넘어〉. 정세모임(가칭) 발제(9월 6일).

_____. 2009j. 〈부두(voodoo) 경제학, 부두 정치를 넘어서: 쌍용차와 GM대우 문제를 다시 생각한다〉. 《프레시안》 2009년 6월 22일.

_____. 2009k. 〈쌍용차에서 무엇을 배울 것인가〉. 《프레시안》 2009년 8월 10일.

우드, 앨린 메이신즈 외. 1993. 손호철 편역, 《계급으로부터의 후퇴》. 서울: 창작과비평사.

윤소영. 1999. 《신자유주의적 금융세계화와 워싱턴 콘센서스》. 서울: 공감.

정일준. 2007. 〈87년 체제는 없다〉. 제10회 비판사회학대회 발표 논문(10월 3일).

조희연. 2009a. 〈'87년 체제', '97년 체제'와 민주개혁운동의 전환적 위기〉. 김종엽 엮음, 《87년 체제론》. 서울: 창비.

_____. 2009b. 〈'진보좌파, 87년 체제 진정한 계승자 돼야'와 '좌파는 유연한 정치연합 구사해야'〉. 《레디앙》 2009년 9

월 28일.

_____. 2016. 《투 트랙 민주주의》. 서울: 서강대학교출판부.

조희연·서영표. 2009. 〈체제논쟁과 헤게모니전략〉. 《마르크스주의 연구》 15호. 경상대학교 사회과학연구원.

Balibar, E. 1977. *On the Dictatorship of the Proletariat*. London: Monthly Review Books.

Cumings, Bruce. 1998. "The Korean Crisis and the End of 'Late Development'." *New Left Review* 231.

Gramsci, Antonio. 1971. *Selections From Prison Notebooks*. NY: International Publishers.

Kim, Dae Jung. 1985. *Mass-Participatory Economy*. Lanham: Center for International Affairs, Harvard Univ. Press.

Laclau, E. and Chantel Mouffe. 1985. *Hegemony and Socialist Strategy*. London: Verso.

Marx, Karl. 1967. *Capital* 1. NY: International Publishers.

_____. 1979. "The Eighteenth Brumaire of Louis Bonaparte." *Collected Works* 11. NY: International Publishers.

_____. 1986. "The Civil War in France." *Collected Works* 22. NY: International Publishers.

O'Donnell, Guillermo and Philippe Schmitter. 1986. *Transitions from Authoritarian Rule: Tentative Conclusions about Uncertain Democracies*. Baltimore: John Hopkins Univ. Press.

Sonn, Hochul. 1987. "Towards a Synthetic Approach of Third World Political Economy: Hie Case of South Korea." Ph. D. Dissertation. Univ. of Texas at Austin.

_____. 1997. "The Late Blooming of the South Korean Labor Movements." *Monthly Review* July/August.

_____. 2006. "The Post Cold War World Order and Domestic Conflict in South Korea: Neo-liberalism and Armed Globalization." Vedi Hadiz(ed.), *Empire and Neo-liberalism in Asia*. London: Routledge.

12장. 21세기 한국 정치의 발전 방향

김세균. 1992. 〈국가, 대중, 그리고 마르크스적 정치〉. 《이론》 창간호.

손호철. 1993. 〈자유민주주의와 선거〉. 《전환기의 한국정치》. 창작과비평사.

_____. 1999. 〈신자유주의시대의 한국정치〉. 《신자유주의시대의 한국정치》. 푸른숲.

_____. 2002a. 〈푸코의 권력론 비판〉. 《근대와 탈근대의 정치학》. 문화과학사.

_____. 2002b. 〈세계화와 민족국가의 향방: 이제 정말 《제국》인가?〉. 《근대와 탈근대의 정치학》. 문화과학사.

_____. 2003a. 〈김대중 정부의 햇볕정책과 남남갈등〉. 《현대한국정치: 이론과 역사 1945~2003》. 사회평론.

_____. 2003b. 〈한국의 지역주의, 진단과 처방〉. 《현대한국정치: 이론과 역사 1945~2003》. 사회평론.

_____. 2003c. 〈2002년 대선과 노무현 정부의 의미〉. 《현대한국정치: 이론과 역사 1945~2003》. 사회평론.

장훈. 1997. 〈한국민주화 10년의 정당정치〉. 최장집 외 공편, 《한국사회와 민주주의》. 나남.

정대화. 2002. 〈16대 대선의 특징과 결정요인〉. 교수7단체 주최 '2002년 대선평가토론회' 발표 논문(12월 23일).

최장집. 2002. 《민주화 이후의 민주주의》. 후마니타스.

Althusser, Louis. 1992. 〈오늘날의 맑스주의〉. 루이 알튀세르, 《드디어 맑스주의의 위기가》. 백의.

Balibar, Frienne. 1987. 〈국가, 당, 이데올로기〉. 윤소영, 《에티엔 발리바르의 정치경제학 비판》. 한울.

Mouffe, Chantel. 1988. "Hegemony and New Political Subject." Cary Nelson et al.(eds.), *Marxism and the Interpretation of Culture*. London: Macmillan.

Martin, H. 외. 1987. 《세계화의 덫》. 영림카디널.

Negri, Antonio and F. Guattari. 1984. *Marx beyond Marx*. South Hadley: Bergin & Garvey.

_____. 1998. 《분자혁명》. 푸른숲.

O'Donnell, Guillermo. et al. 1997. *Transitions from Authoritarian Rule: Tentative Conclusions about Uncertain Democracies*. Johns Hopkins University Press.

Poulantzas, Nicos. 1994. 《국가, 권력, 사회주의》. 백의.

Sonn, Hochul. 1997. "The Late Blooming of South Korean Labor Movement." *Monthly Review* July·August.

Thomas, Janet. 2000. *Battle in Seattle*. Fulcrum Pub.

3부. 분단과 통일

2장. 분단과 남남 갈등 60년

강정구. 2000. 〈남북정상회담의 민족사적 과제와 시민민중사회의 역사적 책무〉. 산업사회학회 월례발표회(6월) 발표 논문.

권대복 편. 1985. 《진보당》. 지양사.

권희경 편. 1989. 《한국혁신정당과 사회주의인터내셔널》. 태양.

김낙중. 1990. 〈4월혁명과 민족통일운동〉. 사월혁명연구소 편. 《한국사회변혁운동과 4월혁명 1》. 한길사.

김세균. 2000. 〈총선, 남북정상회담, 그리고 메이데이〉. 《현장에서 미래를》 5월호.

김세원 저. 현대사증언록 간행위원회 편. 1993. 《비트(상)》. 일과 놀이.

김형준·김도종. 2000. 〈남북관계와 국내정치의 갈등구조: 통일담론을 중심으로〉. 《국제정치논총》 40집 4호.

김혜란. 2000. 〈좌파와 통일문제〉. 노동자의 힘. 《남북관계와 통일문제에 대하여》.

남궁영. 2001. 〈대북정책의 국내정치적 갈등: 쟁점과 과제〉. 《국가전략》 제7권 4호(겨울).

도진순. 1997. 《한국민족주의와 남북관계》. 서울대학교 출판부.

박상훈. 2001. 〈한국의 유권자는 지역주의에 의해 투표하나?: 제16대 총선의 사례〉. 《한국정치학회보》 35집 2호.

박선원. 2002. 〈햇볕정책과 여론〉. 《한국과 국제정치》 18집 2호(여름).

박현채·조희연 편. 1991. 《한국사회구성체논쟁 3》. 죽산.

배규환. 1979. 〈초등학교 교과서 내용분석에 의한 정치사회의 일 고찰〉. 《한국사회학연구》 3집.

백운선. 1981. 〈자유당의 정치이념 논쟁〉. 진덕규 외. 《1950년대의 인식》. 한길사.

손호철. 1999. 《신자유주의시대의 한국정치》. 푸른숲.

_____. 2000a. 〈이인제 망령에 발목 잡힌 신자유주의〉. 《진보평론》 여름호.

_____. 2000b. 〈토론문〉. 노동자의 힘 정세토론회 '남북정상회담과 노동자 민중운동의 대응방향'(5월 10일).

_____. 2002. 〈김대중 정부의 햇볕정책과 남남갈등〉. 한국정치학회 하계학술대회 발표 논문.

_____. 2003. 《현대한국정치: 이론과 역사, 1945~2003》. 사회평론.

_____. 2004a. 《빈수레의 개혁을 넘어서》. 이매진.

_____. 2004b. 〈반세계화투쟁은 역사적 반동인가: 《제국》에 대한 비판적 평가〉. 《마르크스주의 연구》 창간호.

오세철. 2000. 〈남북정상회담과 노동자민중운동의 대응방향〉. 노동자의 힘 정세토론회(5월 10일) 《남북정상회담과 노동자 민중운동의 대응방향》 발제문.

오유석. 1992. 〈이승만 대 조봉암, 신익희〉. 《역사비평》 17호(여름).

정종권. 2000. 〈남북정상회담과 민중운동의 쟁점〉. 《월간 사회진보연대》 5월호.

조희연. 1993. 《현대 한국사회운동과 조직: 통혁당, 남민전, 사노맹을 중심으로 본 비합법 전위조직 연구》. 한울.

채만수. 2000. 〈노동자, 민중적 통일만이 선이다〉. 《노동과 세계》 101호(4월 28일).

편집부 편. 1988. 《통일혁명당》. 나라사랑.

함인희. 2002. 〈남남갈등해소와 여성의 기여방안〉. 《분단, 평화, 여성》 6호.

Foucault, Michel. 1980. *Power/Knowledge*. New York: Pantheon Books.

Fukuyama, Francis. 1992. *The End of History and the Last Man*. New York: Avalon Books.

Hardt, Michael and Antonio Negri. 2000. *Empire*. Cambridge: Harvard University Press.

Mann, Michael. 2001. "Globalization and September 11." *New Left Review* Nov./Dec..

Passavant, Paul et al.(eds.). 2004. *Empire's New Clothes*. London: Routledge.

Serfati, Claude. 2002. "War Drive: Armed Globalization." *International Viewpoint* October.

Sonn, Hochul, 2004. "Post Cold War World Order and Domestic Conflict in South Korea: With Emphasis on Neo-liberal and Armed Globalization." National University of Singapore 주최 국제학술회의 'Post Cold War International Order and Domestic Conflict in Asia'(7월 29일~7월 30일) 발표 논문.

Wood, Ellen. 2003. *Empire of Capital*. London: Verso.